eye

守望者

——

到灯塔去

JEFFREY
MEYERS

【美】杰弗里·迈耶斯 著  朱云 译

# D. H.·劳伦斯传

# D. H.
# Lawrence

## A Biography

南京大学出版社

献给威廉·蔡斯

# 目　录

# 序　言

　　虽然关于劳伦斯生平与作品的研究著作已屡见不鲜，但我本人的研究——以及我采用的劳伦斯与他朋友圈那些未经出版的杂记与信件——透露出了一些重要的新信息。这些信息呈现了煤炭采掘与公理会对劳伦斯生活的影响，劳伦斯父母的社会背景与社会阶层，劳伦斯母亲去世时的境况，劳伦斯的生理不育问题，《虹》被禁及他展出其绘画作品的诸多缘由，他与罗伯特·蒙茨埃及埃丝特·安德鲁斯的友谊，他与康沃尔郡农民威廉·亨利·霍金的同性恋关系，福特·马多克斯·福特在劳伦斯被驱逐出康沃尔郡事件中所起的作用，劳伦斯与阿尔弗雷德·克诺夫之间的渊源，以及劳伦斯的肺结核病病史。我还会提供对其几部作品的新阐释，这些作品包括《英格兰，我的英格兰》《骑木马的优胜者》及《公主》。

　　我一直努力仿效劳伦斯理解并揭示人的内心生活的伟大才能，努力阐释他融合自传与小说的复杂写作方式，并努力证明（如F. R. 利维斯所观察到的）进行创作的艺术家与那个活生生的人之间没有界限。

# 致　谢

传记撰写是一项需要合作的工作，我要在此欣然感谢许多给我提供帮助的人与机构。我受到了以下人物的盛情款待，他们是伯克利的肯尼思与艾伦·迈耶斯夫妇、奥斯汀的本与朱迪思·林德弗斯夫妇及琼·桑格、华盛顿的罗伯特与林恩·派珀、诺丁汉附近的威廉与格拉迪斯·弗洛格特。罗斯·帕门特帮了我大忙，他给我寄来了许多珍贵的资料，涉及劳伦斯在墨西哥的经历。刘易斯·萨文和吉恩·德格鲁森给我提供了未出版的劳伦斯信件的复印件。我的妻子瓦莱丽缜密地审订了我写的每一个章节并编写了索引。科罗拉多大学馆际互借办为我提供了非常多的帮助。科罗拉多大学向我提供的一笔拨款使我得以前往美国及英国的许多图书馆搜集资料。

以下记录在案的图书馆管理员们为我大开方便之门，他们令我可以接触到他们图书馆收藏的劳伦斯信件与手稿，并在我阅读这些信件与手稿的复杂任务中提供指导：美国的加利福尼亚大学伯克利分校、加利福尼亚大学洛杉矶分校、新墨西哥大学、斯坦福大学、得克萨斯大学奥斯汀分校哈里·兰塞姆人文研究中心；英国的大英图书馆、大伦敦地区档案局、国家声音档案馆、诺丁汉郡县图书馆、国家档案局、诺丁汉大学图书馆。

过去的十年中，我采访了许多了解劳伦斯的人，他们如今都已离世：多萝西·布雷特、A. S. 弗里尔、大卫·加尼特、朱利安·赫胥黎爵士、理查德·默里、蒙塔古·威克利、丽贝卡·韦斯特。近期的采访中，我要感谢迈克尔·阿斯奎斯、芭芭拉·威克利·巴尔、约翰·卡斯威尔、玛丽·萨利比·费希尔博士、沃尔特·福斯特、约翰·盖斯特、布鲁斯特·盖斯林、蕾切尔·霍克、伊妮德·霍普金·希尔顿、弗朗西斯·赫胥黎、朱丽叶特·赫胥黎夫人、弗雷德里克·杰弗里、简·朱塔、伊冯娜·卡普、萨基·卡拉瓦斯、玛格丽特·金·尼达姆、哈伍德·布鲁斯特·皮卡德、罗伊·斯宾塞以及朱莉安·莫雷尔·维诺格拉多夫。

关于劳伦斯的信件，我要感谢丹尼尔·亚伦、詹姆斯·博尔顿、马修·布鲁科利、贝蒂·布鲁斯、夏洛特·卡登、弗吉尼亚·斯宾塞·卡尔、诺埃尔·卡林顿、卡洛·卡卢奇、大卫·卡维奇、约翰·科尔默、谢尔登·库珀曼博士、诺拉·克鲁克、玛丽·露·卡利南博士、基思·库什曼、保罗·德拉尼、伊丽莎白·多斯·帕索斯、利昂·埃德尔、苏珊·埃利希、瓦莱丽·艾略特、大卫·法默、埃莉诺·法纳姆、玛丽亚·吉布森、约翰·葛驰、马丁·格林、贝齐·哈里斯、斯坦利·霍金、玛丽·拉戈、诺曼·莱文、穆里尔·洛、汤森·勒丁顿、约翰·马丁、玛丽·麦卡锡、约根·迈耶、维贝克·梅利尔德、比阿特丽斯·摩尔、波莉·摩尔、托马斯·莫泽、赛勒斯·蒙茨埃三世、牛津与阿斯奎斯伯爵艾伦·芒顿、诺曼·佩奇、劳伦斯·博林杰、彼得·昆内尔、斯特凡诺·拉瓦利、杰弗里·鲁滨逊（伦敦）、洛伊斯·鲁德尼克、大卫·桑德斯、海伦·肖尔茨、迈克尔·斯夸尔斯、C. J. 史蒂文斯、欧内斯特·特德洛克、瓦莱丽·汤普森、马利斯·瓦尔德、安德鲁斯·万宁、弗兰克·沃特斯、多萝西·内尔斯·韦达、金斯利·威德默以及乔治·齐塔鲁克。

我从以下机构获得了许多有用信息：美国电影艺术与科学学

院、美国犹太档案馆、弓街治安法庭、勃兰特档案馆、英国广播公司档案馆、英国煤炭公司（该公司安排我前往靠近唐卡斯特的一座矿井）、英国医学会、康沃尔郡县委员会、英国 D. H. 劳伦斯研究会、费尔柴尔德出版社、联邦档案室（圣路易斯）、（全国）医学总会（伦敦）、英格兰国教公会、《汉普斯特德及海格特快报》、哈佛大学档案馆、伊利湖学院、陶斯拉斯帕洛马斯、新墨西哥州州立档案中心、英国报业协会、拉德克利夫学院图书馆、丹麦皇家艺术学院、丹麦驻英国大使馆、《史密斯校友季刊》、史密斯学院档案馆、南伊利诺伊大学图书馆、陶斯县办事处、美国国务院、塔尔萨大学图书馆、弗吉尼亚大学图书馆、威斯康星大学图书馆、威斯康星大学出版社、威廉斯学院、美国剧作家协会、耶鲁大学校友档案处以及耶鲁大学图书馆。

生活被直接纳入了他的作品中。

——杰茜·钱伯斯

除非人们了解 D. H. 劳伦斯的个人境况，否则他们很少能完全理解他的作品。因为如同歌德的作品一样，劳伦斯几乎所有的"创意"写作都是他个人生活的投射。他的全部作品就是经过修饰、渲染的自传。

——理查德·奥尔丁顿

第一章

# 伊斯特伍德：采煤村

众所周知，D. H. 劳伦斯后半生一直处于不安定的漂泊之中，但他的前半生都在伊斯特伍德度过。伊斯特伍德是埃里沃什谷里的一个采煤村，位于诺丁汉西北八英里处。在这个地区，可爱的乡间生活与传统的农业生活在维多利亚时代以来的工业主义冲击之下依旧保存了下来。"在新英格兰与古老英格兰更替的奇异混乱时期，"劳伦斯在《诺丁汉矿乡杂记》（"Nottingham and the Mining Countryside"）中记述，"我开始懂事了。"[1]这个地区还有着丰富的传说，与文学有千丝万缕的联系：罗宾汉的舍伍德森林、拜伦成长的纽斯特德修道院①位于伊斯特伍德以北；被乔治·艾略特设为其小说背景的德比郡位于伊斯特伍德以西。机械式生活与田园式生活的冲突集中发生在伊斯特伍德附近的矿井与农场里，这成了劳伦斯小说的一个重要主题。

煤炭开采——主导着伊斯特伍德的生活——对劳伦斯性格的形成影响极大。弗洛伊德有一个著名的类比，他将心理分析师对无意识领域的探究比作考古学家掘开一层层泥土："我别无选择，只能效仿那些发现者。他们有幸让那些长久埋藏于地下、虽残缺但无价

---

① 又名拜伦庄园（本书脚注均为译者注）。

的古代遗迹重见天日。"[2]亨利·摩尔①的父亲是采矿工人，矿工与地下洞穴间的密切关联以及紧张的地下生活影响了他，令他在煤炭开采与雕刻之间找到了相通之处。劳伦斯是第一位将弗洛伊德的想法写入英国小说的作家，他将煤炭——地表以下黑暗区域里提取出的基本物质——的开采用来象征他对最基本的、本能的无意识的探寻。

《虹》（Rainbow）与《处女与吉卜赛人》（The Virgin and the Gipsy）中都出现了洪水的场景。那些极具摧毁性又富含再生性的洪水都出现在煤炭开采破坏土壤之后。在一封写于 1925 年 8 月 31 日的信件中（这封信为劳伦斯回英格兰中部之前所写），劳伦斯回忆了自己早些年对煤炭的情感，强化了其诗艺特性，理想化了矿工间的亲密关系："矿井里面藏着什么牵动着这个男孩的情感？黑暗、神秘、他世性、特殊的友情、赤裸的亲密关系——男人是这地下世界的神，或者说基本元素……死寂的钢铁与相对柔软、丝般、天然的煤之间形成强烈对比……煤炭是灵魂的一个象征，古老、阴暗、柔软又天然。"[3]

劳伦斯同情路德派。他们的运动始于诺丁汉，在 1811 年至 1816 年之间最为活跃。工业革命伊始，他们就试图摧毁机器，认为机器使城市工人的生活不再人性化。"1820 年左右，"劳伦斯写道，"（当地的巴伯-沃克煤炭）公司就已经将第一座大型井架放入地下（当然，放得并不深），而且还安装了真正的工业煤矿的第一套机械设施。"[4]这个区域第一座沉入地面之下的矿井开凿于 1841 年。1839 年，第一趟从诺丁汉开往德比的列车刚刚通车；1841 年，一位投资商挖了两个七英尺见方的坑，其深度超六百英尺。到 1854 年，诺丁汉有了十七座采煤场。七年后，托马斯·诺斯（Thomas

---

① 亨利·斯宾塞·摩尔（Henry Spencer Moore, 1898—1986），英国雕塑家，20 世纪最著名的雕塑大师之一。

North）拿到了诺丁汉郡近一千英亩煤田的长期租约。1884 年至 1888 年处于经济危机时期；1888 年至 1893 年是经济繁荣期，这期间工会成立，劳伦斯家（劳伦斯十岁之前）的住房条件有了改善；1893 年出现了罢工与停工。

19 世纪末，先进的机械化设备逐渐出现：卷扬机、矿井里更宽敞的升降车、照明用电、新的切割与传送设备、坑口分拣与清洗煤炭的机器。但"蒸汽机、电灯、升降车及装卸器械表面上并没有影响煤炭开采的模式。采煤仍然依赖旧有的开采方式，这些方式甚至得到了更密集的使用：熟练地徒手击打煤面，地下运输基本靠人力"。[5]煤炭开采依然是工业化程度不高的行业；就是到了 1913 年，英国煤矿也只有不到 8％的产煤量由机器完成。

乔治·奥威尔曾在 1936 年下到兰开夏郡靠近威根的一座矿坑。他与劳伦斯一样将矿工理想化，描述了自左拉的《萌芽》（Germinal，1885）时代便几乎没有发生过变化的煤炭开采条件：内部的压迫感、令人痛苦的劳累不堪、如影随形的死亡。

> 人们所想象的关于地狱的场景大部分都能在这里看到——高温、噪音、混乱、阴暗、恶臭的空气，尤其是令人无法忍受的狭小空间……（你会看到）一排人弓着背、低头跪着，浑身上下乌漆墨黑，以惊人的速度和力量将巨大的铲子插入煤堆之下……
>
> 你的头顶上有一座不大不小的山，方圆数百平方米的坚固岩石、动物的尸骨、地基、燧石、无数生长中的植物的根、青草，还有吃着草的奶牛——这些全部都悬在你的头顶上方，只用跟你的小腿肚差不多粗的木棒支撑着。[6]

奥威尔犹如农民般了解土地，他以乔纳森·斯威夫特那般的敏锐细

3

致，凸显出站在煤坑上方吃草的奶牛这一重要细节，他的描写揭示了矿井并不深，井内很危险。

许多年里，煤矿业的现状是工人全年无休、煤矿生产力下降、技术进步、工人工资及物价浮动。到了 1908 年，英国终于施行了煤矿工人八小时工作制。1912 年 3 月，在第一次全国范围内的煤矿停工期间，有一百万矿工为增加工资、改善工作条件，进行了长达六个星期的罢工。虽然各方面条件都有了大幅改善，但 1914 年以前，煤炭行业最主要的问题还是在于机械化程度不高、人工生产力下降。

面对这些严重的问题，矿主们以压制和冷酷应对。从《儿子与情人》（*Sons and Lovers*）到《查特莱夫人的情人》（*Lady Chatterley's Lover*），劳伦斯在其描写煤矿开采的小说中均对之有所描述。正如 S. G. 切克兰德（S. G. Checkland）所观察到的：

> 到（19 世纪）中后叶，大型煤炭企业的老板与他们的大量雇工之间基本毫无沟通。这些老板清楚，如果他们的企业想要在这个竞争激烈的行业里保有一席之地，就必须要有哪怕是最低程度的冷酷无情。在行业发展状况良好的时期拒绝工人增加工资的要求，在行业发展状况堪忧之时强行减少工资，似乎没有比这些更合理的规则了。他们中的大多数人完全承担不起因为人情而做出的决策所导致的后果，因为这么做就意味着，首先，他们会逐渐丧失财富与权力，接着便是整个行业的生命力逐渐消失。[7]

1842 年，煤矿工人们几乎还是像奴隶一般劳作。当时的一位官员是这样描述的："我见过这样一些煤矿，如果下雨，矿井里的孩子们几分钟便会浑身湿透。与此同时，那些矿坑闷热异常，他们挖煤的时候，上身几乎一丝不挂。就是在这样湿闷的条件下，他们不得不连续工作十四个小时，而且之后说不定还得在夜间走上一到两英里才能回到家，身上穿的还是湿衣服。"[8]矿工们确保自身安全与福利的努力促使政府多次召开听证会。议会在 1880 年至 1914 年间颁布了一系列法案，制定了更为严格的安全规定，涉及通风状况、安全灯、轴及轴线、牵引车、矿顶及内壁支撑、信号传导、机械装置、电力及炸药。但煤炭开采仍然是英国最不人性化、最危险的工作。

除了与重型机械一同作业存在的常见危险之外，矿工们还面临进行地下工作所独有的灾难：矿顶坍塌、矿井水灾、爆炸性气体，以及他们的呼吸系统持续不断地受到伤害。矿工可能会被突然下沉的地基压死，或是因突然下沉的地基阻断了他们逃出矿井的路而被活埋。那些深坑里的矿工可能会突然被地下突水淹没，或是因吸入有毒气体或沼气窒息而死。他们的肺里堵满灰尘，他们吸入的是腐烂的马尸的气味和挥汗如雨的男人的臭味。几乎所有四十岁以上的矿工都患有哮喘与慢性支气管炎。矿井里始终阴暗、肮脏、满是灰尘，同时又闷热、潮湿、狭窄。吃饭、喝水、撒尿、排便，这些全都发生在一个密闭的空间里，还有老鼠在污浊的死水中窜来窜去。

从 1850 年一直到 1914 年，每年有一千多名矿工死于非命。1868 年至 1919 年间，每两小时就会有一名矿工重伤，每六小时就会有一名矿工死亡。20 世纪 30 年代的诗人塞西尔·戴·刘易斯（Cecil Day Lewis）的父亲曾于 1918 年在诺丁汉郡北部一个矿区担任教区牧师。戴·刘易斯提到迪斯雷利①描述的"两个国家"（富

① 本杰明·迪斯雷利（Benjamin Disraeli, 1804—1881）是犹太裔英国人，第一代比肯斯菲尔德伯爵（Earl of Beaconsfield）、英国保守党领袖、三届内阁财政大臣，曾两度出任英国首相（1868—1880）。他在将托利党改造为保守党的过程中起了重大作用。任首相期间，他鼓吹英国殖民帝国主义并大力推行对外侵略和殖民扩张政策。

裕的国家与贫穷的国家)时,想起了"那'另一个国家'以及他们发动的危险战争……矿工们被塌陷的矿井压伤,被突然脱落的煤块致残,被误炸致死或是被从矿井口失控下坠的升降车砸死"。[9]

采矿工作充满危险,却促使人与人之间形成了密切的关系。这些赤膊露背的矿工形成了"庞大的家族,这是一种团体凝聚力的体现。它有两大特征:既高度忠诚于当地联合组织、友好团体及工会,又具有独特的民间性。这些紧密的纽带因为这个行业几乎牢不可破的承继性而得到加强"。[10]劳伦斯在伊斯特伍德的同班男孩们都希望自己在十三四岁离开学校的时候,能进入矿坑工作。

地下的状况从地面以上的各种设施及状况也可窥见一斑:肮脏的熔炉和工厂、冒着浓烟的烟囱、被污染的空气与各种工业废物。矿工们从居住地步行就能到矿坑。劳伦斯从婴儿时期便见惯了那些衣衫褴褛、身上常年沾着煤炭污渍的男人;听惯了运煤火车的隆隆声;看惯了巨大的起重滑轮、木结构、矿坑边上高耸着的煤堆,一个个煤堆紧挨在一起,遍布整个乡村。戴·刘易斯还记得"强风带来了曼斯菲尔德煤矿煤炭渣屑的刺鼻气味……长长的运煤火车没日没夜地沿着路堤发出哐当哐当声……我甚至能听到矿井里的警报声、远处坑口控制升降车上上下下的齿轮发出的嘎嘎声"。[11]

劳伦斯青少年时期的女友杰茜·钱伯斯(Jessie Chambers)住在伊斯特伍德附近的一座农场。她注意到"宁静的夜晚会不时地被升降机运作时金属碰撞的嘎嘎声和通风扇叹息般的规律声音打断","这个区域的大部分地方都表现出明显的工业化,让人极其沮丧"。[12]但劳伦斯对煤矿有着一种摇摆不定甚至充满矛盾的态度。他不会像 W. H. 奥登(W. H. Auden)那样怀着憧憬。奥登生于伯明翰,长在纽约,他曾这样写道:"轨道、矿渣堆、机械零部件,/那曾是且仍然是我理想中的风景。"[13]劳伦斯从没有下过矿井,却神奇地被他童年时期那令人振奋的风景所吸引,那个地方让他想起了《出埃及记》13 章 21 节中上帝引导摩西走向应许之地的景象。他在《儿子与情人》中说："我喜欢那些零星分散的矿井。我喜欢一排排火车和吊车，喜欢白日里的蒸汽、夜间的灯光。小时候，我总以为白日里的烟柱、夜间的火柱便是矿井，周围水汽蒙蒙、灯火通明，还有燃烧的煤堆——我以为上帝一直都在矿井顶上。"①[14]

伊妮德·希尔顿（Enid Hilton）是威利·霍普金（Willie Hopkin）的女儿，他们来自伊斯特伍德的中产阶级家庭，威利曾是劳伦斯的老师。伊妮德（过了九十年）还记得寒冷的清晨躺在床上，听着矿工的木底鞋踏在圆石路面上的声音，听着他们上工路上唱的圣歌。在劳伦斯晚期的一篇自传体散文《还乡》（"Return to Bestwood"）中，他也还记得，"我还是个孩子的时候看到的成群结队返家的矿工"那一张张布满煤灰的脸，"脚踏地面的响亮声，红红的嘴，快速转动的眼白，左右摇摆的瓶子，来自地下世界的男人扯着嗓子呼来唤去发出的奇怪声音"。他总结说，矿工——是散布其作品中的众多人物的原型：爽快热情的猎场看守、吉卜赛人、凯尔特人、墨西哥人、印第安人——"是唯一令我产生强烈情感的人，我觉得自己与他们的命运深深地牵绊在一起"。劳伦斯写了一篇关于采矿村的散文，其中有一个重要段落描写了他在他父亲和他父亲的伙伴们身上观察到的那种本能、亲密、直觉的生活。他解释了这种生活如何吸引着他：

> 这些与我父亲年龄相仿、实际上都不认识字的男人，他们几乎全凭本能生活。矿坑不会让人变成机器，事实上正好完全相反。在这种包工头制中，矿工们结成了亲密的共同体，一起

---

① 《儿子与情人》，陈良廷、刘文澜译，北京：人民文学出版社，2006 年，第 346 页。

在地下工作。他们彼此相熟、毫无保留。那种不寻常的亲密关系，那阴暗、遥远的地下世界的矿坑"小隔间"，以及不断出现的危险，使男人间那种肢体、本能、直觉的接触高度强化，近乎碰触那般亲密，相当真实且强烈。在矿坑里，这种身体认知与亲密的患难与共之感最为强烈……他们将这不寻常的亲密关系带上了地面。[15]

但当劳伦斯回到伊斯特伍德，目睹了 1926 年全国大罢工的恶劣状况后，他的态度发生了根本转变。这次经历唤起了他的童年记忆，使他确信男人间可以拥有亲密的友谊，但也突出了残酷的现实，即"矿井始终会是黑土地上的一个洞穴，洞穴里浑身煤黑的男人们或凿或铲，挥汗如雨"。凄凉苦闷、污秽肮脏、恶臭与噪音，矿工 1926 年的工作环境与他小时候的情况完全一样："花园尽头是几棵被狂风肆虐的小树，树那边的黑色板岩屋顶，如从前那般层层叠叠地罩在被煤炭熏黑的砖房之上。燃烧着的井口出车台散发出的还是一样的硫黄味，煤烟浮在白色的堇菜上，还有机器发出的刺耳声。"劳伦斯在他后期的《自传片段》（"Autobiographical Fragment"）中，突出矿工受煤炭业的奴役，他将他们描绘成动作机械的人，他们灭了矿灯，游荡进暮色里，周围是机器的噪声以及煤矿里因运煤而精疲力竭的小马拖拽煤车发出的声响："我们过去常看到满载矿工的升降井猛地升上来，然后，这些人鱼贯而出，上交他们的矿灯，慢慢离开，沿着那条路回家，所有人都灰扑扑的。而隔板还在发出嘎嘎声，天际的小马还在费力拉着那一矿车的'污物'，将之倾倒在井口出车台边上。"[16]

在他的最后一部小说《查泰莱夫人的情人》中，劳伦斯将矿工描述为机器的受害者。他心酸地记述他们所着的丑陋衣衫、使用的破旧家具、糟糕的周边环境，以及他们的宗教、理想，指责他们丧失了直觉以及与土地之间的重要联系：

> 她完全领悟了这蕴含煤与铁矿的英格兰中部那全无灵魂的丑陋面貌……她听到煤矿中筛煤机的嘎嘎声、卷扬机的扑扑声、载重车换轨时的咔啦声，还有火车头粗哑的汽笛声……风从那边吹来时——这是常有的事——房子里就充满了大地秽物燃烧后的恶臭的硫黄味……
>
> 那被煤炭熏黑的砖垒住房、黑板岩屋顶，衬得尖顶边缘泛着光，泥地上覆盖着一层煤灰，小路湿漉漉、黑黢黢的。凄凉感似乎渗透进了世间万物。完全没有自然之美；完全失去生活的喜悦；完全丧失辨别美的本能，这本能每一只鸟、每一只兽都不曾丧失；完全没有了人类的直觉力，这些令人震惊。①

劳伦斯给他的朋友凯瑟琳·卡斯威尔（Catherine Carswell）解释，采矿村非常丑陋，因为"矿工在地下工作，已经对形式美视而不见。他们渴望的是'一点颜色'，因而他们热爱花卉，极富热情地种植花卉"。[17]

这无处不在的工业之丑也体现在矿工居住的城镇与房屋上。污水和未能有效处理的垃圾使大多数的采矿村环境恶劣；窗户狭小，室内没有汽灯或电灯，这让大多数的房屋（这些房屋要么是矿工建的，要么是从矿上租的）看上去极其阴沉。正如约翰·本森（John Benson）所评论的："19世纪的矿工和他们的妻子们面临着极大的生活困难。他们的家狭小且环境恶劣，缺少私密性，矿工的工钱迟迟不发，矿工们一早就得上工，工作时不停忙碌。实际上，他们在矿井里工作这一事实就使他们几乎很难享受稳定、舒适的家庭

---

① 《查泰莱夫人的情人》，赵苏苏译，北京：人民文学出版社，2004年，第12—13页。

生活。"[18]

在煤矿开采最早在此出现之前，伊斯特伍德的经济以农业、花边贸易及针织业为主，但在 1850 年后，煤炭生产成为当地的支柱性产业。1885 年劳伦斯出生时，伊斯特伍德约有四千居民；到 1910 年，该地的居民已增至约九千人。19 世纪 90 年代，伊斯特伍德有大约十四家酒吧及啤酒馆，酗酒是矿工的主要消遣。

劳伦斯的父亲阿瑟、两个叔叔沃尔特和詹姆斯都在布林斯利煤矿工作。詹姆斯死于 1880 年的一场矿难。阿瑟是名监工，是管理层的高级工人，他赞同煤矿主制定的工人每挖掘一吨煤应获得相应的工钱。他后来还雇用、管理了一群暂时无工作的人，他们与他一起工作，他付给他们工钱。19 世纪 90 年代，在巴伯-沃克公司拥有的五座煤矿中布林斯利煤矿上的矿工的年收入是最高的。矿工的年收入最低七十五英镑，最高达到一百二十英镑。

1883 年 6 月 10 日，在詹姆斯去世三年后，布林斯利煤矿发生了爆炸。1904 年 12 月 23 日，当地报纸《伊斯特伍德与金伯利广告报》报道，阿瑟·劳伦斯遭遇了当年第二次严重事故：

> 沃克街上的阿瑟·劳伦斯先生是名矿工，周一在布林斯利煤矿井下作业时受伤。作业当中，劳伦斯先生的背部被一块落下的（硬化黏土）砸中，他摔倒在一大片硬化黏土碎渣上，体内受到重创。经过医疗处理之后，情况表明，劳伦斯先生伤势严重，需转至诺丁汉医院接受进一步治疗。可悲的是，劳伦斯先生就在一年前的同一时间遭遇了令其腿部骨折的事件。今年，该事件将令其在医院度过圣诞节。

劳伦斯的母亲下定决心要让她的三个儿子远离煤矿，阿瑟·劳伦斯成了这个家里最后一位采煤工。

第二章

# 不幸的婚姻

　　劳伦斯家祖上出过工匠和作家：裁缝、矿工、花边编织工、圣诗作者。虽然他隐约说过，他有一位曾祖父在法国大革命之后为避难来到英国，但他家的家族史实际始于他的祖父约翰·劳伦斯。约翰·劳伦斯个头很高、沉默寡言，是个奇人。他会跳舞、会拳击，在他生活的那个地方很出名。他接受过军用裁缝的训练，曾为伊斯特伍德附近的布林斯利煤矿供应斜纹棉布裤，一直活到了八十六岁高龄。劳伦斯后来还记得："小时候，我祖父缝纫店的角落里竖着一大卷一大卷的粗绒布和摸上去有凹凸感的布料，还有那台巨大、奇特的老式缝纫机，再没有一台像那样的缝纫机了，它缝出的是那种很宽大的粗布工装裤。"[1]

　　约翰·劳伦斯育有四子。乔治与阿瑟是富有的矿工；詹姆斯死于布林斯利煤矿；沃尔特因为酗酒和暴虐而声名狼藉。1900 年 3 月，"劳伦斯父亲的幺弟，即劳伦斯的叔叔沃尔特被指控'于 3 月 18 日非法伤害小沃尔特·劳伦斯，造成其严重的肢体损伤'。父子二人在下午茶时间发生争吵，其后，沃尔特将一把锋利的钢刀砸向他年仅十五岁的儿子，钢刀刺穿小沃尔特的耳朵，造成其'脑部受损、瘫痪、脑膜炎'，并最终致其死亡"。[2]

　　劳伦斯的父亲阿瑟是家里的长子，1846 年出生于一所简陋的小屋里。这间屋子靠近布林斯利铁路交叉口的一个采石洞。他还没学会读和写便辍学了，才七岁就下了矿，每天从早上五点工作到晚上九点。童年时，他加入了纽斯特德修道院唱诗班。与他的父亲约翰·劳伦斯一样，阿瑟很有名，大家都知道他会跳舞。年轻的时候，他还办过一个舞蹈班。伊妮德·希尔顿从小就记得阿瑟很帅气、很有男子气概，蓄着浓密的胡须，相貌堂堂。她觉得阿瑟是个挺不错的人，一点都不会令人感到害怕，当然更不会是个傻瓜。

阿瑟俊朗的外貌与浑厚的嗓音给杰茜·钱伯斯留下了深刻、温暖的印象。杰茜的姐姐梅觉得，"他是那种粗犷的帅气：黑色的卷发与卷须，中间夹杂着几缕银丝；一张粗犷的脸上有着一双温柔含笑的蓝色眼眸，友好地凝视着（教堂）里的教众；身体结实、强壮；举止友好亲切"。梅还说，相比较而言，劳伦斯的母亲"看上去悲苦、幻灭、严厉"。在《儿子与情人》中，劳伦斯第一次解释了为什么他的母亲一下子就被他的父亲——那个生机勃勃、热情洋溢的矿工吸引：他"体格健壮，身材挺秀，风度翩翩。一头波浪形的黑发闪闪发亮，还有一把硬硬的黑胡子，他从来没剃过。他脸庞红通通的，红润的嘴更引人注目，因为他笑口常开……他生气勃勃，多姿多彩，动不动就说笑话，跟每个人都一见如故，十分投机"。①[3] 他接着描述了那个曾经一度友好亲切的男人，在与一个极度失望的妻子结婚几年之后，如何变成了一个彻彻底底粗暴的人。

劳伦斯和他妹妹艾达接受并鼓吹他们母亲那一方的家族史，那是他们的母亲为了确立自己比他们的父亲更有社会地位上的优势而编造的。莉迪亚·比尔兹尔（Lydia Beardsall）声称自己来自一个古老、显赫的清教家庭，先祖曾与克伦威尔并肩作战，因为花边贸易不景气而破产。莉迪亚的外祖父约翰·牛顿（John Newton,

---

① 《儿子与情人》，陈良廷、刘文澜译，北京：人民文学出版社，2006 年，第 10 页。

1802—1886）是卫理公会教派的作曲家，他谱写的圣诗《至高无上》（"Sovereignty"）被《卫理公会教派圣诗集》收录为其中的第356首。劳伦斯带着相当保留的态度说过："我想我母亲是有优越感的。她来自城里，其实是属于较低的资产阶级。她说的是纯正的英语，没有任何口音。"艾达说，莉迪亚的"父亲是希尔内斯造船厂的工程师，莉迪亚是学校教师"。[4]

罗伊·斯宾塞（Roy Spencer）发现，就人们普遍接受的这两个词，即工程师与教师的概念来看，乔治·比尔兹尔不是工程师，莉迪亚也不是教师；莉迪亚完全不具备阶级优越性。出生于1851年的莉迪亚是家中六姐妹之一，她成长在工业城市曼彻斯特的贫民区，也曾在肯特郡西北部谢佩岛上肮脏的街道里生活过。她的父亲自称是工程师，但他实际上只是个组装机械的装配工。1870年的一场工伤事故导致他终身残疾。莉迪亚还是个十四岁的少女时，因为无法胜任实习教师一职而被解雇。肯特郡希尔内斯镇有一份督学通报，通报上的日期为1865年7月。正是这份督学通报直接导致了莉迪亚被解雇："莉迪亚·比尔兹尔的教师资格考试成绩及教师教学检查报告不尽如人意。学校管理层对于是否批准她继续担任实习教师一职极为犹豫。除非她下一次资格考试能够取得好成绩，否则我们将把她的名字从被录用的实习教师名单中删除。"

经历了父亲的工伤事故、莉迪亚本人短暂且失败的实习教师生涯之后，他们一家搬到了诺丁汉的贫民区。莉迪亚遇见她的未来丈夫之时，她正在花边贸易领域苦干着一份乏味的工作。劳伦斯的双亲事实上都"出身于工人阶级家庭……他们结婚的时候，阿瑟·劳伦斯的社会地位高于他的新娘，因为阿瑟的父亲有着稳定的收入，他勤奋且受人尊敬……而阿瑟的母亲经营着一家收益不错的商店"。[5]虽然莉迪亚从城里来，但阿瑟相对来说更有优势。他的童年在伊斯特伍德度过，与英格兰中部的城市贫民区不同，伊斯特伍德靠近乡村，还保留着一些农村生活方式与各种传统习俗。

据艾达描述，她的母亲非常柔弱，这表明她母亲是智力上而非外貌体格上让人印象深刻："她身材瘦小，有着一头棕色的头发，其中零星可见几根银丝，头发全部梳到了后面，露出了宽宽的眉毛；她有一双清澈的蓝眼睛，这使她看上去大胆而坚定；她的鼻子非常精致但并不那么直挺，那是因为她小时候在一次事故中受了伤；她的手脚不大，身姿坚定。"杰茜·钱伯斯被劳伦斯太太严重伤害过。杰茜注意到她的嗓音中总带着一丝居高临下的意味，虽然"让我印象深刻的是，她聪明、活泼，有着旺盛的活力，个子不高，说起话来非常坚定，让人觉得很有意思"。杰茜还留意到，莉迪亚精力充沛，毒舌，带着冷漠不屑与坚定不移的自以为是：

> 劳伦斯太太虽然个子不高，却很有吸引力。她苍白的脸上有一双精明的灰色眼睛，顶着一头浅色的头发。她矮小的身材因为她旺盛的生命力与果断的性格而得到了很大程度的弥补……她的自信、她对人与物的评判让我非常好奇。我以前从没有遇到过哪个人像她那样自信、自以为是。但她说起话来非常生动、欢快、令人愉悦，而且虽然她说话毒舌，但她很热心。
>
> 劳伦斯太太穿着深色衣服，总是坐在那张低矮的摇椅上，像一尊小小的命运塑像，冷漠地表达着她的不赞同……她的威望不容挑战；质疑她的权威就好像是在亵渎神灵。[6]

伊妮德·希尔顿也是从小就认识莉迪亚。她认为莉迪亚的优越性有名无实——她生病的时候甚至表现得更优越；她傲慢的派头既为她赢得了尊重也让她遭到了厌恶。迄今未出版的关于莉迪亚的性格方面最尖锐的描述当属威廉·欧内斯特·劳伦斯（William Ernest Lawrence）的记录。威廉·欧内斯特·劳伦斯是莉迪亚的长子乔治的儿子，他在世纪之交曾与祖母一家住在一起。那时候，他的叔叔 D. H. 劳伦斯上了高中。威廉·欧内斯特着重指出了莉迪亚在村里的孤立状态，她强势的个性、洁癖、严厉的家教、自以为是的优越感：

> 她是伊斯特伍德的异类，不为大家所接受。她就像是我想象中的天堂里住着的魔鬼……
>
> 她身材矮小，却是那种坚定、独断专行、过激类型的人……
>
> 我就像个红润的小天使，不得不被擦洗，我的靴子要被清洁大概十次。跟她一起去教堂的时候，我几乎都不敢呼吸……她在教堂里坚持坐在她想坐的座位上，普天之下没有人敢走过去坐在她的那个座位上。如果他们胆敢坐过去，她会站在那里一直看着那位牧师，直到牧师走过来飞快将他们弄走。她无论如何都无法容忍别人坐她坐的那个位置。[7]

莉迪亚·劳伦斯相当有教养，也有文化。她广泛阅读，会写诗，还爱参与严肃的知识讨论。在《还乡》中，劳伦斯对他所挚爱的母亲做出了最后定论。他坦率地谈论她，以微微讽刺的语气描述了她幼稚的理想主义、她被误导的对统治阶级的尊重："你是那么喜欢人有长进——当一个体面的劳动者，挣一份优厚的薪水！你为我父亲交了好多年的工会会费！你是那么相信合作社！你是在妇女互助会里听到你父亲那个老霸主的死讯的！你还绝对相信所有主子和上流社会至高无上的仁慈。无论如何，大家得对这些感恩戴德才是！"①[8]

---

① 《劳伦斯散文》，黑马译，北京：人民文学出版社，2008 年，第 39 页。

莉迪亚称自己在智力上（因为某些关联）具有优越性，一个原因是她妹妹艾达嫁给了弗里茨·柯伦科（Fritz Krenkow）——他经历了一段非凡的职业生涯后，成了阿拉伯语言文学方向的权威，拥有国际声望。劳伦斯的这位姨父 1872 年出生于德国，1884 年来到英国，1899 年开始在莱斯特的一家针织品公司工作，1911 年入籍成为英国公民。虽然他没有受过正规学术训练，但他自学阿拉伯语，1929 年获得了莱比锡大学的荣誉学位。1929 年至 1930 年间，他在印度阿里格尔的穆斯林大学担任伊斯兰研究方面的教授；1931 年至 1935 年间，他是德国波恩大学的阿拉伯语教授。虽然柯伦科是个腰板挺直的普鲁士人，但他完全受他那一本正经的老婆所左右。她一味地要求丈夫听她的，还非常粗暴地删减了劳伦斯的小说《虹》中的许多页，之后才拿给她丈夫读。柯伦科在印度教学的时候，艾达病了，她不喜欢印度，便迫使丈夫返回了欧洲。[9] 柯伦科是劳伦斯遇到的第一位学者和知识分子。他在劳伦斯拜访莱斯特期间，鼓励这位外甥阅读他那藏书量可观的图书馆里的藏书，激励他将德语版的埃及农夫诗重新翻译成英文。劳伦斯在柯伦科居住在莱茵兰地区时深受德国吸引，他在 1912 年前往那里看望了他的姨父。

阿瑟·劳伦斯与莉迪亚·比尔兹尔虽然在性格与智力方面都不同，但他们通过婚姻形成了疏远的关系。杰茜的弟弟乔纳森·钱伯斯叙述了他们的相遇、彼此间的相互吸引以及阿瑟最初一些小的欺骗行为（很有可能莉迪亚自己也有这样的欺骗行为）。他还发现，莉迪亚失恋之后尤其对阿瑟有感觉。她的前男友是个"有教养的"年轻人，却决定娶一个富有的老女人：

> （阿瑟·劳伦斯）是一名矿工，他技术娴熟、声望高，已经是一名监工，这些都代表了每一个矿工想要实现的最高理想。他还有着招人喜欢的性格，活泼、有朝气，笑起来极富感

染力，还有一副唱歌的好嗓子……（他）舞跳得很棒，也正是在诺丁汉一家舞厅跳舞的时候，他结识了他的未婚妻……（他）有一双眉飞色舞的蓝眼睛、一大把长且卷曲的黑胡须，还很健谈，说起话来生动活泼，当然，他使用的是伊斯特伍德的方言。莉迪亚·比尔兹尔同样是个聪明且富有魅力的女人，她接受过教师培训，只是从业不久就被一位校长劝退了。他们第一次接触便彼此吸引，阿瑟很快便向莉迪亚求婚。她问他靠什么为生时，他告诉她自己是个承包商。这绝对没错，他承包了煤炭开采。

艾达说，莉迪亚"被他优雅的舞姿、动听的声音、彬彬有礼的举止、张口就来的幽默、饱满的精神所吸引。而阿瑟则是被那个相当安静、矜持、淑女般的姑娘吸引了"。他们于1875年12月27日，即圣诞节的两天后结了婚，当时阿瑟二十九岁，莉迪亚二十四岁。阿瑟满怀激情地爱恋着他的妻子，拜倒在她的石榴裙下，为娶了一个"地位更高的"女人而自豪。而莉迪亚很快意识到自己被骗了，认识到自己犯了一个极大的错误，便"极度鄙视他"。[10]

威利·霍普金很喜欢劳伦斯的父亲，他敏锐地发现，"阿瑟·劳伦斯的妻子想要将他按她的想法塑造成一个绅士，但他根本就不是那块料。他天生就是那个样子……她太蠢了，竟然认为她可以改变她的丈夫，迫使他按她的路走"。[11]但当她意识到她那粗鲁、缺乏教养的丈夫辜负了她的期望时，她便冷酷无情地令他为她的失望付出代价。

《儿子与情人》中有一段激烈的争吵，发生在母亲拒绝为饿着肚子、精疲力竭的矿工父亲提供晚餐之后。矿工的妻子们周六晚上一般都会在丈夫们泡在锡制澡盆里洗澡时帮他们搓后背，莉迪亚认为这样的做法屈辱、丢脸。乔纳森·钱伯斯记述，她从来都无法原谅阿瑟，因为他只是个普通人。"她觉得自己被卑鄙地背叛了，觉得自己降格了，她要惩罚他，因为她有能力做到。她非常毒舌，张口就来，取得了她想要的效果，让阿瑟·劳伦斯最终几乎成了自己家里的外人。"[12]

全村人都知道劳伦斯夫妇是一对不幸的夫妇。莉迪亚在与丈夫的相处中既缺乏技巧也缺乏耐心，她奚落他、激怒他，待他以冷冷的不屑，嘲笑他粗俗的习惯，指责他酗酒，拒绝与他同床共枕，还教他的子女看不起他们的父亲。伊斯特伍德的一位乡邻回忆说，阿瑟"必须聆听他们说什么，却从来不被允许将他的所感所想说给他们听。他们对他的工作一点都不感兴趣……他们待他更像是个房客而不是父亲"。[13]一旦他想要说些什么，他们就命令他上床睡觉。

阿瑟的缺点在于他性格软弱而非狠毒。劳伦斯的小说和自传性散文作品描述阿瑟时，都说他是个英俊、充满活力的人，一位慈爱却令人害怕的父亲，劳动时的他处于人生的最佳状态。虽然他有时候会喝醉酒，偶尔很粗暴，但他忠诚于他的妻子，勤勉努力，有着一份稳定的工作。正如劳伦斯的短篇小说《吉米和绝望的女人》（"Jimmy and the Desperate Woman"）中的一个人物发出的惊叫："要是我非得屈服于采煤场，每天下矿做八个小时苦工，多多少少，总得有个人向我屈服。"这个人物的父母（劳伦斯的父母也是一样）持续不断地为获得主导权而争吵，这令他们的子女和朋友们总是紧张不安。"似乎空气里总存在着紧绷感，"杰茜注意到，"好像任何时候都会发生什么不寻常的事。这有点令人兴奋，但会让我觉得有点恶心。"[14]

劳伦斯有一篇未出版的自传式散文《女人最清楚》（"That Women Know Best"），写于20世纪20年代后期。他在其中清晰地回忆了一个事件，那次他的父亲威胁了他的母亲，坚持要拥有控制权。虽然很害怕，但劳伦斯觉得男性完全应该有这份魅力。可他母亲用一句她惯用的典型的刻薄话便挫败了他父亲想要获得权威的努力。劳伦斯说，虽然男人假装占据着主导地位，实际情况却是女人在统治：

> 我记得我还小的时候，我父亲对着我母亲吼叫："我要让你听到我的脚步声就颤抖！"——对我来说，这非常可怕，但我觉得我父亲这么说很合理，而且，虽然我确定我当时哭了，但私下里我觉得很痛快、很正确。女人和小孩子天生就该听到上帝和主人临近的愤怒声就颤抖。
>
> 但可惜啊！我母亲，即便她很愤怒，却只是发出了一声愉悦的逗笑，然后问："你会穿哪双靴子？"[15]

劳伦斯夫妇俩争论最激烈的问题是饮酒。莉迪亚是个绝对禁酒主义者，她在他们结婚那会儿要求阿瑟发誓滴酒不沾。阿瑟违背了誓言之后，她就以道德狂热对抗大麦约翰①，这毁了他们的生活。艾达虽然非常同情她的母亲，却也坦白说莉迪亚"会在晚上强压着怒火一直等父亲回来。父亲一回来，她那怒火就直接爆发出来，随后，她便滔滔不绝地数落着他的不是。本来父亲还略有点迷糊，乐呵呵地道歉，但她那滔滔不绝的数落令他变成了残暴粗野的猛兽"。劳伦斯在《伊特鲁利亚人的灵魂》（*Etruscan Places*）一书末尾无疑想到了他那极具忍耐力的父亲，对杀了妻子的囚徒深表同情："他热爱弹钢琴，但三十年来，他弹琴的时候，他妻子总在一旁对他唠叨。所以有一天，他突然在沉默中杀了她。随之，持续了三十年的唠叨停止了。"[16]

---

① 大麦约翰系戏谑说法，是制酒的麦芽或啤酒等含酒精饮料的拟人化名称。

乔治·内维尔是劳伦斯儿时的密友。他坚持认为阿瑟"绝不是个行为不检的醉鬼",他与威利·霍普金、乔纳森·钱伯斯的看法一样,都觉得"在那个年月里,阿瑟比他们那个地区的一般矿工要强上许多"。既然阿瑟其实是从自己家里被赶出去的,他自然就会跑到小酒馆里跟他的朋友们喝上几杯。他有时候会喝醉,但周日他从不喝酒也从没有耽误过工作,所以他肯定不是酗酒成性。

1910年12月,在他母亲因癌症去世前一周,劳伦斯综合了一下他对他父母婚姻的看法,并且预设了《儿子与情人》中的一些主题:"我母亲是个聪明却爱挖苦人的精致女人,她有着欧洲古老中产阶级的良好出身。她下嫁给了我父亲。我父亲皮肤黝黑、面色红润、笑容明朗。他是个煤矿工人。他乐观向上、热情真挚,但不够坚定——如我母亲经常说的那样,他没有原则。他欺骗了她,跟她说了谎。她瞧不起他,因为他爱喝酒。他们的婚姻就是一场血腥的肉搏战。"阿瑟因为莉迪亚的疾病而悲痛不已,劳伦斯将他比作燃尽的煤炭。他总结说:"我看着我父亲——他就像是煤渣。这很可怕,这是一场错误的婚姻。"[17]

劳伦斯晚年更能理解父亲的性格。他赞扬他的父亲拒绝遵从传统的行为方式(这与他母亲形成了鲜明对比,因为他母亲严格遵从传统行为模式),这也是他本人所模仿的:

> 他晚年对生活的态度就是要摆脱美德的束缚,喝点酒,或许偶尔还会偷猎兔子……
>
> 他甚至不值得尊敬,因为他经常喝醉,(很少)去教堂,经常对矿上那些临时老板相当粗鲁。
>
> 他其实从来都没有个好职位,一直都只是个监工,因为他总是说些针对别人的坏话,而那些人的职位在他之上,还控制

着煤矿。他说的那些话愚蠢且令人讨厌。

20 世纪 20 年代后期，劳伦斯还告诉他的好朋友里斯·戴维斯（Rhys Davies）和押撒·布鲁斯特（Achsah Brewster），比起写《儿子与情人》时，他现在更能理解并尊重他的父亲——他属于"已经消失的苍老的旧英格兰"。他觉得他父母之间的争吵更多是因为他母亲恶意的嘲弄而不是他父亲喝醉酒。他觉得自己一直没有公正对待父亲，他为自己对父亲充满敌意的肖像描写感到伤心，想要将这部小说重新写一遍。他还记得：

> 小时候，他们就接受了母亲的说法，相信父亲是个酒鬼，因此轻视他。但随着劳伦斯年纪的增长，他开始改变了对父亲的看法。他看到了父亲身上难以磨灭的火焰和对生活的热爱。此时，他开始责怪母亲的自以为是，责怪她将自己禁锢在了那牢不可破的基督教美德观里。她将那些可怕的谩骂场景注入他们的脑海，而她本该护佑着他们免遭这些东西荼毒……她转向因惊恐而呜咽的儿女，问他们是否反感有这样一位父亲。而父亲会看着站成一排的惊恐的孩子们说："没关系，小可爱们，你们不用怕我。我不会伤害你们。"[19]

劳伦斯的传记作家埃米尔·德拉弗奈（Emile Delavenay）写道："在劳伦斯个性的形成时期，他父亲对他的影响要么不存在，要么完全是负面的。"[20]他的无知看法令人震惊。恰恰相反，劳伦斯童年时期受到了父母双方同样的影响。从他母亲那里，他吸收了艺术气质、聪明的好奇心、抱负、完美主义、学习习惯、伦理观以及资产阶级体面的观念；从他父亲那里，他获得了直觉、活力、对生活的热情、对自然的热爱、对权威的反叛，像父亲一样鄙视物质主义，排斥传统价值观。他的母亲狭隘、文雅、体面、顽固、压抑、有严格道德标准、伪善、自以为是，他则娶了一个个性和禀性与他母亲截然不同的女子为妻。成年后，劳伦斯培养并发扬了他从父亲那里继承的性格，拒绝并压制那些他从母亲那里继承的特点。

第三章

# 童年与教堂，1885—1898

大卫·赫伯特·劳伦斯于 1885 年 9 月 11 日出生于伊斯特伍德的维多利亚大街，在家中排行老四，下面还有个妹妹。他家房小、钱少。他后来告诉过一位朋友："我母亲从来都没想过要生下我。"他生下来仅两周就患上了支气管炎，这个病一直没好，以致余生他都一直饱受肺病的折磨。19 世纪与 20 世纪之交，结核病发病率最高的人群是工业城镇居民。1898 年的伊斯特伍德地区，最大的杀手是结核与支气管炎，患这两种病死亡的人数占了死亡总人数的 70％。[1]

威利·霍普金第一次看到劳伦斯是在他出生才几周的时候，那时候的劳伦斯还挣扎在生死线上。当时莉迪亚"推着那辆带包铁轮轴的三轮婴儿车走在大路上，婴儿车里是她刚出生的儿子。我停下来问她这孩子的状况怎么样。她掀起婴儿车的帘幕让我看他的脸，那是一个羸弱无力的小人儿。我能理解劳伦斯太太的疑虑，她怀疑自己没有能力'养活'他。多年以后，劳伦斯告诉我：'我上学之前就是个流着鼻涕、抽着鼻子的小乞丐，几乎什么时候都患着感冒。'"劳伦斯的一个同学回忆说，莉迪亚经常告诉她儿子："伯特，抹干净你的鼻子。"劳伦斯在《自传素描》（"Autobiographical Sketch"）中将自己形容为"鼻子不通、虚弱苍白的小鬼，大多数人都会温柔待我，把我当成普通的、虚弱点的小家伙"。他的大哥乔治·阿瑟说："从他一出生，我们所有人都很宠他、惯他——我母亲将她的整个灵魂都倾注在了他身上。"[2]

乔治·阿瑟出生于 1876 年，身高只有五英尺四英寸。他是个叛逆的孩子，曾跑去当兵，最终成了一名成功的工程师、浸礼会世俗传教士，一直活到了九十一岁。走出校门后，他先在高地公园煤矿工作，之后又去了伊斯特伍德的一个图画设计师那里当学徒。1895 年，他很草率地参了军。但是当兵的时候他很郁闷，服役十五个月后，家里人花了高达十八英镑的价钱将他弄了出来。他后来在诺丁汉工作，搬进了城里。乔治·阿瑟被他儿子称为"有严格军人作风的人"，他在 1914 年与劳伦斯吵了一架，不久之后"一战"就爆发了。劳伦斯介绍他认识了自己的德国妻子弗丽达之后，乔治·阿瑟被爱国热情冲昏了头，大声嚷着："我要去杀'他们'几个'德国人'。"[3]

威廉·欧内斯特出生于 1878 年，他有抱负，也很成功。他是莉迪亚最喜欢的一个儿子，但英年早逝。他在伦敦办事处谋到一个职位，收入很高，是伊斯特伍德的传奇人物。他从小就是个好学生，热衷阅读，他的第一份工作是在当地的合作社干活。受到清教工作伦理的激励与塞缪尔·斯迈尔斯（Samuel Smiles）的《自助》（Self-Help，1864）一书启发，他在晚间学习打字与速写，白天为考文垂的希普利煤矿和格里菲斯自行车公司工作。在他生命的最后四年里，他受雇于伦敦莱姆街上的约翰·霍尔曼父子律师事务所，做办事员与通讯员。1901 年 10 月 18 日，《伊斯特伍德与金伯利广告报》上一则生硬的讣告凸显了他的抱负。讣告写道："伦敦的欢乐夺不去他对工作的热爱，夺不去他进取的热望。工作之余，每日晚间他坚持学习法语与德语，熟练掌握了这两门语言，能用它们交流与通信。承担如此之多，着实过于繁重，但他的胸襟气韵、他勤劳苦干的强烈愿望、他要让自己完全胜任更高职位的抱负、他在此世的进取与想要成为有用之人的渴望是如此强烈。"[4]

劳伦斯还有两个姐妹：姐姐埃米莉出生于 1882 年，妹妹艾达出生于 1887 年。埃米莉于 1904 年嫁给了一家商店的老板，伊妮德·希尔顿用"冷漠与挑剔"来描述她的性格。劳伦斯温和地讽刺了她的一本正经，暗指她像塞缪尔·理查森笔下的女主人公，称她为"美德有好报的帕梅拉"。① 劳伦斯与他那更聪明、更具同情心的妹妹艾达要更亲近一些。艾达 1913 年出嫁之前一直在一所小学任教。她在 1931 年出版了一本关于青年劳伦斯的著作，她徒劳地在劳伦斯在世之时与弗丽达争夺劳伦斯的爱，在他去世后与弗丽达争抢他的钱。虽然两姐妹对劳伦斯的生活和工作不可避免会有不赞同，但她们崇拜成年劳伦斯："'我们的伯特'所说的任何话都是正确的。"[5]

艾达抱怨他们全家人总能意识到自家生活贫困。莉迪亚在维多利亚大街上开了一家店售卖婴儿服装及缎带，她经营的目的是在丈夫收入之外贴补家用，但这家店最终关门了。阿瑟的工资多的时候很多，少的时候又很少，这得看开采的煤面质量以及他是否被允许全职工作。不过，正如乔纳森·钱伯斯（他成了诺丁汉大学经济史学教授）所指出的，阿瑟"是个技艺精湛的工人，能给家里挣不少钱；住着一所有凸窗、'单门独院'的房子，劳伦斯一家相当骄傲；给他妻子足够的钱供五个孩子中的三个（威廉·欧内斯特、大卫和艾达）接受良好教育"。[6]劳伦斯在《儿子与情人》中描述他父亲在走下坡路。但实际上，他们一家人在四年里（1887—1891）搬过两次家——从维多利亚大街搬到布里奇再搬到沃克大街——总是搬到更好的房子里。他们在 1902 年搬到了位于林恩-克罗夫特的房子

---

① 理查森的这部小说名称即 *Pamela，or Virtue Rewarded*，通常中文译作《帕梅拉》。

里，那是他们住过的所有房子中最好的一套。他们全家在 1906 年至 1909 年间还会去海滨胜地度假。他们所去的海滨胜地包括林肯郡和约克郡海岸的梅布尔索普、罗宾汉湾、弗兰伯勒，还有南部度假胜地怀特岛。

伊斯特伍德有一条单一的主街和好几百处采煤工人的简陋住所。那种"小四居室房"，劳伦斯写道，"'前面'可以看到外面那条阴郁、空无一人的街道，'后面'有一个很小的砖砌院子、一堵矮墙、一间厕所、一个排渣漕，可以看到那无人的广场"，这里没有隐私可言。"你可以听到隔壁邻居在家里说的每一个字……你可以看见广场上的每一个人，如果他们去上厕所的话！"位于布里奇的房子是劳伦斯一家的第二个住宅，也是劳伦斯记事以来的第一所住宅。那里的房子位于山谷中，房子的后面是一小块一小块缺乏生机的花园。虽然这房子很糟糕，但劳伦斯说他很喜欢这所房子。在杰茜·钱伯斯看来，位于林恩-克罗夫特的房子，各种条件都有了很大改善："房子舒适、房间布置舒舒服服，劳伦斯有充分的理由为自己的家感到骄傲。"[7]所有这一切都证实了乔纳森·钱伯森的论断：劳伦斯一家是相对富有的工人阶级家庭。

劳伦斯是第一个获益于 1870 年《教育法案》的英国作家。这项法案主要由 W. E. 福斯特（W. E. Forster）负责，他是威廉·格莱斯顿政府的内阁大臣。法案向现有学校及已确定成立的新的全国"寄宿学校"提供补贴，这些学校教授文化课并讲授《圣经》上的基本训示。这项法案为英国增加了五千所学校，为普及公立义务教育打下了基础。

劳伦斯和当地的其他男孩子一样，三岁半就被送去了博威尔寄宿学校。但或许是因为身体状况不好，他很快就不去上学了，一直等到七岁，他才返回这所学校。莉迪亚将他带在身边，教他读和写。劳伦斯是个身体羸弱、心理脆弱的孩子，他不能受到严厉批评，不能参加剧烈运动和身体对抗。大多数的时间他都跟女孩子待在一起。他所有的老师和同学都认为他像女孩子，没有阳刚之气。他在学校里被男孩子鄙视，在家里受父母吵架的困扰。

他的朋友乔治·内维尔是个强势的人，他说劳伦斯"瘦小、苍白、虚弱、纤尘不染、整洁干净（就像他侄儿威廉·欧内斯特跟莉迪亚住在一起时的那个样子），没有精力参加我们常常变得过度激烈的游戏"。阿尔伯特·利姆（Albert Limb）坚持认为，"劳伦斯又弱又小，是我见过的最懦弱的男孩子。随便一个小男孩都可以走过去用拳头打他，而他是不会反击的"。[8]有位老师回忆说，他"在我们这儿的时候是个非常聪明的孩子……但他让我印象深刻是因为与他哥哥相比，他相当柔弱"。劳伦斯后来写到那位老师 W. W. 怀特海德（W. W. Whitehead），说他"是个优秀的、脾气暴躁的老头，留着白胡须。我母亲最为敬重他。我记得他曾对我大发雷霆，因为我不愿意承认我的名字大卫。'大卫！大卫！'他咆哮，'大卫是一位伟人与好人的名字。'"[9]

在《儿子与情人》的一幕中，劳伦斯描述了保罗·莫雷尔每周得去煤矿办公室领他父亲的工资时那种令他痛苦的羞涩感（他从来都没有摆脱过这种羞涩感）。每周五，他不得不去面对那些充满敌意的矿工，他们嘲笑他的怯懦，对他接受教育并可以借此逃离他们所经历的严酷生活感到愤愤不平。劳伦斯的一位女性朋友还说，矿主为矿工子女举办的年度聚会同样会令他怕得要命：

> 每年的节礼日①，周边数英里范围内的矿工子女都会被邀请去兰姆·克罗斯之家——矿主巴伯先生的家，每个人都可以领到一枚崭新的一便士硬币和一只大橙子。有一次，伯蒂②不

---

① 节礼日（Boxing Day）为每年圣诞节后的第一个工作日。
② Bertie，此处为劳伦斯名中 Herbert 的昵称。

敢上前，我便将自己领到的礼物给了他，然后再去领他那份儿。男管家瞪着我，我很害怕他不会再给我那一便士和橙子，便慌乱地说："求您了，我不是给自己领两份，有一份是帮伯蒂·劳伦斯领的。"[10]

威利·霍普金是一位激进的记者、当地的从政者，也是伊斯特伍德知识界的领军人物，他对劳伦斯的教育有很大帮助。他鼓励劳伦斯要有抱负，与他进行有启发性的交谈，介绍他读不同的书、接受不同的观点、认识不同的人。霍普金 1862 年出生于诺丁汉郡的唐宁顿堡村，劳伦斯一生都与他保持着联系。霍普金的父亲是邮政局长，还是一家靴子店的业主。他的店里雇了一位年迈的手艺人老威廉。老威廉就坐在店里的角落里为因事故致残的矿工手工缝制皮靴。霍普金对矿工们有前途的子孙很感兴趣，他会在周末盛情款待他们，这当中他尤为喜欢劳伦斯。

在劳伦斯的戏剧《一触即发》（*Touch and Go*，1920）的开场一幕中，威利·霍顿做了一场激动人心的演讲，借此唤醒麻木的矿工。威利·霍顿就是以威利·霍普金为原型的。在《努恩先生》（*Mr. Noon*，1984）中，劳伦斯以极富同情心的笔触描写了刘易斯·戈达德——另一位以威利为原型创作的人物："长相英俊，高高的额头、小胡子。他是一位社会主义者，侧面看上去有点像莎士比亚，但更优雅。他的后颈看上去很有魅力、很像男孩子，已经五十五岁的他的身材不再苗条。他就那样蜷缩着凝视那团炙热喷发的炉火。他是纯粹的理想主义者，有点像耶稣，只是长得有点像山羊。他在火堆面前出神的时候，眼睑像山羊般怪异地下垂着。"1951 年，威利在进行一场演讲时突然去世，享年八十九岁。

威利的女儿伊妮德第一次遇到劳伦斯是在 19 世纪与 20 世纪之交，那时她五岁，劳伦斯十五岁。她记得那时的他是个瘦高而笨拙的男孩子，两颊上有一层软毛，脸上有几颗青春痘，有一双非凡的、看穿一切的眼睛。劳伦斯起初并没有太关注伊妮德。但后来，小伊妮德生了一场病，劳伦斯在她患病期间去看过她，用他的好奇心和他对自然界的认识向伊妮德展现了各种全新的世界。[11]

1901年，悲剧突然降临劳伦斯家。威廉·欧内斯特周末回了趟伊斯特伍德，之后返回伦敦继续工作。"但第二天他就病得下不了床了。请了一位医生来，但他宣布威廉·欧内斯特没救了；又找了第二位医生，但他们的医术都对他的病无能为力。病患患上了丹毒（一种急性传染病），接着又患上了急性肺炎。"[12]威廉·欧内斯特去世之后，莉迪亚将她的生活重心极端地、毁灭性地寄托在了小儿子伯特身上。

在《莱昂纳多·达·芬奇》（*Leonardo da Vinci*）一书中，弗洛伊德描写了这位艺术家的母亲："与所有不满足的母亲一样，他的母亲用儿子取代了丈夫，让他过早了解情爱生活，剥夺了他的部分活力。"莉迪亚·劳伦斯出于相同的原因竭力扼杀她儿子身上的情欲，因为正是情欲导致了她本人婚姻不幸，而她们的结果也极为相似。如梅·钱伯斯所写："她害怕那些只有她和她丈夫待在一起的年月（沉默中充满了敌意），不惜任何代价，她会将她的儿子占为己有。"[13]

在一封写给苏格兰诗人蕾切尔·泰勒（Rachel Taylor）的著名信件中，劳伦斯在描述了父母的不和之后，继续描绘了他对父亲过度的敌意和他对母亲不正常的依恋：

> 我生来就痛恨我的父亲，从我开始记事起，他一触碰我，我就吓得直打哆嗦。在我出生以前，他就是个非常糟糕的人。
>
> 这种情况促成了我与我母亲之间的某种纽带。我们彼此爱恋着，几乎就像是丈夫与妻子之间的那种爱，同时也是母子之

间的爱。我们之间几乎本能地相互了解。她跟我姨母说起我："他的情况就不同了，他像是我的一部分。"这一点千真万确。我们俩就像是一个人似的，我们彼此非常理解，心心相印。这种情况相当可怕，令我在某些方面变得不正常。①[14]

但没有人会生来就痛恨自己的父亲。劳伦斯是被他的母亲教着去痛恨和畏惧自己的父亲，说他在他出生之前就很"糟糕"，是因为他们不想要这第四个孩子。在《儿子与情人》中，劳伦斯描述了他那饥饿、沮丧、醉酒的父亲拿起一个桌子抽屉砸向他怀孕的母亲，令她头破血流，而这未出世的孩子经他母亲的鲜血洗礼，在她体内异常气愤；描写了他父亲将她母亲推进冰冷墙壁环绕的花园，将她锁在门外。在她最小也是最后留在身边的儿子刚刚能理解这种残忍且可能非常危险的对待方式时，莉迪亚就向他大吐苦水。他被教导要厌恶"煤坑里污尘的味道和他父亲粗俗的习惯，这些逐渐被灌输进脑海，令这些'优越的'孩子开始讨厌他们的父亲"。劳伦斯用一种深深懊悔的语气告诉杰茜·钱伯斯："我从未真正拥有过父亲。"他的父亲存在，但他的存在被否定了，事实上是被他母亲摧毁了。劳伦斯承认："我为了我母亲不得不恨他。"[15]虽然劳伦斯在某些方面反常，但他母亲对他性格方面偏女性化的培养使他具有了对女性的惊人洞察力，使他能够创作出相当多的女性人物。

对劳伦斯的少年时期产生最重要影响的因素，首先是他的父母，紧随其后的是公理会。莉迪亚在循道宗家庭长大，但她和劳伦斯都批评原初循道宗那些粗俗、强调情感奋兴的集会，都被公理会那种更为苦行式的、更理性的方面所吸引。劳伦斯在其散文《人生中的圣歌》（"Hymns in a Man's Life"）中强调了他所信奉的稳固、

---

① 译文参考哈里·莫尔编，《劳伦斯书信选》，刘宪之、乔长森译，哈尔滨：北方文艺出版社，1999年，第11页。

值得尊敬的公理会与从英国国教中分裂出来的更军事化、狂热化的循道宗之间的差异："我小时候，原初循道宗派分子总是注重'奋兴'（revival）与'救赎'，而我总是害怕被救赎……公理会成员是最古老的不信奉英国国教的教徒，是奥利弗·克伦威尔独立派（在17世纪）的后代。他们仍然保留着不用典仪的清教传统，但他们丢弃了我小时候在循道宗派分子身上发现的那种个人情感主义。"[16]

　　劳伦斯是那群伟大的不信奉英国国教传统的激进局外人之一，这群人包括弥尔顿、班扬、笛福、布莱克、彭斯和布朗宁。弥尔顿、笛福与布朗宁和圣诗作者以撒·华兹（Isaac Watts）一样，都是公理会信徒；还有欧内斯特·海明威也同样信奉这一教派，他的父母是伊利诺伊州橡树园镇公理会教派的核心成员。公理会与自由的浸礼会派和公宜会派一样，通常占据着长老教与激进的新教之间的中间位置。公理会尤其强调每一个教堂的会众拥有自主决定的权利与责任，而不是将教众交给拥有更高权威的单个人去审判。该教派所强调的信仰自由、宗教自由与公民自由，是从新教徒所笃信的上帝的权威以及对所有信徒都有神职的信念发展而来。其成员与思想方式一贯以中产阶级为主，其组织形式民主、政治观点自由、社会良知个性化。公理会尤其重视劝诫，将《圣经》置于首位。在维多利亚时期，公理会与其他教派一样蓬勃发展，在各省辖市的文化与教育中发挥了突出作用。劳伦斯在《误入歧途的女人》（*The Lost Girl*, 1920）一书中描绘了教会的社会性与知识性，他这样写道：女主人公"每周四晚上会去公共订阅图书馆，更换她一周所读的书，她也会在那里见到朋友和熟人。在像伍德豪斯这样的地方，教会和教堂——尤其是教堂——的价值是不可估量的，它们就像是社会机构。公理会教堂给爱尔维娜提供了完整的户外生活，没有它，她实际上会变得非常可怜"。[17]

小的时候，安息日那天，劳伦斯会去主日学校，也会参加公理会教堂举行的晨祷与晚祷。那位苏格兰裔牧师罗伯特·雷德是劳伦斯太太非常欣赏的朋友，他于 1897 年至 1911 年间在伊斯特伍德做牧师。即便成年之后，劳伦斯仍会受到镌刻在墙上的《历代志（上）》16 章 29 节中 "当以圣洁的装饰敬拜耶和华"① 这句话的启发，仍然记得救世军进行曲以及神圣奋兴曲的所有歌词中的每一个字。"从小，"劳伦斯写道，"我就熟知《启示录》中的语言与意象：这不是因为我花时间读了《启示录》，而是因为我被送去了主日学校和教堂，被送去了英国少年禁酒会（the Band of Hope，一个戒酒联合会）和基督教奋进同盟（Christian Endeavour，一个鼓励青年参加当地教堂宗教仪式的运动），还因为总有人为我或向我读《圣经》。"[18]

到 1901 年劳伦斯十六岁的时候，他已经完全排斥基督教教义，强烈反抗宗教。他觉得基督教那些温和的教条多多少少使伊斯特伍德温顺的男孩失去了男子气概，而且那些关于救赎的血腥语言压制了他的理性，他特指的就是循道宗的那些教条与语言：

> 从童年一直到成年，我与其他任何一个不信奉英国国教的新教徒小孩一样，让《圣经》每日充斥着我们无助的意识……《圣经》中的这些 "部分" 灌注进我们的大脑和意识，直到它们深入我们的大脑与意识，成为影响我们所有情感阶段与思考过程的因素……
>
> 寄宿学校、主日学校、英国少年禁酒会，尤其是那些男孩子的母亲，压制着他们。压制着他们，让他们驯服……
>
> 生长在不信奉英国国教的新教徒家庭的我，就从来都没弄

---

① 原文为 "Worship the Lord in the beauty of Holiness"。

明白过关于救赎的血腥语言……在羔羊之血中清洗！我总觉得这是令人极不舒服的建议。杰罗姆说：以主之血清洁之人永不必再清洗！——我感觉我得立即洗个热水澡，不想和这些东西产生哪怕一丝关联。[19]

他的短篇故事中的那些牧师——《牧师的女儿们》（"Daughters of the Vicar"）中的马西先生、《处女与吉卜赛人》中的亚瑟·塞维尔——清一色地令人憎恶。他在《范妮与安妮》（"Fanny and Annie"）中引用了一首圣诗，接着又讽刺它不真实：

> 嗨，感恩道谢的人哪，过来吧，
> 唱起那首丰收之家的歌谣。
> 丰收果实安然贮藏
> 赶在那冬日风暴来临之前——

"甚至连圣诗里说的都是错的，因为这个季节非常潮湿，一半的作物还长在田地里，情况很糟。"

在《羽蛇》（*The Plumed Serpent*，1926）中，神圣奋兴曲第499首被融入阿兹特克人的野蛮仪式。这些仪式取代基督教，存在于重获新生的印第安人的生活中。

> 人们将涌入这天国之门，
> 不久之后，不用太久，
> 他们将品尝他们所等待的荣光。
> 其中有你，也有我。
> 有人被挡在门外，敲门声会响起，

> 不久之后，不用太久，
>
> 里面的声音说：陌生人，请走开。
>
> 其中有你，也有我。

到了劳伦斯这部异教徒小说中变成了：

> 人们从门而入，
>
> 现在，就在此时，啊——
>
> 他们看到身披光明的人在等待。
>
> 其中有你，也有我。
>
> 有人被挡在门外，
>
> 啊——片刻之后，啊——
>
> 里面的声音说：陌生人，请走开。
>
> 其中有你，也有我。①[20]

　　不过，公理会对劳伦斯的影响最终都变成了积极的影响，滋养了他最典型的品质：特立独行、富有激情、有责任感，以及自信、学究式、有预见性、坚定不移的革命精神。在一篇非常重要的文章中，惠格姆·普莱斯（Whigham Price）概述了该精神对劳伦斯的深远影响，称之为"一种根深蒂固的清教精神"，"一份震撼的遗产"，"坚定地独立于信念与行动"，"一种重复的愿望，即希望在他身边聚集几个志趣相投的朋友，他可以与他们一起形成一个小团体，这个小团体可以基于大家共同接受的见解安排个人或团体的生活"，"一种'聚集的会众'的概念，这些聚集起来的成员从'此世界之外'被召集，其聚集的目的是给这个世界带来救赎"。[21]

---

① 　此处译文参考《羽蛇——D. H. 劳伦斯精品选译》，彭志恒、杨茜译，北京：中国文联出版公司，1994 年，第 210—211 页。

劳伦斯的童年遗留给他的是糟糕的健康状况，这导致了他一生的伤病；一个有支配欲的母亲——她毁了劳伦斯的情感生活；还有一座无处不在的教堂——它激发了劳伦斯对宗教的强烈敌意。但糟糕的健康状况令他珍惜时间，利用好一天中的每时每刻；他母亲对他的爱给予了他巨大的力量与自信；而教堂令他完全熟知《圣经》，其中的语言与韵律丰富了他的作品。

第四章

# 诺丁汉，1898—1908

1898 年，十三岁的劳伦斯完成了他在伊斯特伍德博威尔寄宿学校的学业。他的大多数同学都去了煤矿工作，但他得到了那位脾气暴躁的校长 W. W. 怀特海德的辅导，获得了一份郡议会奖学金，成为该校首位获得十二英镑年助学金的男孩子。这十二英镑支付了他的学费（一学期三几尼①）和前往诺丁汉高中的铁路交通费。但莉迪亚还得节衣缩食才能给他买衣服、靴子，支付他的伙食费。

19 世纪末期，诺丁汉是一座阴郁的工业城市，到处都是花边工厂和袜类工厂。这些工厂雇的包括童工在内的工人数量占了整个工业雇工人数的一半。这座城市也在发展新的文化中心，其中包括兴建高中与大学。城里最大的图书馆设在机工学院，它为想要提高才智、努力进取的工人提供成人教育。诺丁汉城成为博物馆与艺术馆早期兴起之地。当地的主要节庆日是鹅节，人们在此期间更多是娱乐而不是进行买卖。鹅节通常是在十月份，持续近一个星期；节日期间会有小丑、手摇风琴的女孩、跳舞的熊、戏剧表演组、艺人的各类表演及蜡像展。[1]

虽然间或会有这样丰富的活动，但诺丁汉整体说来还是一座沉

---

① 几尼（Guinea）为英国旧金币，值一英镑一先令。

闷的城市。它高度宗教化，有严格的社会等级秩序——地主乡绅、煤矿主和工厂主、专业人士、商人以及大批的工人阶级。工人们每天在工厂长时间辛苦劳作，住的是劳伦斯难以想象的贫民窟。与维多利亚时期大多数居住在伦敦之外的城镇人口一样，诺丁汉人努力工作，早睡早起，手头没有多少可供开销的钱。这里几乎没有有闲阶级；社交生活发生在当地的酒馆或者教堂而不是城市中心。1922年，T. E. 劳伦斯①强调了这座城市恪守安息日的特征："诺丁汉是那些'主日'城市之一——集市广场无人问津，空旷的城市街道上，尘雾漫天飘舞。人群正前往卫斯理公会布道所。"

格雷厄姆·格林（Graham Greene）1926 年曾在诺丁汉做记者。他在《一支出卖的枪》（*A Gun for Sale*，1936）中捕捉到了这座城市典型的氛围——黎明时分被吵醒的煤矿工人，店铺里出售的《圣经》，阴暗、压抑的工业主义，迟钝的乡下习气，维多利亚时期丑陋的城市里随处可见的衰败：

> 第一辆有轨电车从车库里爬出来，沿着铁轨驶向市场。一张旧报纸被风刮起来，贴在皇家剧院的门上。市郊靠近矿井的几条街上，一个老人蹒跚地走着，手拿一根长棍挨户敲打住家的窗户。大马路上一家文具店的橱窗里摆满了《祈祷书》和《圣经》……沿路，一盏信号灯在黑暗中闪着绿光，一节节明亮的车厢速度渐渐慢下来，驶过一个墓地、一家制胶工厂，从一条砌着水泥堤岸的整洁、宽阔的河面上驶过……诺维治的人们很早便上床睡觉；影院十点半便关门，一刻钟后，所有人或

① 托马斯·爱德华·劳伦斯上校（Thomas Edward Lawrence，经常被称为 T. E. Lawrence，1888—1935），也称"阿拉伯的劳伦斯"（Lawrence of Arabia）。他是一位英国军官，因在 1916 年至 1918 年的阿拉伯起义中作为英国联络官的角色而出名。许多阿拉伯人将他看成民间英雄，因为他推动了他们从奥斯曼帝国和欧洲的统治中获得自由的理想；许多英国人也将他列为他们国家最伟大的战争英雄之一。

乘电车或乘公共汽车，全都离开了诺维治城中心。诺维治唯一一个妓女还在市场附近晃悠，伞下的她冻得浑身发紫。另外还有一两个商人在都市大酒店的大厅里抽着这一天的最后一支烟。①[2]

诺丁汉高中的校长詹姆斯·高（James Gow，1854—1923）牧师是位杰出的学者。他毕业于剑桥大学三一学院，在诺丁汉工作十六年后成为伦敦著名的威斯敏斯特学校校长。詹姆斯·高的儿子安德鲁是劳伦斯的同班同学，他同样有着了不起的学术经历。1901年——这一年，劳伦斯毕业，安德鲁的父亲去了威斯敏斯特学校——安德鲁离开诺丁汉前往拉格比学院，他在三一学院获得学位，成了伊顿中学的老师，教过乔治·奥威尔，之后他去了三一学院执教，在那里与 A. E. 霍斯曼（A. E. Housman）成为挚友并为其立过传。

D. J. 彼得斯（D. J. Peters）提供了一份详细的信息，内容包括劳伦斯的老师们、他的课程表以及他的班级排名。劳伦斯 1898年进入诺丁汉高中学习时，尽管这所学校早在 1513 年便建成，但植物园街上的教学楼才只有三十年的历史。学校有二十位教师（其中八人毕业于剑桥），包括一名音乐老师和一位教官。学生人数为三百八十一人，全都是男孩子。他们的上课时间是上午九点至十二点四十五分，下午两点半至四点十五分。星期三与星期六这两天他们只有半天课，放半天假。劳伦斯进入了克罗夫茨先生的高一现代班，班上共有三十九名来自诺丁汉中产阶级家庭的男生，他们当中的许多人后来上了牛津大学和剑桥大学。劳伦斯是班上唯一的矿工之子，他本能地对这帮资产阶级家庭的男生敬而远之。每天，他不

---

① 译文前半部分参考格雷厄姆·格林《一支出卖的枪》，傅惟慈译，上海：上海译文出版社，2010 年，第 56 页。

得不坐火车往返于伊斯特伍德与学校之间，早上七点从家出发，晚上七点到家，还要准备第二天许多课程的内容。

　　劳伦斯第一学年的学习成绩很好，年级排名第六。他的英语与绘画是班级第三名，德语排名第四，法语排名第十。那一年他学了《使徒行传》、莎士比亚的《理查二世》、1689 年至 1783 年的英国史、大仲马的一部关于达达尼昂的小说。第二学年，他读了《皆大欢喜》、从詹姆士一世至查理二世的英国史、梅里美的《高龙巴》（Colomba）、德国英雄传说。他也选了一些更为注重实际的课程，学了速写、摘要写作、簿记、商业地理、商业通信。中学最后一学年里，他学了《马太福音》、1702 年前的英国史、英语语言发展史、瓦尔特·冯·德尔·福格威德（Walther von der Vogelweide）的中世纪德国诗歌。显然在最后一年，劳伦斯失去了学习的兴趣、动力，或许还有自信，学年结束的时候，他在十九个男孩子中排名十五位。彼得斯推断，劳伦斯"待在那里的时间不长，学业成绩一般，并不突出"[3]。不过，根据劳伦斯大学时期的奖学金考试情况和后来的学业情况来看，他受到了良好的教育，而且学到了不少东西。

　　上学对劳伦斯来说并不容易。他必须得非常刻苦，因为他经常生病，来回坐车上下学让他筋疲力尽。他的朋友乔治·内维尔发现，"读中学的时候，劳伦斯还是会有令人厌烦、干涩而刺耳的轻微咳嗽声，他经常会突然抬起左手捂住嘴巴"。比劳伦斯小九岁的侄儿威廉·欧内斯特生动地回忆说，劳伦斯意志消沉想哭的时候，莉迪亚会变得非常坚强并鼓励劳伦斯：

　　　　祖母辅导他，帮他完成要带回诺丁汉高中的家庭作业，这个时候，他经常会哭来哭去的，他做不了。"我做不了，母亲。我就是做不出来。""好了，伯蒂，好孩子，你可以的。再多吃几颗葡萄……"她总是会准备些葡萄和一个蛋黄——哦，他不能吃蛋白，可怜的伯蒂不够强壮……她帮他渡过了难关；他完成了他的家庭作业，她还会跟着他一起背诵。没有她的帮助，我怀疑他不一定能成功。[4]

劳伦斯高中毕业的时候十六岁，他没有钱再继续完成学业，不得不做些苦工。他颇有见识的哥哥威廉·欧内斯特——因诺丁汉鹅节而归了家——给了劳伦斯一些建议。随后，劳伦斯浏览了当地许多报纸的招聘广告，用适切的商业用语写了封求职信，应聘 J. H. 海伍德父子公司的工作。这家公司成立于 1830 年，是家外科手术器械和假肢制造商。

在他的第一封求职信中——这封信很有可能是由威廉·欧内斯特起草，甚至就是他书写，这位当代的反叛者声称自己拥有法语、德语、簿记、算术方面的知识；提出可以提供他的老师们出具的关于他的性格及能力方面的证明，以及他的牧师罗伯特·雷德的推荐信；他还在信的结尾郑重承诺："若有幸获得贵公司的职位，本人将不遗余力地证明自己值得您的信赖。"[5]在母亲的陪伴下，劳伦斯由海伍德先生面试之后获得了这份每月十三先令、每年不到三十四英镑的职位。他每周工作六天，除了上下班花在路上的时间，每天从上午八点开始到晚上八点结束，周四和周五晚上是六点结束。因为工作干得不错，他获得了每小时多两便士报酬的奖励。这份工作符合他母亲对自己出身工人阶级家庭的儿子的期望，那就是找一份安全、干净的职业——远离工厂和煤矿。虽然这个期望非常普通、合情合理，但也偏于狭隘。

海伍德父子公司位于诺丁汉工业区的一条街道上，这里"昏暗、陈旧，店铺低矮阴暗，店铺的门都是墨绿色的，上面装着黄铜色的门环，土黄色的门阶一直通到人行道；然后你会看到另一家老店，店铺里小小的窗户看上去就像一只狡猾的、半闭着的眼"。在海伍德父子公司，劳伦斯的工作是分拣信件、将新的订单送去车间、开具发票、捆包裹、抄写信件（有时候用法语和德语抄写）——这些信件通常抄写在印有公司抬头的信笺上，信件上方是弹力袜和义肢的图样。劳伦斯在《儿子与情人》中借乔丹公司对之进行了描述。"大量女工，"当地的一位历史学家特别提到，"使这座城市里的女性有了更大的精神独立与经济自由。"这些精神饱满的工厂女工有着非常典型的下流、强势心态，这导致她们没有男性同伴。为了补偿她们长时间无聊重复的工作，她们的下流、强势心态会激发她们去做一些让人极度厌恶且很有可能是令人感到羞辱的事情。那些女工很有可能因为劳伦斯有一双干净的手还会点法语而憎恶他。她们袭击了他，试图扒光这个自命不凡、无辜的男青年的衣装：

> 他经过（仓库）的时候，有几个女工冲向他、抓住他、推倒他，要在他身上施以最超乎寻常的侮辱。
>
> 我觉得那些女工受到了打击。最初，因为劳伦斯没料到会发生什么，她们占了几分优势，但我确定劳伦斯开始剧烈反抗时，她们震惊了。虽然劳伦斯长得单薄，但他很高，瘦而结实，胳膊长、手指长，发起怒来，他会变成一个魔鬼。我推断，他用牙咬、手脚并用地攻击那些女工；他撕裂了她们的裙子，咬了她们的手指、胳膊，抓花了她们的脸，踢她们，最终将她们赶走了，因为她们害怕承受不了她们所引起的暴怒。[6]

劳伦斯后来将这一事件写进了《请买票》（"Tickets, Please"）中，乘坐电车的女孩儿们报复性地殴打约翰·托马斯，象征性地强暴了这个帅气却温顺的检票员，因为他脚踩多条船，伤了她们的心。

威廉·欧内斯特猝死事件之后大约过了两个月，他们的母亲还在为失去这个儿子而悲伤不已的时候，她最小的儿子患上了严重肺炎，这次的肺炎毁了他一生的健康。乔治·内维尔认为这次的病与工厂女工的袭击有关。劳伦斯的妻子弗丽达后来说，"他十六岁的时候几乎病入膏肓，肺部全部发炎；他差点就死了，却凭着巨大的勇气和极强的生命力，又拼命活过来了"。劳伦斯由莉迪亚照料着恢复了健康，她救了他的命却救不了威廉·欧内斯特的命，由此，她比以前更紧密地将劳伦斯束缚在自己身边。1902年4月，劳伦斯在他一位阿姨经营的一处"精装公寓"里住了一个月，这处公寓位于林肯郡海岸的斯凯格内斯。五十年后，劳伦斯的女性友人海伦·科克（Helen Corke）还记得他说过："我要是想让哪个女人爱上我，我会带她去林肯郡。那种巨大的空虚感与孤独感肯定会让人彼此紧紧依靠。"[7]

劳伦斯和莉迪亚都认为他的身体状况让他没办法再回诺丁汉的工厂工作，于是他便当起了老师（这也是莉迪亚曾经有段时间从事的职业）。那个时候，做教师是聪明的孩子逃脱手工劳动的通常做法。1902年的《教育法案》承继1870年《教育法案》所取得的成就，重新设置了英国的小学，扩展了中学教育，为新教师提供了更多培训与岗位。始于1846年的小学教师体制为教授简单课程的实习教师提供小额生活津贴，学校领导还会给实习教师本人提供指导。

有了连续三年半坐车前往诺丁汉的经历之后，劳伦斯此时在他家乡那令人不快的环境中承担了一份既代表屈从（他是见习教师）又代表权威（他是主管一个班级的教师）的工作。经雷德牧师推荐，劳伦斯获得了伊斯特伍德英国学校小学教师一职。小学毗邻公理会教堂，劳伦斯在那里度过了漫长的四个学年，从1902年10月一直工作到1906年7月。他妹妹艾达在同一所学校的女生部教书。

1928 年为一家法国出版商撰写自传信息时，劳伦斯回忆，他当时工资收入很低，自己没什么野心，还很讨厌教书，"在一家给矿工子弟办的条件简陋且恶劣的小学教过书：工资，第一年五镑（占他在海伍德的收入的七分之一）——第二年十镑——第三年十五镑（从十七岁到二十一）……你必须得聪明，要一步步飞黄腾达。但是大卫·赫伯特（与威廉·欧内斯特不同）从这个世界退缩了。他讨厌这个社会的阶梯，拒绝崭露头角……所以，他为（杰茜·钱伯斯）而写作——根本没有任何想要成为文人的想法——只是将自己看成一名学校教师——还非常讨厌教书"。有一名小学生非常正面地评价了劳伦斯的热忱与渊博的知识："劳伦斯似乎从来都不适合做老师……他性子急躁、行为古怪，他对班上的学生生气的时候，脸一下子就会涨得通红。（但是）作为一名老师，他相当棒，似乎读过很多书，什么都懂一点。"[8]

　　年轻、信奉理想主义、缺乏经验的劳伦斯在监管五十名野孩子方面遇到过困难，他讨厌自己必须得揍那些号啕大哭的孩子，因为要努力强迫他的学生学习，他精疲力竭。他在《虹》第十三章描写的厄秀拉·布朗文在圣菲利普学校的教书情况，所反映的正是他在英国学校的教书经历。厄秀拉所在的学校简直像座地狱，令人恐惧的幽闭氛围让她精疲力竭且茫然不知所措：

　　　　她有一种被关闭在机械、停滞的空气中的恐怖的感觉。她感到自己好像已远离了正常的生活……学校的地势很低，用栅栏围着，院子是用沥青铺成的，沥青经过雨水的冲刷变得乌黑发亮。整幢建筑物给人一种肮脏、可怕的感觉，透过窗户隐约可以看到干枯的植物……这使她恶心。她觉得自己必须离开这个学校，这个折磨人的地方……教学时间太长，教学任务也太繁重，学校的纪律状况让她极不自然……让一个冲动、欢快的十七岁姑娘变成一个冷漠、严肃，与孩子们没有人情关系的老师是件多么痛苦的事情啊……这些孩子们简直糟糕透了。每件事情都得由你强迫着他们去做，要求他们做什么必须得由你自己去想。他们无论学什么，都要你硬逼着把知识强加给他们，这就是这儿的情况。①[9]

在英国学校的第三年，劳伦斯还参加了伊尔基斯顿的教生中心②举办的培训。这家中心设在德比郡，从伊斯特伍德往南四英里，在埃里沃什河对面。培训中心校长托马斯·皮克罗夫特（Thomas Beacroft）是《虹》中那个专制的哈比先生的原型，他"身材矮小、体格强健、脑袋很大、下巴很厚……他工作得如此专心而忽略旁人的存在，总是让当事人有点受辱的感觉"③。劳伦斯在该中心的同学包括妹妹艾达和几位挚友：杰茜·钱伯斯、乔治·内维尔、路易莎·伯罗斯（Louisa Burrows）。其他同学觉得劳伦斯难看、病恹恹，还没有耐心："他不是个长相帅气的人，面色苍白，看上去憔悴……他的外貌一点都不吸引人。他看上去弱不禁风……他一点耐心都没有，如果（学生们）不服从，那可就完了，他是忍不下去的"[10]——每次遇到反驳或反对，他都会发火。

在伊斯特伍德教书并在伊尔基斯顿教生中心培训期间，劳伦斯得到了托马斯·皮克罗夫特的辅导，于 1904 年 12 月参加了争取国王奖学金的考试，这份奖学金将足以支付他的大学学费。他的考试

---

① 《虹》，马志刚、齐元涛译，北京：中国文联出版公司，1994 年，第 375、371、391、411、396、385 页。
② "教生制"于 19 世纪中期诞生于英国；19 世纪 70 年代"教生中心"随之应运而生。"教生制"与"教生中心"是英国教师教育历史进程中的重要教师训练模式，培养和训练了一大批教生（国内有学者称之为见习教师），促进了 19 世纪下半叶至 20 世纪初英国初等学校的发展。
③ 此处译文参考《虹》，马志刚、齐元涛译，北京：中国文联出版公司，1994 年，第 376 页。

成绩相当优异，成为全英国十一名候选人中的一级一等。1905 年 3 月 10 日是最终结果公布日，劳伦斯在当天接受了当地报纸的采访。他在采访中列举了他独有的休闲方式——"阅读、在（附近的）乡间散步、素描与绘画"，这些是他一生都进行的娱乐休闲。

在英国学校作为见习教师教书的最初三年里，劳伦斯的收入相当低，根本不够支付他上大学的费用。因此，他在伊斯特伍德又教了最后一学年，从教生晋级为未持有教师资格证的代课教师，收入相当高，达到了每年六十英镑。虽然他不喜欢教书，但他相当努力，如他在考试中表现优异一样，他在教室里也表现突出。劳伦斯离开这所学校的时候，获得了校长乔治·霍尔德内斯一封极富溢美之词的推荐信。他在信中入木三分地写道："我在这所学校任校长已有二十八载。二十八年来，我们有过许多教师，但于我而言，没有一位能像劳伦斯先生那样前途无量。"[11]

1906 年 9 月，劳伦斯上了大学并开始了为期两年的学习，期望获得教师资格证。他没有念可获学士学位的三年制文化课程，这是因为学位对拉丁语成绩有要求，而他的这门成绩不合格。1881 年，诺丁汉大学学院成立，当时在英国只有九所其他大学：牛津大学、剑桥大学、伦敦大学学院、杜伦大学、曼彻斯特大学、纽卡斯尔大学、伯明翰大学、利兹大学及布里斯托大学。诺丁汉大学学院的校长是波特兰公爵六世，他从 1903 年至 1943 年间一直担任该大学校长，劳伦斯在这所大学念书的几年就在他的任职期内。波特兰公爵六世同父异母的妹妹奥托琳·莫雷尔（Ottoline Morrell）夫人后来成了劳伦斯的密友。

劳伦斯所上的教学原则方面的课程包括"初级心理学、逻辑因素、学校教育对性格的影响、学校组织、小学课程教学法、卫生保健、1839 年以来英国小学教育中的主导思想与运动"。英语方面，劳伦斯学习了斯宾塞的《仙后》，莎士比亚的《仲夏夜之梦》

与《麦克白》，培根散文作品，弥尔顿的《酒神之假面舞会》
（"Comus"）、《利西达斯》（"Lycidas"）、诗歌《阿尔卡德》
（"Arcades"）、《论出版自由》（"Arepagitica"），《哈钦森上校回忆
录》（*The Memoirs of Colonel Hutchinson*，这是一部历史著作，但
带有浓厚的地域趣味，由哈钦森夫人露西所撰，约成书于 1664 年，
1806 年首版），麦考利的散文，查尔斯·金斯利的《往西去啊!》
（*Westward Ho !*，1855）。他读了法语原版的都德、洛蒂、巴尔扎
克、福楼拜、莫泊桑的作品，钻研了亨利七世（1485—1509）至奥
利弗·克伦威尔统治时期的英国历史。他最爱的两门课是音乐与植
物学。音乐课主要就是唱唱歌；植物学课主要"讲讲开花植物的结
构及生长史，尤其是其繁殖、营养及对环境的适应问题"。教师课
程结束时，劳伦斯在数学、地理、历史、法语及植物学方面成绩优
异，但教育与英语方面则成绩平平。[12]

此时的劳伦斯二十一岁，年龄比其他大多数学生要大上几岁，
他对他的老师们极度失望，讨厌琐细的规章与压抑的氛围，憎恶工
程师瞧不起教师这一事实，没有什么特别要好的朋友。他对学院大
部分教职员工的态度有消遣式的嘲弄，也有愤世嫉俗般的宽容。虽
然他已经出版了一个故事，并且正在写《白孔雀》（*The White
Peacock*），但他在文学方面的努力并没有得到好评。他第一次提交
一篇论秋的英语散文时，他的老师认为散文异乎寻常的开头只是为
了吸引读者的注意力，并不切题，"这篇散文到处是用红笔批注
出的修改、校正、劝诫，这是一位年长的女教师在以其认为的最佳
方式让一位冒进的年轻人摆正自己的位置"。他将他早期的诗歌
《课业》（"Study"）投给了诺丁汉大学的《杂志》，但被他们拒了。
他还鄙视那种假热心，那种对待性拐弯抹角的清教徒式的态度。劳
伦斯一生都反感这种态度，而在他大学时期，持有这一态度的典型
代表人物是教育学教授阿莫斯·亨德森（Amos Henderson）。杰

茜·钱伯斯无意中听到劳伦斯与她哥哥艾伦说到这位教授时满怀恶意，说他"会无休无止地让男学生集中在一起，远离女学生，跟男学生'诚恳地'谈话。然后他所能做的就是站在所有男学生前面，吞吞吐吐、模模糊糊地暗示，拐弯抹角，从来都没有说清楚他想说什么"。唯一没有遭到劳伦斯鄙视的是现代语教授欧内斯特·威克利（Ernest Weekley）。劳伦斯非常欣赏他的风格与处世能力，他也成为教授眼中的模范生。他告诉杰茜："他是我最喜欢的教授；他真的是一位绅士，非常典雅；他会靠在椅背上指着黑板，动作那么优雅，根本都不需要站起来；他称我们为'先生们'；他当然也会挖苦人。"[13]

劳伦斯同样不喜欢他在诺丁汉教学实习的课程和处事方式，他当时的想法预示了《查泰莱夫人的情人》中梅勒斯的想法，他告诉杰茜："这些课程是对他们的自主性情感卑劣、彻底的糟蹋……学生应该做的是一些娱乐性的活动。教这些十多岁的孩子唱唱歌、跳跳舞、做做操，做些他们喜欢做的。期待着那些小伙儿在矿里苦干了一天回来还得做算术，这简直是一种罪过。"劳伦斯此时对写作的兴趣远胜于他对学习的兴趣，他觉得这整个经历就是在浪费时间，他还告诉杰茜，"如果他早知道大学学院是这个样子，他肯定不会牺牲这两年的时间，花了这么多钱。他会以杰茜的方式成为合格的教师"[14]——参加外部资格证书认证考试。

1908 年 5 月 4 日，就在完成学业前夕，劳伦斯写信告诉布兰奇·詹宁斯（Blanche Jennings）（詹宁斯在利物浦邮局工作，她是激进的社会主义者和妇女参政论者），这所知识层次较低的大学使他渐渐不再敬重老师，强化了他与传统思想相悖的思想倾向："大学什么也没教会我，甚至什么也没让我做——我在那里的那段时间糟糕透了，我对那里深感失望，以至于我永远失去了孩提时对有身份的人的敬畏感（这是我从莉迪亚那里学来的）。我觉得教授和其他的伟人并不那么伟大。"他在《虹》中甚至说得更严重，他描绘了厄秀拉最初对大学里存在的注重实用的英国中部的实利主义持有天真的理想主义，但后来骤然变成彻底的失望：

> 她认为这些教授跟那些吃五谷杂粮、拖拉着靴子来学校的凡夫俗子不一样。他们是身穿黑袍、知识渊博的牧师，永远效劳于那个遥远而静穆的殿堂。
>
> 她的学习劲头（很快）不见了……一切都是那么虚假，那么不真实，虚假的哥特式拱门，虚假的宁静，虚假的拉丁语，虚假的法兰西尊严，虚假的乔叟式朴实文风。这是个售卖二手商品的小店，人们只要通过考试就能买到需要的东西。对于城里众多工厂来说，这里只是个小插曲。……（这里）没有纯粹的求学。它只是个小小的学徒聚集的地方，他们到这里来多装备点本事，将来可以去赚钱。①[15]

劳伦斯成了游走于外的流浪者，他强烈地拒绝接受中产阶级的实利主义、稳定生活与社会传统，并始终不愿获得资产，不愿安顿下来，不愿受人敬仰。

诺丁汉大学的历史学家 A. C. 伍德（A. C. Wood）非常遗憾地概述了劳伦斯对老师与学生的消极态度："劳伦斯本人对他的大学并没有多少好感。他抱怨那里的生活在思想、智力与行为方面都表现得不够成熟。至少训练部的学生都被压抑的氛围包围着，老师对待他们就像对待'学童'……他从他的老师那里'什么也没得到'，他与老师也没有什么真正的接触。他认为他的那位教授阿莫斯·亨德森是个好心却胆小、起不了作用的人……总的来说，这位小说家

---

① 此处译文参考《虹》，马志刚、齐元涛译，北京：中国文联出版公司，1994 年，第 435、439 页。

的大学生涯是一段令他失望、幻灭的时光。"

虽然劳伦斯有诸多不满，但与在伊斯特伍德的学校教书时一样，他在诺丁汉大学时学习非常勤奋，获得了师资培训部评价精准的推荐：

> 劳伦斯先生渊识博学、勤奋好学、彬彬有礼，若进入适合的岗位，他将成为一名优秀的教师。由于他缺乏经验，依据一般性标准，他当前的工作还显得实力不足……让他在艰苦的地区教授一个大班级的男孩子，这很不适合他；他在那里不会有足够的忍耐力和热情，会变得厌烦……像许多聪明的教师一样，劳伦斯先生应该专门教最优秀的学生……他明显是一位高层次的教师。劳伦斯先生讲求品位，他能出色地完成他所感兴趣的任何工作，可面对枯燥又令人泄气的普通班级，他或许会很容易厌烦。[16]

尽管这封推荐信给出了好的建议，但不适合教授贫苦地区较低层次、大班级的男孩子的劳伦斯还是被错误地安排在了这样的岗位上。不久之后，他便对位于大伦敦南侧克罗伊敦区的新工作感到了厌倦。

劳伦斯最终与伊斯特伍德实现了和解。他在 1918 年写道："我一生中第一次对它感到亲切——我一直以来都憎恶它，但现在我不这样了。"可他从未改变过对诺丁汉的看法。1920 年，他还在严词谴责："可恨的、受诅咒的诺丁汉，怯懦、无骨气、无脑的诺丁汉，我是多么厌憎你！"[17]

第五章

# 杰茜，1896—1910

1896 年，劳伦斯还在伊斯特伍德读书的时候，他与杰茜·钱伯斯成了亲密的朋友。他们之间这种对劳伦斯产生了极大影响的亲密关系，从劳伦斯高中、大学时代一直持续到 1910 年——这一年，他们的关系破裂，造成了彼此的痛苦。他们之间的关系同他母亲去世、他与弗丽达结婚、《虹》被禁、他被驱逐出康沃尔郡、他在墨西哥大出血、出版《查泰莱夫人的情人》一样，是他人生中最具影响力的经历。

杰茜出生于 1887 年，她比劳伦斯小两岁，与家人生活在距伊斯特伍德四英里远的赫格斯农庄。她是《白孔雀》中的埃米莉、《儿子与情人》中的米丽安的原型。杰茜的哥哥艾伦也是劳伦斯的挚友，他是《白孔雀》中乔治·萨克斯顿的原型。劳伦斯特别喜欢杰茜的父亲埃德蒙。埃德蒙是劳伦斯心中理想化的父亲形象："体力充沛、无所畏惧、能快速应对挑战。"劳伦斯后来疏远了自己的家人，他非常诙谐地说："我其实真不是'我们的伯特'。说到这个，我从来都不是。"但是晚年住在法国的时候，他与杰茜的弟弟乔纳森·钱伯斯取得了联系。他给乔纳森写了一封感人至深的信件，信中说他对他们平和欢畅的家庭和田园式的农庄记忆犹新，那是令他恢复生机，使他可以逃离家中的纠纷和伊斯特伍德无处不在的丑陋：

> 不管我忘了什么都不会忘记赫格斯——我那么热爱它。我喜欢来找你们，就是在那里，我真正开始了新生。门边放着的喷水壶，弗劳尔会倚靠的如少女腮红的玫瑰花——他还喜欢吃这些花朵、在周围溜达，冬天用来泡茶的炖熟的无花果，八月炖熟的苹果，这些你们现在还有吗？告诉你母亲，无论生活让我们奔向何方，这些我从未忘记过。要是有人来家里发现她穿着脏了的白围裙，你母亲还是会脸红吗？她是不是不再穿那种工作围裙了？哎呀，我真想还是十九岁，那时我穿过那些狭窄的街区，第一眼就看见那些房屋。然后我会坐在窗户下的沙发里，我们围挤在那张小桌子边上喝茶，在那间小厨房里，我是那么自在……
>
> 我永远没法用语言清楚告诉你那些对我有多重要，我甚至现在都还能感觉到。
>
> 有什么是我可以为你们做的，一定要告诉我。——不管在别处我成了谁，我在某个地方还是那个满心欢喜奔向赫格斯的伯特。[1]

与劳伦斯所有活泼、迷人的女性朋友一样，杰茜有着一头深色卷发、大眼睛、翘鼻子、大嘴巴、坚定的下巴、丰腴的身段。劳伦斯在《儿子与情人》里描述了他们第一次见面时她的外貌："她大约有十四岁，脸蛋黑里透红，短短的黑卷发扎成一束，头发纤细而自然，一对漆黑的眼睛。她见了生人有些害羞、疑惑、嗔怪……她的美，那种生来羞怯、任性、神经过敏得浑身颤抖的姑娘的美，在她看来算不了什么。"① 海伦·科克也爱恋着杰茜，她提到过杰茜

---

① 《儿子与情人》，陈良廷、刘文澜译，北京：人民文学出版社，2006年，第132、153页。

"说话低声，举止透露着深思熟虑，有一种忧郁和与生俱来的亲切之感".[2]

劳伦斯经常去杰茜家，大家总是很欢迎他的到来。他会与他们全家人在田地里劳作，让他们的父亲热情高涨，帮着他们的母亲干活，与杰茜的兄弟们交朋友，教导杰茜。钱伯斯先生说："伯特在的时候，工作就很有趣，我们干起活来一点都不费劲。"乔纳森写道："他那永不失却的活力点亮了我们在赫格斯的生活。"杰茜也持有相同的看法："对他来说，似乎没有什么工作是枯燥或单调的。他将他的活力带入他所做的事情当中，将其变成具有创造力的事情。"她称赞了劳伦斯的细腻、魅力、文弱、敏锐，突出了他的典型特征——生气勃勃，深入了解自然，热情、率性："他对我来说一直是丰富的生命的象征……他对野生生物会有原始的同情之感——这是他与这些野生生物之间的共鸣……在我们家，他的名字就是快乐的代名词，这种快乐是仅仅因为活着而感受到的容光焕发。他将那样的欢乐传递给了我们所有人，他在那里的时候，甚至会让我们所有人彼此相处愉快——对我们家这样的家庭来说，这真的很了不起！"[3]

劳伦斯初遇杰茜的时候，她已经被迫在十岁时退学了。她因为没有上学而觉得屈辱，不满自己只能在家干苦活。杰茜是劳伦斯所教过的许多人中的第一个，与劳伦斯教的那些班级里粗俗的男孩子不同，她积极性高，是劳伦斯进行数学与法语有效教学的理想接受者。虽然他有时候脾气暴躁甚至很无情，杰茜却对他非常感激。劳伦斯渴望有一个大家庭里的群体生活——这是他为他所设想的乌托邦共同体拉纳尼姆（Rananim）规划的最早雏形。他告诉杰茜："我想要有一座大房子——你知道的，就是帕克里那些可爱的老房子，带花园和门廊。要是我们、我母亲和我们喜欢的所有人，一起住在那其中的一座房子里，这岂不是很好吗？这岂不是很好？"[4]

　　1907 年 10 月，劳伦斯上大二，他因为喜欢与大家一起写作、进行些文学创作，便组织了他的第一次集体活动。《诺丁汉卫报》（*Nottingham Guardian*）组织了一场圣诞节文学创作竞赛，劳伦斯为之写了三个故事，他建议他本人、杰茜和露伊·伯罗斯①每人投寄一篇。劳伦斯寄去的是《彩色玻璃杯的一块碎片》（"A Fragment of Stained Glass"），露伊的是《白色长筒袜》（"The White Stocking"），杰茜的是一则伤感故事《序曲》（"A Prelude"）。最终，杰茜的故事赢了竞赛，还以她的名字刊登在了《诺丁汉卫报》上。

　　劳伦斯与杰茜之间存在两个问题：一是他们之间的性关系，一是劳伦斯的母亲。劳伦斯和杰茜成长的环境都遵从严苛的清教教义，对性深恶痛绝。杰茜的母亲曾在这个话题被提及时颤抖。杰茜对劳伦斯从来没有过肉体欲望，婚前与他上床的想法令她惊骇。劳伦斯同样畏惧性，而且他对他母亲反常的依恋令他有了心结，没办法在青年时与一个女人确立合适的关系。他因而进行了自我保护，并将杰茜精神化，不允许或者不去注意她自然情感的流露，以此掩饰自己的不安全感。"我有时候能感觉到他的痛苦挣扎，他想要保持自己的冷漠。"杰茜写道。她还引述了劳伦斯对她的严厉批评："你对我来说没有一点性诱惑力，根本一点都没有。""我是塞姬②，我就是灵魂，"她补充道，"我对他来说没有其他的重要性。"对于一个年轻女孩而言，社会规范和劳伦斯本人都迫使她接受这样的角色，要她去反驳她的灵魂导师、表明自己的情欲，这根本不可能。劳伦斯戒备式的否认态度使他不仅避免了可能出现的毁灭性的身体接触，还将他们之间关系破裂的责任推给了杰茜。"我不禁感觉，"

---

① "露伊·伯罗斯"是路易莎·伯罗斯的昵称。
② 塞姬（Psyche）是希腊神话人物，后又融入罗马神话，译作"普赛克"。她是一位国王最小的公主，外表和心灵美丽无双，历经磨难后，她与爱神厄洛斯成婚并进入了天堂。Psyche 在希腊语中意为"灵魂""精神"。

她总结说，"对他来说，关于性的所有问题都令他深感厌恶。他杜绝我们之间可能存在的任何性关系，这让他觉得他如此做，就是对我表达了他深深的温柔与敬意。"[5]

莉迪亚发现，杰茜给了劳伦斯敏锐的洞察力、少女般的崇拜、无私的爱，这比莉迪亚对劳伦斯的关爱更丰厚。她嫉妒这个年轻的对手，感觉到了她的威胁。但杰茜"精神化的"特质令她本人升华，正如劳伦斯也升华了他母亲的形象那样，杰茜被抬升至普通肉欲之上的位置。与杰茜发生性关系就是亵渎了他的母亲。

劳伦斯对这个问题有一定认识，但他因为莉迪亚的情感压制而处于麻木状态。他告诉杰茜："你知道吗，我一直都热爱我母亲……我爱她，像个情人那样爱她。那就是为什么我从不爱你。"他称自己是个无辜的受害者，曾告解说："它们将我与我人生的挚爱（杰茜）撕扯开来……这是对子宫里胎儿的屠杀。"甚至在1910年他母亲去世后，劳伦斯仍然抗拒杰茜的情感要求。杰茜觉得他被一种变得更加有力且更病态的纽带扼制着。劳伦斯向露伊·伯罗斯描述他母亲是一个复仇的幽灵，他告诉露伊："你知道的，我母亲是那么狂热地喜爱我，她那么嫉妒。她恨杰茜——她会从坟墓里爬出来阻止我娶她。"[6]如果说莉迪亚活着的时候破坏了劳伦斯与杰茜之间的关系，那么她的死则将他们永远分开了。劳伦斯是那么怀念她，不可能不遵从她的愿望。

劳伦斯的性态度摇摆不定，他的行为也很矛盾。他想与杰茜上床，却又无法让自己那么做，他还指责杰茜应该为他对肉欲的拒斥负责。在他的第一部小说《白孔雀》中，劳伦斯描述了自己的心理冲突以及性方面的犹豫不定。他借助小说中那位矛盾的处女主人公解释了他对杰茜的态度："女人总是否认一个男人的爱具有肉体的一面；她会向他展现她温柔耐心、带着歉意的美；她会依恋他的脖子、他的头、他的双颊，抚弄这些部位，探查那里存在的灵魂散发出的信号，而避开他易受情欲支配的四肢与身体。"他后来又狡黠地承认："我还很年轻的时候，要是与女人在一起还要被提醒她的肉体的真实状态，我会感到愤怒。我想要注意的只是她的个性、思想与精神，其他的方面都必须被强烈地排除在外。"[7]

　　劳伦斯无法解决这个关键的冲突，便首先扼杀了杰茜的性情感，之后却又试图唤醒她在这方面的情感。在一封写于1908年1月的信件中，他固执地将杰茜类型化，并直截了当地拒绝了时年二十岁的杰茜："你是个修女，我给予你的便是我能提供给圣洁修女的东西。所以你得让我娶一个我能亲吻、能拥抱的女人，让她成为我孩子的母亲。"但是两年后，劳伦斯又以杰茜优雅时髦的情人身份从克罗伊敦给布兰奇·詹宁斯写信，他喜欢与布兰奇讨论他与杰茜不稳定的恋爱关系。信中，他描述了他们的关系：彼此吸引，直觉地相互理解，痛苦地分分合合，情感方面大起大落，他们之间的亲切拥抱，还有她令人怜悯的脆弱与依赖性。

　　　　就是那个老姑娘，我与她之间牵连了如此之久……她对我了如指掌，我也了解她——还有——糟糕的是，她与我相距一百五十英里。我们时不时会有美妙、疯狂的小故事，她和我——如此陌生，十年过去了，我那时候那么长时间竟然都没有亲吻过她。她有一头黑发，一双漂亮的眼睛，大大黑黑的，神情娇弱；她抬起头、抱着我，时间就像流星般匆匆而过，瞬间就耗尽了。[8]

　　劳伦斯与杰茜之间的性僵局最终被伊斯特伍德的激进分子爱丽丝·达克斯（Alice Dax）打破。爱丽丝·达克斯1878年出生于利物浦，她在一家邮局工作，与布兰奇·詹宁斯共事，她与布兰奇一样对激进社会主义与女权主义充满狂热。她嫁给了一位药剂师亨利·达克斯，他们在 1905 年搬到了诺丁汉郡。在这里，她成了一位热心的社会改革者，积极支持当地护理协会与公理会文学社。她是威利·霍普金的妻子萨莉的挚友，正是萨莉将当时与丈夫关系疏远的爱丽丝介绍给了劳伦斯。萨莉的女儿伊妮德回忆说，爱丽丝蔑视社会传统、拥护激进观念，这让她的男同胞畏惧："爱丽丝·达克斯是我见过的那类最为善良的人，但她同代人中的大部分男性都怕她。她代表了一种推弹杆，以一种令人不安、不解的方式强迫未来在当下出现。"在最近的一次访谈中，伊妮德描述爱丽丝是一个奇怪、才华横溢、长相奇特的女人，她手大脚大，有一头缕缕缠绕、乱糟糟的金发。她与劳伦斯的风流韵事在伊斯特伍德人尽皆知，他们很有可能的确（就像《儿子与情人》中描述的一样）在特伦特河河畔发生过性关系。爱丽丝拒绝与劳伦斯之间有长久的承诺，她不愿意嫁给劳伦斯，也不愿意与他私奔。她知道他会成为一个伟大的人物，觉得自己无法履行最终由弗丽达承担的角色。与劳伦斯之间的风流情事结束后，爱丽丝重新焕发活力，回到了丈夫身边。[9]

1913 年，劳伦斯告诉爱德华·加尼特（Edward Garnett）："我二十二岁的时候，有段时间有点疏远我母亲。她很痛苦，我也很痛苦。那时候似乎一切都毫无意义，什么都是白费，什么都让人难受。"1908 年上半年，在他人生的第二十二个年头里，爱丽丝将处男劳伦斯剥离了对他母亲莉迪亚的依恋，通过与他发生性关系释放了他的创作力流。她简单夸张地告诉萨莉·霍普金："我给了伯特性，我必须得给。他来了我们家，为正写着的一首诗而苦恼，所以我就把他带到了楼上，跟他做爱。他下了楼，然后就写完了那首诗。"劳伦斯去世后，爱丽丝称赞了他的性能力（他肯定是因为开始性行为比较晚而在弥补），并且还向朋友坦露心声，说他可以"一次又一次地回到一个女人身边"。爱丽丝对该事件的披露证实了自传式短篇小说《努恩先生》中约翰娜（以弗丽达为原型）对吉尔伯特（以劳伦斯为原型）的恭维。他们第一次发生性关系后，约翰娜这个性内行惊叫："你知道，我相当担心你不是个好情人。但并不是每个男人都能在十五分钟内疼爱一个女人三次——如此美妙——不是吗？"[10]

据威利·霍普金说，爱丽丝希望她后来生的那个孩子是劳伦斯的。与他分开之后，爱丽丝"再也没让其他男人碰过她，就是她丈夫都不行"。伊妮德补充说，爱丽丝与劳伦斯断绝关系之后，"经历了我们无法想象的痛苦"。劳伦斯去世五年后，弗丽达出版了一部回忆录，讲述了她与劳伦斯曾经一起生活过的岁月，爱丽丝于此时给弗丽达写了一封非常特别的信。信中，爱丽丝表达了她对自己父亲的恨，谈及了她与劳伦斯的恋情（这段感情从 1908 年一直持续到 1912 年春劳伦斯遇到弗丽达的时候），并说到劳伦斯诱发了她的激情并导致她与自己的丈夫生了个孩子：

> 当我最终懂事时，我讨厌又憎恨我的父亲（我从来都不太喜欢他）；我发誓我自己要是结婚的话，就要对所有男人进行报复……
>
> 我恐怕（劳伦斯）与我在一起时从来都没有享受过沉沦的感觉——总有各种令人烦恼的事情夹杂其中。除了那值得铭记的短暂的一小时，我们从来没有完全融为一体的时候。但就是在这一个小时的时光里，我开始看到生命之光……要不是他的帮助和影响，那个潜在的我永远都不会那么努力生活……
>
> 他从意大利北部的加尔达湖给我写信，讲述他所取得的丰硕成就，我是那么苦涩。那一天我极其嫉妒你！我是那么怨恨他的自我优越感和幸福，而我正忍受着身体的疼痛、灵魂的折磨，因为此时我正孕育着一个我不想要的孩子。要不是因为只

有他才能激起我无法忍耐的激情，这激情又得到了我丈夫的消解，这个孩子根本就不可能怀上。所以啊——这就是命！

劳伦斯在《儿子与情人》中写过克莱拉（也就是爱丽丝）与她丈夫的关系："跟着他，她只有一半活着，一半在冬眠，没有知觉。冬眠的女人就是不被理解的女人，她非觉醒不可。"① 劳伦斯的朋友兼他的传记作者理查德·奥尔丁顿（Richard Aldington）很了解爱丽丝隐秘与反叛的性格。当爱德华·内尔斯（Edward Nehls）请他就如何形容劳伦斯与爱丽丝之间的性关系提点建议时，理查德·奥尔丁顿要他相信："对于一个已婚的女人来说，能与劳（伦斯）发生婚外情，她很可能会觉得了不起。"[11]

爱丽丝不仅诱惑了劳伦斯，还建议他与杰茜发生性关系。《儿子与情人》中有一段重要的对话，克莱拉·陶斯说保罗·莫雷尔忽视了米丽安和他自己的感觉，怂恿他挣脱母亲的束缚，将他的女朋友看成年轻的肉体：

"（她）要我把灵魂都交托给她。我看到她就忍不住要逃走。"

"可你还是爱她的呀！"

"不，我不爱她。我连她的嘴都没亲过。"……

"我看你是害怕吧。"她说。

"我不怕……我知道她要什么心灵的结合。"

"可你怎么知道她要呢？"

"我跟她来往七年了。"

"可你恰恰没看出她最主要的一点。"

---

① 《儿子与情人》，陈良廷、刘文澜译，北京：人民文学出版社，2006 年，第 343 页。

"什么？"

"她并不要你所说的什么心灵的相交。那完全是你自己的想象。她要的是你。"①[12]

就在 1908 年 12 月的时候，劳伦斯暗暗比较了他对待爱丽丝与他对待杰茜的态度，然后告诉布兰奇·詹宁斯——她与他性格相投，是略年长于他的女性知己："我亲过很多姑娘——亲在脸颊上——从来没亲过嘴——我做不到。"但是 1910 年的春假，劳伦斯结束在克罗伊敦的教学工作回到伊斯特伍德的时候，他强行与杰茜讨论了性问题，劝说她与他发生性关系。他后来又指责她，而不是指责他自己，因为杰茜不愿意——或者是她性冷淡——不可避免地导致他很失望。在杰茜的描述中，劳伦斯的行为似乎与她的行为一样，非常拘谨、笨拙。"我在劳（伦斯）的态度里看到了勉强，似乎他的欲望迫使他那么去做——他的行为中缺少自然而然的感觉。我们在一起的那几次，当时的情况既让人犯难又令人生气，而且劳伦斯强令我不要去抱他，我一只手的力气都没有费……对于这次微妙且不完满的经历，他批评并指责我，而不是去探究他自己的态度是否无可指摘。"[13]

他们间的性体验被劳伦斯写进了《儿子与情人》。小说中，米丽安——做着告饶的手势、露出听天由命的表情，发出勉强的赞同声，送上她冷漠的躯体——被描写成了祭品，就像第四章中那个四分五裂的娃娃阿拉贝拉。尽管如此，一开始性致消退（"浑身热血顿时凉了半截"）的保罗逐渐被唤起了性欲（"他的热血又沸腾了"）：

---

① 《儿子与情人》，陈良廷、刘文澜译，北京：人民文学出版社，2006 年，第 301 页。

他永远也忘不了自己在解衣领的时候，看见她躺在床上的模样。起先他只看到她的美，看得眼都花了。她的身子美妙极了，他连做梦也想不到她有这么美。他光站着，动也动不了，一句话也说不出，只是瞧着她，惊讶地露出笑容。他瞧着瞧着心里想要她了，谁知他刚向她迎上前去，她竟举起双手做了个告饶的小动作，他瞧着她的脸就停住了。她那对棕色大眼睛巴巴地看着他，一动也不动，听凭摆布，十分逗人；她躺着，仿佛早已认命，准备做出牺牲；她的身子正等着他呢，可是她的眼神却像一头等待屠宰的牲口，引起他的注意，浑身热血顿时凉了半截。

"你当真要我吗？"他有如冷水浇背，不禁问道。

"是啊，一点不假。"

她非常沉默，非常镇静。她只知道自己在为他效劳。他简直受不了。她躺着准备为他做出牺牲，因为她如此爱他。他不牺牲她是不行了。刹那间他巴不得自己没半点欲念，或者死了拉倒。于是他又闭上眼睛，不敢看她，他的热血又沸腾了。①[14]

但是性关系不仅没有让他们融为一体，反而将他们分开了。1910年秋，莉迪亚并没有注意到他们之间的亲密，她敦促劳伦斯正视这个问题，并坚持认为他是在向杰茜妥协。他之后告诉杰茜："我看了我的内心，我发现我不能像一个丈夫爱自己的妻子那样爱你。或许最后，我会那样爱你。我一旦发现自己是像一个丈夫爱妻子一样爱你，我就会告诉你。你呢？如果你觉得你爱我，那就告诉我，然后我们订婚。"杰茜深受伤害，"意识到了身体和精神上的尖锐疼痛感。我努力不让他看到我的眼泪……我不可能让任何人知道

① 《儿子与情人》，陈良廷、刘文澜译，北京：人民文学出版社，2006年，第314页。

我所经受的羞辱，那种无法挽回的失去感"。[15]

1910 年 8 月，在他们分手前不久，劳伦斯鼓励杰茜读了两本小说，其作者是那位成功的苏格兰作家 J. M. 巴里①。巴里性无能（虽然此时劳伦斯还不知道这一点），同样也是一个懦弱的儿子，异常地依恋着他古板的母亲。劳伦斯告诉杰茜，他与巴里虚构的主人公陷入了完全相同的困境，他推荐她读的书可以帮助她明白他的窘境——与杰茜在一起，他有性功能障碍，与爱丽丝却不会。《多愁善感的汤米》（*Sentimental Tommy*，1896）结尾时，汤米·桑兹拒绝接受崇拜他的格丽泽尔，他还向他妹妹透露："你是我唯一爱的人，我根本一点都不在乎格丽泽尔。"在《汤米与格丽泽尔》（*Tommy and Grizel*，1900）中，巴里借助小说弥补了他在现实生活中无法做到的事。汤米向一位医生请教他与格丽泽尔的问题，他告诉医生："我可以娶她，而且我会这么做的。"但医生回答："我在想，如果有一天她突然意识到并且发现她自己被束缚在了与这个男人的生活中，正是这个男人将她带进了这样的僵局，这对她来说得多残忍。"尽管如此，小说结尾时，汤米与格丽泽尔结了婚，他喜爱她但不会与她上床。他坦白自己婴幼儿时期对他母亲的固恋，以此为自己既无私也自私的行为辩护："他只是个孩子。她知道的，虽然他经历了不少，但他仍是个孩子。男孩没办法爱。噢，谁会那么残忍让一个男孩去爱？"[16]

劳伦斯在写给诗人蕾切尔·泰勒和爱德华·加尼特的信中，就自己在与杰茜的不平等关系中的行为做了解释，为维护自己进行了辩解；住在意大利的时候，他还不无道理地责怪杰茜让他感觉受挫，之后又遗憾让她堕落到肉欲中："的确，（母亲和我）曾是非常好的情人。接着，我刚好毁了一段订婚后维持了六年的关系，非常

---

① 詹姆斯·马修·巴里爵士（James Matthew Barrie, 1860—1937），第一代从男爵，苏格兰小说家及剧作家，世界著名儿童文学《彼得·潘》的作者。

丢脸……（杰茜）就是那个我与之分手的女孩。她爱我爱到疯狂，想要我的灵魂。我对她很残忍，还错怪了她，但是我一直不知道。没有人能得到我的灵魂，我母亲曾经拥有过，但没别的人可以再拥有我的灵魂……她束缚了我，直到我要爆发了……她对与我发生肉体关系感到非常羞耻——就好像我将她崇高的精神拖入了泥潭。"[17]

后来，劳伦斯比较了杰茜与弗丽达，由此为他的婚姻做出合理辩解。他向威利·霍普金——他认识仅有的三个与劳伦斯上过床的女性——解释，"她是可以配得上我的女人，因为我肯定会遭遇反对的声音——我要么会与之抗争，要么会被其压制……要是（娶了杰茜），后果将是致命的。我的生活会过得太容易，几乎什么事情都是我想怎么样就怎么样，我的天赋会被毁掉"。[18]劳伦斯对杰茜的评价相当准确。在杰茜所写的关于劳伦斯的回忆录中，她描写自己害羞、矜持、黏人、占有欲强、过分正经、乏味，无意中为劳伦斯拒绝她的爱做了解释。与爱丽丝发生性关系使劳伦斯意识到，他在杰茜身上感受不到性吸引力，因此若与她结婚，就会是错误的决定。他没钱，如果娶一个当地的姑娘，他觉得自己就没法逃离伊斯特伍德，而且注定要接受枯燥的教书生活。

劳伦斯经历了很长一段时间才逐渐弄明白他与杰茜、他与他母亲的情感问题。他与杰茜真正谈恋爱的时候，洞察力受到了限制，但是在他思考过这段关系，在爱丽丝对他和杰茜的关系进行了解释，而他按照爱丽丝的解释行动之后，他有了更深的洞见。在他母亲去世、《儿子与情人》创作完成、遇到了弗丽达（学到了她的弗洛伊德观点并与她谈论了杰茜）、修改了《儿子与情人》（当时与弗丽达居于意大利）、收到了杰茜对这本小说充满怨恨的反应之后，他看得更深远了。杰茜觉得劳伦斯对她的性格以及他们之间关系的描述，因为他母亲的敌对态度而被歪曲了，这本小说让她震惊、难过。"《儿子与情人》让我震惊，它给了我们的友谊致命一击，"她说，"我感觉我内心遭受了极大伤害，我拼了命才没有崩溃。"[19]

　　劳伦斯与杰茜之间的友谊虽然没有善终，却对劳伦斯性格的形成有着极大的影响。她为他提供了第一次农场生活的经历——在康沃尔和新墨西哥，他还会再被这样的生活吸引。她是第一个爱他的女人，第一个发现他天赋的人，第一个令他意识到他与他母亲之间的情感冲突的人。她是他的小说的第一位读者，参与了他第一个短篇故事《序曲》的发表，也是第一个将他的作品介绍给伦敦文学界的人。更为重要的是，杰茜为劳伦斯创作的第一部重要的艺术作品《儿子与情人》提供了灵感。

第六章

# 克罗伊敦，1908—1912

一

对于劳伦斯来说，在克罗伊敦的那几年，他过得艰难且不安。教学工作让他厌烦、精疲力竭；晚间和周末他努力进行创作；1910年秋，他经常返回伊斯特伍德照料他生命垂危的母亲。同年12月，他母亲去世，这令他痛不欲生。他还是会与杰茜和爱丽丝见面，并且希望得到海伦·科克、艾格尼丝·霍尔特（Agnes Holt）、露伊·伯罗斯的爱以弥补他失去母亲的痛。1911年年末，他患了肺炎，病得非常重，差点死掉。在如此令人绝望的状况下，他挤入了文学界，遇到了他早期的两位良师——福特·马多克斯·福特和爱德华·加尼特——并且出版了他最早的两部小说。在后来被删除的《诗歌集》（*Collected Poems*，1928）前言中，他强调了他生命的那个阶段近乎神秘的疾病：

> 然后就开始了……伦敦、学校、一个全新的世界。之后开始断绝了与家、与米丽安（杰茜）的关系，离开那里，待在了诺丁汉郡。慢慢地，生了很长时间的病，接着我母亲去世了；

随后的一年还在生病，他对米丽安、海伦（·科克）、其他女人（露伊）、《火车上的亲吻》（"Kisses in the Train"）与《未婚妻的手》（"The Hands of the Betrothed"）两首诗中的女人的爱，都消失了。

那一年里，对我来说什么都没有了，只除了死亡的神秘感以及生活中时刻存在的死亡。我当时二十五岁，从我母亲去世开始，我周围的世界开始消失。这世界美丽、色彩斑斓，却空灵地消失了。我二十六岁的时候，病得很重，一直病到我几乎从自己的身体里消失。

然后慢慢地，这个世界又回来了，或者是我自己回来了：但是去往的是另一个世界。[1]

许多现代作家——H. G. 威尔斯、乔伊斯、艾略特、赫胥黎、奥威尔、伊夫林·沃、戴·刘易斯、贝杰曼（John Betjeman）、W. H. 奥登——都是从做教师开始而开启了他们的职业生涯。不过与所有这些其他的教师-作家不同，只有劳伦斯接受过完全的职业训练。1908 年 10 月，劳伦斯有生以来第一次离开家，开始在克罗伊敦的戴维森路小学教书，这是一所一年前刚刚开办的小学。他在那里工作了仅三年，年收入九十五英镑（这与他父亲平均每年的收入一样）。杰茜回忆说，劳伦斯"不得不离开我们、接受克罗伊敦的这份工作的时候，他看上去就像是被判了流放"。被迫从他成长的根和爱他的人身边离开，他觉得陌生、害怕，没有安全感。他给她写的第一封信"就像是惊恐的咆哮。他说，人们很友善，但是什么都很陌生，他怎么能离开我们所有人生活？他就像是个生病的女孩，痛苦地害怕早晨，害怕上课。最后，他说他害怕他自己，与我们所有人分开，他会变成又黑又丑的东西"。

他住在科尔沃斯路，与约翰·琼斯（John Jones）一家住一起。

从那里步行至戴维森路需要一分钟。约翰·琼斯是当地小学的考勤负责人，他比劳伦斯大十七岁。劳伦斯非常喜欢琼斯的女儿们——五岁的威妮弗雷德和新出生的婴儿希尔达——这是劳伦斯极其感兴趣和喜欢的许多孩子中，他最早喜欢的两个。他写作的时候，有时就让小婴儿坐在他膝盖上，他经常给孩子们洗澡，聆听她们祈祷，将她们放到床上睡觉。虽然劳伦斯也曾喜欢琼斯，但他对琼斯的性格和习惯越来越恼火。1911 年 4 月，他快要离开之前曾告诉露伊·伯罗斯："琼斯先生刮掉了他的胡须，我不喜欢他。他的嘴巴又小又薄，就像是紧致肌肤上开了一道裂缝，这相当奇怪。他的嘴巴显示了他性格的一部分——刻薄、精明、胆怯，这些都是我所讨厌的。我觉得我实在是不喜欢他，而之前我是相当喜欢他的。"[2]

海伦·科克在附近一所学校教书，她发现劳伦斯与他极为有限的几位同事相处并不好。在她创作的关于劳伦斯的小说《中间立场》(*Neutral Ground*，1933) 中，她描述了他的同事开始还与他来往，发现他离经叛道的性格后便躲开了他：

> 他的男同事都躲着他，那群人思想狭隘，极度谨慎。他显然没能通过他们设置的有关体育与学校规章的考试，因而他们起初轻蔑地屈尊降贵与他来往；后来，他们体验到他在才智上敢想敢闯，有狂热的争辩能力，便只得不情不愿地敬重他，再也不挡他的道了。他讽刺挖苦他们业已接受且毫无疑问的工作、生活准则，这让他们困惑又烦恼。

劳伦斯有一位挚友兼同事阿瑟·麦克劳德（Arthur McLeod），许多年里，他们一直保持通信。麦克劳德与劳伦斯同龄，与劳伦斯一样热爱文学，他还获得了伦敦大学国王学院的希腊语学位。他在《中间立场》中被刻画成霍华德·菲利普斯，在劳伦斯的第二部小说《逾矩的罪人》（*The Trespasser*）中是麦克沃特先生。据劳伦斯描写，他极度谨慎，这一点与劳伦斯在情感方面的直率性格形成了鲜明对比："麦克沃特先生身材高大、略胖；他说话嗓音低，非常风趣、温和，但特别博学。他总能于温和中保持绝对谨慎，从不情绪外露。因此，为了赢得别人对他的好评，弗兰克什么都愿意做。"[3]

麦克劳德觉得劳伦斯很幸运，因为他能有菲利普·史密斯（Philip F. T. Smith，出生于 1866 年）做他们学校的校长。这位校长有洞察力，开明又慷慨，他发现了劳伦斯的能力，给了他难得的自由。但劳伦斯对史密斯的评价极为负面。他觉得这位校长懦弱且不负责任，他放任自由的态度使他们很难管教孩子："校长是个懦弱、只会空谈的笨蛋——他推卸了自己肩上的每一项责任——他不会惩罚任何人；而你自己，你惩罚学生的时候，你必须申请管制藤条，在惩罚记录本上写下最详尽的惩罚细节——如果你真的行了惩罚之举。结果，纪律非常松散，教课就是一场搏斗。"

不过，史密斯相当赞赏劳伦斯，他还经常在周日晚间邀请这位年轻教师去他家做客。史密斯注意到，"劳伦斯不能容忍权威。尽管他将自己的规定严格地强加在他的学生身上，但只要有人透露出对他本人施加权威的意思，他便会进行反叛"。劳伦斯无疑无法容忍权威，这是他的典型特征，继承自他的父亲与他成长的公理会环境。但史密斯批评劳伦斯反复无常这一点是极不合理的。严格管理学生但同时要保持自己作为教师的自由，这对劳伦斯来说相当合理，实际上还非常重要。事实上，劳伦斯的教学方法——尤其在植物学、绘画、表演与演唱方面——非常富有创新性，一点都不死板。他设置这样的教学法是为鼓励学生而不是压制他们孩童的率性。史密斯还留意到劳伦斯的另一个典型特征，这一特征也出现在了劳伦斯写给布兰奇·詹宁斯和他许多女性朋友（她们中许多人之间都极为亲密）的信件中："他喜欢讲述他怎么俘获他的那些女性朋友的芳心（情感上而非肉体上），提出一些他对女性缺点的看法，这些看法是我妻子强烈反对的。"[4] 年轻的劳伦斯相当狂妄骄傲，当着校长妻子的面自信地评论女性。

在这所宽敞、新开办又获得钦点的戴维森路小学里，生源极为混杂：有慈善机构里的孤儿，他们的父母曾是演员；有没钱买靴子穿的少年，但他们可以享受免费的食物；还有要上好的语法学校的大孩子。1908 年 10 月至 11 月间，劳伦斯在写给布兰奇·詹宁斯，尤其是写给杰茜和露伊的信件中，抱怨他的教学时间太长，周围环境满是恶臭，管理规定冗长乏味，他没有时间和精力进行创作，学生很难对付，还很笨，他还遇到了体罚这个最大的问题。当时，他教的是四年级标准班，一个四十五人的大班，班上全是男孩子。劳伦斯会特别写信给杰茜和露伊并向她们抱怨，是因为她们俩也是老师，对他的作品既有职业方面的兴趣，也有个人的喜好。（《虹》的第十五章中，与威廉姆斯夫人的见面令厄秀拉极为痛苦。威廉姆斯夫人是个狡猾、过分的女人，她的儿子被厄秀拉给揍了。这次见面象征了那种堕落感和道德上的妥协，劳伦斯觉得他不得不这样，否则就没办法维持纪律。）

> 学校就是战场，那里的战争残忍又悲惨，而我憎恶那些争斗。我生来就不会掌管他人，我也不想要掌管别人。所以那些男孩就会与我斗争，而我也会与我的本性斗争，但我总会败下阵来。
>
> 学校领导很友善，但管理非常松散；学生很粗野、傲慢，像淘气鬼。我极不愿意忍受这种（用藤条维护男孩子们纪律的）无休无止、琐碎、没有价值的争斗……
>
> 我猜你从没有惩罚过犯错的孩子。对我来说，我会一直容

忍着他们直到再也忍不了，然后我会揪出离我最近的那个孩子惩罚，很可能这孩子其实什么错也没犯。[5]

劳伦斯在《恋爱中的女人》第三章中描写了厄秀拉的植物学课，当时伯金正视察她所在的学校。后来劳伦斯回忆："作为一名教师，我最爱教的两门课是绘画与植物学；上这两门课时，学生很遵守纪律……学生也会很调皮，但在这两门课上，我从来没遇到过问题。男孩子们，我想，他们喜欢我。但即便我还是个孩子的时候，就一直觉得，令老师烦扰是一件很刻薄的事情。"他的学生中至少有一位——这位学生后来成了一名记者——曾记录说"在聪颖勤奋的学生眼里"，劳伦斯"是一个说话温和、亲切、和蔼且敏感的人"[6]——就是那种管不住不听话的孩子的人。

劳伦斯写了几首关于学校的蹩脚诗表达他的痛苦和厌恶：

> 我不愿为此浪费我的灵魂与精力。
> 我如何要去介怀他们犯了错！
> 我教的这书意义何在？他们这样
> 学的意义又何在？这一切迈向的皆是相同的深渊。

他毫不掩饰自己想放弃教书这一职业的想法，在克罗伊敦那几年的最后一段时间里，他夸张地对麦克劳德惊叹道：

> "我再也不要教下去了。委员会榨取了我一百年的血和泪。我再也不要忍下去了。我宁可在农场里工作。我在伊斯特伍德认识一个农场主（埃德蒙·钱伯斯），他明天就可以接纳我。不，我宁可做个流浪汉。"教书总是让他很紧张：他总是紧张不安；但即便这样，他还是很喜欢他大部分的工作，尤其是他

教的自然研究课程和绘画课程。那个时候，整个班级都适应了
他自身那种自由、充满生命力的风格，他们的绘画色彩鲜艳，
充满欢乐。[7]

劳伦斯写了许多谈教育的论文，在其中一篇里，他反复表达了
他的愤怒情绪，认为自己很难承担"杂交型"老师的角色，有时候
根本不可能承担，因为这样的老师必须持有非他本人的价值观念，
而且这些价值观念还是他自己所不认同的。他提到了诺丁汉大学工
程师们讥讽的言辞，提到了将自己的意愿强加在他人身上那种有辱
人格的必要性："小学教师处在一种可恶又虚伪的位置上。他们宣
称代表了某种理想，但他们完全无法胜任；他们被授予了某种权
威，但除了教师自身单独的愿望外，这种权威毫无根据；他们上受
来自理想主义者的讥讽，下受来自唯物主义者的嘲弄，最终变成了
一种杂交物……他们被困在了上下两层的磨石之间……所有天生的
骄傲都被碾出了他的体外。"1927 年，劳伦斯恢复了与麦克劳德的
通信，此时距他离开克罗伊敦已经十六年了。他在信中表明了他对
教育的深切担忧："我有一个噩梦，我指的是睡梦，噩梦中我在教
书，我完全忘记了要给学生签到，整个班级的学生都回家了！我为
什么要对没有签到如此担忧？但我真的很担忧。"[8]

二

1909 年 6 月，劳伦斯在克罗伊敦度过了第一学年，杰茜鼓励他
出版他的诗歌。因为害怕被拒绝，劳伦斯最初假装对他作品的命运
毫不关心，之后他又催促杰茜将他的一些诗寄给《英国评论》
（*English Review*）的编辑福特·马多克斯·惠弗（Ford Madox

Hueffer）。劳伦斯从怀特岛（《逾矩的罪人》的故事发生地）度假回来，杰茜告诉他：

> "哦，我这儿有你一封信。"
>
> 他立即看向我，眯起了眼睛。
>
> "《英国评论》寄来的？是关于那些诗的？给我看看。"
>
> 我将信给了他，他一脸紧张。
>
> "你是我的福星。"他咕哝说。之后，他压抑着兴奋对我说："我拿去给我母亲看。"后来，我再也没见过那封信。[9]

福特·马多克斯·惠弗（他后来将姓改了，成了众所周知的福特·马多克斯·福特）时年三十六岁，身材高大、强壮，热心肠；他有一头金发、突出的蓝眼睛、张着的嘴巴、兔牙、粗糙的柠檬色胡须。他的祖父是前拉斐尔派画家，父亲出生在德国，是《泰晤士报》的乐评人。福特十几岁时就已经出版了第一本书。他是位才华横溢的小说家；是位尽心尽责的合作者，与康拉德合作完成了《继承人》（*The Inheritors*，1901）和《浪漫》（*Romance*，1903）；是文学界一位极有影响力的人物。1909 年，他慧眼发现了三位天才——劳伦斯、温德姆·刘易斯①、埃兹拉·庞德，还在《英国评论》上发表了他们几人的作品，令他们的作品跻身乔伊斯、康拉德、诺曼·道格拉斯等人的作品之列。有传闻说，福特告诉他的助理编辑道格拉斯·戈德林（Douglas Goldring），温德姆·刘易斯进了位于荷兰公园大道 84 号的浴室，发现福特像个脱壳的鸡蛋似的，正在澡盆里往身上抹肥皂——这件事清楚表明福特的有些朋友行为放荡不羁：

---

① 温德姆·刘易斯（Wyndham Lewis，1884—1957），英国作家和画家，漩涡画派的创始人，该流派由一群后印象主义画家和作家组成。

无视他周遭的异常，这位"敌兵"很快便说起了正事。他面不改色地宣称自己才华横溢，有手稿要出版，他问福特能不能读一下。"继续。"福特低声说，继续用他的海绵块擦洗身体。刘易斯随之解开自己的衣扣，拿出《地极》（"The Pole"）通读起来。最后，福特评论说："好吧，还不错。如果你将它留下来，我们肯定会印的。"

福特在一则颇有远见的通告中表明了《英国评论》的编辑方针："《评论》接收那些用于出版的篇章的唯一资格条件……要么是其表达了独特的个性，要么是其足以令人信服，令人信服的理由无论是其表现出的文学天赋还是其具有迫切的目的性，不管是什么目的——《评论》是否录用这些篇章取决于其言辞是否清晰，文字表达是否有力度，观点是否具有启发性。"《英国评论》的第一期（1908 年 12 月）刊发了包括托尔斯泰、哈代、乔伊斯、康拉德、高尔斯华绥（John Galsworthy）、哈德森①、威尔斯等作家的作品，很快它便确立了其在英国文学杂志中的领军地位。

福特承诺以最高的文学标准刊载作品，但他完全没有经商的能力，这不可避免地导致了财政危机。1909 年 12 月，在《英国评论》损失了两千八百英镑之后，金融家阿尔弗雷德·蒙德爵士（Sir Alfred Mond）以极低的价格买下了这份杂志并解雇了主编福特。这份期刊之后落入能力欠缺的奥斯丁·哈里森（Austin Harrison）的手里。哈里森曾是《每日邮报》（*Daily Mail*）的记者，据戈德

---

① 威廉·亨利·哈德森（William Henry Hudson, 1841—1922）是位大器晚成的英国作家。他一生著有散文、小说、自传等二十余部作品。他的小说代表作有《紫大地》（*The Purple Land*, 1885）、《翁布树》（*El Ombu*, 1902）及《绿屋》（*Green Mansions: A Romance of the Tropical Forest*, 1904）；自传《远方与往昔》（*Far Away and Long Ago*, 1918）被《朗曼英国文学指南》称为现代自传文学中"罕有伦比"的作品。

林说，哈里森"对文学一窍不通，事实证明，对新老板蒙德爵士而言，选择哈里森非常不幸"。[10]尽管如此，劳伦斯仍忠实于《英国评论》，1909 年至 1923 年坚持为其撰稿，其稿件在该刊中共刊登过三十五期。

1909 年 11 月，福特刊登了劳伦斯四首简短的意象派诗歌：《寂静的午后》（"Still Afternoon"）、《旧梦与新梦》（"Dreams Old and Nascent"）、《婴儿的活动》（"Baby Movements"）、《规训》（"Discipline"）。"他对我非常好，"劳伦斯回忆，"他是我所遇到的人中第一个真正对文学有感觉的人。他将我介绍给爱德华·加尼特，而爱德华·加尼特则是那个想办法让我认识世界的人。"福特对《白孔雀》同样相当热情，他带着某种栽培的口吻赞赏劳伦斯。"'这本小说中存在着所有英语小说都会存在的每一个问题……但是，'惠弗在公共汽车上大声说，'你太有才了。'……以前总有人告诉我，我很有才，听上去总像是在安慰我，因为我没有他们无与伦比的优势。但惠弗那么说的时候绝不是那个意思。我一直认为惠弗他自己是有些才气的。"劳伦斯还谈到了他对他的第一位编辑的看法："惠弗经常生活得很迷糊。他有各种各样的才能，但在他自己的生活方面，他永远是个白痴。他能写下五六行不错的句子，却一行都不会保留下来。评论者们忍受不了一个作家这样的做派……有点傻，是的，但他是第一个拉了我一把的人，是个好人。"[11]

1909 年秋，劳伦斯从乡野向大都会世界迈出了重要的一步。虽然他只是工人阶级出身，但他对自己的能力相当自信，很快便适应了五花八门的沙龙，并以批判的眼光观察着这些沙龙。福特当时与小说家维奥莱特·亨特（Violet Hunt）同居但并未结婚，他邀请劳伦斯和杰茜与他们共进午餐。"劳伦斯问侍立一旁的仆人他应该用什么刀吃鱼和芦笋，"福特写道，"那个问题解决后，他便与我们聊天，坦然自若。"他渊博的文学知识给福特留下了深刻的印象。

在一封幽默风趣的信中，劳伦斯嘲讽了他的女主人维奥莱特·亨特（她比福特大了七岁）怪异的着装和举止，预演了他后来对奥托琳·莫雷尔夫人的评论：“她穿着一件蕾丝裙，戴着一顶装饰了一圈蓝羽毛的帽子，像是头上盘了一条蟒蛇，看上去太可怕了。实际上，她长得英姿飒爽，有着最好的社交礼仪。她非常高明，轻轻抛出一个聪明的问题，抬起眉梢表现出深切关注，看看她右边的男人，再看看她左边的女人，微微笑，轻颔首，突然——快速落幕——她不见了，短短一秒前还属于我们的她，瞬间完全变成别人的了。”[12]

福特后来越来越不欣赏劳伦斯及其作品。在劳伦斯拒绝了他的栽培之后，两人有了嫌隙。福特明显夸大了劳伦斯病弱的身体、软弱的性格与依赖性：“我不能说我很喜欢劳伦斯。即便我与他相知甚深，他还是很让人不安。他太需要道德方面的支持以取代他母亲对他的影响，因而，他让每一个与他有接触的人都时常处于牵挂他的状态。他傲慢地要求得到道德方面的支持——也要求得到身体方面的照料……虽然他是我的‘一项发现’，但我并不太同情他，而且我觉得很难去重读他的作品。”[13]

海伦·科克给了劳伦斯创作《逾矩的罪人》的灵感。她说，劳伦斯将这部小说寄给了福特，但福特极度不赞同小说中的浪漫主义，并称这部小说太过主观化与情绪化。1910 年 9 月，劳伦斯在写给露伊·伯罗斯的信中向她揭露，福特极不赞同劳伦斯偏离他所认定的主流现代艺术，他既赞扬又指责了这本书：“‘这是天才的一部糟糕的作品，其中四分之一的内容可称为杰作……这部小说没有结构也没有形式——是糟糕透了的艺术，是同一个主题的多种变体。而且，它还很色情——并不是我个人介意这一点，而是一部色情作品必须是好的艺术，但这部作品不是。’……对我来说，他属于与我观点对立的那派小说家。他说散文必须像屠格涅夫和福楼拜那样客观；我说不是。"两年后，他说福特批评了他，因为他拒绝遵循法国小说的审美规范，即要有讽刺、客观的叙述者，复杂的情节展开，需痛苦地寻找贴切的字眼以准确表达需要的意义。福特强调故事本身，也强调叙述技巧。劳伦斯说："惠弗对福楼拜的看法和他关于完美的观点令我受到了极大折磨。"[14] 福特承认劳伦斯有杰出的才能，但他不喜欢劳伦斯热烈、主观、直觉性的表达形式。

1909 年，福特将劳伦斯介绍给了两位重要的文学人物：H. G. 威尔斯和埃兹拉·庞德。威尔斯的父亲是名店主，母亲是女仆，他依靠自己的奋斗取得了成功。此时，他已经出版了《世界大战》（*The War of the Worlds*）、《爱情与鲁雅轩先生》（*Love and Mr. Lewisham*）、《基普斯》（*Kipps*）三部作品。劳伦斯讽刺性地描绘了威尔斯（劳伦斯临终的时候，威尔斯会出现在法国南部），说他是"一个滑稽的小家伙：他聊天的时候，会不停地说出些讽刺而不伤大雅的话，很有趣但不够豁朗"。

大胡子、红头发的庞德刻意行为夸张、着装怪异，穿着那种颓废派的天鹅绒大衣，戴着绿松石耳环。福特和维奥莱特邀请劳伦斯和杰茜吃饭那次，他也在。劳伦斯说（没有说庞德的名字），"他用刀戳了一只苹果，剁成了四块，招摇地大口嚼起来。我觉得他是个亲切的小丑"。还有一次，劳伦斯错过了去克罗伊敦的最后一趟火车，在庞德位于伦敦的公寓里住了一夜。在那所欧内斯特·里斯——里斯为登特编辑了广受欢迎的"世人"系列①——所有的房子里，他看到了一个幼稚、古怪的庞德。庞德注意到餐桌上摆放着用作装饰的红色郁金香，一把抓起郁金香花就开始吃。他这么做的目的是想吸引劳伦斯本人的注意。

在他与这位粗野的诗人第一次见面之后，劳伦斯便强调了庞德

---

① "世人图书馆"（Everyman's Library）是伦敦出版商约瑟夫·马拉比·登特策划的系列图书。

的美学与他自己对待文学的现实态度之间存在差异。庞德波希米亚式的讽刺风格、他的学历、他出版的多卷本诗集、他趾高气扬的世界主义（庞德1908年从威尼斯来到伦敦，他在意大利餐厅里轻松自如）让劳伦斯印象深刻，他对劳伦斯作品的称赞同样让劳伦斯铭记。劳伦斯还非常敬重庞德这位外来者挤进文学世界的能力：

> 他是著名的美国诗人——相当棒的诗人。他和我一样，二十四岁——他的上帝是美，我的上帝是生活。他人非常好：带我去意大利美食店帕尼纳尼用晚餐，之后我们一起去他位于肯辛顿的房间。他住在一间阁楼上，像个传统诗人那般。那间阁楼陈设讲究，非常舒适。他是美国文学硕士，是普罗旺斯语教授，他每周会在伦敦理工学院给游吟诗人做讲座。他相当有才能——很有天赋，而且有着强烈的自我意识。[15]

众所周知，庞德（与福特一样）善于发现文学新秀，对同行作家非常慷慨。1913年，他告诉他的美方编辑哈丽特·门罗（Harriet Monroe）——门罗后来在她的杂志《诗歌》（*Poetry*）上刊登了劳伦斯的作品，他不喜欢劳伦斯自负、乡土、迂腐、害羞的一面（劳伦斯有着英国中部地区持重、节制的德行，这与庞德的美国式华丽浮夸形成鲜明对比），但他很欣赏他客观、原创性的作品：

> 他很聪明……是个令人讨厌的人，不过还有待观察。我认为他比我更早学会了如何正确对待现代性主题。《英国评论》中刊登的一些诗歌表明了这一点……
>
> 如你所知，劳伦斯并没有让我特别感兴趣。不过，我们还是非常幸运能发现他。如你所知，惠弗高度称赞了他。我在他的作品里**发现**了某些特点。如果我是编辑，我很有可能不需要

过目便会接受他的作品。我承认他是年轻一代作家中最好的散文作家。

庞德为劳伦斯的第一部诗集《爱情诗集》（*Love Poems and Others*，1913）撰写了书评，他在书评中声称："英国四十岁以下的诗人中，没有一位能与他比肩……劳伦斯先生尝试了现实主义创作并且成功了……他将当代诗歌提升至当代散文的高度，这是巨大的成就。"但两年后，庞德在发表于《新时代》（*New Age*）上的一篇文章中提出，劳伦斯并没有达到他对其早期的期许，他还暗示为什么他（像福特一样）会最终拒绝接受劳伦斯充满色情描写、引起强烈反响的作品："虽然我一直很喜欢他的作品，但我从未嫉妒过劳伦斯先生的才能。即便故事很好，我也不想用华而不实的文体、俯拾皆是的性描写、疯癫的情绪去创作。"[16]庞德和福特都没有认识到劳伦斯是在用他早期的小说宣泄他强烈的性知觉。

三

劳伦斯给杰茜和露伊写信讲述他在克罗伊敦的教学生活和他遇到福特与庞德的情景的同时，也在追求着两位迷人的年轻女人——艾格尼丝·霍尔特和海伦·科克——她俩都比他大上几岁。艾格尼丝是劳伦斯在克罗伊敦的同事。她身材高挑，有着一双灰色的眼眸和一头赤褐色的头发。1909 年 11 月，杰茜去伦敦的时候见到过艾格尼丝，她注意到艾格尼丝与劳伦斯之间紧张的性关系导致艾格尼丝对劳伦斯的态度相当奇怪。她看上去像是在屈尊俯就地对待劳伦斯，跟他说话时像个姐姐，而劳伦斯则以一种古怪的虚张声势掩饰他的不自在。劳伦斯告诉杰茜，他曾考虑要娶艾格尼丝。但是到圣诞节的时候，劳伦斯戳穿了艾格尼丝的浪漫幻想；艾格尼丝则在性方面压制他，不让他近身，劳伦斯便很快改变了主意。他向布兰奇·詹宁斯解释：

> 她那么无知、保守，真的是，虽然她上过大学，还在伦敦教了几年书……她还以维多利亚时代中期的标准评判一切，沉浸在毫无意义的浪漫幻想中，这些幻想经年将会变得极为苍白……她的观点完全是空洞、表面化的，我无法改变她。她感到惊恐。
>
> 现在，我受够她了。她假装非常喜欢我，但实际上她并不是那样。[17]

劳伦斯通过戴维森路小学的另一位老师艾格尼丝·梅森（Agnes Mason）认识了海伦·科克，她是海伦的老朋友，也是她的导师。海伦是个身材矮小的女人，有着一头淡红色的头发。她与劳伦斯一样热爱艺术、音乐、文学，她帮助劳伦斯誊抄了最终版的《白孔雀》。1910 年夏，在怀特岛度假期间，她成了自己的小提琴老师赫伯特·麦卡特尼（Herbert MacCartney）的情妇。麦卡特尼因为内疚而极为痛苦，贫穷令他愤恨，他婚姻不幸又不能给海伦任何承诺，之后他回到了他无法摆脱的妻子与孩子身边，在家自缢身亡。该经历对海伦的情感造成了极大打击，在其小说《中间立场》中，她以劳伦斯为原型刻画了一个极有同情心的角色如何"耐心且不遗余力地让她重燃生活热情，始终期望她能慢慢转头看到他，更理智地爱他，而不是像她之前爱（麦卡特尼）那样"。[18]

劳伦斯让海伦恢复了对生活的兴趣，但他并没有成为她的情人。虽然与劳伦斯的其他女朋友不同——她早已不是处女且还做过麦卡特尼的情妇，但她不愿意成为劳伦斯的情人。她不想嫁给他，也不想为他生儿育女，无法"成为'女人'一词最普通意义上所代表的人"。"他或许可以成为我的情人，"海伦敏锐地说，"但我不可能成为他的情人。"与麦科特尼之间的婚外情极具摧毁性，令她倍受创伤，这使得她不可能对劳伦斯有性方面的回应。

海伦描述了杰茜对劳伦斯的爱慕，这与杰茜对劳伦斯和艾格尼丝·霍尔特之间关系的描述形成了鲜明对比："她那种爱慕不只是对伴侣的正常普通的身体之爱。她曾有一次对我说，'大卫是上帝的儿子中的一个'（这是劳伦斯喜欢的一句话，出自《创世记》6章2节）。她将他视作更高等的存在。"海伦可能与麦卡特尼保持婚外情期间就是个女同性恋，此后当然更确定是。相比较而言，她更加被杰茜而非劳伦斯吸引，她实际上"爱上了杰茜"。[19]

1911年7月，劳伦斯在写给海伦的一封信中表达了他的愤愤不平，他渴望婚前性行为，为此倍受折磨，他威胁说要做出有辱自己身份的事——去找个妓女（并没有证据表明他那么做过），还气愤地说海伦（与杰茜一样）将他推向了崩溃的边缘："我再也不会要求发生性关系了，再也不会，除非我能用肮脏的婚姻交换，除非对方是个妓女，我会去疼爱这个妓女，因为我会为她感到难过。我无法忍受我们之间紧张的性关系。"这期间劳伦斯给海伦写了些表达爱恨的诗歌，其标题——《憎恶》（"Repulsed"）、《恋爱中的冷漠》（"Coldness in Love"）——表明了他因这个冷淡、不理会他的女人而痛苦挣扎：

> 今夜，她与我是如此憎恶着对方，憎恶
> 至麻木、茫然；我已死，她拒绝赴死。
> 女人，其恶毒不只能谋杀，更能使人麻木
> 直至再无生气。[20]

# 四

1910 年 8 月，劳伦斯与杰茜、海伦、露伊的关系过于密切之际，他的母亲去莱斯特郡看望她的妹妹艾达·柯伦科时，发现自己腹腔内长了一个恶性肿瘤。劳伦斯曾见证莉迪亚因威廉·欧内斯特而遭受巨大痛苦，而这次轮到他去为莉迪亚经受同样的痛苦。劳伦斯陪着莉迪亚度过了她人生的最后三个星期，在她身边阅读、绘画以转移她的一些注意力。

劳伦斯提前获得了一本线装《白孔雀》，该书计划于 1911 年 1 月出版，因此他可以在他母亲去世前拿给她看。他在 1910 年 12 月的一封信和 1925 年的一篇散文中分别描述了他将书呈给他母亲看这件事。他本满怀希望，但结果令他大为失望。在信中，他描述莉迪亚看着那本书，但因为疲惫不堪而没办法做出反应；在散文中，劳伦斯凭直觉知道并表达了她无声的失望：

> 母亲只是看了它一眼。"亲爱的母亲，这是属于你的。"我妹妹（艾达）告诉她。"是吗？"她喃喃地说，之后便闭上了眼睛。过了一会儿，她说："它讲的什么？"我妹妹就给她读了我加在上面的一小句题词（"致我的母亲，爱你的，D. H. 劳伦斯"）。
>
> 送到我手上的这第一版《白孔雀》，我在我母亲临终之际将之放在了她手里。她用她那双阴郁的眼睛看了看书的外观，然后看了印有标题的那一页，之后又看着我。虽然她那么地爱我，但我觉得她很怀疑这是否能称得上是一本书，因为除了我，没有哪个更重要的人写出了这本书。[21]

莉迪亚生前的最后一周遭了很多罪，她于 1910 年 12 月 9 日去世。在写给蕾切尔·泰勒和露伊·伯罗斯的信件中，劳伦斯说到了他母亲所经受的"多种程度的死亡"给他带来的恐惧，他对他母亲拥有的勇气表示出的敬佩，与他母亲分离给他带来的痛苦。他觉得他母亲的痛苦是其漫长、不幸的一生的终点："她的状况非常糟糕。疼痛又一次袭来。'噢，亲爱的母亲，'我说，'是又疼了吗？''不是现在的这些病痛——唉，厌倦了。'她呻吟着，因此我几乎听不到她说什么。我希望她今天就走吧。"她母亲的痛苦似乎凝聚了这世间所有的痛苦与不幸。他自己的生活与他对她爱的渴求、她对他的赞同紧密联系在一起，他怀疑，如果没有了他母亲，他是否还能活下去："今天早上，她看上去那么痛苦、可怜，那么寂静。那么灰败，如死去了一般，就像是悲伤写就的一个象形文字……如果她没了，我们好像都没法活了。"[22]

劳伦斯针对莉迪亚去世而写的诗中有两首——《挂念》（"Suspense"）与《无尽的剧痛》（"Endless Agony"）——表达了他的愧疚：他希望能结束她的痛苦，这样既能令她不再受折磨，也能让他从她的爱带给他的巨大压力中解脱出来。似乎从那些未出版的访谈中明显可见，劳伦斯既有终结他母亲的生命的想法，也有实施的方法：

> 吉莱斯皮医生不愿意给她吃超过正常剂量的药，但他还是给了药，艾达和伯特给了她超量的药以减轻她的疼痛。他说他无法忍受眼看着母亲受苦。
>
> 这让他非常难受，于是有一天我在那里的时候，他便去找了吉莱斯皮医生，对他说："你就不能给她点什么药结束这一切吗？"吉莱斯皮回答："我不能。"

1914 年，劳伦斯告诉莉娜·沃特菲尔德（Lina Waterfield）——他在意大利遇到的一个英国女人，他实际上杀了他母亲，就像《儿子与情人》第十四章中保罗·莫雷尔做的那样："你看，我做到了——我给了她过量的吗啡，给了她自由。"劳伦斯意识到，他不得不杀了莉迪亚以便给他自己自由。他知道，他母亲还活着的话，他就永远不会爱上另一个女人。

关于莉迪亚之死的最后一首诗中的最后几行强调了他自身的软弱：

> 赋予我力量以离开你
> 既然你已离世。
> 我必须离开，我的灵魂却无助地
> 矗立在你的病床边。[23]

毫无疑问，他是他母亲最喜欢的人，他终其一生都觉得母亲是一个征服者。可当他与他母亲之间的纽带断裂时，他同样也会经受更严重的折磨。在她去世之后，劳伦斯变得更加痛苦、尖锐。

劳伦斯父母的性格有着明显差异：母亲给予儿子的是沉默却充满慈爱的贬抑，父亲对儿子则满是不解与愤怒，这在劳伦斯生动描述的阿瑟对《白孔雀》的反应中昭然若揭：

> 葬礼之后，我父亲勉勉强强读了半页纸，他简直就像是霍屯督人①。
>
> "小子，他们拿多少钱换那本书？"
>
> "五十英镑，父亲。"

---

① 霍屯督人（Hottentots）是带有种族色彩的称呼，现已不用。它本意指南部非洲的种族集团，他们自称科伊科伊人，主要分布在纳米比亚、博茨瓦纳和南非。

"五十英镑！"他目瞪口呆，用他一双精明的眼睛看着我，就好像我是个骗子，"五十英镑！你这一辈子都没干过一天苦力活就弄到这么多钱。"我觉得直到今天，他都认为我是个聪明的骗子，不干活就能弄到钱。

在他后来对同一事件的描述中，阿瑟更加精明，而且对他儿子的"骗术"相当满意："我给我父亲拿了本书，他说，'这么点的一小本书，你能得到多少钱，大卫小伙？'我告诉他，'两百英镑，父亲。'他便说，这让他确信这世界上不是所有的笨蛋都死了。"[24]

虽然在这些轶事中，劳伦斯对父亲的描述还算正面，母亲去世后他却很反感父亲。他过早地称自己是个孤儿（"我从来都只有单亲"），并残忍地指责阿瑟造成了莉迪亚的痛苦："（他）令人厌恶、讨厌，还像蛆虫般自私。但我替他难过——他老了，笨了，非常无助和无用……让他尝尝谦卑之粮。令人震惊的是我竟对他那么强硬和尖锐。"不过，劳伦斯的姐姐埃米莉说："父亲越年迈，人就变得越和善。"埃米莉的女儿玛格丽特记忆中的阿瑟是个令人愉悦的老人，一点都不会令人害怕。他寄宿在一户人家里（没有住在他的任何一个子女家中），很大一部分时间里都在用一份报纸拍苍蝇。[25]1924 年 9 月 10 日（劳伦斯生日前一天），阿瑟去世，对此，劳伦斯似乎很反常地无动于衷，他终于移除了他本人与死亡之间的又一道屏障。

## 五

劳伦斯 1908 年与艾格尼丝·霍尔特断绝关系，1910 年与杰茜决裂，1911 年与海伦决裂，这一切推动着他走向了神秘、迷人且显然很热情的露伊·伯罗斯。露伊 1888 年出生于伊斯特伍德附近的伊尔基斯顿，大约是在 1900 年遇到了劳伦斯。她曾与劳伦斯一起在伊尔基斯顿的教生中心接受培训，在诺丁汉大学时也是同学。露伊的父亲阿尔弗雷德是诺丁汉一家花边工厂的绘图员，还给手工艺人讲课；他热爱木刻与建筑，是《虹》中威尔·布朗文的原型。

在克罗伊敦教书期间，劳伦斯主要在学校的假期与露伊见面。1910 年 12 月初，劳伦斯意志消沉，情感上疲惫不堪，因为他母亲濒临死亡，他与杰茜和海伦之间有了芥蒂，他对教书这一职业不满，对即将出版的第一部小说感到担忧，他在性方面有着强烈的挫败感——这一切引发了他的冲动，想要在"无尽的痛苦"中抓住幸福，于是他便突然要露伊嫁给他。他向阿瑟·麦克劳德描述了当时在一趟从莱斯特开往露伊家乡阔恩的列车上，露伊渴望的表情、暗暗的鼓励，以及他对之做出的反应：

> "你觉得你会做什么呢，伯特——圣诞节之后？"露伊问。我说我不知道。"你想做什么呢？"她又问。我突然觉得她看上去满是渴望。我还是说我不知道——又加了一句，"哎呀，我想结婚。"——她垂下头。"你想结婚吗？"我问她。她很尴尬，然后说她不知道。"我想和你结婚。"我突然说道……
>
> 她是个很耀眼的姑娘：跟我差不多高，又挺拔又壮，像个女像柱……肤色如石榴，黑中透红，快乐且生气勃勃，像一瓮美酒。我非常高兴自己向她求了婚。

但严谨又规矩的露伊并不真的像个女像柱、石榴或是一坛美酒；而劳伦斯也像许多新晋未婚夫那样，很快便有了重新考虑。正如他试图使自己的决心更加坚定而告诉杰茜的那样："我周六与（露伊）同坐一趟火车，我突然就向她求了婚。我其实并无意那么做。但她接受了，而我得遵守这一誓言。"在写给蕾切尔·泰勒的信中，他描述了莉迪亚的癌症、他父母的不幸婚姻、他对母亲反常的依恋。在这同一封信中，他还确定了自己做出冲动求婚举动的复杂心理状态，也表明了他错估了露伊的性格。他一直幻想着露伊是他用来替代杰茜的不错选择，同样也是他对杰茜的残忍背叛：

> 我今天去了莱斯特。在火车上，我遇到了一个姑娘（露伊），她一直都温暖着我的心房——真像是和煦幸福的一天——然后我就去向她求了婚：在火车上，毫无准备……
>
> 她永远都不会要求喝光我的血、占有我。她爱我——但那是美好、温暖、健康、自然的爱——不像简·爱，像简·爱的是（杰茜）……她永远不会将她的双手穿透我的血液，感知我的灵魂，让我紧咬牙关、浑身颤抖，再吵着跑掉。呃——我做得很好——而且对（杰茜）很残忍——就在今夜。[26]

劳伦斯告诉过蕾切尔·泰勒，他希望他能在莉迪亚葬礼后的第二天就娶露伊。在他向露伊求婚三天后，也就是他出于怜悯而杀死他母亲并为露伊而解放他自己的三天前，他告诉露伊："我必须在我能真正握住你的手之前，感觉到我母亲的手从我手中滑落……这过度的悲伤令我决定要幸福……你将会是第一个让我对这个世界感到欣慰的女人。母亲、杰茜——所有其他的一切，都是通往极度悲伤世界的一扇扇门。"

虽然从 1910 年 12 月订婚至 1912 年 2 月关系破裂，露伊与劳伦斯的婚约共持续了十四个月，并且露伊给了劳伦斯创作的灵感，令他写出了他早期最好的爱情诗——《金鱼草》（"Snapdragon"）、《列车上的亲吻》（"Kisses in the Train"）、《未婚妻的双手》（"The Hands of the Betrothed"），但她还是辜负了劳伦斯的期待。劳伦斯希望露伊能给他一段爱情，使他摆脱他曾与杰茜、与他的其他女人之间经历的爱情所带来的折磨，希望她能满足他生理方面的天性，因为她似乎能为他提供完整、安全与充满希望的性满足感。不过，尽管露伊能分享他在性方面的情感，但他的热情受到了她严格的"举止准则"的限制。劳伦斯描述露伊"高大、黝黑，像吉卜赛人那样热情——但遵守规矩，太遵守规矩，恪守教会仪式"。[27]这描述是他在暗示情感与约束力间的矛盾。他无力解决那个"但"的问题，这最终导致了他与她的决裂。

劳伦斯觉得他需要每年有一百五十英镑的固定收入和一百英镑的存款才能结婚；而教书是他唯一能攒下这些钱的办法，但他越来越厌恶教书。在他们的婚约解除前几个月，他也开始感觉露伊并不够成熟、自立，她可能最终会变得像杰茜那样依赖他、缠着他。1912年2月4日，劳伦斯以身体不好、没钱等显而易见的借口解除了与露伊的婚约：医生说，"我不应该结婚，即便不是永远不应该，至少这以后很长的一段时间里都不能结婚。我自己觉得，我的健康状况很不稳定，我承担不了对你的责任。而且，我发现，既然我不能教书就得拼命先养活我自己。我不想一直拖延婚约——所以我请你拒绝我。我恐怕我们不太合适"。[28]

受到英国爱德华时期性冲突的限制，劳伦斯对他在1908年至1912年间爱恋过又抛弃的那些受过良好教育的职业女性有着巨大影响。成熟、独立的爱丽丝·达克斯愿意与劳伦斯上床，但不愿意给他承诺。其他女性或许愿意做出承诺，但不愿意与他上床（虽然杰茜是其中最爱他的，但她与他发生关系时也是极不情愿的）。在某种程度上，她们所有人都一直爱着他。艾格尼丝毁了他写的所有信件。海伦终身未婚，一直到九十六岁去世时还迷恋着劳伦斯。她写了一部关于杰茜的回忆录、一部小说、一本诗集、一部评论作品、一部劳伦斯回忆录与自传；直到20世纪70年代，她还一直在采访和会议中讨论他。爱丽丝希望怀上劳伦斯的孩子，却因为劳伦斯激起的激情而怀上了她丈夫的孩子。杰茜受到了深深的伤害，一生都在怨恨他。她在1915年嫁了人，但终生未孕。露伊（与爱丽丝一样）与劳伦斯断绝关系后深受其苦。1930年曾两度前往旺斯拜祭他；1940年，在年已五十二岁、即将退休之前结婚，（与杰茜一样）终生未孕。

# 六

《白孔雀》[29]描绘了劳伦斯写作这部小说的四年期间，他所遭遇的性冲突及他对一段令人满意的情感关系的追寻，暗示了他想用同性关系取代给他带来各种挫败感的男女纯真之爱。小说中，西里尔·比尔兹尔（故事的叙述者）以劳伦斯本人为原型，比尔兹尔先生是劳伦斯父亲的负面形象，乔治与埃米莉·萨克斯顿分别以艾伦和杰茜·钱伯斯为原型，莱斯利·坦皮斯特的性格则是以花心大萝卜乔治·内维尔为原型。劳伦斯告诉杰茜，与情节相比，他对人物更感兴趣，他会遵照乔治·艾略特的故事布局，设置两对男女，呈现他们关系的发展过程。自负、生活克制的女主人公莱蒂一边与乔治·萨克斯顿调情，一边又努力吸引当地乡绅之子莱斯利·坦皮斯特的注意。莱蒂压制了自己对乔治本能的迷恋而嫁给了莱斯利，乔治娶了他的表妹梅格，经受着道德的沦丧，并陷入了震颤性谵妄。

1908年12月31日，还在写作《白孔雀》的劳伦斯写了一封极富激情的信，描述他看到莫里斯·格莱芬哈根（Maurice Greiffen-hagen）的画作《田园曲》（*An Idyll*，1891）后引起的壮阳效果。这幅广受欢迎的维多利亚时期的绘画让劳伦斯看到在男人热烈、强势的拥抱之下，女人神魂颠倒又性感撩人的回应。画中的女人微闭着眼、微微转开头，男人却坚定地抱着女人，大有希望宣泄他的激情之意。劳伦斯花了五年的时间才亲吻到杰茜，他复制了四张《田园曲》，并将它们分别寄给了阿瑟·麦克劳德、妹妹艾达、艾格尼丝·霍尔特和露伊·伯罗斯。这幅画作代表了他无法公开表达的激情理想。

《田园曲》在小说中起了重要的象征作用。画作中，皮肤黝黑的山林之神充满生机与活力，他赤裸着胸膛、身着兽皮，似乎扎根于脚下的草地。草地上，吃草的羊群与橄榄树被落日的余晖照亮。他托着一个苍白的年轻女人，好似出自拉斐尔前派的画作，女人脚离地，脚上覆盖着鲜艳的罂粟花与雏菊花。他将她半裸的胸乳贴近自己的身体，手指缠绕在她浓密的赤褐色长发中。她的长发过臀，如瀑布般垂落在她蓝色的衣裙上。男人亲吻女人微转的脸颊，她柔软地晕厥在男人强壮有力的臂弯里，畏惧着自己的感觉。

这幅画代表了一种"极佳又不受干扰的激情"的理想状态，这是《白孔雀》中的所有人物——或劳伦斯生命中的女人们——都无法实现的。充满阳刚气的农民乔治·萨克斯顿非常欣赏这幅作品，它能激起他的性欲："难道这不是杰作？……像那样的一个姑娘——半是害怕——半是充满激情！"但对拥有中产阶级背景的莱蒂来说，虽然她认为乔治如画般生动，她对这幅画的反应却是讽刺与戒备的："画中的姑娘很可能是害怕的，当那个野蛮人得意地走出来，身上只裹着点兽皮……与他其后遇到的姑娘做爱……她必定畏惧得不是一星半点。"不过，乔治支吾着并（用虚拟语气）坚持说"我不晓得我是不是还会爱上我所认识的别的姑娘——"时，莱蒂嘲笑他，还说他那样或许要么会变成个修道士，要么变成殉道士，成不了森林之神。乔治"重新感受到身体里有一股刚冒出来的激烈又难以平息的火焰，让他忍不住颤抖并屏住呼吸"，他瞥向莱蒂的胸脯，战栗着，努力跟她闲聊："这种直率的相互注视，对他们二人都是一种折磨，他们得迫使自己对这种令人晕眩、使人畏缩的痛苦忍耐片刻——这可能是他们颤抖着经历血管里火一般的强烈刺激后的片刻。"[①][30]这幅画揭示了他们两人不能也不敢表达的情感。

这种勉强才能克制的激情场景在《白孔雀》中重复了三次：跳舞时、树林里、游泳时。劳伦斯在呈现阶级冲突与爱情失意的四个场景中表现出了高超的技艺，在他的描写中，这阶级冲突与爱情失意通向了"友情的诗篇"中的同性间的宣泄。《白孔雀》的情节与《呼啸山庄》的情节结构相似：凯瑟琳·恩肖嫁给了呆板的林敦而不是充满激情的希斯克利夫，而莱蒂害怕与乔治的性生活，却不惧与莱斯利·坦皮斯特一起。乔治与莱蒂找不到情感上的满足，也无法实现性方面的圆满。于是，乔治娶了粗犷的梅格，她能满足乔治的身体需要却满足不了他的精神需求；莱蒂嫁给了莱斯利，他满足了莱蒂精神上的需求却满足不了她身体方面的需要：在一个带有盲目崇拜的时刻（与《田园曲》中的场景完全相反），莱斯利跪着搓揉莱蒂冰凉的双脚，而她则触摸着他的面颊，叫他"好孩子"。

在表现性激情升华的第二个场景中，乔治放纵地与莱蒂跳舞，有力的单调节奏近似于酒神祭祀音乐，舞蹈在性高潮后的疲惫中结束。当我们看着《田园曲》这幅画，我们会非常清楚地发现，这个场景同样以微妙的方式重复了《田园曲》中的性交姿势：男人托举并紧抱着女人时露出红润的脸颊，女人头发松散、双唇微张、双足无力，流露出一副害怕被抛弃的姿态。

即便乔治与莱蒂都分别订了婚，乔治仍无法放弃莱蒂。在那片能令人想起《田园曲》背景的树林里，乔治徒劳地乞求莱蒂的爱，

---

① 译文参考《白孔雀》，刘宪之、徐崇亮译，哈尔滨：北方文艺出版社，1999 年，第 45—47 页。

再次重现了画作中的激情：

> "不，莱蒂，别走。我的生命还有什么意思？没人会像我这么爱你——我对你的爱还有什么意思？——恨这爱、畏惧着这爱，就因为我受不了这种爱了？"
>
> 她转过身，感激地亲吻他。于是，他长时间充满激情地拥抱着她，亲吻着她。最后，她已精疲力竭，只能完全瘫在他的怀里，直到他力不能支才放开。他浑身都在颤抖着。①[31]

但他们之间的爱不会复燃，他们之间的关系也止步于这个拥抱。

游泳的场景是小说的高潮部分，不仅综合了田园式的舞蹈与树林，而且结合了猎场看守人安纳贝尔的第一次婚姻故事，他的这段婚姻预示了乔治与莱蒂的婚姻会是什么样子。安纳贝尔这位持有恶意的山林之神，他的体格、生机与活力、黝黑阴郁的脸，会让人想起《田园曲》中的牧羊人。他在追求第一任妻子时，常在河里游泳，"在岸边擦干全身，这样她或许就能看见我……我对她来说是希腊雕像"。像乔治一样，安纳贝尔是个穷小伙，经受着性方面的耻辱。如果说乔治对女性的敌意更为隐秘，安纳贝尔则公开表达了他的敌意。在劳伦斯的小说中，失意的激情与婚姻不可避免会导向男性之爱的瞬间。

游泳的场景发生在莱蒂最后一次拒绝乔治后不久，也是在西里尔不温不火地追求乔治的妹妹埃米莉失败之后。西里尔的性无力符合他作为叙事者-窥淫者的被动角色。他渴望再找个人依靠，干草收割季期间他对乔治的强烈依恋，在有着惠特曼诗歌风格的"友谊的诗篇"中达到极点。该章中，裸体的男人在草里翻滚，在池塘里

---

① 译文参考《白孔雀》，刘宪之、徐崇亮译，哈尔滨：北方文艺出版社，1999年，第340—341页。

嬉闹，他们忠实的狗则赶跑了闯入的埃米莉。身体上，西里尔被乔治和安纳贝尔粗犷的男子气概吸引，这表明他努力要摆脱他有占有欲的母亲——她"在我出生前就已经憎恨我父亲了"，也表明他想要找回他失去的父亲。

小说开头，乔治因为看了西里尔复制的同性恋画家奥布里·比尔兹利（Aubrey Beardsley）的《捷足善走的女神》（*Atalanta*）与《莎乐美》（*Salome*）而产生性兴奋。在池塘里，西里尔欣赏着乔治赤裸的身体，乔治则"嘲笑我，说我像奥布里·比尔兹利绘画中那些精瘦、顽长、丑陋不堪的家伙。我则向他举出奥布里·比尔兹利画作中许多著名苗条美男子的例子"，这情形就像安纳贝尔将他自己比作希腊雕塑一样。西里尔全神贯注地欣赏乔治的健美身躯之时，他记起了安纳贝尔的故事：

> （乔治）看我只顾一个劲儿地傻笑，竟忘了擦身上的水，他就把我拉到他身边，轻快利索地替我擦起来，仿佛我是个孩子，更确切地说，像个他所爱恋而不畏惧的女人。我完全听任他的摆布。为了更好地替我擦身，他用胳膊搂住我，我紧紧地靠在他身上，两个裸体相互依偎，彼此肉体接触的快感真是美妙极了。这在某种程度上满足了我心灵上那种朦朦胧胧、难以言传的渴求；我想，这对他来说亦是如此。他把我全身都擦暖和后就放开了我。我们二人眼里依然含着笑意，相互凝视着。这时，我们之间的爱达到了瞬间的完美，这比我以往对任何人——不论是男人还是女人——的爱都要完美。①[32]

擦身具有明显的同性恋意味，因为在这个过程中，西里尔取代

---

① 译文参考《白孔雀》，刘宪之、徐崇亮译，哈尔滨：北方文艺出版社，1999年，第352页。

了他高挑又危险的妹妹莱蒂，成为"他爱恋的女人"，在这最后再现《田园曲》的场景中，那贴紧强壮男子胸膛的无力、顺从的人物形象"并无畏惧"。我们不知道乔治的感受，但西里尔将自己的感觉附加在了他的爱人身上（"这对他来说亦是如此"）。西里尔的最后一句话概述了《撒母耳记（下）》1章26节中大卫对约拿单的哀悼："你对我亲爱异常！你的深情何其美好，远胜过妇女的爱情。"

《白孔雀》中的男性人物要么是林敦式的，要么是希斯克利夫式的，他们象征性地代表了男性从过于文雅高尚向无教养的粗野的堕落——从西里尔与莱斯利堕向乔治、安纳贝尔及堕落、颓废的比尔兹尔先生。这些人中，有教养的缺乏激情，情欲强烈的拒绝被教化。虽然这些不完美的男性彼此间无法成功确立起同性关系，他们的分裂却在乔治与西里尔同性间的圆满中得到了象征性的结合。在"友谊的诗篇"中，惠特曼的诗歌风格与《圣经》主题的结合形成了一幅惬意的男性田园生活景象，这与不幸的婚姻及失意的爱情形成了对比，并超越了它们的存在。

# 七

1911年1月，《白孔雀》出版。在劳伦斯心里，这部作品不仅与他母亲的去世，与他和众多男性、女性之间的复杂情感关系联系在一起，而且与他的"疾病之年"年末差点要了他性命的病危时刻相关。在他去世前三年创作的《还乡》中，劳伦斯回忆，"十六年前，我自己的第一本书就要出版时，我母亲正弥留病榻。一位挺著名的编辑在给我母亲写的信中这样说到我：'他四十岁时，能坐上自己的四轮马车。'对此，我母亲似乎是叹息着说：'唉！还不知道他能不能活到四十。'……我身体一直虚弱，但我的生命力很强。

为什么他们都一口咬定我说死就死呢？"①

与露伊订婚两周后，劳伦斯强调了自己身体疾病的心理原因，并劝她："如果我说我病了，你要一直骂我；我从来都不会生病，除非我想让自己沉溺在同情的包围之中。"[33] 1901 年年末，劳伦斯第一次病重他借此摆脱了海伍德外科手术器械工厂。1911 年年末，他的第二次肺炎病发使他摆脱了克罗伊敦的教学工作。

1911 年 11 月，劳伦斯告诉爱德华·加尼特："过去的这两个星期里，我感觉真是糟透了，学校那些管子里发出的干燥热风、那种焦虑，还有感冒，我必须离开学校，真的。"当月月底，他病得很重，艾达和一位专业护士在克罗伊敦照料他；到 12 月中旬，他说出了那个可怕的词，这个词他在余生中几乎都不会再提及："医生（琼斯家的家庭医师威廉·阿迪）说，我绝不能再回学校了，否则我就会得肺结核。"[34]

威廉·奥伯医生（Dr. William Ober）发现，几乎可以肯定的是，1911 年的肺炎"很可能会使少年时期已经遭到压制的结核感染重新爆发"，而劳伦斯本人成年后的余生都患有这种疾病。阿迪医生说，回到学校会让劳伦斯患上肺结核。这句话很可能是委婉地说，劳伦斯已经患有肺结核，他可能会传染给学生，不会被允许重返教学岗位。

福特·马多克斯·福特谈论残疾抚恤金时指出，"他教书的那所学校要是隶属伦敦郡管辖的话，他肯定可以获得一笔相当数量的补偿金"，但是肯特郡教育委员会"并没有为患有残疾病症的教师提供补偿金"。劳伦斯不但没有获得过保险，也没有养老金，他实际上还因为生病被罚了钱。1912 年 1 月，他的工资被扣了一英镑五便士十一先令，"因为生病而缺课……缺课次数远超过学校规定的

---

① 《劳伦斯散文》，黑马译，北京：人民文学出版社，2008 年，第 39—40 页。

次数".[35]

尽管如此，克罗伊敦教育委员会办事员詹姆斯·史密斯和劳伦斯所在小学的校长菲利普·F. T. 史密斯都给予了他最好的推荐信，进一步证明了伊斯特伍德英国学校乔治·霍尔德内斯和诺丁汉大学教师培训部对他的称赞。詹姆斯·史密斯写道："劳伦斯先生是位优秀的老师，教学方法丰富多样，很有悟性，是位富有同情心且有能力的训导员。"菲利普·史密斯持有相同观点，他认为，作为一位教育者，"劳伦斯先生非常成功。他的教学方法完全是现代化的，具有相当大的可取性，因为这些教学方法针对各种施加在小学课程上的限制而经过了特别改良，以期取得良好的教学效果".[36]虽然劳伦斯讨厌教课，但他具有极端理想主义、极富创新性、认真负责且工作认真。他的教学方法极为个性化，他鼓励学生发展他们的个体潜力；他想在工作中表现突出，他掌握了必备的技能，克服了纪律方面的困难。他是位杰出的教师，在生活与工作中都保有好为人师的一面。

1912 年 1 月，劳伦斯在位于南部海岸的伯恩茅斯休养，而1902 年 4 月，他是在东海岸的斯凯格内斯进行休养。他很高兴能去到不同的地方并从疾病中康复，起初他对这些地方非常感兴趣。他告诉露伊："这是个有趣的地方——你会喜欢它的。"

> 我一直都希望你来。这里住了四十五个各种各样的人。我们早上八点半起床，九点吃早餐——早餐非常丰盛，有腊肉、腰子、火腿和蛋，这些都是你喜欢的。我在吸烟室里闲聊到十点半，然后回我的房间工作。我房间里有取暖的火堆，在这里，我一直工作到一点半，那是我们用午餐的时间。这里的午餐很隆重，就像我们正常的晚餐那般重要。下午时分，我会外出，或者像今天下雨的话，我就留在活动室里，我们会一起打

> 牌、玩游戏。下午茶之后，我会与某个人出去散步，喝点杜松子酒和苦啤酒，然后吃晚餐。

但是仅仅过了一个月，在更加仔细地观察了这里的情况之后，他向杰茜抱怨，"这个地方是为病人而存在的。他们尽可能地掩盖事实，但这里看上去就像一家大医院。你到处都能遇到被车推着或被人扶着走的病人……我离开这里的时候肯定会很高兴"。[37]劳伦斯还注意到罗伯特·路易斯·史蒂文森（Robert Louis Stevenson）① 1884年在伯恩茅斯养过病。

1912年2月，劳伦斯从克罗伊敦辞职，与露伊解除婚约。他似乎更加内省、焦虑、爱胡思乱想；他抛弃了他原先的生活，但还未准备好接受新体验。他告诉海伦·科克："疾病让我改变了很多，我感觉好像到处都是隆冬。"照顾他的艾达也持有同样的看法，她安慰露伊："伯特生病以来发生了那么大的变化，这令人极为惊讶。在我看来，他是越变越糟糕。"劳伦斯与死神擦肩而过，此后，虽然他的病有过许多次缓解，但他终身的病弱从这时便开始了，这令他更加抑郁、沮丧和孤独。杰茜在劳伦斯2月回到伊斯特伍德的时候见过他，据她说，"在劳伦斯的内心深处存在着某种无望，那简直等同于绝望……虽然他极富天赋，但他在某种程度上被剪除了这些天赋，他无法完全参与他所渴望的生活……完完全全在孤单中度过，他看上去让人感觉似乎生活完全没有任何积极意义"。[38]

劳伦斯并未彻底康复，他一直为疾病所苦。1913年6月，大卫·加尼特发现，一阵猛咳之后，劳伦斯的手绢上"沾着鲜红的血"。三个月后，劳伦斯强作欢颜地坚称，他并没有患上结核病，再次强调了心理压力与身体疾病之间的紧密联系："我的双肺残破，

---

① 19世纪后半叶的英国小说家，代表作包括《金银岛》《化身博士》等。

但我不是他们说的那种肺病。我其实并不害怕肺病，我不知道为什么——我觉得我永远都不会是因为肺病死的。我很确定，我生病的时候，纯粹是沮丧和紧绷的神经在我的双肺上肆虐。"[39]

# 八

　　1911 年夏，从他母亲去世后到他自己生病之间的这段时间里，劳伦斯与爱德华·加尼特（大卫的父亲）产生了意义深远的友谊。爱德华·加尼特写信给劳伦斯，向他索要一篇故事，以投递给美国的《世纪》（*Century*）杂志，他很快取代福特成为劳伦斯的精神导师与父亲般的人物。爱德华身材高大，性格稍显古怪。他出生于 1868 年，父亲是大英博物馆印刷类古籍部主管，与福特是少年时代的朋友。爱德华的妻子康斯坦丝比丈夫大六岁，是一位多产且极具影响力的翻译家，已将多部俄国小说翻译成了英文。她曾获得奖学金，有机会进入剑桥大学纽纳姆学院学习。在那里，她以优等生的殊荣获得希腊语学位。她曾向流散在英国的俄国侨民学习俄语，还曾在一次访问俄国的短期行程中见到了托尔斯泰。她一直与无政府主义者兼暗杀者谢尔盖·斯泰普耐亚克（Sergei Stepniak）保持着婚外私情，而爱德华同样与画家内莉·希斯（Nellie Heath）保持着这样的关系。劳伦斯将爱德华视为行为放荡不羁的典范，他声称："他非常完美地摆脱了世界上的各种传统。"1911 年 10 月，劳伦斯初次拜访了加尼特夫妇位于肯特郡的乡村居所瑟恩。他后来告诉他们的儿子大卫："我一直认为瑟恩是我跃入这个世界的起点，而你父亲是我的第一个支持者。"[40]

　　他们初次见面的时候，爱德华还是位并不成功的诗人、剧作家、小说家，但他同时又是达克沃斯出版社极具洞察力的审稿人。

他发现了康拉德与高尔斯华绥，并与他们成为密友；他还帮助过威廉·亨利·哈德森和赫伯特·欧内斯特·贝茨①。劳伦斯鲁莽地告诉他在海尼曼出版社的责任编辑，《逾矩的罪人》"是令人生厌的糟糕艺术作品：它完全没有进展性的行动，只是以华丽生动的人物形象及场景安排了情节，而这些人物形象与各场景之间毫无关联"。他这样说既呼应了福特对他的批评，也是因为他发现了自己的小说中存在的不足。虽然这部作品存在这些根本缺陷，但爱德华还是从劳伦斯的这本最糟糕的小说中读到了艺术潜力，他劝说达克沃斯出版社于 1912 年 5 月出版了这部作品。

与《白孔雀》一样，《逾矩的罪人》检视了劳伦斯在性方面的种种冲突，描写了这样的主题，即残忍、具有毁灭性的"精神"女性，她们"不想要（男人）；她们追求的是精神之花……因此，她们摧毁了我们体内居住着的自然男性"。小说中的海伦娜与劳伦斯诗歌中的海伦·科克一样，"一直拒绝接受人性中的'动物性'，至今，她的梦仍是那么抽象，满是幻想，她的血液被束缚着流淌，而她的体贴尽是残忍"。[41]冷漠的女人激起男性的激情却又拒绝他的激情，这样的主题是劳伦斯最初两部紧密相关的小说所要表现的核心所在。

《逾矩的罪人》是一部矫揉造作的、流露出焦虑感的、无生气且赶时髦的瓦格纳风格作品。这部小说关涉梦幻般的、有巨大波动的情绪——它是一部充满厄运的爱之死小说。它成功地描绘了自然海景，传递出了怀特岛考斯赛舟会的氛围。但它同时也是一部极度枯燥的小说，是劳伦斯所有小说中唯——部几乎完全缺乏文学趣味的作品。这些缺陷之所以存在，主要原因在于，与劳伦斯的其他作品不同，这部作品是他从海伦·科克的故事中吸取的二手素材，而

---

① 赫伯特·欧内斯特·贝茨（H. E. Bates，1905—1974）为英国作家、编剧，代表作包括《我的叔叔西莱斯》（*My Uncle Silas*，1939）。

不是基于劳伦斯自己的生活体验进行的创作。

　　1912 年春，劳伦斯在克罗伊敦的生涯即将结束，他与他居于密德兰地区的家人、未婚妻以及他的教学职业断绝了关系。在他母亲去世后，他受重病折磨，患上肺结核并且终身病弱。但他从伊斯特伍德搬到了伦敦，并在文学界确立了自己的地位。他认识了许多著名且放荡不羁的文化人，他们与情妇而非妻子居住在一起，保持着不贞的婚外关系。他渴望彻底融入生活，并且最终做好了接受弗丽达·威克利的准备。弗丽达引导他走出了他在性方面的绝境，帮助他成为伟大的男人与伟大的作家。

第七章

# 弗丽达，1912

一

　　弗丽达·冯·里希特霍芬·威克利（Frieda von Richthofen Weekley）出生于德国贵族家庭，但这个家族不再拥有大片领地，也不再拥有巨额财富。这个家族里诞生了著名的亚洲探险家、普鲁士外交部部长，还有弗丽达的堂兄"红男爵"曼弗雷德·冯·里希特霍芬（Manfred von Richthofen）——"一战"中最伟大的德国飞行员，他在赢得了八十场空中战役之后，最终于 1918 年 4 月被击落殒命。她的另一位堂兄沃尔夫拉姆·冯·里希特霍芬（Wolfram von Richthofen）曾在胡戈·冯·施佩勒（Hugo von Sperrle）元帅手下做过参谋长，指挥过 1937 年纳粹轰炸西班牙巴斯克自治区首府格尔尼卡的战争，后来还在西班牙内战中指挥过秃鹰军团（the Condor Legion）。

　　这个家族曾拥有位于上西里西亚、靠近布雷斯劳（目前在波兰）的两万英亩土地，出产小麦、大麦、甜菜。弗丽达的父亲弗里德里希男爵 1845 年就出生于此地。1870 年，弗里德里希男爵参加了普法战争，在战争中伤了右手，造成这只手终身残疾，他还成了俘虏。男爵父亲高风险的投机买卖和金融方面的失利令弗里德里希失去了继承祖先财产的可能，而男爵本人受伤，让他的军旅生涯戛然而止。从部队以上尉军衔退役之时，弗里德里希男爵获得了一枚铁十字勋章。之后，他作为工程师接受培训，加入了位于法国洛林驻军镇梅斯的民政部。德国于 1871 年从法国手中夺得梅斯，1918 年失去该城。弗里德里希男爵曾负责开凿这座城市周围的运河。他娶了安娜·马奎尔（Anna Marquier）（出生于 1851 年）为妻，她的父亲是德国黑森林地区多瑙埃兴根的一位律师。但是当安娜发现她那爱独断专行但实际上懦弱的丈夫嗜赌成性又花心后，她开始鄙视他，他们的婚姻中激烈争吵时有发生。

弗里德里希与安娜生有三个容貌出众的女儿。长女埃尔丝出生于 1874 年，她是经济学家马克斯·韦伯的学生，是韦伯弟弟阿尔弗雷德的情妇。埃尔丝是最早获得海德堡大学博士学位的女性之一，曾担任卡尔斯鲁厄的工厂巡监官，后来成为海德堡大学社会经济学教授。1902 年，她嫁与埃德加·贾菲（Edgar Jaffe）。埃德加·贾菲曾在 1918 年至 1919 年间担任巴伐利亚短命革命政府的财政大臣。埃尔丝（与她母亲一样）经常与劳伦斯通信，她将劳伦斯的《狐》（"The Fox"）与《灌林中的男孩》（*The Boy in the Bush*）翻译成了德文。劳伦斯将《虹》敬献于她。弗丽达比劳伦斯大六岁，1879 年 8 月 11 日生于梅斯。她的妹妹约翰娜出生于 1882 年，她嫁给了德国总参谋部的一位军官。之后他们离异，约翰娜又与柏林一位银行家结了婚。[1]弗丽达的家庭虽然既不富裕也无权势，却为地理、外交、兵役、教育及政府做出了杰出贡献。弗丽达与她的姐妹出身高贵，迷人又聪颖。与她们的父亲一样，她们在性生活方面不尊传统。

弗丽达是德国军人的女儿，19 世纪 90 年代末参加过许多柏林普鲁士宫廷举办的舞会；1899 年至 1912 年，她是英国诺丁汉大学一位教授的妻子；1912 年至 1930 年，她与劳伦斯一起四处漂泊，过着贫穷且放荡不羁的生活；1930 年至 1956 年，她是出名的寡妇，与一位意大利士兵居于洛基山。

她的第一任丈夫欧内斯特·威克利比她大十四岁。他出身寒微，通过勤奋和智慧取得了社会地位。他的父亲是名官员，收入微薄，负责为汉普斯特德监管董事会向穷人发放救济品。欧内斯特出生在伦敦，在家里的九个孩子中排行第二；他十七岁成为教师，在伦敦大学先后获得法语与德语的本科和硕士学位，之后在剑桥大学三一学院以优等生的殊荣获得中世纪与现代语言学位。他分别在伯尔尼、巴黎及弗莱堡学习过，1897 年至 1898 年间，他在这些地方做英语讲师。1898 年，欧内斯特成为诺丁汉大学学院法语教授。他在黑森林地区度假时遇到弗丽达。1899 年 8 月 29 日，他与弗丽达在弗莱堡结婚，弗丽达当时才刚刚二十岁。[2]

弗丽达说她与威克利的新婚之夜简直是场灾难。她冲动又顽皮，而威克利则克制又枯燥无味。她对她的第一次性体验有着理想化的期待，但残酷的现实令她震惊。他们居住在卢塞恩的一家宾馆，威克利在房间门外等待的时候，她脱了衣服，冲动地爬上了一个巨大的雕花橡木橱柜，"衬裤的褶边在她攀爬的腿上左右摆动。她得意扬扬地爬到了橱柜顶上，坐在那里，很想知道如果他找不到她，他会怎么办……两个小时后（与威克利发生过性关系之后）……她处于无言的灵魂折磨中。太糟糕了，糟糕透顶……她曾期待会有无法形容的幸福，但现在她觉得自己是个羞耻的可怜虫"。[3]虽然他们生有三个子女（蒙塔古出生于 1900 年，埃尔莎出生于 1902 年，芭芭拉出生于 1904 年），共同生活了十三年，但弗丽达与欧内斯特永远无法消除他们在性格、世界观及期待方面的差异。

弗丽达的姐姐埃尔丝、女儿芭芭拉解释了弗丽达嫁给这个传统、懦弱还有些滑稽的人的动机——阿道司·赫胥黎认为威克利"很可能是西半球最沉闷刻板的教授"。埃尔丝认为，她和她的两个妹妹都没有财产，她们没办法嫁给军队的军官。而在梅斯这个德国第二大驻军区，她们认识的几乎只有军官，她们可选择的结婚对象相当有限。与弗丽达那些来自军队的追求者相比，威克利看上去更加知识渊博，有道义且真诚。她是真的喜欢他，觉得他可以带她进入英国学术界（虽然她对这个学术界一无所知）。

芭芭拉相信，弗丽达被"恩斯特"（Ernst，这是弗丽达对欧内斯特的称呼，因为他们在家讲德语）打动了。她觉得他严肃但稳重；而她疯狂地爱恋并崇拜着他。她想要逃离一个软弱的赌徒父亲，一个愚蠢的、想要摆脱她的女儿们的母亲，于是她便鼓励威克利追求她。弗丽达的贵族头衔轰动了诺丁汉，但她太特立独行，无法在事业上帮到威克利。弗丽达认为婚姻是"通向某个地方的一步"，但她并不知道自己进入的是什么地方，实际上，她在诺丁汉百无聊赖。"恩斯特"经常在才智上打压她。她想要去给人上法语课，他便说："可学生的程度很高。"[4]

威克利是个工作狂，编写了许多教材和词源学书卷，包括流行的《词的传奇》（*The Romance of Words*，1912）、《名字的传奇》（*The Romance of Names*，1914）、《现代英语词源大字典》（*An Etymological Dictionary of Modern English*，1922）。他似乎有着无限的精力，这激励懒散的弗丽达也加入了这个家庭小作坊，为布莱奇出版社推出的德国经典名著袖珍版丛书编辑了席勒的《民谣集》（*Ballads*，1902）和路德维希·贝希斯坦（Ludwig Bechstein）的《童话集》（*Märchen*，1906）。但弗丽达是个满怀激情又冲动的人，她很快便厌倦了州郡的学术生活。她的儿子蒙塔古回忆发现，"他们的婚姻存在种种冲突，从一开始就注定无望。现在回头来看，我看不到他们的婚姻有持续下去的可能……我父亲有着致命的教师做派，不太圆通；他总忍不住让她安分守己"。[5]

弗丽达的第一段婚外情对象是威尔·道森（Will Dowson）。他富有、已婚，是花边制造商，也是诺丁汉最早拥有私家车的人之一，他们就是用这辆车幽会的。1907 年，弗丽达回德国娘家的时候，成为奥图·格罗斯（Otto Gross）的情妇，他是弗洛伊德的学生，才华横溢。之后，她又成为格罗斯的追随者、画家恩斯特·弗里克（Ernst Frick）的情妇。（埃尔丝也与奥图·格罗斯相好过一段时间，还在 1907 年给他生了个儿子。）格罗斯想要弗丽达离开威克利，跟他在一起。他后来成了可卡因瘾君子，1920 年，饥寒交迫的他死在柏林一家疗养院中。《努恩先生》中，约翰娜（弗丽达）描述阳刚的埃博哈德（格罗斯）是一位解救者，是如劳伦斯一般的先驱，他教会她自由与爱："他是位天才——爱情方面的天才。他了解的东西如此之多。他会让人感觉如此自由。他几乎是第一位心理分析家，你知道——他也属维也纳学派，远比弗洛伊德更加才华横溢。他们都是朋友。但是埃博哈德是精神上的——他或许如魔鬼一般，但他是精神上的……他让我相信爱情——相信爱情神圣不可侵犯。他让我看到，婚姻和与之相关的一切都建立在恐惧的基础之上。"[6]格罗斯教给弗丽达心理分析的构成因素及性自由原则；他教会她认识自己的欲望，令她毫无愧疚地发展婚外情。因为格罗斯的这些观点，弗丽达觉得自己受到了威克利的束缚。而威克利对这一切一无所知，他没有意识到格罗斯对弗丽达的影响，也没有发现弗丽达对他的不忠，还天真地喜欢称她是他"纯洁的白百合"。劳伦斯生气的时候会以此折辱弗丽达，还会引用莎士比亚十四行诗提醒她："烂百合花比野草更臭得难受。"①

---

① 译文参见 https://www.douban.com/group/topic/38555583/。原文为"Lilies that fester smell far worse than weeds"，出自莎士比亚十四行诗第 94 首。

## 二

弗丽达是位日耳曼女神，她身材高挑，有一头金发和华美的身形，非常有魅力。她优美如画且爱附庸风雅，喜欢穿宽摆裙配刺绣衬衣。她的嗓音低沉、嘶哑，发 r 音的时候喜欢卷舌，说话带有明显的德国口音。大卫·加尼特曾陪伴劳伦斯夫妇一起度蜜月，还与他们一起步行穿越阿尔卑斯山到达意大利，他描述了弗丽达直率的性格和放纵的、似猫般的出神状态："她的头颅与她的整个身姿都很高贵。她有一双绿眼睛，眼眸中满是黄褐色，鼻梁高挺。她会静静地凝视着别人，无畏地评判对方，那个时刻，她像极了一头雌狮：她的双眼像，眼中迸发的色彩像，她从躺着的吊床上慵懒地跃起时突然爆发的力量更像。"弗丽达嫉妒奥托琳·莫雷尔夫人与劳伦斯的友谊，而奥托琳则认为弗丽达幼稚、粗暴、难以应对：

> 弗丽达确实是个非凡的女人，相当有活力，精力充沛，是普鲁士的布伦希尔德①，以尼采的思想教育了自己。她有点聪明，但太粗暴了，缺乏智慧。她是胆怯与暴力的结合体，就像个惹人注目的、被宠坏的、任性失控的孩子，如果她不能为所欲为，便会生闷气，脾气暴躁，言语恶毒，或者会悄悄溜走，再次为所欲为，然后洋洋得意……
>
> 弗丽达是个恶魔，她真像一头野兽，完全不受控制。她对

---

① 布伦希尔德（德语 Brunnhilde）是北欧神话中一名持盾女战士，人类国王布德利的女儿，同时也是一名女武神。她是北欧英雄传说《沃尔松格传》（*Volsunga saga*）和冰岛史诗《埃达》中的主要角色。她的名字也出现在日耳曼史诗故事《尼伯龙根之歌》和理查德·瓦格纳的歌剧《尼伯龙根的指环》中。

劳伦斯非常残忍，如果她觉得任何人比她本人更敬重劳伦斯，她就会疯狂地嫉妒。[7]

阿道司·赫胥黎是在奥托琳位于嘉辛顿的乡间别墅里认识弗丽达与劳伦斯的，他是劳伦斯生命最后五年中劳伦斯夫妇的密友之一。在其小说《天才与女神》（*The Genius and the Goddess*，1955）中，他将弗丽达刻画为凯蒂·马腾斯。他强调，与奥托琳不同，弗丽达标新立异、为人自信且非常宁静："她完全无视别人会怎么看或是怎么议论她——她的这种无视建立在某种天生的贵族品质与信心基础之上，她相信自己拥有丰富的人格，正直且卓越。这意味着，她从不焦虑、从不愧疚、从不紧张或不安。"贵族画家多萝西·布雷特爱慕劳伦斯，1924年跟随他到了新墨西哥州，她与弗丽达吵了一架，并从此被禁止进入他们家。但多萝西发现了弗丽达身上具有的最佳品质并大方地描述她的情敌，说她热情洋溢、反应敏捷、精力充沛："她是个大方、热情、有活力的人；一双蓝眼睛可以随心所欲，爱咧着嘴笑；穿着颜色鲜艳的上衣和裙子，容光焕发；粗暴、热诚，毫无疑问很有魅力……（弗丽达）性格直率，欢乐又热情，极容易让人放下戒心……（她的）大笑、闪闪发光的蓝色双眼、对生活的热情都那么有魅力。"[8] 在新墨西哥州，梅布尔·卢汉（Mabel Luhan）同样与弗丽达竞争，想要占有劳伦斯。她承认，弗丽达是非常好的伴侣，她有能力让人很快产生亲切感，她也是她认识的最自由的女性。

弗丽达是个有魅力的人，她是善与恶的混合体。她直率、大方、热情，但也慵懒、自私，缺乏道德原则。劳伦斯所认识的人（在对待弗丽达的看法上，分成了对立的两个阵营）称赞弗丽达的美貌、活力、自信，以及她对劳伦斯拥有的天赋的信念，但也指责她的贵族优越感、德国沙文主义、不忠，指责她无力照顾她患病的丈夫。劳伦斯欣赏弗丽达的性格，努力接受、缓和、协调那些似乎因为她的国籍、家庭出身与阶级背景所造成的矛盾。

## 三

1912 年 3 月，劳伦斯初遇弗丽达时，他二十六岁，她三十二岁（比爱丽丝·达克斯小一岁，比露伊·伯罗斯大九岁）。劳伦斯的朋友们对其外貌的描述因他们各自的看法及与劳伦斯之间关系的远近而有相当大的差别，有的描述暗含嘲讽，有的描述则对其理想化。但对于劳伦斯外貌的基本特征，他们的观点一致。就劳伦斯护照上的照片与信息显示，他身高五英尺九英寸[①]，有一双蓝灰色的眼睛和一头浅棕色头发。他在克罗伊敦的一个熟人强调了这个如幽灵般的人物糟糕的健康状况：苍白的面庞、佝偻的双肩、过狭的胸脯、发热的双手、低沉的咳嗽声，正是这咳嗽导致了他 1911 年 11 月的肺炎。

大卫·加尼特因为 1915 年与劳伦斯发生过争吵，他对劳伦斯的描述带有明显的偏见，他觉得劳伦斯难看，还突出了他的工人阶级特征：

> 劳伦斯身体瘦长且不结实，胸膛、双肩羸弱、狭窄，但他身高适中，举止相当轻柔，给人一种优雅感。他的头发颜色及生长方式特殊，除了在英国工人阶级男性身上会出现这种状况，我没见过其他人的头发长成那样。那是鲜亮的泥土色，中间夹杂着一缕红色，厚厚的一团，朝一边分开。不知何故，他

——————

① 约 1.75 米。

的头发给人难以置信的粗俗感、混杂感和低劣感。他的前额很宽，但不凸出；他的鼻子矮且凹凸不平；他的脸孔苍白无色，就像是红发人的脸那样；他的下巴（那时候他还没有蓄上大胡子）太大，还圆，就像一只发夹……浓密如牙刷毛般短而硬的髭须之下是他红且湿润的下唇。

约翰·米德尔顿·默里（John Middleton Murry）是劳伦斯的男性密友，他也认为劳伦斯的"鼻子无可救药地平塌不堪，就好像鼻梁骨或是里面的软骨有缺陷"。但凯瑟琳·卡斯威尔——她崇拜劳伦斯，是他忠实的追随者——理想化了劳伦斯的外貌，说他有"一双深陷的、如宝石般的眼睛，一头浓密的、尘土色的头发，突出的下唇带着惹人注目的甜美，一双精致的双手，还有迅速却不会让人觉得焦躁不安的举止"。[9]

"一战"前，劳伦斯的着装很平常。但1915年（无疑受到了弗丽达的影响），他接受了标新立异的服装，将他的头发中分，模仿他的父亲，蓄了红胡须——"在这胡须之后，我可以尽可能地隐藏自己"。海伦·托马斯是诗人爱德华·托马斯的遗孀，她在1919年结识劳伦斯，那是在他患上流感之后。她认为劳伦斯瘦长、憔悴、虚弱，脸色苍白。杰茜的弟弟乔纳森·钱伯斯发现，劳伦斯爱唱圣歌与民谣，但他的嗓音很糟糕，粗哑刺耳。弗丽达的女儿芭芭拉持有同样的看法。她认为，"他说话调门儿高，带点密德兰地区的口音，举止带有嘲弄意味，却充满朝气且才华横溢"。（芭芭拉的哥哥说劳伦斯有浓重的口音，劳伦斯的外甥女则说这种口音是受过良好教育的人持有的密德兰地区的口音。）威尔士作家里斯·戴维斯于1928年在邦多勒结识劳伦斯，他证实："他的嗓音会在他激动的时候变得刺耳——他是那么容易激动到极点！"[10]

厄尔·布鲁斯特（Earl Brewster）1921年在意大利的卡普里结

识劳伦斯，并且成为劳伦斯生命最后十年里最亲密的伙伴之一，他（与凯瑟琳·卡斯威尔一样）突出了劳伦斯的细腻与生命力："他面色苍白；双手狭窄、修长又灵巧；双眼澄澈、湛蓝；棕色的头发与红色的胡须泛着光亮，就像是他强有力的生命迸发出的火焰；他的嗓音多变，通常情况下，他的音调适中，常带有好奇、忧郁的口气，有时候激动起来，声调会上扬。他总是穿得很随便。"[11]丹麦画家克努兹·梅利尔德（Knud Merrild）1922 年与劳伦斯在海拔高于陶斯市的农场里度过了整个冬天，他有足够的机会仔细观察劳伦斯。梅利尔德说："我们知道他没那么强壮，但他并不会让我们觉得他是个病人。"但 1923 年在墨西哥遇到劳伦斯的美国作家卡尔顿·比尔斯（Carleton Beals）回忆劳伦斯时，说他病恹恹的，像经历了《查泰莱夫人》的情事之后的好色之人："他很瘦，身体好像要散架了；他面色苍白且面无表情，但他那双淡绿色的眼睛从他暗淡的胡须后面放出光，像是好色之徒流露出的不寻常的光彩。"[12]

劳伦斯小说中的自画像同样细致入微。在《儿子与情人》中，他承认自己平庸的一面，但也指出他他生气勃勃，有一双澄澈的眼睛：保罗·莫雷尔的"脸相长得粗气，外貌平常；但两道浓眉下的那对眼睛生气勃勃，迷住了"①克莱拉。《上尉的布娃娃》（"The Captain's Doll"）中，赫伯恩的眼睛流露出"好奇、明亮、出神的目光，那种眼神像是有先见之明，而不单是直接的人类视线"。[13]

## 四

劳伦斯辞去了他在克罗伊敦的工作，而且此时，他还正处于从

---

① 《儿子与情人》，陈良廷、刘文澜译，北京：人民文学出版社，2006 年，第 332 页。

肺炎中恢复的阶段。大约是 1912 年 3 月 16 日，他去了他最喜爱的大学老师欧内斯特·威克利教授的家，想要咨询一下在德国教英语的工作，他那有才智的姨父弗里茨·柯伦科当时正居于德国。弗丽达记得，她第一次见到劳伦斯的时候，他病得很重，面色苍白又消瘦，但表现出异常的期盼和紧张。他激烈地谴责将女性的身体与其精神分离（正如他在最早的两部小说中所做的那样），恰当地谈论了俄狄浦斯。之后，他给她写信说道："你是全英国最了不起的女性。"作为一个矿工之子，他对一位年长于他、已婚且拥有三个孩子的贵族女性说出这样的话，是非常无礼的。

劳伦斯很快便直觉地了解了弗丽达，洞悉并意识到她愉悦的姿态之下，隐藏的是她婚姻的不幸。他们第一次见面几天后一起去乡村走了走。劳伦斯专心地帮助蒙蒂、埃尔莎和芭比①玩在小溪中放纸船的游戏。弗丽达对那个场景仍记忆犹新："劳伦斯蹲在溪边，与孩子们一起玩耍，完全忘了我的存在。突然，我意识到我爱他。"弗丽达被劳伦斯的温柔打动，她大胆地提议他们做情人。劳伦斯曾徒劳地等待过杰茜、艾格尼丝、海伦和露伊能给他一个温暖的爱的回应，他想要与弗丽达有正当的开始，于是便压抑了自己。他基于道德考虑而拒绝了弗丽达的提议，他向她表达了他的爱意，坚持要与她私奔："不，我不想在你丈夫不在家的时候待在他的房子里。你必须向你丈夫道出实情，然后我们一起离开，因为我爱你。"[14]弗丽达想要的是一段暧昧关系，劳伦斯想要的是婚姻。

劳伦斯是瞬间爱上弗丽达的。接下来的一个月里，在他们私奔之前，劳伦斯向爱德华·加尼特祖露了他对弗丽达强烈的爱恋。爱德华·加尼特是个富有同情心，且世故、不拘泥于传统的人。他理解劳伦斯的情感与行为，也同样能领悟他的小说与诗歌的内涵。劳

① 弗丽达的三个子女，此处为显亲切，用了昵称。

伦斯称赞了弗丽达的高贵血统，她不尊传统的固有道德观："她的父亲是冯·里希特霍芬男爵，她来自古老又声名显赫的里希特霍芬家族——但她非常出色，她真的是……威克利夫人非常地不同寻常，但真的很出色——这是从最佳意义上来说的……她是那种值得终身相伴的女人。"六个星期后，劳伦斯与弗丽达住在德国时，他又写下了更多私人方面的细节："她的形体非常优美，就像是鲁本斯画中的那些女人，但她的脸颊几乎是希腊式的。"[15]

劳伦斯在他的两部虚构作品中描述了他对弗丽达的美丽外表一见钟情，描述了她与其他女人的不同。《草垛中的爱情》（"Love Among the Haystacks"）中，德国家庭女教师"令人感到奇怪、陌生，与那些普通的女孩子不同：她身上的活力与女性气质是他所认识的所有女性中最明显、最鲜活、最迷人的"。在《虹》中，汤姆·布朗文第一次见到这位孀居的外国寡妇莉迪亚·兰斯基的时候，他的反应离谱又冲动："'那是她。'他不由自主地说……他与她四目相接。他很快便看向别处，拍了拍自己的脑袋，一股充满喜悦的疼痛感涌遍全身，他无法再作他想。"[16]

与劳伦斯之前的女朋友不同，弗丽达不是英国人，不是处女，不是知识分子，没有接受过高等教育，不是职业教师。其他的几位女性要么有一头红发，要么有一头黑发，弗丽达则有一头金发。与弗丽达在一起，劳伦斯不需要稳定的工作，也不需要让他们生活舒适的养老金。他们在五月初离开英国前往德国的时候，劳伦斯身上只剩下十一英镑。艾格尼丝、海伦与露伊都拒绝与劳伦斯发生性关系；杰茜非常不情愿地与他发生了性关系；而弗丽达则带着无拘无束、令人兴奋的激情回应了他的求爱。劳伦斯曾告诉露伊："我母亲是那么热烈地爱着我，她会强烈地嫉妒。她讨厌（杰茜）——为了阻止我娶杰茜，她会从坟墓里爬出来。"

只有弗丽达强大到足以战胜他的母亲——也只有在他母亲去世

后，她才能战胜。他向弗丽达承认："如果我母亲还活着，我肯定不会爱上你，她不会让我爱你的。"弗丽达敏锐地发现，"在他的内心深处，我觉得他总是畏惧女性，他会觉得女性终比男性强"。在劳伦斯成为劳伦斯之前，弗丽达已经比他先成为劳伦斯。她领着他去了欧洲，过着侨居的生活，大胆地对抗着社会。她满足了他的情感与性需求，将他从继承自他母亲的清教主义思想中解放出来。劳伦斯用火山做比喻，如此写道："人们那么固执己见地立于他们的狂热与情感构成的火山的山口，我只是在学着——多亏了弗丽达——稍稍放松一些。"[17]

劳伦斯会爱上这位美丽的女男爵，这一点都不令人惊讶。但人们很难理解，为什么弗丽达会与这位一文不名的矿工之子私奔，他既没有工作，又前途渺茫。讽刺的是，她必定受到了威克利对他这位最有前途的学生所做的高度评价的影响。他的儿子蒙蒂还记得弗丽达躺在床上（莫莉·布鲁姆的典型姿势），津津有味地读着《儿子与情人》的草稿。而且，与杰茜、福特、庞德一样，她被劳伦斯惊人的天赋打动了。与劳伦斯一样，她为来自完全不同背景的人的陌生感所吸引，迁就对方专横的要求——哪怕那意味着抛弃她的子女。她后来无视她最初的犹豫不决，声称她始终忠诚于他："他来自平民阶层，这让我感到刺激。那样的背景令他真诚，在他背后是数代的艰苦工作与艰辛生活积累下来的道德准则，认真，勇敢……就算天塌下来，我也必须成为他的妻子，实际上，天几乎已经塌下来了。我为此得付出的代价几乎令我无法承受，我用尽了全力。"

此外，劳伦斯对她的敬重也是促使她与之私奔的原因。他不断要求得到她的爱，他对她彻底忠诚，他拼了命地想要她成为自己的妻子。正如弗丽达用虚构的第三人称所写："他以一种至高无上的方式将她当成了他自己；她属于他，有生之年，他绝不会再放开她；他会宁可杀了她。她喜爱这一点。他想要与她共度人生，他需

111

要她，那就是幸福。其他的都不重要；孤独与隔绝带来的所有苦痛都不存在了。"最终，与劳伦斯一样，她以超越所有传统规约的众生性道德准则评判他们的行为。如同她在他们私奔后的狂飙突进①中告诉爱德华·加尼特（他成了弗丽达的密友，同时也是劳伦斯的密友）的那样："他教会了我那种感觉，教会我了解人与事。我想，那就是道德。"[18] 他们令彼此自由，两人的差异多到可以为他们提供无尽的对话与启发。但从她随他离开的那刻起，她便成了下等阶层的一员，成了被驱逐者。

虽然劳伦斯在《努恩先生》中吹嘘他的性表现，但他与弗丽达的初夜——与她和威克利的初夜一样——并不成功。在诗歌《第一个清晨》（"First Morning"）中，劳伦斯毫无隐瞒地承认了自己的性压抑与性行为方面的失败。他想着他过去的几段恋情及他故去的母亲，深受其扰，而弗丽达对她的子女充满愧疚，似乎——尽管她很热切——拒绝接受他：

> 于暗夜中
> 黎明的微光洒满窗
> 透过那黑暗的窗框
> 我不得自由，
> 无法令自己摆脱过去，过去的那些她们——
> 我们的爱一团乱麻，
> 有什么可怕的事情，
> 令你躲开了我。[19]

① "狂飙突进"（Sturm und Drang）这一命名象征着一种力量，含有摧枯拉朽之意。它得名于德国剧作家克林格尔于1776年出版的一部同名悲剧。此剧宣扬反抗精神，剧中的青年主人公维尔德这样说："让我们发狂大闹，使感情冲动，好像狂风中屋顶上的风标。"

# 五

1912 年 5 月 3 日，距他们初次见面六周后，劳伦斯与弗丽达私奔了。这是劳伦斯一生中做出的最不同凡响的决定。他永远放弃了他的教学事业和获得固定收入的全部希望，他决定过侨居的生活，并计划完全以写作养活自己。对于弗丽达来说，这同样具有里程碑意义。和 1904 年与詹姆斯·乔伊斯私奔的诺拉·巴纳克尔（Nora Barnacle）一样，弗丽达拒绝接受宗教与道德方面的公认思想。在劳伦斯母亲去世、他们第一次见面后，她便与这位穷困却充满自信的年轻天才——此时他尚未成为她的丈夫——私奔去了欧洲大陆。

弗丽达经常离开诺丁汉去德国看望家人。她的孩子得到了忠心的保姆艾达的悉心照料。每次她从德国回来，孩子们都欣喜若狂。有一天，弗丽达随意地说："来，蒙蒂，跟妈妈说再见。"他并没有意识到这是最后的道别。她将两个女儿送去了汉普斯特德威尔街 40 号——她们祖父母的家，之后便与劳伦斯私奔了。孩子们以为她是一个人去了梅斯。几个星期后，当他们问道："妈妈去哪儿了？"威克利面色苍白地离开了屋子。他们的祖父母说："现在别去打扰你们的父亲，他很焦虑。"孩子们一直都很困惑，为什么妈妈不在家。威克利一家人教会他们怨恨弗丽达。如同《处女与吉卜赛人》中的"她是月神辛西娅"①，弗丽达成了非人的存在；她就像厕所，永远不被提及。她从来都没有想过与孩子们完全失去联系，她希望能在

---

① 辛西娅（Cynthia）是希腊、罗马神话中的月亮女神。在《处女与吉卜赛人》中，牧师塞韦尔的太太与一个年轻人私奔了，牧师因此受到同情，成了教区长。即便妻子做了这有违道德、抛夫弃女的举动，他仍奉她为"纯洁的雪莲花"，忠诚于她。而教区长的家人因为他的升迁，获得了更好的居住环境与生活条件。家里人将她"想作月神辛西娅"，只是因为她不再占据着阿瑟·塞韦尔太太的头衔。

拥有孩子的同时也拥有劳伦斯。

1925 年，劳伦斯与芭芭拉·威克利交谈后，以她为原型创作了《处女与吉卜赛人》中的女主人公，讽刺性地刻画了弗丽达离开之后，威克利家的悲伤氛围，写到他们极度沉迷于填字游戏，写到那个极为肥胖的祖母：

> 教区长这时候四十七岁。在妻子与人私奔后，他曾显得异常地、多少有失尊严地伤心。有些富有同情心的妇女制止了他想要自杀的企图。他的头发几乎全白了，脸上也有了一种狂暴、悲痛的神色。你只要望着他，就知道情况多么糟糕，他受了多么大的委屈。……
>
> 在外边万恶的世界里，有一个很不体面的女人在漂泊，她背叛了教区长，抛弃了自己年幼的儿女们。这时候，她被一个卑鄙恶劣的年轻人控制，他无疑会把她带进她该受的那种屈辱中去。①[20]

如果说在诺丁汉时，劳伦斯是两性关系中占主导地位的那个，那么当他们前往梅斯时，主导权移至弗丽达手中。他们第一次一起去德国，弗丽达回娘家表现得坦然自若，讲着德语，回归了她的国家和她的文化；而劳伦斯是第一次出国，他在这里是个局外人、外国人，他不熟悉周围的环境，几乎完全不会说德语。他将心思完全放在了弗丽达身上，他爱弗丽达要比弗丽达爱他更深。他没什么钱，只能期待她的家人能对他亲善，他不得不将自己送到他们面前接受他们的评判，希望自己能被接受。在弗丽达决定是接受他还是拒绝他，是找一个德国情人（她的确找了一个）还是回到她在英国

---

① 《处女与吉卜赛人》，主万译，收入《劳伦斯中短篇小说选》，上海：上海译文出版社，2002 年，第 407、408 页。

的家人身边的那段时间里，劳伦斯不得不等待她的选择。他先是待在梅斯，之后又独自在莱茵兰等待。

对劳伦斯的第一场考验发生在梅斯火车站。当时弗丽达的知识分子姐姐埃尔丝去接他们，弗丽达小声对她姐姐说："我带了个人回来，你得帮我。""之后，埃尔丝在城中广场上的一家小咖啡馆里见了她和劳伦斯，从那家咖啡馆可以看到摩泽尔峡谷的美景。他非常年轻、敏感，是个彬彬有礼的英国人，安静但并不害羞，让人感觉是个自食其力的人。"与弗丽达和她优雅大方的妹妹约翰娜在集市见过之后，劳伦斯通过了第二场考验。他突然出现，戴着一顶帽子、穿着雨衣，看上去非常奇怪，弗丽达很担心她妹妹会怎么想。但约翰娜与弗丽达本人一样，做事凭直觉，易受感情驱使，令弗丽达吃惊的是，妹妹大声对她说："跟他恋爱吧，你可以信任他。"[21]

劳伦斯逗留在梅斯的第五天，老男爵和男爵夫人获知了他在梅斯的消息。那时候，劳伦斯和弗丽达还在这座防御重镇调情，他被怀疑是在进行谍报活动，被官方扣押。"我不得不离开梅斯，因为那些蠢蛋要将我作为间谍逮捕。我当时和威克利夫人躺在某片水域边上的草丛里——聊着天——我转动着她手上戴的一只有些年代的翡翠戒指，然后我就听到我们后面有个德国警察发出的微弱声响。那真是一场骚乱。暴躁的冯·里希特霍芬男爵动用他的全部影响力——他在梅斯很有影响力，我才被救出来。他们发誓我是名英国军官。"

弗丽达的父亲那时正庆祝他加入德国军队五十周年，他们一家人聚在一起祝贺他。她在庆祝活动中告诉这位老兵，她离开了令人尊敬的教授丈夫，抛弃了三个年幼的孩子，与这个比她年轻、病弱、贫穷、失业、鲜为人知的英国作家（一个大字不识的矿工之子）私奔了，而这个人之前还因为被疑是间谍而被捕。

弗丽达的父母对待劳伦斯的态度自然不像她的两个姐妹那么热

情。弗丽达的父亲本想发号施令却表现得很和善，他请求弗丽达醒悟，恢复以前的生活。她的母亲（后来与劳伦斯成了好朋友）觉得弗丽达不适合成为劳伦斯的妻子，不无道理地质问："我以为我是谁呀，竟让一位女男爵为我刷靴子、清理剩饭剩菜，她可是出身高贵、极有教养的绅士家的姑娘。"[22]警察强迫劳伦斯离开梅斯的时候，这一切问题都还没有解决。

# 六

劳伦斯是继拜伦与济慈之后英国最伟大的书信作家。1912 年 5 月中旬与弗丽达分开的两个星期内，以及同年与威克利的危机期间，他写了许多优秀信函。这些信件充满同情、活力、胆识与丰富的想象。虽然劳伦斯与弗丽达的行为构成了通奸罪，但他们认为自己的行为合理，因为那是超越任何道德形式的爱。劳伦斯拒绝在威克利的房子里与弗丽达发生性关系，他决意诚实、公开行事。他对比了自己的直率行为与威克利不顾一切、大发脾气的丢脸做法。还在梅斯的时候，他就果断地说："别再丢脸，别再说谎。随他们怎么荒唐，但是别再用那些伎俩，别再撒谎、泼脏水、恐吓。我感觉这一切令我窒息。"

一周后，劳伦斯在他姨父弗里茨位于瓦尔德布勒尔的家中给弗丽达写信。此时，他因弗丽达的摇摆不定而不知所措，弗丽达还没有确定到底是与他在一起，还是回到她的孩子们身边。他对她的打算连番发问（对于此事，弗丽达掌握着决定权），尽力坚定她与他在一起的决心。书信结尾处，他使用了一个航海的隐喻强调他们的危险状态：

摇摆不定、犹豫不决会让我们无路可走。这你明白吧？告诉我你到底打算怎么做。离婚的问题解决了吗？——你到底要不要回英国？我们最终就在慕尼黑安顿下来吗？我们有足够的钱过活吗？你与欧内斯特之间的问题都解决了吗？——一个人在处理事情的时候，一定要独立、不受他人影响、冷静、有逻辑。我们身处这如此破旧的木筏之上——借钱暂居在这借来的公寓里，我们不想再有满载恐惧的另一支舰队攻击我们。

第二天，他的情绪发生了变化，他变得更加冷静了。他在一封信里隐隐比较了他对弗丽达的真爱和他对之前那些姑娘稍纵即逝的欲望，将他自己比作中世纪精神静修中的骑士。他强调了他们之间的爱与婚姻（这是他的思想与艺术的根本基础）具有无比重要的意义，它们超越了激情，实现了安宁：

> 与那些古代骑士一样，我好像需要一个确定的时间让自己做好准备——我独自一人的守夜。因为我娶你是一件大事，不是那种受激情支配而短时间在一起的行为。我心里深知"这是我的婚姻"。……
>
> 感觉到一个人的激情——性欲望——不再漂泊不定，而是确定而平静，这很有意思。我想，一个人真正爱上了，他的性激情会冷却，变成一种恒定而非暴风雨般的力量。激情几乎令人疯狂，它远非真爱。[23]

劳伦斯以往只与爱丽丝和杰茜发生过性关系，在他遇到弗丽达之后便再也没有与其他女人发生过关系。他相信，"在我们称作性的这个复杂实体中，最深的本能或许就是忠贞的本能"。弗丽达婚前是处子，嫁与威克利后却有过好几段婚外情，她信奉冲动力与放

纵的性自由。与劳伦斯在一起的最初四个月里，她有过三个情人
［乌多·冯·亨宁（Udo von Henning）、一位不知姓名的伐木工、
哈罗德·霍布森（Harold Hobson）］；与劳伦斯成婚后出现各种婚
姻危机时，她还有过另外三个情人［1917 年的塞西尔·格雷
（Cecil Gray）、1923 年的米德尔顿·默里、1926 年的安吉洛·拉瓦
利（Angelo Ravagli）］。实际上，与劳伦斯在一起后，弗丽达所拥
有的情人数远多于她嫁给威克利后所拥有的情人数量。

在他写了上一封信件表达自己的想法之后不久，5 月 16 与 17
日，劳伦斯对弗丽达提出的疑问做出回应，嘲笑了他当时的情敌
冯·亨宁（他是梅斯的一位德国军官，参加"一战"后的第一周里
在比利时阵亡）。之后，他非常真诚地、带着令人敬佩的公正无私
注意到弗丽达需要检验她自己的爱，承认她有权享有与男人一般的
性自由。威克利想要抑制她胆大妄为的性子，劳伦斯则愿意释放她
这方面的性子，容忍她的不忠，直到她对他的爱深信不疑，能完全
将自己托付给他：

> 你为了我抛弃亨宁……我觉得你相当讨厌亨宁，你令他更
> 像个……婴儿。或者你该让他更具男子气概？（充满性饥渴的）
> 亨宁要去哪里找到满足他的下一餐？
>
> 如果你想要亨宁，或者任何人，去找他们吧。但我谁都不
> 要，我会等到我们再次相见……我相信，即便是你，你也不是
> 处于最佳状态。你用亨宁做一剂聊以慰藉的吗啡，他其实于你
> 来说并不特别……我亲爱的，因为我爱你，所以只要你不腻
> 烦，你就一定要保持健康、明智。[24]

据大卫·加尼特说，1912 年初夏，弗丽达与劳伦斯一起住在
靠近慕尼黑的伊京，他俩吵了一架后，弗丽达一时冲动去了伊萨尔

河，"游到了一个伐木工正在伐木的地方，与伐木工发生性关系后又游回来——只是为了向劳伦斯表明，她是自由的，可以想做什么就做什么"。这无疑让那位伐木工很高兴。而劳伦斯告诉加尼特这件事的时候，似乎欣然接受了这件事。阿道司·赫胥黎还给弗丽达的情人名单里增加了几个意大利农民的名字，他以他特有的敏锐评价了他们婚姻的这一方面。他说弗丽达偶尔的露水情缘并没有减少她对劳伦斯的爱，而劳伦斯不情愿地接受他们的存在，是因为他相信弗丽达拥有自由的权利，还因为他极度需要她："弗丽达与劳伦斯无疑拥有深刻、富有激情的爱情生活。但这并没有妨碍弗丽达时不时与普鲁士骑兵队军官、意大利农民发生露水情缘。她有那么一小段时间爱上这些人，但这绝不会减损她对劳伦斯的爱，也不会减损她对劳伦斯的天赋具有的坚定信念。就劳伦斯来说，他知道弗丽达对他身体不忠的那些事，有时候会因之生气，但从未想过要与她分开，因为他意识到自己全然依赖于她。"[25]

就在 1912 年 8 月前往意大利的途中，弗丽达与哈罗德·霍布森发展了一段更具危险性的婚外关系。哈罗德·霍布森是 J. A. 霍布森［《帝国主义》(*Imperialism*) 一书的作者］的儿子、大卫·加尼特的朋友、一名顾问工程师。劳伦斯在《努恩先生》中描述了这件事，这也是他对这一事件唯一的虚构性描述。《努恩先生》描写了劳伦斯与弗丽达在一起的最初几个月（1912 年 5 月至 9 月）里的吵吵闹闹、分分合合，与弗丽达的回忆录《不是我，是风》(*Not I, But the Wind*, 1934) 相辅相成。

《努恩先生》一书中的最精彩时刻展现了劳伦斯的心理洞察力与艺术手法，这一刻发生在山里，当时约翰娜（弗丽达）坦白说她与一个英国小伙子（以霍布森为原型）发生了性关系，这个小伙在他们旅行途中曾有几天与他们同行。努恩（劳伦斯）对这段坦白很惊讶，"他不知道什么感觉，或者说，他什么也感觉不到。这坦白如此彻底又突然，对他来说毫无意义"。他们一起散步，过了一会儿，他突然说道："没关系的，亲爱的……我们会做一些我们不知道自己在做什么的事情。它们并不能说明什么……我爱你——所以这些又有什么关系呢！"虽然劳伦斯对霍布森表现得相当大度，1912 年 12 月在加尔达湖时还邀他做客，但弗丽达心感愧疚，她觉得劳伦斯应该生气，她讨厌他没有男子气概，讨厌他令她深感耻辱的基督教宽恕精神："他似乎认为都是她的错，而他自己则拥有更多作为无辜受害者的荣耀。"[26]

他们在一起的最初几个月里，除了弗丽达的不忠贞问题之外，他们可能会有自己的孩子、弗丽达对她遗弃在英国的孩子们的依恋等问题同样让他们焦虑。虽然劳伦斯此时几乎身无分文，与弗丽达的关系不稳定，还得过段时间才能与她结婚，但他并不相信节育。想到能有一个孩子，他很高兴，而且他愿意承担父亲的责任。他告诉弗丽达——虽然她对可能怀孕感到惊恐——他做好了做父亲的准备，如果他们没有孩子，他会觉得遗憾："别担心会怀孕。要是有了孩子，我们会很开心，会打起精神为它提供一切；要是没有，始终没有，我会很遗憾。我不相信，两个人彼此相爱，会因为孩子受到妨碍。我感觉它会很淘气。我想要你给我生儿育女，我不介意那是多久之后。我从没想过我会有那么明确的渴望。"这个没人要的孩子却想要有自己的孩子。

但他想要的孩子从来都没来到他们身边。米德尔顿·默里创作了他的偶像化传记《女人之子》（Son of Woman，1931）。在这本极具破坏性影响的书中，他称劳伦斯是个不能获得子嗣的人，还说这令劳伦斯深感痛苦。威利·霍普金发现，劳伦斯 1901 年患上肺炎后（据他本人说，这肺炎"毁了他的健康"），"他变成了尖嗓子，声音很轻，就像女孩子的嗓子"。芭芭拉·威克利证实了默里的说法，说明了霍普金的言外之意，对这个重要问题做出了解释。

劳伦斯大约十六岁的时候（据芭芭拉说），患了一场大病，很像腮腺炎。虽然一开始他和弗丽达都想要孩子，但他们没办法有自己的孩子，因为劳伦斯患的那场病令他失去了生育能力。[27]

# 七

劳伦斯与冯·里希特霍芬家族和德国警察之间的紧张关系，弗丽达的犹豫不决与不忠，他们初夜的性生活不成功，他没钱、没房子、没打算，这些问题因为欧内斯特·威克利在诺丁汉的行为而变得更加严重。这位讲究又擅冷嘲热讽的语言学家是个阅历丰富之人，他曾在剑桥大学学习、在欧洲生活，但他满口道义，表达强烈愤慨，之后又变得精神崩溃。他举止疯狂、反复无常，时而高贵大方，时而残忍恶毒；一时担心邻居会怎么看他，一时又威胁要开枪进行谋杀和自杀。最终，他陷入了自我毁灭的痛苦之中。

1912 年 5 月 7 日，劳伦斯写信给威克利谈到他对弗丽达的爱，也解释了他们俩为什么会私奔。威克利当时的情况已经得到控制，他正从震惊中逐渐恢复，仍希望弗丽达会改变主意，他抱怨了一番，做得很体面，提出了离婚："我今天早上收到了劳伦斯的一封信。我对他没有恶意，我也希望你与他在一起能幸福。但你也可怜可怜我……如果你同意离婚，尽快通知我……你曾爱过我——现在就请帮帮我——但是要尽快。"但仅仅几天之后，威克利又转向弗丽达的母亲求助，强调自己精神崩溃、忍受着痛苦，非常可怜：

> 亲爱的妈妈，请让她明白我现在的情况：我看到她写的文字，就像一直身患残疾的人一样颤抖不停——再见到她简直就是要我的命。我会杀了自己，也杀了孩子们……我拼命鼓起勇

气，这样我才不会歇斯底里地大声哭喊，我像孩子那般无力，只能躺在那里想这想那——要是能有一刻钟我什么都不想该多好。

劳伦斯完全理解威克利对这公开的耻辱与难堪有多愤怒（随着劳伦斯的声名越来越高，这愤怒也变得越来越强烈，直到 1954 年威克利以九十岁高龄去世前，还都一直持续着），也完全理解他对弗丽达狂热的爱和他用尽一切办法想让她重回身边的做法。4 月 29 日，在前往德国的几天前，劳伦斯描述了威克利身上的品性奇怪地混合在一起——他受过良好的教育却很粗野，他彬彬有礼却也尖酸刻薄；也描述了这两个男人彼此之间既互相欣赏又互相憎恨："他属于中产阶级，待人彬彬有礼，但他身上也积淀着粗野。他现年四十六岁，曾经很英俊，常爱讽刺挖苦，为人悲观、愤世嫉俗，却也友善。我很喜欢他。他会恨我，但实际上，他最终也喜欢着我……去年还是前年，他生了一场重病。他日渐衰老，还有点疲惫。"[28]

7 月，劳伦斯和弗丽达住在伊京的一栋别墅里，那是弗丽达的姐姐借给他们的。此时，这场私奔事件引起的动荡仍在持续。威克利仍疯狂地爱着弗丽达，她的背叛令他倍受折磨。他哀求她放弃她那些关于自由之爱的疯狂想法，回到家庭的怀抱，做个温顺的妻子。当弗丽达收到威克利的信件时，她会摔倒在地、击打自己的头、痛苦地呻吟，因为劳伦斯没有求她为了他留下来而愤怒。劳伦斯坚持说，她必须自己做决定，到底是想与他一起生活、分担他堪忧的前景（《儿子与情人》刚刚被海尼曼出版社拒绝出版），还是回归她的家庭、享受安定的生活。一周之后，情况又发生突然转变，劳伦斯称赞了威克利对弗丽达的爱，称赞他不愿指责她。威克利此时指责奥图·格罗斯给弗丽达灌输了疯狂的想法，他甚至说劳伦斯"诚实"，承认他的文学前景大好。

到 12 月时，劳伦斯与弗丽达搬到了意大利北部的加尔达湖，受到背叛、羞辱、伤害的威克利又有了激烈的情绪波动，想要报复。劳伦斯给孩子们写了一封信，威克利威胁他要去意大利杀了他们俩。之后，他打出了他最后一张也最有攻击力的牌，决定通过孩子惩罚弗丽达。他给她寄了一张孩子们的合照，告诉她，如果她不回去，那孩子们就不再有母亲，她也永远别再想见到他们。最终，他答应如果弗丽达保证彻底与他那个家断绝联系，他同意在那个月离婚："我和你之间完了。我想忘了你，你必须让孩子认为你死了。你知道，法律是站在我这一边的。"

这一切，正如威克利想要的那样，对劳伦斯和弗丽达有着毁灭性的影响，几乎摧毁了他们之间的爱情。劳伦斯感到无助，无法承受因威克利引起的痛苦，不知道该如何缓解弗丽达的悲伤，便彻底不管她的极度痛苦。1915 年，在劳伦斯与弗丽达重返英国并结婚后，奥托琳·莫雷尔曾请威克利允许弗丽达跟孩子们见见面。弗丽达对此非常感激，她在写给奥托琳的信中解释了她 1912 年的痛苦状况，当时每个人——她的父母、孩子、劳伦斯——都与她为敌：

> 像我那样伤害一个男人真是太糟糕了，因为毕竟他按照他的想法尽了最大的努力，我指的是我第一任丈夫。每个人都在跟我作对，这再自然不过；但是当我感受到每一个人，甚至劳伦斯都在跟我作对时，我真是精疲力竭、倍感绝望。劳伦斯一直都是那么诚实可信，但我因为孩子们——就是他们也不赞同我——而不开心时，他无法忍受。现在，我在这场战役中再也不是孤军奋战，您慷慨地给了我帮助，我是如此感激您，高兴得甚至想放声歌唱。[29]

弗丽达接受了威克利恨她的事实，但她无法原谅他让孩子们承受痛苦。

对于弗丽达抛夫弃子的行为，威克利始终秉持着寸步不让的态度。他卖掉了位于诺丁汉普拉维特路上的房子"考利之家"。从1912年起，他与孩子们和他的父母住在奇西克（伦敦西部），乘车前往他工作的大学。他三年里从未提及弗丽达，但有一天，坐在乡村墓地的墓石上，他问芭比："你想见妈妈吗？"但是当弗丽达想要见孩子们的时候，他又尽力保护孩子免受她的不良影响。弗丽达不顾这些阻碍，偷偷穿过他们在奇西克的房子的后门，进了育婴室，发现孩子们正与他们那讨厌的祖母和未婚的姑姑莫德用晚餐。她很快便被赶了出去，还被他们借助法律的力量进行了限制。还有一次，她就那样进了他们的房子，让威克利大吃一惊。威克利很生气，他想方设法伤害她、对她摆架子："这里大家都认识你，你还敢出现，不觉得羞耻吗？你不觉得最普通的妓女都比你强吗？……你这个女人，你是想要我彻底被逼疯吗？就没有地方能让我享有安宁吗？……要是你非要私奔，你为什么不跟个绅士私奔？"贵族女子会被粗俗、原始、下层社会的男人吸引，这会成为劳伦斯小说中的一个主题。

蒙蒂与埃尔莎这两个年龄大一些的孩子都站在了他们父亲一边。他们长大后见到弗丽达时告诉她："我们不想再见到你。"她似乎接受了这一点，但哭着离开了。芭比认为，弗丽达"那么做没什么问题……但是我内心对她还是有些恶毒的怨恨。有毒液渗入了我的根部，我对她有着怨恨"。

虽然威克利有过几段露水情缘，但他从没有对另一个女人那么认真过。曾经有一次，孩子们已经长大了，弗丽达来到了这所房子，但他们拒绝让她见他。他去世后，他们在他的书桌里发现他还保留着弗丽达的信件与照片。《卫报》上刊登的威克利的讣告并未提及劳伦斯1912年拜访他家这一重大事件，还无意中讽刺地说道，

"作为一位年逾八旬的耄耋老人，他写道：'没有什么比以前那些学生的拜访更令人舒心、振奋的了。'……家庭的不幸或许会令一个懦弱之人怨愤、崩溃，但他不失体面地缄口不言了"[30]。芭芭拉却持有相反的看法，她认为，他满怀怨恨且崩溃了，家庭的不幸还毁了他获得牛津或剑桥大学教授职位的机会。

# 八

对劳伦斯与弗丽达来说，孩子始终是令他们痛苦且无法解决的问题。劳伦斯的童年时代忍受着他母亲热切的爱，而现在他得容忍弗丽达对她子女的爱。与劳伦斯在一起感到幸福的时候，弗丽达不会因为她的孩子与他争吵，但当他的爱无法满足她的时候，孩子会成为引发他们争吵的大问题。虽然劳伦斯接受她有情人的事实，但他极度嫉妒她的孩子们。

弗丽达认为劳伦斯冷漠无情，认识不到她的痛苦。劳伦斯认为弗丽达的痛苦中有一点虚伪的成分，她夸大了她对孩子的爱，想借此减轻她的愧疚感。他听到弗丽达大声哭诉（为了引人注目而放大声量）她想孩子们，他会引用《以赛亚书》上的话安慰她，之后又会激怒她，说她要是真爱她的孩子，就不会抛弃他们了。弗丽达写道："'别伤心，我会为他们创造一个新天地。别哭啦，我肯定做到。'（他说。）这样我就得到安慰了。但是如果我还继续这样，他就会很生气。'你根本一点都不在意那些淘气包，他们也不在意你。'我哭啊，然后我们大吵一架……我觉得他对我的孩子很恶劣；他恨我扮可怜，他一刻都不能容忍我的痛苦；像他母亲之前一样，他拒绝承认所受的所有痛苦，并因此承受着更多的苦；我们为此争吵过好多次。"[31]

劳伦斯对此的反应是揭露她荒谬的行为，指责她作为女人的任性行为："这简直太好笑了。一个女人有了孩子，但她不在意他们；她有了丈夫，但她不在意丈夫，只想要之前的那些孩子。"[32]劳伦斯不愿意怜惜弗丽达的伤痛，这可以借助许多复杂的、情感方面的原因解释：他经受过母性挚爱带来的毁灭性力量；他没法有自己的子嗣；他想要弗丽达对他一心一意、忠诚于他，所以他不愿意质问她为什么做出离开家庭的决定，也不愿面对他们造成的伤害与痛苦；他还发现很难对她自私的行为做出评判，很难承担自己的负罪感。

劳伦斯与弗丽达认可他们的通奸行为，觉得自己就是托尔斯泰伟大小说中的沃伦斯基与安娜。"弗丽达仔细研读过《安娜·卡列尼娜》，以那种'即便是偷来的，该怎么才能幸福'的心态，"劳伦斯告诉爱德华·加尼特，之后又讽刺地补充说，"她觉得安娜跟她很像，只是不如她；沃伦斯基跟我不太像，他比我强太多。"实际上，现实与小说的相似之处比劳伦斯说的还要多。像亚历山大·卡列宁一样，威克利冷漠、自负、自以为是，愿意原谅妻子，想让她回头，不同意离婚，恶意地让孩子们疏远他们的母亲。与沃伦斯基和安娜一样，劳伦斯和弗丽达引起了一段丑闻，他们各自的家人都认为那很丢脸，他们被烙上了不道德的污点，丧失了在社会上的地位，在国外过着无根的生活，经常痛苦地争吵。劳伦斯在他的散文《小说》（"The Novel"）中写到《安娜·卡列尼娜》，他抨击托尔斯泰对那对恋人的道德责难，认为这责难毁了这部小说；他为自己公然违背社会道德法则的行为辩解："沃伦斯基得到安娜的时候，这世上没人会高兴。他们的罪该怎么办？你仔细想啊，其实所有的不幸都因为沃伦斯基和安娜畏惧那些社会道德法则。这个大怪物是社会，不是男性生殖器。他们没办法骄傲地生活在他们诚挚的爱情里，不敢不将格伦迪老母①放在眼里。就是这个，这懦弱，才是真正的'罪'。小说里这一点表现得非常明显，也显得老列夫太太没有勇气。"[33]劳伦斯令这对情人的反叛成为他要改变社会的奠基石。托尔斯泰在基督教中寻找救赎，劳伦斯则在爱中寻找救赎。

---

① Mother Grundy，常作 Mrs. Grundy，原为 18 世纪英国剧中的人物，喻指过分重规矩、拘泥礼节的人。

第八章

# 意大利，1912—1913

一

　　意大利的影响——劳伦斯在意大利开始了一生的背井离乡与流浪，以及他对弗丽达的爱——她尊重他的才智、仰慕他的想象力，令劳伦斯待在加尔尼亚诺的七个月成为他整个创作生涯中最富创作力的阶段。他写出了两部戏剧——《儿媳》（*The Daughter-in-Law*）、《为芭芭拉而战》（*The Fight for Barbara*）；完成了《儿子与情人》；开始写作诗集《瞧，我们走过来了！》（*Look！We Have Come Through！*）、游记《意大利的黄昏》（*Twilight in Italy*）、小说《虹》与《误入歧途的女人》。《儿子与情人》说明了他与父母的关系，让他以安然的心态看待他的过去；《为芭芭拉而战》描写了他与威克利争斗并取得了胜利；《瞧，我们走过来了！》赞美了他对弗丽达强烈的爱；《意大利的黄昏》解释了他为什么选择主要居于意大利，虽然该书有许多令人不安的预言。

　　意大利的生活似乎花费不高，富有异域风情且惊险刺激，这令劳伦斯逃离了阶级的限制、家庭的折磨、他在英国与德国时的性挫折，使他可以将全部的时间用于写作。劳伦斯与弗丽达没什么钱，在这里也没什么朋友，他们几乎所有的时间都待在偏远的村庄里。他们的居住地还未遭受旅行者入侵，周围的环境美得惊人，那里阳光明媚、一尘不染，地理位置要么临湖，要么傍海。他们兴奋地感受着新世界，这里的每样东西——食物、酒、语言、习俗——都不一样，引人入胜。他很快便写了几十封信件给朋友们，告诉他们他的发现。他们一起散步、游泳、坐在太阳底下、绘画、在集市采购、打扫并布置他们的公寓；他们与农民交谈、学说意大利语、探索居住的那片区域；他们阅读阿瑟·麦克劳德和爱德华·加尼特寄给他们的书，观看过一个来访剧团用意大利语表演的《哈姆莱特》；劳伦斯有了意大利语的名字劳伦佐（Lorenzo）；他们有时会接待来自英国的访客，见见一些来自其他国家的住户，而且，虽然他们会争吵，但因为他们要担负起家庭生活的角色，这些反倒让他们更亲密。这是他们最开心的一年。

劳伦斯和弗丽达都生气勃勃、极富热情，他们从平常的事情中获得了巨大的快乐。"我相信，对生活充满好奇，这一直是劳伦斯与我之间的主要纽带，"弗丽达写道，"无论发生什么大事小情，其中都蕴含着吸引力。"劳伦斯欣喜于弗丽达的奇妙，他狂喜地写信告诉萨莉·霍普金："不管发生什么，我都爱着，也被爱着。我付出了，我也获得了，那就是永恒。哦，要是人们都能嫁娶得当该多好；我相信婚姻。"[1]

劳伦斯前往意大利的第一次旅程确立了他之后所有旅行的方式。在德国游荡了几个月后，他乐于在租来的房子中住下，对周围的风景与人充满兴趣，热切地邀请朋友们来看他。之后，他会觉得当地的条件令他感到无聊、恼火。有种躁动不安的欲望驱使他要离开、要发生改变，他想去哪里就去哪里，但他对自己的欲望并不那么确定，便会每天都改变自己的旅行计划——然后冲动地离开，前往北方。

## 二

劳伦斯选择加尔达湖作为他在意大利的第一个居住地，很有可能是受到了歌德与庞德的影响。在歌德的经典游记《意大利游记》（*Italian Journey*，1816—1817）中，他满是狂想地描述了加尔达湖充满生机的美景与周围的风光："加尔达湖及其两岸美不胜收的风景……被周围的层峦叠嶂包围着，其中隐隐约约可见无数小村庄……如镜般的湖水与临岸的美景……令我的身心焕然一新。湖的西岸，山峰不再险峻，陆地缓缓延伸入湖……任何言语都描绘不出这片人口稠密的乡间散发出的魅力。"[2]1910 年 6 月，庞德刚从加尔达湖畔的锡尔苗内返回伦敦，就立即告诉劳伦斯那里是"人间天堂"。实际上，从公元 1 世纪的卡图卢斯到 19 世纪的邓南遮①，许多诗人都称赞过这里。

劳伦斯与许多客居意大利的外国作家不同，那些作家主要关注意大利高雅文化，关注能否住到别墅、获得高档家具与古董，而劳伦斯对民间艺术与平民有着浓厚的兴趣。1912 年 9 月中旬，劳伦斯租了伊盖乡间大庄园的一楼，月租相当于六十六先令。从那里透过窗户便可俯瞰加尔达湖，还可以饱览巴尔多山的风光。几天后，他给爱德华·加尼特写信，称赞了这个地方，还劝他来这里旅行："加尔尼亚诺临湖，看上去摇摇欲坠。你只能乘坐汽船到达那里，因为它的背后就是陡峭的、坚如磐石的山地丘陵，那里不通火车。

---

① 卡图卢斯（Catullus，公元前约 87—约 54），古罗马诗人，生于意大利北部维罗纳，青年时期赴罗马，殷实的家境使他得以在首都过着闲适的生活，并很快创出诗才之名。邓南遮（Gabriele d'Annunzio，1863—1938），意大利诗人、记者、小说家、戏剧家和冒险者。他常被视作贝尼托·墨索里尼的先驱者，在政治上颇受争议。

我想你可以从北部的布莱西亚过去。后面山上有葡萄园、橄榄树林、柠檬园。那里还有一个可爱的小广场，意大利人喜欢聚在那里谈天说地，渔夫将他们的渔船就停靠在那附近。"[3]

劳伦斯极具语言天赋。他知道点德语，会说法语，很快他就学会了意大利语和西班牙语。在 11 月写给大卫·加尼特的信件中，他自嘲了自己最开始说意大利语的经历："搜肠刮肚地想我会的所有的意大利语，我对他说：'今年收割晚了吧。''什么？'他问。我重复道：'收割晚了。''先生，'他咧嘴笑着说，'其实是相当早的收割。'我很想对他说：'别贪心，我已经尽我最大的努力在说意大利语了。'"这里与英国有着巨大的差异，他很快就被惊到了：自然美景，便宜的美食美酒，迷人又富有同情心的人们，紧密的家庭关系，传统的生活方式，自发的、非基督教的、原始的元素，以及自由感。此时的劳伦斯仍未完全走出枯燥的克罗伊敦，他告诉阿瑟·麦克劳德："要是住在那里的话，人们一定会热爱意大利。那里的一切与道德无关，令灵魂自由。在德国和英国这样的国家上空，就像是那里看到的灰暗天空，停驻着的是阴郁的道德审判、道德谴责、人们的保守意见构筑起的幽暗天地。意大利不进行评判。"[4]

劳伦斯与弗丽达经常会在欧洲北部度过一年中最热的时候，他们 1913 年夏回了一趟英国和德国。秋天回到意大利的时候，他们在费亚斯切利诺安定下来，这里靠近利古里亚海岸的拉斯佩齐亚，他们在此一直居住到 1914 年 6 月。劳伦斯很清楚自己在反叛性侨居诗人一脉中的位置，从他居住的地方步行一小时便可抵达雪莱曾经暂住的圣泰伦佐。

劳伦斯理解拜伦——拜伦是他的一位前辈、一位志趣相投之人——无论是在英国还是在意大利。《查泰莱夫人的情人》第二版本《约翰·托马斯与简夫人》（*John Thomas and Lady Jane*）的最后一页中，康妮与帕金在"拜伦曾经常走过的古老、年代久远的乡间"做爱，帕金当时承诺："要是你愿意，我们可以去意大利。"当劳伦斯的一位朋友游览被劳伦斯称作"我心中的故国"之地时，劳伦斯对他的家乡仍记忆犹新。他从意大利写信道："我能非常清晰地看到哈克纳尔-托卡德村和那些矿工！你有没有进去教堂看看那块纪念碑？那里埋葬着拜伦的心。"[5] 拜伦与劳伦斯都来自诺丁汉，都是背井离乡的作家，都一直在偏远的欧洲的角落旅行，都反叛盛行的社会规范，都有过个人生活的丑闻和声名狼藉的文学生涯。与拜伦一样，劳伦斯也经常离开熟悉的环境，他的一些最伟大的作品也是在意大利写就的。

他在费亚斯切利诺再次找到了一处偏远且租金不贵的村庄（他租了三个小房间和一间厨房，租金每月只需五十先令），那里风景优美，远离许多外国人通常会选择居住的城市："这里有一个狭小的海湾，半包围在岩石里，被生长在陡峭斜坡上的橄榄树林覆盖；有一家渔夫的房子只有一层，外面漆成了粉色；湖对岸、橄榄树林下面，一个葡萄园里有一个有四间屋子的粉色村舍，被称作埃托雷·甘布罗西埃小屋……你跑出大门，跑向大海，海水在海湾口冲刷着岩石。这里的花园里种的都是葡萄树与无花果树，周围的山冈上随处可见大片树林。"

农民们仍然过着传统、几乎是仪式化的生活，标志就是特拉罗的耶稣受难节大游行。这唤起了劳伦斯对宗教与死亡的意义的深厚情感："一队白色、幽灵般的蜿蜒队伍，后面挤着穿着黑色衣服的村民。他们一分钟就不见了，却给我留下了可怕的印象。这很神奇——它就是死亡本身，死亡里没有可怖之物，只有惊骇与稀奇谦卑地跟随着死亡。"

他在费亚斯切利诺时的大事件就是，有几位乔治王时代风格的诗人突然出现在那个偏远的地方，他们的存在凸显了他在英国与在意大利的生活的反差：

> 前几天，拉塞尔·阿伯克龙比（Lascelles Abercrombie）、W. W. 吉布森、罗伯特·特里维廉（Robert Trevelyan），还有一个叫奥布里·沃特菲尔德（Aubrey Waterfield）的人突然来了我们这里。我们当时正在海湾边上的一所房子里参加一个农民的婚礼，穿着最好的衣服欢迎新娘，度过了一段非常棒的时光……但古怪的是，人们离开了宴席，去加入不那么热闹的一小群文雅的英国人。楼上摆着宴席的地方有二十五人，主人为宴席杀了九只鸡，而且下一道菜是章鱼……杯盏交错的是红红的葡萄酒。突然，我们得去看看那些英国诗人。那就好像是突然进入了相当稀薄的空气里。有人踉跄了一下，而我差点失去了我的风度。不过，他们都是我非常喜欢的人。[6]

在意大利，劳伦斯发现他逃离了北部工业区的丑陋，奔向了能为他的小说提供新的场景与人物的气候和文化中，这种气候和文化也教会了他新的感知模式。他试图回归过去，去发掘传统农民文化，即便现居的地方无法满足他怀旧的渴望，也无法令他找到他想要在那里发现的文明。他在第一次待在意大利的那段时间里，看到了非基督教因素的遗风，这些似乎重振了他的基督教意识。他在一个劳动分工严格划分、性别角色明确的社会里也发现了男人与女人在社会上的根本对立。在这里，他明确表达了自己对身体与冲动而非精神与理性的信念，也清楚陈述了他对与弗丽达私奔事件的辩解："我的重要宗教信仰是信奉血液、肉体，这比非凡的才智更明智。我们在理智上会出错，但我们的血液所感觉到的、相信的、说的，总是正确的。"[7]

劳伦斯的旅行观念、他的旅行实践、他对异国土地的超常敏感影响了他进行旅行写作的独特方式。他更喜欢朴实简单而非正式的旅行模式，更偏向于大众文化而非高雅文化。发生变化与迁移令他兴奋，他希望能去有着极端气候、海拔高度与距离的地方。他寻求自然而非人造的世界，喜欢对现代文明中的机械一无所知的人，渴望接触仍保持其原始状态的风景。对劳伦斯来说，旅行令他从写作中解脱，也刺激了他的写作；旅行是探索内心的方式，也是给他直接灵感的源泉。旅行强化了他的英国归属感，同时，因为旅行令他离开英国，这使他能更清楚地了解他的祖国。与乔伊斯一样，劳伦斯是一位区域作家，却成了一个真正的欧洲人。

劳伦斯相信，"新地方可以牵引出人身上的新鲜事物"，他的终生信条变成了："如有疑问，便去旅行。"与亨利·詹姆斯的小说《悲惨的缪斯》（*The Tragic Muse*，1890）中的唯美主义者加布里尔·纳什一样，劳伦斯总是从现在开始，去往"某个地方"，并且会说："我漂泊、漫无目的地游走、流浪。"如同《虹》中的阿尔弗雷德·布朗文一样，他渴望找到一个能改变他内心生活的理想之地："他似乎觉得他的生活如同浮萍，没有地方能令他心满意足地安顿下来。他梦想去国外……他想要改变，要他的生活发生深刻、重大的变化。"[8] 劳伦斯感受到对缺失或丢失的东西的渴望，据说这是驱使亚历山大大帝跨越已知的欧洲世界到达印度的动力。

劳伦斯认为，流浪、去不同的地方、了解世界、找寻能令他平静之物，这是他的命运。但一旦他遇到了野蛮、粗暴之人，经受了无聊的旅程以及自己造成的痛苦，他也会非常坦率。尽管他写给朋友们的信件热情洋溢，但回想起来，他不得不承认："旅行对我来说是非常好的教训，令我不再抱有幻想——主要就是这一点。"在他为 H. M. 汤姆林森（H. M. Tomlinson）的《后天机缘》（*Gifts of Fortune*，1926）撰写的书评中，劳伦斯确认，虽然他的生活模式，还有游记，发生了变化，从令人着迷到令人幻灭，但探索本身始终有意义："我们或许带着秘密的、荒谬的希望去旅行，想要踏入金苹果园（Hesperides）[①]，想要划着船、沿着小溪顺流而上，在伊甸园上岸。这样的希望总会落空。没有伊甸园，也从来就没有金苹果园。但是，在我们对它们的探寻中，我们触摸到了幻想的边岸，开始了与其他世界的接触。"[9]

劳伦斯旅行的原因主要有三个：他到处旅行是因为他健康状况不佳；他寻找不同的地方，经受新鲜的体验以激发他的想象力；他想通过旅行找到一个比他已知的任何地方都要好的地方。当他出发去旅行时，劳伦斯指出："人们得去调整去适应——但那是旅行冒险的一部分……我喜欢尝试不同事物，喜欢去发现我多么讨厌这些事物。"[10]不过，旅行虽有许多不愉快的方面，但他感受更多的是兴奋，愿意容忍旅行中偶然发生的令人讨厌的事，而且，他确信，最糟糕的旅行能成就最佳的阅读时光。《大海与撒丁岛》（*Sea and Sardinia*，1921）是他受一股强烈的冲动启发而写，正如书中开篇句所示："突然有了一种绝对的必要感，想要旅行。"《大海与撒丁岛》揭示了他的旅行心理，将旅行者刻画成了受害者。

劳伦斯的第一部游记于 1913 年 1 月在加尔尼亚诺开始创作。这部游记描述了他对意大利的回应，这个国家成为他在 20 世纪 20 年代主要的家园。《意大利的黄昏》既不是旅行见闻也没有描述劳伦斯在加尔达湖畔的生活，而是说教式地论说意大利乡间的宗教、文化与社会。这部书主要是关于基督教与感官生活的对立，机械化与自然生存模式的冲突。《意大利的黄昏》描述了这些无法调和的冲突对村子里男人与女人情感生活的影响。

劳伦斯坚决主张，直觉与感官生活最大也最根深蒂固的敌人是

---

① 希腊神话中，赫希普利蒂斯（Hesperides）为夜晚的仙女、落日的金辉，她们是"夜晚的女儿们""西方的仙女"。她们在世界最遥远的西方角落里照料着一座花园，花园里种着苹果树、结出金苹果，吃了金苹果便可长生不老。

基督教。村子里古板的僧侣表示，黄昏具有令人麻木的无倾向性。正是这个特征为劳伦斯《意大利的黄昏》一书提供了引人注目的标题："肉体中和了精神，精神又中和了肉体，平均律得到了维护，他们来来回回地踱步，这成就了他们作为僧侣的存在。"与这些刻板、孤独、呆头呆脑的僧侣不同，劳伦斯相信男人与女人之间统一与完善的可能性，他试图在自己的婚姻中实现这样的理想状态："我们心中的超验知识在哪里？它可使光明与黑暗、白日与黑夜、精神与感官相统一。我们现在了解完美结合的两人可成为一人，每一个人只是其中一部分；永远只是一部分、永远孤独；但为什么完美结合的两人会是最佳的整体，不再孤单、不再孤独？"[11]

不过，尚没有一个意大利人能够实现劳伦斯完美结合的理想。书中出现的几乎所有证据，以及现代意大利——它的物质主义、金钱、移民、机械、工厂、民族主义及战争——所表现出的完全的灾难性趋势，都驳斥了男人与女人这富有成效、和谐的圆满。即便是劳伦斯在剧院里看到的哈姆莱特，也变成了"现代意大利人，多疑、孤独、自我厌恶，在肉体腐化感中劳作"，集中体现了未结合的对立双方真正的疯狂。短暂的、注定要消失的黄昏，在现代世界各种强力的作用之下黯然无光，注定要消失于暗夜之中："这伟大的机械化社会，无私、冷酷。它机械地运作着，摧毁着我们，它成了我们的主人、我们的上帝。"它摧毁了旧有的生活方式，使被迫离开熟悉环境的农民突然陷入陌生的混乱之中。

流浪他乡、奉行无政府主义的意大利人，在寒冷的瑞士工厂工作，住着冷冰冰的石头房子。他们的现状说明了为什么纺纱机、柠檬园及传统的生活方式即将消亡："他们满腔热情地热爱着意大利，但他们不会回去。"[12]他们反对政府政策，拒绝在对抗土耳其的殖民战争中服兵役——这场战争导致了对利比亚的吞并，被迫永远背井离乡。

《意大利的黄昏》是对逝去的生命的哀悼；它对可爱、自由、非基督教的意大利的抒情被它所描绘的景象彻底破坏："可怕的、原始的男人世界，恐怖、荒芜的无情工业世界对自然世界的蚕食……似乎整个的社会形态正在分解，人类因素蜂拥进入崩溃的世界之中，就像是蛆虫涌进了奶酪一般。"[13]劳伦斯预见，意大利会像工业化的英国一样，徒劳地与这无人性的社会争斗。

# 三

从1912年9月至1913年3月居住在加尔尼亚诺期间，劳伦斯适应了与弗丽达一起生活，也适应了在意大利生活。"弗丽达和我过得很艰难，"他告诉萨莉·霍普金，"对一个女人来说，像那样离开丈夫和孩子，非常不容易。对于一个男人和一个女人来说，一起单独在外国生活半年，越来越深地发掘出一段爱情，这同样不那么容易。"[14]

劳伦斯的理想是实现一种平静、和谐的结合："我所知道的最美好的事是完满婚姻带来的宁静，与随和的配偶一起，于无声中拥有自己的灵魂。"但他很少有实现如此宁静状态的时候。相反，他视男人与女人之间的关系——他众多作品的主题——为一场必要的战争，发动战争的双方为彼此相爱的人，战争的结果导向理解与自我认知。对劳伦斯来说，"与另一个体发生性接触，意味着整体的相遇、两个陌生性格的接触、严肃的邂逅、总是争斗并快乐着、重获新生感及新生之后更深层次的存在"[15]。劳伦斯希望在不磨灭弗丽达女性气质的情况下赢得她的顺从，但在他们无休无止的争吵中，弗丽达才是占据主导地位的一方。

他对弗丽达有很深的敬畏，弗丽达的优点似乎弥补了他自身的不足。她出身高贵，比病弱的劳伦斯年龄大一些，更强壮、更健康；她在性方面有经验且放纵。他讨厌自己对弗丽达的依赖，钦佩她在性方面的老练与生理欲望，强烈嫉妒她对她的孩子们的思念，讨厌她拒绝顺从于他，对于她的调情与私通，时而愤怒，时而沮丧，时而听之任之。他们之间的冲突导致了令人兴奋但强烈粗暴的意志力的争斗，其结果虽没有实际上令那个相当有权势的女人屈服，表面上却赢得了她的屈从。正如劳伦斯的暴怒直接与他的结核病相关，弗丽达的支配性地位——以及劳伦斯对她的依赖——与她压倒性的体力紧密相关。

劳伦斯与弗丽达的关系是以一系列具有冲突性的对立两极为基础的：英语与德语、无产阶级与贵族、清教徒与异教徒。劳伦斯习惯自己去做事，弗丽达一直都有仆人；他爱整洁，她则邋遢；他一丝不苟，她则漫不经心；他精力充沛，她则无精打采。他会坐立不安，讨厌在一个地方扎根，讨厌房子里"挂满窗帘"，想要摆脱家庭的羁绊；她有着家庭主妇的本能，极度渴望安顿下来，拥有自己安定的家。他总是忙碌；她则经常闲着。他忙于写作，但并不会责备她疏于家务，即便是生病了，家里大多数的家务活、烹煮，都是他在做。弗丽达几乎什么也不用做：她睡觉、手上端根烟漫步休闲、阅读小说、做针线活、刺绣。

完全没有动手能力的弗丽达在与劳伦斯一起生活之前，从没有做过任何家务。她回忆："我第一次洗床单搞得一片狼藉。床单又大又湿，湿得要命。厨房地上全是水，桌子上也全都是水，我从头到脚都在滴水。"玛丽亚·赫胥黎说："弗丽达傻里傻气，像个孩子，但劳伦斯喜欢她，就是因为她像个孩子。"她说得一点都不错。劳伦斯很高兴能从一片水汪汪的世界里将弗丽达拯救出来，他为她做家务，就像他曾经为他母亲做家务一样。他做起家务来一丝不苟，阿道司·赫胥黎如此评价他的家务能力："他能完完全全地沉浸在他此刻正在做的事情当中；他从不认为他所承担的任何工作有重要与否之分，也不会认为他所做的事情那么微不足道，不值得他做。他会烹饪，会缝补，会织袜子、挤牛奶；他是个高效的樵夫、刺绣能手；他生了火，就会让火一直烧着不灭；他擦过的地，一干二净。"弗丽达证实了这一点，她还解释，他们之间生活习惯的差异经常令他发脾气："他做事快但很细心。我记得他从来没切到过手指或是撞到过自己。要是我很粗心地做了什么的话，他会极为生气。他会说，'女人，你就没点头脑吗？'"[16]

大多数时间，就他们两个住在偏远的地方，周围没什么人，这不可避免地会令他俩向对方发火。劳伦斯的朋友们（弗丽达似乎没有她自己的朋友）来访，常会使他们之间的问题更严重，直接导致他们发生争执。弗丽达觉得，他们之间的争吵早已出了名，因为他们经常当着别人的面大吵，那些看到他们争吵的人将这些传了出去。

他讨厌她对普通老百姓摆出一副高高在上的态度，讨厌她摆脱不了根深蒂固的观念，爱突出阶级差别——即便与他的家人在一起时也是这样。她则怨恨人们崇敬劳伦斯，漠视甚至看不起她。有时候，他暴怒仅仅是为了缓解写作的压力。他生病的时候，会做出不合理的举动，就好像她很健康这件事令他极为生气。

他们的争吵总是从微不足道的小事开始。弗丽达可能反驳了他的什么看法或者要求，或是他突然因她抽烟或剪了头发、暴饮暴食、愚昧无知、装腔作势而指责她。从弗丽达性格中的缺点到她偶然的闲谈，几乎任何方面都会引他发脾气。然后他就会爆发；他经常会不受控制地暴怒。他会打骂弗丽达，就像他母亲曾对他父亲做的那样；也会尽力要在肢体上征服她，就像他父亲曾对他母亲做的那样。弗丽达后来说，虽然她从来都弄不明白他的情绪和脾气为什么会发生那么大的变化，但她会设法控制他的情绪和脾气，或是设法容忍它们："我们永远都不明白劳伦斯的怨恨。它就像是突然冒出来的，冰冷、可怕，它让我害怕。但我还有那么一点点勇气，没被他完全吓住，我当时就在考虑，我应该怎么对他才是最好的；但一个可怜的女人怎么才能对付一场大雷暴？"[17] 她通过暴力和婚外情回报了他的暴怒。1913 年 6 月，他宣称女人没有灵魂，不会爱，她便在他头上砸碎了一个盘子，当时他正洗碗，而她跑了出去，消失了两天。

劳伦斯的戏剧《为芭芭拉而战》（芭芭拉也就是弗丽达）写于1912 年的加尔尼亚诺，描写了他们之间的婚姻问题。除却出身、家庭背景、性格、脾气、习惯、兴趣、品味等方面的不同，他们眼前的问题在于他们的贫穷、私奔和她的孩子们。他们很穷，经济上得不到保障；虽然劳伦斯对此能适应，让弗丽达忍受这一点就相当困难了。她经历了突然的变化：原先是与威克利一起过着舒适、井然有序的生活，她是关注的中心；而现在与劳伦斯过着不稳定的生活，他最关注的是他那些作品——他们存在的目的，之后才是她。如今的她没钱、没安全感，但得到了智慧的火花与一段充满浓烈情感的生活。她经受了失去孩子与失去社会地位之苦，这一事实证明，她是多么深爱劳伦斯，她的牺牲得到了多么丰厚的回报。

他俩为谁要在他们的关系中占据上风而争斗的时候，两个人都觉得孤独，脱离了他们熟悉的世界。他们经受着丑闻与耻辱的困扰，因为父母不赞同、因为愧疚于他们给别人造成的痛苦而受着折磨。威克利主动要求弗丽达回到他身边，他似乎不同意离婚，害怕这个丑闻会对他的事业造成恶劣影响。[18]

虽然劳伦斯与弗丽达的争吵、打斗吓坏了他们的许多朋友，也令朋友们与他们疏远，但他们俩似乎很喜欢当着别人的面吵架，认为他俩的这种游击战是一种性交前戏。虽然他们看上去像是要杀了彼此，但他们需要这种暴力的释放方式，两人打架一结束，也就忘了这回事。劳伦斯告诉过威利·霍普金，弗丽达"是我可以接受的女人，因为我必须有对手——我要与之争斗，否则我就会失败"。弗丽达也描述了她的对策和他们近乎快感似的释放："我激怒他的时候，或者他周围的生活令他的耐心耗尽，他会因此对我动手，这又能意味着什么呢？我并不怎么在意。我要么打回去，要么等待他体内的这场风暴渐渐平息。我们打架的时候完完全全是从头打到尾。之后就平静了，我们又变得那么和睦。"[19]

弗丽达对劳伦斯的艺术和生活都有深远的影响。她相信他的天才，对他的作品做出认真回应；她给他解释女人的情感，帮助他想象虚构场景。她将弗洛伊德的观点介绍给他，这些是她从奥图·格罗斯那里学来的，而这些观点在当时的英国还鲜为人知。弗洛伊德的概念帮助劳伦斯澄清了《儿子与情人》中的母子关系，也令他将残存的同情赋予了粗野却有魅力的父亲。但弗丽达也会挑剔，不将他当回事。劳伦斯完成对《儿子与情人》的修改时，她厌烦了她称作注定不幸的"阿特柔斯①之家的感觉"，写了一篇讽刺文，题为《保罗·莫雷尔，或他母亲的乖乖》（"Paul Morel, or His Mother's Darling"）。劳伦斯被她的讽刺伤害了，牵强地说："你写的这个不应该叫讽刺文。"

劳伦斯在他的下一部小说《虹》的初稿中表达了自己对爱与性的观点，描述了弗丽达的缺点，在这之后，他感觉"通过推理呈现我自己，描述弗丽达如全能上帝般的荣光，这对我有好处"。但当弗丽达问他："我所给你的有什么是你无法从别人那里得到的？"他强调了她对他的信心，对她自己的信心，并答道："你让我相信我

---

① 阿特柔斯（Atreus），希腊神话中人物，珀罗普斯和希波达弥亚的儿子、坦塔罗斯的孙子、阿伽门农的父亲、伯罗奔尼撒半岛西北部伊利斯国王。阿特柔斯家族从坦塔罗斯开始，因父子相杀、兄弟阋墙、得罪神明而连续三代遭遇相同诅咒。阿特柔斯之家的故事旨在说明，通过谦卑、虔诚、背负并无理由的痛苦和对神灵以及生活的信念，最终可解除家族毒咒。

自己，完完全全地相信我自己。"——成了一个完整的男人，一个完整的艺术家。他完全承认，女人的相异性、女人的陌生性是激发他艺术灵感的重要因素："要是没有一个女人在我背后支持我，我做什么都会觉得无望……我爱的女人在一定程度上让我保持着与我所未知的世界进行的直接交流。"[20]

劳伦斯在他的系列情诗《瞧，我们走过来了!》中，对他们婚姻的积极一面做了更多的描写。这组诗主要写于 1912 年他与弗丽达待在德国和意大利的最初几个月里，诗歌出版于 1917 年。在欧洲，两个恋人能彼此靠近，进入不熟悉的领域，劳伦斯有了灵感，写作关于他的激情的内容。这些诗是"非常重要的故事，或记述历史，或进行自白"，他在诗集的前言中如是写道，"它们揭示了处于成年危机时期的男子的内心体验——他结婚了，逐渐成为他自己"[21]。诗集题名邀请读者窥视、参与劳伦斯所有创作中最私人的部分，分享他进入全新自我意识的时期所经受的情感震荡与愉悦的圆满感——他通过与弗丽达的婚姻和在意大利的生活实现了自我认识与自我完善。

这些爱情诗表达了劳伦斯所称的"纯粹激情的体验"，这是一种被激起的情感，它激发并传递"生活本身的品质"。劳伦斯为美国版《新诗集》（*New Poems*，1918）撰写了题为《当今的诗歌》（"Poetry of the Present"）的导言——这"本该是《瞧，我们走过来了!》的序言"，他在其中疾呼，"这是当下令人不安的、难以捉摸的诗歌，这类诗歌的永恒性在于其如风般的消逝性……自由诗是，或者应该是，此刻、完整的人的直接言说……是沧海一粟间反叛般的、猝不及防的悸动……自由诗有其自身的本质，它既不是星辰，亦不是珍珠，而是如同血液流淌般的瞬间"[22]。虽然劳伦斯的这篇文章说明了这些诗表现的主要心境，但它们在语气与情感方面存在着巨大的差异，表达了远非"纯粹激情的体验"的内容。诗中既有神话意象，又有《圣经》意象；而诗的风格起先沿用传统形式，后转变为沃尔特·惠特曼式的松散、长排、教条性断言。

《论辩》（"Argument"）明确说明，这些诗直接展现了劳伦斯的自身性格、极度私人化的个体历史，是表现"情感与内心生活的传记"。艾米·洛威尔（Amy Lowell）称这卷诗集为"比《儿子与情人》更伟大的小说"。诗歌通过人物与故事表现主题，描述劳伦斯与杰茜·钱伯斯分手后的生活："努力了很久、爱情失意、在男人的世界里不成功，主人公将自己的命运与一位已婚女性绑在了一起。他们一起去了另一个国家，她不得已抛弃了自己的孩子。在这对男女之间，在他们与他们周围的世界之间，爱与恨并存，直到爱恨之间的冲突有了某种结局，他们才得到祝福。"[23]虽然劳伦斯明确说被弗丽达抛弃的孩子（而不是反复无常、嫉妒与背叛）是他们之间爱恨冲突的主要原因，他却对他们获得的"祝福"以及"祝福"的含义故意含糊其词。但这些诗表明，他过往所经受的痛苦、爱情失意带来的伤痛都教会他给予弗丽达全面的回应。

诗集的抒情核心发生在劳伦斯初次获得圆满感时，标志是《绿》（"Green"）——弗丽达眼睛的颜色，映照在拂晓的天空与月色中，绿色还出现在关于玫瑰的五首组诗中。在为众人所推崇的《第戎的荣耀》（"Gloire de Dijon"）中，弗丽达容光焕发的身体——就像是雷诺阿①绘画中浸洗的女性的身体——沐浴着日光的光辉：

> 她的胴体之上水珠滑落，她的双肩

---

① 皮耶尔-奥古斯特·雷诺阿（Pierre-Auguste Renoir，1841—1919），法国印象派著名画家、雕刻家。他的早期作品是典型记录真实生活的印象派作品，充满了夺目的光彩；及至 19 世纪 80 年代中期，他从印象派运动中分裂出来，转向人像画及肖像画，尤其是妇女肖像画，发挥自己更加严谨和正规的绘画技法。

> 如银面般闪耀，垂落于双肩处的水珠
>
> 如被打湿、坠落的玫瑰，我凝神听着
>
> 雨淋落的玫瑰花瓣被冲洗的声音。
>
> 阳光充足的窗内
>
> 凝聚着她散发金光的影子
>
> 一影叠一影，层层光影闪耀
>
> 如柔和的金色玫瑰。

劳伦斯对《瞧，我们走过来了!》中诗歌顺序的安排仔细又复杂。按时间顺序来看，这些诗从 1910 年 12 月他母亲去世开始，至他在德国（1912 年 5 月至 8 月）与意大利（1912 年 9 月至 1913 年 4 月）的几个月，到他回到英国、"一战"爆发（又一个威胁他们爱情的因素），直至他与弗丽达结婚三周年，1916 年 3 月他搬往康沃尔。有几首诗与 1912 年的几个具体日子相关：《基督圣体节》（"Frohnleichnam"）、《死亡之日》（"Giorno dei Morti"）、《万灵节》（"All Souls"）、《新年前夜》（"New Year's Eve"）。就地域来看，这些诗歌从伊斯特伍德、克罗伊敦、伯恩茅斯一路行来，经莱茵兰、巴伐利亚、蒂罗尔、加尔达湖，之后回到肯特、萨塞克斯、康沃尔。宇宙的意象（月亮、太阳、星辰、海洋）映射了他对超验的追寻。劳伦斯在英国感到痛苦，在德国有疑虑，在意大利感受欢乐。他在意大利实现了性方面的圆满，在《春晓》（"Spring Morning"）中的复活节季经受住了一切。《春晓》是意大利阶段的最后一首诗，写于 1913 年 4 月，写作地点位于加尔尼亚诺上方群山里的圣高登佐。

就主题而言，这些诗循着由死至重生的循环，是其原型——乔治·梅瑞狄斯（George Meredith）的诗集《现代爱情》（*Modern Love*，1862）——的反转。梅瑞狄斯描写爱情的消亡，劳伦斯描写爱情的生长；梅瑞狄斯描写婚姻纽带的断裂，劳伦斯描写婚姻纽带的编织。梅瑞狄斯与劳伦斯都在讨论现代爱情的苦恼，但梅瑞狄斯以自杀完结，劳伦斯以新生结束。

这些诗都围绕两大主题：男人与女人之间的自然冲突以及对超验与完满的追寻。他在意大利找到了这种性别冲突的最佳表达方式："男人与女人之间没有同志关系，完全没有，他们之间始终是一种战斗、保护、敌对的状态……男人与女人之间没有假的爱，只有激情，激情是原始的恨，爱的行为是一场战斗。"劳伦斯在《和平的本质》（"The Reality of Peace，"1916）中进一步说明了这个观点，他坚持："我们实现的不是爱，而是爱与恨的内部平衡，在平衡中才能取得超验。"劳伦斯认为，男人与女人的身体结合象征了精神的完满，展现了人类生活的基本奥秘，身体结合直接从爱恨对立的两极中发展而来。

因为出版商反感诗中直白的肉欲描写，令人愉悦的《被爱者之歌》（"Song of the Man Who Is Loved"）被从原始诗集中删除了。这首诗源于《圣经》中的"所罗门之歌"："我以我的良人为一袋没药，常在我怀中。"[①] 劳伦斯在弗丽达甜美柔软的身体里发现了主心骨与桃源仙境：

> 因此我希望得以永生
> 将我的面庞深埋于她的双乳之间；
> 我静谧的心扉无忧无虑，

---

① 原文："A bundle of myrrh is my well-beloved unto me; he shall lie all night betwixt my breasts." 此句源于《圣经·雅歌》1 章 13 节。"没药"为当时女性普遍采用的香膏，可增加魅力；"怀中"，即原文中的"两胸"，在《圣经》中指信心与爱心。此处的意思是以信心与爱心来享受并经历钉十字架受苦、受死的基督。宗教的含义在于，若我们将主常存心中，他就会在我们身上发挥没药般医治和保护的功用，守护我们的心灵免遭外界人、事、物之伤害。

我温柔的双手托着她的双乳。[24]

但是，劳伦斯在双乳之间寻找没有激情的、母亲提供的无忧无虑，这表现出的是对婴儿时期的回归，而且，他努力解决儿子与情人两重角色之间的矛盾，这令他的读者感到尴尬。很有可能正因为这首《被爱者之歌》（以及那些关于晃动的乳房、啃咬的脖颈的诗），才激起了伯特兰·罗素的诙谐评价——"他们或许真的走过来了，但我不觉得我们有什么理由看"；赫胥黎的冷嘲热讽——"读这些诗就像是开错了卧房的门"；奥登过于拘谨的坦白——"我得承认，我觉得劳伦斯的爱情诗很令人尴尬，因为这些诗什么都敢说，它们让我感觉自己是个偷窥狂"。罗素、赫胥黎、奥登都是非常有才智、一丝不苟的人，他们都对劳伦斯违背英语表达中的沉默与得体、对他直率地处理性与婚姻问题感到反感。但劳伦斯自白式的口吻、勇敢的自我坦露引起了阅读品味的根本性转变，令现代读者学会了欣赏洛威尔、普拉斯（Sylvia Plath）的诗歌以及贝里曼（John Berryman）的《爱情十四行诗》（Love Sonnets）中原始性欲带来的痛苦与苦闷。1917 年 11 月，劳伦斯在写给塞西尔·格雷的信中对这组诗下了定论："或许你们厌恶《看！》这部诗集中那些不适当的描写是对的，但无论如何，我们走过来了。"[25]

## 四

劳伦斯的创作方式是依赖一时兴起的念头而非逻辑，这对小说家来说极为罕见。他既是一个心血来潮、创作速度极快的作家，也是一个会对作品进行批判性修改的作家。他的《逾矩的罪人》写了两遍，《白孔雀》和《儿子与情人》各写了三遍。劳伦斯生长在一个住着小房子、人口却多的大家庭里，因此他养成了高度集中注意力的能力，即便是在吵闹、人多的地方也能进行写作。但他的灵感来源于他与周围自然环境的亲密接触。在温暖的地中海气候中，他喜欢独自走入树林，背倚着一棵树，膝上放着垫子写作。他说："我发现森林是如此奇妙的刺激之物。树木就像是鲜活的同伴，它们似乎释放出了活力与秘密，那种反人类或者说是非人类的东西。"《查泰莱夫人的情人》中，康妮与克利福德在拉格比庄园过着了无生趣的不幸生活，她在充满繁殖力的森林里寻求慰藉，与劳伦斯写作时感到生机勃发一样，她在那里重获新生："康斯坦丝坐下来，背靠一棵小松树，小松树在她背后以一种奇异的生命力摇动着，富有弹性，有力而向上。这挺立着的活生生的东西，把昂着的头沐浴在阳光里！"①[26]

劳伦斯的脑子里肯定对他的作品有一些构想，但他从来不会做笔记或者列出大纲。多萝西·布雷特问他是否在筹划他的故事，是否对他打算写的故事有清晰的愿景，劳伦斯回答："没有。我坐下的时候，从不知道我要写什么。我没有规划；故事就只是来了，但我不知道它来自哪里。"他从不强迫自己写作，但他兴之所至的时候，会思如泉涌，连写数页。他的创作还是季节性的，夏天他比较懈怠，秋天他会加速写作。他后来还建议澳大利亚作家莫利·斯金纳（Mollie Skinner）——劳伦斯与之合写了《灌林中的男孩》——要顺从于生命的冲动，之后再细致精炼作品："当某种激情降临至你身上，此时写作，之后修改，要更加谨慎，但仍要保持称心的心境。"但他也认为，写作像《儿子与情人》那样的自传性作品具有治疗性，就像用心理分析的方法观察自己生活的方式与意义。它可以令人获得自我认识，使人能解决过去存在的问题："人可以在那

---

① 《查泰莱夫人的情人》，赵苏苏译，北京：人民文学出版社，2004年，第104页。

些书中摆脱自己的疾病——重复并再次展现自己的情绪，掌控这些情绪。"[27]

1912 年 11 月，劳伦斯给爱德华·加尼特写了一封信，此时他完成了《儿子与情人》（该书于 1913 年 5 月由达克沃斯出版社出版）。在这封著名的信件中，劳伦斯陈述了他在这部小说中的意图，也透露了他对这些意图明显的偏离：

> 我急于想为它辩解几句。我将它重写了一遍，做了必要的增删，使它更完美、更充实。我告诉你，它现在成形了——完整的形态：难道我不是挥洒血汗，缓慢雕琢了它？这部小说的情节是这样的：一个优雅、个性鲜明的女人加入下层社会，对她自己的生活不满意。她对丈夫有过激情，所以孩子们都是这种激情的结果，他们充满活力。但是随着她的儿子们渐渐长大，她选择了他们作为她的情人——先是大儿子，之后是第二个儿子。这两个儿子因为与他们的母亲之间相互的爱而被迫进入了他们自己的人生——他们不断被迫着。但是当他们成年后，他们失却了爱的能力，因为他们的母亲是他们生命中最为强大的力量，控制着他们。……这两个年轻人一旦与女子接触，便会出现灵魂与肉体的分裂。大儿子威廉与一个轻浮的女人发生了性关系，而他的母亲主宰着他的灵魂。但这分裂毁了他，因为他不知道自己处于何种位置。另一个儿子结识了一个女人，这个女人为赢得他的灵魂而战——与他的母亲展开争夺。这个儿子爱他的母亲——她所有的儿子都痛恨并嫉妒他们的父亲。母亲与姑娘之间的争夺战上演了，她们的目标是这个儿子。因为母亲与儿子之间的血亲关系，她在这场争夺战中逐渐占据了上风。儿子决定将灵魂置于他母亲的手中，他要像他哥哥一样，寻求激情。他获得了激情。但灵魂与肉体的分裂问

题在此凸显。不过，几乎是下意识地，他母亲认识到了问题出在哪儿，她不久便去世了。儿子抛弃了他的情人，一直陪伴在他母亲的病榻旁。到头来，儿子一无所有，任其自流走向死亡。①[28]

在这封信中，保罗的哥哥因为性与灵魂的分裂而死；小说中，保罗的哥哥去世了，但更切合实际地死于丹毒。信中，保罗的母亲认识到同样致命的分裂也正影响着保罗，"不久便去世了"；小说中，她似乎并未意识到（或者漠不关心）她的所作所为对保罗的影响，她患了癌症，被他儿子下毒致死，结束了她的痛苦。信中，保罗任其自流走向死亡；小说的结尾则更积极，他离开了家——厌恶了他母亲的价值观——"急迫地走向隐约有些繁忙、灯光闪烁的小镇"。

在《儿子与情人》未出版的前言中，劳伦斯更抽象地陈述了小说的主题，重申了那具有毁灭性的肉体与灵魂的分裂：儿子成了具有消极情绪的母亲精神上的恋人，他的肉体日渐衰弱，无法全身心地将自己交给妻子，而他的妻子又在下一代、她的儿子们中间寻求补偿。

> 但这个充当女人与生育的中间人的男人是那个女人的情人。如果那个女人是他的母亲，那么他只是一部分充当了她的情人；他听她差遣，但永远不会因为他的认可和成长而接纳她，因此，他会任身体日渐衰弱。最古老的儿子-情人是俄狄浦斯。后来的儿子-情人，他们的名字就各不相同了。如果儿子-情人娶了妻子，那么她并不是他的妻子，只是他的床伴。他的生活会被撕裂为两部分，而他的妻子在绝望中会期待她的儿子们，期待他们成为她的情人。

---

① 译文参考哈里·莫尔编，《劳伦斯书信选》，刘宪之、乔长森译，哈尔滨：北京文艺出版社，1999年，第52—53页。

　　《儿子与情人》，如同《白孔雀》和《逾矩的罪人》一样，其中的分裂主要是精神之爱与肉体之爱之间的分裂。正如劳伦斯在《无意识幻想曲》（*Fantasia of the Unconscious*）中所写："你很难让一个人相信，他对成为他妻子的女人的肉体之爱与他对他母亲的爱同样高尚。"[29]

　　因此，《儿子与情人》是关于爱的毁灭性力量的小说。母亲的一切行为都是正当的，而父亲则是值得同情的。事实上，母亲——如果不是从保罗的视角去看——是小说中的反面人物，她毁了她的丈夫、她的儿子还有米丽安的生活。虽然保罗爱米丽安，但他将她玩弄于股掌之间，这么做的目的在于保护他自己，将他对母亲无意识的愤然反抗转向她身上。保罗畏惧性关系，尤其畏惧与那个同他母亲有着许多相似优秀品格的女孩发生性关系，他不断坚称米丽安只有灵魂、没有肉体："在我们的全部关系中没有肉体的关系。我不是以情理同你说话，而是以精神。"①[30] 他先是扼杀米丽安自然的性感觉，之后又试图唤起它们。他们的性行为没能成功时，他又将自己在这方面的不足归咎于她。

　　抛弃米丽安后，保罗借助他与巴克斯特和克拉拉·陶斯之间的关系，解决了他与自己父母的问题。巴克斯特与克拉拉是一对分居的夫妇。克拉拉是个女权主义者，她思想解放，是保罗在乔丹工厂的同事，最终成了他的情妇。吃醋的巴克斯特进行了报复，他在保罗下班回家的路上突袭了他，狠狠揍了他一顿。因为巴克斯特·陶斯说话的方式与禀性与沃尔特·莫雷尔极为相似，他跟保罗打架象征着保罗需要被他象征意义上的父亲惩罚，因为他篡夺了他父亲作为情人的角色，并无意识地渴望与他母亲发生性关系。沃尔特和巴克斯特各自拥有一个女人，但都被保罗爱上并从他们身边偷走。虽

---

① 《儿子与情人》，陈良廷、刘文澜译，北京：人民文学出版社，2006 年，第 273 页。

然保罗从巴克斯特身边偷走他妻子的行为重复了他对他父亲的冒犯，但小说结尾，他与巴克斯特和克拉拉达成了和解，修复了他的理想家庭关系，从而得到了宽恕。

克拉拉与保罗的母亲很像：她们都高人一等，骄傲并坚强，与各自的丈夫有着相同的肉体关系；克拉拉结束了保罗与他母亲、与米丽安的性爱关系。与克拉拉亲近时，保罗吸收了他父亲的方式，想要通过她证明他能在他母亲身上唤起他父亲曾唤起的激情。保罗在强健的克拉拉身上寻找他在他垂死的母亲身上即将失去的东西。但因为他对他母亲存在性依恋，他必须在与米丽安和克拉拉发生性关系后抛弃她们。

巴克斯特与克拉拉·陶斯夫妇在许多方面都与沃尔特和格特鲁德·莫雷尔夫妇有着明显的相似之处。保罗利用巴克斯特摆脱克拉拉，同样，他后来认同沃尔特而使自己摆脱了他母亲对他的影响。通过陶斯夫妇，保罗了解了自己对父母的爱、恨与愧疚。陶斯夫妇也在他们与保罗的纠缠中有所认识，彼此更加包容：巴克斯特成了病人，克拉拉成了那个照料他的护士。

杰茜·钱伯斯（她觉得劳伦斯对她的虚构画像毁了她的生活）向海伦·科克抱怨劳伦斯歪曲了他们的恋爱关系。她被自己的主观判断蒙蔽，无法领会他所取得的有力效果，于是愤怒地写道："小说中关于米丽安的部分是带有诽谤的、可怕的背叛。大卫选择的每一个细节都将米丽安置于不利地位，而且他还依据莫雷尔夫人对米丽安的厌恶去阐释米丽安的每句话、每个动作、每个想法……我受够了，无比腻烦大卫和与他相关的一切。"劳伦斯后来对这部小说有了不同看法，这一看法更具说服力。他告诉弗丽达："我现在可以写出一部不同的《儿子与情人》。我母亲是错的，而我当时却认为她是完全正确的。"[31]

第九章

# 伦敦文学界，1913—1915

一

劳伦斯在密德兰地区长大，战时居于偏远的乡村小镇，大部分的创作时期在意大利度过，他很少会结识其他作家，除非经别人介绍或那些作家主动与他结识。他的阶级感、不自信与独立令他不会去接近那些文学巨匠，即便他想要获得他们的鼓励与帮助。弗丽达被切断了她与英国诺丁汉的家庭以及她在德国梅斯的家人的联系，除了威克利一家人，她在伦敦几乎谁都不认识。

但 1913 年夏（从他们离开加尔尼亚诺到居于费亚斯切利诺之间的那段时间）他们第一次重返英国看望弗丽达的孩子和劳伦斯的家人的时候，尤其是他们返回英国并于 1914 年 7 月 13 日在伦敦一家登记处登记结婚后，劳伦斯与一群卓越、迥异的学者、艺术家、贵族建立了友谊，这些友谊对他有重要影响且基本都持续了一生。与此同时，劳伦斯最初在文学界的朋友——福特、庞德、加尼特父子却越来越不赞同他的作品，在他的生命里变得不再重要。

劳伦斯的朋友可以被分成两个截然不同却相互关联的类别：一类是富有并有影响力的赞助人，另一类是放荡不羁的贫穷艺术家，他们努力要扬名。文学界、学术圈、政治王朝那些出身好、受过良好教育、人脉广的知名人士对劳伦斯非常热情，他们赏识他的天才能力，推动了他的事业发展。他们有品位、有洞察力，能接受他激进的观点，使他坚定信心，能成为他的作品的理想读者。劳伦斯与他们的友谊表明，即便是处于战前严格的等级结构中，艺术家进入上流社交圈、被拥有地位与财富的人所接受，是件完全可能的事。

劳伦斯是非常有吸引力的人，但他身上没有英国人传统的冷漠与保守。因为他本人随心所欲又脾气反复无常，他的个人关系被他搞得很紧张。劳伦斯有着不可思议的能力，能洞察他的朋友们的社交假象，洞悉他们的基本性格，揭示他们的内在。他想要改变他们的生活，这个过程常令人不安、反感，而能经受住这个过程是他保持友谊的必要条件。劳伦斯与他的朋友交谈或是给他们写信的时候，都带着不寻常甚至是令人难以忍受的坦诚，其目的是摧毁他们的防卫，使他们的生活更有活力。

劳伦斯对朋友们的性格有着敏锐的洞察力，但他对于针对他们的行为而提出的对策，不会有丝毫妥协。他会在写给朋友的长信中，或是在个人的高谈阔论中表明自己对他们的爱、对他们的问题的关心。但如果他们选择无视他的建议，他会觉得受伤、遭到了背叛，会严厉地拒绝他们。这种矛盾突出了他的孤独感与自以为是，让他能不怀好意地伤害他们。

劳伦斯的朋友是他那些关于个性的各种有争议的理论、关于他对现代世界的批评的受众，促进了他的个人发展。在他成为受欢迎的作家之前，他们是他最早挑选出的读者。他的伦敦友人以及那些拥有乡间庄园的朋友激发了他的小说创作灵感，也出现在了他的作品中。劳伦斯从未参加过任何文学圈子，他在英国从未感到完全自由自在，因而他一直是个圈外人。作为侨民，他比其他人更清晰地认识到社会的压力与文明的衰落。劳伦斯凭着追根究底的直觉描写他的朋友，对他们进行了再创造，却保留了他们重要的品性，暴露了他们的缺点，也伤害了他们的感情。他优先考虑的问题是他的艺术作品而不是义气，他因为嘲讽他的朋友而危害了他们之间的友谊。

有人读了劳伦斯的作品，喜欢这些作品，便会给他写信，提议见个面或提请他给予文学方面的帮助，这便会形成一张丰富并不断快速扩张的关系网——这构成了乔治王时代初期的文化横截面。早在 1909 年，杰茜就将劳伦斯的诗歌寄给了福特，福特之后将他介绍给了自己的情妇维奥莱特·亨特、他的助理编辑道格拉斯·戈德林和诺曼·道格拉斯（Norman Douglas）、叶芝的朋友庞德，庞德当时正在一场社交晚会上大口咀嚼着郁金香。爱德华·加尼特写给劳伦斯的信件给了他鼓励和支持，使他与他妻子康斯坦丝、儿子大卫成了朋友，令他在私奔前以及后来 1913 年的 6 月至 7 月间，在瑟恩受到了款待，还促成了达克沃斯出版社出版了他的五部作品。

爱德华·马什（Edward Marsh）——他是温斯顿·丘吉尔在海军部的私人秘书，也是著名的艺术赞助人——邀请劳伦斯为他的《乔治诗选》（*Georgian Poetry*）投稿，这让劳伦斯结识了鲁珀特·布鲁克（Rupert Brooke）（1915 年，他在希腊斯基罗斯去世，给劳伦斯留了一小笔遗产），还与辛西娅·阿斯奎斯夫人成为密友。米德尔顿·默里给加尔尼亚诺的劳伦斯写信，为《韵泽》杂志（*Rhythm*）求稿，这份小杂志由他与凯瑟琳·曼斯菲尔德共同担任主编。这次求稿让劳伦斯与爱尔兰大律师戈登·坎贝尔（Gordon Campbell）（即后来的格莱纳维勋爵）及其夫人比阿特丽斯、小说家吉尔伯特·坎南和演员玛丽·坎南夫妇、画家马克·格特勒（Mark Gertler）和斯莱德学院的另一位画家——可敬的多萝西·布雷特成了朋友。不那么重要的小说家艾维·洛（Ivy Low）也给劳伦斯写过一封钦慕信，还在 1914 年春去费亚斯切利诺拜访过劳伦斯与弗丽达。通过艾维·洛，他们认识了诗人薇奥拉·梅内尔（Viola Meynell），她来自一个重要的天主教文学之家，在战争期间，她将她在萨塞克斯的小别墅借给了劳伦斯；小说家凯瑟琳·卡斯威尔，她成为劳伦斯的另一位密友；大卫·埃德医生（Dr. David Eder），他是英国心理分析的先驱；以及儿童作家埃莉诺·法琼（Eleanor Farjeon）。与马什和默里一样，美国诗人艾米·洛威尔也为她的意象派诗选向劳伦斯邀诗，她还将劳伦斯介绍给了理查德·奥尔丁顿和希尔达·杜立特尔（Hilda Doolittle），希尔达与庞德在费城读大学时是好友。劳伦斯于 1914 年 8 月认识了苏联的一位法官助理 S. S. 科特利安斯基（Samuel Solomonovitch Koteliansky），科特成了曼斯菲尔德与格特勒的密友。奥托琳·莫雷尔夫人给劳伦斯写了一封钦慕信后，将他引入了她嘉辛顿乡间别墅的圈子，这里聚集了许多才华横溢的人，包括 E. M. 福斯特、阿道司·赫胥黎、伯特兰·罗素、约翰·梅纳德·凯恩斯（John Maynard Keynes）以及所有布鲁姆斯伯里团体的成员，还有那些不那么出名的人，如菲利普·赫赛尔廷（Philip Heseltine）和迈克尔·阿伦（Michael Arlen）。[1]

二

劳伦斯被可爱、孤独、有头衔、不幸但有艺术气质的女士们吸引。这些女性接受他成为具有教化力的先知和精神导师，他会在他的艺术作品中分析、阐释并重新创造她们的生活。

1913 年 7 月，劳伦斯和弗丽达在肯特郡布罗德斯泰斯的海边度假时，爱德华·马什将他们介绍给了辛西娅·阿斯奎斯夫人。她是位"容光焕发的 15 世纪美人"，外表完美，"有一头拖至膝下的浓密金发"。劳伦斯在短篇小说《瓢虫》（"The Ladybird"）中将辛西娅刻画为达芙妮夫人，描述了她的优雅、精致，以及她精妙的肤色与头发："她生着一张妩媚可爱的脸，肤色柔和、洁白，富有异国情趣，脸蛋儿红扑扑的，十分娇嫩。她的头发柔软、浓密，是一种可爱的浅黄色加灰色。她的头发和肤色都受到了异常仔细的打理。"①[2]

　　辛西娅 1887 年出生在威尔特郡一栋极大的乡间别墅里，她父亲是第十一任威姆斯伯爵（Earl of Wemyss）。她在切尔滕纳姆女子学院接受教育，被引入宫廷，约翰·辛格·萨金特和奥古斯都·约翰②分别为她画过肖像。1910 年，她嫁给了赫伯特·阿斯奎斯。他是一名辩护律师，是首相家的次子，曾任牛津大学学生会主席，还一度怀抱政治理想。他们夫妇共育有两子：长子约翰生于 1911 年，次子迈克尔生于 1914 年。赫伯特做律师并不成功，之后，他在法国和弗兰德斯服役四年。"一战"期间，他患上了严重的炮弹休克症，他觉得很难实现他父亲的威名，便努力成为诗人和作家，为哈钦森出版社工作。与她的姐妹们不同，辛西娅所嫁之人没钱，她自己的嫁妆也不丰厚。她的周围都是有钱人，而她总缺钱花。战争期间，由于她只能依赖赫伯特的中尉工资生活，便去做了剧作家詹姆斯·巴里爵士的秘书，成为他志趣相投的伙伴、红颜知己。她为巴里工作了二十年，在他 1937 年去世时，获得了他遗赠的一笔数额巨大的财产。

　　辛西娅是位极富同情心的女性，她喜欢聊天但不会恶意中伤别

---

① 译文部分参考《劳伦斯中短篇小说选》，主万、朱炯强译，北京：人民文学出版社，2006年，第 119 页。

② 约翰·辛格·萨金特（John Singer Sargent，1856—1925），美国著名画家，是 19 世纪末、20 世纪初活跃在欧美世界的最优秀的肖像画大师，同时也是一位卓越的水彩画大师。奥古斯都·约翰（Augustus John 1878—1961），是英国威尔士一名有成就的肖像画家、蚀刻版画家兼制图师。其肖像画有力地刻画了当代政界和艺术界许多杰出人物。

人。她热衷于与不同男性发展亲密但绝不是性方面的友谊，从文学评论家戴斯蒙·麦卡锡（Desmond MacCarthy）到著名的新西兰将军伯纳德·弗赖伯格（Bernard Freyberg），类型千差万别。据她儿子迈克尔说，劳伦斯对她拥有的政治权力抱有天真的幻想，因为她其实是个社交多面手，或者说是"长长的、摇摆的浮萍"，而不是对政治有很大影响的人。她对首相没有多少影响，而且，无论如何，她都不会乐意去使用那种影响力。

迈克尔对这个富有魅力却难以捉摸的人物——他的母亲——颇有微词甚至愤恨。像许多同属于她的阶级的女性一样，辛西娅疏于管教她的孩子，不是个好母亲。他觉得她对她的儿子们抱有很大期望，想让他们成为她的光环与虚荣的一部分，迫使他们遵从她为他们设计的困难且有时不可能实现的计划。她对他们的爱是以他们取得成功为条件的；迈克尔总是时而受宠时而失宠于她，他讨厌不得不对她谄媚。她的长子约翰被认为在出生时被钳子夹伤了脑袋，实际上却是个未确诊的自闭症患者，她认为那是她的污点。约翰总是不听话，会暴跳如雷；当时他们并不了解他的病情，无法给他提供帮助。[3]

劳伦斯与辛西娅的阶级差别，和他与弗丽达存在的阶级差别一样，令友谊双方都感到有趣。劳伦斯被富有同情心的上层阶级女性吸引，而辛西娅被劳伦斯的文学天赋、他完成工作那一刻的全神贯注以及她口中"一半为牧神、一半为先知"的男人的非凡生命力所吸引。疾病是将他们吸引到　起的一个共同因素（这也是将劳伦斯、曼斯菲尔德、格特勒吸引至一起的原因），就在 1913 年 3 月（她认识劳伦斯四个月前），辛西娅被诊断患上了结核病。她在苏格兰底河边上的疗养院中待了三个月。当时，她才刚刚离开疗养院，显然已经被治愈，但随时都会被质疑仍患有该病。

辛西娅有一则日记暗示了她被劳伦斯吸引的好几个原因。与他

的许多朋友——尤其是科特、莫雷尔、罗素、布雷特——不同，她
喜欢弗丽达，与她相处得很好，而且没有令弗丽达心生过妒忌。她
发现劳伦斯智力上非常活跃，精神上能给人启发，且极其敏锐。她
将与他在一起的感觉比作庆祝圣灵降临在门徒身上的基督教节庆：

> 我发现，与他们在一起是世界上最令人陶醉的事。我从未
> 想过与任何人在一起会获得这样的精神愉悦。完美的三人组是
> 如此美妙。我那么喜欢她。她非常随意、热情而聪颖，那么爱
> 慕他、理解他。他让我对他非常感兴趣，也极大地吸引了我。
> 他的谈话格外真实、逼真——那么幽默，却又那么激烈、愤
> 怒，这是我隐忍的性格所热望与渴求的。他让人感觉如圣灵降
> 临，他有着令人亲近的天赋和敏锐的洞察力，能让人认识自
> 己。我从未认识过其他像他这样的 X 光似的心理学家。

劳伦斯有时会因辛西娅的浅薄与金钱至上而责备她。她会非常敏锐
地认识到自己"冷漠，对现实漠不关心，缺乏自知之明",[4] 并希望
从她的朋友这里获得新的洞察力。

劳伦斯一直都对孩子感兴趣，能与他们惺惺相惜，辛西娅的长
子约翰引起了他的积极关注。整个战争期间，劳伦斯都在尽力给辛
西娅（她无疑向劳伦斯寻求了帮助）建议，该如何与她那个关系疏
远、颇为麻烦的孩子相处。他发现约翰讨厌她各类自私的要求（后
来迈克尔明确说出了他对她这一点的厌恶），相信约翰一直被恶
灵——这恶灵也存在于他父母身体里——压制、扭曲甚至主宰。
（劳伦斯会这么说，而辛西娅竟然还接受了这一严苛的批评，这足
以说明他们之间的友谊有多牢靠。）他设法鼓励她，并且（使用了
机械方面的比喻）提出要照料、帮助甚或治愈这个孩子：

您自己的灵魂有缺陷，它在争夺着约翰的爱……说起他，请先不要考虑您自己。您无权要求他的爱。请只关心他的利益与幸福：别对他提任何要求……

他是受活的灵压制与歪曲的直接结果，而这活的灵在查特里斯家族（辛西娅的家族）与阿斯奎斯家族都已存在于数代人身上。他被恶灵主宰，这恶灵一直安稳地存在于您的体内，让您表现得愤世嫉俗、满腹狐疑……约翰会好起来的。但凡有机会，我都会帮助他……也许，如果我们觉得这么做有帮助的话，我和弗丽达想让他最好与我们待一段时间。我确信没什么大问题——只是运转上被锁定了。[5]

劳伦斯的著名短篇故事《骑木马的优胜者》（"The Rocking-Horse Winner"，1926）就是受到阿斯奎斯家庭绝望的不幸感启发而写成的：父母彼此疏远（由于战争及其后果）、父母与孩子们疏远、辛西娅迷恋金钱、约翰自闭症式的狂暴、辛西娅对孩子提出不可能实现的要求。故事描写了上层阶级的经济困扰，社交中的虚荣做作，现代人为财富与物质疯狂、机械地奔驰，以及因为选择金钱而非情感而导致了一个家庭的毁灭。

故事的起始段呼应了一则童话故事，描述了这样的情景："有一个漂亮的女人，她集一切优势于一身，却运气不佳……其他每个人提起她都说，'她是那么好的一位母亲。她爱她的孩子们'。只有她自己，还有她的孩子们知道，实际情况并不是这样。他们在彼此的眼睛里看到了这一点。"女人的焦虑与不满既包括性生活方面，也包括经济方面，而这两个问题是相关联的。妻子似乎性冷淡，不知姓名且缺席的丈夫没有物质财富，也非重要人物，他无力为她提供她想要的。父母亲不幸的婚姻助长了儿子的恋母情结，他想要取代他的父亲，获得母亲的爱。尽管母亲冷漠、心肠冷硬，但她对她的孩子们有着矛盾的心理：她讨厌他们，同时又对他们有着压抑的爱。

保罗疯狂地骑着玩具木马，这成了母爱的替代品——就像金钱成了性爱的替代品；他还与浮士德一样，为了获得被禁的知识而与邪恶力量做了交易。窃窃私语的房子、情感疏远的孩子们、经济困境、赌博的焦虑、保罗疯狂地骑着玩具木马，这一切慢慢积累成了极度的张力。玩具木马代表了真正的马、真正的赛马会，还有孩子气的直觉与本能，而非进行体验的理性方式。它还象征着自我造成的邪恶的、预兆性的疯狂（类似约翰的疾病），以及性行为——或者说是孩子对性行为的模仿，它没有目标也毫无结果。对劳伦斯来说，性是连接人与未知力量的纽带。保罗性高潮般的释放使他预言并宣告了赛马会的优胜者。受他热切的母亲的驱使，受他想赢得他母亲的爱并偿还她的爱的驱使，保罗牺牲了自己不幸的生活，使他的家人重新获得了财富。《骑木马的优胜者》是个极佳的范例，展示了劳伦斯如何幻想辛西娅的各种局限，将他对朋友生活的洞见转变成了虚构作品。

三

凯瑟琳·麦克法兰·杰克逊·卡斯威尔与辛西娅·阿斯奎斯的背景完全不同，但她同样嫁给了一位律师，而这位律师还有着远大的文学抱负。她婚姻不幸、与孩子疏远，同样存在金钱方面的问题，只是与辛西娅相比，她更缺钱。与辛西娅一样，她也是一位引人注目却不幸的女性，唤起了劳伦斯的同情，并给了他创作小说的灵感。凯瑟琳身材高挑、苗条，长相秀美，遇到劳伦斯之前，她过着离奇的生活。

她 1879 年出生于格拉斯哥，与弗丽达和劳伦斯的美国赞助人梅布尔·卢汉同龄。她的父亲是苏格兰长老会成员，是名商人；他虽然喜欢喝酒，却是戒酒协会的领导者。从格拉斯哥大学毕业后，凯瑟琳去意大利拜访了亲戚，并在法兰克福学院学了两年钢琴。1904 年，她嫁与了赫伯特·杰克逊，她大学时的英语教授。他是一位艺术家，参加过布尔战争①，是沃尔特·雷利爵士（Sir Walter Raleigh）的妻弟。

他们婚后，杰克逊误以为自己性无能，在凯瑟琳告诉他自己怀孕的时候，他拿枪威胁她。最终，他被认为患上了精神病。他们的女儿出生于 1905 年，1913 年死于肺炎。1907 年一场轰动的审判案之后，凯瑟琳胜诉，她的婚姻被宣判无效，因为杰克逊在他们婚礼期间已经是疯子。虽然杰克逊的家庭对这一离婚案进行了上诉，不愿意凯瑟琳夫妇所生的女儿被认为是私生女，但凯瑟琳还是胜诉了，因为当时杰克逊住进了精神病院，无法出庭。

凯瑟琳接着成了莫里斯·格莱芬哈根的情妇。他是格拉斯哥艺术学院的教授，已婚，比她年长十七岁。1907 年至 1915 年间，她是《格拉斯哥先驱报》的文学评论员，对《白孔雀》《逾矩的罪人》《儿子与情人》给予了好评。凯瑟琳定是因为劳伦斯在他的第一部小说中提到了格莱芬哈根的《田园曲》而对之产生了好奇，而劳伦斯则定是因为她与他最喜爱的一位画家之间的婚外情而对凯瑟琳产生了好奇。1914 年，凯瑟琳通过她的朋友艾维·洛认识了劳伦斯。

劳伦斯和凯瑟琳都来自清教徒式循规蹈矩又令人窒息的家庭。他们都居于国外，读过彼此小说的手稿，都喜欢罗伯特·彭斯。劳伦斯依据彭斯的诗《矿工的周五之夜》（"A Collier's Friday

---

① 布尔战争（the Boer war）是指英联邦与南非共和国之间的战争，分两次：第一次布尔战争为 1880 年至 1881 年，第二次布尔战争为 1899 年至 1902 年。战争的结果为南非共和国赢得独立。

Night"）给自己的戏剧命名为《矿工的周五夜晚》（*A Collier's Friday Night*）（创作于 1909 年），还在 1912 年 12 月以彭斯的生活为基础素材，写了一部小说的一个章节。凯瑟琳后来出版了《罗伯特·彭斯的一生》（*Life of Robert Burns*），并将之敬献给劳伦斯。虽然她对劳伦斯怀有特殊的爱与赞赏，但她并没有对劳伦斯做出情感上的要求，也没有试图俘获他的心。她钦佩他对弗丽达的忠诚，也没有招致弗丽达的嫉妒。

1915 年，凯瑟琳嫁给唐纳德·卡斯威尔。他是个安静、知识渊博、害羞、不擅做实际工作的辩护律师，（与赫伯特·阿斯奎斯一样）不适合做职业律师。他们的儿子约翰·帕特里克 1918 年出生。唐纳德之前就成了一名记者，与凯瑟琳一起为《格拉斯哥先驱报》工作，后来为《时代周刊》工作，但他不做律师后，工作一直不稳定，经常无所事事，赚得相当少。他变得沮丧、酗酒，经常会在口袋里装着酒瓶，没完没了地说个不停。相比之下，凯瑟琳是个进取、坚定、勤奋的女人，也是个温暖、热情的母亲，但她很难维持一家的生计。这种极度的贫困有时会迫使她行事冷酷无情、投机取巧，她会不择手段地抄袭，甚至为了维持家庭生计，抢自己朋友的工作。[7]

1916 年，凯瑟琳看望劳伦斯时发生的一件事表明，劳伦斯有自己的行事准则，他既可以是个谈性色变的人，也可以是爱情的牧师。虽然他拒绝对公认的观念做出让步，这让许多人生气，但当他的朋友背离应有的行为标准时，他自己也会为之气恼。凯瑟琳记录下了以下事件：

> 在康沃尔，有一天晚上，我刚刚脱了衣服上床，发现我将书落在了客厅，当时劳伦斯和弗丽达还待在那里，我便返回去取书。我没带晨衣，但我觉得穿着身上的衣服——一件长及脚

踝的睡衣，上面还罩着一件长袖的羊毛防护衣——似乎并没有不妥。但劳伦斯批评了我。他说，他不赞同人们穿着内衣出现在别人面前。[8]

## 四

1914 年，劳伦斯还与演员玛丽·坎南、诗人艾米·洛威尔确立了重要的朋友关系。虽然劳伦斯与玛丽的丈夫吉尔伯特——一位深受读者喜欢的小说家与剧作家——从来没有亲近过，但他被玛丽的优雅、才能与智慧所吸引。玛丽的父亲经营一家酒馆，母亲在南部海岸打理提供膳食的寄宿处。玛丽年轻时孤独、无人照料，没接受过什么教育，她便利用自己的美貌与艺术爱好在戏剧界闯出了名堂，在詹姆斯·巴里的戏剧《徒步者，伦敦》（*Walker, London*，1892）中第一次担当了重要角色。她与性无能的巴里成婚十三年，巴里每年在他们的结婚纪念日都还会给她相当数额的零花钱。玛丽机智聪慧、坚决果断又满怀抱负，是个"耽于交谈的人，她喜欢她周围都是那些她觉得文雅俊逸、幽默风趣之人，如果可以的话，她还喜欢与他们分享他们的沧桑坎坷。鉴于她曾是演员，她尤其需要在生活中承担确定的角色"。

大卫·加尼特描述玛丽"'如大米布丁般有益身体健康'，容易冲动、富有魅力、欢快活泼，还有点过度忧虑"。1914 年 8 月至 1915 年 1 月期间，劳伦斯夫妇住在离坎南夫妇家不远的地方，经常去他们位于白金汉郡切舍姆的家中做客。玛丽当时有四十五岁了，"拼命想抓住青春的最后一丝气息，将头发染成了红棕色，薄薄的嘴唇与美丽的面庞上都化了精致的妆"[9]。

玛丽的第一任丈夫性无能，第二任丈夫（与卡斯威尔的第一任丈夫一样）精神有问题。到 1917 年春，吉尔伯特的夸大妄想狂症变成了疯狂。他精神崩溃，找了个情人，让玛丽的女仆怀了孕。坎南夫妇离异后，巴里还继续给玛丽零花钱。因此，1917 年，劳伦斯的两位朋友——辛西娅·阿斯奎斯与玛丽·坎南——都受到了詹姆斯·巴里的照顾。吉尔伯特被关入精神病院后，劳伦斯与玛丽一直保持着良好的朋友关系。他们经常通信，1920 年还一起去了马耳他旅行。

1914 年夏，劳伦斯在英国结识艾米·洛威尔，他们一直通信，直到洛威尔于 1925 年 5 月去世。这位富有、有影响力、爱抽雪茄的拙劣诗人是哈佛大学校长[1]的妹妹，与詹姆斯·拉塞尔·洛威尔[2]来自同一个诗人家族。艾米·洛威尔是意象派的格特鲁德·斯泰因，她身材肥胖，长相不佳，富有，受过良好教育，有抱负，专横，古怪，无情无欲。虽然她脾气温和，但她将拙劣的诗文与屈尊俯就的自负做派融为了一体。

劳伦斯与洛威尔的友谊与他和其他人的友谊不同，是建立在相互利用的基础之上的。极端个人主义者劳伦斯受益于对方的金钱与影响，她是劳伦斯在美国唯一有私人联系的人；而粗俗地一心追求成功的洛威尔则争得了对方的诗歌创作天赋，让其服务于她的艾米诗选。她尽力为劳伦斯讨要狡猾的美国米切尔·肯纳利出版社欠他的版税，还应弗丽达的请求，在"一战"期间与战后寄钱给生病又身无分文的劳伦斯。尽管洛威尔很慷慨，但她有时也会激怒劳伦斯。他在 1921 年 3 月如此描述这位如下沉的船只一般的女士："想想她庞大的身躯，她还想以她自己的骄傲——勤劳苦干——为燃

---

① 指的是阿伯特·劳伦斯·洛威尔，他是美国教育者与法学学者，曾于 1909 年至 1933 年任哈佛大学校长。

② 詹姆斯·拉塞尔·洛威尔（James Russell Lowell, 1819—1891）是美国浪漫主义时期诗人、评论家、编辑与外交官。他属于新英格兰最早可与英国诗人匹敌的"炉畔派诗人。"

料，保持着漂浮的状态。"[10]

<h1 style="text-align:center">五</h1>

可敬的多萝西·布雷特是第二任伊舍子爵（Viscount Esher）的女儿、砂拉越①王公遗孀的妹妹，她是劳伦斯最恒久的朋友。与玛丽·坎南、奥托琳·莫雷尔一样，她童年不幸。她的父亲曾是自由党下议院议员，是工程院办公室秘书，是维多利亚、爱德华七世、乔治五世宫廷有影响的人物。孩童时期，她与年迈的女王维多利亚的曾孙女们一起上过舞蹈课。布雷特幼年时便聋了，这令她极度敏感、脆弱。她遭到了她父亲的忽视与羞辱。她的父亲是个隐性同性恋，他结了婚，"但他更愿意与另一个男人一起生活。实际上，他几乎经常都会让某个年轻男子与他们一起生活在房子里，那些男子要么是做他的秘书，要么是他的司机。他对自己的女儿们从来都没有表现出任何兴趣，他让她们觉得自己相当愚蠢、多余"[11]。布雷特曾就学于斯莱德艺术学院，与马克·格特勒是同学，因格特勒的关系于1915年结识劳伦斯。她是劳伦斯所有朋友中，唯一一位于1924年跟随他第二次前往新墨西哥的人。

与奥托琳不同，布雷特并不介意劳伦斯对她的虚构刻画：《公主》中的多莉·厄克特、《灌林中的男孩》中的希尔达·布莱辛顿。在《灌林中的男孩》这部关于澳大利亚的小说中，他描述了布雷特不幸的家庭背景对她性格的影响：

---

① 砂拉越（Sarawak）为马来西亚的一邦，位于婆罗洲北部，南与印尼交界，北接文莱，是马来西亚面积最大的州，有"犀鸟之乡"的说法。

（她有）一位相当专横的父亲，他用了错误的方式疼爱她；她的哥哥们欺负她，嘲笑她古怪的行事方式、她的长相还有她的轻微耳聋。（还有）家庭女教师误导她，伦敦的生活令她感到孤独，英国是一个贵族式却也极具惩罚性的社会，这些都一点一点地压迫着她，因为她是存在于奇怪边界线内的一员，她没有也无法真正获得归属感……

她还很年轻，双颊娇嫩，但她那双奇特、明亮、深灰色的圆眼睛那么无畏，虽然她畏惧很多事……她有点不可思议：敏捷，如兔子般机警，凌厉，会做出公然的反抗。

在《劳伦斯与布雷特》（*Lawrence and Brett*，1933）一书中，她将自己描写为一个极度敏感、羞怯、易受伤的人物，很容易因别人提及性、行为出格、激烈争吵而感到局促不安。她耳聋，这似乎使她更能专注于劳伦斯。她努力调整自己去适应劳伦斯的情绪，害怕惹恼他，极度渴望获得他的赞同，在他与弗丽达的争吵中总是站在他一边。她始终如一地给劳伦斯提供帮助，谦卑，不介意劳伦斯对她的批评，也不介意劳伦斯从她手中夺过画笔，改掉了她的绘画作品。

弗丽达和奥托琳都瞧不起布雷特鼓鼓的腮帮子、后缩的下巴、突出的大门牙、像兔子一般的样子；她缠人地、几乎是寄生虫般地爱慕着劳伦斯，这激怒了她们。康普顿·麦肯齐（Compton Mack-enzie）的妻子费丝在卡普里认识了布雷特，她描述布雷特是"环绕在（劳伦斯）周围的所有人中最不苛求、最注意行为举止的，或许是最无私忠诚的，当然也是最不对他挑剔的"[12]。

# 六

　　科特、格特勒、埃德是劳伦斯的犹太朋友，他们都是流亡者，侨居国外，是局外人。劳伦斯与科特一样教条，与格特勒一样有激情，与大卫·埃德医生一样具有心理洞察力。埃德曾在玻利维亚做船医、革命军的军医，后来成了劳伦斯的私人保健医生、伦敦布尔什维克区的私人医生，在《新时代》上宣传弗洛伊德的思想，是著名的犹太复国主义者。劳伦斯将他们三人都纳入了他的理论推测，即犹太人的衰退与现代文明的堕落之间存在关联。

　　1914 年 8 月初，与 A. P. 刘易斯——他是劳伦斯在意大利认识的维克斯公司的武器工程师——一起步行去英格兰湖区的路途中，劳伦斯结识了塞缪尔·索洛莫诺维奇·科特利安斯基，他后来成为劳伦斯最亲密的男性朋友之一。科特是俄国犹太人，来自富裕家庭，1880 年出生于乌克兰的奥斯特波尔村（距离康拉德的出生地大约四十英里）。经历了多年的迫害与大屠杀后，他于 1911 年 7 月获得基辅大学奖学金资助来到英国，余生都作为政治难民生活在英国。

　　1914 年，科特在苏联法律局工作，这其实是科特的同胞 R. S. 斯拉特科夫斯基（R. S. Slatkowsky）经营的一家律师事务所，只是用了这样一个虚夸的名字。这家律师事务所位于海霍尔本大道 212 号。办事员喜欢抽手卷的雪茄，用玻璃杯喝俄国的柠檬茶。糟糕的办公室里，光线阴暗，放满了沉闷的家具，极不相称地装饰着几幅画：小猫咪在花篮里玩耍、耶稣周围围满了小孩子。虽然马克·格特勒说科特的工作是给他的老板染黑胡须，但他实际上是秘书兼翻译。

科特与曼斯菲尔德、默里、吉尔伯特·坎南、伍尔夫夫妇、劳伦斯一起协作，翻译了托尔斯泰、陀思妥耶夫斯基、契诃夫、高尔基、蒲宁、库普林、罗扎诺夫、舍斯托夫①的作品。劳伦斯对俄国文学的兴趣最初是读了康斯坦丝·加尼特②的译文，科特重新点燃了他对俄国文学的兴趣。科特先是用他生动的英语进行字面翻译，之后，与他协作的译者们对他的译文进行修改、润色，让他的文字更完美。

格特勒1917年为科特画的肖像画捕捉到了他融僧侣般的正直、道德权威、高尚仁慈为一体的独特个性。默里写道，科特"看上去像某位亚述王……有着令人瞩目的闪米特人的鹰钩鼻，漂亮的头上顶着一头粗糙的黑卷发，宽宽的面庞：极黑的眼睑上罩着一副夹鼻眼镜"。多萝西·布雷特记忆中的他有着"相当宽的肩膀，这使他看上去不高，他的黑发梳得像'毛发刷'立在头上，他的黑眼睛离他的鼻子太近，而他的鼻子是精美、考究的弓形，一副金色的眼镜就夹在上面。他看上去很卓越、有权威，极有能力让人愉悦和享受"。[13]

劳伦斯在《袋鼠》（*Kangaroo*，1923）中仿照科特的外貌（但不是个性）创作了那位澳大利亚政治领导者本·库利：

---

① 蒲宁（Ivan Bunin，1870—1953），俄国作家，主要作品有诗集《落叶》，短篇小说《安东诺夫的苹果》《松树》《新路》，中篇小说《乡村》《米佳的爱情》等。十月革命后流亡国外，侨居法国期间主要创作有关青年时代的抒情回忆录。1933年，凭借作品《米佳的爱情》获诺贝尔文学奖，成为第一位获此殊荣的俄罗斯作家。库普林（Aleksandr Kuprin，1870—1938），俄国作家，其作品多以亲身经历为题材，以现实主义笔法揭露沙皇军队的腐败和资本主义社会的罪恶，代表作有《奥列霞》《决斗》和《火坑》等。罗扎诺夫（Vasily Rozanov，1856—1919），著有《落叶》《隐居及其他——罗扎洛夫随想录》等。舍斯托夫（Lev Shestov，1866—1938），20世纪俄国著名思想家、哲学家。

② 康斯坦丝·加尼特（Constance Clara Garnett，1861—1946）是英国19世纪俄国文学的翻译者，是最早将列夫·托尔斯泰、陀思妥耶夫斯基、契诃夫的作品推介给英语国家的译者。

他的脸长而瘦，还有点下垂，两只眼睛在夹鼻眼镜后挨得很近，他的身体肥胖但很结实。他大约四十岁，但也很难说。剪得很短的黑色头发，一颗小脑袋，由壮硕却灵敏、几乎畏缩的身体支撑着。他走路时倾身向前，看上去他的双手似乎并不属于他，但他与人握手时会紧紧地握一下。他个子相当高，但他总是垂着头、耷拉着双肩，这让他显得没那么高了。①[14]

伦纳德·伍尔夫对科特的性格做了最详尽的描述，解释了为什么劳伦斯会欣赏他：

科特会狂热地赞同他认为好的，尤其是人们善的一面，他会强烈地憎恨他认为不好的，他说话直接又激情澎湃，他不会说谎——所有这一切都强烈地吸引着劳伦斯。要是科特喜欢哪个人，他会完全接受他；他不会作恶，科特总是会概括说："他是个真正的人。"……劳伦斯喜欢科特身上的这一方面，他也喜欢科特残酷无情地指责像默里这样的人……

如果你了解科特，你就会知道三千年前希伯来人的大先知必然是什么样子的。如果先知耶利米是 1882 年生于乌克兰的犹太人聚居村（原文如此），那他肯定就是科特。[15]

伍尔夫说，科特激情澎湃的斥责——"这太——讨——厌——啦"，就像是西奈山传来的滚滚雷声。凯瑟琳·曼斯菲尔德喜欢引述科特对待惹人生气的人时说的令人畏惧的誓言："揍他们，就这么简单，别揍死就行！"科特后来成了克莱赛特出版社的审稿人，

① 《袋鼠》，戴景海、谢毅斌等译，石家庄：花山文艺出版社，1995 年，第 109—110 页。译文有改动。

之后在默里手下为文学期刊《阿德尔菲》① 工作。他会用带着俄国的口音的低沉声音说："所有人都是恶棍，但默里是恶棍中的恶棍。"科特是个单身汉，是马克·格特勒和比阿特丽斯·格莱纳维的密友，他爱上了凯瑟琳。他喜欢给凯瑟琳买香烟、巧克力、蛋糕、高领俄国刺绣衬衣，还喜欢给她表演他令人赞叹的技巧——学狗叫。他模仿狗的哀鸣那么尖利、那么令人信服，以至于很远处的真实生活中的狗会向着他这边嗥叫。凯瑟琳敬重他，完全信任他。

1915 年 11 月凯瑟琳前往法国南部之后，科特搬进了她位于圣约翰伍兹金合欢路的房子。与劳伦斯一样，他极爱干净，是家务能手："他家被用力擦洗过，擦得亮亮的，灰尘都被掸去，家里每一只杯子、每一个盘子、每一本书或是每一张纸都有专门的地方放置。他是个洗熨专家，所有衣物都是自己洗，甚至毯子都亲自动手洗。他还是个不错的厨师，喜欢给他的朋友做些便餐。"[16]

科特有多强烈地爱慕、欣赏凯瑟琳与劳伦斯，他就有多强烈地讨厌默里与弗丽达。在 1918 年 8 月写给格特勒的一封信中，科特认为弗丽达讨厌、残忍，爱吵架，动不动就哭，好吃懒做，还说她对她丈夫有灾难性影响：

> 一想到弗丽达还要来这里就让我生气，让我有种固执、愚蠢的恼怒。如果她消失了，劳就得到了拯救，因为她正在一点一点、逐渐地、永久地吞噬着他。我和她争吵过许多次，她泪如雨下，但我相信，她哭只是为了让她消化得更好。对她来说，眼泪似乎起着通便作用，哭过之后，她吃饭胃口更好，吃得更加津津有味……我多希望弗丽达消失不见。劳伦斯非常有

---

① 《阿德尔菲》（*The Adelphi*）或《新阿德尔菲》（*New Adelphi*）为默里创办，1923 年至 1955 年期间出刊，为月刊，刊登过曼斯菲尔德、劳伦斯、乔治·奥威尔等人的作品。"阿德尔菲"希腊文的意思是"兄弟姐妹"。

趣，是少有的几个重要的人之一。

尽管科特有几个密友，但他神秘、忧郁、孤独，很难与别人保持长久关系。他贫穷但慷慨，帮过劳伦斯很多小忙：给他寄书，寄小的生活必需品，借钱给他，劳伦斯旅行或住在国外时，帮他处理他与别人的商业往来。劳伦斯猛烈地抨击弗丽达和默里时，他始终是与他有同感的聆听者。劳伦斯有时会因为科特《旧约》式的正义与刻板而恼火，曾称呼他是"一个非常专横、傲慢的犹太人"。[17]但劳伦斯也非常欣赏他，给他写的信要比写给其他任何一位朋友的都多，一直到去世前都与科特保持着亲近关系。他经常劝科特来意大利看他，但科特对伦敦相当满意，而且，无论如何都不会被允许离开并再回到英国。[18]

# 七

马克·格特勒是布雷特、科特和坎南夫妇的朋友，他于1891年出生在伦敦东区的一个犹太移民家庭。他在奥地利属波兰生活了四年，很小的时候回到英国。他因为拥有旺盛的生命力、异域的美与艺术天赋而给每个人留下深刻印象。阿道司·赫胥黎在《克罗姆·耶娄》（*Crome Yellow*，1921）中将他刻画为贡博，"三十岁、一头黑发的年轻海盗，有亮光闪闪的牙和明亮的深色眼睛"。罗杰·弗莱（Roger Fry）写道："他是一位非常有激情的艺术家——相当罕见、别具一格的那种艺术家。"格特勒的朋友兼赞助人圣约翰·哈钦森认为，"很少有人能像他年轻时那样，有着那么令人兴奋的个性……令人惊叹的绘画天赋、令人折服的活力，他独特的幽默感、独特的模仿力；他有一头浓浓的头发，生动的眼眸中尽是天资与浓烈的情感"[19]。

即便是这简单的描述，也足可表明格特勒与劳伦斯之间重要的相似之处。他们在1914年相识，直至劳伦斯去世前都一直保持着朋友关系。他们两人都反复无常、引人注目、缺少自控力，有霸道、占有欲强的倾向，想要控制朋友，也很容易伤害他们的朋友。他们两人都保留着各自的乡音，是社会上工人阶级的局外人，都强烈地依恋他们各自的母亲，总是厌憎富有的资助人，与他们待在一起会感到紧张。"我认为贫穷是可怕的悲剧！"格特勒写信给爱德华·马什时如此说道，"出生在下层阶级，也就是说，我没有收入，这是多么不幸！一个现代艺术家必须得有一项收入。"他对他的挚爱之人朵拉·卡林顿（Dora Carrington）说："可你是贵妇，我却是东区的穷小子。"[20]这句话传递的情感与劳伦斯对弗丽达的感情（对她的爱慕）如出一辙。格特勒与劳伦斯都是奥托琳·莫雷尔在嘉辛顿的朋友圈中之人，他们二人都反战，都受肺结核之苦。

1916年，吉尔伯特·坎南出版了《孟德尔》（*Mendel*）。该书以格特勒与卡林顿之间充满痛苦的关系为原型，劳伦斯与弗丽达也成了书中的配角。像格特勒的大多数朋友一样，劳伦斯不喜欢《孟德尔》，被该书激怒了。1916年，他执意因这本小说指责了格特勒，还向凯瑟琳·卡斯威尔抱怨说："格特勒，很像犹太人，他将自己生活的每一个细节都告诉了吉尔伯特。"劳伦斯受他乡下背景及对自己那些时髦朋友的偏见的激发，公开并令人不快地表达了他的反犹倾向。他的态度令人费解：一面持有对待犹太人的传统敌意，一面又相信犹太人是有着丰富经验的古老种族，但处于衰落的状态。劳伦斯似乎将反犹情绪向他的犹太朋友如格特勒、科特发泄过。虽然劳伦斯写过一些极为触怒他们的信件，但他们俩要么承受要么忽略了他的那些攻击，从未与他争吵过。

1917年，劳伦斯令人反感地训斥了俊雅、慷慨的科特：

　　为什么人们憎恨犹太人，我得出了结论，那就是犹太人总是利用宗教——也就是说从最辉煌的时期——用作他们个人及私人的欲壑，就好像宗教是赋予他们实现自我重要性、幸福、思想的物件。这是犹太人的控制诡计——他们将伟大的宗教意识用作服务于个体思想的诡计。这令人憎恶。

同年，在写给另一位犹太人沃尔多·弗兰克（Waldo Frank）的信件中，劳伦斯重述："犹太人最厉害的地方在于他们知道什么是真相与假象；最糟糕的地方在于他们太像奴隶般生活着。"[21]劳伦斯在写给科特的信中说犹太人是精英，自命不凡，而在写给弗兰克的信中则说他们是卑躬屈膝的种族，因为他们引以为傲的"上帝的子民"的称呼既诱发了又补偿了他们被迫害的状态。在劳伦斯看来，这种"控制诡计"与"奴隶"品性似乎与格特勒自贬式地向坎南坦露一切有关，也与劳伦斯对格特勒的轻视相关，因为格特勒既无法掌控难以捉摸、自命清高的卡林顿，也无法永远舍弃她。

　　劳伦斯后来还做过另一段反犹主义的概述，一如他早期的观点："因为他不具备真正的内核，他便成了永恒……那就是犹太人的整个历史，从摩西到（蹩脚诗人路易斯·）昂特迈耶（Louis Untermeyer）：一切仅凭他的中心存在着的一小块鹅卵石，而不是一个鲜活的内核。"或许这评价用在昂特迈耶身上没错，因为他是一个毫无活力却被说成胜过摩西、胜过犹太人"辉煌历史"的人，但它绝对不适用于格特勒，因为他那衰竭的肺强化了他如劳伦斯一般鲜活的生命内核。而他1918年写给伊迪丝·埃德——她是犹太人，劳伦斯的犹太医生的妻子——的信更适用于劳伦斯而不是格特勒，因为劳伦斯作为一个痛批人类劣根性的局外人（尤其是战争期间，他反对盲目的爱国主义），与被中伤的犹太种族产生了共鸣。
劳伦斯写道，吉本"说犹太人极度憎恨人类，极度反对社会准则。
这真是太对了！至少过去的两千五百年的确是这样。我感觉自己深
深地憎恶自己，憎恶人类，我几乎理解了作为一个犹太人意味着什
么"。[22]劳伦斯长篇累牍攻击犹太人的言论并没有妨碍他拥有犹太
友人与出版商。而他们所有人都毫无例外慷慨地给他提供了金钱、
房子、医药治疗、法律建议和专业支持。[23]

# 八

　　劳伦斯经常与他的许多密友争吵，嘲笑他们的个人缺点。恶意
讲述他相熟的那些人的故事时，劳伦斯发出的那些尖锐、令人不快
的大笑声令海伦·托马斯震惊："他嘲弄、轻蔑地说起那些我知道
在很多方面对他慷慨解囊的人，给我朋友讲到某件事时，他嘲弄的
大笑声中透着高亢、冰冷的嗓音。"他在信件与争论中也会使用侮
辱性语言，要是别人对之痛恨，他会生气。但劳伦斯会很快忘记他
那些粗暴的言辞。他经常向朋友们道歉，在他宣泄性的言论平息
后，又恢复与他们亲切友好的关系。他那爱挖苦人却富有同情心的
朋友理查德·奥尔丁顿认为，劳伦斯所患的疾病令他更加地焦躁、
愤怒："我非常奇怪劳伦斯在世及去世后，人们竟然都没能发现
（他）那些（针对朋友的）粗暴指责只不过是一个失了肺、各方面
都遭遇可怕不公的人的精神恶化。"劳伦斯还试图告诉他的朋友该
如何生活。他认识到了自己这方面的问题，在《恋爱中的女人》中
借对伯金的自传式描写刻画了这一问题："他有着令人赞叹、满意
的生命活力，这是一个极度受人欢迎的人所具有的罕见特质；而另
一方面，他荒谬、残忍地消除他的这一特质，因他想要成为救世

主，成为主日学校的教师，那是最学究气十足、呆板僵化的人物类型。"①[24]

最终，与温德姆·刘易斯及欧内斯特·海明威一样，劳伦斯讨厌欠人情，禁不住用讽刺性手法描述帮助过他的朋友，将他的资助人变成嘲讽对象。他曾警告同样言语尖锐、笔下不饶人的梅布尔·卢汉："记住，其他那些人要是觉得你出卖了他们，他们会变得彻彻底底地无情无义。"但他本人在分辨、暴露他朋友们的缺点方面却毫不留情。写作《白孔雀》的过程中，他为自己的做法进行了辩护，还向威利·霍普金自夸说，他会为了艺术而牺牲友情："要是出于我创作的小说的目的，我需要任何女人，那我就会用到她们。我为什么要让那个女人横亘在我与我蓬勃的创作天赋之间呢？"[25]

但是华伦·罗伯茨（Warren Roberts）做出以下断言时，过分夸大了劳伦斯与朋友的那些争吵："（劳伦斯1921年结识的）布鲁斯特夫妇是劳伦斯的所有朋友中极少数没与他反目的人，也是劳伦斯从没有对之感到愤怒或失望的人。"[26]劳伦斯有许多朋友是他从未与之争吵过的。他一直与许多朋友都维持着良好的关系，如他在伊斯特伍德的朋友威利和萨莉·霍普金、威利的女儿伊妮德·希尔顿、他童年的伙伴格蒂和弗朗西斯·库珀（Frances Cooper）、他在克罗伊敦的同事阿瑟·麦克劳德、他的妻姐埃尔丝·贾菲、辛西娅·阿斯奎斯、凯瑟琳·卡斯威尔、S. S. 科特利安斯基、马克·格特勒、与他一起在西西里旅行的南非画家简·朱塔，以及他生命最后五年里最亲密的朋友阿道司·赫胥黎。

无论劳伦斯去到哪里，他总能引起强烈的情感。他有令人们发生改变的能力，能激起他们极端的爱与恨，能令他的朋友更深切地

---

①　译文部分参看《恋爱中的女人》，黑马译，南京：译林出版社，1999年，第164页。

意识到自己和这个世界。他能令他的朋友全面回应他的挑战，发挥他们自身的潜力。他的个性对他认识的每一个人都产生了重大影响。对许多人来说，与劳伦斯的友谊是他们的人生中最重要的事件。

第十章

# 曼斯菲尔德与默里，1913—1916

一

　　劳伦斯与他最具天赋的好友凯瑟琳·曼斯菲尔德之间有许多相同之处。他们都是英国社会的局外人：劳伦斯是因为他的工人阶级背景，凯瑟琳是因为她的殖民地出生背景。虽然他们都离开了出生地，却都极大地受到了它们的影响，并经常在他们的作品中重现他们出生的地区。他们都在欧洲大陆贫穷地度过了许多年，都抱有欧洲大陆观而非英国岛国观；尽管凯瑟琳在国外常是孤单、寂寞的，而劳伦斯有弗丽达的陪伴与支持，游历了许多地方，也写出了许多作品。他们都体验了激情澎湃的生活，都满怀热情地投身于艺术创作，都在去世后获得了比在世时更大的名声。最为重要的是，他们都不孕不育，成年后的大部分时间里都患着严重的肺结核，都在从一个国家游走到另一个国家，寻找温暖的气候，希望身体健康。他们总是会勃然大怒，忍受着疾病的疼痛与死亡的威胁。

　　与他和其他朋友的关系不同，劳伦斯与凯瑟琳和米德尔顿·默里的关系是基于劳伦斯夫妇与凯瑟琳夫妇这两对夫妇之间的复杂联系之上的。凯瑟琳与劳伦斯是他们各自婚姻中具有创造力的那一方，他们的天赋都得到了各自配偶的承认。两对夫妇各自存在着无法解决的问题，夫妇之间经常争吵。直到凯瑟琳1919年最终离了婚，她与默里才得以结婚。与劳伦斯夫妇相比，他们的冲突更严重，这些冲突有时会令他们分开很长时间，各自寻找情人。弗丽达相信劳伦斯的才能，这令他鲜活；相比于默里对凯瑟琳才能的信重，弗丽达对劳伦斯更笃信；而默里的懦弱与背叛使凯瑟琳陷入了葛吉夫①神秘主义并加速了她的死亡。

劳伦斯和弗丽达都认为默里夫妇是他们最亲密的朋友。他们最初通信联系，谈论劳伦斯发表在杂志上的文章，之后见了面，并很快确立了友谊。受劳伦斯想要获得志趣相投的伙伴的感召，他们曾两度在相邻的房子里生活、工作。两对夫妇都被对方强烈地吸引，也对对方持有强烈的敌意。劳伦斯与弗丽达被默里的外表吸引，他是个英俊、爱幻想、靠不住的人；凯瑟琳与默里则卷入了劳伦斯与弗丽达的痛苦争吵中。

随着劳伦斯越来越疏离于传统社会，他变得越来越专横，经常试图劝服他的朋友遵照他的性观念与婚姻观念。他性情极端，试图干涉并操控朋友们的生活，这最终迫使凯瑟琳与默里排斥他并从他身边离开。他们都给对方写了言辞恶毒的信件，彼此指责、反唇相讥。凯瑟琳曾与劳伦斯住得特别近，与他的其他朋友相比，她对劳伦斯更加挑剔。她被他的朝气蓬勃所吸引，却厌恶他狂热的激情、固执己见的强迫观念，这令她更自然地倾向于退缩到她的私密世界里。他们的性格根本不同，凯瑟琳总是表现得消极、胆怯、苍白，劳伦斯会责备她总生病；而对凯瑟琳来说，劳伦斯狂热的自我主义

---

① 葛吉夫（G. I. Gurdjieff, 1866—1949）曾经游学许多古老密意知识流传的地域，包括印度、西藏、埃及、麦加、苏丹、伊拉克，前半生如同一阙隐讳的神谕，没有人知晓他的真实来历、修学背景。葛吉夫宣扬"第四道"，并声称这并非他自己发明的，而是渊源久远的古老智慧。第四道体系中可以看到有些理念脱胎于佛教、苏菲密教、基督教，有些理念则是原创性的，未见诸现存的修行体系。

几乎就是疯狂。但他们之间有着非常牢固的纽带，总是被彼此重新吸引到一起。他们不见面时，会读对方的作品，保持书信联系，或是从共同的密友奥托琳、布雷特、科特、格特勒那里了解彼此的情况。凯瑟琳承认劳伦斯是更伟大的作家；而劳伦斯的作品被禁止出版时，他会嫉妒凯瑟琳的成功。

二

凯瑟琳·曼斯菲尔德〔原名凯思琳·比彻姆（Kathleen Beauchamp）〕1888年生于新西兰的惠灵顿，父亲是一位成功的庸俗商人，他先后担任过新西兰银行的理事与主席，为自己挣得了爵士头衔。她先在惠灵顿接受教育，后来上了伦敦女王学院，然后返回新西兰，在那里待了一年，后在1908年8月前往伦敦，再也没回去过。到达英国后的十个月里，她与一个男人有过一段不幸的恋爱关系，生下了他的孩子，与另一个男人结了婚，婚后第二天（没有过新婚夜）离开了丈夫，经历了一段吸毒成瘾的日子，经受流产并染上花柳病。她是一个性极端分子，既渴望男人，又拒绝男人。

凯瑟琳五官端正秀丽，有一双真诚的深色眼眸、光洁的皮肤、洁白的牙齿、一头短发。她喜欢鲜艳的衣服，行动异常沉静。她曾做过演员，非常喜欢角色扮演，展现完全不同的自我，呈现自卫的、戴着面具的形象。劳伦斯在刻画《恋爱中的女人》中的古娟·布朗文的形象时捕捉到了凯瑟琳诱人又难以捉摸的性格：她"那细嫩、丰腴的肌肤和高雅的身段非常迷人，简直迷人极了。她还有着游戏人生的态度，刺激、讽刺的想法，毫不做作的矜持"。[①] 多萝

---

① 译文参考《恋爱中的女人（上）》，袁铮等译，哈尔滨：北方文艺出版社，2005年，第4页。

西·布雷特爱慕凯瑟琳但也经常被凯瑟琳讽刺，她提到过凯瑟琳会情绪发生激烈变化，言辞尖锐："她出了名地出色，也是出了名地会对平庸、不太灵活的大脑进行无情讽刺，这简直让我震惊……她敢于冒险、有勇气，还相当有幽默感。她就像是一条闪着光亮的溪流——像水银。她的情绪转换得非常快且令人不安；欢笑的时刻会突然因为某句不太适宜的话而变成尖酸刻薄的愤懑……凯瑟琳有一张如刀刃般的利嘴，她会用这张嘴伤透别人的心。"[1]

约翰·米德尔顿·默里比凯瑟琳小一岁半，于 1889 年生于伦敦。他的父亲是陆军部一个清贫的文书，家里的小暴君。默里的传记撰写人写道，他压抑的童年导致了他"感官的萎缩，脑力的过分发达，一辈子都是这样"；默里的姑姑告诉默里的儿子："你爸从来就没做过真正的男孩，他就是个小老头。"到了 1919 年默里成为《文艺论坛》（*Athenaeum*）① 的编辑时，他赞同这一说法，相当软弱地坦言："我真想是个男人。不知怎么的，我似乎还没变成男人就已经老去，甚至还秃了顶。我发现要掌控一个局面实在太难了。"劳伦斯与默里有着复杂的爱-恨关系，他喜欢分析默里的软弱，赞同道："人们需要的是勇气，不是伤感地反省。你的缺点就在这里。你的男子气概早从根部就烂掉了。"[2]

默里出身卑微，学术上有成就，这一点与欧内斯特·威克利很像。他高度发达的智力为他赢得了奖学金，使他得以在基督公学与牛津大学布雷齐诺斯学院就学，并在此与小说家乔伊斯·卡里（Joyce Cary）、批评家迈克尔·萨德勒（Michael Sadler）成为朋友。默里在巴黎度过 1910 年的圣诞假期，他在那里第一次接触了左岸

---

① 《文艺论坛》是英国的一家文艺评论周刊《文艺论坛，文学、科学和艺术问题杂志》（*The Athenaeum Journal of Literature*，*Science and the Fine Arts*）的简称，1828 年至 1921 年在伦敦出版。期刊名称亦有据字面译作《雅典娜神殿》。

玩世不恭的思想与野兽主义①，构思规划了他的先锋派杂志《韵泽》，与巴黎妓女玛格丽特有了他的第一段恋情。

布雷特描述默里是个迷人、不切实际的年轻人。他"踏着水手般的步伐缓缓而来，卷曲的黑发在头顶处略显稀薄；他是个紧张、害羞的小个子男人；他有一双大大的、淡褐色眼睛，露着奇异的茫然神色；他的鼻子因为鼻梁曾经断过，一侧呈弧形，另一侧则相当直挺；他的双唇有着精致的线条，嘴巴灵敏、下巴坚毅；他还有一颗精致美丽的脑袋"。默里确切地将自己的特征描述为"自命清高、懦弱，还多愁善感"，[3]似乎这一坦白可解释所有的错误。

默里优柔寡断又自欺欺人，知性又多愁善感，这些致命的缺点削弱了他的理性思维，令他不相信自己的感受。这反过来又导致了他在道德方面模棱两可，因为他偏重理智，这可令他摆脱情感方面的进退两难。他能明白自己身上的这个缺点，甚至还表明这一点很不好，但他虚伪地相信自己可以摆脱这些缺点，只要他能承认这些缺点，能赋予自私的行为高尚的动机。他相信自己会成为伟大的作家，但他从根本上来说只是一个编辑和批评家。

1911年12月，凯瑟琳与默里在伦敦的一个文学聚会上相遇，当时这个"小殖民者"与这个来自下层中产阶级的大学生在伦敦和牛津都是失却祖国的局外人。1911年至1912年在格雷客栈路同居后，凯瑟琳与默里开始了他们漂泊不定的生活，贫穷、潦倒。他们最初在一起的两年里，在伦敦、巴克斯、肯特、康沃尔、巴黎有过近十二个住址。与劳伦斯和弗丽达一样，他们忍受着贫困、疾病、

---

① 19世纪，法国巴黎的塞纳河蜿蜒西流穿过巴黎市中心，河以北被称为右岸，以南称为左岸。此时的巴黎到处充满了新兴气息，抛却了过往宫廷浮华，开始讲究属于思想、发自于内的清新气质。河的右岸是新兴商业的繁华气质，河的左岸则是艺术丰沛的人文思潮。野兽主义（Fauvism）是1898至1908年在法国盛行一时的一个现代绘画潮流。野兽派画家热衷于运用鲜艳、浓重的色彩，往往用直接从颜料管中挤出的颜料，以直率、粗放的笔法，创造强烈的画面效果，充分显示出追求情感表达的表现主义倾向。

家庭不和的折磨；他们没有以婚姻为固定的基础便开始生活在一起，没有家人的支持，没有安定的家、稳定的收入。正如默里所评论的：我们"沉浸在自己不真实的微妙感觉里，就好像我们只是有几分会做梦的孩子"。

凯瑟琳的性格是超凡与粗俗的奇妙组合；默里畏惧生活，倾向于远离人群。她勇敢，他懦弱；她矜持内敛，他感情外露；从一开始，她主动，他被动。虽然默里承认凯瑟琳在道德、艺术与才智方面都优于他，但他自私自利，只关注自我。他经常称赞她有天赋，但她不得不在许多年里一直供养着他，做家务，利用家务之余的一点点时间写作她的小说。奥托琳·莫雷尔公正地将凯瑟琳的烦恼归结于默里的利己主义与自私："她看上去似乎经常因他而烦透了。她称他为'挂在绳上要晾干的鼹鼠'。"[4]

弗吉尼亚·伍尔夫对默里的性格给出了残酷却准确的剖析，她与朋友分享，说他的性格里"满是怨恨、背后中伤、装腔作势与高尚"："米德尔顿·默里是个装腔作势、拜伦式的小个子男人，面色苍白，有洞察力，牙齿长得不好，做作，自高自大；我觉得他不够真诚，却是名优秀的记者，干起活来像匹马，写起诗来像旧时的雇佣文人般写得庸俗不堪……他有忏悔的嗜好。我猜想，他的那些哭诉是他本能地为自己脱罪，然后便像获得了许可去犯更多的错。"杰拉德·布雷南（Gerald Brenan）说出了大多数布鲁姆斯伯里圈里人的看法："每个人都厌恶米德尔顿·默里。"伯特兰·罗素也"认为默里令人讨厌"。[5]人们不喜欢默里，是因为他自命不凡，是个野心勃勃、靠自己力量成功的人。他虽然害羞、缺乏自信，给人的印象却是屈尊俯就，带着后天习来的优越感。他生活在观念的世界而非人的世界，他经常接受、随之又抛弃那些站不住脚的想法。

<br>

三

<br>

1912 年 12 月，劳伦斯（他比凯瑟琳大三岁）出版了《白孔雀》
《逾矩的罪人》，凯瑟琳出版了《在德国公寓》 （*In a German
Pension*，1911）。之后，他对默里向他邀稿一事做出回应，并咨询
了爱德华·加尼特的意见，询问关于在《韵泽》上刊登他创作的短
篇小说的问题。1913 年 1 月，凯瑟琳给劳伦斯寄去了一期《韵泽》，
并再次邀请劳伦斯提供短篇小说。1 月 29 日，劳伦斯从加尔尼亚诺
回信，提供了几个故事。2 月，劳伦斯告诉一位朋友："你会在 3 月
刊的《韵泽》上找到我写的一点东西。这个期刊一般，但办刊人似
乎相当不错。"劳伦斯夫妇 1913 年 6 月返回英国时，拜访了凯瑟琳
与默里并即刻喜欢上了他们。两个男人对自己卑微的出身都有极清
醒的认识，而当他们发现他们这两对都没结婚，都在等待女方离婚
时，他们觉得他们似乎是天造地设的一对。弗丽达认为，"和他们
的友谊是我们所拥有的唯一自然而然、令人愉快的友情……是的，
我喜欢凯瑟琳，她心思细腻、身形优雅……看到他们在公共汽车顶
部伸出舌头、彼此做着鬼脸，我很意外。我就这样爱上了凯瑟琳和
默里"。这是他们的友情中迷人但典型地相当幼稚的一面。弗丽达
还处于与她年幼的孩子们不来往的状态，凯瑟琳比之劳伦斯要更加
理解弗丽达母性的情感。凯瑟琳去看弗丽达的孩子们，给他们带去
信件，弗丽达"爱她就像爱自己的妹妹"。[6] 后来这一年的夏天，这
两对夫妇在布罗德斯泰斯空寂无人的沙滩沐浴，劳伦斯送给了凯瑟
琳与默里一本《儿子与情人》。

1913 年 9 月，劳伦斯夫妇回到意大利，他们描述了自己在费亚
斯切利诺的孤独生活，说他们在那里度过了一长段迷醉的日子，劝

说凯瑟琳与默里也去那里。劳伦斯对他的朋友们的生活有着浓厚的兴趣，他渴求在伦敦享受刺激，渴望建立自己的亲密社交圈。最大的问题是没钱。默里的小额收入来源于伦敦的书评。他不想放弃这部分收入，也不想依赖凯瑟琳每年一百英镑的补助（这部分钱当时用于支付那"一般性期刊"的印刷工。之所以支付这部分钱，是因为一个朋友破产了，默里负担起了他的债务）生活。劳伦斯比较了他自己的境况和默里的境况，看穿了默里的一些借口，却不愿承认默里并不是一位有创造力的艺术家（尽管他野心勃勃），而只是一位伦敦的骚人墨客："你说你不想用凯瑟琳的钱，那意味着你不相信她对你的爱。你说她不需要什么奢侈品，你不能忍受剥夺她享有这些奢侈品的权利，那意味着你既不尊重你自己，也对她享有它们的权利不够尊重……她肯定会说：'或许我可以和杰克住在意大利的一个小地方，孤独地过着贫瘠的生活，却很幸福。'如果她能做到这一点，那你就用她的钱。如果她不愿尝试这样的生活，那你就别用。但不要绕弯子。你要是还这样的话，你们俩会避无可避地分开。她或许已经开始对你不满了。"[7]

以自己的婚姻为例，劳伦斯在 1913 年 11 月写给默里的一封长信中讨论了这个经济问题，并认为这不是什么大事。他还分析了默里的婚姻中存在的主要问题。与他后来写给默里的信件不同，这封信精明又合理地告诉默里该如何改善他与凯瑟琳的关系：

> 在我看来，你们两人似乎远没有变得亲近，你们正在一点一点地剪断将你们俩绑在一起的纽带。我认为你们两人都必须诚恳地问问自己的心……
>
> 你必须放松，你和凯瑟琳在你做出任何这类严重的事情之前必须和好，走到一起。令你精疲力竭的正是你们之间的爱情出现了裂痕……

如果你想要有好的结果——如果你病了，疲惫不堪了，那就用光她的钱，让她自己做家务活。如此她便知道你爱她。她要是对你不满了，你不能怪她……但你这个笨蛋，你在浪费你自己，只为给她提供一些微不足道的奢侈品，而这些并不是她真正想要的。你侮辱了她。一个不满足的女人肯定是需要奢侈品的，但是爱恋着一个男人的女人睡在一块木板上犹不知苦……

你用你所能挣得的、所能给予的努力满足凯瑟琳，能令她满足的只是你。

劳伦斯发现，信任与爱可以压倒默里金钱方面的顾虑，凯瑟琳对奢侈品的"需要"只是借口。与凯瑟琳一样，劳伦斯也明白，真正的婚姻可以令她的艺术更深刻。她告诉一位朋友："我相信婚姻。在我看来，这是唯一能令人获得真正满足感的可能关系。其他还有什么能让人安心享受生活、做工作呢？"[8]

劳伦斯说到"爱恋着一个男人的女人睡在一块木板上犹不知苦"，这明显是在暗示弗丽达做出的牺牲。默里永远都无法满足凯瑟琳的物质与情感需要，他清楚凯瑟琳并不因他而感到满足。但对默里来说，他自己的事业与凯瑟琳的事业同样重要。他并没有爱她爱到足以牺牲掉自己的事业，也对自己的能力没有足够的信心：他不相信自己居于国外之时可以写作，之后回伦敦还能重新开始。默里的妻子需要他必须在情感与心智方面予以支持，但他只关心自己，有着虽然高却不现实的文学抱负，他相当不适合这种牺牲者的角色。

默里懦弱的性格使他不可能按照劳伦斯的要求去做。他能无穷无尽地自欺欺人，将他的自私自利伪装成虚假的圣洁。与劳伦斯一样，凯瑟琳有着无情的洞察力和尖酸的幽默。她厌恶默里的自怜自哀，指责他"就像是在门外哀鸣的小狗"。她焦躁地惊呼："当你知道你是在旷野里哭泣的那个声音，哭吧，但是别说'我是旷野里哭泣的那个声音'。"凯瑟琳也指责他唱着高尚的道德调调，持有自命不凡的生活信条，称他是"没有修道院的修士"，还说他"不思考着上帝就没法煎出一根香肠"。[9]

默里必然厌恶拿劳伦斯的婚姻与他自己的婚姻进行比较，那令人反感；他也同样讨厌劳伦斯试图指导他的人生，尽可能彬彬有礼地拒绝接受劳伦斯的观点。虽然劳伦斯经常给出即便不圆通却相当好的建议，他还是相当理解默里的感受，对他的忍耐表示感激，并于1914年4月（重复了《恋爱中的女人》中的做法）写了一封深表歉疚的信："我相信你和凯瑟琳都将我当成了周日主日学校监管人那样的人，觉得我管得太多，变得令人难以忍受了——就是太过分了，这是罪中之罪。我感到愧疚，我认为我该愧疚。但是感谢上帝，人会经常愧疚却并不至于罪无可恕。"[10]但劳伦斯令人难以忍受地介入他们的生活，经常做得太过了，这也是他们之间最严重的争吵的主因。

1914年7月13日，劳伦斯与弗丽达在伦敦完婚，默里和凯瑟琳是见证人。弗丽达冲动地将自己旧的婚戒给了她的朋友，凯瑟琳去世时都还戴着。在他们的婚礼照片中，有一张拍到弗丽达和默里微微笑，穿着浅色衣服，看上去整洁光鲜。劳伦斯则绷着脸，穿着黑色衣服，看上去非常朴实简单。照片里的劳伦斯比弗丽达年轻许多，非常地不搭，就好像弗丽达刚刚嫁的人是默里。

1914年10月，凯瑟琳和默里与劳伦斯夫妇在白金汉郡一起生活了两个星期。这段时间里，他们正拾掇着他们的玫瑰树小屋，这处住宅距劳伦斯夫妇的住址步行约一小时，他们在这里一直住到1915年2月。在他们待在他家的这段时间里，劳伦斯将他们介绍给了科特利安斯基，并开始阐述他要建立一个乌托邦共同体的计划。这个共同体将由志趣相投的朋友组成，他称之为拉纳尼姆。但凯瑟琳却令劳伦斯泄气，说他的计划只是理想主义的梦想。据凯瑟琳·卡斯威尔讲述，"在凯瑟琳煞有介事地使坏，搜集、获取了大量关于合适岛屿的细节和复杂的信息之后，劳伦斯难过地默然了……凯瑟琳顶着一张严肃的面孔，隐藏其后的是她的戏弄，她通过时间表与指南向劳伦斯证明拉纳尼姆不可能实现"。凯瑟琳不可能"证明"拉纳尼姆不可能实现。但与被动、喜欢依赖别人的默里不同，她太爱持怀疑态度，太强调个体独特性，这使她成不了劳伦斯的信徒。正如默里所说，她会"用略带嘲讽但残忍的方式概括劳伦斯暂时很感兴趣的各类人，这令他极不自然地歪嘴一笑。这种时候，劳伦斯有点儿怕她"[11]。

　　1914 年秋，他们相邻而居的时候，劳伦斯和默里讨论了他们最私密的性问题。默里的日志中有一条 11 月的记录暗示，他对劳伦斯在性方面的困难表示同情，他觉得弗丽达相当讨厌：

> 　　他在肉体上没有得到高度的满足。这是他们两人之间最有问题的地方。弗丽达指责他将她"当成了妓女，就像是一只狗在对她做那种事"。而昨天晚上他解释，他相信即便是现在我们都会经受双重"屈辱"，他每次很想与弗丽达发生性关系时，她都根本不想要他……因为她对她的孩子们那该死的虚假的"爱"，她就应该被允许欺压他，这想法令我极度反感。我真是没办法阻止自己对她表现得傲慢。她不管怎么说都是蠢笨的，这种蠢笨的过度自信最难让人忍受。

　　劳伦斯不可避免地也会去分析默里原始性行为的缺陷。关于这一点，默里的传记作者说："没有爱抚，没有前戏，（正如实际情况一样）他们的性爱高潮没有渐进的过程。"1915 年 3 月，劳伦斯琢磨了一阵并批评默里的一些性关系之后，默里幼稚地告诉凯瑟琳——更多提及了他自己的笨拙而非任何想象出来的性反常行为——说劳伦斯"说发现我在性方面太粗鲁,这显然是说的你我之间,他觉得十分震惊……我根本不知道他到底想指的是什么"。[13]

劳伦斯和弗丽达帮助凯瑟琳和默里清理并粉刷玫瑰树小屋,天天都与他们见面。他们一起唱民歌,谈论拉纳尼姆,劳伦斯与弗丽达也让默里夫妇看到了他们的大吵大闹。凯瑟琳和默里被牵扯进了劳伦斯夫妇的情感生活里,他们试图找到方法去调解,而不是选择站边或表达他们的震惊。凯瑟琳的《日志》(*Journal*)中有一些1915 年 1 月在白金汉的记录,记述了与令人兴奋却又让人恼火的劳伦斯夫妇住得近的问题,以及她对待他们的态度前后存在的巨大差异:

> 晚间,劳伦斯与科特利安斯基。他们谈论各种计划;但我对整件事非常反感。(1 月 9 日)
>
> 早上,弗丽达很出人意料。她与劳伦斯吵了架。她让我累得要死……(晚上:)劳很亲切,非常亲切,手里拿着一根绳子坐着,谈论真正的性。(1 月 10 日)
>
> 晚上,我们去劳伦斯夫妇家。弗丽达很亲切。(1 月 15 日)
>
> 走到了劳伦斯夫妇家!他们太讨厌了,愚蠢、无趣。(1 月 16 日)
>
> 劳伦斯很痛苦,但他慢慢转向了我。(1 月 19 日)

结婚几个月后,他们为她的孩子们发生了一次争吵,之后,弗丽达派凯瑟琳去威胁劳伦斯她不回去了。"这该死的女人,"劳伦斯愤怒地叫嚷,"告诉她,我永远不想再看见她。"[14]

凯瑟琳与默里的关系因为他们与劳伦斯夫妇住得近而恶化了。1915 年 2 月,凯瑟琳离开默里,去到她更精于世故的情人弗朗西斯·卡尔科(Francis Carco)身边。卡尔科是位法国作家,凯瑟琳通过默里在巴黎与他相识。他热情、意气风发、自信，当时正与法国军队驻扎在敌后靠近贝桑松的地方。

凯瑟琳的缺席使劳伦斯与默里确立了新的亲近关系。被抛弃的丈夫前来看望劳伦斯，此时劳伦斯搬到了萨塞克斯的格里瑟姆。从车站步行了长长的一段路，默里的感冒变成了流感。劳伦斯全心全意地照料默里，享受着这个给他病痛的好友打气、安慰的机会。这一事件给了他创作的灵感，成就了《亚伦的手杖》中丽莉照料生病的亚伦直至康复的段落。默里写给凯瑟琳的信中，关于他去看望劳伦斯的事件被写得非常枯燥，除非他是设法掩饰自己的真情实意，否则这次经历对劳伦斯的意义之重大显然胜于对默里的意义。劳伦斯与默里新的亲密关系使默里疏远了凯瑟琳，那个春天的大部分时间里，她都待在法国，因卡尔科（他没有达到她的期望）的自私和默里的冷漠而失望、受伤。5月，凯瑟琳短暂停留于劳伦斯夫妇在格里瑟姆的家后，劳伦斯写信给科特："凯瑟琳令你心情低落没？她的那些信件像锯子发出的声响那样令人不快。"[15]

9月，劳伦斯居于汉普斯特德，凯瑟琳与默里住在离他不远的圣约翰伍德。三位作家创立了一份新的小型杂志《标志》（*Signature*）。杂志为棕色封面，八开本。他们刊印了劳伦斯的《王冠》（"The Crown"），凯瑟琳的《起风了》（"The Wind Blows"）、《家庭女教师》（"The Little Governess"），以及默里写的一篇故事。劳伦斯回忆，1915年10至11月，他们一群人每周会聚在红狮广场"一家绿色杂货店上面的狭窄楼梯间……我们擦洗了房间，给墙涂了颜色，从喀里东尼亚市场淘到了一张长桌子和几张温莎椅。我们那时还常生一堆暖和的火：当时已是深秋，我们身处伦敦一处不知名的地方。之后周四的那些晚上，我们大概有十二个人聚在一起开会"。《标志》由东区的纳洛迪茨基刊印。纳洛迪茨基在麦尔安德路上有一间店铺，店铺的门面上有一个希伯来语标识。他在1912年刊印过艾萨克·罗森伯格（Isaac Rosenberg）的第一本诗集。但在战时的那些关键日子里，没人有时间或是兴趣读这样一本小杂志，因而《标志》仅出了三期便停刊了。

劳伦斯与凯瑟琳在 1915 年秋因一件不幸的事而彼此亲近。凯瑟琳的弟弟莱斯利从新西兰来到英国，以接受训练前往法国战场。他们在一起度过了一些快乐的日子，回忆他们的童年时光，将那段时光理想化。10 月，莱斯利抵达战场一周后丧生。"别伤心，"劳伦斯以乐观的恻隐之心给凯瑟琳写道，这种同情之感成为他后来的诗歌《死亡之舟》（"The Ship of Death"）中的情感基调，"这是我们当中一条生命的流逝，其中的一个'我'离去了；但会有另一个生命到来，那就是幸福、富有创造力的你。我知道你必也会随你弟弟而逝，你也会坠入死亡，从而不复存在。但于我们来说，坟墓中会有升腾、有复活，一条洁净的生命从原初开始，全新而又幸福。别害怕，别怀疑，一切就是这样的……快点好起来，回来吧，让我们努力一起幸福，意见一致而非敌对，创造而非摧毁。"[17] 劳伦斯相信，一个由理想主义艺术家组成的共同体真的可以实现，他的友谊与理解能帮助凯瑟琳从悲伤中缓过来。

莱斯利去世后，凯瑟琳与默里搬到了马赛附近的邦多勒。到此时，她的病已让她无法在伦敦度过这个冬天。默里在前往英国的短暂旅途中去看了劳伦斯，劳伦斯利用这次机会给他提了一些很好却无必要的建议。劳伦斯强调了凯瑟琳所患疾病的心理成因，并坚持认为如果默里夫妇能获得幸福，那凯瑟琳就会康复了。默里给凯瑟琳写信说，"劳伦斯来找我，不折不扣是为了你。他说这都是我的错；说我是个懦夫；说我从没有给过你一段新的生活；说我不愿放弃我的过去；说你的病完全是因为你痛苦；说是我让你痛苦，因为我总是埋怨，从不做决定；说我根本不应该让你留在那里"。到 12 月时，劳伦斯重新制作了拉纳尼姆的规划，并写信告诉凯瑟琳他希望获得和谐、有意义的生活："我亲爱的凯瑟琳，你知道，在这方面，我们是你最真挚的朋友，我们所想要的就是创造全新、良好、共同的生活，一种共同的全新社会生活的萌芽。"[18]

# 四

1916年2月，劳伦斯从伦敦搬到了康沃尔。他加紧了他在费亚斯切利诺便已开始的活动，规划他的朋友与他生活在一起。他以求爱的方式，给朋友们写信说道："我已等待你两年，我对你始终如一，这一点你从不曾做到——或将永远如此。"3月，他恳求："实际上，你必须拥有另一个地方。我一直在看着。我已经称之为凯瑟琳之屋、凯瑟琳之塔。它有非常吸引人的方面，它非常古老、土生土长。"虽然凯瑟琳对康沃尔强烈不喜，且不信任共同体的想法，她和默里还是允许自己受劳伦斯急切的请求所惑："试图摆脱我们彼此喜爱的事实无济于事。我指望着你们二人是我们唯二可靠的朋友，真正、永久、忠诚的血亲。"劳伦斯对自己的治疗魔力相当有信心：他相信，如果他们住得离他近一些，容许他指导他们的生活，凯瑟琳会康复，默里夫妇会获得幸福，就如他与弗丽达实现了幸福那般。

在白金汉郡遭受彻底失败后，凯瑟琳对与劳伦斯夫妇重新生活在一起的计划表示怀疑。她给奥托琳·莫雷尔写了一封充满讽刺意味的信件，准确地预料到他们不会待在一起太久："或许如你所知，我们将与劳伦斯夫妇永远、永远在一起；我料想，这永恒将持续整个夏天。"[19]劳伦斯与凯瑟琳写给他们共同的朋友——科特、比阿特丽斯·坎贝尔以及奥托琳——的许多信件都细枝末节地描述了这两对夫妇在康沃尔时期的关系。

4月，劳伦斯夫妇对他们的到来感到大喜。弗丽达后来回忆说："我看到凯瑟琳·曼斯菲尔德与默里是坐着运货马车来的。马车上堆满了各种货物和他们的财产，他们就高高地坐在那些东西上面，沿着那条乡间小路而来，到了特里格森。"劳伦斯爱干手工活，他满腔热情地写信告诉奥托琳："默里夫妇已经到了，我们非常忙碌地准备着他们的小屋，给四面墙上色、粉刷，我们干得很卖力。我喜欢这活儿，我们都感到很开心。默里夫妇如今一起非常幸福，但他们俩似乎身体都不太好。"[20]虽然这两对夫妇都不由自主地被对方吸引，但他们无法住在一起；他们第二次公共生活的体验与第一次一样，以失败告终。

虽然劳伦斯渴望一种星状的"平衡，两个个体生命的纯粹平衡"，弗丽达认识到他真正想要的是一颗卫星，一个臣服于他绝对意志的女人。弗丽达一直为此抗争，他们之间的这一冲突令他们两人都精神振奋。正如他后来给凯瑟琳的解释："我的确认为一个女人必须以一个男人的某些方面为优先，而这个男人必须享有这种优先权。我的确认为男人必须绝对走在他们的女人前面，不需要转身询问她们是否许可或是否赞同。据此，女人必须毫无疑义地遵从。我没办法，我相信该这样。弗丽达却不信。因此，我们的争吵不断。"另一个问题，凯瑟琳向比阿特丽斯·坎贝尔尖刻地解释说，是劳伦斯对男性动物本能与性象征作用的痴迷："比如说，如果我不得不闪躲以避免被熨斗与炖锅砸到，那我就没法讨论与兽类的血亲关系；永远也无法理解树有性欲、奔腾的溪流有性欲、万事万物皆有性欲。那一切的事物，从钢笔尖开始，都真的是生殖器的形状……我建议劳伦斯将他的小屋称作'生殖器与弗丽达'，我觉得这主意非常好。"[21]

虽然劳伦斯一直挣扎着——但失败了——想要主导弗丽达，但他们的婚姻基本上是稳固的。凯瑟琳与默里的关系虽从外表看来平静，却更加脆弱、不牢固。尽管凯瑟琳比默里更富创作天赋，她尽力履行一个传统妻子的责任，但默里极为自怜，根本照顾不到她的要求。劳伦斯发现了他们婚姻中的问题，想要帮助他们；同时，劳伦斯自己对默里也有好感。

劳伦斯制定了一个计划拯救他朋友的婚姻，也令他与默里有了全新的、更亲密的联系。默里在《两个世界之间》（*Between Two Worlds*）中写道：

> 劳伦斯相信，或努力相信，凯瑟琳与我之间的关系不真诚，无聊乏味；弗丽达与他的关系就是真诚、令人充满生机的；但他与弗丽达的关系需要一种新的，即他与我之间的关系才能圆满，对于他与我的这种关系，我逃避着……因为与劳伦斯的这种"神秘"关系，我参与了前心理现实（pre-mental reality），我体内的"黑暗之源"有了活力。因为这转变了的个性，我，反而与凯瑟琳进入了一段新的关系中……
>
> 他似乎仅仅因为我们无法与他强烈、痛苦的性体验相契合，便认为我们对性极为轻浮……就因为我们的性关系中没有痛苦，凯瑟琳便被看成了轻浮之人，我被当成了孩童，这让我们觉得太离谱了。

这段情绪化却抽象的语言无法准确解释为什么劳伦斯需要一种从弗丽达那里获得不了的圆满，也无法解释凯瑟琳与默里怎么用劳伦斯的那块婚姻电池充电。但不难发现的是，劳伦斯想方设法让默里更像他自己（虽然他从来没有将性愉悦与性痛苦等同），这触怒了凯瑟琳，不用说，她怨恨劳伦斯对默里的侵犯。因为凯瑟琳反对劳伦斯对默里的极大影响，以及劳伦斯极力通过对她的爱人的强烈迷恋使他们恢复生机，他们之间的友情不可避免地变糟了。默里转向劳伦斯时，凯瑟琳感到极为孤单。"我在这里相当孤单，"在康沃尔度过了令人沮丧的几周之后，她在 1916 年 5 月给科特的信中写道，"这并不真的是个美好的地方。这里到处是巨石……我在这里不属于任何人。事实上，我在此没有存在感，但我正做着各种准备改变一切。"[22]

凯瑟琳所说的"闪躲以避免被熨斗与炖锅砸到"，暗示了劳伦斯与弗丽达之间的暴力争端以及劳伦斯不顾颜面地依赖弗丽达。与荒凉、满地岩石的风景相比，这一点更令矜持内敛的凯瑟琳震惊和厌恶，很快她便不愿久留。她在给科特的一封信中描写了自己的反应："我不知道哪一种更令人厌恶，是他们彼此相爱，彼此逗趣，还是他们朝对方大吼，他拽住弗丽达的头发，骂她'你个婊子，我要割了你他妈的喉咙'。"她生动、戏剧性地描述了 1916 年 5 月发生在康沃尔的一次争吵。

> 弗丽达说雪莱的《致云雀》不真实。劳伦斯说："你显摆了；你根本什么都不知道。"然后弗丽达就怒了。"现在我已经受够了。滚出我的房子，你这个万能的小人。我受够你了。你到底要不要闭嘴?"劳伦斯说："我要轻轻拍拍你的脸让你安静下来，你这个肮脏的贱妇。"唇枪舌剑，诸如此类。因此我离开了这所房子。晚餐时间，弗丽达出现了。"我终于和他分开了。这一切永远结束了。"之后，她走出了厨房，在黑暗中绕着房子一圈圈走着。突然，劳伦斯出现了，令人震惊地莫名冲向她，他们便开始尖叫、扭打。他揍她——往死里揍她——揍她的头、脸、胸，拽她的头发。自始至终，她尖叫着让默里帮她。最终，他们冲进了厨房，绕着桌子左躲右闪。我永远都忘不了劳的样子。他面色那么苍白——几乎是气得发绿，他刚刚还打了——揍了那个块头大又柔软的女人。然后他瘫在了一张椅子里，她瘫在了另一张里。没人开口，除了弗丽达的呜咽声

和擤鼻涕的声音，一阵安静。某种程度上，我几乎觉得很开心，因为他们之间的紧张局面永远结束了，他们结束了他们的"亲密关系"。劳坐在那里，盯着地面，咬着他的手指甲。弗丽达抽噎着……第二天，他抽打了自己，比他以往任何一次揍弗丽达都更彻底；他来去奔忙，将弗丽达的早餐送到了她床前，还给她镶了顶帽子。[23]

虽然他们的关系中有激情、有暴力，但他们戏剧式的短剧包含了闹剧与自我嘲弄的成分。第一幕开始于劳伦斯破坏了弗丽达的审美判断，接着她言语上辱骂他自以为什么都知道，以他言语上威胁要惩罚她及凯瑟琳的退场结束。第二幕一开始，弗丽达明确做了宣誓（"这一切永远结束了"），但这完全不可信，接着她退场，劳伦斯突然在此狂怒地施以报复。但他攻击的暴虐行为因为围绕桌子追逐的滑稽行为而得到了缓和，也因为描述一个变绿的劳伦斯捶打如软枕般的弗丽达而变得柔和。随着两位主角均因身体筋疲力尽而瘫下，抽泣着，啃着指甲，以及凯瑟琳承担了歌队角色，做了另一个明确的宣誓（"紧张局面永远结束了"），这一幕的幕布落下了。第三幕展现了性角色的喜剧性反转，战败的男性侵略者服务并向他心爱的女人求爱。

5月，凯瑟琳又一次精确、生动地给比阿特丽斯·坎贝尔描述了劳伦斯的那些暴怒。它们激发了她的感情，让她精疲力竭，使她无法专心工作："一旦你开始谈论，我就没办法描述他突如其来的狂怒。他就是怒吼、咆哮、捶桌子、辱骂每一个人。——但那还不是什么大事。他的这一切攻击性行为让人不能忍受之处在于，大家会在内心觉得他完全失控了——被严重、疯狂的恼怒吞噬了。这样的行径之后，他会发烧、憔悴、筋疲力尽。除了成为他嬉戏的相熟之人，我们不可能成为他任何重要之人。"

写给奥托琳的一封信中，凯瑟琳强调了劳伦斯的疯狂——这种疯狂只能由他的朋友控制住，只能通过笑声治愈，她还（如奥托琳与科特一样）指责弗丽达——她"完全控制了"他——该为劳伦斯的非理性行为负责："独自一人时，劳伦斯会发疯。与大家在一起时，他会将温暖和光传递给他们，他是可爱之人，常使人愉快；但若是只剩他一人，他（就像康沃尔一样）冰冷、黑暗、孤寂。当然，是弗丽达造成了这一切。他选择了弗丽达，当他与正常的人在一起时，他就明白了他的选择有多致命……我确定，只有一种方式可以帮助他。这非常残忍，但这是唯一的武器，可用来刺痛他敏感的骄傲。那就是嘲笑他——取笑他——让他意识到他让自己出了丑。"在写给奥托琳的另一封信中，凯瑟琳继续指责弗丽达对劳伦斯造成了恶劣影响，激起了他的怒火，从而令他虚弱。她相信，弗丽达根本没有理解就神化了尼采对劳伦斯的许多观点的影响，并声称弗丽达打败了他。弗丽达试图残酷对待并埋葬劳伦斯，在被劳伦斯狠揍的过程中享受性受虐般的快感：

> 所有弗丽达的朋友迟早都必定会将他们的头伸出窗外，看着她在他们的门前碾碎它——一手叉腰，抽着香烟，另一手拿着一张彩照，照片上，劳伦斯与尼采"象征性地"在筒风琴的前端共舞……
>
> 我们与劳的关系到现在真的结束了。我们所有人都热爱的他身体里的"亲爱的人"已经被掩藏、被吞没，完全消失了，就像是一枚小巧的金戒指消失在了被称作弗丽达的巨大德国圣诞布丁里……
>
> 虽然我为劳感到非常难过，但我对弗丽达没有一丝一毫的同情……
>
> 我认为这极度悲惨，因为他们侮辱了彼此，残忍对待了彼

此，这是无法用言语表达的；但同样地，我从来都无法想象任何人会像弗丽达那样喜欢被揍。我绝不会相信她没有可怕地乐在其中……劳伦斯无疑选择了对抗他自己，而弗丽达大获全胜。

凯瑟琳被劳伦斯暴怒中表现出的疯狂吓到了，她觉得，要是她想避开对他的健康有着毁灭性影响的这些暴怒，她就得迁就他。虽然劳伦斯的这些暴怒令人尴尬、不愉快，但令凯瑟琳极为不安的是，它们像极了她所厌恶、害怕的存在于她自己身上的行为：

> 这种疾病的一个有趣特征就是一个人的脾气。我变得如此易怒，如此焦虑，以至于我想尖叫，而且如果许多人都开始交谈，我就会喘不过气来，会感觉自己的血变成了黑色……我的脾气真的非常糟糕。我今天……一早就脾气暴躁，撕掉了一页我正在读的书，完全失去了理智。非常明显。这阵脾气一过，杰克进来，注视着我。"怎么了？你干什么了？""为什么呀？""你看上去非常忧郁。"他拉起了窗帘，称那是光的作用，但我回到我的工作室穿衣时，我知道，情况并不是那样的。我面如土色，目光暗淡。我脸色发青了。非常奇怪的是，这些脾气完全就是劳伦斯与弗丽达那样的。我比任何人都更像劳。我们实际上毋庸置疑地相像。[25]

短短的几个星期里，劳伦斯梦想建立的全新、和谐的群体解散了。弗丽达拒绝被主宰，凯瑟琳冷淡、不快乐，默里无法响应劳伦斯的建议。劳伦斯在怒火中朝默里吼叫："我讨厌你的爱，我讨厌它。你是个下流的臭虫，吮吸掉我的生命。"这两对夫妇之间的分裂便不可避免了。一人驾着一匹马、一辆车，载走了默里夫妇所有的财物。默里觉得这次是他们最终的分裂，他写道："就算是在这样的时刻，他也不会不提供帮助，那可不是劳伦斯的作风：他也确实给了帮助。但我们的心非常酸涩。最后一根绳子绑紧了之后，我跟他说再见，希望他们会来看我们。弗丽达对这些事并不在意，便说他们会去的；但劳伦斯并没有回答。我推着我的自行车上路，骑上去离开，感觉自己是跟他道了永别。"[26]

凯瑟琳与默里在6月中旬离开后，劳伦斯给奥托琳写了一封信进行自我辩解。他将自己与朋友之间关系的破裂归咎于康沃尔的荒芜，讽刺地提出默里夫妇不切实际的孩童般的爱恋应具有的合适背景："不幸的是，默里夫妇不喜欢这乡间，对他们来说，这里石头太多，太荒凉。他们应该拥有悦目的山谷，那里有葱葱绿叶，有斑尾林鸽的咕咕叫声。"不久之后，劳伦斯去康沃尔南部海岸的迈勒拜访他们。给奥托琳的信中，凯瑟琳写到他时满怀柔情："劳伦斯又回家了。我们陪他一起散步，一直将他送到了渡口。他乘着一艘小敞篷船，一位很老很老的老人拉着船走。劳伦斯戴着一顶宽边白色亚麻帽，背上背了一个有褶皱的麻袋。"但是到了7月，在他对默里夫妇进行了仔细的审视之后，劳伦斯给科特寄去了一份他惯常令人沮丧的诊断书："我觉得，嗯，她和杰克并不很幸福。他们达成了某种协议，根据协议，他们各自都是自由的……真的，我感觉她与杰克已经耗尽了他俩之间的一切。我更喜欢她而非杰克。他在这里的时候相当讨厌。"[27]

劳伦斯在他最杰出的小说《恋爱中的女人》中，重新构建了在白金汉郡及康沃尔时他与凯瑟琳和默里的亲密关系。默里说，他在1921年评阅这部小说时，并没有看到他们生平上的相似性，"有一天，弗丽达告诉我说我就是杰拉德·克里奇，我非常震惊"。凯瑟琳与默里一样持有抵制态度，她应该还称这本书是"污秽、腐烂之书"，批评了小说中对自我的夸大，否认生平细节的相似性。她给奥托琳——另一位受到劳伦斯小说伤害而愤怒的人——写道："我们什么也不能说，正如他们说的，这毕竟几乎完全是无法控制的——这真是太荒谬了。但是想想可能的结果，这真令人伤心。是不是桑塔亚纳①说过，每位艺术家心里都束缚着一个疯子？那可以解释我对劳的看法。你知道我是那书里的古娟吗？噢，这真是一堆垃圾。"[28]

《恋爱中的女人》是劳伦斯1916年与凯瑟琳和默里生活在一起时写作的作品。他在其中视凯瑟琳为灵感而非古娟的明确原型，表达了他对他们友谊破裂的愤恨，并在小说中实现了他在现实生活中永远无法实现的愿望，**即战胜他的朋友**。古娟与杰拉德在意志方面的激烈争斗反映了劳伦斯自己婚姻中的极端暴力行为，体现了他对凯瑟琳与默里之间的情妇-爱人关系非常主观的理解：那种强烈的、毁灭性的、崩溃的"狂喜与死亡的结合"，这与厄秀拉与伯金之间健康、充满生机的婚姻形成了强烈反差。

古娟确实体现了劳伦斯对凯瑟琳性格的不足方面显而易见的夸大：她对阅历自毁性的追求、她早期作品中的苦痛——因为在劳伦斯1916年完成《恋爱中的女人》之前，她只出版过一本讽刺性作品《在德国公寓》。在《恋爱中的女人》中，劳伦斯将凯瑟琳复杂的艺术转变成了艺术程度不高的矫揉造作；将她的讽刺变成了一种腐蚀；将她的矜持变成了否定；将她对他要求的抵制变成了她的傲慢无礼；将她的不安感与孤独感变成了婴儿般的依赖；将她对爱的追求变成了毁灭性的不孕；将她对健康无休止的追求变成了一种无根的、被遗弃者的生活；将她的疾病变成了罪恶。

---

① 乔治·桑塔亚纳（George Santayana, 1863—1952），西班牙著名自然主义哲学家、美学家，美国美学的开创者，同时还是著名的诗人与文学批评家。他早年曾就读于哈佛大学，后任该校哲学教授。

# 第十一章

# 战争，1914—1915

## 一

"第一次世界大战的悲剧，"重要军事历史学家约翰·吉根（John Keegan）写道，"在于围攻战的作战方式与火力密集型武器的激增突然同时存在了。"其结果是，为争夺几百码的泥地而发生的肮脏战争中，仅一个下午便有数以万计的士兵丧命。伊普尔的第一场战役中（1914 年 4 月），法国人对圣米希尔阵地发动了一场毫无希望的攻击战，牺牲了 64000 人的生命。索姆河的战役首日（1916 年 7 月 1 日）是英国军事史上最具灾难性的一天：20000 人丧命，40000 人负伤；屠杀持续了四个半月，伤亡人数达到五十万。在那场战争中，前方阵线被推进了长达六英里。

尽管进行了两年可怕的堑壕战，大规模的前线攻击战仍在持续。"之前的失败并没有令他们学到任何经验教训，"A. J. P. 泰勒写道，"除了如何大规模地重复那些失败。"索姆河攻击战（1916 年 7 月至 8 月）发生在凡尔登战役战败之后，是一场无可挽回的失败战役。在法国最残酷激烈的战役中，有 23000 人丧生，六个星期里，前线阵地只推进了一英里。到 11 月，盟军已有 600000 人丧生

（其中三分之二为英国人），德军死亡人数 615000 人。帕斯尚尔战役（1917 年夏），再一次让人们"付出了巨大的代价，却毫无成果"。吉根总结："至 1917 年，自 1914 年便在前线战斗的所有军队中的步兵，如果加上受伤与死亡人数，经受了百分之百的伤亡率，战争结束时，有些部队与编队将会经受超过百分之两百的伤亡率……在此之前，即便是在围攻战最激烈的阶段，也从没有一支军队能像西线的军队一样保持勇气与自杀式的坚持不懈。"[1]到战争结束时，大英帝国的死伤率为 36％，908000 人死亡，两百多万人受伤。所有参战方的战时死亡总数达到一千万。

劳伦斯敏锐地意识到，这是一场屠杀。他在《肉中刺》（"The Thorn in the Flesh"）与《普鲁士军官》（"The Prussian Officer"）（两篇均创作于 1914 年）两个短篇小说中都描述了德国军国主义。《普鲁士军官》用虐待狂式的同性恋行为表达了德国的毁灭性力量，故事结束于谋杀与自我毁灭。但（几乎与其他所有人一样）劳伦斯忽视了巴尔干半岛战争的威胁。1912 年 11 月，还居住在加尔尼亚诺时，他天真地写道："意大利的报纸上到处都是塞尔维亚与土耳其——但这一切又与英国有什么关系呢？"就在战争一爆发，政治与军事领导者们鼓吹他们将这个国家卷入的愚蠢的大屠杀正当合理——任何将领若质疑战争策略，即有被免职的风险——之时，劳伦斯的态度便明显发生了转变，他因驱使各国彼此摧毁的残忍愚行而感到极度沮丧。他的愤怒变得更加激烈，他的观点也更极端。他成了布道者、预言师、罪恶的告发者，不得不要么发泄他的愤怒之火，要么被愤怒之火摧毁。后来，他将自己的极度愤怒等同于拔摩海岛圣约翰——《启示录》的作者——的烈怒，大声疾呼："约翰对他的时代的文明持有强烈、神秘的憎恨，那憎恨如此强烈，只是因为他认识到人的存在现实被文明取代，文明成了当下灵魂所需承担的责任。"[2]

　　劳伦斯对战争的反应迥异于亨利·詹姆斯对进步观的消极幻灭、伦纳德·伍尔夫对可怕的现代世界可叹的默许以及战争诗人初始的理想化和之后对支撑战争的谎言的彻底幻灭。1914 年 8 月 5 日，即英国参战第二日，年迈的亨利·詹姆斯提及德皇与奥匈帝国皇帝时，意识到了自文艺复兴以来便主宰欧洲思想的进步观念的虚幻性。詹姆斯认为，没有文明进步，有的只是无意义的摧毁："那两个臭名昭彰的独裁者的荒唐之举将文明拖入了这血与黑暗的深渊，这暴露了整个漫长的岁月里我们所认为的世界应该是什么样，即无论遭遇了怎样的损失，世界都在逐渐越变越好；如今我们不得不全盘接受那些充满危险的年代造成的恶果及其意义，任何言辞都无法表达如此悲剧的意图。"伍尔夫强调了战前与战后看待问题的视角之间的反差："1914 年，人们的生活与思想中充满光明与希望；到 1918 年，人们无意识地相信存在着永久性的公共威胁与邪恶，心里承认残酷的宿命论，默认不安全感与残暴行为。"[3]

　　温德姆·刘易斯、罗伯特·格雷夫斯、西格里夫·萨松①、福特·马多克斯·福特、理查德·奥尔丁顿经受了战争的考验，对战争进行了描写，对法国艺术与文化表现出深切的同情，认为有义务保护文明不受德国暴行的侵害。他们相信，战争的严酷考验对一个作家而言极为宝贵，他们拥有爱国的责任，要在危难时刻帮助他们的国家与同盟者。这些作家以及众多的普通人最初将战争理想化，预期战争会在圣诞之时取得胜利，他们渴望在战争胜利之前参军，在战争中考验自己。战争开始后的第一个月里，有五十万人志愿参军，在第二至第三年的一年半时间里，每个月都有十多万人参军。

---

① 罗伯特·格雷夫斯（Robert Graves, 1895—1985），20 世纪英国诗人、小说家、评论家，第一次世界大战时任军官，因发表战争回忆录《向一切告别》而成名。西格里夫·萨松（Siegried Sassoon, 1886—1967）是英国近代著名的反战诗人及小说家，出生于伦敦的上流社会家庭，曾就读于剑桥大学，效力于第一次世界大战，但认识到战场上的残酷与战争的祸害之后，毅然退役，成为反战诗人，代表作《于我，过去，现在以及未来》。

这些作家与其他的志愿参军者一样，只在经受了战争的洗礼之后，才对战争有了更现实、愤世嫉俗的看法。

劳伦斯从一开始没有亲身经历的情况下便对战争的意义与影响有了更直觉的、历史性的理解。他对沙文主义冷嘲热讽，对这场屠杀表示愤怒，当英国几乎所有其他人都热情地支持这场战争之时，他直言不讳地指责这场战争。他决意要宣告威尔弗雷德·欧文①在《不可思议的聚餐》（"Strange Meeting"）中所称的"未曾透露的真相。"

劳伦斯对战争持有的反对态度受到他不尊英国国教传统的影响，那教会他独立思考，且必要的话，抵制盛行的思维模式；受到他德国妻子的影响，她令他同情战争双方，而非变成盲目的本国至上主义者；受到他战前在意大利旅游及居住的影响，这也鼓励他持有了一种欧洲全局观而非单纯地只关心本国利益，令他相信战争会造成双方的严重毁坏——无论谁赢得了最后的胜利，这都将是一场得不偿失的胜利。

劳伦斯的大部分朋友——除了福特、奥尔丁顿、赫伯特·阿斯奎斯——都没有参与战争，这场悲剧并没有直接触动他。庞德与科特是外国人，马什与福斯特是同性恋，罗素与加尼特是反战主义者，格特勒与默里健康状况不佳，他们都被免服兵役。与战争诗人不同，劳伦斯并不觉得战争的体验对他作为艺术家极为宝贵。（世人或许在这一点上对他有误解，因为他擅长描写暴力：《亚伦的手杖》中的聚众闹事，《袋鼠》中的政治动荡，《羽蛇》中反叛者们的攻击。）很难想象劳伦斯穿着军装，猛冲过去对抗来自弗丽达祖国的士兵们。

---

① 威尔弗雷德·欧文（Wilfred Owen, 1868—1893），与罗伯特·格雷夫斯、西格里夫·萨松同为英国反战诗人，参战并被授予十字勋章，但于战争结束一周前身亡。作品包括《青春挽歌》《残》《不可思议的聚会》等。

劳伦斯对英国精神的衰退、对欧洲文明中传统价值的崩溃极度不满。他描述战时的伦敦是荒芜的地狱，预言了七年后艾略特《荒原》中的意境与意象："路上行驶的车辆在条条僵直的灰色街道上移动，就像是地狱里的条条河流流过干燥、满是岩灰的堤岸。"1915 年 11 月，在盟军取得鲁斯战役的胜利到道格拉斯·黑格（Douglas Haig）取代约翰·弗伦奇（John French）成为英军总司令这段时期，劳伦斯给辛西娅·阿斯奎斯（她的公公正指挥着战时的英国政府）写了一封极感人的信件。他唤起了对嘉辛顿雅致之美、对他们所熟悉的牛津郡乡间的回忆，将之与衰落、腐朽、死亡相联系，预演了《查泰莱夫人的情人》中令人印象深刻的开场语：

> 当我驱车穿越乡间，秋天的片片树叶落下，发出沙沙的声响。我是如此悲伤，为我的祖国，为这延续了两千年的伟大文明，这文明而今正在坍塌，它很难残存下来。古旧之物中蕴含的那么丰富的美与感伤力正在消逝，新鲜事物却尚未出现：奥托琳夫妇的这栋房子——它就是英格兰——我的天，它击碎了我灵魂——这英格兰，这些透着一束束光的窗，这些榆树；这令人忧伤的久远过去——过往，这伟大的往昔，正坍塌、破碎，这不是因为苞芽生长之力的挤压，而是因为那无数耗尽生命的可爱黄色落叶飘飘然落于草地之上、池塘之中，就像是那些士兵，消逝在冬日，那阴郁的冬日。不，我无法忍受这一点。因为冬日展现在眼前，一切的美景皆消失不见，所有的记忆也逐渐消失。[4]

劳伦斯认为，这场战争纯粹是人类的自杀行为，是对死亡的集体渴望；是欧洲文明中某种隐藏的病态引起的愚蠢的摧毁，没有任何积极的目的，也没有任何建设性的目标。1914 年 9 月，他预言人类"将遭受可怕的、机械化的、废弃的、令人惊骇的、愚蠢的战争的重创"。为对抗这一摧毁性的过程，劳伦斯与他父亲一样，"最喜欢非人类的事物"，且他拥有非凡的感知能力，想要"实现生命了不起的非人类的品质——这非常美妙。情感、个人感情、个体信仰都不重要，它们都只是具有表现力，而表现性变得机械。我们所有人的背后存在着巨大的、未知的（自然的）生命力，我们看不见，也未察觉过它"。两年后，在索姆河战役之后，劳伦斯遭受了严重打击，他告诉辛西娅·阿斯奎斯："在我看来，战争完全是错误的、愚蠢的、道德败坏的、卑劣的……我觉得，战争让人想到的就是极度的厌恶，是对个体存在的亵渎。"[5]

弗洛伊德与劳伦斯一样，相信战争体现了人类对权力志在必得的冲动、人类堕落性的感知与自我毁灭，其目的是战胜腐朽与死亡。在《文明及其不满》（*Civilization and Its Discontents*，1930）中讨论战争时，弗洛伊德发现："人类相互之间原始的敌意导致的结果是，文明化的社会永无止境地受到分裂解体的威胁……本能的酷爱要比理性的兴趣强烈得多。"

劳伦斯是个好战之人，但他不会效力于战争。他选择了反战立场，这并非出于宗教或道德原因（如果他通过了入伍体检，这方面的原因也可令他免服兵役），而是因为他合乎情理地反对无意义的死亡（这令当局不满，不可避免造成了他与政权之间的冲突和他们对他的迫害）。弗丽达记得劳伦斯说："因为命令杀一个从未伤害过我的人？不，我不会那么做。他们可以先杀了我，但我会小心提防，不让他们做到。"1914 年，劳伦斯非常拮据，剧作家阿尔弗雷德·苏特罗（Alfred Sutro）给了他十英镑，又帮他从英国皇家文学基金那里获得了五十英镑。在 9 月 10 日写给苏特罗的一封未出版的信件中，劳伦斯担心自己会被征募，幻想了一部戏剧的剧情。在那个情节中，他收到了军方提供的"荣誉小文件"，上面写着：

"兹证明大卫·赫伯特·劳伦斯应征入伍，加入（白金汉郡的）艾尔斯伯里营，但因肺部疾病无法宣誓入伍。"[6]

二

1915 年年初，战争爆发几个月后，劳伦斯遇到了奥托琳·莫雷尔夫人、E. M. 福斯特、伯特兰·罗素——他们都与后来的布鲁姆斯伯里团体相关，并与他们结下了深厚的友谊。奥托琳的父亲是亚瑟·卡文迪什-本廷克（Arthur Cavendish-Bentinck）中将，她同父异母的弟弟是第六代波特兰公爵，丈夫是自由党议员。她出生于 1873 年，童年在距诺丁汉北部二十五英里的威尔贝克大修道院度过，那时的她孤独、无人照顾。她于 1902 年嫁与菲利普·莫雷尔，他是伊顿公学校友、一名律师。虽然她不疼爱也不喜欢孩子，但她有一个女儿朱莉安，朱莉安的双胞胎弟弟早夭。在她的婚姻生活里，她曾出轨画家奥古斯都·约翰与亨利·兰姆、艺术评论家罗杰·弗莱，以及哲学家伯特兰·罗素，罗素在战争期间成为菲利普·莫雷尔的反战同盟。

奥斯伯特·西特韦尔（Osbert Sitwell）描述奥托琳是"身形超大的西班牙公主"[7]。她相当高且容貌出众，染了一头红发，下巴凸起，嗓子带鼻音，大笑时会发出嘶嘶声；穿着奢华的服饰，那些服饰很像异域鸟的羽衣。她性格怪异，爱卖弄，古怪甚至荒诞不经，有着充满恶意的幽默感，虽肆意却兴高采烈地热爱艺术。虽然她本人并不健谈，但她是位会鼓励艺术家的赞助人，是位慷慨的女主人，会为聚会提供趣味盎然的氛围、舒适的环境，酒水不多但食物精致。她允许她的客人一整天都安静地工作，晚上和周末享受他们精彩的交谈。这些交谈令人鼓舞、道德高尚，通常是关于和平主义、诗歌及其他所有超现代的艺术。

奥托琳给劳伦斯写过一封信赞赏他的作品，他们第一次见面是在她位于贝德福德广场 44 号的宅子里。之后，根据她家访客登记簿的记录，他们在 1915 年的 6 月 16 日、11 月 6 日、11 月 29 日在她牛津附近的乡间住宅见过面。嘉辛顿是一座伊丽莎白时期的宅邸，有着镶竖框的窗户、带尖角的屋顶。宅邸建在一座山的斜坡上，占地五百英亩。教师与学生、艺术家与作家、诗人与放荡不羁的年轻艺术家、贵族与杰出的政治家都汇聚在这座豪华宅邸与壮丽的花园里。花园里配有游泳池，还引来数只孔雀点缀其间。宅邸内部——利顿·斯特拉奇（Lytton Strachey）说它"非常惊人、引人瞩目，很突出，与周围景致不同，富贵又荒唐"——奢华地装饰着丝绸窗帘、波斯地毯、贵重的小摆件、奇异的香水；宽敞、橡木装饰的房间粉刷了明亮的颜色，装饰有斯坦利·斯宾塞、马克·格特勒、奥古斯都·约翰的艺术作品。弗吉尼亚·伍尔夫曾发问："嘉辛顿的日光正常过吗？不，我觉得甚至是天空都用浅黄色的丝绸装饰过，当然，甘蓝都散发着清香。"[8]

奥托琳款待小说家们，有时得到的却是忘恩负义与嘲弄。她被讽刺地刻画为赫胥黎的《克拉姆·耶娄》中的普莉希拉·威姆布什，奥斯伯特·西特韦尔《三重赋格曲》（"Triple Fugue"，1924）中的赛普图阿杰茜玛·古德利夫人，以及《恋爱中的女人》中的赫米恩·罗迪斯。赫胥黎描述了她奇怪的特征和独特的妆容："她的嗓音、笑声，深沉且男性化。她的任何方面都具有男子气概。她有一张大方脸，一张中年人的面孔；她的鼻子大而凸出，眼睛小、呈绿色；整张脸被高耸、精致的发型覆盖，形成了说来不太可能的橙色阴影。"西特韦尔描画了她长颈鹿般的身材和突出的特征："赛普图阿杰茜玛夫人相当高，对于一个女人来说，太高了，虽然看上去不能说是女巨人，但也似乎可以看成一座栩栩如生的公共纪念碑了。她有一张几乎是男性化的脸；深陷的、花儿一般的眼睛，其间是金色的花萼；长长的、棱角分明的鼻子；似剪裁过的下巴；坚固的、似动物般的牙齿，大笑时会露出来；一头浓密的、红棕色头发，剪成了短发却也不是过短。"

劳伦斯也描述了她使人昏昏欲睡的举止、古怪的举动以及色彩鲜艳的着装所带来的震撼效果：

> 她向前走着，似乎毫无意识。她苍白的长脸高高抬起，一副旁若无人的架势。她很富有。她身上穿着一件易损的浅黄色丝绒长裙，满手拿着玫瑰色仙客来。她脚上穿着棕灰色的鞋与长袜，颜色与她头上戴的帽子的羽毛一个色；她的头发浓密；她走路的姿势很不自然，臀部一动不动，像是不愿意移动似的。她身上可爱的浅黄色、棕灰色、玫瑰色令她引人注目，却也可怕、令人厌恶……她像罗塞蒂①那样扬起苍白的长脸，好似她脑中模糊无知地缠绕着一团奇怪的想法。[9]

与辛西娅·阿斯奎斯和多萝西·布雷特相比，奥托琳更牛气，她是十足的贵族，却鄙视贵族阶级的价值观。她对艺术与文化而非动物与运动感兴趣，敢于反对当时的习俗惯例，想要被看作一位拥有想象与品位的女性。虽然劳伦斯与奥托琳之间存在着各种差异，但他们的共同点在于都来自诺丁汉郡。奥托琳家族拥有诺丁汉郡大部分的煤田，劳伦斯的父亲在其中的一座煤矿上当矿工（这个区域如今还有两座煤矿仍叫本廷克与威尔贝克）。波特兰公爵"对矿工们的福利及示范乡的发展尤其关注"。劳伦斯认识奥托琳家的一些

---

① 克里斯蒂娜·古奥尔古娜·罗塞蒂（Christina Georgina Rossetti，1830－1894），英国重要的女诗人，她的诗歌表现出双重的自相矛盾的情感：一方面它们表达感官上的审美情趣，另一方面又含有神秘圣洁的宗教信仰。

仆人，他告诉奥托琳，"波特兰公爵一家在矿工们当中广受好评，甚至受到他们的崇敬"。他经常说当地的方言给奥托琳逗乐；因为同样来自诺丁汉郡，奥托琳觉得自己比他的其他那些朋友更懂他。

奥托琳想要一位精神领袖，劳伦斯的性格和他的作品令她印象深刻。虽并未与任何人讨论过，但她赞同辛西娅·阿斯奎斯的看法，认为他感情强烈，富有同情心，拥有洞察力，能令他的朋友们恢复生气并改变他们：

> 劳伦斯的生命力与风度似乎令一天中的每时每刻都因其自身强烈的生命力而跳动，因此，无论人们与他一起做什么都是合理的，而且会做得完美……
>
> 劳伦斯完全认同他所遇到的人，一段时间之后，他似乎就进入了他们的皮肤，感同身受地过着他们的生活。对他们来说，这很苦恼，因为他很少会让他的朋友们维持原样，他的兴趣会渗入他们、包围他们，令他们受到鼓舞、激励、启发，但过了一段时间之后，他会彻底剥夺他们想要保留的东西，会渗入他们的私密生活，然后开始按他自己的心意重新塑造他们。[11]

无疑，劳伦斯渴望改变别人——这令人苦恼，他与弗丽达公开争吵，这两点滋生了种种问题。还有一个问题是弗丽达嫉妒奥托琳，而奥托琳（与科特一样）相信，是弗丽达激起了劳伦斯的攻击性行为，她应该对劳伦斯那些关于性的强迫观念负责。弗丽达言不由衷地告诉奥托琳（她后来又如此告诉布雷特），她可以容忍劳伦斯与别人直接发生性关系，但不愿他与她们之间产生精神结合，那更具威胁性："我不介意你和他发生那种普通的风流韵事，我憎恨的是这种'灵魂的相互搅和'（soul-mush）。"[12]

奥托琳对艺术的热爱、她漂亮的宅邸以及她的社会影响力对劳伦斯来说意义重大。第一次去过嘉辛顿之后，劳伦斯称赞，"冬青树下那令人惊叹的草坪，那座古老的宅邸及其精致、古老的门廊——它是那么久远，那么完美，自成一个小世界"。虽然他赞赏嘉辛顿的传统因素，并以其为原型创作了《恋爱中的女人》中的布雷多比，但他批评其人造的不自然，称这经常令他感觉不适。1915年11月，欧洲正分崩离析，他从嘉辛顿给爱德华·马什写了一封信："在这里，人们如此深刻地感受着真正的英格兰——这古老的宅邸、这乡间。"但1921年2月，他提醒患上肺结核的马克·格特勒小心："我应该提防嘉辛顿。我相信那里的空气中有什么消耗性的东西，让人很不舒适。"[13]

奥托琳对劳伦斯很慷慨，而劳伦斯似乎也回应了她的友谊。但当她1916年11月读了《恋爱中的女人》的手稿之后，劳伦斯的忘恩负义令她深深地震惊，她觉得劳伦斯对她的描画极为轻蔑，这伤害了她：

> 劳伦斯，我们给予了他很多，在他困难的时期一直支持他，但他嘲弄、扭曲、丑化我，让我成为他脑中的不良形象……
>
> 我读了手稿，发现自己吓得脸色苍白，因为我在那书里发现他对我的刻画无比卑劣，带着明显的恶意与轻蔑。这对我是沉重的打击，因为这么久以来，他写的信件都相当友好，我从不知道他不喜欢我或是对我有任何反感。我被称作"老巫婆"，沉迷于强烈的性欲，是个萨福主义者……我的衣服不干净；我对我的客人们粗鲁、傲慢……他对我的伤害在我的人生中留下了非常深刻的印痕。[14]

奥托琳或许认识到了劳伦斯对她的讽刺性刻画中有真实的因素，她归还手稿时还愚蠢地做出了回应，表明她受到了多么深的伤害，这令情况对她而言更加糟糕。劳伦斯疏远了奥托琳十二年。但1928年5月，当他听说她病得很重时，他称她为"众多女性中的女王"，还给她写了一封动人的信。信中，他突出了她的性格与慷慨，强调它们给了许多艺术家以灵感："你对许多人都有重要的影响，正如你对我的影响那样。因为你从根本上来说慷慨大方，因为你是奥托琳。毕竟，只有一位奥托琳，而她推动了人们的想象。"[15]他们最终和解了，但是没再见过面。

## 三

小说家 E. M. 福斯特1879年生于市郊的一户中产阶级人家。他于1915年1月在贝德福德广场奥托琳家中举办的晚宴上结识劳伦斯。他上过剑桥大学，已经出版了包括《霍华德庄园》（*Howards End*，1910）在内的四部小说，当时正在写《印度之行》（*A Passage to India*）。两位作家都知道彼此的作品，很快便喜欢上了对方；两天后，福斯特在一封信中描述劳伦斯，说他热情，非常亲切。2月中旬，福斯特在劳伦斯位于萨塞克斯格里瑟姆的小屋中度过了一个周末。一切开始得相当好，他们之间的关系变成了满腔热情的私人关系，结局却相当糟糕。

福斯特与劳伦斯之间的通信让我们可以了解他们每日对对方的回应。2月11日，福斯特这个强烈压抑的、秘密的、仍是处子的同性恋，提到了劳伦斯的典型自曝特性及他对自然的回应："我喜欢劳伦斯夫妇——尤其喜欢他。我们在宜人的乡间散步长达两小时，从这里一直走到阿伦德尔。他给我讲了他所有的家人——酗酒的父亲，嫁给裁缝的妹妹（艾达）。路上，我们大部分时间都很欢乐、友好，有时候会停下来看看鸟儿、柔荑花。"

劳伦斯当天及第二天写给心理分析师芭芭拉·洛和福斯特的密友伯特兰·罗素的信件暗示了眼下他们发生冲突的危险，这冲突随着他开始剥去福斯特的面具并渗入他的私密生活而产生。但他对福斯特身上的问题的诊断及他提出的治疗方法似乎都没有理解或是忽视了福斯特是同性恋的事实："福斯特在这里。他非常亲切。我想知道他是否没有控制力了。我从他身上感受到了极度的痛苦——并不是他做了什么，而是你知道的那种尖锐的、剧烈的痉挛之痛——我就是感觉到了……他为什么不做点什么呢？他为什么不找个女人，弄明白他最基本的、首要的存在性问题？因为他知道自我实现并非他的终极欲望。"两个星期后，在写给玛丽·坎南的信中，他似乎很惊讶福斯特（他不相信女人是发现他首要的存在性问题的方式）因为他敏锐却无情的分析而受到了冒犯，惊讶福斯特不感激他试图给予的帮助："E. M. 福斯特在我们这里待了一两天。我喜欢他，但他的生活如此荒谬、愚蠢，他这人因为空虚正处于垂死状态。他因为我告诉他他自己是个怎样的人而对我极为恼火。"

福斯特受到了严重的冒犯，他觉得劳伦斯荒谬且不忠诚。他对劳伦斯了解不够，并没有意识到劳伦斯批评的不仅是福斯特的同性恋倾向，而且也是他自己的同性恋倾向。2月12日，离开格里瑟姆不久，福斯特便与劳伦斯断交。但他发现，以书写的方式激烈抨击劳伦斯提出的异性恋的解决方式要比面对面这么做容易得多：

> 我喜欢劳伦斯太太，我也喜欢与希尔达交谈的劳伦斯、看鸟时的劳伦斯、身体不适时的劳伦斯、不知道自己为什么写作《白孔雀》的劳伦斯；但我不喜欢这个失聪、无知觉的狂热分子，他环视了他的性关系小圈子，直到他相信别人没有其他的

路径可走。他有时令我感兴趣，有时令我害怕，有时令我生气，但最终，我知道，他只会令我厌烦。[16]

# 四

1915 年 2 月，劳伦斯通过奥托琳·莫雷尔结识了伯特兰·罗素——他的祖父是首相，兄长是伯爵，他本人是三一学院讲师。劳伦斯将罗素当成他反对"一战"的强有力的同盟。罗素常被指责耽迷于理性，但他觉得，一个拒绝科学思维方法与产物的人可以给他一剂非理性之药，那将会对他有益。而劳伦斯信奉感知的力量和"人类隐秘的欲望"，他相信，获取本能与直觉的更大自由将有助于解决导致战争的种种问题。

在劳伦斯与罗素第一次见面之后，奥托琳注意到，罗素与劳伦斯的其他朋友一样，很快便被劳伦斯迷住了："伯蒂非常崇敬这位充满激情的先知。他觉得他是第二位以西结①，相信他的远见卓识。"罗素证实了奥托琳的观察，他写道："我喜欢劳伦斯的热情，喜欢他充满活力与激情的情感，喜欢他的信念，即需要根本性的事物来纠正这个错乱的世界。"劳伦斯强化了罗素的信念，即"社会历史必须建基于不畏惧本能的心理状态之上"。劳伦斯满足了罗素渴望的"某种神秘洞察力的形式"，分享了他对未来的某些乌托邦式的期待。[17]

2 月初，劳伦斯给罗素寄去了一份关于英国社会福利状况的激昂却过分简单的计划。革命"当始于将所有的工业、交通方式、土地全部国有化。人们无论疾病、健康、老迈，都应享有工资……这

---

① 以西结是公元前 6 世纪以色列地方的先知，著有《以西结书》，被称为犹太教之父。以西结一词的希伯来文含义是"上帝加力量"。

可实际解决当前的整个经济问题"。罗素是个富有同情心且宽容的人,他告诉奥托琳(劳伦斯和罗素都经常向奥托琳袒露心声):"我越来越爱戴他。我不想劝阻他的社会主义革命。他对之非常有信心,他将他的生命力投注其中——他必须将之进行到底。他说得那么好,我几乎都要相信计划能成功了。"[18]

罗素邀请他于3月6日至8日在剑桥三一学院(威克利曾求学的地方)度周末后,劳伦斯写道,他觉得去剑桥对他来说是个重大事件,他担心自己会敬畏、会胆怯,他对自己的这种感觉也是无可奈何。但与罗素度过的那个周末与他前一个月和福斯特度过的那个周末一样,非常糟糕。劳伦斯因该学院毫无生气、媚俗、傲慢,尤其是其同性恋的氛围而感到震惊与厌恶。他告诉大卫·加尼特,经济学家约翰·梅纳德·凯恩斯①突然出现,睡眼惺忪、身穿睡衣站在那里,这唤起了他非理性的反感:"他站在那里,我慢慢有了一种认知,那就像我曾经有过的一点疯癫。这一认知让人产生了最糟糕的厌恶感,就像是看见了腐肉,秃鹫能令我产生同样的感觉。我开始觉得疯狂,我觉得这——让人精神错乱。"劳伦斯带着他典型的坦诚给罗素写信道:"剑桥确实让我觉得非常无望与沮丧。我无法忍受它散发出的腐臭,那味道仿佛静止的沼泽散发出的臭气。我患上了忧郁性的疟疾。病得如此严重的人如何起来革命?他们必定会最先死去。"

4月,大卫·加尼特带着一位同性恋朋友弗朗西斯·比勒尔(Francis Birrell)拜访劳伦斯。劳伦斯给加尼特写了一封信——意图良好却带着他特有的易得罪人的态度——警告他(他是布鲁姆斯

---

① 约翰·梅纳德·凯恩斯(John Mayaerd Keynes, 1883—1946),英国经济学家,现代经济学最有影响的经济学家之一。他创立的宏观经济学与弗洛伊德所创的精神分析法、爱因斯坦发现的相对论并称为20世纪人类知识界的三大革命;被称为"战后繁荣之父",与亚当·斯密("经济学之父")、卡尔·马克思("共产主义运动的先驱")共称为经济学时代的奠基人。

伯里文学圈中的一员，但本人并不是同性恋）与那个由反常者组成的道德败坏的一群人断绝所有关系，并且（像他告诉福斯特的那样）努力爱上一个女人：

> 我看到比勒尔或者是其他像他这样的人，就像是被腐朽之物得意扬扬地打击到了。我就是无法忍受同性恋。它错得离谱，令人无法忍受。它形成了某种内在的败坏，这真的让我无法活下去。为什么会有这种可怕的肮脏感，如此令人厌恶，就好像它源于内心深处的肮脏——某种阴沟——深藏于如凯恩斯、比勒尔、邓肯·格兰特这类人的内心深处？这是我几乎无法忍受的……千万别再将 B. 带来我这里。我觉得他肮脏，像蟑螂。他可怕、不纯洁。我觉得我一想到你们这一类人，D. G.、K.、B.，①我就会疯掉。这让我做梦梦到的都是屎壳郎。在剑桥，我做了相似的梦。不知怎么的，我无法忍受。这是万恶之首。

劳伦斯对凯恩斯和比勒尔的极端情绪化反应影响了他在《恋爱中的女人》中对同性恋的描写。

与福斯特一样，加尼特没有断绝与他的同性恋朋友的关系，而是断绝了与劳伦斯的关系，因为他觉得劳伦斯想要的是信徒，劳伦斯试图指导他的生活。[19]但罗素，甚至是凯恩斯自己，实际上都赞同劳伦斯的看法。在劳伦斯访问剑桥后，罗素就称赞了劳伦斯的洞察力，赞同他对性反常行为的看法，并写信给奥托琳道："劳伦斯对事物有着凌厉又敏感的认识，这些是我不理解的，不过，对你来说，这些认识很自然。我越来越敬重他……劳伦斯与我一样反对鸡

---

① 此处的人名字母缩写分别代表他前面提及的几位，即邓肯·格兰特、凯恩斯与比勒尔。翻译中使用了原文的字母缩写，因为这更能体现劳伦斯的厌恶感。

奸；而你几乎让我相信鸡奸没有什么危害，但我还是恢复了我之前的观点；我所知道的所有案例都让我确认，鸡奸是让人失去生育能力的行为。"

凯恩斯二十年后写《我早年的信仰》（"My Early Beliefs"）时，虽然言语谨慎地没有提及导致劳伦斯那样反应的同性恋问题，但也承认劳伦斯疯狂的反应有些道理。尽管对劳伦斯持有敌意，凯恩斯还是将劳伦斯的热情、道德感、严肃与盛行于剑桥的理性、同性恋及怀疑性的不恭敬态度进行了对比：

> 如果我想象我们置身于劳伦斯那双无知、嫉妒、易怒、充满敌意的双眼的观察之下，到底我们混杂了怎样的特质才会引发他那么强烈的厌恶之情；他的那种狭隘的理性主义就像是在火山岩层上跳动，忽视了现实及粗野激情的价值，它们与放荡主义、与彻底的不恭态度相结合。这种狭隘的理性主义用在朴实如邦尼（即大卫·加尼特）这样的人身上未免聪明过了头；它还用其理智的别致性诱惑了如奥托琳般的怪物……不过，这就是我为什么说劳伦斯在 1914 年评价我们"完蛋了"，这评价中或许有那么一点合理因素。[20]

6 月 19 日和 20 日，罗素去伦敦西南四十英里处的格里瑟姆看望了劳伦斯。虽然在性格与智识方面，劳伦斯与罗素属于对立的两端（相信直觉与神秘的劳伦斯信奉"血性意识"，注重分析与怀疑态度的罗素则信奉"理性知识"），但他们两人都认为，心理不可能脱离政治；他们想要按照社会主义路线改组社会，并计划联合进行一系列公开演说——罗素讲伦理学，劳伦斯讲永生——以表达他们反对战争的态度。有了这样的目的，罗素在 7 月初给劳伦斯寄去了讲稿，这讲稿成为他第一部畅销书《社会改造原理》（*Principles*

of Social Reconstruction，1916）的基础。罗素在其中写道："我提议一种政治哲学，其基础在于这样的想法，即相信在塑造人们的生活方面，冲动的念头要比刻意的目的更有效。"结尾处，罗素含糊总结：生命若求完整，必要"获得自由的生长力与创造力的冲动，获得爱的自由。这需经由新的标准、减少对物质商品的信仰及在新的政治体制中实现自由统一方可实现"[21]。

　　劳伦斯的大学英语老师用红笔修改他的散文《秋》时，他曾"感到蒙羞，因为他被当成了'学童'"。而现在，他却在删除、修改罗素的作品。劳伦斯强烈反对罗素的观点：在罗素看来，人要有"道德感"（劳伦斯认为罗素所说的道德感只是指"行为端正"），如此才能赢得他人的尊重；他还认为，"因为有违他人意愿的行为会令他不喜于人，因而这行为便不可取"。劳伦斯在打印出的文稿上直接批注了"不！不！不！不！不！"及"这可不好"，就好像他是个缺乏耐心的教师在教一个学习落后的小男孩，而不是像一位年轻同事正在回应那个时代一位最伟大的思想家的思想。

　　劳伦斯在7月中旬和下旬写的三封信件中解释了他们的根本分歧在于伯爵之子罗素信奉民主，而他这个矿工之子信奉贵族统治。战争强化了劳伦斯建立在血性意识与强有力的领导者基础上的反理性、尚古主义及贵族统治的观点。对想要获得根本性变革的劳伦斯来说，罗素的改进措施无力、无效且消极："你所说的这一切都是社会批判；它不是社会重构……（事实是）……要实现运动的完整性、目的的一致性、建构的统一性，关键在于人身上最根本的激情。这是建构的准则。其他都只是批判，是破坏。"

　　劳伦斯的观点更接近列宁而非罗素。他想要推翻政府。他认为，民众选举了软弱无力的领导者，他们将这个国家带入了灾难性的战争；民主社会必须被取缔而非重建；以智慧而非选票为基础的新的掌权人物必须取代当前毫无建树的领导者。劳伦斯觉得，最根本的选择在于选择独裁统治还是民主制。罗素相信，政权属于人民，赋予领导者的权力应受到严格限制。劳伦斯坚持：

> 你必须放弃你所有的那些民主观念。你必定不能相信"人民"。……必然会有属于贵族阶级且拥有智慧的一群人，必须有一位统治者：一位皇帝……
>
> 在你关于政权的演讲中，你必须批判现存的民主体制……肯定有一群被精选出的贵族……整个政权必须以绝对的发号施令的人为中心……你难道没有发现整个国家正在倾塌……破坏将带来可怕的混乱……
>
> 我相当不喜欢你的这封信件，你将要在你的系列讲座中讲述的内容令我惊恐。我不想要暴君，但我也不相信民主掌控……一切必须以真正的首脑为中心，正如每一种有机生物必须有一个主宰中心一样——不要那种由愚蠢的总统统治的愚蠢的共和政体，而是一个选举出来的国王，就像尤利乌斯·恺撒那样的……必须得有选举出来的贵族阶层。[22]

但是，劳伦斯从来都没有具体化过谁可以成为发号施令的人，他该如何被选举出来，他领导下的贵族体制该如何运作。

这是相当强势了，而且劳伦斯的表达一点也不隐晦。但罗素在9月14日给劳伦斯寄来了他题为《文明的危险》（"The Danger to Civilization"）的论文。论文强调了长期战争会导致的种种危机，但忽视了导致战争发生的社会因素。接信后，劳伦斯开始了一轮更私人化、更令人震惊的攻击。他宣称，罗素的反战主义思想实际植根于杀戮欲，罗素已经被杀戮欲带入了歧途：

> 你最基本的欲望是最大限度地渴望战争，你实际是超级主

张战争之人。你所想要的是戳刺与攻击，就像是手持刺刀的士兵，你们唯一不同的是你将之升华成了文字……

你只是满腹被压制的欲望，这些欲望变得野蛮又反社会。它们披着一张宣传和平的羊皮出现在世人面前……

你的愿望错误又残忍。你满腹被压制的邪恶欲念，除了放任自己、成为残暴之人，你什么也不是。我宁可遇到的是掠夺成性且残忍的德国士兵，也不要你这样满嘴善言之人。我无法忍受的是这种虚伪……你是全人类的敌人，渴望的只有仇恨……那是一种扭曲的心理杀戮欲。你为什么不承认？让我们还是成为陌生人吧，我觉得那样更好。

这封信毫无理性基础可言。它将"压制的欲望"、对人类的蔑视归咎于罗素其人。劳伦斯之所以这么写，很有可能是因为罗素与他在适当的政治行为模式方面观点不一，且罗素仍然支持行将消亡的民主体制，只是改进了它的形式；而在劳伦斯看来，民主体制因为战争的爆发而变得声名狼藉。罗素收到这封令人震惊的信件之时，因为他被劳伦斯的人格力量打动，所以起初他深信劳伦斯对无意识的动机有着超乎寻常的洞察力，这是他自身的智力所无法领悟的。他后来记录："有二十四小时的时间，我觉得我不适合活着，盘算着自杀。"[23]但很快他神志清醒过来，断绝了与劳伦斯的所有关系。

劳伦斯受激情而非理性指引（这个事实尤其困扰罗素），他没有前后连贯的观点，也没有清晰的思想体系。他的观点会因外部环境的变化而发生改变；当他暴怒时，这些观点也会发生剧烈的变化。他既会满腔热情地忠于他的观点，当他的想法发生改变时，也会乐于抛弃那些观点。他进行社会革命的各种期望不切实际又天真；他承担了先知的立场，但他根本不了解政治现状。与罗素相互纠葛的半年里，劳伦斯2月尚强烈坚信社会主义，但到7月，他发生了变化，变得蔑视民主体制，主张拥有强有力的领导者。他之所以会形成这些看法，既有他的阅读也有战争因素的影响：赫拉克利特的斗争观念，在斗争中，强者确立压制弱者的力量；柏拉图的精英、等级制、奴隶制为基础的共和国；黑格尔的善恶辩证冲突；卡莱尔①的英雄观念；尼采对超人的升华；雪莱的观点，即诗人是人类未获承认的立法者。保罗·德拉尼（Paul Delany）敏锐地发现，"我们可以通过多种方式解释劳伦斯突然热衷于独裁制的原因：赫拉克利特的影响，外在政治事件的影响，等等。但所有这样的解释似乎都不足以说明其观点的根本转变。他转而信奉'皇帝'，这只是他一系列一百八十度大转弯的观点中的一个……是他一系列无理由的迷恋中的一个"。劳伦斯抱怨"他们说我不会思考"；奥托琳告诉罗素："他相当不稳定。"[24]

劳伦斯与罗素的关系破裂，他对之做出的回应是转向了凯瑟琳和默里，并创办了《标志》，在上面发表了自己长而枯燥的散文《王冠》。在这篇作品中，劳伦斯坚决主张，真正的自我"只有在个体实现了自己的天性中对立两极的可能性之后，才能被创造出来"。1925年，这篇散文重版于一本书中的时候，劳伦斯还记得自己与罗素的争论，遗憾地写道，表面性的解决方法毫无意义——唯一的希望在于革命性变革："我那时知道，我此时同样知道，做任何事情都没用——我只是公开表明我自己的观点。只是尽力改进当前的各种社会形式，可没有用，我们这个时代整体显著的形式一定要消除。"[25]

但劳伦斯不可能与罗素成为陌路。他在几次勃然大怒之后冷静了下来，11月末在嘉辛顿见到了罗素。当月，《虹》被禁止出版，

---

① 托马斯·卡莱尔（Thomas Carlyle, 1795—1881），苏格兰哲学家、评论家、讽刺作家、历史学家，被看作他那个时代最重要的社会评论员，著有《论英雄、英雄崇拜和历史上的英雄事迹》。

劳伦斯尤其渴望能找到有影响力的支持者。12月8日，他给罗素寄去了一封重要信件，表达了他的一些基本信念，他知道罗素不会喜欢看到这些。劳伦斯重复了他1913年1月的一封信（"我最重要的信仰便是信奉血性"），重申了他以人类学教科书为基础的观点，即情感应主导理性思维；通过交媾实现的血性意识、煤矿工人和原始人体验的血性意识要优于纯理性：

> 我一直在读弗雷泽的《金枝》（*Golden Bough*）及《图腾崇拜与外婚制》（*Totemism and Exogamy*）。现在我确信我二十岁便已相信的，即除了大脑与神经系统，意识还有另外的存在方式：有一种血性意识，它存在于我们体内，不依赖一般的心理意识，而依赖眼睛为其源泉与连接器。这血性意识就像眼睛与看的关系，它通过性行为与心理意识构成关系。人们活着，了解知识，在血性中形成个体存在，不需要神经系统与大脑。这只是一般的生命，它置身于黑暗、无知之中。

在对这神秘生理功能进行阐释后，劳伦斯甚至厚着脸皮——或者说他有那自信——让罗素（罗素最终比劳伦斯多活了四十年）在他的遗嘱中给他留点什么。

他们发生争论之后，劳伦斯嘲弄了罗素陈腐的、为人熟知的哲学，在《恋爱中的女人》中将他讽刺性地刻画为乔舒亚·马西森爵士："一位年届五十的博学但身材干瘪的男爵，他谈笑风生，用刺耳的狂笑尽情地取笑她们……（他）正用他装腔作势的嗓音没完没了地高谈阔论，总想显示他的聪明，谈论一些令人感兴趣却也已经是众人熟知的事情，他所讲的所有事情事先都已为人所熟知。"

对于劳伦斯的嘲讽，罗素在他的《自传》（*Autobiography*，1968）第二卷再版的章节《记忆中的肖像》（*Portraits from Memory*）中对劳伦斯进行了报复。他用自己作为思想家的极大威望强化了他针对劳伦斯荒谬却极端具有伤害性的攻击，说他是原初的纳粹分子，并写道："我不需要暴君。"他错误地指责劳伦斯狂热地憎恨人类，指责他是支持邪恶的积极力量（如此就将劳伦斯对罗素的指责颠倒了过来），指责他相信"独裁政治确立后，他本人会是尤利乌斯·恺撒"。他断言，劳伦斯"远在政客们之前"便期盼"整个法西斯主义哲学"；而且（更为合理地）谴责劳伦斯所信奉的血性意识"明显是瞎说"。他之后抛却了所有逻辑思考，诉诸他的强烈情感，做出了胡乱推断："我那时候不知道，这会直接导致奥斯维辛。"[26]

罗素被从三一学院解职，他的藏书被没收，（像劳伦斯一样）被拒绝颁发美国护照，1918 年被囚禁了四个月。他觉得自己因为反对"一战"而比劳伦斯遭了更多的罪。但是，正如理查德·奥尔丁顿所理解的："与罗素的交往使劳伦斯成了当局攻击的对象，而他没有贵族的出身，也没有朋友庇护他"，免不了会遭迫害与惩罚。[27]

罗素最初是受到了劳伦斯的激发，因为劳伦斯的人类观包含并看重情感的力量，而这是作为冷漠的唯理性主义者的罗素从根本上来说畏惧的。劳伦斯认为战争是对人类真实情感的背叛；罗素视战争为非理性的产物，因而是有害的。罗素最终盖棺定论，选择将劳伦斯（劳伦斯对罗素也做出了同样的行为）看成战争的非理性恶灵，之后又说他发现劳伦斯的观点令人反感。有三种不同因素导致了他们之间痛苦的争论与相互憎恨。就个体层面而言，劳伦斯批评罗素压抑个性、情感方面有明显的缺陷，他有能力破坏罗素的沉着镇定，这令罗素感觉受到了伤害、非常愤怒。罗素懊悔自己先前对劳伦斯满怀热情（"他看到了一切，总是正确的"）[28]，后来又做出了过激的反应，荒唐夸大劳伦斯对纳粹思想意识的影响。就政治层面而言，罗素主张对现存民主体制进行典型的英国式改进，而劳伦斯则要求完全天翻地覆的革命，其结果是要建立独裁主义政体。就哲学层面而言，他们关于人类的本性与潜在可能性的观点存在根本分歧。罗素相信人可以被引向善，劳伦斯觉得人类必须被钳制才能不向恶。虽然他们之间因为奥托琳而产生的友谊看上去充满希望，但这友谊实际上从最开始就注定不会维系太久。

五

战争不仅迫使劳伦斯主张建立专制的独裁政权，独裁者将管理并改变腐朽的社会，而且还迫使他计划建立一个理想的共同体以避开腐朽的社会，并使之成为新社会的核心。拉纳尼姆的想法植根于他童年时的梦想：在诺丁汉公园拥有一座大房子，供他的母亲和所有他喜欢的人居住。这一想法一直存在于他后来的梦想中：与几个好友乘坐自己的船——一个漂流的乌托邦——逃向大海。劳伦斯在各个不同时期所经历的地方——佛罗里达的橙林、安第斯山脉的东坡、南海诸岛、希腊的群岛，从来没有一个地方是他希望能就此安定下来的。

拉纳尼姆（Rananim）的名称源于《圣经·诗篇》第 33 篇中的希伯来文字 ranenu rananim——"义人哪，你们应当靠耶和华欢乐"[1]——这是科特喜欢唱颂的一句。拉纳尼姆的文学原型可追溯至 19 世纪 40 年代纳撒尼尔·霍桑与玛格丽特·富勒的布鲁克农场，以及柯勒律治与骚塞计划在萨斯奎哈纳两岸实现的共享大同世界乌托邦（the communal Pantisocracy）。1809 年 10 月，柯勒律治在《朋友》（*The Friend*）期刊中写到他那些受挫的抱负："从政府

---

[1]　原文为 "Rejoice in the Lord, O ye righteous"。

章程与整个民族那里我所不敢期待的，我希望能通过宗教及少部分精选出的个体实现；我设定了计划，这计划无害却也不切实际，那就是在萨斯奎哈纳两岸对人类完美化的可能性进行实验；在那里，我们的小社群……原本是要将族长时期的天真与欧洲文化知识及欧洲文化的整体完善相结合。"

劳伦斯的大部分朋友（包括罗素）都曾在不同时期被指定为这个共同体的合适人选。与诺亚一样，劳伦斯计划领导选民——选民们的善与当代的恶形成了鲜明对比——获得救赎。他在 1915 年 1 月给威利·霍普金的信中写道：

> 我想聚集大约二十人，一起乘船驶离这战争与肮脏的世界；然后建立一个小的聚居地，在这里，金钱并不存在，这里实行的是一种共产主义，只有生活必需品，某种真正的正派作风。这个聚居地建立的基础是共同体每位成员所具有的真正的正派作风——这是一个以其成员的善而不是恶为假设前提而建立起来的共同体。[29]

劳伦斯感到苦恼，这不仅因为实施他的空想计划存在困难，也因为他想要建立的社会与他从事创作所想要的独处之间存在冲突。后来，他遗憾自己一生都处于孤独状态，并且说："我非常愿意通过某件事而与某些物、与少部分的人之间产生联系。至于任何重要之事，我一直都是独自一人在对付，我很后悔这一点。"但在《亚伦的手杖》中，他声称自己"独自一人，选择独自一人，因为人就其本性而言就是孤独的"。战争末期，他对他所认定的追随者不再抱有幻想。他告诉马克·格特勒，他渴望继续他原先的那种无根、孤单的生活："我不想与任何人采取一致行动。我想独自或是与弗丽达一起，就像那种吉卜赛式的生活，没有房屋、没有地域的限制、没有家、没有土地，就只是搬家、离开。"[30]弗丽达（除了仅有的一次）并不反对劳伦斯建立他的聚居地，因为她从不相信那会变成现实。

劳伦斯尝试过与凯瑟琳和默里，（之后）还有梅布尔·卢汉共同生活在一起，但这些尝试都表明拉纳尼姆最终会完全失败。建立拉纳尼姆存在着许多实际问题，而且没有办法挣得足够的钱以支撑这个共同体的运作。他会努力将自己的意愿强加在其他人身上，会与他的追随者争论。他的这些门徒不可避免会变得不满，不再支持他，会留下劳伦斯独自倍感失望、苦恼与难过。

## 六

战争期间，成年人无法回应他的那些想法，劳伦斯便转向教导孩子，那能获得更清晰可见的回报。他对男孩、女孩们的想法和情感有着非凡的洞察力，他本会是一位好父亲。他对孩子们很和蔼，对他们的要求敏感，他称赞他们的率性与直觉力，保护他们，在他的作品中将他们刻画得非常出色：《虹》中年幼的厄秀拉、《恋爱中的女人》中的温妮·克里奇、《骑木马的优胜者》中的保罗、《英格兰，我的英格兰》中的乔伊斯。在克罗伊敦时，他花了很多时间陪伴、照料希尔达·琼斯与威妮弗雷德·琼斯。辛西娅·阿斯奎斯患有自闭症的儿子约翰和约翰的弟弟迈克尔令他着迷；他也喜欢其他朋友的孩子，真诚地喜欢他们：约翰·帕特里克·卡斯威尔、朱莉安·莫雷尔、哈伍德·布鲁斯特（他们回忆起他都满怀深情）。海伦·托马斯的小女儿喜欢上了这个令人愉快的陌生人，她会跟他爬到他的床上玩耍。1915 年在格里瑟姆、1918 年在赫米蒂奇，劳伦斯还分别照顾了玛丽·萨利比和希尔达·布朗，并指导了她们的学习。

从 1915 年 1 月末直至 7 月末，劳伦斯与弗丽达一直居住在一座翻新的牛舍里。这是一座狭长的农舍，有一间厨房、起居室和两间卧房，是他们从诗人兼小说家薇奥拉·梅内尔那里借来的。薇奥拉的父母亲威尔弗雷德·梅内尔与爱丽丝·梅内尔拥有一家天主教月刊《快乐英格兰》（*Merrie England*），并亲任主编。他们给自己的每一个孩子都在萨塞克斯格里瑟姆的乡间住宅附近建造屋舍。一半是因为真正感兴趣，一半是因为劳伦斯想回报他的这位恩人，他从 5 月中旬至 7 月末，每天花了三个半小时给薇奥拉的外甥女玛丽·萨利比上课。玛丽·萨利比当时十岁，是个缺乏管教的小姑娘。劳伦斯给她上课是为了帮助她准备圣保罗女子中学的入学考试。

因为父母分居，母亲精神崩溃，玛丽没有受到过什么正规教育。她有接受教育的需要，劳伦斯愿意提供帮助，两相结合的结果便是劳伦斯给玛丽进行了私人辅导。当时，玛丽几乎不认识字，会写的字也写得相当糟糕。她喜欢在屋子里那张长长的橡木餐桌边上接受辅导，因为劳伦斯是位非常好的老师，他有耐心、有热情，这些激发了她求知的热望。她默写薇奥拉小说中的文字，提高了书写的质量。玛丽现在仍记得劳伦斯教她的那首关于麦金利总统被刺杀事件的歌曲的歌词。1915 年秋，玛丽适龄进入圣保罗女子中学相应班级学习。埃尔莎·威克利与芭芭拉·威克利也同时在该校上学。玛丽相当顽皮地告诉她们："我认识你们的母亲。"

玛丽说她"在学校学习得相当好，因而劳伦斯对她的辅导肯定很棒——尤其对于一个没有教养、不堪造就的学生来说！"[31] 从圣保罗女子中学毕业后，玛丽先在雷丁大学获取了农业学学位，之后又进入剑桥大学的纽纳姆学院和伦敦大学学院医院学习医学，于1930 年获得行医资格。她是劳伦斯唯一全面辅导过的孩子，是劳伦斯所教学生中最才华横溢、最成功的一个。

梅内尔家族和他们的乡村住宅为劳伦斯最优秀的短篇小说之一《英格兰，我的英格兰》提供了创作灵感。埃格伯特的原型珀西·卢卡斯（Percy Lucas）具有贵格教派背景。他出生于 1879 年，娶了玛丽的阿姨玛德琳，并居住在梅内尔地产末端、一英里外的拉克姆小屋。珀西温柔、安静；玛德琳则相反，坚定、"能处理好一切"。虽然珀西很讨人喜欢，但他就是那种能令劳伦斯烦恼、挑起他怒火的唯美主义者、半吊子、靠收租生活的人。据他的外甥女说："他是个令人喜爱的人，或许有点不负责任，但始终都脾气很好。就职业来说，他是个谱系学家；他生活中的主要志趣是莫里斯舞①；他在整个英国到处追逐他的爱好。从性格上来看，他一点都不好战，全神贯注于和平、令人愉快的事，正因此，他在战争刚一爆发便参军的行为相当令人惊讶。"

薇奥拉·梅内尔准确详实地描述了发生在珀西的女儿（玛丽的表妹）、1908 年出生的西尔维娅身上的那场可怕事故。劳伦斯在他的故事中也用过这个事故，并对之进行了相当大的改写。薇奥拉写道："1913 年，西尔维娅遭遇了一场事故。一把刀切到了她的腿，其灾难性的后果甚至几乎要了她的命。五岁的她一连数月处于危急的疾病与疼痛之中。她看上去还那么小，却受了那么重的伤；她甚至都不知道怎么用言语描述她的痛苦。对我们一家人来说，那是一次非常糟糕的经历。"[32]

因此，实际上，西尔维娅遭遇的事故是在劳伦斯来到格里瑟姆前两年发生的（虽然看着瘸腿的孩子，那场事故遗留的影响仍清晰可见）；珀西 1914 年就参了军，当时在国外服役，并不是他导致了

---

① 莫里斯舞是一种民间舞蹈，为英国独有的传统文化之一，其历史可追溯至 15 世纪。跳舞时，男士们穿上黑色灯笼裤，在腿上绑上铃铛，挥舞手帕，和着欢快的手风琴旋律翩然起舞。

那场事故的发生。他们家的一位好友罗伯特·纳尔逊（Robert Nelson）经常在周末来拜访，是他粗心地将刀藏在了草丛里。西尔维娅摔倒在了上面，伤口很深，在抗生素还没有出现的年代里，伤口导致了骨败血症。薇奥拉的故事里精确描述了西尔维娅受到的不当医疗治理。当地的全科医师对她的伤口处理得非常糟糕，之后，她的伤由梅特兰德·雷德福医生（Dr. Maitland Radford）治疗，他将西尔维娅送往了伦敦一家由天主教修女主办的医院——圣约翰与伊丽莎白医院。她在医院里住了很长一段时间，差点失去她的腿，还几乎丧命，但在生病期间非常地坚韧、勇敢。[33]

薇奥拉以下这段纪念姐夫珀西的文字虽无意讽刺，鉴于他女儿的事故、他可贵的性格和他之后在战争中丧生，却倍显荒诞：

> 他对什么都漠不关心……他排外……他成了天主教（皈依者）……他技艺精湛却温柔的双手……有办法守护他那个孩子们的小世界……他能记得他的小屋或是其他任何地方摆放的任何东西……他没遭遇过任何危险……我不知道他什么时候下定决心要参军，但我想从战争第一天开始，他便在考虑这件事……我以为他是在尝试其他可做之事、家庭的任务，看看它是否会令他满足……一旦这尝试失败，他便决定参军。

劳伦斯的短篇故事《英格兰，我的英格兰》题目来源于威廉·欧内斯特·亨利①的一首爱国诗《为了英格兰》（"For England's Sake"，1900），他以该故事哀叹战争中的英格兰的命运。故事的主题是死亡的愿望战胜了新生的冲动。故事引用无数《圣经》话语，强化了

---

① 威廉·欧内斯特·亨利（Willaim Ernest Henley, 1849—1903），英国19世纪即维多利亚时代诗人。他自幼体弱多病，患肺结核，一只脚被截肢，为了保住另一只脚，一生都奋力与病魔抗争，不向命运屈服。

预言性的氛围，巧妙地暗示了故事的其他主题，如威胁、邪恶、牺牲、伤逝、流浪者、末日。[34]

这个故事中的埃格伯特是个伊壁鸠鲁式爱享受的隐士，他远离尘世，避入乡间深处，依赖妻子威妮弗雷德的收入生活。他成功地创造了一个即便不安全却极受珍视的伊甸园。但他粗心地将一把工作用的弯钩——半月形状、有木柄的镰刀，常用来割草——落在了花园里，他年幼的女儿乔伊斯腿上被划了一道深而长的切口，没有得到恰当的治疗，造成了终身残疾。这场事故揭示了埃格伯特性格中的软弱、生活模式的缺点与婚姻现状的不稳定，导致了他与威妮弗雷德之间情感与生理方面的疏离。他的妻子与岳父惩罚了他，迫使他在战争爆发之时参军。虽然埃格伯特完全不适合军队生活，但他认可了自己的罪责，牺牲了自己。

埃格伯特的妻子与女儿都各对自己的父亲怀有恋父情结，两对父女之间的关系都要强于丈夫与妻子之间的关系。威妮弗雷德避免与埃格伯特发生性关系，与她强悍的父亲结成联盟，这些都迫使埃格伯特离开自己的女儿、参军，以减轻自己的愧疚感，满足自己求死的愿望。他受到岳父的鼓励入伍，他的岳父负责处理当时极度严重的治疗状况，将乔伊斯送去了伦敦的一位专家那里，从而挽救了她的生命。他的岳父想要给威妮弗雷德自由，让她摆脱软弱的丈夫；想要重新获得自己的女儿，也想要惩罚埃格伯特，让他成为男子汉。埃格伯特、威妮弗雷德和她的父亲之间唯一达成协议的一点便是埃格伯特必须在战争中牺牲自己。

埃格伯特因为觉得该为自己女儿受伤和瘸腿负责而参军入伍，劳伦斯对他的态度很矛盾。与劳伦斯本人一样，他拒绝拜金，退入可爱的乡间，本能地反对战争。但与劳伦斯不同，他软弱无能，徒劳地参军，导致了毫无意义的死亡。《英格兰，我的英格兰》与《恋爱中的女人》是劳伦斯同时创作的作品，两部作品都描写了战争思维模式对平民生活的影响。

1915 年 10 月，劳伦斯这则具有预言性的故事刊登在了《英国评论》上；1916 年 7 月 9 日，珀西在弗利库尔发动的索姆河攻击战中阵亡。一个星期后，劳伦斯听闻珀西阵亡的消息后给凯瑟琳·卡斯威尔寄去了一封充满矛盾情绪的信件，表达了他很遗憾写了那个故事，这对他来说极不寻常。他在信中说到了故事中的一个主题，讨论了梅内尔家族，称珀西牺牲自己表明他是精神上的懦夫；他还说他因曾去格里瑟姆而感到遗憾，担心珀西的遗孀受到了很大伤害。但同时他又为自己的故事辩护，因为它是"真实的"：

> 听闻珀西·卢卡斯的消息我非常难过。我不知道他去世了。我多希望那篇故事在它出版前便已被我丢入大海深处。然而，于我来说，男人必须找到新的表达自己的方式，赋予自己的生活以新的价值，否则，他的女人会拒绝他，他必然会死。在梅内尔家族中，我确实最喜欢玛德琳·卢卡斯。她是那个有能力真诚去爱的人：她和（她妹妹）莫妮卡。卢卡斯某种程度上是个精神懦夫。但谁不是呢？我真希望永远永远都不曾去格里瑟姆住过。或许玛德琳不会被那个讨厌的故事伤害——那是最重要的。如果那是一个真实的故事，它就不会带来伤害。

劳伦斯的担忧很有根据。卢卡斯一家人先因西尔维娅的事故、后又因珀西的阵亡而经受痛苦。劳伦斯对珀西个性的极端刻画，对他死亡事件巧合性的描述，都令他们感觉受到了欺凌与背叛。他们觉得劳伦斯既忘恩负义又无情。[35]

# 七

1915 年 3 月，劳伦斯与梅内尔家族住在一起，辅导玛丽·萨利比，正准备写作《英格兰，我的英格兰》。3 月 6 日至 7 日的周末，他去剑桥看望罗素，同一时间，福特·马多克斯·福特——已在《英国评论》上刊登过劳伦斯的早期作品——与维奥莱特·亨特及H. G. 威尔斯的夫人到访格里瑟姆。因为这次到访对劳伦斯有着重大影响，福特的动机和他对所发生的事件进行的矛盾性描述便值得斟酌。

1910 年，父亲是德国人的福特移居德国，想要获得德国公民身份，而且为了要娶维奥莱特·亨特，他想在德国办理离婚手续，但都没有成功。1913 年，他与亨特合作出版了《令人满意的外国人》（*The Desirable Alien*），书中尽是离谱地吹捧对德国之爱，陈述了让德国成为他们的祖国的渴望。在这本书的序言中，福特称德国为"我钟爱的故国"，称德国的皇帝为"我威严的君主"。在与别人的交谈中，福特会回忆"他在德国贵族军团服役的一年"；或是以"我上次与德皇一起的时候"为开头讲一段轶事，口若悬河地讲着德语，还评论说"当然，你们英国人……"战争最初的几年里，这样的态度似乎令人尴尬甚至危险，福特痛下决心拒绝接受自己的德国人身份。1914 年之后，他"发现自己是且一直是一位爱国的英国绅士"。他之后将自己的姓氏惠弗改成了福特，写宣传性书籍以支持战争，（虽然已年过四十）还参军入伍加入英国军队。他忍受着间歇性发作的神经衰弱症，这种情况一直持续到 1915 年。

维奥莱特·亨特、福特和弗丽达分别记述了 1915 年 3 月的那次拜访。亨特说，福特刚刚出版了他的爱国诗《安特卫普》

（*Antwerp*，1915 年 1 月），他们两人都认为弗丽达的祖国应为十多万逃往英国的比利时难民的困境负责。她写道，这个话题被提及之时，弗丽达大声反驳："肮脏的比利时人！谁管他们！"她与弗丽达发生了争吵，而福特则走开了，以避免卷入这场争论。

福特被政府派往格里瑟姆报告劳伦斯的现状（而非帮助他），并针对该如何处理劳伦斯的问题提出建议。两个女人之间发生争吵，他便避开了。福特写道：

> 我最后一次见到（劳伦斯）是在战争期间，当时他当然是亲德分子，应当受到了相当程度的迫害。也就是说，当局——也就是信息部部长（他是福特的密友 C. F. G. 马斯特曼，1914 至 1918 年间任宣传部主任，在内阁占有一席之地）——担心劳伦斯正经受迫害，而我被派去看看能为他做些什么……劳伦斯夫人认为该对我所穿的军装说些不赞成的话，暗地里，我觉得我最好避到外屋去，等待她们讨论结束，因为我到那里就是为了回去好向当局汇报情况。所以我最后看到的影像是劳伦斯就站在那里。[36]

弗丽达在三十年间三次描述过这次事件。1925 年凯尔·克莱顿（Kyle Crichton）采访劳伦斯时，弗丽达错误地回忆说当时大卫·加尼特在场，还说她（不明确地）提到德国时，刚成为叫嚣的德国沙文主义者的福特突然说他是荷兰人："你还记不记得他在战争初始与加尼特一起来，威尔斯夫人也在那里？……我提到关于德国的什么事，他就立刻得意起来，开始谈论他的荷兰亲戚。以前，他一直都用来自德国的用人，攻击过大英帝国，还说他不是国王治下的子民，在餐桌上说着德语——现在他说他是荷兰人。"两年后，在写给梅布尔·卢汉的一封信件中，弗丽达略去了加尼特，暗示当时劳伦斯不在，更具体地说明她提到德国时说的是什么，还说亨特声称福特拥有俄国（而不是荷兰）国籍："（我）记得福特·马多克斯·惠弗与（维奥莱特·亨特）及威尔斯夫人来看我，我问他，'我们两人都是德国人，是不是？'亨特很不高兴地说，'不是，不是，他是俄国国籍。'现在他是福特·马多克斯·福特了。"

弗丽达在 1955 年 1 月写给劳伦斯的传记作者哈里·摩尔（Harry Moore）的信中，对这一事件给出了最详尽也是最后一次描述。她的这次描述与福特出版于 1937 年的回忆录直接背道而驰。她这次略去了威尔斯夫人，写下了她与福特说的德语是什么，强调了他的不自在，特别否认她曾说过"肮脏的比利时人！"还否认了福特描述中的某些细节的真实性：

> 惠弗夫妇来了：这是我要讲的故事。他们——他与维奥莱特·亨特——来的时候，我对他说："Wir sind auch Deutsch①？"那让他局促不安，他支吾了好半天。这是战争期间。所以我并没有太重视他。我从没有说过什么"肮脏的比利时人"，我从没有过那种感觉！劳伦斯不在家，根本没有什么福特可以避开的外屋，我没有做什么长篇大论的斥责，他没有穿军装。他们就是厌恶我，我也对他们回以厌恶，或者更准确地说，我鄙视他们。[37]

劳伦斯的密友大卫·加尼特与理查德·奥尔丁顿之后写的两封信为该事件提供了额外的线索。1957 年，加尼特告诉爱德华·内尔斯，福特急于证明他不是德国人；他在另一部反德宣传书《鲜血是他们的理由》（*When Blood Is Their Argument*，1915）中，谈到

---

① 意为"我们都是德国人"。

了他完全凭空想象的俄国祖先们。三年后，哈里·摩尔告诉奥尔丁顿，加尼特"相信福特1915年给政府发出过警示，说劳伦斯亲德；劳伦斯他们之后在战争持续期间所有的问题都源于福特给政府的报告"。

奥尔丁顿在写给劳伦斯·德雷尔①与摩尔的信件中说，福特或许隶属外交部，他们雇他写战争宣传材料；他必须为自己的德国背景和他对德国的热爱开脱；他有一位有权威的朋友（实际上这位朋友供职于信息与宣传部），很可能是他派福特去格里瑟姆完成那次任务。

　　（大卫·加尼特说，劳伦斯）本可（因为他是工人阶级的天才人物而）被饶恕，但是福特·惠弗1915年就劳伦斯与弗丽达的忠诚性问题写了一份不利于他们的报告，这份报告要么交给了陆军部，要么交给了外交部——我认为是交给了外交部，因为福特受雇于他们。他们要求福特写书诋毁他的祖国（德国），每本书付给他五十英镑。福特是个骗子，我认为他的回忆录里那些吹嘘之言不可全信。他说，他被官方派去报告劳伦斯夫妇的情况；他们极其反英，这使他（福迪②）不得不躲在牲口棚里，因为他不能忍受他们的言语侮辱了他所穿的国王士兵军装……我不愿去想胖福迪会该死地那么刻薄，竟然递交了一份不利于好公民劳伦佐与弗丽达的官方报告。要是他真那么做了，他就真是个混蛋。当然，他需要掩饰他自己的身

---

① 德雷尔（Lawrence Durrell，1912—1990），英国小说家、诗人、剧作家。第二次世界大战期间及1941年至1956年间任英国外交官，先后出使中东和地中海国家。代表作有《黑书》《亚历山大四部曲》。
② 原文为 Fordie，或许是熟人之间的称呼，此处便按此翻译，包括下面的 fat Fordie 也是一样。

份——他看上去像德国佬（Hun）①，也像兴登堡人；而且，他的确是教育部部长（也就是信息与宣传部部长）C. F. G. 马斯特曼的朋友。

既然奥尔丁顿证实了加尼特的言辞，福特的回忆录就具有了新面貌。1915 年 3 月，福特从折磨了他三年的精神衰弱症中康复，他无疑要尽力补偿他的德国祖先，要对得起他那张德国面孔，要弥补他作为亲德派的种种观点，因为他之前改了名字，为马斯特曼写了宣传书，还参加了英国军队，后来在军队里被毒气毒过、患过炮弹休克症、伤残归家。这位老兵很可能怨恨劳伦斯的反战主义立场（以及他不愿意继续充当福特的门生）。

亨特和弗丽达都没有提及福特那次到访的公开目的：拯救劳伦斯免受迫害。福特错误地认为，那个周末不在格里瑟姆的劳伦斯持有亲德立场。为了减轻自己的罪责，明确肯定自己的爱国主义情感，福特将自己新近拒绝的亲德观点投射到了劳伦斯身上。他将针对劳伦斯的迫害提前，以便解释他为什么前往格里瑟姆；他证实了劳伦斯不忠于英国的传言的，而非前往调查该传言的真假。劳伦斯愿意信任的福特实际上是当局派去报告劳伦斯夫妇情况的。但他编造了证据（"肮脏的比利时人！"），将劳伦斯与弗丽达联系在一起以便牵连他。因为弗丽达是德国人，当地村民已经怀疑她向齐柏林飞艇发过信号灯，警察还为此盘问过她。[39]二十二年后，福特为他的背叛行为辩护说，他去格里瑟姆是帮助劳伦斯，不是背叛他。

福特向马斯特曼递交的关于劳伦斯夫妇反对战争及他们在格里瑟姆传说中的可疑行为的半官方机密报告，结合劳伦斯与罗素的各类反战活动有着不利于他的联系，以及劳伦斯创作的有影响力的反

①　Hun 为"一战"及"二战"期间对德国人的蔑称。

战故事《英格兰，我的英格兰》，这些都刺激了当局在 1915 年 11 月禁止《虹》一书出版，而且因为劳伦斯一直处于政府监视之下，他还在 1917 年 10 月被驱逐出康沃尔。

第十二章

# 《虹》被禁，1915

一

从 1911 年出版《白孔雀》至 1915 年他三十岁时出版《虹》，劳伦斯在小说创作技巧与主题方面取得了惊人的进步。《儿子与情人》拓展了《白孔雀》与《逾矩的罪人》的主题，它以现实主义的模式创作而成，是劳伦斯的第一部杰作。但《虹》是劳伦斯的第一部象征主义作品，它超越了他的自传体小说《儿子与情人》已经取得的巨大成就。

1914 年 6 月，劳伦斯在写给爱德华·加尼特的一封充满抽象语言和隐喻的信件中描述了《虹》的创作意图，将之与《儿子与情人》所用的传统小说形式以及英国小说传统做了区分，最先显示了他战时对非人力（有别于机器）问题的兴趣，以及他写给伯特兰·罗素的关于血性（有别于精神）意识的问题。在这封信中，劳伦斯使用了煤——它深深植根于他的家庭、童年及家乡——的意象，以表征并揭示人类个性的最深层因素：

> 人类身上那种物理的——非人力的因素要比那种保守的人

类因素更令我感兴趣。那种物理因素导致人们在某种道德框架中形成某种性格，并使他们的性格始终如一……

我只关心女人是什么——她是什么——在非人的层面、生理层面、物质层面……在我的小说中，你一定不要去寻找人物原先稳固的自我。还存在另一个自我，从他的行为来看，这个个体难以辨识；可以说，该自我经历了所有同素异形状态，他需要获得更深层的感觉，这感觉是我们以往所未曾体验过的，如此，他才能发现同一种单一、根本未发生过变化的因素的所有状态。（就如钻石与煤是同一种单一碳元素。一般的小说会追踪钻石的历史——但我会说："钻石，是嘛！这是碳。"我的钻石应该是煤、煤烟，我的主题是碳。）

劳伦斯开始拒绝在小说中创作稳定、始终如一的人物，取而代之的是更基本的存在与意识的概念。他试图分析涌动于表面之下的本能、非理性的心理力量，正是这些心理力量决定了男人与女人复杂的动机与行为。如马克·肖莱尔（Mark Schorer）所解释的："他此时将开始创作更加本质的人，他首要关注的不再是传统小说家感兴趣的'自我'，而是处于'人物'之前的'原始力量'。"[1]劳伦斯提出了一种全新的人物观，揭示了最深层的性冲动（这是之前的作家暗示但没有描述过的），改变了小说的道德图景。

1913年3月至1915年3月间，劳伦斯写了《虹》的四个版本。他最初将之定名为《姐妹们》（Sisters），之后改为《婚戒》（The Wedding Ring），最终确定为《虹》。1915年，他将这部作品拆成了两部，续篇（完成于1916年）就是《恋爱中的女人》。

《虹》将性生活引入家族纪事小说，刻画了三代满怀憧憬的男女对爱的追求。工业革命摧毁了他们的群体感后，每一代人在个性与精神方面都弱于前一代人。第一代的主要人物汤姆·布朗文与莉迪亚·布朗文有着牢固的家庭纽带，与生生不息的四季轮回之间有着紧密的联系，与风景——这就如哈代小说中的风景一样，是作为独立力量而存在的——之间有着关联。小说开头部分表明，布朗文家的女人因为渴望超越自身的东西而惯来与他们家的男人不同。布朗文家的男人面向的是内心，女人则想要"拥有更大范围的自由"，并实现更高层次的存在方式。汤姆·布朗文的经历确立了小说中反复出现的爱的圆满模式，其中交替着情感疏离，这都为他的后代所继承。

随着布朗文家族野心越来越大，想要获得更宽的体验圈，他们发现要实现爱的圆满越来越难。莉迪亚在她丈夫身上获得了满足，安娜从她的孩子身上获得满足，厄秀拉在她的教师职业中寻找满足；汤姆、威尔和（厄秀拉的爱人）安东·斯克里本斯基分别从土地、艺术、战争中获得满足。如果说汤姆与莉迪亚传奇般的标准到了第二代、第三代已经一落千丈，他们依然无法轻易获得满足，并且他们确实成功地拓宽了生活的范围，获得了更多自由。

厄秀拉对安东做出的评价极端、公正又负面。她必须经历并（在劳伦斯认可的意义上）"安然渡过"一系列失败，才能因希望之光与彩虹之彩而变得容光焕发。那些痛苦但令人充实的失败经历——她思想狭隘的学校、注重物质的大学、与她的老师威妮弗雷德·英格之间堕落的同性恋情、与无思想却强势的士兵安东之间的不幸关系（这预示了她其后对鲁伯特·伯金反复无常、不稳定的爱），甚至是她与安东的孩子流产（与安娜有一大群孩子形成强烈对比）——都让她自然有了获得最终的彩虹的可能：

> 弧形更弯更强，直到不能再弯，形成光线、颜色和苍穹共同参构的伟大作品，它的柱基在低矮山顶污浊的新房子上闪耀着光芒，而弓形的顶端则连着天堂。

> 彩虹屹立在大地上……（给人以希望。）新的、干净裸露的身体将萌发出新的生命，获得新的生长，去迎接天空中的阳光、风和纯净的雨。①[2]

以建筑喻指的彩虹将《创世记》中诺亚时期的第一次大审判与《启示录》中耶稣的最后审判连接起来。彩虹并非小说中所有事件的逻辑定论，而是一种再生性象征，它与厄秀拉所经历过的所有不幸经历形成对照，许诺她最终会在《恋爱中的女人》中获得性满足与情感的救赎。

《虹》既反对文学传统，又反对社会传统。性方面的直言不讳先前一直只限于明显的性爱或色情作品中，而劳伦斯关于性的成段描写令人震惊且被认为淫秽。评论家与警察都认为这是一本"肮脏的书"。该书出版几个星期后，劳伦斯遭到了他的出版商的背叛，后者允许这本小说的所有库存被销毁。

当局特别提到了小说中两个令人不快的段落。第一段摘自"羞耻"（Shame）一章，描写了厄秀拉与威妮弗雷德·英格带有同性恋色彩的沐浴场景：

> 她们走下斜坡，来到水边，年长的姑娘一直紧紧地搂着少女，搂得非常紧。她的双臂环绕着厄秀拉，亲吻了她。然后她又紧紧地抱起她，温柔地说："我把你抱到水里去。"
>
> 厄秀拉仍躺在老师的臂弯里，她的前额靠在老师那令她深爱、发狂的胸脯上。
>
> "我把你放到水里去。"威妮弗雷德说道。
>
> 但是厄秀拉的身体紧紧缠绕着老师。

---

① 《虹》，马志刚、齐元涛译，北京：中国文联出版公司，1994年，第501—502页。

不一会儿，雨滴落下来，洒落在她们充血、滚烫的肢体上，令人惊悸又舒爽。[①]

书评人、法庭及内政部都忽视了这一事实，即劳伦斯是在谴责这种女同性恋关系，他使用性描写是为了强化小说的主题。当厄秀拉想要摆脱自己与威妮弗雷德的反常性爱关系时，她带威妮弗雷德去见了她的舅舅汤姆·布朗文。汤姆是煤矿经理，他在威妮弗雷德身上发现了"他身上罪恶的堕落的亲缘关系"。汤姆娶了威妮弗雷德，实现了性与工业化带来的堕落的结合。

第二段摘自"狂喜的苦涩"（The Bitterness of Ecstasy）一章（也是关于毁灭性的性爱），描述了厄秀拉与安东·斯克里本斯基在水里、后又在岸上的性爱行为。这一场景中，厄秀拉主动与安东发生性关系，表达了她强烈的性感觉，迫使安东进入了性关系中通常被归于女性的被动角色。在性方面独立的女人（与维多利亚时代的性受害者形成鲜明对比）对于远在战场的男人而言，尤其具有威胁性：

> 接着，在闪耀的光芒中，她紧紧地抱住了他，有力地抱着，仿佛突然之间她新添了一股毁灭性的力量。她的双臂紧紧环绕着他，越抱越紧，她的嘴唇凑上他的，给了他一个结结实实、汹涌猛进、越来越疯狂的亲吻，直到他的身体在她的搂抱下变得力不可支，他的心在这疯狂如鸟啄食般的亲吻下害怕得都快融化了。海水再次冲刷过他们的脚，但她毫不在意。她似乎已没有了意识，将自己尖利的嘴巴紧紧地压住他的嘴，似是要将他的心从嘴里吸出来为止。终于，她停了下来，看着

---

[①] 《虹》，马志刚、齐元涛译，北京：中国文联出版公司，1994年，第341页。

他——眼睛一眨不眨地看着他。他明白她想要什么。他拉着她的手，带着她穿过沙滩回到沙丘中间。她一声不吭地跟随着。他觉得有一场决定生死的磨难正降临在他身上。他将她带到了一个黑暗的低凹处。

"不，就在这儿。"她边说边走到了洒满月光的斜坡上。她一动不动地躺着，睁大眼睛凝视那一轮明月。他没有任何前奏，一下子就与她交合在一起。她紧紧抱住他，让他的胸膛压住自己的，力量大得可怕。为了实现圆满而进行的这场争斗真是惊心动魄。交合持续了很长时间，直到他的灵魂都感到痛苦，直到他全身瘫软，如死了般缴械。他的脸一半埋在她的头发里，一半埋在沙滩上。他一动不动，好似他要如这般一动不动下去，直到永远，就这样隐在黑暗里，被掩埋，仅是这样被掩埋。他只想要掩埋在这天堂般的黑暗中，只要那样便已足够。①[3]

当局密切关注那些有淫秽内容的段落，却并不反对威尔·布朗文与安娜·布朗文之间具有强烈暗示的肛交场景。这要么是因为他们没有注意到，要么是因为这一暗示过于骇人，他们不敢去想：

他和这个女人共同参与、共同创造的所有见不得人的自然和不自然的淫欲活动，自有其浓郁的美感和乐趣在……这样令人难以启齿的隐秘的东西才是世界上最最美的东西……他们俩接受了羞耻这种见不得人的东西，他们俩通过体验无止境的纵情的快感，在这种羞耻里融合了……羞耻如同一株含苞欲放的花蕾，现在已绽开为一朵美丽无比的花朵，实现了浓烈、原始

---

① 译文参考《虹》，马志刚、齐元涛译，北京：中国文联出版公司，1994年，第486页。

的满足感。①

　　并没有明确的证据表明，劳伦斯在 1920 年写给他的出版商马丁·塞克的一封信件中坚称"尤其令人反感的场景是安娜怀着身孕，裸体跳舞"。该场景中，怀有身孕的安娜因为喜欢大卫王的故事，即大卫王脱去了衣衫，兴高采烈地在上帝面前跳舞（《撒母耳记（下）》6 章 14—16 节），她决定要让威尔的"麻木神经"舞动起来，要为她无形的上帝舞蹈。与大卫王的妻子米甲一样，威尔对这个在火堆前面表演的裸体舞蹈感到愤怒，因为这场舞蹈颂扬了"胜利女神安娜"，而他被排除在外。鉴于只有"羞耻"那个章节在法庭上被具体提及，劳伦斯一直不清楚到底是小说中的什么问题被认定为令人反感。《虹》的第一个美国版本由许布希在 1922 年出版。在这个版本中，许布希保留了肛交、裸体跳舞的场景，以及厄秀拉与安东先在海里而后在岸边的交合行为。[4]

二

　　1915 年，在奥斯卡·王尔德的审判案发生二十年后，对待性道德与性表达方式的盛行态度主要还是维多利亚时代式的。这些态度与爱国主义的自以为是观结合在一起，试图成为战争的评判标准。与同时代的多数作家不同，劳伦斯拒绝拐弯抹角地讨论性问题。他坚持坦率地谈论同性恋、谈论女性的性欲问题，即便仅是承认这些话题的存在都会被认为令人不适。他采取了先知的立场，提

---

① 译文参考《虹》，马志刚、齐元涛译，北京：中国文联出版公司，1994 年，第 231 页，翻译有改动。

出了以情感为基础的新型道德准则，将性爱情感作为小说表现的中心。他反对同时代人对于性与战争的态度，也因表达他的这类观点而饱受伤害。虽然有几位具有影响力的作家如阿诺德·本涅特（Arnold Bennett）、约翰·德林瓦特（John Drinkwater）、休·沃波尔（Hugh Walpole）及克莱夫·贝尔（Clive Bell），都支持劳伦斯并抵制审查制，但许多著名的文学人士如詹姆斯、威尔斯、高尔斯华绥（以及埃兹拉·庞德）都支持官方的观点，认为劳伦斯做得过火了。因为出版《虹》这部在主题与风格方面都注重感官享受的作品，梅休恩出版社不再被列入一般性出版社行列，而是进入了先锋派这一不确定的领域。

在《虹》遭禁的时间里，劳伦斯与1914年成为他著作经纪人的 J. B. 品克（J. B. Pinker）联系密切。品克生于1863年，没受过多少正规教育。他曾在君士坦丁堡做过记者，后来娶了一位富有的妻子，于1891年返回英国。他先在周刊画报《黑与白》（*Black and White*）做了助理编辑，为一家出版社审读书稿，还短暂编辑过畅销的《皮尔逊杂志》（*Pearson's Magazine*）。1896年，他成为作家代理人，将办公区域设在了阿伦德尔街上的格兰维尔大楼内。他早期代理的作家包括奥斯卡·王尔德、哈特·克莱恩（Hart Crane）、阿诺德·本涅特、H. G. 威尔斯、亨利·詹姆斯、约瑟夫·康拉德。品克许多年里都一直资助一贫如洗的康拉德；1904年，康拉德满怀感激地为品克的慷慨做证："（品克）无畏地踏入了我的银行账户崩盘造成的缺口里；他不仅英勇无畏，还相当成功。他不仅极为周到地照顾到我的情绪，甚至还包容了我的各种幻想。"

1915年4月，劳伦斯将《虹》交给出版商时便预料到出版这部作品的困难。他告诉品克："我担心小说中有些部分是梅休恩不愿意出版的。但他必须全部出版。我可以删除一些句子和措辞，但我不想删去那些段落或是删掉很多页。"7月，出版商"不负众望"

地提出了反对意见，劳伦斯将那些令人不快的措辞全部删去，但他坚持认为那些长一些的段落并不会令人不快，他拒绝对之做出修改。1915 年 11 月 6 日，小说被禁三天后，品克给作家协会的 G. H. 思林（G. H. Thring）写了一封信。思林平庸又起不了什么作用，他思考之后便拒绝了维护劳伦斯的想法。据品克概述，劳伦斯前前后后都对出版商提出的反对意见做出了理性回应，尽力满足他们的要求：

> 手稿交付后，出版商告诉我，他们的读者反映以手稿当前的这种形式不可能出版。我告诉了劳伦斯先生他们的批评意见，并且请他重新思考一下手稿的问题。劳伦斯先生不仅进行了重新斟酌，而且他还决定要改写这部小说。他的确进行了改写，并将修改后的新版本递交梅休恩出版社。他们认为修改稿在某些部分仍然太直白。我请他们标示出具体的段落，如此我便可以请劳伦斯先生进行修改。劳伦斯先生确又做了修改。我觉得，他们提出反对意见的所有段落中，只有一段是他未做变动的。

虽然梅休恩出版社非常自信地于 1915 年 9 月 30 日一版印刷了两千五百册《虹》，但还是遭到了那些注重道德说教的批评者的攻击，他们完全不懂劳伦斯取得的了不起的成就。10 月 23 日左右，此时距小说首版已有三个星期，克莱门特·肖特（Clement Shorter）强烈谴责了这部作品："这些书页上表达的尽是各种形式的邪恶与暗示。"他还使用了威胁性口吻，将"家庭小说"（family fiction）视为理想标准，特别批评了劳伦斯在"羞耻"一章中负面地描写了厄秀拉对威妮弗雷德·英格的身体迷恋："除非（出版商）认为女同性恋是家庭小说合适的主题，否则我可以想象他们会后悔冒险出版了这本书。"

此前一天（10 月 22 日）的《星报》（Star）上，同样平庸的文人詹姆斯·道格拉斯甚至做出了比肖特更严厉的批评。他的书评将道德主义与爱国主义相结合，并将这二者等同。道格拉斯猛烈抨击劳伦斯"狡猾善辩"，（暗示奥斯卡·王尔德）有着"难以形容、难以置信的丑陋面"，他还称劳伦斯狡猾地"表达了不可言说之事，并暗示了难以言表之事"。更为险恶的是，他疾呼："像《虹》这样的东西在战争期间没有存在的权利……那些正为自由而牺牲生命的年轻人都是道德之人。他们鲜活地驳斥了《虹》当中那种对生命的不敬与否定。他们所牺牲的生命是高尚的，不是这部小说里匍匐在地、卑躬屈膝的生命。"[6]

肖特与道格拉斯的书评以及国家清廉联盟〔National Purity League，该联盟的法律顾问是英国皇室法律顾问赫伯特·马斯科特（Herbert Muskett），他代理警务处处长出庭〕的投诉，激发法庭依据 1857 年《淫秽出版物法令》起诉了《虹》。该法令的初衷是禁止在伦敦售卖淫秽作品。这条源自维多利亚中期的过时法令规定，一个普通市民仅仅是抱怨某部作品有伤风化，这就足以封禁一本书：

> 一经宣誓投诉，一名治安法庭法官或是任意两位审判员即可签发执行令，搜查任何出版或销售淫秽书籍的可疑营业场所。执行搜查令的过程中，如有此类淫秽书籍被起获，则营业场所占用人即可被传讯向法庭提供这类书籍未被销毁的理由。审判员如确定此类书籍符合搜查令中提出的特征，可勒令对其进行销毁。

虽然梅休恩已于审判日前十日的 11 月 3 日将《虹》的所有书册上交，劳伦斯却从未收到过任何通告。他对他的书被没收一无所知，直到诉讼结束，小说家兼评论家沃尔特·莱昂内尔·乔治（Walter Lionel George）告知他，他才知道。沃尔特·莱昂内尔·乔治是位法籍犹太人，是凯瑟琳·曼斯菲尔德的朋友，"身形不高，留着黑色的胡须，为人爽快，性格固执"。[8]他给梅休恩出版社打电话，询问他们为什么停止了对这本书的宣传。

赫伯特·马斯科特11月13日在法庭上起诉《虹》。他援引肖特与道格拉斯的书评，用一种厌恶艺术的讥讽态度描述：这本书的"全篇有大量用语言包装的淫秽想法、观点、行为，他认为小说的语言某种程度上可视为艺术与才智的成就"。六十七岁的法官约翰·迪金森爵士（Sin John Dickinson）的儿子刚在战争中阵亡，他赞同说，"他还从没有读过像这般不堪入目的书……这是完完全全的淫秽之书，任何语言都无法描述这样的书"。许多记者到庭并报道了该案件。《每日电讯报》（*Daily Telegraph*）报道诉讼案时发现，出版商会的两名成员特别阅读了"羞耻"一章，"并没有提及该章所暗示的（女同性恋问题）"[9]。梅休恩出版社与劳伦斯都没有派代理人出庭。

阿尔杰农·梅休恩（Algernon Methuen）竭力要保护出版社的好名声，并想要以最可能轻的处罚规避这一案件，他卑躬屈膝地道了歉，默然接受了对《虹》的封禁。他既没有花费力气去维护这部小说，也没有保护作者的利益，还表示他懊悔出版了这部小说。约翰·迪金森爵士指令剩余的1011册书全部销毁，要求被告人支付十几尼的诉讼费用。劳伦斯后来略带夸张地回忆说："梅休恩出版了那本书，他因出版了一本色情文学而被传讯时，几乎是在法官面前痛哭。他说他不知道他之前一直处理的是这样肮脏的东西，他没读过这部作品，都是他的读者出的馊主意——认罪！认罪！（我有罪！）这位被封爵的绅士此时痛哭不已。"但《虹》并没有遭到法律禁止。出版商主动将已出版的书册交给了警方，警方则依据针对

"羞耻"一章内容的投诉销毁了所有书册。阿尔杰农·梅休恩绅士派头的悔罪态度很成功，因为他避免了被处罚金，还将所有的罪责推到了劳伦斯身上。第二年，他被封为准男爵。

1916年5月，劳伦斯以前的朋友埃兹拉·庞德——（1914年7月）他的诗被禁止出现在温德姆·刘易斯的《爆炸》（*BLAST*）上——写信给友人说，封禁《虹》导致了印刷商的恐慌，形成了审查压制的态势。即便是宽容的庞德都认为劳伦斯的小说在性方面写得太直白，他还极度错误地相信，劳伦斯描写那些性爱场景是为了获得商业上的收益。庞德还引用了J. B. 品克的话，说如果梅休恩或者劳伦斯本人曾为这本小说辩护，那它就不可能遭禁，因为内政部已经决议不针对这本书起诉：

> 自从劳伦斯的那场事端之后，印刷商真是疯了……必须得做点什么，否则我们所有人都有可能被打压，参照反改革运动，被逼入绝境，彻底完蛋……
>
> 这是一部有过多性描写的小说，那种后威尔斯时代的巴洛克风格；它的销售正是依赖其过多的性描写……（品克）将所有的罪责指向梅休恩。某个怪人去向治安法官说了这本书不道德。梅休恩承认了。之后，治安法官签署了各色法令，**这超出了他的职权**。如果梅休恩拒绝遵从这些法令，或者如果他们出版社拒绝承认这本书不道德，除非内政部有进一步的行动，否则根本没什么可做的。内政部检查了这本书（奥古斯丁·比勒尔先生被征询意见时说，这本书太枯燥，根本不必计较），最终裁决，他们什么也不必做。[10]

劳伦斯自然因为梅休恩的背叛，因为没有听证便对他进行宣判的不公正诉讼，以及这些给他带来的痛苦而恼火。在他带有预知性的一份公开谴责中，他诅咒"他们所有人，诅咒他们的肉体与灵魂，诅咒他们的根、枝丫、树叶沉入永恒的地狱"。[11] 作曲家弗雷德里克·戴留斯（Frederick Delius）已给劳伦斯提供了他在佛罗里达的柑橘林村舍，这里很适合他用作拉纳尼姆的所在地。他也拿到了护照并订好了前往美国的行程。他此时将美国视作他未来的读者来源地。但 11 月中旬，他做出了对他有致命影响的决定，那就是推迟离开英国的时间，等待这起事件的进一步发展。

有好几种可能的方式可用来抵制封禁。作家协会或有影响力的作家可以帮助他；他可以以诽谤罪控告克莱门特·肖特和詹姆斯·道格拉斯；他可以安排另一册《虹》被没收，然后在法庭上为该书辩护；或者他的朋友可以在下院对诉讼的公正性提出疑问。

劳伦斯家曾经认识的最有影响力的人物是伊斯特伍德的公理会牧师。但现在，仅仅在他离开家乡几年后的此危急时刻，劳伦斯可以信心十足地请求他那些有爵位、有头衔的朋友的帮助：像爱德华·马什、戈登、坎贝尔这样的议会成员或政府里握有实权的人物，还有首相家的媳妇。奥托琳·莫雷尔夫人在盛行的道德规范背后发现了其虚伪性："菲利普在下议院竭尽全力要取消禁令，但没能成功。我们将手上的书册借给了（内政大臣）约翰·西蒙爵士和其他有影响力的人物，他们用贪婪的双眼搜索着书页中那些有伤风化的段落。"

菲利普·莫雷尔和他的盟友针对该案件的不公正性，在议会提出了一些有说服力的观点，但这些观点被拘泥于法律条文的内政大臣灵巧地应付过去了：

> 莫雷尔先生询问内政大臣……该书作者是否有机会对针对他的指控进行回应？……
>
> 约翰·西蒙爵士。出版商而非作者是被告，如果他们认为

有必要进行辩护，那他们按照习惯法，有机会提供此类证据……（梅休恩出版社）非但没有抵制诉讼，还说他们认为签署禁令是一项正当措施……

韦奇伍德司令官。一个人被提起控诉，他却没有机会为自己辩护，这难道不骇人听闻吗？……

约翰·西蒙爵士。我想如果作者认为他受到了不公正对待，他可以为了对该书进行辩白而安排又一册书被没收，那他还是很有机会为自己辩护的。

莫雷尔持有的不寻常的少数派观点在下议院没有赢得几个支持者，他在议会提出的那些问题也无济于事。他在下议院为劳伦斯小说所做的辩护证实了他们的看法，即反战主义与不道德性行为之间有着紧密联系。

三

1915 年与 1930 年，弓街治安法庭与内政部未公开的文件披露了诉讼审判的细节、议会对莫雷尔提出的问题的回答、《虹》中令人不快的段落，以及劳伦斯去世后不久对这件诉讼案的重新审议。虽然简易审讯没有留下整理稿，虽然所有这段时期的笔记簿都已被销毁，任何关于该诉讼案的文件都没有留存下来，这份留在法庭登记簿上的简短却能揭露真相的记录底稿还仍旧存放在大伦敦档案局。法庭登记簿明确提到了上诉权，在一系列侵犯案、醉酒案、公共场所随地大小便的案件中记录下了对 20 世纪最伟大的一部小说的封禁案件：

申诉人：德雷珀巡官，CID［刑事侦查局（Criminal Investigation Department）］

被告：梅休恩

犯罪性质：被勒令销毁起获于斯特兰德埃塞克斯大街36号（其营业场所）、名为《虹》的245本合订成册及766本未合订成册的书籍。

犯罪日期：1915年11月3日、11月5日（书册被起获的日期）。

判决：7日后（在此书籍被没收期间），若无上诉，将被指令销毁。诉讼费用十英镑十先令。[13]

内政部以《出版物（包含淫秽内容）》［"Publications (including indecent)"］为题的文件中有好几条记录，揭露了"警方为封禁D. H. 劳伦斯的《虹》提起的诉讼"的细节。一条标有"某位威克利夫人与D. H. 劳伦斯同居"的信息表明，他们计划，如有必要会谴责劳伦斯与弗丽达的通奸关系，虽然此时劳伦斯与弗丽达已经结婚一年半。有一条声明说"该作者未受指控，也非此案的任何当事人"——这是虚伪地表明劳伦斯与这本书毫无关系。内政部常务副部长爱德华·特鲁普爵士承认，约翰·西蒙爵士对菲利普·莫雷尔提出的那些问题的答复意见"正确但相当程度地回避了那些问题"。《时代周刊》报道这起审判案的剪报旁，有一则注释影射了《麦克白》，说的是"该作者详细描述了许多人的性感受，这些描述表明作者思想不健康"。

战后，英国国内对这部作品的看法发生了戏剧性转变。1926年2月，马丁·塞克再版了《虹》，使用的是删减了的美国版本，没有人提出反对意见，当局也没有采取任何行动。1930年3月10日，劳伦斯去世后的第八天，没有读过这部小说的内政部部长助理西德尼·哈里斯爵士（Sin Sidney Harris）注意到这部小说被塞克重新发行。他特别提到这本书 1915 年遭到封禁，提到过去十五年里对淫秽问题的态度发生了巨大变化。但他还是建议（虽然这本书自 1926 年起已经在英国刊印）警方介入：

> 劳伦斯出版的著作中包含《虹》，但 1915 年，警方成功对该书提起诉讼并销毁了这本书。我没看过《虹》，但依据媒体报道来看，这本书以十五年前的标准判断，无疑具有淫秽性，虽然近些年来，人们的看法远远背离了传统标准。我认为警方应注意这个问题。

十一天后，伦敦警察局起诉部门的一位官员指出（就像赫伯特·马斯科特在法庭上暗示的那样），"虽然 1915 年的诉讼用的是警察局局长的名字，但实际发起这件事的是已故的查尔斯·马修斯爵士（Sir Charles Matthews）"，他在 1915 年时任起诉办公室主任。该名官员不赞同哈里斯的意见，他补充说："我又通读了这本书。某些法院很有可能还是会判定书中有几页内容淫秽，但我确实觉得如对之提起诉讼，那会是不明智的行为。"

哈里斯是个完美的官僚，他才刚提起建议要封禁这本书，很快便又改变了自己的看法以顺从更高权威的意见。他做出了让步，以一种相当伪善的语气说道：

> 要为劳伦斯的作品做任何进一步的宣传，这当然不明智；而且在一位作家已经去世后还去攻击他，这同样不明智。要是所有的评论者都像 3 月 4 日，《每日电讯报》（参见内附内容）上那篇文章的作者一样，写得那么直白、大胆，那我们就没有任何进一步担忧的理由了。

1930 年 3 月 4 日，《每日电讯报》刊登了一则劳伦斯的讣告，满是讥讽之言。这则讣告被归入内政部档案材料，也让哈里斯获得了道德安慰。讣告歪曲了针对《虹》的诉讼案，重复了 1915 年 11 月 15 日《时代周刊》报道该案件时对劳伦斯的描述，称他"思想不健康"："他后来的书与诗歌被审查部门合理地（原文如此）禁止出版了……劳伦斯的案件需要的不是谴责，而只是同情。这个人有病，他的思想不健康。"[14]

## 四

在《虹》的审判过程中，英国的公正性被极大歪曲，这造成了某种压抑的氛围。而且，劳伦斯与他的朋友意识到，这种曲解不仅仅是由小说中那些令人不快的性描写引起的。肖特与道格拉斯的书评非常恶毒，他们忽视了他们所谴责的那些段落的上下文与内涵。道格拉斯明确说，这本书"在战争期间没有存在的权利"。真正的原告——很有可能是国家清廉联盟——是谁，从来都没有明确过。该联盟的法律顾问赫伯特·马斯科特是为警察局局长进行起诉，他在法庭上暗示他得到了检察长的有利支持。马斯科特引述了肖特和道格拉斯很可能是诽谤性的评论，就好像他们的评论是客观真实的，而法官完全支持马斯科特。因为梅休恩急切地想要避免任何负面宣传，便没为这本书进行任何辩护、没有提出上诉，直到审判结束也没有通知劳伦斯或品克，所以劳伦斯实际上被剥夺了为自己辩护的机会，他也从来都不知道到底哪些段落被认为是令人反感的。作家协会拒绝为劳伦斯伸张正义，而那鲜有的几位支持劳伦斯的作家起不了什么作用。劳伦斯付不起到法庭进行上诉的昂贵费用，对他作品的恶意敌视也令他气馁。不管怎么样，似乎做什么都无法改变那些书册被销毁的命运。菲利普·莫雷尔在下议院提出的那些关键问题被内政大臣轻易回避了，他（正如他的同事所指出的）实际上并没有回答那些问题。

众所周知，劳伦斯的妻子是德国人，他们在 1914 年 7 月结婚之前，一直以通奸的关系生活在一起。1915 年春，威克利的律师们因劳伦斯无力或是不愿支付弗丽达的离婚费用而令他面临破产的危险。（他最终用了好几年的时间为支付这笔钱做了些安排。）劳伦斯向他的德国大姨姐埃尔丝敬献了一本题为《致埃尔丝》（*Zu Else*）的书。他原计划用浓黑哥特式字体印刷，这或许也触怒了英国当局。劳伦斯曾参与罗素的反战抗议（这在某些人看来是叛国），1915 年 3 月，福特在他的官方报告中称劳伦斯具有亲德倾向、政治上不可靠，而且劳伦斯还于 1915 年 10 月在《英国评论》上发表了带有反战情绪的《英格兰，我的英格兰》。甚至是劳伦斯求助过的辛西娅·阿斯奎斯都在忠诚于劳伦斯与不赞同他的观点之间犯了难。她在日记中谈到 1915 年 10 月至 11 月劳伦斯发表在《标志》上的批评战争的言论时写道："我不确定严格说来那是不是叛国。"[15]

1915 年年末，协约国一方的战争打得非常艰难。英国遭到德国大型飞艇的破坏性袭击，在加里波利遭遇了军事灾难。英国人坚信，他们是为伟大的道德准则而战，他们的敌人——德国人及反战主义者——都有悖道德。《虹》，在詹姆斯·道格拉斯读来，证实了那些反对战争的人持有性方面的不道德准则。劳伦斯批评了安东（职业军人）在布尔战争中的作用，厄秀拉将战争喻为地狱："战争完全令她忧虑、不安。男人们有组织地彼此厮杀，这在她看来就像是宇宙的两极在破裂，整个世界都将跌入无尽的洞穴。她有一种可怕的深不见底的感觉。"理查德·奥尔丁顿说，劳伦斯的反战立场在审判过程中被提到过，当时，"控方干练地模糊了这一问题，提到了他对布尔战争的一些批评，这些批评被荒谬地认为阻碍了新兵征募"[16]。所有这些证据都证实了奥尔丁顿的断言，他凭直觉感到，"这场对劳伦斯的攻击是因为他谴责战争"。他曾听劳伦斯和如作家梅·辛克莱（May Sinclair）这样的支持者将之作为事实陈述过。

奥尔丁顿总结了该事件的恶劣影响：劳伦斯"连续三年的作品都失去了任何在（英国）赚钱的机会……他公然被污蔑为'淫秽'；他被搞得臭名昭著，以至于在很长一段时间里，出版商与报刊都避免刊印他的作品"[17]。1915 年 11 月后直到战争结束前，他只有一个故事在英国本土刊印，也就是 1917 年 3 月刊发于《英国评论》的《参孙与达莉拉》（"Samson and Delilah"）。虽然劳伦斯 1916 年便完成了《恋爱中的女人》的创作，但他直到 1920 年 11 月才得以将之出版，而且当时只能是在纽约不公开出版。

对《虹》的封禁令劳伦斯相当贫穷。他被限制在了英国（他随后的护照申请都被驳回），在之后的战争期间一直遭受迫害。他决定战争一结束就离开英国，并且余生都以侨民身份活着。他放弃了所有在英国取得成功的希望，并转向美国，将之视为其潜在的读者市场。

第十三章
# 康沃尔，1916—1918

　　劳伦斯和弗丽达一直在汉普斯特德（从 1915 年 8 月开始便居住于此）滞留到 12 月下旬，想要赢得支持以便为《虹》正名。他与妹妹艾达在德比郡一起过了圣诞节；之后与弗丽达搬进了从作家 J. D. 贝雷斯福德（J. D. Beresford）那里借来的房舍。房舍位于康沃尔北部海岸，靠近帕德斯托。他们在那里从 1916 年 1 月住到了 2 月。因为手头紧，加上劳伦斯需要远离尘嚣，他便以五英镑的年租在特里格森高地租了一间小屋，那是康沃尔西边的一个偏远村庄，位于一片蓬松的荒野地带，下面便是波浪翻滚的大海。

　　劳伦斯的经济非常拮据，因为他那部引起争端的作品中包含的不健康内容以及他作为淫秽小说家的声名令他几乎不可能在英国出版他的作品。虽然弗丽达与劳伦斯一样坚信他的作品具有创造力，但她不赞同劳伦斯带有预言性质的公开谴责（弗丽达常被指责该为此负责），而且她还嘲笑劳伦斯找不到读者："这就是你想要的东西，劳伦佐，它们全都又回来了！你写的那些全都是哲学和空话，没有人想读它们！"弗丽达会说："它们该被扔进火里。"

　　劳伦斯糟糕的健康状况、作品不断被拒，这些令他的婚姻状况更加紧张。他经常因为情感和智力方面的问题而与弗丽达打架。现在，他们不仅要忍受极端的贫困、他糟糕的身体、军队入伍体检，还要忍受他们的邻居和警察的不断骚扰。这一切最终以 1917 年 10 月他们被驱逐出康沃尔收场。

这段时期，劳伦斯与弗丽达经常形同陌路，有时还分居。他们的性生活因为他身体不佳和精神紧张而变得越来越不和谐，他们便各自从其他地方寻爱。劳伦斯与美国记者埃丝特·安德鲁斯（Esther Andrews）、康沃尔的农民威廉·亨利·霍金（William Henry Hocking）分别确立了亲密的依恋关系。弗丽达被这些新的情感纽带深深伤害，她从作曲家塞西尔·格雷那里找到了安慰。在经历身体与情感压力的这几年，劳伦斯一直在创作他最伟大的小说《恋爱中的女人》。小说描写了他在性方面的矛盾，表达了他的同性恋观点。

一

1928 年自费出版的《查泰莱夫人的情人》让劳伦斯第一次取得了商业上的成功。在此之前，他与他同时代大多数的天才作家——福特、康拉德、乔伊斯、刘易斯、庞德、艾略特——一样，贫困不堪。1913 至 1914 年，他的年收入在 450 英镑至 500 英镑之间；1917 至 1918 年，他的年收入锐减了 80%，挣的远不到 100 英镑。但他欣然抛弃了中产阶级体面的伪装，轻松地写道，贫穷"并非那么可怕的事情，如果你不在意要保持体面的话。要治愈对贫穷懦弱的恐惧，除了人类的勇气与漫不经心，别无良方"。虽然有时他不得不抛开自尊向别人借钱，但他通过降低生活标准、只使用生活必需品保持了自己的独立性。1929 年，他回顾自己的一生，毫无遗憾地评述道："我从未挨饿，甚至从未觉得贫穷，虽然我最初十年里那（不稳定的）收入不会比我一直都是小学教师挣的多，甚至大多数时候都少于教师工资。"[1]

然而劳伦斯经常不得不顶风而行。1916 年 7 月，在康沃尔住了五个月后，他告诉品克他只剩六英镑，要向他预支未来的收入。一年半后，他手上只有不到七英镑，未来也没有一分钱进账，他觉得已经用光了他的财源。尽管 1918 年 7 月皇家文艺基金会（the Royal Literary Fund）给他发了 50 英镑补助金，他在三个月后还是坠入了悲观主义的深渊。他给马克·格特勒写信说："继续（当一名作家）令人绝望，没钱，没希望。"两年后，他给艾米·洛威尔写信说他尽管完成了大量作品，但他挣的钱都不够生活；他抱怨他多年来的角色就是个"文学赈济小子"。虽然他不得不借钱过活，他在战争期间的恳求还是得到了许多朋友的回应，他们纷纷慷慨解囊：艾米·洛威尔、艾达、科特、凯瑟琳·卡斯威尔、辛西娅·阿斯奎斯、奥托琳·莫雷尔、爱德华·马什、J. B. 品克、J. D. 贝雷斯福德、蒙太古·希尔曼律师，以及一些著名的文学人士，包括查尔斯·惠布利（Charles Whibley）、阿诺德·本涅特、萧伯纳。尽管劳伦斯钱很少，但即便是对他怀有敌意的旁观者都证实，他极度节俭，一丝不苟地偿还最少的债务，还经常乐于将他积蓄的一部分给（他认为）比他更需要那部分钱的人。

弗丽达没有劳伦斯的顾虑，她对金钱闭口不谈，还曾有一次试图靠自己的力量获得赞助人帮助。辛西娅·阿斯奎斯给她介绍了一位成功却非常害羞的作家，弗丽达乱改了他的题目，还直截了当地张了口。"您好，巴里爵士，"她对玛丽·坎南和辛西娅夫人的恩人说道，"我听说您每年的收入有五万英镑……您为什么不给劳伦佐足够的钱，让我们可以支付前往澳大利亚（即美国）的路费？"面对这一要求，这位金主默默地退却了。[2]

二

在与凯瑟琳和默里发生了争吵、他们于 1916 年 6 月离开后，劳伦斯在特里格森高地住下仅两个月便与年轻的美国人埃丝特·安德鲁斯关系密切起来。埃丝特的情人罗伯特·蒙茨埃介绍了他们两人认识。蒙茨埃来自法国新教徒家庭［他的姓氏 Mountsier 源于法语 monsieur（先生）一词］，他 1888 年出生于匹兹堡南部的沙勒罗伊，1909 年从密歇根大学毕业，1910 年供职《纽约太阳报》（*New York Sun*），成为其记者兼书评编辑。他在纽约的哥伦比亚大学攻读博士学位但没有毕业。蒙茨埃与劳伦斯 1915 年在英国相识；1916 年 11 月和 12 月，他（带着埃丝特·安德鲁斯）去康沃尔拜访了劳伦斯；1921 年 7 月，他去了德国的巴登巴登、奥地利的滨湖采尔看望劳伦斯；1922 年 12 月至 1923 年 1 月，他（与劳伦斯的美国出版商托马斯·塞尔茨和阿黛尔·塞尔茨一起）去陶斯①看望过劳伦斯。1917 年至 1918 年间，他作为美国红十字会（American Red Cross）队长在欧洲工作；战后，他效力于赫伯特·胡佛（Herbert Hoover）主管的美国救济委员会（American Relief Commission）。1920 年至 1923 年，他是劳伦斯的美国代理人；他还在 1922 年与塞尔茨出版了他自己的著作《一百一十亿美元：欧洲对美债务》（*Eleven Billion Dollars: Europe's Debt to the United States*）。蒙茨埃住在格林威治村，是《纽约太阳报》的飞行编辑，在全世界旅行。虽然他总能吸引女性，也有许多女友，但他终生未婚。

蒙茨埃"身材高大、体格健壮，容貌俊美，有着高额头、棕色

———————————
① 　陶斯（Taos）是美国新墨西哥州的一个县城。

的眼眸和浅棕色头发。他为人谦虚，不喜出风头，有时候还似乎很害羞"。他的一位侄孙描述他是个"要求严格的人，节俭、彬彬有礼、谈吐文雅、博学——是一位绅士。他安静但并不孤僻。对自己和自己的能力确定不疑，直率、诚实、有想法"。[3]

1916 年 11 月，劳伦斯说蒙茨埃"很友善，在每个方面都温文尔雅，是个大家都想结识的人"；他还描述他与埃丝特这对美国人"奇特、温和，年龄都那么大了，但比孩子还天真"。在他的澳大利亚小说《袋鼠》的"噩梦"（Nightmare）一章里，劳伦斯描写了他与蒙茨埃和安德鲁斯一起庆祝圣诞夜，庆祝被警察的敲门声打断，他们要求蒙茨埃出示他的证件。这个场景表明，劳伦斯在康沃尔被监视期间，他的朋友们同样遭到怀疑、侵扰，甚至还被监禁：

> （那是）一个屋外大雨倾盆的黑夜。没有一个地方像这里这么黑，这里处于康沃尔荒野的边缘，位于西部海域之上，靠近那些古代敬神者献祭的地方……那位美国女性朋友蹲坐在壁炉的火堆旁，说着不着边际的话，男性友人则在自己的房间里，突然门外响起了雷鸣般的敲门声……
>
> 萨默斯请出那位美国朋友，要他出示证件并提供信息。美国友人拿出证件给了他，证明了自己是荣耀市民、有教养的美国人，冷静沉着……
>
> （但）当蒙赛尔（Monsell）[①] 回到伦敦时，他被逮捕，被送往伦敦警察厅：在那里遭到检查，被剥光了衣服，他的衣服被拿走，之后他被关在号子里待了一夜。[4]

像凯瑟琳与默里一样，安德鲁斯和蒙茨埃是一对未婚伴侣，他

① 指蒙茨埃。

们比劳伦斯稍微年轻一些，像夫妻那样住在一起。劳伦斯在康沃尔离群索居、倍感孤独，乐于与这对与自己性格相反的夫妇做朋友。他特别渴望发展美国读者，而对于一位最新小说因为色情描写被封禁的作家来说，蒙茨埃是美国读者完美的代表。他正派、务实、高效，乐于在劳伦斯无法安顿他的小说且没有盈利的前景时充当他的文学代理人。1921 年 6 月，他们之间的友情最好的时候，劳伦斯鼓励蒙茨埃买一艘船，如此，一小群志同道合的同伴可乘船绕过地中海东部。

1921 年 3 月，给蒙茨埃写信说到塞尔茨时，劳伦斯惊呼："我讨厌犹太人，我想要学会对所有犹太人都更警惕。"但同年 11 月，在蒙茨埃到访巴登巴登之后，劳伦斯告诉科特，蒙茨埃相当不理性的偏见令他恼怒："他也是那种气人的人，那样的人会泛化他们讨厌的人。蒙茨埃尤其讨厌的人是犹太人、德国人、布尔什维克主义者。太没有创意了。他令我在德国烦透了。"

蒙茨埃与俄国-犹太人塞尔茨一起来访陶斯，这结束了他们之间的友谊。1923 年 2 月，塞尔茨抱怨他没办法再与蒙茨埃共事，劳伦斯便结束了与他的代理人蒙茨埃的关系。劳伦斯感觉，蒙茨埃对他和他的作品丧失了信心并暗地里对他有敌意。他的感觉得到了蒙茨埃侄孙的证实。那位侄孙说，蒙茨埃"认为劳伦斯才华横溢，但他觉得劳伦斯盲目地（想要）获得美国读者的认同。罗伯特显然认为劳伦斯要使自己的写作意图被人理解，他使用的那些语言并不必要。他们在这一点上有过许多冲突"。[5]

关于那个重要却鲜为人知的人物埃丝特·安德鲁斯，人们对她的了解要比对罗伯特·蒙茨埃的了解少得多。1916 年圣诞节后，她在蒙茨埃离开康沃尔前往伦敦之前与他发生了争吵，之后，她独自与劳伦斯夫妇待到 1 月中旬；蒙茨埃没带她便独自乘船去了纽约之后，她又于 1917 年 4 月中旬至 5 月中旬第二次客居康沃尔。

　　安德鲁斯在战争期间写过一本关于女性工作的书，但一直都没有写完。劳伦斯称她为哈达法（Hadaffah），希伯来语哈达萨（Hadassah）一词的变体。哈达萨意为"爱神木"（myrtle），是以斯帖（Esther）的别名（参见《以斯帖记》2 章 7 节）。劳伦斯在写给他的女性知己辛西娅·阿斯奎斯和凯瑟琳·卡斯威尔的信中都表达了他对富有青春活力的埃丝特的喜爱，这激起了弗丽达的敌意，此时的弗丽达不断发福，变得肥胖。埃丝特第二次来访时，很少患病的弗丽达此时却食物中毒，患了结肠炎，这使劳伦斯和他的客人有许多时间待在一起。劳伦斯告诉他的朋友们："我们非常喜欢她。她实际上并不是个记者，为人非常通情达理……埃丝特·安德鲁斯还在这里。她让我感觉，美国真的是我下一步要去的地方……我尽我所能想让她们——弗丽达和哈达法——理智些，但就是白费力气。这对我们来说就是一场没有枪支的决斗。"

　　尽管劳伦斯在情感上或许身体上都与埃丝特纠缠在一起，但他在写给他的邻居塞西尔·格雷的信中承认，他与爱慕他的女人们之间的那些纠缠不清有着很多负面问题。他以他作为先知与社会革新者的角色对此进行了辩解，认为那些情感纠葛是他一项勇敢的尝试（如同《虹》一样），其目的是发现新的本能感知模式："耶稣与抹大拉的女人之间的纯粹理解要比耶稣与门徒之间的理解更深刻……我的'女人们'，埃丝特·安德鲁斯、希尔达·奥尔丁顿等，我承认，虽然是以一种尽管不纯洁、不值得骄傲、恭顺、卑躬屈膝、令人不快的方式，她们却依然代表了通往新世界或是地狱的入口，通往知识与存在的入口……我的'女人们'像那些希腊人一样，想要一个巧妙机智的极乐地狱。"[6]凯瑟琳·卡斯威尔也去康沃尔拜访过劳伦斯夫妇，与他们讨论过埃丝特，她的看法可以解释埃丝特为什么受劳伦斯吸引，为什么会与弗丽达较劲："劳伦斯夫妇已经有了一位客人——一个女人。她（与蒙茨埃）闹了不愉快，在她极度不快乐时，她便很容易对劳伦斯产生依恋，与弗丽达敌对——这对她来说是灾难性的。但她那个夏末（也就是 5 月）离开的时候，带走的是（对劳伦斯的智力与想象力的）持久敬佩。"[7]

埃丝特约 1885 年出生于艾奥瓦州首府得梅因，与她的父母及两位姐姐先搬去了布鲁克林，之后又搬到了康涅狄格州。她机智风趣，总是会逗趣儿，这与她那体面的家族形成了鲜明对比。她的侄儿描述她"魅力十足，苗条，相当高，大约有五英尺七英寸①，总穿着宽松的长裤和一件五颜六色的衬衣。她的嗓音有点沙哑但非常清晰，带着那种国际口音，显然是受到了她那戏剧训练的影响"。她在 20 世纪初上了耶鲁大学艺术学院和耶鲁大学戏剧学院。她公然反抗家族的阻力，1910 年左右登上舞台演戏，在战前跟随轮演剧团去了很多地方表演。第一次世界大战爆发时，远在美国参战前，埃丝特便加入了红十字会，还与贵格会一起工作，帮助那些在法国受难的人。

埃丝特与劳伦斯是否曾经是情人关系，人们并不清楚。"那很有可能，但他们也很可能只是朋友，彼此钦慕。埃丝特对她的私人生活缄口不言，虽然我常听她说起劳伦斯令人激动的个性。"劳伦斯写给埃丝特的唯一一封保存下来的信中，"关于劳伦斯的部分很有意思，却并不是很私人化。里面有对他们在康沃尔生活的描述，政府和他们的邻居们对他们的怀疑，还有他们那一群志同道合的朋友和支持者之间的相互拜访"。

1917 年年中，埃丝特从劳伦斯的生活中消失了。但她 20 世纪 20 年代出现在纽约，遇到了梅布尔·道奇·斯特恩②，给她寄去了一段很长的话，描述"我所遇到过的最有魅力的一个男人"。梅布

①　约 170 厘米。
②　即前文提到的梅布尔·卢汉，本名梅布尔·埃文斯·斯特恩·卢汉（Mabel Evans Sterne Luhan）。

尔是个不太可靠且有时恶毒的旁观者，据她说，弗丽达（弗丽达在战争期间并没有去德国看望她母亲）向她倾诉，劳伦斯背叛了自己，与埃丝特和威廉·亨利·霍金纠缠不清：

> 弗丽达告诉我，劳伦斯背叛过她两次。一次是在康沃尔与那个美国女孩在一起。当时她不在家，我想是回德国看望她母亲了。她回到他们的小屋，发现空气里浮动着某种气氛，那不是她留在家里的。她强迫劳伦斯告诉她发生了什么，之后就将那个女孩赶了出去。那一次，或者至少他是这么告诉她的，无论怎样，是狼狈不堪的失败。另一次是与一个年轻的农民，也是在康沃尔。
>
> "他们之间真的有纠缠？"我问她。
>
> "我想是的。我非常不开心。"她回答。[8]

战争期间与劳伦斯纠缠过一段时间之后，埃丝特在纽约成了约翰·多斯·帕索斯（John Dos Passos）的朋友（也与海明威和埃德蒙·威尔逊相熟）。多斯·帕索斯在他的自传《最好的时光》（*The Best Times*，1966）中描写埃丝特附庸风雅、时髦、反叛、慷慨大方。作为著名作家的崇拜者，埃丝特显然会很乐意与劳伦斯发生性关系，如果劳伦斯想要她那样的话：

> 埃丝特是众多从美国中西部涌入纽约的迷人女性中的一位，她在戏剧学院学了发音方式，渴望舞台生涯提供的那不确定的魅力。舞台生涯不成功之后，埃丝特获得了一份《女装日报》（*Women's Wear Daily*）的工作。她有能力，对服装有天分，且薪金优厚，但她将自己对女性服装业的鄙视与仇恨变成了一种信仰……她和一位英俊的年轻小伙好上了，小伙比埃丝

特年轻，名叫坎比·钱伯斯，来自贵格教派家庭。孩子、家庭、婚姻都已是过时的概念。她完全不接受婚姻这一想法。

埃丝特是天生的女主人。尽管她对传统价值不屑一顾……她还是个迷人、热心的女人。[9]

埃丝特和蒙茨埃对劳伦斯的生活有着重要影响。他们激起了劳伦斯对美国文学的兴趣，他因为阅读梅尔维尔而去了南太平洋并完成了具有开创性的作品《美国文学经典研究》（*Studies in Classic American Literature*，1923）。作为劳伦斯代理人的蒙茨埃评定劳伦斯的文学作品，与托马斯·塞尔茨协作，帮助劳伦斯吸引了美国读者。迷人、不拘泥于传统、敏感的埃丝特代表了"知识与存在的新世界"。她爱慕劳伦斯，成了他的信徒，在他的婚姻、作品陷入严重困境，他与警察之间有大麻烦的时候，为他提供了重要的情感支持。1917 年春，劳伦斯夫妇曾希望与埃丝特一起前往美国；但他们不能离开英国，除非其目的符合国家利益，1917 年 2 月，他们的护照被拒签。尽管如此，埃丝特回到纽约后，激起了梅布尔·道奇·斯特恩对劳伦斯的兴趣，并且某种程度上促成了 1922 年劳伦斯被邀请至陶斯。

三

劳伦斯与埃丝特·安德鲁斯的纠缠与他和弗丽达之间的问题有着紧密联系。劳伦斯与弗丽达成功渡过了弗丽达离婚诉讼案的危机，1914 年 7 月合法结合，并且在战争期间，弗丽达可以偶尔去看看她的孩子们。但这段时间对弗丽达来说很艰难。作为入籍的英国公民，她在忠实于故国还是忠实于移居国之间左右为难。她的外貌看上去就是德国人，说话还带着德国口音，这令她不可避免地经历了不少他人的敌意。劳伦斯作为淫秽作家、不忠的英国人的名声也令她吃了苦头；她忍受着他激烈的愤怒，与他一同经受着颜面尽失的穷困潦倒。美国版《虹》中被劳伦斯删除的那段"你现在一点都满足不了我"，或许指涉的是他本人遭遇的性问题。

奥托琳充满趣味的日记揭示了在嘉辛顿时，弗丽达如何挑起劳伦斯的怒火，她摆出傲慢的姿态，尽管劳伦斯对她恶语威胁，她还是能依赖体力和意志力上的优势胜过他：

> 与劳伦斯在一起的时候，我三番四次地听到弗丽达热情、欢愉地愚弄嘲讽任何她认为他所崇敬的东西，如此将他刺得大怒……
>
> 他（会说）："别再那样胡说了，小姑娘，要不然我就打你的嘴了。你这次过分了。"……
>
> 他们争吵的时候，（弗丽达）有时会停下来，然后对他说："别忘了，劳伦佐，我是女男爵！"……
>
> 他对她太纵容了。虽然他当我们的面辱骂她，实际上他还经常当着她的面大声叫骂，但如果她愿意，赢的总是她；因为生命力和体力上，她胜过他十倍，不管他怎么反抗、怎么抱怨，真实情况是她总是占上风。

欧内斯特·琼斯（Ernest Jones）是弗洛伊德的信徒，劳伦斯大约在 1916 年时（他与弗丽达发生了凯瑟琳·曼斯菲尔德描述的激烈争吵）通过大卫·埃德医生结识了他。他证实了奥托琳日记中提到的内容，虽然他很有可能夸大了劳伦斯夫妇的口角。这位心理分析师认为，劳伦斯夫妇性情对立，弗丽达经常不怕麻烦地激起劳伦斯的怒火："琼斯写到劳伦斯先生和太太，他们'被淘气的恶魔驱使，激起彼此的狂怒'。……有一天晚上很晚了，惊慌失措的弗丽达·劳伦斯闯入了琼斯（位于伦敦的）公寓，恳求他庇护她，因为她丈夫差点杀了她。令她大吃一惊的是，琼斯对她疾言厉色，'从你对他的方式来看，我真想知道他怎么早没那么干'。"[10]

　　劳伦斯在他的好几部作品中都暗示过他与弗丽达在性方面存在的问题：《瞧，我们走过来了!》《努恩先生》中他们的初夜失败；《虹》中因无法满足她而产生的焦虑；从《儿子与情人》到《查泰莱夫人的情人》里对极强大的女人的畏惧。正如赫胥黎所观察的那样，劳伦斯与弗丽达之间无疑有着深沉、热烈的爱情生活。但劳伦斯也害怕被女性支配，而且据小说家康普顿·麦肯齐（他资助了劳伦斯，并且尝试为他诊断在性方面存在的问题）说，劳伦斯在1920年为他与弗丽达关系的一个方面焦头烂额："尤为让他焦虑的是他无法与他的妻子同时达到高潮，这在他看来必定意味着他们的婚姻在他们共同经历过一切之后仍不完美……他对自己所坚信的唯一表明他们完美结合的证据越来越灰心。"在麦肯齐的描述中，劳伦斯强调婚姻的生理基础，还相当幼稚地将婚姻圆满与双方同时性高潮等同起来。他没能实现这一圆满时，便试图通过人类"更高级的"爱超越生理限制。他和麦肯齐谈话时提到艾伦·钱伯斯："我相信我曾最接近完美之爱的时候是我十六岁与一位年轻的煤矿工人（也就是农民）在一起的时候。"塞西尔·格雷——劳伦斯在《亚伦的手杖》中将他讽刺地刻画为西里尔·斯科特，赫胥黎在《滑稽的环舞》（Antic Hay，1923）中将他讽刺地刻画为莫坎普坦先生（"一位圆滑、自信而无忧虑的年轻人，长相粗俗，口鼻突出"）——明确地说："说劳伦斯真的完全性无能，这可能不对……但我确定他离那样也不远。"[11]格雷并没有解释他"确信"的依据是什么，但显然如果劳伦斯经历过性高潮，他也就不是性无能了。

　　格雷生于1895年，是个末流的作曲家和乐评人。他因为心脏有缺陷而被免除兵役。1917 年，他租下了康沃尔的博西格兰城堡（其实也就是个普通宅子），就在劳伦斯夫妇家附近。1917 年夏，劳伦斯在田野里与威廉·亨利一起劳作，晚上去霍金家拜访，弗丽达因为经常被他忽略而常常一个人，她便与格雷在博西格兰共度了好些时光。在她的婚姻中，她第四次（但还不是最后一次）从另一个男人那里寻找慰藉。

弗丽达与格雷发生婚外情的主要证据（除了弗丽达有过不忠的历史，以及她此时与劳伦斯存在的问题）便是希尔达·杜立特尔的纪实小说《让我活下去》（*Bid Me to Live*，1960）。杜立特尔性冷淡、双性恋，是庞德的未婚妻、奥尔丁顿的妻子（从 1913 年起）、劳伦斯的朋友、弗洛伊德的病人。劳伦斯在 1914 年与她结识；他被驱逐出康沃尔后，便与弗丽达住在了杜立特尔的公寓里。公寓位于梅克伦堡广场 44 号，他们从 1917 年 10 月 20 日住到了 12 月 1 日。《让我活下去》暗示，弗丽达鼓励劳伦斯 1917 年 4 月访问伦敦时与杜立特尔发生婚外情，这样她就可以在劳伦斯不在家的那段时间里无拘束地与格雷上床。事实上，杜立特尔与格雷有暧昧，她还在 1919 年给他生了个孩子。劳伦斯不喜欢格雷，杜立特尔离开奥尔丁顿让他生气，他对她说："我希望再也不要见到你。"有一封已出版的劳伦斯写于 1926 年 6 月的信件，信中有一段话被删掉了，劳伦斯在那段话中表达了他对奥尔丁顿的同情，确认了他对杜立特尔和格雷的不赞同："从我们（1914 年）认识他们起，阿拉贝拉［多萝西·约克（Dorothy Yorke）］便一直与理查德·奥尔丁顿住在一起。他们想要结婚，但希尔达·奥尔丁顿是个狠毒的女人，她不肯离婚成全他们，尽管她自己跟格雷私奔了。"[12] 虽然这些性方面纠缠不清的细节并不为人所清楚了解，但很有可能弗丽达与格雷有婚外情。

# 四

在康沃尔，劳伦斯探索了男性之爱在理论意义上、象征意义上、虚构中，甚至很可能在实际中的可能性。与对埃丝特·安德鲁斯的兴趣相比，他对威廉·亨利·霍金的兴趣更加浓厚，而他与这位康沃尔农民的关系若被置于他对待同性恋的态度这一背景之下会更好理解。

杰茜家庭的一位成员 F. D. 钱伯斯说："劳伦斯是披着男人皮的女人，只有女人才会与他那么意气相投。他从早年开始，就不喜欢与男性做伴。"劳伦斯本人认为，他天生的性本性具有双重性，并不全然独属于男性；他体内的男性与女性因素处于冲突之中，并不处于平衡状态。"每个人的体内都包含男性和女性，"他在《托马斯·哈代研究》（"Study of Thomas Hardy"）中如是写道，"男性总是争夺主导权。"[13]

对于创作型作家而言，劳伦斯对女性的亲和力给了他相当大的优势。但他内心的冲突使他以争斗而非和谐的眼光看待两性关系，令他畏惧两性的相容，不信任两性的结合。他的小说描写了男人与女人之间许多残酷的、相互摧毁性的冲突，也描写了对男性之间令人满意的关系的追寻。

关于男性之爱的可能性，劳伦斯对之持有矛盾的态度，这在他的所有作品中都有体现。他在他的作品中将生命迸发成艺术，有四幕明显的同性恋场景最为具体地表现了他的矛盾态度：《白孔雀》中愉快恬静的游泳，《恋爱中的女人》中的摔跤，《亚伦的手杖》中护理的小插曲，《羽蛇》中的入会仪式。这四幕场景每一幕的灵感都来源于劳伦斯与男人之间的亲密友情：《白孔雀》得益于艾伦·

钱伯斯，《恋爱中的女人》与《亚伦的手杖》得益于米德尔顿·默里，《羽蛇》源于他幻想他所爱的男人们的屈从。

这些场景描写了他的小说中反复出现的主题，具有三个共同的特征。首先，他们仿照的是《圣经》中大卫与约拿单①之间的管鲍之交，而非像真正的同性恋者或对自己同性恋倾向缄口不语者所写的作品那样，以希腊神话中的理想男性之爱为仿照对象（至于《会饮篇》，劳伦斯另有用途）。劳伦斯对男性友谊的这一看法，最明显的例子出现在与他同名的戏剧《大卫》（*David*，1926）中。剧中的两位男主人公（再次以劳伦斯和默里为原型）发下神圣、永恒的誓言，将他们的身体与灵魂紧密地联系在一起：

> 约拿单②：我们已宣誓立约，这难道不是我们两人之间的誓约？难道你不愿与我一起宣誓，让我们的灵魂永远是兄弟，甚至比血亲更亲密？哦，大卫，我的心将永无安宁，除非你的灵魂与我的灵魂，你的血液与我的血液安好。
>
> 大卫：我指着永生的耶和华起誓，约拿单的灵魂比我任一兄弟的灵魂都更让我珍视。——哦，兄弟，只要我能度过这次难关，我们便可一起活在上帝面前！

其次，在这四幕场景的每一幕当中，同性之爱都被视为异性之爱的替代，总是出现在在女人那里经受了令人沮丧的屈辱之后。男性未能实现对女性，尤其是对女性意志力的支配，这会直接导致男人体内女性因素的胜利。最后，劳伦斯内心与被压制的同性欲望的争斗，导致最后呈现出来的戏剧模棱两可，因为他的男性主人公们

---

① 详见《圣经·撒母耳记（上）》18 章、19 章、20 章、23 章。

② 因为这部戏剧是劳伦斯以《圣经》为原型创作的，所以其中的人名 Jonathan 仍译作"约拿单"，而非乔纳森。

没有一个能完全成为同性恋者，尽管这种同性恋被描述为超越单纯肉体之爱的"更高"形式的性爱。然而，虽然这种模棱两可具有艺术功能：它将注意力从同性之爱场景的现实主义方面转向象征主义方面。它也暴露了劳伦斯对与男性发生性关系的堕落性与不育性的道德疑虑与个体疑虑。普鲁士军官、《狐》中的班福德、《虹》中的英格、《恋爱中的女人》中的洛尔克，像他们这样的同性恋情人被刻画为性反常者与道德败坏者。而那四个虚构场景中的同性恋行为被描写为富有感情、更加令人满足的爱。劳伦斯认为，男人不如女人那么情绪化，不像她们有强烈的占有欲，男性的身体更美好。

在他写给朋友的信件及与朋友的交谈中，在他的非虚构作品，尤其是关于惠特曼的论文中，在他的诗歌中，劳伦斯试图澄清他模糊不清的立场，并试图化解同性恋情感与道德愧疚感之间的矛盾。1913年12月，与弗丽达还住在费亚斯切利诺时，他给作家亨利·萨维奇（Henry Savage）写信说：

> 我很想知道，为什么几乎每一位趋向伟大的人都倾向于同性恋，无论他承认与否：如此他便爱一个男人的**身体**甚于爱一个女人的身体——我认为希腊人就是如此，尤其是所有的雕塑家……他总能从男人那里获得满足感，而要从一个女人那里获得灵魂与肉体的满足感，这是生命中最难的事，其结果便是一个人只有靠自己的力量才能获得自由。所有的传统与人的本能都禁止男人去爱其他的男人，或者是另一个男人。[14]

劳伦斯本人作为作家也"趋向伟大"，他明显使用了意义不明的语言（"倾向于同性恋，无论他承认与否"）。第一句话断言，一般来说，每一个年轻人设身处地来看，会发现男人的身体比女人的身体更有吸引力；第二句话肯定了男性之爱能带来更大的满足感，它会允许而非抑制个体自由；第三句则将传统与本能共同设置为男性之爱的阻碍，尽管就劳伦斯本人来说，本能与传统是相对立的。

写于 1920 年 3 月的一封信中，劳伦斯似乎在惠特曼身上找到了答案。惠特曼与他的英国信徒爱德华·卡彭特（Edward Carpenter）是同性恋最伟大的公共辩护者。劳伦斯会像杰勒德·曼利·霍普金斯（Gerard Manley Hopkins）那样说："我内心一直都知道，与其他任何人相比，沃尔特·惠特曼的想法与我的最接近。"

> 你十分赞赏惠特曼，我也是。但我在他的芦笛、同志中发现了真正的解决办法的线索——全新的转变。我相信他所称的 *"男性之爱"*，那种一个男人对另一个男人真正的绝对依赖，是如婚姻般神圣的结合，差别在于这种爱更深沉，比情绪与个性更强大，孤傲冷漠地彼此分离，但可提供最根本的依靠。

这些想法与他几年前，即 1916 年完成的《恋爱中的女人》中表达的观点接近。因为劳伦斯珍视个性，觉得与女性的性关系危及他的身体及精神的完整性，男性之爱似乎为异性恋中争夺主导权、意志力的冲突等问题提供了"真正的解决办法"，同志情谊也似乎有理由被认为比婚姻关系更深厚，但又与婚姻同样神圣。在《美国文学经典研究》一书中，他无法摆脱对男性之爱生理方面的厌恶，但劳伦斯写到惠特曼这个同性恋实践者时说：

> 他如所有男人那般发现，你无法真正地与一个女人结合，尽管你很可能已经走了很长一段路，但最后的那一点，你无法解决。你不得不放弃，并且，如果你坚持要结合的话，你不得不去其他地方尝试……要实现成功的结合，最终女人就变得不足以胜任了。对于那些爱至极致之人，女人并不足以满足最终

的结合。因而，下一步便是男人对男人的爱的结合，而这濒临死亡，会转入死亡，如大卫与约拿单，以及约拿单之死。[15]

惠特曼的真正的解决方法中存在着悖论，即男人们的结合超越了与女性的结合，却步入了性爱的绝境，那是手淫与不育的世界。

1922 至 1923 年，劳伦斯在暂住新墨西哥的那段时间里，再次尝试要阐释清楚这一问题：

> 我的一生都在渴望与男人的友谊——真正的友情，我所定义的友情。我所说的意思是什么呢？我想要的是亲切友善吗？我很乐意看到所有人都对我"友善"。是智力上的并驾齐驱者吗？又或者是非智力方面的势均力敌者？我明白你的笑话。那肯定不是同性恋？实际上，你误解我了——而且，这个词完全内嵌于其自身的时代中。在我所处的世界，那个词没有任何意义。或许是指同志情谊？不，不是那种——它蕴含太多的爱了——不，甚至不是卡拉莫斯①那种，也不是同志情谊——不是男性之爱。那是尼采所描述的那种具有创造力的朋友——在其心中，世界完满，为善之容器，总能予人以完整世界？对，某种程度上是那样的。用我的话来说，那意味着选那个有内核的人做你的朋友。

虽然劳伦斯拒绝接受亲密、平等、王尔德式的性倒错行为，但他仍然渴望同性之爱。他告诉凯瑟琳·曼斯菲尔德："我确实相信友情，我极其相信男人与男人之间的友情，男人间彼此许下不可侵犯的誓

---

① 卡拉莫斯（Calamus）为河神之子，他为所爱的美少年卡尔帕斯（Carpus）之死悲伤不已，瞬间化为芦笛，起风时，阵阵悲歌飘荡而起。惠特曼在《草叶集》中借用卡拉莫斯之名，创作约有四十五首《芦笛曲》，大胆歌颂同性之爱。

言（就像大卫与约拿单）。不过，我从未遇到过这样的友情，也从没有这样的朋友。"[16]虽然他缺乏同性恋经验，这令他将之理想化，但深深残留的清教思想的压抑及理智方面的顾忌阻碍了这类友情实现生理上的圆满。

如大部分艺术家一样，劳伦斯有许多同性恋朋友：英国的马什与福斯特；佛罗伦萨的书商皮诺·奥利奥里（Pino Orioli）、王尔德的朋友雷吉·特纳（Reggie Turner），以及爱欺诈的莫里斯·马格努斯（Maurice Magnus）；新墨西哥的诗人威特·宾纳（Witter Bynner）、他的情人斯巴德·约翰逊（Spud Johnson），以及梅布尔的追随者克拉伦斯·汤普森（Clarence Thompson）。尽管他有同性恋倾向，有许多同性恋朋友，但他还是写了（如我们前面读到的）一封失常且带有威胁性的信件给大卫·加尼特，谈及凯恩斯、比勒尔、格兰特可怕、肮脏、如黑色甲虫般的堕落行为。加尼特短暂造访格里瑟姆后不久，在1915年4月写给科特的一封信中，劳伦斯强调了《恋爱中的女人》中堕落行为的象征意象："我喜欢大卫，但我不喜欢比勒尔。这些可怕、肮脏（散发臭味）的人，男人们的男性情人们，他们给我一种堕落、腐败感，几乎是腐烂感，让我梦见甲虫。真是令人憎恶。"对于劳伦斯来说，同性恋的理想化概念与真实的同性恋行为之间一直存在着难以逾越的巨大鸿沟。

劳伦斯战时的信件中反复出现昆虫的隐喻，这一隐喻建立了同性恋者的堕落行为与士兵、劳伦斯的敌人及整个人类的联系。在1915年4月写给奥托琳的一封有趣的信件中，劳伦斯引用了陀思妥耶夫斯基的《卡拉马佐夫兄弟》，并将士兵们比作一个骑在另一个之上的数量庞大的昆虫，这暗示了他既渴望又畏惧同性恋的矛盾心理，也预示了他在医疗检查中被迫张开他的臀部、露出肛门时歇斯底里的反应：

> 昨天，（萨塞克斯的）沃辛出现了许多士兵。我真的想告诉你他们有多丑："属于昆虫的——感官欲望"。我喜欢感官欲望——但是昆虫那方面的，不——那太可憎。我喜欢男人有兽性——但昆虫，那种一个骑在另一个之上——哦，上帝！那些士兵就像那样，他们让我想起虱子、臭虫。[17]

在战争持续的那几年里，随着他的观点变得愈加极端、战时欧洲人的毁灭不断发生，劳伦斯表达了某种神之欲抑或是魔鬼之欲，即要彻底灭绝人类。人类似乎并不能证明他们存在的正当性，似乎不值得存活于世。他想要净化这邪恶的世界，开创一个新世界："哎呀，要是人们可以拥有一大盒杀虫粉，在空中将之遍撒在昆虫身上，然后灭绝它们。只是想要清洁、净化这美丽的世界，让真理与纯净的生命有生存的空间……直截了当地学会仇恨人类、憎恶大量繁殖的人类，这是当下唯一的纯净。"在《恋爱中的女人》中，伯金渴望以纯净的天性取代人类邪恶，其实是以一种更为温和的方式表达了劳伦斯上述的基本思想："难道你不觉得这想法美妙、纯洁——没有人的世界，只是一览无遗的草地，一只兔子端坐其间？"与劳伦斯同姓，同时也与他同时代的 T. E. 劳伦斯（托马斯·爱德华·劳伦斯）表达了相似的观点，但他所使用的话语更加愤世嫉俗："若这个世界为我所有，我早就将其上的动物生命灭除。"因为厌恶性活动，他想象了一种尼采式的根除法，即对普通、不洁的人类进行优生取代："所需要的是一种全新的优秀物种——给我们计划生育，五十年内可消除人类，之后，便有洁净的原野供给更清洁的哺乳动物。"[18]

虽然劳伦斯因道义原因而谴责同性恋行为，但他因为自身有同性恋倾向，不会承认异性之爱正当有效、能实现圆满，至少对于盎格鲁-撒克逊的中产阶级及上层阶级而言是如此。1915 年 2 月，他告诉伯特兰·罗素，依他对女人的深刻了解，英国人的性生活并不是什么神秘结合，也不是肉体结合，而只是经过伪装的反常行为："那几乎是所有英国人正在做的事。一个男人找了个女人，他只是重复了一个已知的对自己的反应，而不是寻求一种新的反应、新的发现。这就像是自虐或手淫。知识阶层的普通英国人奔向一个女人去自慰……当出现这种情况时，经常会有鸡奸。"

《三色紫罗兰》（*Pansies*）中收录的劳伦斯后期的一首尖锐诗歌中，他将自己对同性恋的畏惧投射在了他越来越憎恨的自私自利的阶级身上：

> 你知道的罗纳德，像大多数英国人一样，
> 本能上，他是个鸡奸者
> 但他害怕了解这一点
> 因此他发泄在女人身上
>
> 哦，得了吧！我说。那个叫罗纳德的唐璜①！——
> 的确，她应道。唐璜是他们中的另一个，爱着
> 他自己
> 然后发泄在女人们身上——
>
> 即便那样，还不是鸡奸，我又道
> 但若是一个男人恋上他自己，那难道不是同性恋
> 最卑贱的形式？她再应。[19]

---

① 原文为 "That Don Juan of a Ronald!" Don Juan 也有淫荡者之意，在此与下面一致，用人名译出。

## 五

在对默里感到失望、埃丝特·安德鲁斯离开、他与弗丽达失和之后，劳伦斯喜欢上了威廉·亨利·霍金。这位康沃尔农民出生于1883年，比劳伦斯大两岁。有一张他当时引人注目的照片：照片上的人英俊、方下巴，手上拿着危险的长柄大镰刀，戴着宽边的褐色帽子，穿着白衬衣，打着厚补丁的马裤用一根绳子系着，脚蹬高帮黑靴子。劳伦斯《山羊与罗盘》（"Goats and Compasses"）一诗中的"W. H. 先生""唯一的生产者"是家里七个孩子中的长兄，十三岁被迫辍学，因传统和战争而被束缚在了田地里。他为人友好，很多人喜欢他，他对这个世界充满好奇，喜欢阅读。1916年，由于对他受限的、没有前程的生活感到不满，他便积极响应，成了安第斯山区拉纳尼姆的申请者。他知道但是不敢揭穿劳伦斯受到邻居和当局监视；作为劳伦斯的朋友，他本人也遭到怀疑。劳伦斯从康沃尔被驱逐，这结束了他们之间的关系。虽然劳伦斯还给他写了信，但因为害怕和谨慎，威廉·亨利并没有回复那些信件。他在1918年，年满三十五岁时结婚，有至少两个孩子。[20]

劳伦斯被威廉·亨利吸引、他与霍金家庭的联系、他在1916和1917年夏与男人们一起在农田里快乐地劳作，这些无疑将他带回了年轻时在伊斯特伍德的记忆，以及那些在赫格斯农庄的田园时光。他教过杰茜·钱伯斯法语，也教了威廉·亨利法语；他被艾伦·钱伯斯的身体吸引，也被这位康沃尔农民的身体吸引。杰茜的弟弟大卫·钱伯斯说，年轻的劳伦斯"来到草地时……我们的工作会有不寻常的节奏感"；劳伦斯（虽然在康沃尔时，身体状况更糟）说，与霍金一家在户外劳作时，工作让他"精力充沛"。F. D. 钱伯斯相信劳伦斯"是披着男人皮的女人";威廉·亨利的弟弟斯坦利·霍金也认为他"相当柔弱。他的性情总的说来很阴柔……他长得那么高、那么瘦,很纤弱"[21]。

劳伦斯说,威廉·亨利与默里大不一样,他的感官"异乎寻常地发达"。劳伦斯称赞了他的深思熟虑与男子气概,提到了他的理想主义期待,相信他代表了康沃尔的凯尔特人神话:"他苦苦深思。'我一直都梦想着,'他说,'能有全新的生活秩序。但我现在担心,我永远也不会看到了。'……他身上有种男子汉气概、独立的特性——真正属于凯尔特人的、未知的特质——那种非基督教的、非欧洲人的气质,却不可思议地俊朗,而且他精神上积极向上,正直无私。"《恋爱中的女人》被删禁的序言与小说的内容相比,表达了更强烈的同性恋主题。劳伦斯赋予了伯金他本人势不可挡的身体欲望,想要吞噬、想要吸收;他在威廉·亨利所代表的康沃尔类型——那健美的、动物般强健的身体——中令自己得到了满足:

> 会有一个奇怪的康沃尔类型的男人走进饭店。男人乌黑的眼睛像是脑袋上的两个洞,也像老鼠的眼睛;他的头发乌黑、发质健康、根根竖立;他的四肢完整、沉重、温柔有力。伯金又一次感觉到体内的欲望升腾,他渴望认识这个人,拥有他,就像是要吃了他,吃了他的精髓。观察着这个强壮又柔弱的人以一种奇怪的、遮遮掩掩的、兔子般的方式进食,伯金觉得自己的胸膛里有被唤醒的火苗在燃烧,就好像这就是他想要的,就好像他的欲望要满足,就得依赖他对面那个年轻、强壮的男人的身体。[22]

威廉·亨利相信"劳伦斯是同性恋……(他)经常来到农庄,与他谈论许多关于同性恋的话题"。但据弗丽达说,劳伦斯不只是谈论：他实际上与那个性感的、没受过多少文化教育的、爱慕他的威廉·亨利有肉体关系，这是他无法与被压抑的、有才智的、有批判精神的米德尔顿·默里实现的。

弗丽达告诉梅布尔，劳伦斯和威廉·亨利之间真的"有些什么"，这让她"特别不开心"。1917 年 10 月至 11 月，暂居在杜立特尔的公寓里时，弗丽达说："劳伦斯关心的只有男人，杜立特尔不知道他到底是什么样的人。"这些从公认的不可靠来源获取的二手报告始终都无法令人信服，除非有更具说服力的证据证明这些说法。但它们得到了弗丽达本人和她的女儿芭芭拉的证实。在 1949 年 4 月写给杜立特尔的前夫理查德·奥尔丁顿的一封信中，弗丽达描述了劳伦斯与威廉·亨利之间的恋爱关系，她之前也如此描述了劳伦斯与埃丝特·安德鲁斯之间的关系："在他迷茫时，他狂热地喜欢上了一个康沃尔的农民，当然那并没有结果。"芭芭拉·威克利·巴尔证实了弗丽达对梅布尔、杜立特尔、奥尔丁顿所说的话，她还提供了确凿的证据："是的，D. H. L. 与那个年轻的霍金之间确实有一段短时间的不正常关系。霍金希望忘记这段关系——几年前，我在伦敦第一次见到他女儿时，她是那么告诉我的。"[23]

# 六

受到他对威廉·亨利之爱的影响，劳伦斯写过两个明显的同性恋作品：《山羊与罗盘》以及被删禁的《恋爱中的女人》的序言。第一个作品被劳伦斯销毁了；第二个作品保存了下来，并且阐释了小说中的同性恋主题。劳伦斯有时候会将他未出版或不宜出版的作品在他的朋友间传阅；他的两位朋友，奥托琳·莫雷尔与西塞尔·格雷留下了他们对《山羊与罗盘》的否定性描述。他们的描述表明，这首诗索然无味的风格与他战时的短文《王冠》很像，诗的题名很可能暗示了牧神般的激情与科学的理性主义之间的冲突。

奥托琳通常都很欣赏劳伦斯的作品——除非这些作品是讽刺她本人的。但她说这首诗辞藻堆砌，是毫无逻辑可言的情感迸发，表达了劳伦斯战时的愤怒。她还认为劳伦斯会有这些奇怪的想法是因为弗丽达："在我看来，这是糟透了的胡说八道，大量的字词、重复、滥用、自相矛盾；充满憎恨与狂暴的个人主义。他抨击了意志力、爱与同情心。实际上，他唯一没有痛斥、谴责的只有男人与女人之间的爱……他满怀这些'衰退期的'想法令我非常沮丧。我确定，他会有这些观点，是因为弗丽达。"格雷一贯对劳伦斯刻薄、挖苦，他赞同奥托琳对这首诗风格的描述，并提出劳伦斯非常支持同性恋：

> 劳伦斯最糟糕的方面就在于他用了夸夸其谈、伪神秘主义的心理哲学篇章，主要谈论了同性恋问题——顺便说一下，劳伦斯在那个时期对这个话题有着令人怀疑的浓厚兴趣。那本书有两份书稿，劳伦斯自己毁掉了一份，而另一份归菲利普·赫赛尔廷所有。菲利普在几年后一页一页将之烧毁了，虽然烧毁的速度缓慢，但至少做了相当合适之事。

虽然销毁了书稿令人震惊且可惜，但据弗丽达说，1922 年在他们西西里的房子里，劳伦斯对《大海与撒丁岛》的手稿做了同样处理。在《袋鼠》中的"噩梦"一章中，劳伦斯说他是刚收到离开康沃尔的命令，便烧毁了《山羊与罗盘》的打字稿，"一把大火烧了他所有的旧手稿"。[24] 他很有可能是害怕这些会使他受牵连的材料被警察没收。

劳伦斯自己禁止出版《恋爱中的女人》的序言——这序言直到1963 年才得以出版，原因在于他因为《虹》而遭遇的麻烦。序言解释了这部小说的三个方面。首先，它描写了鲁伯特·伯金（作者的自传式主人公）与赫麦妮·罗迪斯（以奥托琳为原型）之间毁灭性的关系，解释了小说中赫麦妮因为伯金拒绝她而选择了厄秀拉，便用一块天青石砸伤了他的脑袋，差点令其丧命。其次，它描写了蒂罗尔之旅，伯金与杰拉德·克里奇（部分以默里为原型）之间的友谊、彼此吸引与亲近，这解释了克里奇在奥地利山区遭遇雪崩死亡后，为什么伯金会悲恸："他该是爱我的。我可以……我也想要与一个男人永远结合在一起：另一种爱。"第三，它表达了伯金对女人的爱与他对男人更深却被压制的爱之间的冲突，这说明了伯金对克里奇的强烈吸引力：

> 他的根本欲望是能在同一行为中全身心地去爱：全心全意地，在与一个完整的女人的接触中完全投入……
>
> 虽然他总是为女性吸引，与跟一个男人在一起相比，跟一个女人在一起会让他更舒服，但他对男人会有那种浑身发热、脸红、性兴奋的感觉，这些反应和感觉本应该是男人对女人才有的……
>
> 他的脑海里存着一个小型画廊，里面陈列着一些男人：他从没开口与这些男人说过话，但他们略过他心头，触动他的各种感官，令他难以忘怀；这些男人是他天生就能陶醉领悟的……
>
> 因而他月复一月、年复一年地继续着，将自己分离，争取有一天男人的俊美不再那么强烈地吸引他，而女性的甜美会打动他。[25]

# 七

劳伦斯与具有主导性与占有性的女性在一起的经验教会他将异性之爱看作相互冲突的意愿间无止境的争斗，在这场争斗中，男人要么维持不稳定的主导地位，要么遭受颜面尽失的失败。他无疑会发现性关系更令人痛苦而非愉悦：

> 十字架，
>
> 是最先打破我们沉默的机轮，
>
> 性，击碎了我们的完整性、我们个体的神圣以及
>
> 我们深深的岑寂，
>
> 从我们身上撕出一声叫喊。①[26]

默里相信，劳伦斯试图"从他自身与女人的失败关系所带来的不幸中逃向一个男人"。[27]曾于1922年冬至1923年与劳伦斯夫妇在新墨西哥共度过一段时光的克努兹·梅利尔德如此写道：

> 谈到他所钟爱的开始新生活的想法及建立一个群体的想法时，他从来没想过将女人包含在内。至少开始的时候，他总是构想只与男人实现这些想法……只是有那么几次，他补充说："我猜，最终，男人会想要将女人引向他们自己！"……
>
> 劳伦斯很有可能将同性恋包含在现代存在的设想之内，他将同性恋当作暂时缓解两性对立——这一疾病已然传遍欧

---

① 《劳伦斯诗选》，吴笛译，桂林：漓江出版社，1998年，第7页。

洲——的方式，对这一事实熟视无睹毫无意义。[28]

劳伦斯的婚姻经受过三次大危机：1916 年在康沃尔创作《恋爱中的女人》期间，1923 年在纽约，1926 年在斯波托尔诺。《恋爱中的女人》的故事情节戏剧化地表现了 1916 年劳伦斯与弗丽达之间的争吵、劳伦斯的绝望与失败感，以及他想要建立与默里之间的情感及生理纽带的尝试。这部小说不仅聚焦于两组人物——厄秀拉·布朗文与督学鲁伯特·伯金（以弗丽达和劳伦斯为原型）、古娟·布朗文与矿主杰拉德·克里奇（以凯瑟琳和默里为原型）——之间的恋爱关系，也着重描写了两个男人之间的性吸引。厄秀拉与伯金之间虽然存在许多问题，但他们最终结了婚。古娟与洛尔克——他是个道德败坏的双性恋艺术家，他们在蒂罗尔州阿尔卑斯山相遇——纠缠不清之后，杰拉德在那片冰冻的荒原自杀，实现了求死的愿望。小说以伯金哀悼其友之死结束。

伯金不仅遭到他跛扈、紧抓他不放、意志力坚强的第一任情妇赫麦妮·罗迪斯的威胁，也同样遭到厄秀拉的坚定主张的威胁，她斩钉截铁地坚持"爱应有强烈的占有欲、贪恋自我重要性"。男人与女人之间强烈的敌意贯穿小说始终，不停爆发：赫麦妮与伯金之间的关系、古娟与杰拉德之间的关系。即便伯金与厄秀拉的爱情关系相对成功，伯金一直担心会在沉沦与"可怕的融合"中丧失性别身份：

> 总的说来，他憎恶人们分为不同性别，那有着巨大的局限性。正是性别令一个男人成了一对夫妇中不完整的一半，女人则成为这不完整的另一半。他希望自身就是单一的个体，女人本身也同样是单一个体。他希望性欲不要比其他欲望高出一头，希望人们视之为人体机能的一种过程，而非圆满的境界……

为什么我们要认为自己——我们这些男人和女人——是同
一整体的不完整部分呢？……

远古时代，在性别存在之前，我们是混合而成的，每个东
西都是一种混合体。被选拔为独立存在物的过程就产生了伟大
的性别两极分化。适于女人的移向一边，适于男人的移向另一
边。但这种分离即便在彼时也并不完善。①[29]

这是劳伦斯对柏拉图性爱观的阐释。在《会饮篇》中，阿里斯
托芬解释爱时认为，"远古人类（'远古时代，在性别存在之前'）
是圆形的，他的背与两个身侧形成了一个圆；他有四只手、四只
脚，一个头颅两张面孔"，后来被分成了两半。在分离之后，人的
两个部分彼此渴望着另一半，他们相聚，拥抱对方，渴望融为一
体。柏拉图的理论引人入胜，因为它解释了两性之间的相互吸引，
表明男性与女性两部分的结合是向原初整体性的回归。但劳伦斯认
为，被分化的两性害怕融合与受支配，想要保持个体的单一性，永
远不要经历柏拉图所主张的与女性实现圆满。伯金自称相信男人与
女人应实现"单一个体的纯粹均衡"，但厄秀拉与弗丽达一样，发
现伯金真正想要的是女人臣服于他的意愿。当她拒绝臣服时，伯金
不予考虑婚姻的种种折磨，试图"与另一个人"，即杰拉德·克里
奇形成"一种纯粹信任与爱的纽带"。

伯金承认厌憎性之后不久，他发现如前言中显著表明的："他
一直都爱着杰拉德，也一直都不愿承认这一点。"因此他向克里奇
建议进行 Blutbruderschaft②，而克里奇注定不会赞同，而且囿于自
己的认识，他拒绝承认自己的兽性，乞求他"等我能更明白的时候

---

① 译文参考《恋爱中的妇女》，梁一三译，北京：中国文联出版社公司，1987 年，第 257—
259 页。
② 德国骑士彼此在胳膊上割下一个伤口，让彼此的血融合在一起。

再说吧"。正如伯金本能的建议源于他对厄秀拉的不满，默里也在
点评该场景时说，劳伦斯"与弗丽达的关系留下了空间，或许是需
要，令他获得一段与他境况相似的男人之间的关系。只要我与凯瑟
琳的关系不变，他所想要的那种关系就很有可能实现"。但劳伦斯
威胁到了默里与凯瑟琳之间的关系。他想要控制他的思想，主导他
的意志：

> 因而在这个节骨眼上，我开始退回到凯瑟琳身边。而劳伦
> 斯感受到我的退却时，他更迫切地要将我与他束缚在一起。他
> 谈起我们之间的血亲兄弟关系，暗示我们之间需要有某种不可
> 侵犯的圣礼——某种与我们周围（康沃尔郡）远古石头相称的
> 基督教以前的血礼……
> 毫无疑问，（伯金与克里奇）两人之间同性恋般的角力关
> 系或多或少是他所指的我们之间的"血亲-圣礼"。

如我们所见，默里无法回应劳伦斯提出的以血亲意识为基础的
神秘关系——在血亲意识中，他的存在的黑暗面会活跃起来。默里
的传记作者发现，他童年时期的同性恋事件令他"抵触任何此类关
系"。弗丽达后来告诉一位好奇的记者："默里和他没有什么'风流
韵事'。但劳伦斯并非不相信同性恋。"这意味着如果默里接受的
话，劳伦斯本想要发展一段与他的关系。弗丽达晚年谈及康沃尔那
段日子时告诉默里，她将劳伦斯从他的同性恋冲动中拯救了出来；
劳伦斯想要与默里确立一种超越普通友情、胜过简单肉体关系的感
官联系："我觉得他的同性恋倾向是为摆脱（战争）痛苦——我与
他之间的争斗，我赢得了胜利——的短暂阶段，他想要从你那里获
得更深层的东西。"[30]
伯金向厄秀拉的求婚以喜剧性的惨败结束后，他再次转向克里

奇寻求安慰，并且提出了另一提议："让我们脱掉衣服，像回事地干一场。"伯金承认他曾与一个日本人摔跤，这是他在暗喻性地揭示自己的同性恋经历。他解释说，（日本人）"让你反感，又吸引你，两者兼有。在他们冷冰冰的时候，他们真令人生厌……但当他们热情洋溢地被激起来的时候，又有着确切无疑的魅力。"两个人开始角力，而这个场景以精力充沛的重生开始，以性高潮中的昏厥结束：

> 他们似乎是将自己白皙的肉体愈来愈紧地贴住对方，好像两个肉体会合而为一似的。……伯金肉体上的全部智巧似乎都透进了杰拉德的身体里，他那巧妙升华了的能量似乎也进入了那更为壮硕的男人的肉体中，如同某种潜能。……不时传来一声粗重的急喘，又或者像是一声叹息，而后铺着厚地毯的地板上又响起摔跤的砰然重响，还有肉体从肉体下挣脱时的奇特声响。……两个躯体结合为一体，粘成了一团……
>
> 终于，杰拉德半死不活地仰面朝天躺在了地毯上，胸膛在喘息时缓缓地大起大落着；而伯金更是精疲力竭，他的膝盖几乎是无意识地顶在了杰拉德身上。他急促地呼吸着，差点儿透不过气来。大地似乎在倾斜滑动，一团黑影掠过他的头脑。……世界在滑行，万物滑去，沉入了黑暗。他也在滑动，无休无止、无边无际地滑开去。

伯金与克里奇彼此渗透、进入对方的肉体，经历了共同的兴奋，从而实现了柏拉图思想中的整体性，这是从异性之爱中无法取得的。伯金告诉克里奇："你很帅。"克里奇承认："我相信自己从未对哪个女人有过像对你那样的爱——不是情爱。"①[31] 这一场景强调了肉

---

① 译文参考《恋爱中的妇女》，梁一三译，北京：中国文联出版社公司，1987 年，第 348、349、350—351、354、357 页。

体的智巧、升华了的能量与健康的身体，它是劳伦斯对身体接触带来的狂喜进行的想象性建构与美化了的梦想。

尽管获得了彻底的满足感，但无论是克里奇还是伯金都无法完全成为同性恋者。克里奇选择了与古娟相爱，但因为他呆板的意志，这场爱注定会彻底失败；伯金再次要求厄秀拉完全臣服，而厄秀拉指责他与赫麦妮之间不正经的、荒淫下流的性爱。伯金渴望男性友谊又渴望女性之爱，他这些冲突的欲望如何消解，小说中的"远足"（"Excurse"）一章有可能提供了一种性解决方案。

劳伦斯用《圣经》中的语言描写了伯金与厄秀拉的性变形，目的是要掩饰令人难以接受的行为并使之崇高化，同时将这些行为纳入真理的传统。在乡村客栈里，伯金与厄秀拉触到了根本的

> 最深层的生命力之流，从人类肢体最阴暗奇特的生命源泉的极深处涌出，从腰的后面和底部涌出。……从男人躯体的迷人柱石上，从奇异妙极的胁腹和大腿根处，从比阳物更为神奇、更深的住处，竟涌出了无从言喻的隐秘与丰饶。[①]

在这一重要段落中，劳伦斯将肛交（腰的后面和底部、超越阳物）比作神的儿子们娶人间美貌女子（《创世记》6章2节），比作摩西在西奈山用杖击打磐石，以便"从磐石里必有水流出来，使百姓可以喝"（《出埃及记》17章6节）；并将肛交等同于最深处的生命之源。小说后面，厄秀拉还回想起她与伯金那些堕落、兽性、羞耻的经历带来的自由。相比之下，劳伦斯将古娟与克里奇之间异性性交的惯常方式描述为"死亡的可怕摩擦暴力"。可以想象，劳伦斯经历了漫长的八年时间，背离了他1908年纯真少男般的话语："我亲

---

① 译文参考《恋爱中的妇女》，梁一三译，北京：中国文联出版社公司，1987年，第410—411页。

过很多姑娘——亲在脸颊上——从没亲过嘴——我做不到。"

伯金否定了厄秀拉的女性完整性和她的性别，他刺入了她的肛门，他将厄秀拉当成了克里奇的性替代品，对这个女人做了他想对男人做的事。但伯金本人的行为证明了他的断言错误，即要是克里奇"同其他男人建立了誓约，在这之后就能和女人也建立起誓约：不仅仅是法律上的婚姻，而且是完全神秘主义的婚姻"①[32]，因为伯金从未真正放弃过同性恋的想法。这部小说演绎了劳伦斯的同性恋渴望与他相信他和弗丽达的婚姻可以长久这两者之间不同寻常的妥协。他那情感浓厚的语言既掩饰又揭示了同性恋主题，表达了他明显渴望扩展这一主题的社会界限，甚至想象的界限。

# 八

《恋爱中的女人》中，各个人物的情感与性生活都因战争的影响而出现问题。小说的中心主题是工业机械与毁灭性技术统治的现代英国社会的衰落。与叶芝在《二度圣临》（"The Second Coming"）、庞德在《休·赛尔温·毛伯利》（"Hugh Selwyn Mauberley"）、艾略特在《荒原》中所意识到的一样，劳伦斯在《恋爱中的女人》中认识到，西方思想的理性传统在一场摧毁文明社会价值观的战争中结束了。

虽然劳伦斯在他这部当时尚未出版的小说中对战争大光其火，但他——尽管反复生病且被隔绝在康沃尔——仍然承受着战争的不利影响。1916 年 5 月通过的《第二兵役法》（the Second Military Service Bill）规定，所有十八至四十一岁、体格健全的男性都必须

---

① 译文参考《恋爱中的妇女》，梁一三译，北京：中国文联出版社公司，1987 年，第 463 页。

服兵役。该法案取消了所有豁免形式，召回之前所有被拒绝录用的男性进行体检。

战争年间节衣缩食、贫困及情感焦虑，还有英国的严冬及湿气，使劳伦斯再次患上他与弗丽达移居意大利之前的严重疾病。1915年3月，他患上流感。11月，菲利普·赫赛尔廷说："我恐怕他的肺病令他活不长了。"1916年1月和2月住在康沃尔北部时，他病得非常重。梅特兰德·雷德福医生是劳伦斯的友人多莉·雷德福的儿子，他在2月给劳伦斯做了检查，劳伦斯说他几乎从来没有说过他真正的病况，当时他告诉劳伦斯，"精神压力引起了左右肺叶所有内膜炎症"。[33] 1917年4月末，劳伦斯在伦敦因流感和腹泻衰弱不堪。1919年2月，劳伦斯不幸患上当时肆虐战后欧洲的传染性疾病——西班牙流感；3月，医生担心他可能熬不过去。

尽管劳伦斯有着很长的疾病史，且近几年一直生病，他还是分别于1916年6月、1917年6月、1918年9月接到命令进行三种不同的兵役体格检查。随着军方日益迫切地需要新征入伍者，医疗卫生委员会降低了可接受的健康标准。前面两次体检在康沃尔的博德明市进行。劳伦斯青年时期在矿工之间发现的那种亲密同志情谊，他在士兵之间没有任何发现。1916年，他在兵营里度过了一个晚上。那个晚上，他觉得自己像个犯人，丧失个体性，与康沃尔郡民众混为一体。但医生说他患有肺结核，完全豁免了他。在博德明进行的第二次体检中，他被定级为C-3，即不适合服兵役，并被敦促寻找其他方式服务于他的祖国。此后的十五个月里，他暂时没再收到进行体检的要求。

第三次体检要痛苦多了，这在《袋鼠》"噩梦"一章也有描述。劳伦斯发现，德比的兵营里"充斥着难以言喻的嘲笑和不知羞耻的声调"。那"可怜、赤裸、分叉的动物"羞耻于自己可笑的细腿，担心他们会剪了他的胡子。那些轻蔑调笑、持有怀疑态度的医生摸了他的生殖器、查看了他的肛门，他残存的清教主义道德观及压制的同性恋倾向令他疯狂大怒并诅咒："因为他们摸了、看了他的私处，他们的眼球会爆裂，他们的手会萎缩，他们的心会腐烂。因此，他的血液都在诅咒他们，一刻不停地诅咒他们。"①[34]

当数以千计的人为寸土牺牲性命，当从英吉利海峡至阿尔卑斯山脉及至更远地带的欧洲饱受着仍将持续四年的屠杀与满目疮痍之时，人们很难同情他以自我为中心的自怜自艾。但劳伦斯反对畸形战争机器的独立甚至近乎孤单的立场，他对人类腐朽精神持有的透彻、富有洞察力的视域既无畏又令人敬佩。他是那个时期极少数的清醒者之一。他们认识到战争徒劳且可怕，它会持续很长时间，它的影响将极为深远，它将对欧洲文化造成根本性毁灭。

劳伦斯告诉医生，他患过三次肺炎（1901 年在海伍德工作期间、1911 年在克罗伊敦教书期间，还有一次可能是 1916 年在康沃尔北部，在他重病期间），还有患上肺结核的危险。他们给他定级为 C-2，即适合军队工作，但他还没被征入伍，战争就在两个月后结束了。

# 九

《普鲁士军官》的作者在德国被怀疑是英国间谍，在英国被怀疑是德国间谍。他遭到了两届英国政府的迫害：《虹》于 1915 年被封禁，彼时赫伯特·阿斯奎斯任首相；劳合·乔治（Lloyd George）任首相的 1917 年，他被驱逐出康沃尔。1915 年 3 月后的整个战争期间，他受到警察监视。举例来说，"劳伦斯和弗丽达在 1915 年

① 译文参考《袋鼠》，戴景海、谢毅斌、田树云、万忠译，石家庄：花山文艺出版社，1995年，第 281、284 页。

（年初）的一个晚上用晚餐用到很晚”，大卫·加尼特不得不“接受三波不同警探的提问”。[35]

劳伦斯知道他是嫌犯，但他在康沃尔的行为无所顾忌而不是谨慎小心。在他的邻居看来，他似乎身体健康，在田间劳作很长时间，却没有被征召服兵役。他写书，蓄着大胡子，他的妻子看上去就是德国人。弗丽达穿着巴伐利亚人的衣裙，夸耀着她的女男爵背景。他与他人异常的性纠葛也受到了牵连。他的朋友——凯瑟琳与默里、埃丝特·安德鲁斯与罗伯特·蒙茨埃——没有结婚却住在一起。邻居（他们受到了当局的鼓励，在尽他们的爱国义务）密切、不断的关注必然让他们发现了劳伦斯与埃丝特、弗丽达与格雷之间明显的纠缠不清。劳伦斯还有同性恋倾向，他对当地人威廉·亨利有着非比寻常的浓厚兴趣。

劳伦斯似乎并没有意识到他给当地人留下了非常糟糕的印象。他毫无保留地反对战争，向康沃尔农民揭示报纸上的爱国主义“谎言”。他唱德国与赫布里底群岛的民歌［这些民歌许多都来自佩尔西·巴克的《牛津歌集》(Percy Buck, *Oxford Song Book*, 1916)］，这两种民歌似乎同样令他的邻居对他产生怀疑。理查德·奥尔丁顿相信，当地警察与士兵不得不调查他的行为，而他对他们的无礼是他被驱逐的重要原因。据塞西尔·格雷说，康沃尔人“在亲切友善的外表之下隐藏着对入侵者、外来者（他们认为任何来访者都是外来者）的深深憎恶”[36]。

似乎劳伦斯夫妇所做的每件事都会引起官方怀疑。甚至劳伦斯也意识到了。弗丽达有一日沉醉于空气与阳光里，她跳跃着、奔跑着，让她长长的白色围巾在风中飘荡。劳伦斯大喊：“停下来！停下来！你个蠢妇，蠢妇！难道你不明白他们会认为你在给敌人信号！”还有一次，海岸警卫队队员突然从树篱后面扑向他们，控告他们藏有相机，结果失望地发现只是一片面包。更为严重的是，有一次劳伦斯夫妇与格雷一起度周末，警察来敲门，说格雷家朝向大海的一扇窗透出强光，之后还重罚了他二十英镑。劳伦斯夫妇被驱逐前的一天，他们没在家，警察彻底搜查了他们的房子。

外部环境同样增加了他们的困难。1917 年秋，战争异常惨烈。伤亡惨重，但在弗兰德斯，英国并没有取得任何重大胜利。奥地利在意大利前线赢得了胜利；沙俄随着布尔什维克革命而退出战场。劳伦斯夫妇搬入这个海边村庄后，德国的潜水艇就开始击沉英国船只。这些多疑的康沃尔人到目前为止尚未接触到这场战争，他们被劳伦斯异常的行为所激发，相信"德国人已经做好准备要侵略我们。他们派出了他们的间谍……他们肯定有密码可以向德国的潜水艇发信号，告诉他们我们船只的位置"。1917 年 12 月，被迫离开这个村庄的两个月后，劳伦斯告诉辛西娅·阿斯奎斯，他们在特里格森高地的敌人确定要在伦敦继续对他们的迫害："很显然，某个来自康沃尔的人——我们非常有可能不认识这个人——给政府各部门写了信，我们走到哪里都会受到迫害。"[37]

劳伦斯与弗丽达不去教堂（这在那个地区本身就很可疑），他们不敬地嘲笑了基督教的一条基本观念，这激怒了教区牧师。劳伦斯告诉教堂唱诗班的斯坦利·霍金："你们唱到你们相信肉身会复活，生命永恒。可任何有头脑的人都知道，死亡的肉身不会复活。要是它们真复活了，那也太吓人了！要是所有的坟墓都打开，所有死去的人都走回来，那会发生什么？那难道不恐怖吗？它们自己的朋友和家人不会想要看见它们的。我们该拿它们怎么办？"劳伦斯的主要仇敌是康沃尔郡泽诺教区的牧师大卫·雷沙·沃恩（David Rechab Vaughan）[38] 和他的女儿，他们怀疑他，憎恨他，"很有可能与伦敦警方取得了联系"。

劳伦斯不仅被怀疑用白围巾和夜间照明灯向德国潜水艇发信号，还被怀疑向他们秘密提供食物和汽油储备。弗丽达记述，他们

家被彻底搜查后的那个早晨，

> 来了一个上尉、两名侦探，还有我的那位警官朋友。上尉
> 给我们读了一份文件，告诉我们必须在三天内离开康沃尔郡。
> 劳伦斯总是很容易就发火，这次却很镇定。
> "理由是什么？"他问道。
> "你们应该比我清楚。"上尉回答。
> "我不知道。"劳伦斯说。
> 然后，那两个讨厌的侦探检查了我们所有的柜子、衣服、
> 床，如此种种；而我，像个傻子似的，勃然大怒。

劳伦斯一到达伦敦并在杜立特尔的公寓住下后，便请求辛西
娅·阿斯奎斯帮他弄清楚他为什么遭到迫害，他根本不知道自己这
么做有多挑衅。与卡夫卡《审判》（*The Trial*）中的约瑟夫·K一
样，劳伦斯知道惩罚是什么，却不知道他犯了什么罪。虽然忠诚的
辛西娅答应帮助劳伦斯，但她觉得那项处罚命令在战时是相当合理
的预备措施。她在日志中记录，这次驱逐对劳伦斯本已拮据的经济
状况和虚弱的健康状况有着糟糕的影响，加剧了他战时的厌世
情绪：

> 我允诺尽我所能处理这件事，但我怀疑这是否太过了
> 点——毕竟，那女人是德国人，（禁令）似乎也并非不合理……
> 这对他来说很难。在康沃尔，他生活得那么拮据却又那么
> 健康，他还将不得不继续支付那里的房租。他的健康不允许他
> 生活在伦敦，他所有的积蓄就是设想他的一些诗歌（《瞧，我
> 们走过来了！》1917年11月出版）出版能获得的十八英镑……
> 他描述了他对人们的憎恶，他说整个世界，只有肯定不超

过八个人能令他容忍与之待上两个小时——所有其他的人都让他不舒服。[39]

相比较而言，理查德·奥尔丁顿更同情他的朋友，他认为劳伦斯没有什么责任，强调了他被驱逐这件事的影响："那些'知识分子'与其他任何人一样，令他极度失望。从 1916 年至 1921 年左右，劳伦斯觉得自己是，实际上几乎就是一个社会弃儿。"驱逐时间不可避免强化了劳伦斯的独裁主义观念。他在《袋鼠》中写道："任何人真正清醒地经历过这（迫害），都不会再完全相信民主了。"[40]1919 年 4 月，驱逐令签发一年半后，也是停战协议签订五个月后，劳伦斯被告知，针对他的康沃尔驱逐令已经撤销。

十

警方对劳伦斯夫妇的监视从伦敦到康沃尔再回到伦敦，在他们住在伯克郡纽伯里附近的查普尔农舍时还继续着。他们在那里从 1917 年 12 月住到了 1918 年 5 月，之后在 1919 年 4 月至 7 月、8 月至 9 月间又返回了那里（这中间的一年，他们住在德比郡的一所房子里，那是艾达为他们租下的住处）。因为与劳伦斯之间有联系，大卫·加尼特受到了质询，罗伯特·蒙茨埃被捕。劳伦斯的姐姐埃米莉说，伯克郡的屠户不卖肉给他们，因为弗丽达是德国人。弗丽达回忆："对我们的怀疑始终存在。甚至我们在附近的树篱摘黑莓的时候，有一个警察突然从灌木丛中冒出来，问我们是谁。"[41]劳伦斯夫妇不在居所时，警察都会经常询问邻居他们的行为如何。

他们在伯克郡居住期间，劳伦斯夫妇有两个邻居——塞西莉·兰伯特（Cecily Lambert）和她的表姐维奥莱特·蒙克（Violet

Monk)。她们俩都未婚，是《狐》中玛琪与班福德的原型。兰伯特观察敏锐，她生动地描述了劳伦斯与弗丽达关系中的典型特征，即清教徒式的行为、虐待、冲突与恭顺：

> 我现在可以理解那个晚上的她了。当时她向后靠坐在一张低背扶手椅里，像一只慵懒的猫，轻柔地说着什么；她膝盖上丰满的大腿露出了一大截，这腿包裹在白棉布灯笼裤里，而这裤子很可能是 D. H. 自己做的。劳伦斯不允许她穿丝质或精致衣物……他似乎很喜欢借机羞辱她——这到底是出于嫉妒还是极端的恼怒，谁也说不准。我只是很惊讶，她听任他的辱骂，顺从他的那些指令……
>
> 他们占据了两间卧室……我向弗丽达建议，要是他们俩共用一间卧室，经济压力会小些，而她回答说，她不想那么多地投入婚姻生活……
>
> （但她还记得）弗丽达说……要是她有一个 D. H. L. 的孩子得多好……
>
> （弗丽达）来到我们这里之后就开始赖床……她期待被伺候。大多数这样的事都落在了 D. H. 身上……我能看出来 D. H. 脾气火暴，他端着满满的夜壶走到前院的花园，将之倾倒在我们的花坛里。

兰伯特还阐释了《狐》的背景：有个表姐神经衰弱，有支配欲，性格像男人，他哥哥对待他们这位表姐妹的态度，猎狐及砍树，这些为劳伦斯提供了可转化成虚构小说的现实：

> 维奥莱特·蒙克小姐是我的表姐，她在农场帮忙干活，一点儿也不喜欢与人打交道，还爱挑事儿，讨厌陌生人闯入……

她曾有过一段不幸的恋爱经历，这损害了她的健康，在她来农场之前，她经历过严重的精神崩溃……在农场里，她穿着大地女孩（Land Girl）的统一着装（马裤、长筒靴、男式衬衣和领带）……她对我有占有欲，有嫉妒，这造成了我们之间的小摩擦……我们极度贫穷，在照管农场方面完全是新手……这个时期，我一个哥哥从东非战区回来休病假……他对这位女士（我这位表姐）毫不热情，非常不喜欢她……我相信他们俩确实毁过一棵树……我的确记得我们有过狐患……（他们借来了一支枪，但）从没有成功地射杀过一只。

《狐》与劳伦斯的同性恋观点有着紧密联系。在他观点尖锐的诗歌《自我束缚的女人》（"Ego-Bound Women"）中，劳伦斯惊呼女同性恋是所有激情中"最可怕的"："疯狂折磨的占有/与更加疯狂折磨的嫉妒。"[42]《狐》中，两个经验不足的女同性恋者班福德和玛琪在战后经营着农场，经营很不善。她们的母牛与母鸡不具有繁殖力，一只恶魔般的狐狸偷走了鸡。玛琪更像个男人而不是支配欲强的女人，她试图射杀这只狐狸，却在狐狸与她的眼神对决中败下阵来："她垂下眼，突然看见了那只狐狸。它抬起头来正望着她。它的下巴往回收缩，眼睛朝上望，正好与她的眼睛相遇。它认识她。她像被施了符咒般动弹不得。她明白它是认识她的，所以它才那样笔直地望着她的眼睛。她的勇气消失了。"

这样两个人的小家庭里来了一个康沃尔士兵亨利·格伦费尔，他让人着迷，长得像只狡猾的狐狸。他在加拿大当兵入伍，刚从萨洛尼卡①回来。他宣称"这地方缺个干杂活的男人"，便住了下来，并帮忙干活。而那只狐狸继续占据着玛琪的无意识，它表征了她的

---

① 萨洛尼卡（Salonika），塞萨洛尼基的旧称，为希腊北部最大港市。

性欲望，也揭示了她的性欲望。亨利来的那个晚上，她梦到那只狐狸"咬住她的手腕，就在她缩回手的一瞬间，狐狸转过身准备跳开，它那毛茸茸的尾巴（阳器）一下子拂到了她的脸庞。这只尾巴像着了火似的，烧着了她的嘴唇，烫得她疼痛难耐"。

　　亨利后来决定娶玛琪，令这曾属于他祖父的农场重获生机。他卷进了一场微妙的战斗，既要奋力对付玛琪身上的男性角色，又要从班福德那里赢得她。他有两次听到玛琪安慰嫉妒、抽泣的班福德，意识到他将在与班福德的对抗中赢得胜利，这些都唤起了他的性欲。他杀了那只狐狸，吸收了它的野性，将他的皮毛倒挂起来。与《恋爱中的女人》中那只叫俾斯麦的兔子出现的场景一样，这对情人聚在一起，通过狐的性能力体验了刺激："她顺着毛皮抚摸（它的肚皮）。那条发着乌亮光泽的尾巴蓬松而丰满，太美妙了。她也用手摸了它一下，然后她颤抖了。她隔一会儿就握住那条厚实尾巴上蓬松的毛皮，轻轻地顺毛抚摸着。"那天晚些时候，亨利将那只狐狸钉在了木板上，就好像将它钉上了十字架。

　　亨利离开去继续完成他的兵役之后，玛琪给他写信，告诉他她终究无法嫁给他。亨利请假返回农场，砍断了一棵枯树——女同性恋关系的象征，树砸死了班福德。亨利娶了玛琪，但他们之间的性争斗持续着。亨利想要玛琪将自己彻底交给他并将心思都用在他身上。当她拒绝这么做时——因为她还沉浸在她与班福德的同性恋关系的记忆中——亨利愤恨地想，"他应该离开她，他不该杀死班福德，他应该丢下班福德和玛琪，让她们自相残杀"①[43]。对死去情人的记忆似乎比对那只死去的狐狸的记忆更强烈，这对玛琪的影响要强于她与丈夫之间的肉体联系对她的影响。

---

① 《劳伦斯小说》，文慧、主万等译，杭州：浙江文艺出版社，2006 年，第 124、132、135、159、193 页。

# 十一

1918 年 2 月，此时距战争结束还有九个月，劳伦斯还住在伯克郡。他又将之前告诉过罗素的话原样告诉了格特勒："我觉得只有一场非常血腥、残忍、几乎无政府主义的革命才会有利于这个国家，一场粉碎一切的可怕混乱。"1918 年 11 月 11 日停战日当天，劳伦斯的敌人劳合·乔治表达了平淡无奇、天真、盲目的看法，这些看法似乎很适合当时的场景，它们没有现实依据，有的只是自1914 年以来便被用来评定这场战争正义性的狂热爱国主义："我希望我们可以说，自此，在这具有决定性的早晨，所有战争都结束了。"那天晚上，劳伦斯去参加了律师蒙太古·希尔曼举办的庆祝活动。客人都在庆祝渴望已久的和平终于来临，而从一开始就反对战争的劳伦斯则如先知般准确预测，可怕的命运将不可避免地席卷欧洲："我猜你们觉得战争结束了，我们将回到战前我们所生活的世界。但战争没有结束。此时的仇恨与邪恶更胜从前。很快，战争会再次爆发，将你们压得喘不过气。"[44]

第十四章

# 卡普里与陶尔米纳，1919—1922

1919 年 11 月，劳伦斯终于被允许离开英国。他批判他的国家，决定移居，渴望重回意大利。战前，他曾在意大利居住，那里的生活成本低，生活令他满意。而且他在国内遭受了那些令他羞耻的迫害之后，意大利似乎给他提供了更自由的环境和安全的避难地。（生命的最后十年里，他只回过英国四次，在他的祖国所停留的时间加起来不足五个月。）劳伦斯并没有返回他所熟悉的意大利北部的加尔达湖或斯佩齐亚海湾地区。在佛罗伦萨停留了三个星期、在阿布鲁齐停留十天、在卡普里停留两个月后，他追求一种更传统的生活方式，首先是在西西里岛，之后于 1921 年 1 月花了十天时间逗留在落后的撒丁岛上。

意大利为劳伦斯提供了旅行的动力，鼓励他结交新朋友，也提供了写作所必需的隔离状态。摆脱了英国的种种限制，他很快重获自己的想象力，接连创作出一系列的小说、短篇故事、诗歌、游记、回忆录及翻译作品。他对法西斯篡权之前的意大利的印象，他与莫里斯·马格努斯、诺曼·道格拉斯、康普顿·麦肯齐、厄尔与押撒·布鲁斯特夫妇等人的交往，都直接表现在了他的书中。

一

劳伦斯在意大利最初的两夜是在都灵附近度过的，作为沃尔特·贝克尔（Walter Becker）的客人。沃尔特·贝克尔是位富有的船东，他在战争期间创办了一家医院，收治英国士兵，不久前，他刚被封爵。劳伦斯将贝克尔一家人描述为新贵，生活相当奢华，但"真的是相当好的人"。他与他的主人在重要的价值观方面有冲突："老爵士和我之间有一场坦诚的、半玩笑的争论。他支持有价证券、银行结余和权力，我则主张'赤裸自由'……我们彼此厌憎——但那是带着敬畏的厌憎。"

接下来的三个星期里，劳伦斯逗留在异域却富有同性恋氛围的佛罗伦萨。他在这里拜访了诺曼·道格拉斯（他曾在福特手下做过《英国评论》的副主编），遇到了莫里斯·马格努斯和雷吉·特纳。在佛罗伦萨，他看到了移居生活堕落的一面：恋男童癖者、性倒错者、骗子们逃离了英国的清教主义，作为食利者、作家与欺诈者生活在一个宽容、花费不多的世界。劳伦斯本人虽然正直诚实，却还是生活在体面社会的外围，喜欢对比他们的同性恋享乐主义与他本人献身于工作的热忱。

英俊、强健的道格拉斯是个有教养的恶棍，他热爱意大利，热爱男童。但他同时也是位语言学家、外交官，他在圣彼得堡开始了他前途大好的事业；他是野蛮人与科学家的奇怪合体，撰写了动物学与地质学的专业论著；他是旅行者与游记作者；他是《南风》（South Wind，1917）的作者，这是一部关于卡普里的享乐主义、有伤风化的小说；他还与佛罗伦萨的皮诺·奥利奥里一起，成为他自己著作的成功出版商。道格拉斯深信："做你想做的，让其他人都去死吧。"他坦白地承认同性恋带来的愉悦，这迎合了劳伦斯所渴望的"赤裸自由"，但与他的道德感不相符。道格拉斯的生活按照实际需要随意安排，一旦他的那些私情变得危险，他便会越境"走开"。"破釜沉舟！"他宣称，"危机时期，这一直是我的方法。"[1]

劳伦斯曾请道格拉斯——道格拉斯"从不会（对他）见死不救"——帮他在一家令人愉快的宾馆找一间房。他是在门塔纳广场的巴莱斯特里家庭旅店遇到的道格拉斯，他在那里每天支付十里拉（约合二十一便士）的食宿费。浮夸却温文尔雅的道格拉斯"显然衣着褴褛，但他是位绅士，有着一张邪恶的红脸、一对簇眉"。道格拉斯从没打开过他那间糟糕的房间的窗户，劳伦斯闻到他房间里散发出了怪味："但我不介意。人们得逃离战争。"他们用完晚餐后，道格拉斯让服务员量了一下剩下的半升葡萄酒，将之从账单中减去了。

劳伦斯在为马格努斯的《外国军团回忆录》（*Memoirs of the Foreign Legion*，1924）所作的序中对道格拉斯进行了描写，而他在《亚伦的手杖》中也将他讽刺性地刻画为詹姆斯·阿盖尔这一形象，前部分的描写对后部分的刻画做了补充。阿盖尔承认："无论怎么说，我都名声不好。"他问道："生活不就是寻找一个朋友？"虽然当年他很有魅力，"但现在他的整个脸红红的、皮肤松弛、红肿；他的眼睛变小了，那双眼在他浓密的灰色眉毛下看起来很邪恶"。男人声称自己是异性恋，女人声称自己纯洁，道格拉斯会对这样的说法极为怀疑。喝醉的时候，他还坚持："阳痿确立了贞洁的赞扬标准……他们做不了，因此他们将不做变成美德。"亚伦对待阿盖尔的态度预示了劳伦斯对马格努斯的看法："他以前从没遇到过像阿盖尔这样的人，他忍不住为他着迷。"[2]

劳伦斯通过诺曼·道格拉斯结识了莫里斯·马格努斯，自相矛盾的马格努斯激起了他的兴趣。马格努斯很像个不太走运的演员兼剧团总监，"就是那种（他）从没遇见过的人"："他看上去大约四十岁，衣着整洁，仪态年轻，脸色相当粉红，非常整洁、非常时髦、非常机敏……肮脏世界里有点聪明的人……他的嗓音清晰又有点装腔作势，还带着一丝奇怪的尖叫声。"劳伦斯通过马格努斯的行装及容貌描写了他过分讲究、爱挑剔的性格，因为他表现得像个小教皇，周围到处都是装着香精、发油、扑面粉的银盖雕花玻璃瓶。他穿着蓝色丝绸晨衣，举止、言语做作，坚称自己是位绅士、是狂热的厌女者。

劳伦斯永远都无法完全确定他自己对难以捉摸的马格努斯持有怎样的看法。马格努斯出生于 1876 年，是一位德国公主的私生子；他皈依天主教；曾是伊莎多拉·邓肯①的经理人；曾担任《罗马评论》（*Roman Review*）的编辑，该刊 1914 年创立，同年停刊；曾将朱尔·巴尔比耶（Jules Barbier）的歌剧剧本《霍夫曼的故事》（*Tales of Hoffmann*）翻译成英文，还将戈登·克雷格（Gordon Craig）的小册子《论剧场艺术》（*The Art of the Theatre*）翻译成了德文。"一战"期间，他加入了法国外国志愿军（French Foreign Legion）；战争之后，他擅离职守。劳伦斯觉得马格努斯平凡却像个女人一样敏感，是个无赖却脆弱、温柔，言辞浮夸、自觉高人一等却又非常聪明。

戈登·克雷格的儿子是个演员、设计师兼舞台监制，他生动地描述了马格努斯的生平、势利、攀亲带故、说话口音及 1905 至 1906 年在柏林时的举止与无所顾忌：

> 他出生在纽约；他的母亲与霍亨索伦王室的高贵血脉只隔

① 伊莎多拉·邓肯（Isadora Duncan, 1878—1927），美国舞蹈家，现代舞创始人，是世界上第一位披头赤脚在舞台上表演的艺术家。她因创立了一种基于古希腊艺术的自由舞蹈而先在欧洲扬名。

了一代……他贪得无厌地渴望认识名人，越有名望的越好。于是他离开纽约，来到了他母亲的祖国。在这里，虽然他不能公开吹嘘他与国王之间的联系，却至少可以感到自己离王庭更近了。他知道怎么用那些声名显赫的名字，因为他确实相信这些名字的力量及魅力……

马格努斯迷人、高贵、聪明……尽管他是美国人，他讲英语不带一丝口音。他似乎认识柏林的每一个人。他的态度令克雷格着迷，因为他似乎认为一切皆有可能——"唯一要做的就是，人们得认识对了人。"……

在银行家同时也是音乐爱好者的门德尔松的宅邸，他们在门厅停留了片刻。须臾之间，马格努斯翻阅了门厅桌上巨大银托盘里放置的名片，选了几张放进口袋里。克雷格在一旁看得大为吃惊。马格努斯说："你永远都不知道——它们或许有一天会派上用场——你知道，名字意味着很多。"

雷吉·特纳也是私生子，他的父亲是拥有伦敦《每日纪事》（*Daily Chronicle*）的劳森家族的一员。他是位富有的犹太同性恋，是奥斯卡·王尔德忠实的朋友，写过一些不入流的小说，属于佛罗伦萨的英国派。他有"一只大鼻子、一个小脑袋，上下眼皮不小心却也故意地眨着。考虑到王尔德喜欢模仿布道与妙语连珠的对话，他还是个极佳的同伴。"[3]特纳是《亚伦的手杖》中阿尔吉·康斯特布尔的原型，马格努斯则是《误入歧途的女人》中梅先生的原型。

与他那些放荡的朋友在佛罗伦萨待了三个星期后，劳伦斯又在皮奇尼斯科停留了十日，这里位于意大利中部荒野、多山的阿布鲁齐。他去那里是为了帮一个朋友的忙，探索一个未知的地区。1919年7月，离开英国前的四个月里，他曾作为罗莎琳德·贝恩斯（Rosalind Baynes）的客人在伯克郡的潘本度过周末。他最初是在

1912 年通过大卫·加尼特认识了罗莎琳德。加尼特欣喜若狂地描述她是个"可爱的人——脸像黄褐色的苹果,精神上柔弱、爱挑剔",她的"美是孤傲、如花儿一般的"。罗莎琳德是雕塑家哈默·桑尼克罗夫特爵士(Sir Hamo Thorneycroft)的女儿。爵士以前的模特奥拉齐奥·切尔维(Orazio Cervi)返回了他在皮奇尼斯科简陋的家。罗莎琳德与丈夫分居了,打算带着孩子们去那里居住。劳伦斯自己正在寻找能与外界隔离又便宜的居住地,便提出他可以先去那个村庄看看,再告诉罗莎琳德那里是否适合他们居住。

如同以往一样,这个村庄很难找到,也没有什么适合居住的设施。他向罗莎琳德解释:"罗马极其糟糕,我们就来到了这里。这里有点令人难以置信地落后。穿过一片宽阔、铺满大小石子的河床,跨过架在冰河上的木板,再爬过几段举步维艰的路,背着行李,你每走一步都难。房子的结构包含楼下一间很像洞穴的厨房,其他的房间就是酒坊和存放葡萄酒的地方,还有一个玉米仓;楼上是三间卧室和存放玉米与玉米棒的半个粮仓:床及光地板。"[4]

但即便是对劳伦斯来说,皮奇尼斯科也太偏远,那里冰天雪地、群山连绵。在那里度过了折磨人的十天之后,他搬到了气候更温和的卡普里。他在这里租了一套小公寓,公寓下面是莫尔加诺饭店,从公寓里可以眺望海峡那边的那不勒斯。"提比略①的堕落,或是苏埃托尼乌斯②的好色,"安东尼·伯吉斯(Antony Burgess)写道,"在这座充满鸡奸、女同性恋、丑闻及世界主义艺术的岛上留下了印记。"卡普里的自然风光及其丑闻吸引了许多作家。19 世纪及 20 世纪早期,奥古斯都·冯·普拉滕(August von Platen)、安徒生、伊万·屠格涅夫、特里斯坦·科尔比埃(Tristan

---

① 提比略(Tiberius,42BC—37AD),古罗马第二任皇帝。

② 苏埃托尼乌斯(Suetonius,69AD—130AD),罗马帝国历史学家。他最重要的现存作品是从恺撒到图密善的十二位皇帝的传记,即《罗马十二帝王传》。

Corbière)、约瑟夫·康拉德、阿克塞尔·蒙特（Axel Munthe）、格哈特·豪普特曼（Gerhart Hauptmann）、诺曼·道格拉斯、马克西姆·高尔基、布恩·塔金顿（Booth Tarkington）、伊万·蒲宁及莱内·马利亚·里尔克都到访过此地并经常写到这座岛屿。康拉德1905年逗留卡普里。他说这里的空气对肺病患者来说太过于刺激，抱怨这里的热风、强烈的反差及性丑闻："他们说海边的空气太清新、太令人兴奋，那就是肺病患者不被允许来这里的原因……这个地方、这里的气候、这里的热风、这里跨越的山区、这里公寓的屋顶、这里陡峭的岩石、这里蔚蓝的大海——都令人难以忍受……卡普里的丑闻非常糟糕，不堪入耳又逗人发笑。这些丑闻有国际性的、都市性的，还有与《圣经》相关的。"[5]

劳伦斯遇到了住在卡普里的三位富有、体面的朋友：玛丽·坎南、康普顿·麦肯齐、弗朗西斯·布雷特·杨（Francis Brett Young）。麦肯齐1914年便与劳伦斯相识。他长相英俊，是位非常成功的苏格兰小说家。他的出版商是马丁·塞克，塞克自1918年起也在英国出版劳伦斯的作品。麦肯齐是《狂欢节》（*Carnival*，1912）与《邪恶街》（*Sinister Street*，1913）的作者，他在卡普里拥有两幢奢华住宅。劳伦斯特别提到了麦肯齐的财富，对他之前的生活方式表示反感："他似乎相当富有，养尊处优，成了某种审美专家……穿着浅蓝色套装行走，衣服的颜色与他眼睛的颜色相配，还戴着一顶大的女式棕色天鹅绒帽子搭配他的头发。"劳伦斯曾对梅纳德·凯恩斯的睡裙感到厌恶，他告诉麦肯齐，"我讨厌你穿的那些该死的丝质睡衣"，还在《爱岛的男人》（"The Man Who Loved Islands"，1927）中讥讽他的物质享乐主义及傲慢态度。麦肯齐在劳伦斯去世后进行了报复。他坏心肠地揭露劳伦斯得不到满意的性高潮，弗丽达穿的是清教徒式的内衣，这与他本人爱穿的丝质睡衣形成鲜明对比。"'可劳伦佐为什么不让我穿带蕾丝的内衣，麦肯齐?'她曾问,'看看他都让我穿的什么。'她将裙子拉到膝盖以上,让我看了劳伦斯坚持让她穿的简朴的棉布内衣。"[6]

弗朗西斯·布雷特·杨是一位医生、多产的次要小说家,他是麦肯齐的朋友,曾参加东非战役,并在《行军在坦噶》(*Marching on Tanga*,1917)中描写了自己的经历。劳伦斯抱怨,杨让他厌烦,他将杨比作"一个烦躁不安、独断专横的婴儿:总是用爱要性子的小男孩的语气说出最终的权威评判"[7]。在卡普里生活两个月后,劳伦斯对英国来的居民的恶意丑闻感到大为恼火。1920年2月底,他离开卡普里,前往西西里埃特纳火山脚下的陶尔米纳,从1920至1922年,在那里生活了一年半。

<h2 style="text-align:center">二</h2>

住在卡普里期间,劳伦斯被这里奢侈、享乐主义及充满恶意的氛围激怒了,他与凯瑟琳·曼斯菲尔德和米德尔顿·默里大吵了一架。自他们在康沃尔的共同生活不成功之后,劳伦斯便怨恨凯瑟琳拒绝他想要的四人间的亲密,怨恨她不愿意让他参与她和默里的情感生活,怨恨她刻薄地奚落大多数他所珍视的观点,怨恨她憎恶他与弗丽达之间的激烈争吵。此时他批评她的性格缺陷,嫉妒她的文学成就,不理性地因她对待自己可能的致命疾病的态度而发怒。这令人不快的事件只能在他与凯瑟琳和默里之间变化不定的关系这一背景下去理解,而他们之间变化不定的关系始于1916年他们在康沃尔不愉快地分开之后。

凯瑟琳1916年9月在皮卡迪利广场的皇家咖啡馆维护了劳伦斯,展现了她对他的友谊。她当时正与科特和格特勒坐在一起。当时她听到小说家迈克尔·阿伦(Michael Arlen)和一个叫作苏拉瓦底的印度人——他们俩都曾与劳伦斯交好——恶意阅读并当众嘲弄他的新诗集《阿摩斯》（*Amores*）。虽然凯瑟琳仍对劳伦斯怀有敌意，她却忠诚于他的作品，会因贱民①竟然嘲弄它们而恼火。因此她从他们手上一把夺过诗集，耀武扬威地拿着它走出咖啡馆，解救了她的朋友，令他免遭他们的蔑视——完全如同《恋爱中的女人》里，古娟在"古娟在庞巴杜咖啡馆"一章中的做法。这一章是1916年10月劳伦斯就要写完《恋爱中的女人》前加进去的内容。凯瑟琳在她的短篇小说《时髦的婚姻》（"Marriage à la Mode"，1921）中也提到了这次事件。故事中，威廉回到了这座城市，他的妻子因为一群堕落、放荡不羁的追求者而抛弃了他，他给妻子写了一封情书想要让一切回归正常。伊莎贝尔却大声读给她的朋友们听，他们嘲笑这封信，歇斯底里地大笑。

凯瑟琳在皇家咖啡馆的勇敢举动并没有阻止他们与劳伦斯之间的关系又一次恶化。这或许是因为劳伦斯发现了更多她离开康沃尔的原因。11月，他气冲冲地给科特写信说："我与默里夫妇，他们两个人，永远完了——千真万确。"但劳伦斯被默里夫妇深深吸引，他既不会与他们断绝来往，也忘不了他们。在1916年12月和1917年1月写给默里的好友戈登·坎贝尔的信件中，劳伦斯说默里是个聪明却原创性或创造力不足的作家，他还用一句话综合了他为默里所吸引又对他反感的复杂情感——"默里让我极为反感，但大约，我还是喜欢他"——喜欢他英俊的外表、活跃的思维及（有时）富有同情心的性格。

1917年2月，劳伦斯第一次直接表达了他对凯瑟琳含糊不清的批评。他告诉科特——科特是凯瑟琳最忠实的朋友，必然厌恶劳伦斯对凯瑟琳的攻击："我只是为可怜的凯瑟琳和她的谎言感到非常

---

① 原文为法语 Canaille。

抱歉。它们都是些会自食其果的谎言。"他后来在写给玛丽·坎南的信件中又重复了这一批评话语，但语气更加激烈："《民族报》（*The Nation*）评论 K. 的书［《幸福》（*Bliss*）］是当前最优秀的短篇故事集，比以往的任何短篇故事集都好。你看见她的时候，帮我喷她一脸口水，她就是个不折不扣的骗子……害人精，他们就是一对。你可要当心。"[8]

1916 至 1920 年间，凯瑟琳只发表了几个短篇故事。《幸福》是她九年来的第一部书，也是她的第一部重要故事集。劳伦斯的《虹》于 1915 年被查禁，《恋爱中的女人》（虽然于 1916 年完成）直到 1920 年才出版。他认为凯瑟琳才智一般，看到他自己的小说遭到非难、被拒绝，而她的短篇小说却在重要周刊上收获热情洋溢的评论，他感到愤怒。

劳伦斯对凯瑟琳作品的批评暗示了他为什么说她撒谎。他告诉凯瑟琳·卡斯威尔，"随着时间的流逝，《序曲》的作者会发现，某种根本性的虚伪与魅力在她的文学作品中密不可分。她本人也会指责这种魅力，再也写不出任何东西，直到她摆脱那种虚伪"。在《恋爱中的女人》中，劳伦斯也指责古娟对伯金的评论是谎言："古娟会在伯金下面划上两道线，将他像一笔清账那样划掉。他就在那里被合计、付清、结账、完结。这是谎言。古娟如此的总结方式，她这样一句话将人与事打发掉，都是诸如此类的谎话。"①[9]劳伦斯认为，凯瑟琳性格中的缺陷——她无情的嘲弄、敏感的恶意、愤世嫉俗及消极否定的态度——与她作品中的种种不足有关；她对她不幸童年的理想化，她的短篇故事对那些"纯真"女主人公的煽情描写，这些都歪曲了她的艺术。

尽管劳伦斯 1917 年 2 月对凯瑟琳提出了批评，但他绝不会就

---

① 译文参考《恋爱中的妇女》，梁一三译，北京：中国文联出版社公司，1987 年，第 342 页。

此永远与她断绝关系。他仍坚信她从根本上来说很诚实。1917 年 4
月和 8 月里，他们之间的友谊再次恢复。凯瑟琳提到劳伦斯时用了
过去时，暗示与私下直接接触相比，与他保持一定的距离时，她更
喜欢他。她用科特最喜欢的话说，"实实在在的人，劳伦斯是少有
的一个实实在在的人——忆起他，人们便禁不住喜欢他"。她告诉
默里："我读了劳伦斯写的一封长信。他又开始写信给我了，与以
前的写作方式完全一样……我喜欢他的很多方面。我无法对他关闭
心扉，我也永远不会那么做。"

　　1918 年 10 月初，劳伦斯非常缺钱，不现实地想要获得一份办
公室工作。一想到劳伦斯很有可能活生生地出现在眼前，凯瑟琳就
想起了他们在特里格森高地的时光，那时他们之间有着令人烦恼的
亲近关系，他表现出极为强势的性格。给奥托琳写信时，她刻薄地
描述了有着先知心态的劳伦斯：

　　　　劳伦斯夫妇将来伦敦无限期地居住。这实在让我害怕。我
　　确定他们会出现在这里……我有个可怕的想法，（劳伦斯和默
　　里）会打起来——这会非常可怕，令人懊恼。劳要来找一份办
　　公室工作，当然，这份工作他肯定做不过三天。但总之，我觉
　　得他们能离多远就离多远，那样会更好。时钟每走一分钟，我
　　都能听到弗丽达说"啊，凯瑟琳，我们来啦！"然后我就害怕
　　得浑身冰冷……

　　　　或许他的问题完全在于他没有真正的幽默感。如今他太将
　　自己当回事；我是说他将自己看成了一个象征性的人物——一
　　位先知——荒野里大喊着"悲哀"的声音。[10]

　　1918 年 10 月末，劳伦斯从密德兰地区来到伦敦、最后一次见
到凯瑟琳时，他们忘却了相互间的争吵，激起了彼此间的爱。与辛

西娅·阿斯奎斯一样,凯瑟琳提到劳伦斯时用的是宗教术语;与福斯特一样,她也认为劳伦斯回应自然世界时处于最佳状态:"至少,对我来说,鸽子也对他念念不忘。我爱他。他还是以前那个快活、丰富多彩的他,大笑着,描述着事物,给你想象的图景,在一个我们所有人都是'流浪者'的未来里充满热情与欢乐。我们就是不去谈论其他人。我们谈论坚果、野生迎春花、林中大火,他阴暗的自我并不在此。噢,他是那么惹人爱——他的渴望、他对生活充满激情的期盼——这就是人们爱他的所在。"

但劳伦斯坚持对比自己和他的朋友,分析他们的缺点,在长长的信件中不断讨论它们。11 月,他给凯瑟琳寄去了一本荣格的书,用与母亲乱伦的看法分析了凯瑟琳与默里的婚姻以及他自己的婚姻:"在某些时期,男人渴望并倾向于回到女人身上,将她当成自己的目标与目的,在她身上寻找自己的动机。如此,他便认为自己像是在她的子宫里,而她,众神之母(Magna Mater)① 欣喜地迎接他。这是一种乱伦。在我看来,杰克对你就是这样的,这令你厌恶又着迷。我也这么做过,但现在我用尽全力要逃离。"[11]劳伦斯之所以能发现凯瑟琳对于默里被动的依赖既厌恶又着迷,正是因为他自己有着与默里同样的倾向。

1919 年 1 月,默里被任命为《文艺论坛》主编。《文艺论坛》是一份信誉卓著、受到广泛阅读的期刊,这使默里很快成为文学界有影响力的人物。尽管默里有理由对劳伦斯尖刻的散文感到担心,因为劳伦斯仍然对英国感到恼火,很有可能会令默里的正派读者震惊,但默里还是忠诚地向劳伦斯约稿。他刊发了劳伦斯的第一篇文章《鸟语啁啾》("Whistling of Birds")。但 3 月,他拒绝了劳伦斯的《阿道夫》("Adolf")——这是一篇关于他的宠物兔的自传式

---

① 古代地中海地区崇奉的女神。

散文，文章很吸引人。为此，穷困的劳伦斯非常生气，怨愤默里的背叛。他告诉科特："我收到了默里的来信，他说的话很是符合他的主编身份——他可以说是'婉言谢绝了'我为他做过的事。他下周会刊发我的一篇文章——太迟了，我要不回那一篇了——那将是我第一篇也会是最后一篇出现在《文艺论坛》上的文字。再见，杰克，我一早就知道你是这样的。"

4月，凯瑟琳试图拿这次争吵开个玩笑，她告诉科特："弗丽达给我写信说，我与——他们之间有'争吵'，我猜……但我可不愿与这扯上关系。如今，我可没有什么与人争吵的空间了。"争吵发生在劳伦斯与默里之间，凯瑟琳根本不愿参与。在写给弗吉尼亚·伍尔夫（伍尔夫一直在考虑要租下劳伦斯之前不得不放弃的房子）的一封信中，凯瑟琳带着温情的怀旧心理回忆了康沃尔的魔力："或许那所房子本身在许多方面相当不完美，但它有某种让人们心生向往的东西。一到那里，你就自由了，像空气一样自由……我不能谈论它。我为它着魔。"[12]

1919年3月从德比郡写信时，劳伦斯也显露出他一直关心着凯瑟琳和她的病情。他承认他触怒了她，并似乎暗示与默里相比，她现在对他来说更重要。他重申，他相信他们几个人会融洽地在一起，宣称康沃尔冲突不断的几个月令他与她更亲近，还告诉了她关于她的疾病的寓言般的梦：

> 弗丽达说你生我的气了，说我拒斥你。我确定我并没有拒斥你。让杰克、你、弗丽达和我重聚一起形成四人组似乎困难重重——尤其是让杰克回到我们中间来。但你，我确定你会愿意——我从康沃尔开始就确定，除了杰克——如果你一定要按他的方式做，如果他永远都不会真正按我们的方式做——很好！——但事情总有办法解决。

昨天晚上，我做了个小小的梦，梦到了你，这梦是那么鲜活。梦中，你来了克罗姆福德（靠近劳伦斯在德比郡的房子），并暂住在那里。你没来这里，因为你的身体状况不太好。你完全从肺结核中康复了——你告诉我，完全康复。但还是有什么让你觉得你没办法爬上山到这里来。

凯瑟琳1918年2月第一次大出血，她在同年10月被告诫，如果她不遵照疗养院的那些行为规定，几年内她就会死。在劳伦斯的梦中，她的肺病被治愈了，但好得还不够彻底，令她无法走上山来见他。但他们还是见到了面，一起去户外看了灿烂的天空，顷刻之间被一颗"片刻照耀灵魂的星"深深打动，为之着迷。那颗闪耀的星在瞬间将他们的灵魂联结，这超越了他们的身体对抗肺结核的共同战斗。劳伦斯告诉凯瑟琳他那个富有希望的梦的两个星期前，他给科特写信表达了他的同情："可怜的凯瑟琳——我恐怕她已时日无多。"[13]

差不多一年后，1920年2月，劳伦斯对凯瑟琳的态度突然由同情变为敌对。他与默里的争吵一直持续。1月，他对默里说："你就是个肮脏的小臭虫，你选择的就是肮脏的小臭虫走的路。"他厌恶默里作为主编的地位和角色，就如同他先前愤恨于凯瑟琳的《幸福》获得成功那样。此时，他对默里的怒火影响了他对凯瑟琳的态度。凯瑟琳病得相当严重，劳伦斯却不理智地指责病人该为自己的疾病负责。他给凯瑟琳写了一封信，默里说得没错，这是一封"可怕""毫无人性的"无情信件。

凯瑟琳收到这封信的时候，默里并没有陪在她身边。凯瑟琳在芒通非常不开心，健康状况非常糟糕，在情感上就依赖于阅读她丈夫和朋友们寄来的信件。2月4日，她在《日记》中记录道："糟糕的一天。我一整天躺着半睡半醒，这是我新的生活方式——聆听各种各样的声音。"第二天，她写道："没办法工作，又睡了。关节疼痛无比……房子里有可怕的噪音！"劳伦斯寄出这封信的时候，他还在因为默里拒绝在《文艺论坛》上刊登他的文章而怒火中烧。此时的他居住在卡普里，住得离康普顿·麦肯齐不远，还纠缠在莫里斯·马格努斯的事件中。这时候他就是凯瑟琳所畏惧的那个"黑色自我"。2月5日，劳伦斯给凯瑟琳·卡斯威尔写信说："我受够了卡普里：这里就是一个半吊子文人聚集的炖锅……我无法忍受这岛屿。我必须冒险花点钱，冒险做任何事也要离开这里，去西西里，我想。"[14]那年的2月初，凯瑟琳非常脆弱，劳伦斯非常愤怒。

劳伦斯背叛了他们的友谊，这深深地伤害了凯瑟琳，令她极为痛苦。2月7日，凯瑟琳向默里抱怨说："劳伦斯今天给我寄了一封信。他往我脸上吐口水，将污秽之物扔向我，还对我说，'我讨厌你。你背叛了我，你这肺结核是你自作自受……意大利人不愿与你扯上任何关系，这完全是正确的'，还有很多其他的内容。"据默里说，劳伦斯还说："你是个令人讨厌的爬虫——我希望你死。"劳伦斯以蜥蜴作比，还暗指了她最近因为疾病而被迫离开圣雷莫的一家旅馆那件事[15]，这都令凯瑟琳震惊。2月10日，她告诉默里："我给劳伦斯回了信，告诉他，'我讨厌你，因为你将这令人作呕的爬虫拖拽进来，爬过了我们曾经历的一切。'我收到他的信的时候，我看到了一只爬虫，感觉到了一只爬虫——我极度渴望揍他一顿，但我知道，如果我再遇到他，我必定会立即走开。我没办法跟他待在同一间屋子或房子里，不知为什么，他肮脏。我从来没有对一个人有过如此的感觉。"默里告诉劳伦斯，"他犯了无法被原谅的罪过"，又给凯瑟琳写信，表现出异乎寻常的残暴："要是我再与他有任何的联系，愿神重重地责罚我。我要是再见到他，无论何时何地，第一件我必做的事便是狠狠地揍他的脸。"但凯瑟琳了解他们之间的友谊有多深厚，她恰当地怀疑了默里的决绝。3月末，她问默里：“有一天，你可以忘记并原谅劳伦斯，微笑着，伸出你的手吗？”[16]

劳伦斯写的这封糟糕的信件与他拒绝承认自己的疾病及他梦境中凯瑟琳“从肺结核中康复”有着紧密的关联。与凯瑟琳一样，劳伦斯经受着病痛与死亡的威胁。他承认他疲倦，拖着病体，爱发怒，患了感冒、咳嗽、支气管炎，怀有戒心地拿自己的死亡开玩笑。但他从没有承认他患有肺结核，即便是 1925 年 2 月，他在墨西哥近乎致命的大出血后，也不承认。他也几乎绝不接受针对肺结核的治疗（这个病无法治愈），除了他生命行将终结之时，他在邦多勒和旺斯被迫接受了治疗。尽管他患有疾病，或者说因为他患有疾病，他焦躁不安地驱使自己游历世界。如凯瑟琳一样，他不愿被关进一家摧毁灵魂的诊疗中心。

1920 年，劳伦斯并没有像凯瑟琳一样进入肺结核病的最后阶段，他从来没有真正相信过她患上的是肺结核，如同他不相信自己有这病一样。他偏向于忽略这个病，假装这样病就会消失，而他令人惊讶的生命力也允许他这么做，这一直持续到他生命的最后五年。但到 1920 年，凯瑟琳——她一直抱怨她的病（而劳伦斯则对之很坦然）——承认她患了肺结核，担心自己会死：“生命就是——获得一种新的呼吸：其他都不重要。”劳伦斯觉得凯瑟琳承认患肺结核病威胁到了他，他很害怕同样的事情会发生在他身上（就像凯瑟琳被他的“黑色暴怒”吓到，她认为自己就是那“黑色暴怒”），他荒谬地怒斥凯瑟琳的疾病。她曾称赞他“迫切地渴望生命”；他觉得她有“死亡的冲动”。[17] 他说凯瑟琳的肺结核是自作自受，这残忍的评论表达了他自己对死亡的恐惧，正如凯瑟琳所发现的：“跟任何其他的人相比，我与劳最像。我们毋庸置疑很像。”

1921 年 3 月，在劳伦斯写了那封信后的一年，他再次拒绝面对凯瑟琳的疾病的现实。他将她描述为虚伪的卡米尔，还告诉科特：

"我听说（默里）现在——还是以前——与凯瑟琳待在里维埃拉，凯瑟琳撑着最后一口气会友，目的是要麻烦别人——其实就是麻烦玛丽·坎南。"11月，默里出版了一卷情意缠绵的诗集、凯瑟琳1921年8月在《领域》（*The Sphere*）上发表了两个短篇故事后，劳伦斯写道："我看到默里和如长期垂死的花蕾般的凯瑟琳又发表了新的文学作品。让他们去。"讽刺的是，在其生命末期，经历了许多失败的治疗之后，凯瑟琳（与劳伦斯一样）拒绝承认她的疾病，假装那根本不存在。无论是劳伦斯还是凯瑟琳，他们都没有放弃自由，都忍受着（如她所写那般的）"孤独、隔绝、患着其他的病"。[18]拒绝听任自己被限制在疗养院内，这或许加速了他们的死亡。

　　凯瑟琳对劳伦斯的最终评判是正面的。"他是所有在世作家中，我唯一真正深切关怀的"，她在1922年7月写信给科特时如此说道，"在我看来，无论他写什么，不管人们如何'不赞同'，他写出的内容都是重要的。毕竟，即便是人们反对的，那也是他生命的迹象，表明他是活生生的人。"1922年8月，她还强调了他们彼此直觉性的理解，尽管他们的想法有差异："我并没有完全赞同劳伦斯。他关于性的想法对我来说毫无意义。但我觉得与旁人相比，我与劳更亲近。数个月来，我一直在想他做的许多事情。"[19]劳伦斯的观点对凯瑟琳的影响明显出现在她1921年至1922年的日志与信件中，其中的许多记录听上去更像是劳伦斯而非凯瑟琳所写。虽然凯瑟琳受到了默里、她的编辑 A. R. 奥利奇（A. R. Orage）以及她的精神导师乔治·葛吉夫的巨大影响，但劳伦斯对她的思想的影响是最积极正面的。

　　凯瑟琳1922年1月写给默里的信中有一段引用了劳伦斯的友谊观念，劳伦斯认为友谊如同婚姻般神圣。虽然劳伦斯先是在康沃尔、之后在1918年11月的一封信件中详细解释这一想法时，凯瑟琳觉得它极端，但她现在认识到了他的这一想法的重要性与其真理性："我记得曾经与劳伦斯谈论过，他说，'我们必须庄重宣誓友谊之约。友谊与婚姻一样具有约束力，与之一样庄重。我们终身相随，无论发生什么——永远相随。但仅仅说我们会那么做还不够，我们必须宣誓。'同时，我又对他不耐烦。我觉得那太奢侈——极端。但当人们思考这个世界是什么样的，我完全理解为什么劳（尤其是作为劳）会那么谈友谊。"在 1922 年 12 月所写的信件的第二段中，凯瑟琳用劳伦斯的话解释了她对智性生活不可思议的反对："我看不到逃脱的希望，除非我们同时学会情感性、本能性的生活，学会平衡它们。"[20]

　　劳伦斯与凯瑟琳之间的最后一次联系发生在 1922 年春夏，当时劳伦斯正在澳大利亚和新西兰游历。5 月，他对科特说："如果你在这里，你就会更好地理解凯瑟琳。她非常地澳大利亚化——或者新西兰化。不知道她现在怎么样。"凯瑟琳认识到劳伦斯相当狂热的旅行与她自己的旅行很像，而且这些旅行与他的疾病紧密相关。她 8 月告诉科特——科特几乎没有离开过伦敦："真可惜，劳伦斯走了那么远。我确定西澳大利亚给不了他什么帮助。想要旅行是大而真实的诱惑，但有什么好处吗？在我看来，那契合了一个病人的种种情感，这个病人总是想着'要是我能离开这里，我会更健康'。"同月里，凯瑟琳在遗嘱中遗赠了劳伦斯一本书，作为记忆、谅解、爱的象征；而劳伦斯自 1920 年 2 月那封无情的信件之后便没再给她写过信，但他从惠灵顿给她寄去了一张明信片，上面只有一个词——"Ricordi"（记忆），这令凯瑟琳非常开心。"是的，我在意劳伦斯，"凯瑟琳于 10 月告诉默里，"我一直在考虑给他写信，想要在我离开巴黎后安排一次见面，我提议到（新墨西哥）与他们碰面，一直待到春天。"11 月，她问默里："我想知道，你有没有想过再与劳伦斯联系？我非常想知道他打算怎么做——在他的漫游时代结束后，彼时他打算怎么生活。"[21]

不过，凯瑟琳迫切想要的那些漫游比劳伦斯的早结束了七年。1923 年 2 月，他们在葛吉夫的人类和谐发展机构（Institute for the Harmonious Development of Man）听闻凯瑟琳的死讯时，弗丽达回忆了她的美貌与智慧："这个消息让我们俩都非常伤心。她是那么优美的人，我们与他们在一起真的很开心。"劳伦斯给默里写了一封信，这是他最令人感动的一封信件："是的，有什么从我们的生命中流逝了。我可以告诉你，我们在惠灵顿想起了她。奥托琳有没有将我从惠灵顿寄给她的明信片给她？是的，我一直知道我心里有一根纽带。现在这根纽带断了，我感到害怕；我觉得好像那些旧日的停泊之处全部碎裂了……（我）请塞尔茨给你带去了《无意识幻想曲》。我想让凯瑟琳读一读。不过，她会知道。死者并没死，他们会看着我们，帮助我们。"[22]

默里与凯瑟琳不仅在《恋爱中的女人》中，也在劳伦斯许多的讽刺性短篇小说中扮演着重要角色。《边界线》（"The Border Line"，1924）、《吉米和绝望的女人》、《最后的笑声》（"The Last Laugh"，1928）涉及他的嫉妒以及对默里和弗丽达 1923 年婚外情的报复。《微笑》（"Smile"，1926）描写了凯瑟琳去世后的默里。凯瑟琳"一直都想保持自己的意志。她爱过他，变得执拗，离开了他，变得伤感或者鄙夷、愤怒，一次又一次回到他身边"。他们还出现在《查泰莱夫人的情人》的第二个版本《约翰·托马斯与简夫人》中，是其中的杰克与奥莉芙·斯特兰奇韦斯夫妇，他们的婚姻充满热情却具有施虐受虐倾向："奥莉芙经常说一些关于她的丈夫——'那个好看的男孩子'——的致命的事情……她在那里找了个情人（像弗朗西斯·卡尔科那样的）。但她总发现她的情人非常不令人满意，而她总是回到她与杰克的紧张关系中……他们之间的关系总的来说是相互折磨！那是她的生活中最真实的事。"

凯瑟琳最后一次出现是在劳伦斯晚期的短篇小说《母与女》（"Mother and Daughter", 1929）中，那是关于她被乔治·葛吉夫的神秘主义诱惑的寓言故事。劳伦斯讨厌葛吉夫的观点，指责他造成了凯瑟琳之死，还告诉梅布尔·卢汉："我已经听够了凯瑟琳的死亡之地枫丹白露，知道它是一个堕落、错误、刻意的地方，人们在这里耍着令人作呕的噱头。"[23]故事的女主人公弗吉尼亚·博丹表达了劳伦斯对凯瑟琳的性格、她的工作、她与默里的关系以及她的疾病的看法。弗吉尼亚决定用她极端的存在与她母亲交换，以获得一种虽生犹死的生活，以便与可怕却有魅力的追求者阿尔诺在一起，阿尔诺象征着凯瑟琳对葛吉夫的致命屈从。凯瑟琳去世后，她不再是劳伦斯的文学竞争者，不再是令他失望的朋友，他变得越来越同情她不幸的婚姻和无望的疾病。

三

1920 年 2 月末，劳伦斯从卡普里搬到陶尔米纳，与加尔尼亚诺和费亚斯切利诺相比，他甚至更喜欢西西里。这个多山的三角形岛屿位于爱奥尼亚海与第勒尼安海之间，在非洲以北一百英里处。在历史上的不同时期，这个地区曾遭到腓尼基人、迦太基人、希腊人、罗马人、拜占庭人、阿拉伯人、诺曼人、德国人、法国人、西班牙人和意大利人的侵略，他们先后定居于此。托马西·迪·兰佩杜萨（Tomasi di Lampedusa）的《教授与塞壬》（"The Professor and the Siren"）中有一段狂想式的抒情段落强调了西西里岛永恒不变的特征：

因此我们说起永恒的西西里、自然的西西里；说起内布罗迪山上迷迭香的芳香，梅利利蜂蜜的味道，五月一个刮风的日子从恩纳看到的翻浪的玉米；说起锡拉库扎附近的幽居之处，还有据说六月里某些落日时分，飘荡在巴勒莫的桔子、柠檬林散发出的阵阵馨香。我们谈到可见的卡斯特拉梅海湾某些夏夜的魅力，在那里，星空映射在沉睡的海面，遗落在乳香树中的人们的灵魂迷失在天空的漩涡里，而身体紧绷又警惕，担忧着魔鬼的临近。[24]

陶尔米纳是一个可爱的古老城镇，这里气候温和，城镇顺着山脊而建，可俯瞰山下数英里波光粼粼的大海，一所多米尼加修道院在此有着重要影响力。在他名为丰塔纳韦基亚（Fontana Vecchia，花园里古老喷泉的名字）的房子里，劳伦斯享受着"处于边缘"的感觉。他可以在任何时候离开欧洲，跨越大海到达北非或是到达地球的尽头："我们有一套相当可爱的乡间别墅，它位于海面上绿茵茵的斜坡上，东面可以看到蔚蓝的大海，左边海对面是群山和山顶覆盖着浅雪的卡拉布里亚，在那里，（墨西拿）海峡逼近内陆。——那古老的喷泉仍活跃着，流向花园里有点像小洞穴的地方。"

但很快，劳伦斯就开始挑剔这个岛屿，但同时又对它充满热情。在他为乔万尼·维尔加（Giovanni Verga）的小说《堂·吉苏阿多师傅》（*Mastro-don Gesualdo*）的译本所写的序中，他提到了如他在伊斯特伍德所发现的巨大差异，即一面是令人兴奋的风景，一面是令人沮丧的农民生活。"西西里，它的美深入血脉。它如此澄澈，如此美丽，如此贴近希腊的外在美。然而，这里的人们的生活似乎那么糟糕、那么懒散、那么可鄙，他们就像是伏地爬行的甲虫。于是，你一跨出村里那灰色、肮脏的屋墙，就会发现在太阳底下是那么美妙，陆地被大海分隔。"[25]

20世纪20年代，劳伦斯继续他在"一战"前形成的旅行模式在欧洲进行着游历。他会在意大利住上大约九个月，当天气变得炎热、这个国家令他烦了，他便会去巴登巴登看望弗丽达的母亲（她的父亲1915年去世），之后便在更凉爽、更洁净、更有秩序的北欧游历一番。住在西西里岛时，他有时会向往德国凉爽的松树、绿草及潮湿的花朵，在那里，孩子们不用乞讨，生活永远不会肮脏、卑贱。

1920年3月，就在他到达陶尔米纳之后，劳伦斯结识了年轻的南非画家简·朱塔。朱塔腰背挺立，有一双蓝色的眼睛，他的父亲是位成功的司法部部长，曾效力于罗德斯（Cecil Rhodes）的内阁。朱塔曾就读于伦敦的斯莱德学院，之后在罗马的英国国际学校就学。在《大海与撒丁岛》中，朱塔为其画有相当笨拙的插图。劳伦斯在这部游记中描述他"身材非常高大，思维敏捷、举止优雅，看上去似乎期待我们能为了他的方便而突然出现"。朱塔在奢华中长大，他觉得丰塔纳韦基亚"非常粗陋"。他称呼劳伦斯为"D. H."，并且说这位焦躁不安、漂泊的小说家"其实不属于任何地方"。他们结识后不久，朱塔为焦虑、面貌特征明显、蓄有红色大胡子的劳伦斯画了一张极富感染力的画像。

1920年4月，劳伦斯拜访了亚历山大·纳尔逊·胡德（Alexander Nelson Hood）阁下。他是地中海舰队总司令霍雷肖·纳尔逊（Horatio Nelson）的后代，在西西里岛被奉为勃朗特公爵（Duca di Brontë）。劳伦斯拜会的地点是他在马尼亚茨的领地庄园，位于埃特纳那边的群山里。劳伦斯觉得那是一个"相当美妙的地方，"相比于主人的头衔，他所处的环境更令他印象深刻，他在那里与公爵度过了"惬意的"下午茶时光。意大利小说家卡尔洛·莱维（Carlo Levi）与劳伦斯一样对西西里岛的极端情形进行了论述。他记述，即便是在"二战"后，马尼亚茨展现的是"农民极度痛苦的光景，这在这个国家如天堂般的一端是始料不及的……为获得土地而发生的争斗比以往任何时候都激烈，这是消失的封建主义社会残存下来的许多落伍过时的事例之一……也是农民顽固地努力要作为人而活着的一个例证……他们觉得悲惨、被抛弃, 周围尽是敌对的权力与操控力"。[26]劳伦斯明白农民处于绝望的状态之中, 但他不认为公爵应为此负任何责任。

四

与他同代的大多数作家一样, 劳伦斯在 1914 年后有了政治意识。但他从不因为社会正义本身的缘故而关心社会正义。他在三部权力小说——《亚伦的手杖》《袋鼠》与《羽蛇》——中表达的政治观点受到了欧洲战争、他在英国遭到的迫害、他在意大利直接经历的法西斯兴起的影响。这些政治观点的核心问题是大众社会该如何组织与统治。

"一战"后, 意大利面临着严峻的问题: 巨额国债、不断加剧的通货膨胀、高失业率、经济崩溃、大量不满的退伍军人。这些现状造成了严重的动乱, 1919 年出现了许多共产主义起义及反革命报复行为。1919 年 9 月, 加布里埃尔·邓南遮占领阜姆——这个市港曾被巴黎和会判给南斯拉夫。之后, 意大利海军又将邓南遮驱逐出阜姆并于 1920 年 12 月轰炸了亚得里亚市。1920 年, 庄稼收成不佳, 农民罢工持续了一整年。

1920 年至 1922 年期间, 意大利国内法西斯分子与社会主义者发生激烈内战; 暴乱中, 法西斯分子三百人丧生, 社会主义者三千人丧命。在民众对政府的不信任投票后, 意大利在 1922 年 7 月连续几个星期里处于无政府状态。8 月, 一场总罢工爆发, 法西斯分子操控警察与舆论, 要求实现独裁统治。接连几届政府疲软、混乱、瘫痪, 无力控制经济动荡与内战, 在法西斯分子鼓动其支持者时，没有采取任何行动。1922 年 10 月，墨索里尼向罗马进军。这次进军既不是一场革命，也不是一场政变。丹尼斯·麦克·史密斯（Denis Mack Smith）写道，这场进军其实是"一次舒适的火车之旅，之后是一场小规模的游行示威，这一切都是为了回应君主"维克多·伊曼纽尔三世（Victor Emmanuel Ⅲ）的"公然邀请"。

墨索里尼生于 1883 年，比劳伦斯大两岁，他的名字起自墨西哥革命者贝尼托·华雷斯（Benito Juárez）。他于 1902 年移民至瑞士以躲避征兵——就像《意大利的黄昏》中描述的那些流亡工人一样。墨索里尼的支持者在意大利的托斯卡纳区尤为残暴。墨索里尼相信，暴力的少数派暴动能实现独裁统治。"打着从布尔什维克主义手中拯救这个国家的旗号，法西斯分子便有了借口攻击政权，造成无政府状态，如此便令人民渴望独裁专制政府。"

法西斯主义声称自己是一场运动，而非一项学说；其方案总是变来变去、前后不一。1931 年《意大利百科全书》（*Enciclopedia italiana*）中的一篇文章模糊地声明："法西斯主义的政权概念包罗万象，在政权之外，任何人的或精神的价值都无法存在，更不用说这些价值观念值得人们拥有了。"尽管如此，或者可能正因如此，1922 年 11 月只拥有 7％代表的墨索里尼，在 1924 年 4 月最后的自由大选中获得了 65％的选票。他获得了意大利著名人物邓南遮、皮兰德娄、马里内蒂、普契尼、马可尼及克罗齐①（他后来公开放弃了这一观点），以及英国人丘吉尔与萧伯纳的支持。独裁统治——变得越来越不合时宜、效率低下、营私舞弊——到 1925 年 1 月已

---

① 皮兰德娄（Luigi Pirandello, 1867—1936），意大利剧作家、小说家，荒诞戏剧的创始人，曾获 1934 年诺贝尔文学奖；马里内蒂（Filippo Tommaso Marinetti, 1876—1944），意大利作家，未来主义的创始人；贾科莫·普契尼（Giacomo Puccini, 1858—1924），意大利歌剧作曲家，代表作有《波希米亚人》《托斯卡》与《蝴蝶夫人》等歌剧；马可尼（Marhese Gugliemo Marconi, 1874—1937），意大利无线电报发明者；克罗齐（Benedetto Croce, 1866—1952），意大利著名文艺批评家、历史学家、哲学家。

拥有无上权力；到 1926 年，反法西斯运动完全消失。麦克·史密斯总结："1919 年至 1922 年间，法西斯主义获得胜利，与其说是因为法西斯主义自身内在的逻辑与价值，不如说是因为其他党派失败后留下的真空状态。"

劳伦斯从 1919 年 11 月离开英国开始便住在意大利，一直在意大利停留到 1922 年 2 月他乘船前往锡兰；他在意大利之外的国家停留了三年半的时间。因而，他在意大利的时候，正值战后政府权威分崩离析，社会主义者与法西斯分子内战，意大利急需强有力的统治之时。但墨索里尼进军罗马（1922 年 10 月）、法西斯力量在暴力中实现巩固（1922 年至 1924 年）、社会主义政治家吉亚科莫·马泰奥蒂（Giacomo Matteotti）被谋杀（1924 年 6 月）之时，他并不在意大利。到他 1925 年 11 月返回意大利时，社会主义与法西斯主义的对立已经被消除，独裁政治拥有了至高无上的权力，社会秩序重新恢复。

劳伦斯居于战后意大利时所写的信件反映了他对暴力的恐惧（作为一个外国居民，他渴望稳定，并不特别关心能提供稳定现状的政府到底是什么。对他来说，暴力尤其令人恐惧不安），提及了革命的前景及独裁政权的必要。革命的威胁促使他重申他在战争期间受此影响形成的反民主政权的观点："我既不相信自由，也不相信民主。我信仰的是实际、神圣、有雄心壮志的政权：天生的君主的神授权力；我信仰天生贵族的神授权力，这行使无可置疑的权力的神圣职责。"[27] 但劳伦斯对于到底天生的君主是什么样的、他们如何统治等问题仍然不明确。贵族与平民之间的对立，对统一体、领导者、英雄主义、意志、责任、权威、统治与权力的强调，经常反复出现在其创作于战后意大利的作品中：《无意识幻想曲》及《亚伦的手杖》。

# 五

1921 年 1 月 3 日，劳伦斯与弗丽达从西西里岛的寒潮中搬到了气候更为寒冷的撒丁岛，在那里住了十天。他们黎明时分起床，乘坐很长时间的火车，沿海岸线至巴勒莫，从那里坐船前往撒丁岛最南端的卡利亚里，之后或乘火车或乘汽车，穿过贫瘠、多山的区域一路向北，到达东北沿岸的特拉诺瓦。随后，他们从撒丁岛坐船前往靠近罗马的奇维塔韦基亚，乘火车往南前往陶尔米纳，完成了一个完整的圆。

只有旅行的强烈冲动、想要去往某个地方的冲动，才能令劳伦斯忍受撒丁岛沉闷的沧桑。不同于他大多数前辈的游记书写传统——他们会将自己的旅行体验浪漫化、美化，劳伦斯直率地写他旅行中的种种痛苦事件以及他自己制造出来的苦恼。经济状况决定了他的旅行方式。他承担不了奢华甚至仅是舒适的旅行，不得不接受简单的交通方式和简陋的居住条件。他一吞咽完从陶尔米纳带来的精致英国培根与茶，他的食物立即就会变得糟糕。

劳伦斯对于前往撒丁岛旅行有着非同寻常、荒谬的冲动。他将尤利西斯当作自己的榜样，想要"从完全被限制的生活——对人类紧张氛围的恐惧、对坚持拥有机器的绝对疯狂——中获得自由"。他希望地点的改变可以引起思想的改变。他对逝去的过去怀有战前的怀旧感，被偏远的地方——那里不受文化价值的影响——所吸引，在那里，他可以深入进行"有趣的自我发现，退回、回归到旧时光里"。撒丁岛——（劳伦斯声称）"没有历史，没有年代，没有种族，没有供奉之物"——处于文明的外围。陌生、邪恶、多样的地方精神仍盛行着，与灰色、机械化的现代生活的雷同性形成对抗。

劳伦斯同时也想避开令人极不愉快的西西里岛人，他将他们与意大利人混在一起。《大海与撒丁岛》中，西西里人被描写为不知廉耻地亲密无间、身体上彼此包容、迷恋粗野的孩童，自负、唯利是图、好窥探、无知、傲慢无礼、鲁莽、铁石心肠、不耐烦、懒散、离谱。撒丁岛人则与之形成了令人愉悦的对比——"他们有一种令人愉快的、天生坚定的精神，还有一种封建时代的自由从容"——不受约束、不妄自尊大。[28]这些独立、自给自足的男人并没有将他们的女人理想化，他们有礼貌，热情好客，不装腔作势。

尽管劳伦斯对撒丁岛的人感到满意，对于岛上的生活条件方面的问题他却受到了误导。当简陋粗糙的现实不符合令他神魂颠倒的期待时，他相当失望。在西西里岛，墨西拿阴沉、可怕；巴勒莫多风、荒凉。船晚点，船舱里气味难闻，食物令人作呕。特拉帕尼从远处看是那么可爱，实际上却肮脏、简陋。撒丁岛上的卡利亚里"相当荒芜、相当荒凉、相当寒冷，枯黄"，还有一座极丑陋的教堂"处处表现出巴洛克和意大利烤肠风格"。南部海蚀平原充满毒气；曼达斯刺骨地寒冷，你什么也做不了："就像小鸡一样，人们天黑就上床睡觉了。"索尔戈诺就像个沉闷的洞穴，那里的侍者极其邋遢，他的衬衫胸前还带着油污，这激怒了劳伦斯。那些骄傲的居民成群结队地聚集在一起，在充斥着粪便的街道上放松自己。

到劳伦斯到达努奥罗的时候，当然，那里没什么可看的，他开始苦中作乐："风景令人不快、厌烦。感谢上帝，这里一点也没有佩鲁吉诺①绘画中的风景，也没有任何类似比萨风格的建筑——据我了解。有福的是这个城镇没什么可向外人展示的。它省了多少噱头和矫情啊！"但对劳伦斯来说，假装他是个彻头彻尾的庸俗之人，

---

① 彼得罗·佩鲁吉诺（Pietro Perugino，1445—1523）是意大利著名画家，擅长画柔和的彩色风景、人物和脸以及宗教题材。

这也很矫情。随着他继续北上，他发现奥罗塞破败不堪，是个凄凉的地狱；锡尼斯科拉"只是个狭长、简陋、石头遍布的地方，在阳光下炎热，阴暗里寒冷"。即便是位于意大利本土的奇维塔韦基亚都灌木丛生、荒无人烟。

劳伦斯将自己描写为爱挑剔、没耐心、性情暴躁之人，而将弗丽达描写成脱离了蜂巢的"蜂后"，由一只无用的雄蜂陪伴，愚蠢、没有理性、好管闲事。他们落魄地旅行，对于意大利人高兴地传递坏消息怒不可遏，周围尽是好吹嘘与寄生虫般的游客。他们经常处于寒冷、饥饿、极度不舒适中，却被指责是唯利是图的剥削者。

《大海与撒丁岛》是处于旅行心境中写就的随笔，书中旅行者成了受害者。他所受的苦证实了他的确经历过，也为这段充满病痛的旅途增加了英雄主义元素。当劳伦斯返回陶尔米纳时，他告诉罗莎琳德·贝恩斯："我们去了撒丁岛，这是一次令人兴奋的短暂旅行，但人们没法在那里居住，他们会觉得疲倦、沉闷。"[29]

# 六

1921年4月前往巴登巴登的途中在卡普里做短暂停留时，劳伦斯遇到了两位侨居国外的美国画家厄尔和押撒·布鲁斯特夫妇。加上阿道司·赫胥黎，他们成了20世纪20年代劳伦斯最亲密的朋友。厄尔·布鲁斯特1878年出生于俄亥俄州，曾短暂就读于欧柏林学院，在克利夫兰和纽约学过绘画，1908年墨西拿地震的时候与他的祖母游览过西西里岛。诗人维切尔·林赛①将厄尔介绍给押撒（这个名字出自《圣经·约书亚记》15章16节）。押撒出生于

---

① 维切尔·林赛（Vachel Lindsay, 1879—1931）是美国诗歌史上有意识吸收民歌和爵士乐并使诗歌具有美国特色的第一代中西部诗人之一。

1878 年，在纽黑文长大，1902 年毕业于史密斯学院。他们于 1910 年结婚，婚后即刻前往西西里岛，碰巧在劳伦斯到达丰塔纳维基亚的十年前住在那里。他们夫妇如劳伦斯一样，不会安心待在一个地方。他们还曾在巴黎、菲诺港、圣菲利波（靠近罗马）、拉韦洛以及佛罗伦萨居住过。战争期间，他们在佛罗伦萨的一家意大利医院工作；战后，他们在雅典、索伦托和卡普里都居住过。

布鲁斯特夫妇没有语言天赋，意大利语和法语都说得很糟糕；厄尔要大声喊出他要说的话才能让别人明白。押撒收入不高，厄尔一辈子都担心钱的问题，但他从没有公开地谈论过。他们偶尔卖掉自己的画作或是从家人那里得到些礼物才勉强度日。一位未婚的姨妈帮他们支付了他们女儿哈伍德的学费；劳伦斯规劝布鲁斯特夫妇别跟孩子太亲密，将她送出去上学，1929 年，哈伍德成为德文郡达汀顿会堂学院的学生。厄尔从十九岁就对通神学（Theosophy）感兴趣。他们成了佛教徒，学习巴利语经文，住在锡兰，劳伦斯 1922 年去那里看望过他们。[30] 厄尔 1926 年出版了一部佛祖生平。1927 年，他与劳伦斯徒步旅行，穿越了意大利中部的伊特鲁里亚的几个城镇，在格罗塞托一家商店的橱窗里看到一只玩具公鸡从一只鸡蛋里出来，这使人联想到劳伦斯的中篇小说《逃跑的公鸡》（The Escaped Cock）的书名由来。布鲁斯特夫妇信奉哲学观点，优雅飘逸、温和、庄重，相当守旧；他们深爱劳伦斯。1935 年，他们移居印度，在那里度过了余生。

布雷特描述厄尔身材不高，长着一头"灰发，几乎全白，瘦削的尖鼻子，一双黑而深沉的眼睛透着诡秘的神色"。劳伦斯喜欢取笑厄尔的素食主义和他的瑜伽锻炼——"这令他屏住呼吸，直到他的脑子变笨"。他提到了他们拮据的生活状况，温和地批评了他们相当懒散、自我放纵的生活方式："不工作、住在舒适旅馆里的人，不存在金钱方面的问题。"与之相反,劳伦斯总是极为简朴,也反物质主义。"我不想拥有一座房子,"劳伦斯坚称,"也不想要一块地、一辆车,或享有任何东西。我不想要一笔财富——甚至是确定的收入,我也不想要……在我内心深处,我反对固定的事物、固定的社会、固定的金钱、固定的家,甚至固定的爱。"[31]

尽管劳伦斯很喜欢布鲁斯特夫妇,但他还是忍不住在《东西》("Things",1928)中讽刺他们。在这个故事中,一对新英格兰佛教徒侨民夫妇有着一份宽裕的收入,他们住在法国和意大利,收藏艺术类"东西",为他们的物质所有物所累。他们回到美国,将他们的东西贮藏在那里,他们厌恶了美国的生活,又返回欧洲,发现他们同样厌恶欧洲的生活。最终,丈夫接受了克利夫兰的一份学术工作,在那里,他可以收藏并展览那些主宰又毁灭了他的性格和生活的东西。

布鲁斯特夫妇从容不迫、信奉哲学,并不会(像被劳伦斯讽刺的大多数朋友那样)真的烦恼。事实上,这个故事并不是他们的真实画像。故事中,劳伦斯将布鲁斯特夫妇当作侨民类型,然后创造了他们生活的细节。他们仅有的所有物是成箱成箱的书籍(他们喜欢给对方大声朗读这些书),他们没有钱收藏家具与古董,而且,他们总是居住在带家具的房子里,没有地方再收藏那些东西。他们从来不贮藏他们的东西,或是花钱去看他们的那些藏品。劳伦斯是个受感情驱使的人和作家,他觉得他可以诚实地评论他亲密的朋友们。布鲁斯特夫妇理解这一点,这个故事从未影响过他们与劳伦斯的友谊,而这段友谊一直持续到劳伦斯故去。[32]

# 七

对于劳伦斯来说，居于意大利、游历欧洲、进行多产的创作期间，处理他与出版商及编辑日趋复杂的商务变得越来越困难。1920年1月——这一年，罗伯特·蒙茨埃开始作为他的美国出版代理——劳伦斯与 J. B. 品克断绝了关系，品克从1914年开始就一直处理劳伦斯在英国的各项不稳定事务。劳伦斯认为，就品克的观点来看，他变成了不太令人满意的兄弟，品克不再相信他能成为成功的作家。劳伦斯对于品克的自满与含糊其词感到厌倦。他决定未来由他本人作为代理——承担自己的一切。

但到1921年，他与品克的竞争对手柯蒂斯·布朗（Curtis Brown）达成了协议，在劳伦斯与蒙茨埃于1923年闹翻后，由他接管劳伦斯的美国事务并处理劳伦斯著作的世界版权，这一直持续到劳伦斯去世两年后。布朗1866年出生于纽约州，曾在布法罗和纽约市当了十四年的记者，从1898年至1915年在伦敦工作，充当几家美国报纸的英国代理。1916年，他成为伦敦文学出版经纪人，很快便创下一家成功的大型企业。

劳伦斯的前两位美国出版商米切尔·肯纳利（出版了《儿子与情人》）和本·许布希（出版了《虹》）都对他不好。就在"一战"结束后，福特《英国评论》的副主编道格拉斯·戈德林给美国出版商托马斯·塞尔茨——他将在1920年至1925年间出版劳伦斯的二十部著作——寄去了一份《恋爱中的女人》的打字稿。塞尔茨是个小个子男人，1875年出生在俄国，十二岁时随家人来到美国。他1897年毕业于宾夕法尼亚大学，1906年结婚，生活来源主要是从事翻译工作，将俄语和德语翻译成英文。他是阿尔伯特和查尔斯·博奈兄弟的舅舅，1917 年加入博奈与利弗莱特出版公司。托马斯和他的妻子阿黛尔都崇拜劳伦斯，喜欢他的作品。阿黛尔发现托马斯对劳伦斯有着盲目崇拜，他认为劳伦斯是"乔叟、农夫皮尔斯、约翰·班扬、菲尔丁、莎士比亚、叔本华与尼采的合体，是他们的现代化，他们的叠加……（托马斯）仔细小心，非常整齐、审慎地将劳的信件保存在办公室一个上锁的抽屉里。我曾不经意间发现他打开了抽屉，手指温柔地抚过那一封封码得整齐的信件。除非我刚刚洗过手，否则他不让我触碰那里的任何一封信"。托马斯就是不愿意"从这样的奇迹中醒过来——我们竟然出版了我们这个时代最伟大的天才的作品"。

劳伦斯喜欢也信任塞尔茨。塞尔茨 1922 年 10 月去陶斯看望过劳伦斯，而塞尔茨与蒙茨埃发生争论时，劳伦斯总是站在塞尔茨一边。在劳伦斯看来，令人头痛的问题是塞尔茨不像是做生意的，他经常迟到，这让劳伦斯自己本就不稳定的生活更加不确定。塞尔茨时常面临破产，最终无法支付他代理的那些作者的费用。1925 年，那"两个娇小的塞尔茨"似乎悬吊在一根线上摇摇欲坠，他们还欠着劳伦斯五千英镑，劳伦斯无可非议地对此感到紧张。1925 年 4 月，劳伦斯离开塞尔茨，转向阿尔弗雷德·克诺夫。克诺夫当年 6 月出版了《烈马圣莫尔》（*St. Mawr*），在 1925 年至 1930 年间出版了劳伦斯的另外九部作品，还出版了梅布尔与弗丽达的作品。迄今未被确认的一封由青年小说家斯托姆·詹姆森（Storm Jameson）——他曾是克诺夫出版社英国编辑代表——写的信披露，克诺夫之前就听说劳伦斯在塞尔茨那里遇到了困难，他早在 1923 年就想接管劳伦斯的著作版权。1925 年 12 月 4 日，詹姆森给劳伦斯写了一封信（劳伦斯当时正从韦拉克鲁什坐船前往伦敦），由默里代转；他还恳请默里帮助应对劳伦斯那完全过于亲切的代理人和令人生畏的出版商："克诺夫宣称劳伦斯先生将离开塞尔茨。柯蒂斯·布朗说，'D. H. 劳伦斯在我手里'，C. B.（柯蒂斯·布朗）太过和蔼和亲，他说的肯定不是真的。马丁·塞克很可能了解一切，但他太让我害怕，我宁可做任何其他的事，也不要与他打交道。"劳伦斯最终更换了出版商时，他将克诺夫的稳定、成功和精力与塞尔茨相当不成功的经营方式做了对比："我在这里有了一家新的出版商——克诺夫——又一个犹太人——但他富有、有事业心——似乎很好。塞尔茨一直晃晃悠悠、折腾……新的出版商，克诺夫出版社建在第五大道上的办公室非常气派……克诺夫出版社似乎真的很牢靠、可信。"[33]克诺夫一直是劳伦斯的美国出版商，这持续到劳伦斯去世后，弗丽达将他的著作版权卖给维京出版社。

## 八

从英国解脱出来、20 世纪 20 年代在意大利过着如"一战"前般的生活，这些都激发了劳伦斯，使他能在 1920 年至 1923 年间出版十六部作品。这个时期最明显反映他在意大利的生活的作品包括《大海与撒丁岛》《误入歧途的女人》《亚伦的手杖》，以及他为莫里斯·马格努斯的《回忆录》写的序、他翻译的乔万尼·维尔加的作品（1923 年至 1925 年）。

劳伦斯 1913 年便开始写作《误入歧途的女人》，中间因为战争而中断，直到 1920 年 5 月方完成。1913 年在加尔尼亚诺，劳伦斯开始以《霍顿小姐的反叛》（*The Insurrection of Miss Houghton*）为书名写作这本小说，写了大约两百页；1919 年 11 月，他去意大利旅行之后又开始写作它，并且在陶尔米纳的时候，完成了该书的创作。小说的原稿并没有保存下来；而现存的这部小说完全是 1920 年 3 月至 5 月间重新写就的作品，很有可能与 1913 年的版本相当不同。

《误入歧途的女人》提出了劳伦斯作品中的两个核心问题："人的真实自我是什么？""人如何认识自己的真实本性？"劳伦斯坚持认为，"不平凡的人有非凡的命运"，爱尔维娜·霍顿"成就了自己的命运"。小说结尾处，她催促丈夫西乔从战争中回来时，大声说道："我们的命运在我们自己手中。"[34]

爱尔维娜决定自己命运的本领令人惊叹，它消解了小说中世俗化的矛盾，这一矛盾在《马太福音》10章39节中表述为："为我失丧生命的，将要得着生命。"在小说中的不同时期，爱尔维娜都有精神层面、道德层面、身体层面、地理层面的丧失。她失去了父母、朋友、未婚夫、社会地位、事业、继承的财产、自尊、贞洁、声名、安全感、语言和国家。她"失去了伍德豪斯、兰卡斯特、英国……断绝了与她所归属的一切的联系"。西乔觉得自己无法忍受失去她；她担心她会失去他——在战争中，或是战后。她寻找到的不是灵魂的救赎，而是肉体的救赎。

爱尔维娜生命中的每一个阶段和主要经历都预示着西乔的出现及他们之间的关系，并为她前往意大利做好准备。她来自一座丑陋、受阶级限制的乡下采矿小镇；她的家庭不仅家人的健康越来越糟，家里的经济状况也越来越糟。她的母亲天生残疾；父亲发了疯；家庭女教师弗罗斯特小姐和女管家皮尼格小姐是相当冷漠、满是怨恨的老处女。家里女人的生活为爱尔维娜的未来提供了可怕警示，正如她们的死亡令她从压抑的生活中解脱出来一样。如果一直活活葬送在伍德豪斯，她将一无所获。几乎任何其他的生存模式对她来说都更有吸引力。她逃离了伍德豪斯（劳伦斯的伊斯特伍德），在伦敦成了一名护士，加入了谢菲尔德"美国印第安"艺人巡回剧团。为了在斯卡伯勒进行冥想，她逃离该剧团，在兰卡斯特当了一名护士，逃离了被迫与之订婚的米切尔医生，与西乔一起在伦敦生活，后来又离开他去了意大利。

小说内在内容提供的证据表明，前五章使用了介入式叙述者，呈现的是生动、讽刺的风格，原本写于"一战"前，因为劳伦斯是在 1919 年 11 月遇到的莫里斯·马格努斯，以他为原型的梅先生首次出现在第六章中。肥胖、快活的梅先生在伍德豪斯经营霍顿剧院，与劳伦斯为马格努斯的《回忆录》所作的序中真实的马格努斯相比，他并不那么显著，但他仍然是这本书中最充满活力的人物。与马格努斯一样，梅先生是个美国天主教徒，他上德语学校，穿戴昂贵的衣帽：漂亮的大衣、丝绒帽、蓝色丝绸衬衣。他害怕自己因没有现金而陷入困境，但他住在最好的旅馆里；他已婚，但憎恶女人，更喜欢精神层面而非物质层面的友谊。他作为诱惑者出现，"他红润、肥胖的面庞、浅蓝色的眼睛很是招摇"，他说服詹姆斯·霍顿开了一家电影院，这电影院最终毁了他。他不加掩饰，"却是非常挑剔地不加掩饰"，他是只"惘怅的小鸟，啄食着爱尔维娜施与的同情"。然而，爱尔维娜（她是小说中的情感试金石）喜欢他，这暗示了劳伦斯为马格努斯——一个聪明却名声不好的人——所吸引的原因。

劳伦斯在陶尔米纳的房东是弗朗西斯科·"西乔"·卡科帕尔多；爱尔维娜·霍顿的情人弗朗西斯科·"西乔"·马拉斯卡在第七章被引入。第十一章的开头部分，劳伦斯描述了针对艺人巡回剧团的恶意秘密监视，这令他想起了战时他在康沃尔遭到的迫害："到处都是令人厌恶的韦莫如深，到处都是警察的绝对权力。感觉到一直掌控着这一切的怀有恶意的巨大力量，这力量监视着、感知着，等待发出恐怖一击，就是那种个体完全无助的感觉，这些个体甚至都没有受到指控，只是被监视、被缠得脱不开身！"

最后三章描述了劳伦斯前往阿布鲁齐的皮奇尼斯科的旅行，它们只可能是在战后写成。尽管劳伦斯在阿布鲁齐只停留了十日，但皮奇尼斯科给他提供了令人震惊的灵感来源。"这就是那些偏远的地方如此吸引人之处。"劳伦斯在《大海与撒丁岛》中写道,"那些偏远的地方,如阿布鲁齐,那里的生活那么原始,那么缺乏宗教信仰,那么不可思议地未开化、半野蛮。"[35] 爱尔维娜和西乔都在意大利衰落。野蛮、落后的风景及新的生活模式反映了爱尔维娜婚姻的种种问题,迫使她检验内心深处的自我。

小说描写了这样的故事:爱尔维娜无力找到一个既拥有激情又拥有智慧的男人,如果她找不到这样一个人,她愿意选择拥有激情的男人。劳伦斯在他的小说中创作了三种类型的人物:敏感的知识分子(保罗·莫雷尔、鲁伯特·伯金、《袋鼠》中的理查德·萨默斯),充满激情的人(安纳贝尔、西乔、《查泰莱夫人的情人》中的梅勒斯),以及强有力的领导者(罗登·利利、本·库尔利,权力小说中的雷蒙·卡拉斯科)。但结合了所有这些特点的理想人物从来就没有在他的作品中实现过。1921年12月,《误入歧途的女人》为劳伦斯赢得了他一生中唯一的荣誉:詹姆斯·泰特·布莱克奖(the James Tait Black prize)的一百英镑奖金。

# 九

《亚伦的手杖》始于1919年12月24日的英国,结束于一年后的1920年11月的佛罗伦萨,表现了1919年11月劳伦斯在战后第一次前往意大利的旅行,他在都灵附近沃尔特·贝克尔爵士的别墅短暂停留,以及他从11月至12月在佛罗伦萨停留了三个星期,其间,他与诺曼·道格拉斯重叙旧谊并结识了莫里斯·马格努斯。与《误入歧途的女人》中的爱尔维娜一样,亚伦离开了自己位于密德兰地区矿村的家,在另一座城镇里找到了不同的工作,与一个敢爱敢恨的外国人保持着性关系，前往意大利过新生活。在英国的大部分场景都发生在晚上，但在意大利的场景则弥漫着灿烂的阳光。

小说的第四句话——"一个人感受到战争梦魇的暴力如今释放在了大气里"——表达了主题，其象征是小说开头部分蓝色玻璃球爆炸、碎片四溅，这预示了小说结尾处的炸弹爆炸。暴力的释放也预示了内战和意大利国内的革命。小说背景中的革命斗争类似于男人与女人之间为获得权力而进行的争斗。罗登·利利告诉亚伦·西森，"生活中只有两种充满活力的大动力：爱与权力"，而整部小说都在尽力阐释这两者之间的复杂关系。

在伦敦，亚伦是歌剧院的长笛手，与一群放荡不羁的文化人扯到了一起。他获得了约瑟芬·福特的性追求，起初拒绝亲吻她，但他最终屈服于她的要求，随后很快便在利利科芬园的公寓前崩溃。亚伦一直都喜欢独处，他将自己身体的崩溃归因于他与约瑟芬的风流韵事而非 1919 年的流行性感冒。"我向她屈服了，"他向利利解释，就好像他感染的不是病毒性疾病而是性病，"那就是我患病的原因。要是我没向她屈服，我肯定一切都好的。"[36] 利利想要给亚伦的妻子洛蒂打电话时，亚伦非常惊恐；他穿上了他朋友的睡衣，他的灵魂"在腐烂"。亚伦表达了劳伦斯对具有支配欲的女人的畏惧和他对男人的渴望，利利是劳伦斯渴望男性的女性自我。

为了"令亚伦振作"，利利说，"我要用油给你擦擦身体，我要像母亲给她们大便不通的婴孩儿擦身体那样给你擦"，尽管亚伦并没有便秘，就算他有，按摩他的生殖器也无法治愈他：

> 很快，他脱掉了他的病人的裤子，露出他浅色的下体，并开始用油擦他的腹部，动作缓慢、有节奏地来回循环，慢慢按摩。他擦得精细，一点一点地擦，擦了很长时间之后，又将他的整个下体都擦了，擦得没头没脑，就像是在画符咒。他擦了

这个男人下体的每一个部分——腹部、双臀、大腿和膝盖，一路向下到脚，擦得整个下体暖和和，因为擦了樟脑油而发热，每一处都擦到了，快速地擦着脚趾，一直擦到他几乎精疲力竭。随后，亚伦身上再次盖上衣物，利利疲乏地坐下，看着他的病人。

他发现了变化。病人的眼眸中又有了光，脸上洋溢着一丝微弱的微笑，隐隐发着光。亚伦又是他自己了。但利利什么也没说。他看着他的病人安稳地入睡了。[37]

这段文字的节奏、魔咒、隐喻、重复性（"整个""每一个部分""每一处"）等特征不应剥离其字面意义，尤其后来利利还给亚伦补袜子，说话像女人，还像个女仆似的为他服务。因为他的妻子谭妮拒绝顺从于他（而亚伦不久前才顺从地让他擦身）而令产生他一阵强烈反感，利利加入了他恢复了健康的朋友，一起激烈地谴责女人。

这个重要的护理场景中的亲密和肢体接触是以劳伦斯与默里两人友情中的重要时刻为基础的。1915 年 2 月，默里到格里瑟姆看望劳伦斯。从车站步行至劳伦斯住处的一段长长的路途中，默里的感冒变成了流感，劳伦斯全心全意地照料了他的朋友。能有机会给生病的默里力量和安慰，这令劳伦斯高兴地反转了自己虚弱与被动的角色，因为他和凯瑟琳有结核病，而弗丽达和默里一直都很健康。在默里看来，利利给亚伦擦身这一事件展现了"重要的肢体接触；对于劳伦斯来说，这是男人与男人之间的关系必要且重要的部分"。正如劳伦斯想要与默里实现同性结合，"因为他觉得在婚姻中不可能实现性圆满"[38]，利利（劳伦斯）渴望与亚伦（默里）之间的同性关系，以此使他与谭妮的婚姻圆满。

《亚伦的手杖》具有同性恋小说的许多元素：三段不幸的婚姻

和两段失败的恋情；对女人的强烈厌憎与恐惧，在两次男性聚会上，女人的特征是险恶、骇人、可憎；被象征性地阉割了的男主人公，他害怕在异性之爱中放纵自己，从他的三个女人身边逃离（这暗示了阳痿恐惧）；以及建立于理论而非实际基础之上对同性恋不切实际的兴趣。小说中，亚伦遭遇了性方面的死胡同：他不愿屈从于女人，也不愿意将自己交付给男人。

十

劳伦斯 1919 年 11 月在佛罗伦萨结识莫里斯·马格努斯，开始了一段不愉快却持久的关系。劳伦斯 1922 年在陶尔米纳为马格努斯的《外国军团回忆录》所写的长而鲜为人知的序中，对这一关系进行了描述。他宣称，他所写的这篇序文"就写作来说，是他写得最好的单篇作品"。序文的结构以劳伦斯在意大利四处游历的地理位置布局，场景转换了六次：从佛罗伦萨（11 月）到卡普里和蒙特卡夏诺（2 月）、陶尔米纳（4 月）、锡拉库扎及马耳他（1920 年 5 月）。每一个地方都唤起了一种不同的心情，所有地点都由一种反复出现的情绪波动及金钱需求模式、劳伦斯对战后安息所的找寻及马格努斯对金钱的极度渴望联系在一起。劳伦斯发现马格努斯不诚实、诡计多端、令人厌恶又令人着迷。在他们奇怪的友情中，马格努斯是那条掠夺型水蛭，而穷困的劳伦斯（对马格努斯来说）成了提供保护的有钱人。

马格努斯是个虚假的天主教徒，说要去当修道士，是罗马南部蒙特卡夏诺修道院的常客。这家修道院是西欧最古老的修道院，也是西方清修主义（monasticism）的发源地。它于公元 529 年由圣本尼迪克特创立，圣托马斯·阿奎那曾在此接受教育，当时仍是艺术与学术活动中心。劳伦斯10月离开佛罗伦萨，在阿布鲁齐停留十日之后，搬到了卡普里。当他厌倦了卡普里低俗的氛围后，便给在蒙特卡夏诺的马格努斯写了一封信，提醒他他曾说过，劳伦斯可以去那里看他。马格努斯在回信中暗示他需要钱。鉴于劳伦斯当时刚从美国的艾米·洛威尔那里收到意想不到的二十英镑，他给马格努斯寄去了五英镑。因为劳伦斯直觉地"救了他的命，"马格努斯便让他前往蒙特卡夏诺修道院。

劳伦斯2月中旬独自一人到达这座要塞城堡时，马格努斯露出诱惑的神色直视他的眼睛，"那神色很像一个不太信任她的情人的女人，带着惆怅的、提防的柔情"。之后，劳伦斯就承担起了被动的角色，马格努斯对他连哄带骗，之前马格努斯也是如此对待了诺曼·道格拉斯。道格拉斯评价，马格努斯是"那类永远不快乐，除非施惠于他人，否则永远不会很快乐的人"。[39] 考虑到马格努斯无情的寄生状态，这一评价特别讽刺。马格努斯是个世俗、骄奢淫逸、好欺诈的修道士，他不诚实的行为与浮夸的举止早已冒犯了本笃会兄弟，他实际是藏在蒙特卡夏诺修道院里躲避警察。

这次拜访结束后，劳伦斯返回了卡普里，接着又搬去了西西里岛。马格努斯在罗马用一张空头支票支付旅店费用，再待在蒙特卡夏诺修道院也不再安全。4月，警察攀爬进修道院搜查他时，他的朋友堂·博纳多修士给了他一些钱，催他逃下山。他痛苦地躲在火车卫生间里，一直到他抵达那不勒斯。他认为劳伦斯会负责他的食宿，便直接去陶尔米纳找他帮忙。

马格努斯称赞了劳伦斯的住宅，想要搬进去与他一起住，从而恢复他们的亲近关系，让劳伦斯重新承担照料他的责任。劳伦斯拒绝了。马格努斯为了省钱，便在当地的一所房子里租了一间房。他支付不了这笔房租，他的意大利房东向劳伦斯抱怨了马格努斯的行为。劳伦斯（强烈意识到他与马格努斯的关系荒诞至极）解决了这些问题。劳伦斯有一张可能寄错了的稿费支票在马格努斯那里，作为交换，他预付了马格努斯七几尼。5月，马格努斯允诺会离开陶尔米纳前往马耳他，他在那里有朋友，而且他在那里的前景似乎更有希望。

似乎摆脱了马格努斯的控制后，劳伦斯与弗丽达接受了玛丽·坎南的邀请，去马耳他做客。当劳伦斯（坐的二等舱）登上前往马耳他首都瓦莱塔的船，自离开蒙特卡夏诺修道院后第一次自由呼吸之时，他发现马格努斯正抽着雪茄，在一等舱甲板上与船长聊天——他的船票当然是用劳伦斯给的钱买的。

在瓦莱塔，劳伦斯不可避免地碰到了马格努斯，他将劳伦斯介绍给堂·博纳多的马耳他朋友迈克尔·博格（Michael Borg）和沃尔特·萨洛莫内（Walter Salomone）认识，他们几人一起开车兜风。马格努斯热爱马耳他。马耳他曾是反抗东地中海地区穆斯林势力的战略中心，由英国政府控制。与他不同，劳伦斯觉得马耳他糟透了，"位于海边有点石漠化的地方，有不适当的别墅，肮脏、布满铁屑的海岸线……极干燥、极荒芜、极难看的风景"。他离开了马耳他，了解到他终于摆脱了他的噩梦，了解到马格努斯被"安全关在那令人厌恶的岛上"，他安心了。

悲剧性的高潮发生在六个月后的1920年11月，此时距他们俩最初相识整一年。意大利警方最终抓获了马格努斯，正要因他在罗马一家旅馆的欺诈行为引渡他。马格努斯认真考虑过自杀，为这个可能性做了准备，在房间里藏了毒药。警察在他房间外面等他换衣服的时候，他吞下了氢氰酸——在教会看来，他毁了自己。在他的遗嘱中，马格努斯将他所有的文学作品所有权留给了道格拉斯，还富有特色地要求："我要得到最好的葬礼，我妻子会付钱的。"马格努斯在法国外国军团遭遇的极端困难中活了下来，却因为旅馆账单自杀了。

劳伦斯刻画的马格努斯令人不安，很像那个自封的科尔沃男爵弗雷德里克·罗尔夫（Frederick Rolfe）。他的描写呈现了处于 19世纪 90 年代颓废派传统（the Decadent tradition）——劳伦斯不喜欢这个传统，却又觉得它引人入胜——中自诩为艺术家的马格努斯。科尔沃与马格努斯都是公开的同性恋、受虐者、色情作品作者、唯美主义者、自命高雅之人、不劳而获者、轻型罪犯、在意大利的阴险骗子（让他们可敬的朋友很尴尬）。（两个人都在意大利去世，去世时都才人到中年。）两人都是逃避现实者，是逃亡艺术家，他们都受到夸大妄想与受迫害情结的困扰。两人都是伪贵族、皈依天主教者、违背教规的牧师，他们在教会寻求庇护，对教会存有幻想。两人都像格雷厄姆·格林所描写的科尔沃那样经受着"寄居国外的长久磨难、捉襟见肘的经济状况以及排面的维持"。

与马格努斯在一起，劳伦斯被动、无助、不自在，容易受他哄骗，拒绝不了他的苛求。马格努斯表现得好像他来到陶尔米纳是劳伦斯该感到荣幸的事情，好像劳伦斯在陶尔米纳背叛了他。他要求劳伦斯本性中的男性一面为他提供保护，女性一面对他产生同情。劳伦斯将惠特曼的男人对男人的爱与死亡相联系，他觉得让马格努斯死是正当的，如此，劳伦斯就可以扼杀他自己所畏惧的同性性欲："我想让他去死，他应该死，他这样的人都该死。"[40]劳伦斯为马格努斯所作的序不仅是回忆录、纪念文、评论文、忏悔文、辩解文，而且是一种驱魔仪式。

马格努斯《回忆录》的最新版本中包含了好几段被马丁·塞克从《回忆录》正文及劳伦斯的序中删除的段落，这些段落表明了劳伦斯对待马格努斯的态度。在一段从《回忆录》中删去的文字里，马格努斯直率地说到了鸡奸的影响，他无意中听到一个士兵问道："你能走吗？昨晚上他是不是伤了你？"他还自鸣正义地讲述在一间澡堂里，"我弯下去洗脚的时候，他故意试图当面强暴我"。从劳伦斯的序中删去的一段文字中，劳伦斯批评马格努斯在同性性行为方面的虚伪，因为马格努斯本人已经为此付出代价，已经在践行同性恋行为。"在我看来，热血燃烧的激情是神圣的，性爱是神圣的"，劳伦斯写道，他攻击卖淫是"现代形式的吸血鬼行为，将温热的活生生的个体身上的热血吸入如马格努斯那般'高贵的'白种个体体内。"[41]

马格努斯的死并没有结束他与劳伦斯之间矛盾的联系，即便是在坟墓里，他还继续缠扰着劳伦斯。在他去世后，他的两位马耳他债主博格和萨洛莫内给劳伦斯寄去了关于马格努斯外国军团生活的原稿，原稿当时定名为《沉渣》（*Dregs*）。他们希望这本书能被出版，如此就可偿还马格努斯欠他们的钱。尽管劳伦斯一年后就为这本书写好了序，但又等了两年，这本书才出版。塞尔茨想要出版劳伦斯的序，但不出版马格努斯的书；默里拒绝在《阿德尔菲》上连载该书；马丁·塞克就在马格努斯去世前不久才拒绝了这本书，但劳伦斯说服塞克改变了想法，之后这本书于1924年连同劳伦斯的序一起出版。

道格拉斯在一篇很长的小册子《D. H. 劳伦斯与莫里斯·马格努斯：为更佳的礼仪做辩》（*D. H. Lawrence and Maurice Magnus: A Plea for Better Manners*）中对劳伦斯的序做出了回应。他于1924年12月在佛罗伦萨私下出版了这本小册子，1925年又对之进行了二度印刷。道格拉斯给自己加上了一层迷人、健谈、随性、顽皮、世故的伪装，与劳伦斯对他的刻画一致。他温和地批评劳伦斯的序是一篇执迷不悟的"无意识歪曲的杰作"。作为马格努斯一度的合作者和遗稿保管人，他声称他本应详细询问《回忆录》的出版问题，有权享有出版所得的一半利润。劳伦斯盗用了原稿，"因为《回忆录》书册的售卖，多次从中获得收益"。在对劳伦斯的批评的结尾，他愤怒地宣称，劳伦斯"不择手段，可恶粗俗地做了这件事"[42]——自命不凡地影射劳伦斯的工人阶级出身。

道格拉斯之所以撰写他的小册子，不仅因为劳伦斯在他的序中一针见血地剖析了马格努斯的性格——这意味着劳伦斯将马格努斯死后出版的作品公之于众，还因为劳伦斯在他的虚构性作品《亚伦的手杖》中讽刺了道格拉斯上流社会绅士派头的装腔作势。道格拉斯一直保持着体面的正面形象，但经常被意大利警方找麻烦，他是真的被劳伦斯激怒了，因为劳伦斯暗示了他与马格努斯的同性恋关系，这非常危险。

1922年9月，劳伦斯搬到了新墨西哥，他愿意容忍道格拉斯草率地在意大利印刷了那本小册子。但当道格拉斯将这篇辩论文章收入《实验》（*Experiments*，1925）一书中时，劳伦斯愤而公开为自己辩护。小册子出现后不久，他首先在1925年4月写给他的代理人柯蒂斯·布朗的两封信中制定了反击策略。他声称与道格拉斯相比，他过去对马格努斯更加慷慨，曾收到了道格拉斯的全权委托书，可以按自己所愿处理《回忆录》，写序只是为了偿还马格努斯的债主，而且他拒绝了单独出版序的提议（虽然这牵涉经济方面的牺牲）。他觉得自己应该得到50％的版税，因为他几乎自己写了这本书的一半，完全承担了这本书的出版责任。他还否认了道格拉斯所谓的重要合作：

> 我听闻诺曼·道格拉斯代表马格努斯对我进行了抨击。人们要是知道 N. D. 是什么样的人以及他是怎么对待 M. 的，就明白这真是令人气愤：他一分钱都没给过他。我从道格拉斯那里收到了一封信，信中他告诉我可以按自己所喜欢的做，按自己所想说的评价回忆录。人们要是知道最终马格努斯对道格拉斯有多怨愤，要是知道全部的事实比我提供的更加糟糕……
> 我过问那本回忆录，只是为了那两个马耳他（债主）。从

1921 年至 1924 年，我一直努力想要出版那本书。纽约的出版商（塞尔茨）想要出版我的序，单独出，作为一篇文章单独出版，不出版那本军团回忆录。我拒绝了，一直在等待。我写了这本书的一半，它的收入的一半当然得归我。

至于说道格拉斯与马格努斯合著的问题——它牵涉作品的改写问题。而且，在蒙特卡夏诺修道院，我与马格努斯谈论过之后，他重新写了整本书。我真的费了很多心思给那家伙弄钱，而道格拉斯一分钱都没给他……

他只想到我对 M. M.① 苛刻，但他还活着的时候，道格拉斯对他要更加苛刻——非常苛刻。

劳伦斯在一封极具影响力、令人印象极为深刻的信件中详细说明了这些论据。这封信在《实验》的书评出来不久后，登载在了 1926 年 2 月 20 日的《新政治家周刊》（*New Statesman*）上。劳伦斯最有力的武器就是道格拉斯写给他的那封信，这帮他决定性地赢得了这场辩论。信中，他允许劳伦斯按自己所愿处理，而这封信也暗指了道格拉斯本人的不道德：

你只管想怎么处理就怎么处理那本回忆录。至于 M.，我或许之后会写写关于他的回忆录——与《外国军团》不一样的。要是你想的话，可以将我放进你的序里。

所得的所有钱，你自己留着吧。（博格）就是个笨蛋，他一分都不该得。

我不管了。人生中头一次，我问心无愧。[43]

---

① N. D. 为诺曼·道格拉斯英文名缩写，M. 为马格努斯，M. M. 为莫里斯·马格努斯。如前文翻译中的 D. H. L 及 H. D. 等，译文中保持原文。

劳伦斯补充说，马格努斯去世后，从没有见过道格拉斯，且主要通过马格努斯了解道格拉斯的博格说过，他"永远不会让道格拉斯处理任何事"。（道格拉斯承认，他申请过，但没能获得马格努斯的原稿。）博格最终收到了一半的版税，他借给马格努斯的五十五英镑得到了全额偿还。

尽管他们之间发生了激烈的争论，劳伦斯与道格拉斯于 1926 年冬至 1927 年间经皮诺·奥利奥里牵头，在伦加诺的皮诺·奥利奥里的书店里和解。虽然道格拉斯不喜欢劳伦斯性格中的一些方面，但他仰慕他的天赋。据奥尔丁顿说，道格拉斯在书店看到劳伦斯时，客气地递出自己的鼻烟壶，并说："亲爱的，来点鼻烟吧。"劳伦斯接了过去。"这难道不奇怪吗？"——嗅一下——"只有诺曼和我父亲"——嗅一下——"曾给过我鼻烟。"这个象征性的举止重新恢复了他们的友谊，就算他们没有如往常那般亲密。1927 年 4 月，弗吉尼亚·伍尔夫旅行穿越意大利时给她姐姐写信说："在奇维塔韦基亚，我们看向车厢窗外，看到了并肩坐在长椅上的 D. H. 劳伦斯和诺曼·道格拉斯——绝对没看错：劳伦斯挺直坐着，洞悉一切；道格拉斯像猪一样，穿着棕底花条纹衣服。"[44]

十一

1920 年劳伦斯在西西里岛安顿下来时，重读了那个地区卓越的小说家乔万尼·维尔加的作品，并沉浸于其中："他让我着迷，但到最后，又让我相当腻烦。但或许那也是人们了解西西里才会有的感觉。你知道他的作品是否被译成了英文？《马拉沃利亚一家》（*I Malavoglia*）或者《堂·吉苏阿多师傅》，或者《乡土故事》（*Novelle Rusticane*），或者其他故事？"维尔加精炼、浓缩的语言令他着迷。那样的语言试图表达纯真的思维方式，正如托马斯·伯金所发现的，"用西西里语词的顺序安排标准的托斯卡纳语语词，令读者意识到意大利语句表面之下的方言韵律"。

劳伦斯的"腻烦"是因为维尔加对肮脏、令人抑郁的农民生活的强调。但他着迷于维尔加直言不讳的细节描写，这表明他决心要穿过表面，发现关于原始生活的真相。他发现维尔加使用了现代欧洲小说的现实主义技巧刻画农民生活的实质，相信西西里岛的方言与密德兰地区的方言具有相似性，感到他对维尔加有着天生的亲近感，这令他成为维尔加作品理想的译者。劳伦斯在写给他的德语译者的一封未出版的信件中陈述了自己的翻译原则，即把握本质而不是原文的精确性："我不介意犯些小错以及误译，只要我的译文保留了原文的精髓……贾菲夫人（弗丽达的姐姐，她将《虹》译成了德文）相当了解我，但她并不具有一名译者所需的特有掌控力，无法用一种不同的语言赋予作品其本身的生命力。"[45]

维尔加吸引劳伦斯的主要原因无疑是其笔下受暴力及盲目宿命驱使的各色人物的原始力与极端情感。维尔加笔下的农民生活就像劳伦斯笔下的那些矿工的生活一样，辛苦劳作，一贫如洗，却充满自然的活力。劳伦斯也认同维尔加性格的种种方面。正如他在《乡村骑士》（*Cavalleria Rusticana*）具有自反性的序中所写："他本性骄傲、不容置疑。同时，他有着南方人对温和与慷慨的热望……（他）本能地傲慢、内敛，这一定程度上是因为他热诚又情绪化，不会轻易泄露自己的真实想法。"劳伦斯与维尔加一样反教权主义，政治上趋向保守，相信民众堕落、贵族不复存在。受想象的洞察力启发，劳伦斯对维尔加作品的翻译既是带有同感的再创作，也是他本人艺术主题的表达。

劳伦斯在陶尔米纳翻译了一半《堂·吉苏阿多师傅》，乘坐"奥斯特里号"从那不勒斯前往科伦坡的航程中继续翻译——此时他即将完成《亚伦的手杖》，开始《袋鼠》的写作，1922 年 3 月终于在锡兰的康提完成了译作。之后不久，他开始翻译《西西里岛短篇故事》（*Little Novels of Sicily*），并在乘坐"奥索瓦号"从锡兰前往澳大利亚的航程中继续翻译。押撒·布鲁斯特详细描述了她的好友在锡兰翻译维尔加作品的画面："劳伦斯蜷曲地坐着，手里捧着一本学生的习字本，连续地写着。他正翻译着乔万尼·维尔加的短篇小说，从西西里语（也就是意大利语）译成英文。在习字本的空白页上，他的手有节奏、有条不紊、毫不迟疑地移动，留下一串精致、小巧的手书，那手写的文字清晰可读，如打印出的一般。没有一点污迹、没有一点划痕破坏那手书的美感。习字本上的译稿完成后，他将之包裹、扎牢，寄给了他的出版商。"[46]

在陶尔米纳住了一年半后，信奉"有了疑问——搬家"的劳伦斯突然又惯常地感到不满、焦躁不安。战前的田园生活不可逆转地消失了。什么都变贵了，意大利的花费如今与英国的开销差不多。那里的低效常令人恼火。而且劳伦斯开始不信任、讨厌那里的人："意大利人如今真是出身低下的讨厌鬼，与以往的他们大为不同……陶尔米纳的当地人一如既往地吝啬、讨好卖乖——真的开始觉得……早该不再与意大利打交道。"意大利南部似乎太过迟钝、不活跃、没有生气（虽然它的"护理治愈了人们"），而且他的评价也开始变质："我一直都讨厌陶尔米纳——但人们时断时续地厌恶每个地方。"随着动乱与罢工越来越多，1922 年 10 月，法西斯分子做好准备要发动政变，劳伦斯觉得他不得不离开了："这个国家令人厌恶，混乱与日俱增。我厌倦了它。没有多少 forestierri（外国人）滞留此地了，所有人都害怕罢工，担心铁路被破坏。"[47]

1922 年 2 月，劳伦斯收到了梅布尔·卢汉的盛情相邀，请他前往新墨西哥。梅布尔读过劳伦斯的作品，从埃丝特·安德鲁斯那里听说过他。"我们准备好了要去旅行，"他告诉他岳母，"四个大箱子，一个装着家用品，一个装着书，再有弗丽达一个、我一个——还有两个旅行箱、一个帽箱，还有两件很小的行李。"这些，加上一块西西里马车上弄下来的彩绘面板——劳伦斯走哪儿都带着它，就是他们全部的所有物。

　　他们离开了意大利，途经锡兰、澳大利亚、南太平洋。他告诉厄尔·布鲁斯特，他最终的打算是要"在墨西哥、新墨西哥、落基山脉或者加拿大西岸的不列颠哥伦比亚省的某个地方拥有我自己的小农场。至为重要的是远离人群——有点像隐士那般。"但意大利仍会左右他的情感，很快他就渴望回去："我们见到了我们的埃特纳，像个白色王后或者白女巫站立在那里，耸入云端。那么神奇、那么美，我却认为她很邪恶。她对我说'回来这里'——而我只说了不，但我内心痛得流泪——因分离而痛。"几个月后，他从陶斯写信说："我的心还是会轻易地转向意大利……我的灵魂始终想去那南方。"[48]

第十五章

# 锡兰与澳大利亚，1922

一

"一战"期间，劳伦斯的行动受到严格限制，他曾梦想逃往世界最遥远的角落："我希望去到西藏——或者堪察加半岛——或者塔希提岛——去向阿尔蒂马，终极的、最终极的极北之地——图勒。我有时候觉得我会疯掉，因为没地方可去，没有'新世界'。这些天里，要不是我约束自己，我定会不顾后果地离开，前往某个荒谬的地方。"[1]尽管劳伦斯未曾到达过西藏或堪察加半岛，但他在前往新大陆的途中曾在塔希提岛停留。

"一战"后，劳伦斯旅行的特征表现为焦躁不安与迟疑不决。1922 年 1 月，他终于决定要穿越大西洋、从东海岸前往陶斯后，又突然改变了计划，想要避开纽约恶劣的气候和令人不快的氛围。他觉得了解整个世界是他的宿命，因而他去锡兰看望了布鲁斯特夫妇，又从西边来到新墨西哥。劳伦斯的大问题是他总是渴望在另一个地方：他在美国向往欧洲，而他一回到欧洲又希望自己身在美国。

20 世纪 20 年代初，劳伦斯有了更多的钱，身体状况也好了很多，这使他可以周游世界。他盘算着去格陵兰岛、俄罗斯、中国和印度。他在墨西哥不高兴时便想："或许我不该隐居在这些偏远的地方。"但他一回到欧洲，地中海又启发他要像尤利西斯一般漂泊。他计划从意大利旅行至拉古萨、达尔马提亚、克里特岛、塞浦路斯、君士坦丁堡、大马士革、耶路撒冷、雅法、埃及、突尼斯和摩洛哥。"不管是什么，无论是什么，只要它能让我甩开这麻痹状态，让生活有点乐子，"他说道，"我甚至可以踏上去往地狱的路。"当他的健康状况恶化时，他不可避免地意识到："随着年龄的增长，人们的生活受到的限制也会越来越多——人们没办法再自由地做出选择。"但就在他去世前的三个月，他还在欣慰自己逃脱了一种恒定不变的生活方式。他告诉玛丽亚·赫胥黎："我还有点希望我能去月亮上看看。"[2]

旅行令他从写作中解脱出来，改变了他的日常生活方式，让他有机会接触不同的人和有趣的经历。他计划写一部关于每一个大陆的小说，但他还没能描写亚洲、非洲与美洲便去世了。但他确实鲜明地写了许多不同的主题：文学、历史、艺术、宗教、哲学、心理学、人类学及教育。他在锡兰与澳大利亚的旅行启发他创作了诗歌《大象》（"Elephant"）和小说《袋鼠》。

二

1922年2月26日，劳伦斯夫妇乘坐"奥斯特里号"从那不勒斯行经苏伊士运河进入红海，在那里，劳伦斯看到"西奈山像多年前一柄浸着血的复仇短剑，那么锋利，那么清晰可辨，露出陈旧的粉色"。他在船上翻译维尔加的作品，3月中旬抵达科伦坡。

康提——位于锡兰中心地带的一座山城，在科伦坡东北约五十英里处——是亚洲最美的地方之一。那里风景壮丽，枝繁叶茂；城中心有一大片湖泊。城市由一座异域风情的寺庙主宰，据说这家寺庙里供奉着佛祖的一颗牙齿。伦纳德·伍尔夫曾担任锡兰的殖民官，他也游览过康提，游览时间上比劳伦斯早了十五年。据他说，这座城市有三万居民，到处都是白人。他对这里的氛围、风景和清晨的气候极感兴趣："康提的一切都焕发着活力，包括空气；在太阳高高升上头顶之前，这里是那么地清凉幽雅……1907 年，康提及周边地区的美景令人神魂颠倒。它地处中端，下面是乡间，上面是山峦，这里有着最宜人的气候和最佳的风景。那片大湖是城市欧洲人聚居地的中心，它位于山谷之中，四周是缓缓升起的群山。"

布鲁斯特一家租了一栋平房，家里有宽敞的走廊和许多仆人。房子距城中心大约一英里半，孤立地位于丛林之中，立在一座高山顶上，可俯瞰康提湖和大象河。劳伦斯与温和的布鲁斯特夫妇没有任何争吵。他在丛林里散步，观察动物，在河上泛舟，看珍贵的珠宝，参观那些处于南方佛教神圣中心的庙宇。他早晨花费四个小时写作，下午给他的朋友们朗读他所写的内容。[3]

他这次旅行经历中最重要的事件是佛牙节（Perahera）庆典。佛祖的圣牙被请出庙宇，放置在一头大象的背上。大象驮着它进行一场缤纷的游行，游行队伍后面是聚集的人群，他们蜂拥至康提庆祝这个节日。年轻的威尔士王子（也就是后来的爱德华三世、温莎公爵）当时正对锡兰进行正式访问，是庆典的贵宾。但劳伦斯告诉他姐姐埃米莉，王子似乎疲惫不堪、受了惊，整个庆典中几乎都在睡觉：

> 我们晚上下山参加佛牙节——王子刚好在我们对面。可怜的小伙子，他那么瘦、那么紧张，焦虑不安，看上去似乎疲惫不堪，打退堂鼓。这也难怪，他在一群孩子中被当成玩偶一般

纠缠不休。一个女人向他扔了一束花，几乎吓了他一大跳。

但佛牙节真是太精彩了。晚上，燃烧着的椰子树火把冒着熊熊烈火，数头大象披着华丽的装饰，大约有一百头；舞者拿着手鼓与风笛，半裸着身体，戴着各式珠宝；康提人的首领穿着他们的华服；越来越多的舞者、越来越多的大象、越来越多的首领，更多的舞者，那么狂热、怪异，非常迷人，在炎热、无风、满是星辰的夜晚，随着火把的光起伏着。之后，湖边有烟花燃放，成千上万的当地人聚集在这里，当烟花燃爆在夜空，照亮暗夜里挤满岸边的成千上万张面庞和白色的裹头巾时，这看上去就像是个奇异的梦。

劳伦斯在他魔咒般的讽刺长诗《大象》中，也表达了他对这个热带星空下炫目的午夜游行的兴奋之情。他的主题是权力：权力的转变形式与表达方式。诗歌从他沿着河流往下游走开始。他经过了一片片稻田，稻田里，水牛懒散地晃悠，半裸的男人们在打稻子。他还遇到了一头劳作的大象，背着一根沉重的原木。象群重新出现在那天晚上的佛牙节庆典上，与瘦弱、胆怯的威尔士王子形成了鲜明的对比。威尔士王子那好笑、假谦虚的座右铭是"Ich dien"（我服务），他似乎成了帝国统治的虚弱代表。劳伦斯描写了魔鬼舞者奔腾的黑色血液，他们如大象般充满力量，这与王子的疲乏形成强烈对比。劳伦斯躲闪在"垂落着的条条多毛的鬃尾/以及大象平坦、松弛、如山状直立的双臀之下"，他感觉那个苍白、紧张的皇家男孩令他垂头丧气。王子同样令锡兰人失望，他们期待他向他们展现显赫的权力，也应当获得这样的待遇。诗歌极力主张王子抛弃其不值一提的座右铭及令人厌倦的反讽，坦诚地对待他的权力，接受大象的自然力与尊贵。王子应告诉人们，"为我效劳，我值得你们效劳。/我是众神之王"，他还应告诉那些巨象，"一位王子来到了你们身边，/如山峦般的血肉之躯。/弯曲你们的膝盖以示感激"。《大象》表达了与权力小说同样的权力主义思想。

1922年1月，就在他们要离开西西里岛前，劳伦斯如往年冬天一样，患了两个星期的流感。锡兰的酷热与如蒸汽般的潮湿气候，一个健康的人或许根本意识不到，却严重地影响了劳伦斯。这样的气候与阿尔卑斯山脉的干燥气候完全相反，不适合患有肺部疾病的人。劳伦斯厌恶这致使身体虚弱的气候，发现呼吸困难，几乎没有办法四处走动。押撒·布鲁斯特解释说："随着雨季的持续，我们感觉自己像收在房间壁橱里的衣服一样发霉了，房间也不断在与霉菌作战。劳伦斯闷闷不乐地坐着，他的嗓音变得低沉，反复地说他觉得他'心脏里的血液在缓缓流走，但实际是如退潮般一滴一滴地减少'。"[4]他后来告诉厄尔，他讨厌他在锡兰的大部分时间，他一生中从未像那段时光那般感到自己那么病弱。尽管劳伦斯当时还不知道，但他实际在康提感染了疟疾。

因为锡兰到处都是人，劳伦斯相当戏剧性且明显地从对壮丽的美的迷恋转向幻灭。佛牙节过后仅两周，他（像当时在缅甸服役的乔治·奥威尔一样）就对"佛教主义蒙昧的深层本质"及无法忍受的酷热、满口恭维的人群、令人作呕的气味、让人透不过气的丛林、鸟兽的尖叫声、邋遢的和尚、俗丽的寺庙感到反感：

> 这里热得可怕——我讨厌热带气候。这里很美，那种葱翠的、杂乱的、拖曳的、肮脏的美。当地人也相当好看，深肤色，身形挺立。但所有这一切就是让我不舒服……三十六年来，我感觉到的身体内部的疼痛远不如这三个星期给我的多——我要离开……
>
> 东方并没有让我有任何收获。它无骨般的柔和，热带雨林带来的浓密、窒息之感，棕榈树的金属感，鸟类及人类发出的

可怕噪音——他们撞击、敲击的声音，发出的嘎嘎声、噼啪声，一整天都响个不停，而且整个晚上还有他们操作小型器械发出的声响；那些气味令我作呕：椰子树、椰棕、椰油始终散发着的令人讨厌的气味，那种热带的甘甜味，让我感到了血液、热血、薄汗的微微刺鼻味，那些令人恶心的热带水果中的血和汗的淡淡气味；那些和尚邋遢的脸孔和肮脏的黄袍，还有那些如俗里俗气的洞穴般的寺庙——这一切就是我认识的锡兰，这一切都令我无法忍受。

如往常一样，他将自己的病归咎于气候。他告诉厄尔："我的身体需要不同的物理与心理环境。白人不适合这个地区。"他很高兴看到了东方的这个角落，如此他便不再对之抱有更多幻想。非常遗憾的是，劳伦斯没有在此再多做停留，从而可以像奥威尔写了缅甸那样创作一部英国人在锡兰的讽刺小说。

尽管如此，锡兰对他的想象力有着巨大的影响，在他20世纪20年代的作品与交谈中反复出现过多次。他在他的散文《新墨西哥》（"New Mexico"）中对比了佛牙节上魔鬼舞者的宗教情感与印第安普韦布洛部落的宗教情感，在《羽蛇》中描述墨西哥风俗与宗教时借用了佛教的各种声音与纪念庆典："锡兰当地人小心翼翼地前往那些小寺庙，在巨佛像底部的供桌上放上一朵花。那些供桌尽被这些花朵覆盖，花朵都整齐地摆放着。当地人摆放东西时有一种精致的、东方式的方式……那是鼓声，快速击打手鼓发出的声响。从远处听来……是同样的声响，是锡兰的热带黄昏里，日落时的寺庙里传出的声响。"1928年，居住在法国的克罗港岛时，他再次忆起了锡兰的危险丛林，并告诉布里吉特·帕特莫尔（Brigit Patmore）："那些夜晚很黑，哦，真黑。丛林就在屋子外面。黑夜来临时，丛林似乎又走近了一步，俯身弯向我们。那里传出各种高昂的声响，有动物会突然对你大叫。"[5] 在锡兰，劳伦斯生命中第一次与西方文化隔绝，他的身体和心理都感觉不舒适。1922 年 4 月 24 日，他乘船前往西澳大利亚的珀斯，在距悉尼不远的一个煤矿城里居住了一段时间，再次体验了他青年时期所熟悉的环境。

三

　　劳伦斯夫妇于 5 月 4 日抵达珀斯，在那里停留了两日。听取了他们在船上认识的澳大利亚人的建议，他们之后又搬去了距海边十六英里的内陆地区达灵顿，在莫利·斯金纳经营的宾馆兼疗养院住了两个星期。莫利 1876 年在珀斯出生，她的父亲是爱尔兰皇家军团的一位英国上校。她在大不列颠的不同地方度过了她的童年时光，1900 年返回澳大利亚之前完成了护理培训，"一战"期间作为护士在印度和缅甸工作。1922 年劳伦斯认识她时，她是个"相当具有维多利亚标准的中年贵格教派老处女"。在为她的小说《黑天鹅》(*Black Swans*, 1925) 所写的序中，劳伦斯回忆："在西澳大利亚荒野边缘的群山中的房子里，住着一位斯金纳小姐。她穿着白色的护士服、头戴白色护士帽，相当漫不经心地四处奔忙，照料着她那些正在康复的病人。"

　　劳伦斯之前获赠了斯金纳的《志愿救护队信函》(*Letters of a V. A. D.*) 一书。这是一本关于斯金纳护理经验的书，1918 年出版，该书打动人之处在于其独创性与新颖性。劳伦斯鼓励斯金纳进行创作，并说："你已经被赋予了神圣的火花，你要做的就是将它藏在纸巾里。"他成了她的合著者，修改了这部小说，将书名从《埃利斯之家》(*The House of Ellis*) 改成了《灌林中的男孩》[呼应了亨利·劳森的澳大利亚小说《灌林中的孩子们》(*Children of the Bush*，1902）〕。他还创作了最后两章，在其中，多萝西·布雷特作为希尔达·布莱辛顿出现；1924年，他还劝服了塞克出版这部小说（劳伦斯作为合著者）。

劳伦斯一直都喜欢艺术合作，尤其是与那些艺术体验不太丰富的女性合作。他将露伊·伯罗斯视为他早期短篇故事《鹅节》（"Goose Fair"）的合著者，与凯瑟琳·卡斯威尔短暂合作过一本关于罗伯特·彭斯的小说，但小说并未完成。"'我非常喜欢你的那个故事，凯瑟琳，'他说，'因而我写了个大纲，提出了我认为故事该如何发展的脉络。那么，如果你喜欢我的想法，我们可以合作写这本小说。你写开头部分，继续描写那些女性角色，然后给我，我接着写，并且将男性角色加入其中。'"[6] 他帮助玛丽·坎南修改了她关于宠物狗的书，与梅布尔·卢汉一起开始创作一部小说（直到弗丽达制止了这本小说的创作），重写了科特直译的伊万·蒲宁和利夫·舍斯托夫的作品，还打算全部写出弗雷德里克·卡特对《启示录》所做的注解。而且，劳伦斯是个有天赋的业余画家，他的画作润色大胆，他甚至重新画了芭芭拉·威克利和一些年轻的职业画家如克努兹·梅利尔德及多萝西·布雷特的作品。这些艺术方面的合作让他走出了作家的孤独感，使他能纵情地教导他人。

劳伦斯在珀斯的小小文学圈里（他在这里发现了一册《虹》）受到了一些关注，有一位作家因为有望见到他而非常兴奋，以至于生孩子早产了。在达灵顿，有一位作家客人不喜欢《白孔雀》，弗丽达对此很生气，她失了分寸地大声说："你们这些人真蠢！你们不认识我丈夫，他是天才劳伦斯。"

从珀斯前往悉尼的航行中，劳伦斯给科特写了一封信。在这封写于5月20日的信中，劳伦斯称赞了珀斯的自然风光，描述了澳大利亚乡下人的思维局限："我们在西澳大利亚停留了两个星期——奇异的土地、绝妙的蓝天、洁净的空气，纯净、不染尘器。

然后就是那无穷无尽的古老'灌林'——主要是桉树，相当稀稀落落地散布着，像是一片稀疏的树林，但树木的周围是那种充满生机的灌木丛，像一片长着树木的旷野。这里的人非常友好，但很迟钝，就好像他们不愿意进行下一步，似乎对他们来说，一切都非他们能力所及。"[7]

劳伦斯夫妇 5 月 27 日抵达悉尼，在那里只停留了两日，之后他们在泰罗找到了一处被称作"维吾尔克"（Wyewurk）的舒适又迷人的平房。泰罗是南海岸的一个矿村，距离悉尼大约五十英里。他们与世隔绝地生活了两个半月，在茫茫的海滨游泳、散步，几乎没看到任何人。劳伦斯很快便开始写作《袋鼠》，只用了六个星期便完成了这部长篇小说。

劳伦斯在其主张独裁主义的阶段不喜欢澳大利亚（还有美国）的典型特征：强势的亲切随和、随随便便的态度，摒弃阶级差异，藐视权威。在 6 月中旬写给他的妻姐埃尔丝的一封信中，他描述了这个组织相当松散的城镇，谴责了其盛行的政治观点：

> 这个小镇就只是些稀稀拉拉的平房组成的，大部分是有着瓦楞状铁屋顶的木房子，还有一些相当好的商店——"零售商店"。小镇背离大海。这里没有人愿意太靠近大海，只有我们住在海边。离海边大约两英里的内陆有一座像一堵墙一样的雄伟绵长的山，山脉面朝大海，一直绵延到海岸边。这个小镇因为桉树而呈现暗灰色，还有一些小型煤矿。这里的人大部分是煤矿工人，所以在这里我感到很习惯。小镇本身——他们这里从不说村庄——完全杂乱无章，非常新，街道都没有铺石砖，教堂是木质结构建筑。它的新是令人愉悦的部分。它给人的感觉是那么自由。虽然此时是隆冬，下个星期会有一年里最短的白日，但这里的每一天都像我们的夏季那样阳光灿烂，有阳光

的日子就像我们六月里那么热。但夜晚很冷……

　　这是我曾待过的最民主的地方。我越是看到其民主越是不喜欢它。一切都被归结为庸俗的工资与价格、电灯与盥洗室，除此之外，什么也没有。你从来都不知道任何东西是如此微不足道……就像这里的生活那样。[8]

在《袋鼠》中，劳伦斯描写了一个完全以西方物质主义为基础的社会，但这个社会脱离了欧洲的思维传统。

## 四

　　在《袋鼠》中，劳伦斯想象澳大利亚的政治体制受制于他在意大利看到的那种有组织的法西斯主义运动。他将法西斯主义与令人反感的民主制度相对照，用它们引起的混乱象征流离失所的人们可怕的空虚感及他们的原始景观。小说中的自传体主人公英国人理查德·洛瓦特·萨默斯和他的妻子去澳大利亚旅游。经他们的邻居考尔科特夫妇牵线，萨默斯参与了一个"一战"老兵的军事组织"掘地派"。该组织的领导人是本·库利，又称袋鼠，但他们法西斯主义的行动准则更好地体现在曾任过军官的杰克·考尔科特身上。他解释了他们的军事组成方式、他们的革命目标及攫取政治权力的抱负，而发出雷动般声响的大海几乎淹没了他的话语。杰克坚持认为，人们需要政权、纪律与服从以抵制堕落的政客及日益膨胀的民主自由理想。从战争中归来的老兵是"身上有些勇气的小伙子"，他们秘密宣誓要保持沉默，服从领导者的命令，等待起义的时刻。装备精良的"掘地派"俱乐部惯常进行武术运动，定期进行军事训练，被灌输民族主义意识形态。他们重点强调亲密的同志关系——

"男人有了伙伴会战斗得更好"——这一同志关系模仿了大卫与约拿单之间的关系，一直是劳伦斯所珍视的理想型关系。

"掘地派"的原型返家军人联盟（the Returned Servicemen's League）几乎代表了一切劳伦斯所厌恶的澳大利亚。它黩武、庸俗、偏执、残忍、粗鲁、循规蹈矩，主张民主体制与民族主义，对现代澳大利亚价值观的形成具有极大的影响：

> 返家军人联盟为澳新军团日（Anzac Day）价值准则的确立及令"老掘地人"成为澳大利亚社会的主宰做出了巨大贡献。除了赋予理想化的掘地人如勇气、忠诚、伙伴情谊、民主等美德之外，他还具有其他让人难以恭维的特点。模式化的掘地人形象也表现出对有色人群及所有外国人，对少数派的观点、艺术、文学、文化及知识粗暴、轻慢的藐视；那差不多是对"好"女人的轻视——伪装成侠义保护态度的惠顾姿态，对"坏"女人直截了当的轻蔑。他夸大了"男性"品行，如果断、坦率、力量，轻视"女性"特征，如体贴、温柔、敏感。这个时期出现在《日报》或《史密斯周报》上的大部分文章的风格确切反映了主流风气：外在形式上表现为稳定的价值观、粗鲁无礼的态度、庸俗的趣味，内在内容方面表现为循规蹈矩、守旧、无条件的英澳爱国主义精神。

袋鼠是劳伦斯笔下第一个暴君式主人公，此类人物努力将自己的意愿强加在民众身上。当萨默斯遇到袋鼠时，袋鼠身上基本的犹太人的仁慈和"精明、狡猾、残忍的意志力"——虽然我们没发现后面这一点——不寻常地组合到一起，这令萨默斯印象深刻。与残暴的杰克不同，袋鼠更喜欢仁慈的专政，有仁慈的律法和明智的权威。但袋鼠同时还是个魅力超凡、性感的人。尽管萨默斯拒绝接受他的政党和他的思想，但他被这个长相丑陋、走样的领导者吸引。萨默斯不得不压抑自己想要触碰袋鼠身体的欲望，袋鼠的身体散发着"磁性的情感"。他的声音令他狂喜，他想："那人就像个神，我爱他。"后来袋鼠将萨默斯瘦弱的身躯压向自己宽广的胸膛，他拥紧了他，以至于萨默斯无法呼吸，他还忘情地宣告："我多爱你。我如此地爱你。"萨默斯拒绝接受这样的爱，希望他死。劳伦斯将受法西斯权力的吸引刻画为可怕的同性恋力量。

劳伦斯对"掘地派"的描写中有许多严重的矛盾之处，这破坏了小说中政治主题的可信度。首先，澳大利亚不存在进行革命的动机，没有"掘地派"存在的现实因由，因为不同于意大利，澳大利亚的政事运行得相当好。萨默斯觉得，真正的敌人是无聊（而不是民主），那些从战场上返家的英雄"做这些，只是为了他们能有事可做，为了打破那些大佬的如意算盘，为了现状有些改变"。杰克的同僚贾兹承认："要是你不找点刺激，你会死在澳大利亚。"

其次，有不符逻辑的漏洞存在：一是杰克的暴力方式与他对他的领导者袋鼠理想型的爱；一是杰克的反犹怒斥——"我讨厌让犹太资本家和银行家对我们发号施令的想法"[9]——与他狂热地忠诚于对本·库利"肉体方面热烈的爱"。本·库利是个有生活规划、精明的犹太知识分子和救世主，他的名字听上去并不那么像犹太人的名字。再次，袋鼠天真、高洁、理想化的爱的政治与伍德罗·威尔逊（劳伦斯对他嗤之以鼻）而非墨索里尼的爱的政治更接近，这使袋鼠成了极度无能的领导者。在社会主义暴动中，毫无防备的袋鼠向不安分的人群吼叫着，一个持枪歹徒一枪毙了他。

贾兹意识到袋鼠作为政治领导者的不足，他对现实政治有着更强的掌控，想要让"掘地派"加入他们的敌对阵营，并煽动共产主义者像在俄国那样在澳大利亚行动，从而发起革命。"我们为什么不找（袋鼠），让他手下所有人都支持这个国家的红色劳工党，在旧体制中炸开一条裂缝……这些‘掘地派’俱乐部已经拥有所有武装人员，他们愿意为一场新的战斗献身。然后，某种秘密组织要比一个工党或是一个工会控制的人数多十倍。他聪明到了极点，并且已经有了绝妙的计划。但他会毁了那个计划，因为他想让这一切发生却不想伤害任何人。"萨默斯向袋鼠表达了这个建议后，作为领导者的袋鼠骂贾兹是个叛徒，他拒绝了萨默斯并命令他离开澳大利亚。

萨默斯与工党领袖威利·斯特拉瑟斯的谈话同样不成功。这是因为斯特拉瑟斯与他的政敌一样，想要将他的政治运动建立在惠特曼式的男人对男人的民主-同性之爱上："他想让这种爱、这种伙伴的信任传入人的意识和最高荣誉之中。他想将它放在惠特曼尽力安置他的同志之爱的地方。这将是新的民主体制中人与人之间的新型纽带，是新社会中新的情感纽带。"萨默斯对斯特拉瑟斯做出了身体层面的反应，这与他对袋鼠的反应一样（"我不喜欢他的身体——他太瘦、多毛、像蜘蛛似的"[10]）。他也拒绝了斯特拉瑟斯请他编辑一份社会主义新闻报的建议，因为他厌恶他的观点，更厌恶他那个人。

萨默斯分别与斯特拉瑟斯和袋鼠进行了交谈，这两次交谈内容形成了互补。其后，小说中的行为便中断了，高潮也因整部书中最充满趣味的部分而延缓。充满回忆和自传性质的"噩梦"一章描述了令萨默斯感到屈辱的三次体格检查；军方对他的迫害，他们洗劫了他的房子，还指控他从事间谍活动；他被驱逐出他位于康沃尔海岸的房子。尽管格雷厄姆·霍夫（Graham Hough）称"噩梦"一章"几乎与整个叙事进程完全不相关"，但这一章实际上对小说的结构和蕴意来说相当关键。

"噩梦"一章看似展现了英国与澳大利亚之间的反差，实则揭示了这两个国家之间的基本相似之处。该章展现了军队中群众纪律

的种种邪恶之处，他们试图迫使萨默斯效忠一个呆板的理想；而在
澳大利亚，萨默斯感受到了相似的对持有民主精神的暴民的畏惧。
在《墨西哥的早晨》(*Mornings in Mexico*，1927) 中，劳伦斯对比
了萨默斯与他的仆人罗萨利诺。罗萨利诺拒绝参军，"害怕在一群
男人中服役，甚至害怕与一众男人混在一起"。对军队与暴民的畏
惧揭示了为什么萨默斯拒绝加入带有军事性质的、独裁主义的、暴
力的、法西斯主义的"掘地派"，因为他们帮助创造了澳大利亚的
世界，而这世界正是他刚从英国逃离的。萨默斯被诬告分别在德国
和英国从事间谍活动，在澳大利亚又被杰克·考尔科特称为间谍。

　　萨默斯在康沃尔最亲爱的朋友约翰·托马斯·布良以威廉·亨
利·霍克为原型。萨默斯与康沃尔的贾兹交流了关于布良的事情，
他对布良热烈的友情解释了为什么在《袋鼠》的政治运动中，他那
么强烈地被男性同志情谊吸引。最后，"噩梦"一章揭示了为什么
萨默斯离开了自己的祖国："对他来说，英国已经失去了其价值。
自由的英格兰消亡了，这个和平的英国就如同一具死尸。"[11] 它还
解释了为什么他来澳大利亚寻找新的生活模式，以及为什么在澳大
利亚压迫性的政治令他想起他在英国的可怕氛围时，他不得不离开
澳大利亚。

　　小说的高潮部分出现在威利·斯特拉瑟斯向拥挤在堪培拉大厅
的民众发表关于工人团结的演说之时，一群"掘地派"成员叫嚣着
让他下来，"以他们的道德团结"彻底击败他，现场还有无政府主
义者引爆了炸弹。乱作一团的民众"以真正血腥谋杀的热情与'掘
地派'斗了一起"，这激发了萨默斯盲目却模糊的杀人冲动："虽
然他并不强大，但他感受到了身上巨大的疯狂，极度渴望释放它。
但因为他并不确切知道他想将这疯狂释放在谁的身上，他并没有完
全失去冷静。"枪声齐鸣，袋鼠被射中，萨默斯逃到了一个位置偏
僻的"掘地派"俱乐部。他在那里遇到了杰克，而杰克激动地描述

着他怎么用一根铁棍怒殴那个射杀袋鼠的人的脑袋。他之后还对性与权力做了粗略对比——"有时没什么会像杀人那样令你振奋——什么也不会。杀人之后，你感觉到了一个完美的天使……跟个女人做爱也令人振奋，是不是？但那只是像被跳蚤咬了一口的不痛不痒，什么都无法与你热血沸腾地杀人相比"——那热血沸腾就像勃起的感觉。报纸对这次动乱的报道中提到三人被杀，报道指责工党煽动了此次事件，并谨慎地称赞了杰克·考尔科特——他谋杀了其中的两人，却既没有被审判，也没有受到惩罚。

萨默斯去看望垂死的袋鼠时，身上散发着令人作呕的气味的袋鼠，讽刺地说，"完美的爱会驱散恐惧"（《约翰福音》4章18节）。他恳求萨默斯以爱之名救救他，别让他死。萨默斯在他们之前的面谈中便想要袋鼠死，此时他再次拒绝遵从基督教教义中的爱，"杀死"了袋鼠："我不爱他——我厌恶他。他可以死了。我很高兴他要死了。"[12]萨默斯对袋鼠的死亡所说的话与劳伦斯对马格努斯的死亡所说的话惊人地相似："他要死也应该死，他这类人都该死。"

萨默斯一直坚持："我从不参与政治。那些政治问题不关我的事。"虽然他渴望捣毁社会-工业世界，因为这样的世界导致了战争和战后混乱，但他也认为爱和仁慈与动乱和革命一样危险、虚幻。他既厌恶政客，也讨厌工人阶级；他不亲近杰克和贾兹，也拒绝了斯特拉瑟斯和袋鼠的请求；他一直是"这个世界凄凉与孤立无助的人，甚至都没有一只服从他命令的狗存在"。萨默斯坚定地拒绝接受法西斯主义或社会主义的主张，由此解决艺术与政治义务之间的矛盾。小说结尾处，他糊涂并相当无关紧要地致力于探究更加神秘的黑暗之神——"这黑暗、满怀热忱的虔敬，这直接源于不可知的神灵的内在辉煌感"——破坏了小说重要的政治主题，为《羽蛇》做了准备。

杰克与维多利亚·考尔科特曾用权力与爱诱惑萨默斯，让他卷入政治事件及性事件以威胁他的婚姻。但他最终选择了婚内保持个性。他的妻子哈丽特批评他徒劳地想要在男人的世界取得成功，而他不可避免要回归到具有保障性安全感的女性之爱："只有当他想着其他那些事——革命或政府或诸如此类高于他们重要婚姻的事情时，她才会被激怒。但之后他会恢复如常，承认他的婚姻是他生活的中心、核心、根。"[13]《袋鼠》表达了劳伦斯对政治运动、对男人兄弟情谊观念以及对同性同志情谊的兴趣。但对萨默斯同样也是对劳伦斯来说，政治活动最终毫无意义。

<h2 style="text-align:center">五</h2>

8 月 11 日，劳伦斯完成《袋鼠》约三个星期后，他们夫妇二人回到了悉尼，并乘坐"塔希提号"轮船前往旧金山。劳伦斯曾带着反常的满足感告诉厄尔·布鲁斯特，他实际是要在南太平洋寻求失望："我决定要去南太平洋诸岛试试。也并不是期待要在那里找到什么投合心意的东西。但我热爱尝试不同事物，然后发现我有多不喜欢它们。"他中途在惠灵顿停留（他在这里给凯瑟琳寄去了那张写着"记忆"的明信片），去了库克群岛中的拉罗汤加岛，去了塔希提岛，但这些岛屿再也不符合梅尔维尔、高更、史蒂文森曾确立的异域天堂的传说。劳伦斯发现这片热带地区与锡兰一样散发着酸臭、令人作呕的味道，他觉得这里的人"丑陋、虚伪、娇惯、病态"："帕皮提是个穷地方，大部分是中国人，穿着欧洲服装的当地人，他们都很胖……我从来都不想待在热带地区。热带地区有种病态，散发着椰子油和棕榈树的味道，那种令人感觉像爬虫的晕眩感……这些就是被认为是人间天堂的地方：这些南太平洋诸岛。归你吧。"

住在陶尔米纳的时候，劳伦斯就告诉过康普顿·麦肯齐，他因为史蒂文森的作品而被南太平洋吸引："我读了一些史蒂文森的书。像个傻子一样想要去萨摩亚群岛，只是因为向往，激动地想看到那里的苏格兰沼泽与苔藓。毫无疑问，史蒂文森已经不在世。要是我去萨摩亚，那我是去忘记，不是去铭记。"但劳伦斯的态度与史蒂文森的态度很像，史蒂文森狂野的漫游在很多重要方面都预示了劳伦斯本人的生活方式与旅行模式。

史蒂文森和劳伦斯都是典型的移居国外的作家，他们的文化身份与艺术洞察力都因居住在异域而得到了强化。他们都抛弃了各自的家庭背景，却对他们的故乡保有强烈的情感；他们都与已婚、年长于自己、异国、不切实际的女性通奸并与之结婚，他们的妻子都在前一段婚姻里有了孩子；他们自己都一生没有子嗣；他们都自然、热情、慷慨，激发了他们所拥有的朋友对他们的喜爱，尽管他们在病中脾气反复无常，会狂怒；他们都想过他们所写的那种生活，愿意承受"偶尔旅行带来的残酷"，追求简单甚至清苦的生活；他们都受到了文明的压制，希望创造理想社会；他们都生长在清教主义家庭，但都相信，如史蒂文森告诉他的表亲鲍勃的，人应该"更宗教化地尊重性。我们的教育中糟糕的是基督教不承认性，不将性视为神圣"。[14]

在西尔维拉多的史蒂文森与在陶斯的劳伦佐之间也有许多明显的相似之处。他们都通过惠特曼和美国文学而对美国产生兴趣；都因为一位年长的离婚妇女（范妮·奥斯本与梅布尔·卢汉）而被吸引至这片大陆。他们都在偏远、乡村的山间小屋过着隐秘、与世隔绝的生活，他们的居住地附近有峡谷、松林、老鹰、狮子和熊。他们都与妻子住在一起，有一位做客的画家陪伴，他们修理、改善荒废的房子，打水、砍柴、做木工，从临近的农场取牛奶，在家里给人上课，沐浴在有益于治疗疾病的春光里。他们都敬重印第安人，在与那种原始社会的关联中界定他们自己的身份、重新评价文明。

　　尽管史蒂文森的生活与旅行方式更加拘谨、更不自在，但他与劳伦斯拥有相似的旅行美学：偏爱艰苦、放松的旅行，而非那种舒适、正式的旅游；偏爱大众文化而非高雅文化；偏爱口语而非官方语言。史蒂文森的《内河航行记》（*An Inland Voyage*，1878）和劳伦斯的《大海与撒丁岛》都在结尾处描述了木偶剧院，在最后一章返回了他们的起点，游记最后一章分别名为"回到现实"（Back to the World）及"返回"（Back）。

　　与大多数生活狭窄、受限的人不同，史蒂文森和劳伦斯有着无限可做之事（尤其仍处帝国时代，英镑呈强势之时），他们想要在最终决定定居某个地方之前探索许多可做之事。他们都渴望去往极端地域，体验极端情感：气温、高度、距离。他们始终因为变化与位移而兴奋不已，因为离开和依靠飞行旅行所带来的喜悦而兴奋，因为有机会避开人群和邮件而兴奋，兴高采烈地离家并享受自由。在《骑驴旅行记》（*Travels with a Donkey*，1879）中，史蒂文森写道："我旅行不是为了去哪个地方，只是为了行走。我为旅行而旅行。重要的是走动。"[15]劳伦斯在《大海与撒丁岛》开篇即疾呼："突然感觉绝对有进行旅行的必要。"

　　对于史蒂文森和劳伦斯两人来说，旅行是进行内心探索、获得创作灵感的方式。旅行强化了他们作为英国人的归属感，同时，又令他们离开英国，使他们能够更清晰地看英国。他们都追寻原始的风光与人群，这些可以折射他们作为旅行者的心情。"心境是我们旅行最大的收益，"史蒂文森发现，"心境是旅行所收获的最久远的内容。"史蒂文森与劳伦斯都感到兴奋，这兴奋大大抵消了旅行的不适，旅行的艰辛更加深了他们对旅行经历的印象，使旅行更真实。史蒂文森宣称："旅行带来的不适——是真的不舒服，绝没有令人讨厌的假装——是件相当有趣的事……在令人不舒服的乡间住上六个星期，这让我的各项感官充满活力、得到训练。它所起的作用似乎远胜于更多随我喜好而动的地方。"[16]

理查德·洛瓦特·萨默斯——澳大利亚和新西兰的流浪者、《袋鼠》的主人公——名字首字母缩写无疑微妙地承认了史蒂文森①无处不在的影响力。1923 年，《袋鼠》出版的这一年，劳伦斯表达了想要完全像史蒂文森曾做的那样旅行："我觉得我该去加利福尼亚，要么带着驴驮着行李进山，要么乘上船前往那些岛屿。"[17]

---

① 史蒂文森英文全名 Robert Louis Stevenson，其首字母缩写与萨默斯名字首字母缩写一样。

第十六章

# 抵达新世界，1922—1923

一

　　读了《大海与撒丁岛》及一些后来收录进《鸟·兽·花》诗集的诗歌之后，梅布尔·道奇·斯特恩就意识到劳伦斯是"唯一一真正了解陶斯和印第安人的人，也是唯一能描述这个世界的人，可令它既鲜活地存在于书页之中，又生动地存在于现实之中"。她给劳伦斯写信说到过印第安人，说到过他们居住的城镇及基督圣血山脉清新的空气，她还提出可以借给劳伦斯一间舒适的土坯客舍，并给弗丽达寄了一条"带着印第安人魔法"的项链，希望他们能来到陶斯。在写给梅布尔的第一封回信中——这封信写得谨慎小心，劳伦斯问了一些实际问题，并询问陶斯是不是那种可怕的、附庸风雅的殖民地，因为他 1920 年 2 月刚因卡普里具有这种特质而离开。但他很快便热衷于前往。他想要与"先前、先白人的时代中最后的黑暗带"建立联系，他喜欢陶斯名字的发音，因为它让他想起陶尔米纳。[1]

　　厌倦了意大利的政治动荡，渴望去锡兰看望布鲁斯特一家，迫切地想要看看新世界，劳伦斯因为这三个原因回应了梅布尔的热情邀请。他想要书写美国主题的作品，想要赢得美国读者，想要接触原始的印第安人和印第安人的再生力。"印第安人的模式已经远被遗忘了，"他告诉凯瑟琳·卡斯威尔，"被遗忘得如此彻底，以至于英才们有把握的探究都无法企及。印地人的模式与自然融为一体，因而它可以使人类生活重新获得希望。"不过，实际在他到达澳大利亚和美国之前，他在写给梅布尔的一封信中就表达了有根有据的恐惧，害怕清教主义、物质主义、民众自由与他在印第安人中追寻的价值相对立："我希望我到美国不会遇到那些讨厌的'有教养的'美国人，他们有着狭隘的自以为是的理想，呆板的爱情意向，恃强凌弱的、可恶的自由与民主的消极信条。我既不相信自由，也不相信民主。"[2]

劳伦斯夫妇从旧金山乘火车前往新墨西哥州的拉米，梅布尔和她的印第安司机兼情人托尼·卢汉在那里接他们。他们坐的汽车开了一段之后突然停了，托尼查看了引擎盖下的设备，但他对汽车一窍不通。弗丽达让劳伦斯去看看，但他对汽车的了解还不如托尼。托尼再次发动汽车，它开动了，于是他便将汽车故障归咎于附近的一条蛇喷发出的恶灵。

因为他们当天晚上（劳伦斯三十七岁生日前夜）无法抵达陶斯，他们便在距离拉米十六英里的北部城镇圣达菲停留，梅布尔在这里安排劳伦斯夫妇住到了诗人威特·宾纳家里。劳伦斯下了车，拿着在西西里使用的手推车上的涂漆挡板，他们曾拉着这手推车一路到达陶尔米纳。他刚将挡板的一头放在地上，托尼倒车，挡板被压弯、裂开了。劳伦斯勃然大怒："弗丽达，这是你的错！你让我带着那个讨厌的东西满世界跑，现在我不管了。拿去吧，宾纳先生，给你，它是你的了！"

梅布尔·甘森·埃文斯·道奇·斯特恩·卢汉 1879 年出生在布法罗，与弗丽达同龄。她的父亲是个富有的银行家，母亲先后有过三任丈夫。1900 年，梅布尔嫁给了卡尔·埃文斯，他来自布法罗一个显赫家庭。1903 年，在他们的儿子约翰出生后的第二年，他在一场狩猎事故中丧生。同年，她嫁给了波士顿建筑师埃德温·道奇，从 1905 年直至 1912 年，他们居住在靠近佛罗伦萨的一座宅邸里。1912 年，她与道奇离婚。在意大利，她与埃莱奥诺拉·杜塞（Eleonora Duse）、格特鲁德·斯泰因、伯纳德·贝伦森（Bernard Berenson）成为朋友，并曾尝试用鸦片酊自杀。之后的四年里，她住在纽约靠近格林威治村的第五大道 23 号。她的沙龙客人包括著名记者林肯·斯蒂芬斯（Lincoln Steffens）、沃尔特·李普曼（Walter Lippmann），雕塑家乔·戴维森（Jo Davidson）。她有许多情人，与革命者约翰·里德（John Reed）有过一段广为人知的风流韵事，与马科斯·伊斯特曼（Max Eastman）来往密切，还开始接受弗洛伊德的美国译者 A. A. 布里尔（A. A. Brill）长达二十年的心理分析治疗。1916 年，她嫁给了俄裔犹太画家兼雕刻家莫里斯·斯特恩；在她处于绝经期的 1922 年，两人离婚。她一直都性冷淡，与任何人在一起很短一段时间之后便享受不到性乐趣。她的前三段婚姻都不幸。

　　梅布尔是劳伦斯生命中一系列控制欲强的女性中的最后一位。她与奥托琳·莫雷尔有许多共同之处。出身贵族，富有、专横、恼人，梅布尔是放荡不羁的艺术赞助人，她有过好几个著名的情人。她不喜欢弗丽达，与劳伦斯关系紧张，被他在作品中讽刺。乔治娅·奥基夫（Georgia O'Keeffe）在劳伦斯待在陶斯几年后结识了梅布尔。她说梅布尔"身材不高，偏胖，有一双亮灰色的眼睛，嗓音柔和、悦耳；她浓密的栗色头发留着齐眉穗儿，像北美印第安妇女那种风格，还常扎着少女发带"。伊妮德·希尔顿觉得梅布尔很迷人："不漂亮，但活泼、健壮。"[4]

　　梅布尔正是劳伦斯所不喜欢、指责、尽力避开——却永远避不开——的那个类型的女性。据她自己的描述，她傲慢、以自我为中心、虚荣、小气、善妒、恶毒：一个专横霸道、令人无所适从的女人。她对陶斯的印第安人非常热情，对葛吉夫和荣格有着神秘的偏爱，过着无意义的生活，经常有可怕的无聊感和徒劳感。生气勃勃又有趣的劳伦斯令她的生活看上去有价值，她承认："我曾试图在精神层面诱惑他，如此我就可以令之效力于我，而不是什么都是我自己做。"梅布尔常激怒劳伦斯，让他有了 H. G. 威尔斯对他的情妇伊丽莎白·罗素（她是伯特兰·罗素的嫂子，凯瑟琳·曼斯菲尔德的表姐妹）所具有的那种感觉："你跟她在一起一个星期，就想揪着她的头猛地往墙上撞。"[5]

然而，尽管梅布尔有各种缺点——她确实有许多缺点，但她会以她的方式表现出善良与慷慨。她在 1917 年帮助"发现"了陶斯；资助当地的医院；为六百名崇敬太阳神的印第安人的福利做了许多事；认真对待这些印第安人的文化生活和他们立体的、多层的、平顶的、泥褐色的普韦布洛房屋（就在城外）。她认识到了劳伦斯、罗宾逊·杰弗斯（Robinson Jeffers）以及摄影家爱德华·韦斯顿（Edward Weston）的重要性。托尼和梅布尔给劳伦斯介绍了印第安人的舞蹈和相邻印第安部落的仪式。梅布尔的邀请使劳伦斯能够因陶斯之旅而写出许多文学作品：《新墨西哥之鹰》（"Eagles in New Mexico"）、《美洲狮》（"Mountain Lion"）、《公主》、《墨西哥的早晨》、《羽蛇》，以及两部指责梅布尔的作品：《骑马出走的女人》（"The WomanWho Rode Away"，1925）和《烈马圣莫尔》。

梅布尔的配偶托尼·卢汉是个身材高大、长相英俊、体格强壮、容貌鲜明、有着古铜色皮肤、黑发、扎着辫子的普韦布洛印第安人。他是个文盲，英语水平有限，但"有着印第安人的机智：非常了解人与物"。他会坐在梅布尔家壮观的房子的角落里，身上裹着个毯子，击打着一面鼓。作为木工的托尼监督印第安工人建造了梅布尔的房子。1922 年梅布尔与莫里斯·斯特恩的婚姻破裂后，她因诱惑托尼并于 1923 年嫁给他而造成了巨大丑闻。画家克努兹·梅利尔德告诉劳伦斯："印第安人不赞同这场婚姻，陶斯人同样不赞同，但他们有了谈资，这一点是他们确实喜欢的。"托尼离开了他的印第安妻子后，他不再被允许参加部落仪式，梅布尔不得不支付他的印第安妻子坎德拉里亚每月三十五美元的生活费，以便她不打扰他们的生活。此后，托尼开始穿昂贵的靴子、定制长裤，这些都是印第安人居留地所禁止的穿戴。他开着梅布尔的凯迪拉克接送她的客人，有好几个情妇（包括坎德拉里亚），给梅布尔传染了梅毒（陶斯 12% 的印第安人患有这种疾病）。不过，托尼与梅布尔相处得很好，他们在一起很幸福，而他们的婚姻一直持续到梅布尔 1962 年去世。梅布尔解释说："托尼使我潜在的情感复苏，让我在生命中第一次学会去爱，但他没必要一定要与我交谈，我也没必要一定与他交谈。"[6]

劳伦斯很重视梅布尔，欣赏她的精力，教会了她怎么刷地板、怎么穿得更端庄，试图与她共著一部小说，一直是她忠诚的朋友——保持着距离的忠诚朋友。在写给弗丽达母亲的一封信中——信写于他们抵达陶斯两个星期后，劳伦斯概述了梅布尔的背景，特别提到了她性格中的根本缺陷：

> 梅布尔·道奇；美国人——富有——独生女——来自伊利湖边上的布法罗——银行家——42 岁——不高、偏胖——看上去很年轻——有过三任丈夫——一个是埃文斯（已故），一个是道奇（离婚），还有一个莫里斯·斯特恩（犹太人、俄国画家，年轻，同样离了婚）。现在有个印第安伴侣托尼，一个很胖的家伙。在欧洲度过多年——巴黎、尼斯、佛罗伦萨——在纽约相当出名，但没什么人喜爱她——作为女性，她很聪

明——又一个文化传承人——喜欢扮演"女赞助人"角色——讨厌白人世界，出于这份讨厌而热爱印第安人——相当"高贵"，渴望变得非常"善良"，却相当邪恶——有着可怕的权力欲。

梅布尔承认，她打算勾引劳伦斯，若非是肉体意义上的勾引，那也是精神层面的勾引；想要让他臣服于她压制性的意愿："我想在精神层面勾引他，这样我就可以让他完成一些事……我并不想碰触他，这异乎寻常。在与他的接触中，根本没有自然、肉体上的愉悦。他不知怎么的太无趣，不够性感，身体上真的不吸引我。"她还承认，劳伦斯认为她是"现存最可憎的人的原型，是强势的美国女人的原型"。[7]

劳伦斯和弗丽达觉得很难区分梅布尔的精神欲望与肉体欲望。他们认为，尽管梅布尔否认了，但她的确想要勾引他，他们与她之间很快便爆发了冲突。他们无法忍受梅布尔自命为恩人的态度、她对弗丽达的敌意以及她破坏他们的婚姻的尝试，尤其是他们依赖她，住在她的客房中的时候。11月，劳伦斯捍卫了自己的婚姻，毫不客气地指责她的恶行："我相信，弗丽达和我之间的重要关系是我生命中最好的事情，对我来说，那是我一生最好的事。你这是在反对一个男人和他的妻子之间现存的关系。因为你只明白那种跋扈的方式，也就是对托尼、约翰·埃文斯（她的儿子）以及其他人强横。——所以，我认为你对我与弗丽达之间现在的关系存在敌意。"

梅布尔无疑令劳伦斯与弗丽达——印第安人称劳伦斯夫妇是红狐和怒冬——之间的冲突更严重，她还跟别人津津乐道他们之间的游击战和无情的相互攻击。有一次，她写道，劳伦斯指着弗丽达大声责骂："吐出你嘴里那肮脏的烟！收起你那肥胖的肚子。"弗丽达威胁要曝光只有妻子能揭露的一些骇人的亲密行为，她回敬说："你最好别那么说话，要不然我也来揭发揭发你的那些事。"他们在当地温泉裸浴的时候，梅布尔发现弗丽达白皙的皮肤上有重重的瘀伤，她有时候也会看到弗丽达的眼睛因为哭而红肿。梅布尔说，弗丽达无法承受劳伦斯情绪的猛烈变化："我忍受不了了。他要将我撕碎了。昨天晚上，他对我那么细心周到、那么温柔，今天早上他却讨厌我了。他打了我——还说他不会做任何女人的仆从。有时候我觉得他疯了……你不知道跟他一起生活是什么样子的。有时候我觉得我会离开他。"但当梅布尔告诉弗丽达她不适合做劳伦斯的妻子时，弗丽达生气地回答：试试跟个天才生活在一起，看看这能有多容易。她还挑战梅布尔说："要是你有这本事，把他拿去。"1922年，弗丽达附和劳伦斯对梅布尔的评价，攻击她的权力欲和掠夺倾向："你一点都不在意我，你并不想与劳伦斯或是我交朋友，你只想要掌控人——你跟他玩的游戏让我对你们俩都感到厌烦……我瞧不上——这不就是那种猎人游戏，只不过猎手是个女人。"劳伦斯去世后，弗丽达在写给梅布尔的一封具有洞察力的信件中概括了梅布尔性格中的重大缺陷："你从没有关心过任何人，你永远都不会关心任何人，那是你的悲剧。"[8]

梅布尔令人厌恶的自我主义迫使劳伦斯夫妇两个半月后离开了她在陶斯对他们的庇护，搬进了山里。他们两厢住在相距很远的地方，梅布尔还继续激怒劳伦斯，他大声说："我觉得我要杀人，我应该很享受那么做……我会第一个杀了梅布尔……我会用一把刀！——我要切了她的喉咙！"在《羽蛇》中，凯特与奇普里亚诺之间堕落的关系就是以劳伦斯对梅布尔与托尼的婚姻的看法为基础的。《烈马圣莫尔》中，劳伦斯将梅布尔刻画为威特夫人，她例示了劳伦斯笔下任性的女人的基本问题。她毁了她所遇到的所有男人，但暗地里，她想要有强有力的男性意志主宰她："通过自我审视，她很久以前就确定自己的本性具有摧毁力。但之后，她为自己提出了正当理由，她只是毁了那些可以毁掉的。如果她能发现不可摧毁的，尤其是男性身上不可摧毁的东西，尽管她会与之抗争，但她最终会乐于被之摧毁。这就是问题所在。在她自己看来，她是真的想要被摧毁。不过从没有人能击败她。"劳伦斯写到威特夫人想要嫁的印第安不死鸟时，描述了梅布尔如何摧毁托尼——托尼用传统习俗交易了崭新的凯迪拉克："他乐于交易性行为，在他看来，所有白种女人暗地里都渴望发生那种性关系。他用他的性行为作交换，从白种女人那里获得钱和社会特权。"[9]

劳伦斯的短篇故事《骑马出走的女人》中的女主人公同样以梅布尔为原型。这个美国女人——住在墨西哥的原野里，厌倦了她善妒、物质化的丈夫，内心已死——骑着马出走，想要去发现印第安人的野蛮习俗及他们的古老宗教。生活在他们中间，体验了他们的仪式（包括一次吸毒的丰富体验）后，她臣服于他们的力量，将自己作为人祭以召回黑暗众神。冬至之日，一根冰柄象征性地刺入圣窟之后，大祭司将她的心脏献给太阳，试图恢复部落之力。在这个关于旧秩序终结的具有末日天启性质的故事中，女主人公通过新的意识和重返原始的纯洁性这一原初状态而体验了新生。但她残酷的命运（这反映了劳伦斯杀死梅布尔的欲望）和她的死亡崇拜（表现了梅布尔的恶毒意志），似乎并不是治愈现代文明诸多弊端的可靠方式。

## 二

1922 年 12 月 1 日，劳伦斯夫妇最终逃离了"梅布尔市"，住到了她山里的牧场里。当他们在那里遭遇的困难因她的缘故而增加之后，他们向霍克家族租住了德尔蒙特牧场里的两间木屋。木屋坐落在山里，距离陶斯十七英里。劳伦斯始终感觉陶斯与这隔绝的牧场之间存在巨大差异。在城里，在大广场和艺术家住的土坯房里，弥漫着恶意的谣言。白种人将陶斯变成了放荡不羁的花花公子的牧场与度假场地，破坏了印第安人强烈的万物有灵的宗教信仰："一切都很像是带着高度的神圣感演奏的滑稽歌剧。荒野、朦胧感、西方性、汽车、艺术、智者与野蛮人，所有一切都如此混杂在一起，如此不相称，以至于这就是一场闹剧，每个人都清楚这一点……印第安人，他们的长发、陶瓷片、毛毯、粗糙的自制小饰品，本身就是绝妙的鲜活玩具。这要比养兔子有趣多了，却同样具有伤害性。"[10]

德尔蒙特牧场周围都是银灰色的灌木丛，灌溉渠中快速流动的清澈的水，深绿色的苜蓿，胆小的鹿会越过的高处步行道。劳伦斯那座有五室的木屋建造于20世纪初，坐落在落基山脉山麓的松树间，海拔八千五百英尺，可以看到沙漠和远处层层叠叠的山尖的壮丽景观。劳伦斯非常满意于这种脱离外界的生活，住在这片不染尘嚣的土地，这里安静、空旷、天空明澈、夜晚星空闪耀，还保留着其原始性。

在他们住在落基山脉高处的漫长冬季的数月中，劳伦斯的结核病和他在锡兰刚刚患过的病使他不可能做所有繁重的家务活（弗丽达仍是无所事事、不切实际）。他在陶斯认识了两位敢于创新的丹麦画家克努兹·梅利尔德和凯·葛驰（Kai Götzsche）。这两位画家1921年来到美国，开着一辆破旧的福特 T 型车穿越了整个美国。劳伦斯很喜欢这两个丹麦人，他与他们分享他的作品，1922 年至1923 年冬邀请他们到他在德尔蒙特牧场的家里做客，他们也承担了劳伦斯与弗丽达之间的调解人的角色。

有需要的时候，这两个丹麦人便会骑马跋涉至陶斯，从城里带回必需品、邮件及各类八卦；他们陪伴劳伦斯，与他聊天；他们拥有一辆车，（天气允许）他们都会带着劳伦斯去他想去的地方。（有一次，他们的旅行非常危险。他们被一辆墨西哥货车逼到了路边，差点翻下悬崖。）梅利尔德带着自我防卫的谦逊态度写道："我们没有他那么光辉的思想，也没有他那样广博的知识；我们拥有的只是普通常识，因为经验而了解不同的人和这个世界……我们并没有讨好他，不怕表达我们自己的观点，不管这些观点与他的是否相悖。如果我们认为他错了，我们也会毫不犹豫地站在弗丽达那一边。"[11]

两个谦逊而朴实的丹麦人因为与劳伦斯的友谊而感到荣幸，他们尊重弗丽达，（在被梅布尔斥责为无关紧要的人之后）很高兴劳伦斯更喜欢他们而非梅布尔的陪伴。梅利尔德解释，尽管他们背景不同，他们与劳伦斯之间有许多共同之处："我们都曾是工人的学徒，曾生活在工人阶级之中。我们都接受过学术训练，之后成了艺术家，有机会进入社会最上层的圈子。而且，我们都曾在世界各地游历。"

虽然梅利尔德当时已二十八岁，葛驰三十六岁（只比劳伦斯小一岁），但他们看上去相当孩子气，与劳伦斯夫妇发展了一段父母与子女的关系。弗丽达像母亲般照料他们，确保他们能吃饱，激发他们更深的爱恋。劳伦斯同样觉得有责任照顾他们的福祉，委任他们替他的好几本作品设计书皮，经常充当他们的赞助人和老师。他教他们骑马、做饭、说西班牙语，评价他们的音乐与艺术，滔滔不绝地阐释自己的思想。他们最大的美德是忠诚于劳伦斯，愿意在劳伦斯夫妇有需要的时候提供帮助。

生活在牧场里，劳伦斯运用了他曾在钱伯斯家和霍金家的农场里获得的经验。像以往做家务活一样，他在牧场干活也是把好手。宾纳发现，劳伦斯在他圣达菲的家里做客的第二天早晨，早早起身，整理了床铺，洗了昨晚晚饭的盘子，摆好了餐桌，做了一顿丰盛的早餐。在牧场，劳伦斯进行绘画和写作，坐下来给两个丹麦人当肖像模特，钓鱼、摘野莓、唱歌、玩字谜游戏，翻阅蒙哥马利-沃德公司的商品目录选择圣诞礼物，喝非法酿制的威士忌。他会烘焙面包、做简餐、劈木柴、修栅栏、修房子、清理灌溉沟渠、饲养马匹。生活在德尔蒙特牧场期间，塞尔茨和蒙茨埃来拜访过他，这段时间他还听到了凯瑟琳·曼斯菲尔德的死讯。他还写了几首诗，修改了维尔加作品的译稿和《袋鼠》手稿，完成了他极具影响力的评论作品《美国文学经典研究》。

　　劳伦斯最大的乐趣是骑在马上探索乡间。尽管梅布尔一直对劳伦斯怀有敌意，但她说劳伦斯虽没有接受过训练也没有经验，他却完全无畏，从来没有从马背上摔下过，还一直都很有勇气和意志力。而蕾切尔·霍克则对劳伦斯的骑马行为提出了批评。她认为劳伦斯自私，骑得太快，下山的时候从没有考虑过马腿的承受力。他应该被马甩出去而得到个教训，但他从来都没有过这样的经历。[12]

　　尽管劳伦斯与两个丹麦人比邻而居，他却与他们相处融洽，就像他与布鲁斯特夫妇的关系那样。他们有许多机会观察他的习性，当然不可避免地，他们之间也会有一些关系紧张的时刻。葛驰描述："他将头深埋，大胡子贴在了胸脯上，每次比尔跟他说话时，他会说（不是大笑）'嘻嘻、嘻嘻、嘻嘻'。每次他那样的时候，我会感到背上一股冷汗直流。我觉得他有点精神失常。"有一天，两个丹麦人的朋友梅特·莱曼（Meta Lehmann）搭顺风车进山、一路走到了他们的木屋，与他们讨论她帮他们在圣达菲博物馆安排的一场展览。那天晚上她不可能再返回陶斯。她不想麻烦（她不熟悉的）霍克一家。劳伦斯不允许她住在自己家里，还强烈反对她与丹麦画家们单独在一起。梅特"是个迷失的灵魂，但吸引男人……（她）对印第安人'太过了点'，实际上，她有个印第安情人"。劳伦斯认为梅特的名声不太好。他就像个未婚姑妈那样大惊小怪，担心两位丹麦画家的贞洁，非常担心她可能会造成流言蜚语。丹麦人忽视了他的严词遣责，在他们的沙发上给梅特做了张床："因为两个房间之间的门没办法锁起来，我们建议梅特用东西将门抵起来，这样，我们就没办法在夜里闯进去强奸她。她听了大笑，还说我们才是需要小心淫荡女巫的人。"尽管劳伦斯曾与弗丽达有过通奸的丑闻，也尽管他的作品中有着极具震撼力的性主题，他却一直秉持着根深蒂固的清教主义思想。他不赞同丹麦人留宿客人，就如他曾不赞同凯瑟琳·卡斯威尔在康沃尔穿着保守的睡裙出现一样。他对他们的访客的反应完全就是他母亲会有的反应。

另一个"性"事件同样激起了劳伦斯不理性的怒火。他豢养的那只黑色塌鼻法国小斗牛犬皮普斯进入了发情期、"性活力充沛"时，她不顾劳伦斯的指令，跟着一只大型的艾尔谷犬跑掉了。劳伦斯认为这只狗"侵占了"他的情感，感到自己遭到了她的背叛，被她肆意的交配吓坏了。他最终发现这只狗蜷在葛驰的腿上休息。他咒骂她并高声说："你在这里啊，你个肮脏、不忠的小畜生。"他还用尽力气打了她，将她打倒在地。皮普斯跑出了房子，跑进了雪地里，但劳伦斯追上了她。她拒绝听劳伦斯的指令回家，他便踢她，把她摔到了地上。梅利尔德阻止了他，没让他再更多伤害这只狗，他们为此差点动手打起来。第二天，虽然劳伦斯没有道歉，但他给丹麦人带来了新出炉的面包和蛋糕，以示和好。

劳伦斯因为这只狗公然表达出性欲而被触怒。她是劳伦斯自童年拥有过兔子之后第一次拥有的生物，他将她的"不忠"个人化了。他甚至很有可能将她的不忠与弗丽达过去的行为联系到了一起。劳伦斯在他的诗歌《比波斯狗》（"Bibbles"）中表达了他对狗的自然本能的占有欲和自以为是感：

那时，我用松果枝拂过你的身躯

你便径自跑开与别人生活在一起，

在他们面前摇尾乞怜，爱他们就好像他们是你

一直真正爱恋着的人。

他们被你骗了。

他们待你温柔，直到你对他们玩了同样的花样，

你个肮脏的畜生。


忠贞！忠诚！依恋！

喔，这些都与你那肮脏的小肚子分离了。

你对爱必定一直是这般摇摆不定……


好吧，我的小畜生。

你学会忠诚而非爱恋，

我便护佑你。[13]


劳伦斯也很喜欢年轻、有教养的霍克夫妇，与他们相处得极好。他们在德尔蒙特牧场拥有一个奶牛场。瑞秋 1898 年出生于宾夕法尼亚州，威廉 1891 年出生于俄克拉荷马州。瑞秋的母亲和威廉的父亲都患有结核病，他们也都是为了健康来到了新墨西哥州。威廉的妹妹们在宾夕法尼亚州与瑞秋上了一样的学校，瑞秋在那里认识了威廉。当时威廉正从"一战"中返家。他们在战后结婚，有两个孩子，分别是沃尔顿和雪莉。瑞秋的祖先是瑞典人，她本人是个漂亮的女人，有一头卷卷的金发，面色红润。多萝西·布雷特写道："她一头齐耳的金色短发呈波浪状；她的双眼呈亮褐色；她的鼻子翘而直挺。她对你微笑时，露出洁白整齐的牙齿。她的动作，她纤细、挺立的身体中蕴含着力量；她整个外貌看上去有男孩子的

硬朗。"瑞秋却很冷淡，有时候对布雷特还很残忍。因为威廉与她意气相投但是个懒惰的人，所以瑞秋做了牧场上大部分的工作。

劳伦斯想要租下那两座木屋，这一点都不令瑞秋惊讶。稀薄的高山空气有益健康；在新墨西哥过冬对很多病人来说都很常见。瑞秋觉得劳伦斯是个"瘦骨嶙峋的小个子男人"，有时候会生病，但从来不咳嗽或吐痰。她不认为他有结核病，（与布鲁斯特夫妇一样）并不担心她的孩子们会被他传染。劳伦斯很独立，即便没有他们的帮助和建议，他也能把牧场经营得很好。他知道怎么干那些活，知道怎么挤牛奶。他做饭招待客人，会准备一顿相当棒的牛排土豆晚宴。

瑞秋发现劳伦斯是个自私、脾气火爆的人，他与妻子当众打架，这令她震惊。弗丽达会缓慢地说："哦，我——的——天！"并试图无视他经常性的脾气大发。但当劳伦斯描述自然景色和他的旅途经历时，他却令人神魂颠倒。尽管弗丽达从来不干什么活，但她将房子保持得整洁干净，而且（与劳伦斯不同）她总是心情好。鉴于瑞秋非常忙碌地照料家人和农场，她觉得"人们应该不受打扰"，所以她既没有见劳伦斯或其他任何人的欲望，也没有时间见他们。她一点都不知道劳伦斯作为作家的名声，也没有读过他的任何一部作品。她不喜欢他的性格的某些方面，认为他是个平庸的人。

劳伦斯从 1922 年 9 月至 1925 年 9 月在新墨西哥生活了二十二个月——其间有三次前往墨西哥旅行。对劳伦斯来说，山脉与沙漠的原始美以及印第安人的传统生活集中体现了新世界的最好方面，似乎为欧美的机械文明提供了充满希望的替代品：

> 我认为新墨西哥是我所有过的不同于外部世界的最好体验。它当然永远改变了我……我看到明媚的早晨的骄阳高高升起在圣达菲的沙漠上空，我的灵魂静止了，我开始注目……在

新墨西哥瑰丽、狂热的早晨，人们突然醒来，灵魂中崭新的部分突然觉醒，旧世界让位给了新世界。[15]

# 三

3月18日，劳伦斯离开陶斯，乘火车往南穿越圣达菲和埃尔帕索，一周后抵达墨西哥城，在一家意大利人经营的小型、简朴的蒙特卡洛宾馆安顿下来。（美国作家卡尔顿·比尔斯称这家宾馆是"发臭的意大利客栈"。）劳伦斯对墨西哥的第一印象良好。这里气候温暖宜人，氛围与那不勒斯很像，自由而惬意，这里的人是人而非机器。但在墨西哥印第安土著阿兹特克人令人恐怖的雕刻品中，他也感觉到了这个国家残酷、可怖的精神。墨西哥城是座混杂的城市，融合了美洲现代主义与城市贫民窟。乡间更吸引人，但被新近的一次次革命损毁的房屋和大庄园破坏了。尽管如此，劳伦斯还是觉得墨西哥或许会成为新兴城市，一个适合工作的好地方。他决定找一套房子，在那里住一段时间。

劳伦斯在墨西哥首都居住的这个月里，参观了天主教教堂和大型开放市场，计划见一见教育部部长（他被迫在最后时刻取消这次约见，这令劳伦斯恼怒），观看了一场斗牛赛，审视了里维拉和奥罗斯科的湿壁画，游历了周边的城镇。劳伦斯说，他在4月1日观看斗牛仅十分钟后便逃离了这可怕的比赛，但半年后，也就是1923年10月在特皮克，他饶有兴趣地观看了另一场斗牛表演。

在他的墨西哥小说《羽蛇》的第一章中，劳伦斯详细描述了斗牛。在这场斗牛中，观众被搜查，以免他们携带枪支，因为他们即将卸任的总统（阿尔瓦罗·奥夫雷贡）计划亲赴现场。这场斗牛即刻确立了革命氛围，对爱尔兰女主人公凯特·莱斯利来说，它象征了这个国家的暴力与腐败。被开膛破肚的马令她极度反感，于是她（与劳伦斯一样）在第一场厮杀开始前便离开了。[16]肥胖、懦弱的斗牛士代表了剥削的上层阶级，公牛象征着军队，骑马斗牛士献祭的马是受害的苦工。劳伦斯对斗牛的描述就其真实性而言并不准确，这是因为相较于准确呈现斗牛本身，他更感兴趣的是传递那种气氛。他写道，七头公牛被四名斗牛士屠杀，但实际上，每一位斗牛士需要对付的公牛数量一直是相同的，因此他们要承担的风险相同。劳伦斯厌恶斗牛，他对斗牛的描述与斗牛迷海明威在《太阳照样升起》（*The Sun Also Rises*）——同样出版于 1926 年——第十八章中的描述显然相反。

劳伦斯在小说第三章中描述了他在大学里对迭戈·里维拉（Diego Rivera）湿壁画的回应："这冲动是艺术家恨的冲动。在印第安人的许多湿壁画中存在着的是对印第安人的同情，但这同情总是出于理想的、社会的视角，它不是流动在血液中的自然而然生发的同情。这些平面的印第安人形象象征着现代社会主义的巨大篇章，他们代表了现代工业与资本主义的受害者们的悲怆。"他发现何塞·克莱门特·奥罗斯科（José Clemente Orozco）（小说中并未用他的名字）的湿壁画更令人反感："它们丑陋、粗俗。那些夸张的形象描绘，有资本家、教堂、富裕的女人、财神，如实物一般大小，且被绘制得尽可能地粗暴。"

4 月，劳伦斯在临近的城镇——库埃纳瓦卡、普埃布拉、特瓦坎、奥里萨巴——做了几次短途旅行，在那里，他第一次体验了墨西哥的暴力。1911 年至 1920 年间，墨西哥发生的多次革命取得了社会进步，尤其是在土地改革方面取得了进展，也削弱了旧的封建体制，但旷日持久的内战，其结果极具灾难性。正如劳伦斯在小说中所写："波菲里奥·迪亚斯（Porfirio Díaz）政府最后一次人口普查显示墨西哥人口有一千七百万，而去年（大约 1923 年）人口普查人口数只有一千三百万。"墨西哥革命令人极度沮丧的影响，弗朗西斯科·马德罗、阿道弗·德拉韦尔塔、贝努斯蒂亚诺·卡兰萨、阿尔瓦罗·奥夫雷贡及普卢塔科·卡列斯等人更迭不断的腐败政权后来都由墨西哥小说家卡洛斯·富恩特斯（Carlos Fuentes）进行了概述："那些相信革命的目的是解放人民的男人已经被除掉了。如今的目的是颂扬领袖们……我们允许自己被分化，被残忍无情者、野心勃勃者、平庸无为者支配。那些〔像潘乔·以利亚（Pancho Villa）和埃米利亚诺·萨帕塔（Emiliano Zapata）一样〕想要一场真正的革命——激进、坚定的革命——的人，却很不幸地都是那些无知、噬杀的人。"[17]

劳伦斯在他两年内的三次墨西哥之行中注意到了革命的混乱。劳伦斯夫妇第一次游历墨西哥是在 1923 年 3 月至 7 月期间与威特·宾纳一道。其间，劳伦斯完成了《羽蛇》的初稿。1923 年 9 月至 11 月，他与凯·葛驰重返墨西哥。1924 年 10 月直到 1925 年 3 月，劳伦斯夫妇又与布雷特一起来到墨西哥，这期间他重写并完成了这部小说。他在信件及小说中表达了他对墨西哥暴力革命的回应，那是被沉迷于原始强力缓和了的恐惧。

1923 年 4 月，劳伦斯发现了生机与病态、美与毁灭之间令人不安的融合："我们在库埃纳瓦卡——萨帕塔在这里抵抗了很久。废弃的、死气沉沉的、绝美的大教堂——毁灭的西班牙——废弃了！——但在表面之下，生活着苦力。——到处都是士兵——他们坐在火车顶上，护卫他们——士兵，士兵——还有废墟！几乎所有庄园大宅和大房子都成了废墟和断壁残垣。到处都是废弃物的国家……你住的地方甚至不能离村庄或镇子一英里远，因为你很有可能会被那些仍然称他们自己为革命者的流窜土匪和恶棍抢劫。"两个月后，他带着讽刺的强横语气给梅利尔德写信说："此时他们期待有更多的革命，这相当冒险……要是我忍受不了欧洲，我们就会回到墨西哥，往自己手上吐口吐沫，将刀和枪插进腰带——人们真的不得不这么做，才能在这里拥有一处容身之地。"[18]

5月，劳伦斯夫妇在查帕拉湖边租了一所房子，这里距离瓜达拉哈拉约三十英里，他们在那里一直住到7月初。这所狭长、低矮的乡间庄园自带一个小型花园，里面长满了花，结满了香蕉；还有仆人一家，他们迫使劳伦斯夫妇不得不说西班牙语；一个配备枪支的年轻人，他就睡在他们门外的柱廊上。劳伦斯说浑浊的湖——长四十英里，宽二十英里，周围是低矮的山峦和干燥的环境——有着"精液般的湖水"。6月末，他与威特·宾纳和一群美国朋友在湖上泛舟，做了一次持续三日的水上旅行。

威特·宾纳（比劳伦斯大四岁）和他年轻的爱人威拉德·"斯普德"·约翰逊与劳伦斯一起在墨西哥游历，住在查帕拉离劳伦斯不远的地方。宾纳出生在纽约，1902年毕业于哈佛大学，在中国走南闯北，相当富裕。约翰逊是个温柔、安静、有朦胧诗性的人。劳伦斯在《羽蛇》中将他们讽刺性地刻画为寻求刺激的欧文·里斯和乏味的巴德·维利耶。尽管凯特·莱斯利喜欢欧文，她却对他敬重不起来：他"太空洞，等待着机缘将他填满。浸淫于一直活得空虚或是没有真正活过的美国式绝望感中，感到错过了什么，可怕的不安感会使他像机械钢屑匆匆奔向吸铁石一样鲁莽地冲向街上的人群。其后，他所有的诗与哲学（都会）随他所扔掉的烟头消失不见"。

宾纳是个简单的诗人，才能有限，说话尖刻，会嘲笑劳伦斯对自己苍白、瘦骨嶙峋的身体的窘迫感。劳伦斯描述过许多虚构人物赤裸裸在自然环境中奔跑、旋转、舞蹈、游泳、做爱，但他"从来不会跟我们一起下到湖里……（他）对他骨瘦如柴、清癯、凸胸、灰白的身体极度敏感。我相信弗丽达快乐地加入我们时，他有一丝嫉妒"。在《袋鼠》的"噩梦"一章中，劳伦斯证实了宾纳的看法，描述了萨默斯脱衣接受医疗检查时露出的"可笑的瘦腿"。但1915年与伯特兰·罗素争吵过之后，劳伦斯忘记了自己身体上的不足，还批评哲学家罗素身体方面与他一样的缺陷。有个朋友告诉劳伦斯说罗素坚持认为"劳伦斯没有头脑"，"劳伦斯对此'嗤之以鼻'地说：'你见过他穿浴袍吗？可怜的伯蒂·罗素！他只是个与躯体分离的脑子！'"[19]

劳伦斯对待墨西哥的态度一直都很矛盾：他爱它又厌憎它，他计划买票回欧洲，之后又改变了想法。他认为，这个国家一半文明化、一半野蛮；这里的人民温和、诚实，但内在疏远、野蛮。他用两个具有洞察力的句子洞悉了这个国家沉郁、麻木的本质："墨西哥总体而言相当沉重，就好像它几乎没有站起来、活下去的精力……这国家的灵魂愠怒，好转不了。"他有时觉得生活在如此偏远的地方是错误的，觉得他应该做另一次世界旅行，在印度或中国写一部小说。

# 四

墨西哥的暴力似乎释放了劳伦斯体内的暴力，令他与弗丽达之间的冲突更加严重。据宾纳说，他们之间关于弗丽达的孩子的争论持续发生，像个脓疮一样摆脱不掉，一直持续到她的孩子们长大成人之后。弗丽达自豪地给劳伦斯看她家族的那些照片的时候，劳伦斯想要将她更紧密地束缚在自己身边，断绝她与他的那些敌手的联系，便不理性地暴怒："劳伦斯像条响尾蛇似的从椅子上跃起。'你个啜泣的贱人！'……他一把夺过弗丽达手里的照片，将每张照片上的脸撕两次，扔掉第一张，接着第二张，还在每一张上踩几脚。'现在好多了，'他尖声叫喊，'好太多了。现在你再也不会像个傻瓜似的吊在他们身上了。'"

要是弗丽达说一个想法"真要命",劳伦斯会骂她粗俗,而同时他会说这同一个想法"狗屁、胡说八道"。宾纳还透露,劳伦斯会批评弗丽达抽烟、举止懒散,指责她过去的行为,甚至还将酒泼到她脸上:

> "把那东西吐出来!"她盯着他,眼睛睁得大大的,一句话不说。"我说,吐出来,你个啜泣的贱人!……你那样坐着,嘴里塞着这东西,向房间里的每个男人张开你的双腿!你知道为什么英国没有一个体面的女人会跟你扯上关系了吧!"他将剩下的基安蒂干红葡萄酒砸向她,飞奔着擦身而过其他餐桌,走进了大厅。

指导墨西哥学校英语教学的一位熟人弗雷德里克·莱顿(Frederick Leighton)没能理解为什么劳伦斯夫妇喜欢强劲的张力以及在众人面前流露情感。他们在公共场合相互攻击,这令他震惊:"我从没听说过有教养的社会里会有人像劳伦斯对待弗丽达那样,在相对陌生的众人面前,不断如此粗俗、恶劣地谩骂他的妻子(或任何人);而且,我得承认,我也从没听说过这种显然毫无顾忌的反应。"[20]在陶尔米纳的丰塔纳韦基亚,劳伦斯曾有一次试图掐死她,他怒吼:"我是主宰,我才是主宰!"弗丽达大口喘着气,相当冷静地让步说:"就这些了?我无所谓,你爱做主宰就做呗。"[21]

1923 年 7 月,就在劳伦斯刚完成《羽蛇》的初稿后,他们从查帕拉启程前往纽约,打算从那里返回欧洲。他的漂泊不定、孤独隔绝感、与塞尔茨之间的经济问题、对未来的困惑,以及弗丽达渴望有固定的家,她对她母亲和孩子(她已经四年未见过他们)的思念,这些都使他们关于主宰与屈从的永恒冲突恶化,也使他们的婚姻陷入了最严重的危机。

劳伦斯夫妇在塞尔茨位于新泽西的乡间别墅里住了一个月。他们原打算去波士顿拜访慷慨却恼人的艾米·洛威尔，途中再去看一下住在纽黑文的布鲁斯特一家。但此时他们心烦意乱、怒火丛生，根本无法成行。当劳伦斯写道，"我没有秘书帮我（打字）并在信件末尾署名，我只能自己签名了"，当他在西西里岛的房主要到波士顿工作，他给了他一封介绍信后，他与艾米之间不稳定的居高临下的关系显露了出来。艾米无法想象她能与一个厨子扯上关系，便回信说："我会照看你的西西里人，尽管我看不出来这能有什么帮助，因为我并不会雇他。"艾米最初曾捍卫自己的文学领地，劝阻劳伦斯的美国之行，阻拦他到波士顿。之后她终于不再拒绝，邀请他前往波士顿停留三天。但劳伦斯借口说弗丽达需要在纽约看牙，还是决定不去。

弗丽达下定决心要返回欧洲。但劳伦斯因为他自己都不甚明了的原因，不断推迟出发的日期。他原先计划最早 7 月 18 日离开，但一想到英国，他就觉得闷闷不乐；想到要追着威克利家的三个孩子，他就无法忍受。8 月 18 日，他送弗丽达上船，弗丽达恳求他与她一起离开，但他拒绝了。"当他们分开时，"凯瑟琳·卡斯威尔写道，"他们都那么生气，两人都感到这一别便是永远分别了。"[22]

纽约令劳伦斯厌恶，使他想要去地球的尽头旅行。他决定再次独自一人穿越这个国家，中途去布法罗见见梅布尔的家人，看看尼亚加拉瀑布；之后，他在 8 月底抵达洛杉矶，两位丹麦画家当时正住在那里。厌倦了陆上世界，他又想重新找一艘船航行至南太平洋，尽管 1922 年夏，他在南太平洋时极不喜欢那些岛屿。不过，他一直都在计划要返回欧洲或者在美国与弗丽达会合。在写给朋友们的信件中，他从未提及他与弗丽达有过激烈争吵，也没有任何迹象表明他与弗丽达就此永远分开。

# 五

劳伦斯到达洛杉矶时，两个丹麦人发现，没有弗丽达在身边，劳伦斯显得愁闷、不安。他在那里待了一个月，之后便不慌不忙地与凯·葛驰沿着炎热的墨西哥西海岸——比查帕拉更荒芜、空旷、无望的地方——游荡。在美墨边界与马萨特兰中间的纳沃华，他给宾纳写了一封信，真切地记述了这座城市的气候、风景和奇怪的氛围：

> 这里烈日炎炎，天空浩瀚火热，丘陵与山脉雄伟、孤单、无情、苍翠，一片平坦、炽热的海滨地区零星散布着一些棕榈树，有时还能看到一片不完全属于这片陆地的深蓝色大海——还有那些似乎正滑向深渊的小城镇——生命之门将一切拒之门外，这里只有当空的烈日、掠过天空的云朵和小鸟、如苍蝇般抢食腐肉的秃鹰、孤单散落的棕榈树、铺满厚厚尘土的道路、在掀起的金尘云雾中行走的驴子。山里静卧着无迹可寻的银矿。曾经迷人的小镇阿拉莫斯沿着一条最糟糕的路向上走四十英里就能到达，这条路曾让我一路受伤，但小镇已不见踪影，滑入了群山间的沟壑。不过，无论如何，你到了那里，更绝妙的是，你又能走出来。——似乎有一句令之消失的话语书写在了这一切之上。——在覆盖阿拉莫斯的集市中间，在肉与蔬菜之间，一条死狗如熟睡般尸体横陈。肉商对卖蔬菜的人说：你最好将它扔了。卖蔬菜的人看了一眼那条死狗，觉得没有扔它的理由。所以，毫无疑问，那死狗就一直在那儿。

躺在集市上的死狗在《骑马出走的女人》的第一页再次出现，它象征着被遗忘在群山间的小镇那"死寂中的死一样的状态"，骑马出走的女人由此逃离，奔向了残酷的再生与死亡。

在马萨特兰以南约两百英里处的特皮克，劳伦斯转向内陆。他骑着一头骡子行走在岩石小道上，穿越了群山，下到了山涧，睡在简易棚里，黎明时分起身，找到了更多的骡子，骑着骡子走了六个多小时，直到他到达铁轨处。他随后在瓜达拉哈拉停留了一个月，并重访了查帕拉。查帕拉湖美丽依旧，他却无法再重温过去的时光。有些东西逝去了，查帕拉此时似乎变得原始、陌生。然而墨西哥仍令他着迷："我觉得诸神就在那里。"他觉得，英格兰要想完全恢复活力，需要输入墨西哥人的"暗火山血"。在瓜达拉哈拉的万灵节（All Souls Day）——亡者的盛宴——那天，劳伦斯在集市上出售的当地艺术品中看到了这种精神：

> （他们）卖着各种玩具：骷髅人骑在骷髅马上，装着骷髅的棺材，像打开盒子即跳出小人的玩具盒的那种骷髅——杏仁糖骷髅，骑着公牛的骷髅，正与骷髅公牛战斗的骷髅斗牛士。骨架！它们看上去似乎很有意思。他们都买这些小玩具。加莱阿纳街非常拥挤，这里就像是某种天方夜谭，售卖亭、遮棚、运水船、气球、大帽子、华丽的毛织布、蜡烛、灯笼。相当有趣。[23]

弗丽达拒绝来到墨西哥，写信要求劳伦斯返回英国。他们之间的争吵仍在持续，他（如往常一样）顺从了她的意愿。但尽管他动摇犹豫了，他还是向他的岳母抱怨弗丽达（在她的信件中）对他表达的爱意——"真傻……男人不需要、不会向他的妻子求得她的爱，但他需要力气、力量、毅力"——这是他在接下来的岁月里肯定需要的。

　　11月22日，在墨西哥游历两个月后，劳伦斯与葛驰一起乘船从韦拉克鲁斯出发，中途停留哈瓦那和维戈，于12月12日抵达普利茅斯。弗丽达还记得自己的不忠及劳伦斯到达伦敦后的那场背信弃义的"最后的晚餐"，她后来承认，劳伦斯不想返回英国是对的："（孩子们）不再需要我，他们过着自己的生活。没有他，我很迷茫……我本该去墨西哥找他，他不应该来欧洲。这些是我们犯下的错，有时候是不可挽回的错。"[24]

第十七章

# 伦敦、陶斯与瓦哈卡，1923—1925

一

　　劳伦斯与默里之间令人苦恼的关系在他 1923 年 12 月从墨西哥返回伦敦时遭遇了危机。尽管默里拒绝了劳伦斯与他建立深层亲密关系的提议，他在许多信件中仍表达着他对劳伦斯的挚爱。1917年，恼怒的劳伦斯批评默里极度虚伪，"你不该说你爱我。你在这里的时候，还有在"康沃尔南部的"迈勒的时候，你强烈地厌恶我"。默里对劳伦斯的钦慕一直混杂着较劲与嫉妒。他后来在他的日志中承认："他在以前的那些日子里，就是个'傻子，满腹嫉妒的傻瓜'。那时候每个人都将自己看成'划时代的小说家'。"[1]

　　1920 年 2 月，劳伦斯给凯瑟琳寄去了一封令她痛苦的信件，"她的肺病因之逐渐恶化"；默里针对劳伦斯作品的那些背信弃义的书评，他拒绝刊登他的文章，他与弗丽达发生性关系，这些很有可能都是他故意或无意识地对劳伦斯实施的报复。默里曾在 1913 年承诺随劳伦斯前往费亚斯切利诺，1923 年承诺随他去陶斯，1925年承诺随他去斯波托尔诺，但他都食言了，这三次的违诺令劳伦斯失望。

1920 年 12 月 17 日，默里在《文艺论坛》上发表了一篇《误入歧途的女人》的书评，题为《江郎才尽的劳伦斯先生》（"The Decay of Mr. Lawrence"），极具影响力。他在该书评中不仅断言这部小说显示了"非常明显的想象力的缺失"，而且声称"劳伦斯丧失了某种与人类直接联系的能力"。凯瑟琳去世后，默里变得比曾经的劳伦斯还要不可思议。他的书评结语部分的文字不可避免地令人想起早期那些对《虹》的谴责："劳伦斯先生向我们展示的生活不值得我们去过；这种生活因为道德败坏的玄想而被神秘地堕落化了。劳伦斯先生会让我们回到我们刚脱离的泥淖中。"1921 年 8 月 13 日，他在《国家文艺》（*Nation and Athenaeum*）上发表的《恋爱中的女人》——这部小说将凯瑟琳与默里性格的一些方面刻画在了古娟与杰拉德身上——的书评言辞甚至更加负面、不可理喻。他强调，劳伦斯"经历一波又一波晦涩、越来越糟的创作后"，在现认为是他最伟大的小说中"舍弃了他的天赋、他的想象、他的敏锐、他的文采……""他不再是位艺术家……（而是）从容不迫、持续不断、满腔热情地书写着淫秽之物"。默里表达了他对这部小说的反感与厌烦，重复了他所使用的黏性物体的隐喻，宣称小说"畸形、兽性，这是我们的祖先走出泥淖时便已抛弃的"。默里的书评表明，他既没有批判性的见解，又嫉妒劳伦斯的天赋。

同样的问题先是出现在 1919 年的《文艺论坛》上，现在又出现在 1923 年的《阿德尔菲》中：默里先是向劳伦斯约稿，之后又拒刊他的作品。劳伦斯 1924 年告诉他的追随者罗尔夫·加德纳（Rolf Gardiner）："默里去年对我说，'来吧，只要你来，想在《阿德尔菲》上做什么都行。'12 月我来了。他对我的一篇文章［《归乡愁思》（"On Coming Home"）］一窍不通，不愿意刊印。不，劳伦佐，你这样只会树敌。——好像这就不是我想做的事似的。"[2] 默里诋毁并拒绝录用劳伦斯的作品的同时，不断吹捧凯瑟琳·曼斯菲尔德的名望并确立其作为偶像崇拜对象的地位。

默里自私地、不负责任地对待凯瑟琳，在她处于生命尽头之时放任她沉迷葛吉夫的理论，他对此感到愧疚，这直接导致了他以利于自己的方式铭记妻子凯瑟琳。作为凯瑟琳狂热崇拜的领军人物，默里美化了自己的角色、形象和重要性。他利用了凯瑟琳的惨死，创造了她理想化的肖像，从而伪造了她所取得的成就，还出版了她的遗著，赚取了大量金钱。

阿道司·赫胥黎1919年为《文艺论坛》工作时是默里的编辑助理，他在《针锋相对》（*Point Counter Point*，1928）中将默里塑造为博拉普，揭示了他虚假的自我投射。凯瑟琳也曾指责过默里的虚假自我投射，她写道："他的坦率本身就不真实。实际上，这一点似乎比他的不真诚还要不真实。"

> 苏珊去世时，博拉普利用了他感受到的愧疚，至少他在一系列异常悲痛的文章中高声宣扬了他的愧疚，这些文章所描写的始终是个人的痛苦经历——这是他作为新闻工作者成功的诀窍……那一页又一页相当歇斯底里的抒情文字记述着那个死去的小女人……
>
> 经历了好几天无尽无休的精神自慰后，他神秘地意识到了他自己独特、无与伦比的可怜之处……脆弱、精神不振、缺乏生气，因而也就没有成年人的那种坚强，一直像个未成年人，（苏珊）爱他，将他当成出类拔萃、近乎圣洁的爱人……（而他）想象与妻子是母婴关系，带着乱伦之爱的狂喜，双眼始终围绕着她转，这是他选择赋予有血有肉的苏珊的身份。

赫胥黎不仅发现了那种狂热崇拜和默里对自己悲伤的利用很虚伪，而且他也发现了默里情感不成熟，他玩弄凯瑟琳的情感时扮演了幼稚的角色。他还借性反常的隐喻描述了默里的"神秘"之爱有害的一面。

劳伦斯的短篇故事《微笑》同样以默里对凯瑟琳之死的反应为基础，强调了默里的消极与困惑。他刻画了一个男人的自私反应。男人在一家法国女修道院看到了他亡妻的躯体（凯瑟琳在枫丹白露葛吉夫的"小修道院"去世），他对此有着矛盾的感觉，有愧疚、自怜、漠不关心，还有对一位年轻修女的欲望："他并没有哭，只是木然地凝视着。仅仅是脸上的神色难看了些。我知道这种可怜兮兮的模样也会是我的下场！她那么美、那么单纯、那么聪颖、那么执拗、那么疲惫——如今那么了无生气！他对这一切竟然那么木然！"[3]

1923 年 9 月，凯瑟琳去世九个月后，默里以《鸽巢》（*The Dove's Nest*）为书名出版了她的二十一个短篇故事（其中十五个故事并未完成）。劳伦斯认为，让读者购买那个如废纸篓般的故事集，这令人无法容忍。六年后，劳伦斯给他的德国译者写过一封信，这封信并未出版。他在信件中评价了默里的狂热："可怜的凯瑟琳·曼斯菲尔德！……她属于她在世的时代，她会随着她的故去而光芒渐失。我太了解她了，话虽如此，我不会将她当成圣人。"他表达了他厌恶默里将凯瑟琳商业化，准确地预料到了未来，他告诉宾纳："凯瑟琳·曼斯菲尔德抵得上一千个默里！但他逼得她病了，忽视了她，离开了她，在外游荡直到她去世，之后又像鬣狗一般潜回以她为食，利用她！他对我也会是这样！"[4]

二

劳伦斯不经意地鼓励了默里，1923 年 8 月他告诉默里："弗丽达打算回英国……我希望你可以照顾她一些，这会不会给你添麻烦？她就一个人。"9月，弗丽达与劳伦斯吵了一架后便独自离开美国；她的孩子们不愿接受她，他们过着自己的生活，已不再需要他们的母亲；她便向默里求助。默里是劳伦斯婚姻的严重威胁，无论是1916年劳伦斯被他吸引的时候，还是1923年弗丽达被他吸引的时候。默里写道，弗丽达到英国的时候完全不爱她丈夫了，他为她的不忠解释说："她已经受够了劳伦斯的墨西哥'情绪'，实际上，她已经离开了他。她觉得——她的理由相当充分——不需要再忠诚于他。"

既然凯瑟琳1月已经去世，劳伦斯又在美国，弗丽达和默里便决定一起去德国旅行（如同1912年他同劳伦斯去梅斯旅行那般）。据默里那充满陈词滥调、不可信的记述来看，他们相爱了，而且，尽管弗丽达离开了劳伦斯，有充分理由不再忠诚于他，但他们还是压抑着自己，没有成为情人："旅途中，我们彼此表白了爱意。她甜美又可爱，总之很讨人喜欢。她无论如何都想我们俩一起在弗莱堡（她在这里第一次遇到欧内斯特·威克利）待上几天，我也非常想这样。想想我们可以睡在一起，在彼此怀抱中醒来，这感觉像是人间天堂。凯瑟琳长期生病，这已令我精疲力竭，弗丽达的爱给了我重生的希望。在墨西哥的时候，劳伦斯对她相当糟糕，他们之间绷着的那根弦真的断裂了。所以，我可以和弗丽达在一起，或者说我想我的确与她在一起了。但是到紧要关头，我并没有那么做……'不，我亲爱的，我不能失信于劳伦佐——我做不到。'"[5]

默里所宣称的忠诚并不令人信服。弗丽达当时陷入了与劳伦斯的婚姻危机。她的孩子们疏远了她，她不愿成为她在德国的家人的负担，又没有能力自食其力。她向默里求助，寻求安慰和欲望的满足。他是个软弱的人，曾经常"失信于劳伦斯"。1912年，他轻易就被凯瑟琳引诱了；在他处于悲伤与爱的混乱时期，他不可能拒绝热情、任性、固执的弗丽达。

尽管默里和弗丽达发生了性关系，他却并没有想要将她从劳伦斯那里"夺走"。科特狂热地忠诚于劳伦斯，他对弗丽达与默里通奸式的旅行极为愤怒。她回到英国时，科特与她大吵了一架；劳伦斯 12 月回英国时，科特向他发泄了自己的愤怒。劳伦斯本能地知道发生了什么。凯瑟琳·卡斯威尔写道，看到"默里和弗丽达（在滑铁卢车站）那么亲密地一起接他，这足以令他全然失色"。劳伦斯在《边界线》中对默里的虚构性描写表明，他明白为什么弗丽达也会被他吸引："他乌黑的双眼里透出的那种知悉一切的神色，他忧郁瘦弱的身体给人的讳莫如深感，这些都使他令女人感兴趣。他还具有另一方面，即他可以散发出温暖、献祭的感觉，就像一只狗爱着你的时候给你的感觉……而凯瑟琳（弗丽达）在对他多年的冷淡、厌憎后，最终被这个充满忧郁感、潜伏在旁的家伙深深迷住。"

默里与弗丽达的婚外情对劳伦斯在皇家咖啡馆的"最后的晚餐"有着异乎寻常的影响，默里在晚餐中承担了犹大的角色，劳伦斯则是耶稣。劳伦斯夫妇租了一间豪华、镀金、装饰有红色天鹅绒的房间，邀请了他们最亲密的七位朋友共进晚餐：默里、科特、格特勒、布雷特、玛丽·坎南和卡斯威尔夫妇。主宾之间的情感联系强烈又复杂。默里、科特和格特勒都爱过已经去世的凯瑟琳；默里与弗丽达的婚外情结束了他与布雷特的私通；科特、布雷特和凯瑟琳·卡斯威尔相互竞争，想要更多地赢得劳伦斯的友谊和爱；弗丽达和凯瑟琳·卡斯威尔嫉妒玛丽·坎南的美貌、优雅与财富。约翰·卡斯威尔写道："在场的每一个人……从弗丽达与默里一起去德国的旅行中做出了显而易见的推断。"

劳伦斯点了波尔葡萄酒，尽管他喝不了那种酒。科特讨厌弗丽达和默里，表达了他对劳伦斯的爱，还砸碎了好几个玻璃杯以强调他的愤怒。劳伦斯之后问了他五位未婚及两位已婚的朋友，他们是否愿意与他一起回到新墨西哥。在凯瑟琳·卡斯威尔看来，劳伦斯极其私人的请求显示了"他极为强烈的孤独感"和想要朋友忠诚于他的渴望。

那晚的情感高潮出现在劳伦斯直接恳切地向默里提出这一要求之时，这表明他怀疑默里与弗丽达的私通关系。关于这一重要的时刻有各种各样的记述。默里的传记作家 F. A. 利（F. A. Lea）引用了默里对谈话内容的歪曲：

> 劳伦斯是喝醉了，满是绝望，他恳请默里不要"背叛他"；而默里也醉了，但"洞悉一切"，说了那些著名的话："我爱你，劳伦佐，但是我不会承诺不背叛你。"这些话的意思，默里后来解释："我对你充满爱意，我也同情你的苦楚；但我不会承诺隐瞒我知道你为什么会经受这些痛苦。"

弗丽达的朋友兼编辑 E. W. 特德洛克（E. W. Tedlock）更敏锐地提出，"默里相当含糊地承认了自己作为背叛者的角色，因此这也令劳伦斯更加鄙视他"。凯瑟琳·卡斯威尔目击了整个事件，她的记述将默里描画为犹大，相当明确地呈现了他的供述：

> 默里再次拥抱了劳伦斯，而劳伦斯非常安静地坐着，没有任何回应，他的脸一片死灰，只有一双眼睛还带着活气。"我背叛了你，老哥，我承认，"默里继续说道，"过去我背叛过你，但再也不会了，我向你保证，再也不会了。"……
>
> 几乎是在与默里的这次奇异的插曲结束的瞬间，劳伦斯一个字没说，往前倒去，头砸到了桌子上，病得很重，立即陷入了昏迷。[7]

劳伦斯觉得在饭店里吐了一地，真是丢脸。他认为这一事件羞
耻，不仅是因为他喝了波尔葡萄酒，还因为弗丽达的私通事件和默
里胆小地承认了他们私通。接下来的几年里，劳伦斯还保持着与默
里的关系，但一直直接或在写给朋友的信件中批判他。默里病态地
将自己等同于犹大（他称自己为"心碎的情人"，相信他是"唯一
理解耶稣的信徒，而耶稣也知道他是唯一能理解的人"）使劳伦斯
更加相信，默里在任何时候都会一边指责自己所犯的错误，一边为
这些错误找借口。在一封关于这"最后的晚餐"的信件中，劳伦斯
规劝默里面对关于他自己的事实真相，"擦干净那犹大-耶稣的污
泥。记住，到目前为止，你背叛了所有人和事"。后来在 1925 年，
他批评了默里自我反思性的《耶稣传》（*Life of Jesus*），还告诉布
雷特，默里"将耶稣写得拙劣、可恶"。1929 年，他在一篇简短的
讽刺短文中戏仿了默里："耶稣所作《约翰·米得尔顿·默里传》
［*Life of J M M by J*（esus）C（shrist）］。约翰·米德尔顿生于基
督纪年的 1891 年。它碰巧也是自有时间可记以来，最可撒谎的世
纪中最可撒谎的年份。"[8]

劳伦斯永远都不可能完全断绝他与默里之间的依恋关系，而且
与那些同代人相比——他们认为默里是"这个国家最招人恨的文
人"，他是对默里更为同情的人。艾略特认为默里"是个个性软弱、
虚荣心超强的人"，他不信任默里；弗吉尼亚·伍尔夫指责了他对
劳伦斯的评论，称他为"秃顶的、鲜血淋淋的秃鹰……我所认识的
最卑鄙的人"。而弗丽达"忠诚地"污蔑了默里，认为他在《女人
之子》中对劳伦斯的猛烈抨击是个人报复："劳伦斯多年前便看穿
了默里，认为他是个不可信赖、背信弃义的朋友。他早就对这个小
'叛徒'不屑一提，除了一两次决然地表达他态度的信件外，（1926
年后）不再回应他充满爱的信件……因此，默里出于报复写了这本
书。"[9]就默里对待曼斯菲尔德和劳伦斯的做法来看，极为讽刺的

是，他不再因为他的作品而是因为他与曼斯菲尔德和劳伦斯之间的关联而被铭记。

三

从 12 月中旬到 1924 年 3 月初，劳伦斯在欧洲停留的两个半月里，他去诺丁汉和德比郡看望了他的姐姐和妹妹；去什罗普郡拜访了弗雷德里克·卡特（Frederick Carter），他曾与卡特通信讨论过《启示录》；在巴黎短暂停留后去巴登看望了弗丽达的母亲。劳伦斯夫妇在伦敦的最后一个星期住在干草市场附近萨福克街上的嘉兰酒店。他们与布雷特（唯一跟随他前往新墨西哥的朋友）一起于 3 月 5 日乘船从南安普顿出发，一个星期后到达美国。劳伦斯如以往一样不喜欢纽约，觉得纽约呆板、人造、不自然，但仍比欧洲更令人振奋。

劳伦斯夫妇 3 月 22 日抵达陶斯，（尽管 1923 年与梅布尔有过各种矛盾）与梅布尔一直待到 5 月初。梅布尔 3 月末到达陶斯时，劳伦斯夫妇搬到了客房，布雷特搬进了工作室，他们一起在正屋用餐。梅布尔起初似乎非常和善，但到 8 月，她几乎让每一个人生气，还与托尼之间有了严重的问题。劳伦斯从陶斯给墨西哥的一位朋友写信说："艺术家和'活生生的人'通常彼此憎恶才更显活力。"

4 月，梅布尔给了弗丽达（因为劳伦斯不喜欢产权和个人财产）她在山上的牧场——牧场在德尔蒙特上面两英里处，比之荒芜得多——以换取《儿子与情人》的原稿。梅布尔称该牧场为"放飞的心"（Flying Heart），劳伦斯先依据大灰狼山（Lobo Mountain）将牧场的名字改成了"大灰狼"，后又改成了基奥瓦（Kiowa，印第安人的一个部落）。梅布尔 1918 年购买这一百六十英亩的牧场时支付了一千两百美元。牧场里有小木屋和松树，但梅布尔买下它之后便任由它荒芜。尽管劳伦斯很爱这个牧场，从来没有后悔过与梅布尔所做的交换，但后来有评估者告诉他，这片荒废的地产只值一千美元，而他的小说原稿值三千甚至四千美元。[10]

劳伦斯雇了三个印第安人和一个墨西哥木匠重建那座倒塌的三室木屋，用晒干的砖头砌了烟囱。他将那座两室的木屋留着给不常到访的梅布尔用，给布雷特住的是一间相当小的木屋，小得都放不下一张小床和一个火炉。他购买了马鞍和五匹马——孔滕托司、奇吉塔、波佩、阿苏尔和贝西，他觉得这样就一切妥当了。他喜欢幽静与独立，这荒野的原始精神令他深深感动：

> 这个地方有种野蛮、牢不可破的精神——印第安人在晚上对着我们的篝火击鼓、吼叫……
>
> 我很高兴在美国西南部的这个地方——这里有原始的未被打破也牢不可破的东西……
>
> 能独自一人并承担责任，这样很好。但生活同样也相当艰辛，因为要对抗这荒蛮的落基山脉。

近 8 月末时，劳伦斯和梅布尔、托尼一起驾车穿越了新墨西哥州和亚利桑那州壮阔的自然风光。他们观看了霍皮族的蛇舞——"祭司们嘴里衔着活的响尾蛇舞动"；看到了宗教祷告、吟诵及各种仪式，它们似乎渗入并激发了纳瓦霍人的生活。他先是在他的信件后又在《墨西哥的早晨》中描述了他们。这些描述始于他对自己在瓦哈卡生活的记述，结束于（不是按时间安排）美国："前往霍皮人聚居区的旅途很有趣，但很累，到目前为止，坐汽车的感觉就是如此。纳瓦霍人聚居区非常美——完全是荒野，耸立着巨大的红色悬崖。

这样的聚居区非常适合坐着汽车进行一天的旅行。纳瓦霍人都是真正的野蛮牧民：唉，他们几乎不说英语，也不会说西班牙语。但奇怪的是，他们那些圆形的小屋内保持着浓烈的宗教生活。这种万物有灵的宗教是他们唯一的生活；我们的宗教是宗教的躯壳。"[11]

9 月，劳伦斯听说他父亲于 9 月 10 日去世，享年七十八岁，而这一天正是劳伦斯的生日。劳伦斯还记得他母亲 1910 年去世时的痛苦经历，他也畏惧着自己的死亡，因而他很高兴没能参加他父亲的葬礼。艾达给他寄来了他们父亲的照片，劳伦斯从照片上看到自己与他非常相像。但他并没有原谅阿瑟曾对莉迪亚的欺凌，他早与他父亲断绝了情感联系，对这位老人的去世并没有表现出太多的情感。

弗丽达也对这个牧场感到满意，这是他们迄今拥有的第一个"家"。但她与劳伦斯之间的冲突虽不如从前那般严重，仍然不断出现在他们的生活中。与梅布尔和宾纳一样，布雷特喜欢不怀好意地记述他们的争吵。弗丽达骑上马，有了她的那种劳伦斯情绪，他会很快让她泄气，戳破她的假装姿态：

> "噢，真棒（弗丽达大声说）！感觉着他强壮的大腿的移动，感觉着他有力的四肢，真是太棒了！"
>
> "胡说八道，弗丽达！"（劳伦斯）大声反驳，"别那样说话。你一直在读我的那些书：你不会有那种感觉！"

但弗丽达一直都不是忍气吞声的人。劳伦斯警告她，"别搞那么强的情感，弗丽达"；她便回答："我要是想情感强烈，我就会有强烈的情感，你滚开！"

要是劳伦斯想要凌驾于她之上，将自己当个神，弗丽达便会抨击他，会坚持认为自己和他一样重要，并且会提醒他她曾经在威克利家的优越地位，从而提出她在家里一直是第一把手。她抨击、驳斥、指责劳伦斯时，他的回应通常是威胁或暴力，还带着埋怨："'你小心点，弗丽达！你要是再像那样跟我说话（当然她还是会那样），我摔碎的就不是茶具了，我要砸碎你的脑袋。嗯，是的，（他说着，重复着他对梅布尔的威胁），我要杀了你。小心点！'接着茶壶上的拨火棍就这么戳下来了。"后来他悲叹："布雷特，你不知道揍一个女人是多么丢脸的事；之后我能感到的只有羞耻。"[12]

# 四

布雷特是作为起缓冲作用的人——如同那两个丹麦人一样——被带来美国的，但她令劳伦斯-弗丽达-梅布尔的三角关系更加复杂。她很快便取代梅布尔成为劳伦斯夫妇婚姻中主要且更加直接的问题。布雷特密切关注着劳伦斯的情绪变化，尽管有些笨拙，却迫切地全心全意为他服务，盲目地崇拜着劳伦斯，缓和了弗丽达对劳伦斯的嘲弄。虽然弗丽达说，要是布雷特能有那么一次与劳伦斯观点相悖，她就给她半克朗，但布雷特从没接受过这样的赌约。

梅布尔几乎从不包容布雷特，她认为布雷特是劳伦斯讨厌的附庸，描述她是个身材高挑的老姑娘，有"漂亮、粉嫩、圆圆的脸颊和一副幼稚的表情。她长而细的小腿下面配着一双突兀的大脚……她是个有趣、迷人的怪人。她的一双眼睛既怀有敌意又充满探寻"。布雷特经常受梅布尔欺负，她用劳伦斯的方式分析她的破坏性行为并对之进行报复："梅布尔生来就无聊。她贪得无厌地想要尝试生活的方方面面。她品尝了，再将之吐出来。她很理智，她估量着两个人之间的情况，进而尽可能快地将之彻底摧毁。不管有什么处于萎靡状态中，她都会提供帮助，令之更加萎靡。如此看来，她既危险又残忍。"[13]

布雷特（在 1933 年）和梅布尔（在 1932 年）分别留下了两个事件——一件发生在一个舞会之夜，还有一件是布雷特帮梅布尔剪头发的事——相互矛盾的记述。这两个记述揭示了陶斯的梅布尔家里充满敌意的氛围，那里是事件的爆发地。第一个事件涉及梅布尔那个年轻、附庸风雅的追随者和寄生虫般的克拉伦斯·汤普森（Clarence Thompson）。克拉伦斯·汤普森 1898 年生于康涅狄格州，毕业于埃塞克特大学，在哈佛大学待过两年；他后来成了好莱坞的自由撰稿人，写些杂志文章和"低成本电影"（cheap "B" pictures）① 的介绍；他称自己为"共和党人和保守主义者"。陶斯的一位作家将克拉伦斯描述为一个讨厌的同性恋："温和、柔弱，印第安银饰令他不堪重负，他有一张精致的面孔，但内在阴暗、堕落……他以他奇特、柔弱的方式渴望着劳伦斯。他身材很高，金发，妄自尊大。"[14]

据布雷特描述，劳伦斯、弗丽达、布雷特、梅布尔、克拉伦斯一起聚在梅布尔家宽敞的工作室里跳舞。劳伦斯带了一瓶白兰地，布雷特喝得酩酊大醉。她邀请劳伦斯跳舞，劳伦斯勉强同意了。她心醉神迷地写道："我感觉到了你的温度；我能感觉到你体内奔腾的生命之流；这就像是与农牧之神起舞，与某个不羁的林木精灵在跳舞——狂热地、摇曳地滑动、跳跃。你充满野性、诙谐幽默。我们高雅地跳着美国舞经过梅布尔和克拉伦斯时，我们撞上了他们。你淘气地发出一阵大笑，直到克拉伦斯暴怒地冲出了工作室。弗丽

---

① B picture 是随意、宽泛地赋予那些简短、低预算电影的标签。这些电影的制作是为了支撑那些时间更长、费用更高、质量更佳、更具有吸引力的电影。英国 B picture 的起源可追溯至 20 世纪 30 年代初期。当时电影正面临着从无声向有声的艰难转型，观影者在买票之前会仔细考虑是否值得购买。有些小型的电影院与实力雄厚的竞争者进行竞争，他们会在主要电影（这类电影尤其在美国被称作 A picture）放映前先播放一段额外的影片，从而让观影者觉得钱花得值了。这样的做法变得流行，B picture 因此诞生。本处翻译考虑其制作低成本性，便译作了"低成本电影"。

达在他之后也跑了出去，梅布尔也消失了。之后突然间，你厌烦了。"

梅布尔的描述同样以自我为中心，不太"劳伦斯化"，更加具有性暗示、阴谋性和不祥。他们所有人都聚在工作室里。劳伦斯和克拉伦斯神秘地消失了半个小时，回来的时候拿着一瓶私酒。弗丽达求劳伦斯跳舞，但他严词拒绝了。弗丽达之后便和克拉伦斯兴高采烈地跳起了舞；劳伦斯出人意料地同意与梅布尔跳舞（跳得笨拙、不放荡）；而布雷特拿着她的黄铜助听器，独自一人跳着：

> 我和劳伦斯快速地舞动，绕着整个房间跳舞，每一圈都用尽全力撞向（弗丽达和克拉伦斯）！我们舞动的速度越来越快，每一次都比上一次撞得更重。布雷特并不太明白我们是在做什么，她也快速地旋转起来，努力地要撞上我，同时又要避免撞到劳伦佐……劳伦佐一有机会就踢弗丽达……我玩得很痛快，因为在那里，劳伦佐紧抱着我，我们最终结合成同一意愿、同一努力去破坏、撞击，可能的话，毁掉那两个人的轻松与美好……尽管那是舞蹈的最后阶段，但并不是那个晚上的最后时段。弗丽达和克拉伦斯窃窃私语，从大门走了出去，消失在了夜色中。[15]

布雷特对第二个事件的描述中，她帮劳伦斯剪了头发，梅布尔也想剪头发，但她意外地动了一下，布雷特不小心剪了她的耳朵，用厕纸给她包了起来（像凡·高那样），觉得有点恶心：

> 然后我开始一点点剪梅布尔那佛罗伦萨式的男士短发。"安静点，"我警告她，"当心你的耳朵。"她突然转过头，我感觉到剪刀咬住了什么柔软的东西，有血喷出来。

"你剪了我的耳朵，"梅布尔惊讶地说道，"你竟然剪了我的耳朵！"我无助地看着血滴落。一只耳朵怎么能流出那么多血！

从梅布尔的心理分析式阐释来看，布雷特是个施虐狂，劳伦斯富有同情心。梅布尔想要劳伦斯帮她剪头发，但布雷特说她来帮忙剪，她说自己过去常帮凯瑟琳·曼斯菲尔德剪发。劳伦斯指导着布雷特的时候，她猛砍了梅布尔的头发，从这种补偿性的毁坏中获得乐趣。梅布尔从劳伦斯的同情中得到她自己的补偿：

> 我能听到她的喘气声。她砍了又砍我的头发，然后突然将我的耳朵尖剪了！
>
> 血流了下来，劳伦斯面色苍白地拿了他的手帕给我。我惊愕地看着布雷特，我得承认，我是钦佩地看着布雷特！她半带着哭音，眼里蓄着泪，同时在大笑。
>
> "为什么，你竟然剪了我的耳朵！"我向她吼道。我没办法缓过劲来。她恨我，她自己耳朵聋，她也想要弄残我的耳朵！那感觉那么有意思，我都忘了要发怒。但我并没有忘了要好好博取好心肠的劳伦佐的同情。[16]

在两个事件中，劳伦斯对其中的情感动态极为重要，因为跳舞过程中的侵略性撞击和理发过程中的流血事件都表明了女人间公然的敌意，她们在争夺劳伦斯的青睐。

劳伦斯很感激布雷特帮忙做家务、帮他打字，他认为布雷特非常单纯无害。而弗丽达则认为布雷特是比梅布尔更黏人、更危险的对手。布雷特没有自己的情感生活，似乎依赖劳伦斯而生。1925年1月在瓦哈卡，一切都发展到了极限。弗丽达不能再忍受布雷特，她强迫劳伦斯将她送回牧场，让她独自待着。当他们返回基奥瓦时，弗丽达将布雷特赶去了德尔蒙特牧场，但布雷特进行了反击：她用双筒望远镜窥探他们，只要有有趣的客人到访，她就会出现。

弗丽达给布雷特写信，指责她和劳伦斯就像是个老处女与一个副牧师一般。弗丽达厌憎他们俩并没有做过爱这一事实（而她自己则与不同的情人发生过性关系），她还坚持说，"劳伦斯说他不可能爱上像你这样的女人，你就像个芦柴棒！"这伤害了布雷特，也是弗丽达在为她自己越来越肥胖的身躯辩解。

1月9日，劳伦斯在瓦哈卡给布雷特写信，颇费了些周折，因为他之前邀请她陪伴他们前往墨西哥，他觉得应该对她是否感到开心负责任："我、你和弗丽达现在无法珠联璧合。最好是我们做好要分开的准备，你得走你自己的路。我不是生气，我只是讨厌'各种状况'，它们让我觉得羞耻……相信我，我们三个人之间不会再自在。最好你过你自己的生活，不是像这样跟我们亲近，这造成了很大压力。"

两个星期后，布雷特返回了牧场，他毫不客气地批评了她（因为她无视了他让她离开的含蓄暗示）。一是批评她将性牵扯进了他们的友谊，二是批评她在脑中意淫性而非进行实际的交合："你与默里的友谊是精神层面的友谊，你将性牵扯进去，他厌恶了你……我也讨厌你的友谊不完整，你我之间没有任何肉欲关联……你喜欢眼睛观看带给你的性兴奋，喜欢意淫。这邪恶又具破坏性……你对我的'友谊'背弃了我作为男人的基本事实，让我不舒服……你离开后，我好了很多。"三个月后，他从瓦哈卡回到了牧场，补充完整了他对布雷特的抨击：他骂她是"天生的分离器"，她让人们彼此对立，让每个人都成为别人的敌人。

遭到劳伦斯的拒绝后，布雷特与已婚的印第安人特立尼达好上了。特立尼达在劳伦斯的牧场工作，劳伦斯天真地说他"如姑娘般纯真"。[17] 他发现了他们之间的私通后，解雇了特立尼达，并在《公主》中描写了布雷特和这个印第安人。《公主》中，布雷特出身贵族，是个克制的老姑娘，她一直拒绝承认自己的性感觉。她鲁莽地和一个血气方刚的墨西哥人骑着马进入了荒无人烟的原始森林，那里有血红的树叶和蹲伏的动物，这表征了她对性与死亡的无意识渴望。她的肉体觉醒了，而她的大脑却麻木了；她梦见被活埋在一片寒冷、无性欲、死一般的地方；尽管她对性有着矛盾心理，却在那个墨西哥人提出"让她暖和点"时，毫不含糊地同意了。他的喘息声中充满欲望；一切结束的时候，她的喘息则是松了一口气的感觉。他问道："你不喜欢昨夜吗？"她冷淡地否定，这伤了他的男性骄傲。他对此的报复是砸了一块冻结的冰（象征着她的童贞），将她的衣服全部扔进了湖里。几天后，白人男性来找她，他们杀了墨西哥人，因为他睡了她。之后，她在心理上重构了她的童贞，嫁给了一位随和的老人，他替代了她死去的父亲。虽然这个不情不愿的白种女人必然从墨西哥男人那里对性有了了解，但她无法回应他的野蛮和粗暴。《公主》中，劳伦斯剖析了布雷特相当可怜可悲的行为——想要从一个原始印第安人那里获得性满足。

布雷特比他们都更长寿，她与劳伦斯到底有过什么，也只能由着她说了算。她最后在陶斯去世，享年九十四岁。布雷特放弃了自己作为少女、可爱的妹妹、未婚姨妈的角色，她在去世前宣称，1926 年 3 月在拉韦洛，劳伦斯与弗丽达争吵并分开之后，他进了她的宾馆房间，对她说，"我不相信友情，除非这段关系也有身体之间的关联"——不过，布雷特是唯一声称劳伦斯将之作为他们之间友谊条件的女人。

我吓了一跳，但也很幸福。他上了我的床，转过身，吻了我。我还能感觉到他胡须的柔软，还能感觉到那时的不安，还能感到那强烈地想要胜任的欲望。我极度渴望能成功，但（尽管她和默里、特立尼达都发生过关系）我不知道怎么做。什么也没发生。劳伦斯突然起了身。"这样没用。"他说，之后便阔步离开了房间。我极为震惊，感到无助和困惑。

据布雷特说，他们第二次想要发生性关系却"无望地惨败"后，劳伦斯要么说了"你的奶子有问题"，要么说了"你的阴毛有问题"[18]，再一次阔步离开了房间。之后不久，他便命令布雷特离开拉韦洛，再也没见过她。

布雷特所描述的离奇事件中，劳伦斯的行为与他的性格完全不符。他与弗丽达结婚后，从没有随便与别人发生过性关系，从没有对弗丽达不忠。他一点都没有被布雷特吸引。他曾告诉过她，他们之间"没有肉体上的联系"，并惊叹："她那么强烈的依恋，我忍受不了。"[19]无论如何，他都不会想要泄露他因为疾病而在性方面有困难这件事。他不喜欢粗鄙的语言，永远都不会使用"奶子"或"阴毛"这样的词。这两个词显然是布雷特在新墨西哥待了许多年后，从她学会的美国俚语中拿出来，追溯性地用在了 1926 年的劳伦斯身上。费丝·麦肯齐指出，劳伦斯与弗丽达分居，在意大利有一段短暂的时间完全属于布雷特，这对她来说简直是天堂。布雷特的三位密友——朱丽叶特·赫胥黎夫人、朱莉安·莫雷尔·维诺格拉多夫、哈伍德·布鲁斯特——在近来的采访中都证实，布雷特临终前说的这个故事肯定是她的幻想。这表达了她在《公主》故事中那种对性机能不全的恐惧，她在她的故事中让劳伦斯承担了默里作为她情人的角色，目的是补偿 1924 年至 1925 年间在瓦哈卡和陶斯，劳伦斯对做她的情人一事的断然拒绝。

# 五

　　1924 年 10 月中旬，劳伦斯和弗丽达、布雷特一起离开牧场，第三次前往墨西哥，并于 20 日抵达墨西哥首都。这一次，他发现墨西哥城破旧、压抑、令人不快。在那里停留的两个星期里，他带着布雷特看了城中景观；爱德华·韦斯顿给他拍了照；他与笔会作家俱乐部成员一起吃了饭；与美国考古学家泽莉亚·纳托尔（Zelia Nuttall）——她的著作是《羽蛇》的一个创作来源（劳伦斯在《羽蛇》第二章中描述了这"极糟糕的"午餐会）——一起用了午餐；还见了萨默塞特·毛姆，他当时也正在墨西哥寻找小说素材。

　　劳伦斯认为有同性恋倾向的毛姆是个浮于表面的商业作家，认为他迎合了压制《虹》的机构。毛姆认为劳伦斯是个"病态实例"。鉴于劳伦斯易怒的性情，他们俩之间注定充满误解与敌意。弗丽达写道，劳伦斯最先发出了友好的示意："有一天，据说威廉·萨默塞特·毛姆在墨西哥城，劳伦斯便给他写信，询问他们是否可以见一面。"但毛姆的秘书（也就是他的情人）替他回了信，建议说，既然他们都要一起与泽莉亚·纳托尔用午餐，而她住在远郊的科约阿坎区，他们应该共乘一辆出租车。"劳伦斯很生气，毛姆竟然让他的秘书给他回信（劳伦斯因为艾米·洛威尔使用秘书而恼火），他回信说：'不，我不愿意共坐一辆车。'"劳伦斯即刻便攻击了毛姆，就像他曾对墨西哥教育部部长何塞·瓦斯康塞洛斯感到气愤，因对方无奈在最后一刻取消了与他的约会。他并没有认识到，毛姆让他的秘书做了中间人，是因为毛姆口吃的毛病在与陌生人说话或在电话中说话时尤为严重。

　　毫无疑问，劳伦斯不喜欢毛姆，他向宾纳描述毛姆时说他不快活、好投机、受压抑："萨默塞特·毛姆在我们来的那天去了库埃纳瓦卡，但显然也没什么好失落的。他令人讨厌，身上没有任何残存的乐趣。他感到害怕，因为他担心没有能力在圣诞节之前创作出下一部以鲜活的墨西哥为故事背景的巨著。——一个胆小还有口吃毛病的'艺术家'。"1928 年 7 月，劳伦斯评论毛姆的间谍故事集《英国间谍阿申登》（*Asehnden*）① 时，批评这些故事虚假，其批评的态度与他之前评价毛姆的性格时的态度如出一辙："这些'严肃的'故事是伪造的……很难再发现比这更令人不快的故事了，这些故事中的幽默变得更加陈腐。"[20]

11月中旬，劳伦斯迁往南方，到了瓦哈卡，当时那里的人口有四万。他起初对这个城市非常热衷（墨西哥最有吸引力的城镇），但到他要离开前，他咒骂瓦哈卡和墨西哥，因为它们毁了他的健康。11月，他描述了这座城市的情调和它的居民、河流与市场：

> 瓦哈卡是个非常安静的小城……这里非常宁静，有着它自身僻静的美。弗兰奇奥宾馆非常宜人，食物很棒，四个比索便可解决一天。我们想出去看看米特拉、图尔、埃胡特拉的遗迹……这里有两条河，但我只看到一条。河中央，赤裸的印第安人正用肥皂洗头。我也要沐浴……这些印第安人身着白色棉布四处走动，他们不像大多数的城镇人穿规矩的裤子。我想我们应该搬进一个有院子的房子，在这里待上十多天，而布雷特小姐住在宾馆里……
>
> 每一天都阳光明媚，正午的时候有点太热。当地大多数人是萨波特克印第安人。他们身材矮小但为人坦诚、谨慎、鲜

---

① 该故事集也译为《阿申登故事集》《一个英国情报员》，希区柯克曾将之翻拍成电影，定名为《秘密情报员》，有的翻译便沿用了《秘密情报员》的译名。此处译者采取了意译与音译叠加的方式。

活：真的非常友善。这里有一个大的集市，像蜂巢般发出嗡嗡的吵闹声，人们可以在这里买到任何东西，可以是玫瑰，可以是马蹄铁……市长是山里来的印第安人。我在他的官邸见了他![21]

11月末，劳伦斯夫妇从爱德华多·瑞卡兹神父那里租了一套房子。神父是出生于墨西哥的英国人，是天主教教区牧师，住在与房子相邻的侧翼。这没有家具的别墅有宽敞的房间、露台和封闭的花园，花园里种着咖啡树和热带花卉。但劳伦斯对这片"充满恶意的大陆"出现的讨厌的震荡感到焦虑。他记述说，一个当地居民打网球时，腿被枪射中了。

# 六

居住在瓦哈卡期间，劳伦斯完成了《墨西哥的早晨》前四章的创作，他用这部作品致敬梅布尔；还写完了《羽蛇》的第二个版本。温德姆·刘易斯在他论辩性的《白脸人》（*Paleface*）[1927年9月首先发表在他的杂志《反对者》（*Enemy*）上，1929年以书的形式发行]中为智力的至高无上性进行辩护，以辩驳他所认为的劳伦斯对情感重要性的提升，还（明显夸张地）集中火力攻击劳伦斯不重要却具有代表性的游记中对印第安人原始主义的颂扬。在长达二十页的攻击中——这或许是劳伦斯有生之年遭到的最严重也是最具诽谤性的攻击，刘易斯试图表明，劳伦斯完全被亨利·博格森-奥斯瓦尔德·斯宾格勒（Henri Bergson-Oswald Spengler）学派的观点所蛊惑，崇尚"进化的、情感性的、非人类的'无心'哲学：他那么深入彻底地阅读这一哲学，并将之用于表现印第安人的'意

411

识'……劳伦斯先是反复告诉他的白人读者,与他笔下那些精力旺盛又'神秘的'印第安人"——这些印第安人代表的是"发自肺腑的意识"——"相比,他们是多么可怜的人"。"如果我们循着劳伦斯先生的陈述,到达他浪漫式说教的最终结论处,"刘易斯写道,"我们就会允许我们的'意识'被与我们格格不入的印第安人的'意识'压倒。"

虽然劳伦斯的确颂扬了"血液体验",认为其高于智力体验,但他显然相信,在体验世界的现代方式与原始方式之间存在着明显断裂及相互否定:"印第安人的意识方式与我们的意识方式不同,而且对我们的意识方式具有毁灭性。"他并没有如刘易斯所宣称的那样想要让他的欧洲意识屈从于某种过时的意识。正如他在弗雷德里克·卡特创作的关于革命一书的导言中所写:"一旦一种旧时的观点已然被取代,我们便永远不可能恢复它。"[22]

1914 年 7 月 8 日,劳伦斯与南肯辛顿的戈登·坎贝尔在一起时,他便言简意赅地记述,温德姆·刘易斯——他当时刚刚出版了《爆炸》——"走了进来,接着便有了一场激烈、生动的讨论"。关于他们的这次会面,并没有什么记述材料流传出来,但鉴于这两个人的性格,他们的会面必然充满吵闹与争论。刘易斯在许多重要方面都很像劳伦斯,他与劳伦斯一样是个固执己见、好说教的正义斗士,反对伪善言辞与虚伪做派;是个易变、脾气暴躁的人,觉得自己应奋力谴责世界的罪恶,声明自己的权威观点。与劳伦斯一样,刘易斯试图将自己的观点和价值观强加于社会时,忍不住攻击并疏远他甚至最亲密的朋友。1932 年,刘易斯自己的作品遭到封禁之后,他乐观地告诉他的出版商,劳伦斯的《虹》和《查泰莱夫人的情人》遭到封禁,这恶名却最终推动了劳伦斯作品的销量,而他本人很可能也会得到这种有用的恶名。他还称赞了劳伦斯敢于与压制性的思维模式进行斗争:"D. H. 劳伦斯成功的一半显然归因于他的书不断遭到封禁，以及他与清教主义信仰那陈旧、虚幻的偏见进行的令人振奋的斗争。"虽然刘易斯敬佩劳伦斯的智识与勇气，但他批评劳伦斯对孩童的强调、对女性准则的颂扬以及他如弗洛伊德般对无意识的强调。在攻击《墨西哥的早晨》之时，他还极端地歪曲并轻视劳伦斯最优秀的两部小说："《儿子与情人》（也就是劳伦斯的第三部作品）是第一部令他即刻急匆匆踏上乱伦这一时尚之路的作品。这部作品逼真地热衷于恋母与崇尚性的描写。他的《恋爱中的女人》再次汇聚了相同的密集性的、多愁善感的、满足感官享受的内容。"[23]

　　劳伦斯在《查泰莱夫人的情人》和他为爱德华·达尔伯格（Edward Dahlberg）的《底层牛马》（*Bottom Dogs*，1929）① 所撰写的序言中对《白脸人》做出愤怒回应。虽然大卫·加尼特声称，劳伦斯小说中的邓肯·福布斯是以邓肯·格兰特为原型创作的，但那个"有着直直的黑发、对自己有着奇怪的凯尔特人的自负心理的家伙"所画出的绘画与格兰特冷淡的后印象派画作相比，色彩更加强烈、更抽象，更接近刘易斯漩涡派绘画时期的画作："他的艺术中尽是管状物、阀门、螺旋形和奇怪的颜色，超现代主义风格，却带有某种力量，甚至形式与语气的某种纯净。只有梅勒斯认为他的艺术残酷、令人排斥。"最后的两个形容词很有可能适用于刘易斯

---

① 该作品为达尔伯格的第一部小说。故事讲述了密苏里州堪萨斯城的洛里·刘易斯（Lorry Lewis）的故事。洛里十一岁被母亲送进了克利夫兰的一家孤儿院，他最终成为货物押解员，穿越整个西部到达波特兰，并一路去往洛杉矶。沿途，他有许多不堪的遭遇。这本小说介于弗兰克·诺里斯的冷漠自然主义与杰克·凯鲁亚克的迫切的自发性书写之间，常被归为无产阶级小说一类。它管窥了 20 世纪 20 年代美国生活的丑陋面。劳伦斯为之写了长达十页的序言。他在序言开头部分如此写道："我们想到美国，想到其巨大成功之时，我们从没有意识到她曾经历了多少失败，而如今它仍在不断缔造着成功。只有你生活在美国，深入其生活的表面之下，你才会发现是多么可怕与残酷的大量失败滋养了美元这棵巨树之根。"序言结尾处，劳伦斯说："我再也不想要读像这样的作品。但我很高兴读了这一部，它有助于人们了解排斥性意识——处于厌恶状态中的意识——的定论。它帮助人们了解了这个世界，让人们不必继续迎合引起肉体反感的现象行事。"

的艺术，劳伦斯将之与刘易斯所攻击的《查泰莱夫人的情人》中的机器文明联系在了一起。但梅勒斯带着个人偏好的评价既傲慢又一知半解。梅勒斯的强项不是艺术批评，他所倡导的是一种威廉·莫里斯式使人类更具活力的道场。"我觉得，所有这些管状物和波纹状震荡真是够蠢，太多愁善感。它们展现了太多的自怜自艾和过多神经质的固执己见，我感觉是这样。"在达尔伯格作品的序言中，劳伦斯在智识与审美方面都与刘易斯背道而驰。他强烈谴责刘易斯敌视人类情感："温德姆·刘易斯展示了人们对他造成的彻底的令人厌恶的影响，但他是借助才智进行的展示。这是个态度与举止的问题。影响是一样的，感叹也是一样的——它们招人厌恶！天哪，它们糟糕透了！"[24]

劳伦斯粗暴的谴责耐人寻味地混杂了道德评判、个人偏见与自我批评。他洞察了刘易斯习惯性地压抑藏于其智力硬壳之下的各种情感，他不信任又畏惧这些情感；他合理地摒弃了刘易斯的打斗技巧与令人不快的语气（"态度与举止"）。劳伦斯毋庸置疑被《白脸人》激怒了，他很有可能在自己身上发现了某些他指责刘易斯身上存在的缺点。

刘易斯这一次被劳伦斯激怒了，他在《希特勒》（*Hitler*，1931）中继续攻击他令人怒不可遏的异国情调："他迷恋滥交，歇斯底里地赞颂一切'黑暗与奇异'之物。"他在《傲慢的男爵》（*Snooty Baronet*，1932）一书中的"无敌太阳神——阉割的公牛"（Sol Invictus—Bull Unsexed）一章中嘲讽、戏仿了超性别的扎拉图斯特拉①。《咆哮的女王》（*The Roaring Queen*，1936）中，贝比·巴克特劳特将劳伦

---

① 扎拉图斯特拉是古代波斯袄教的先知和创始人的名字，该先知的希腊名译为"琐罗亚斯德"（中国古书中则称为"苏鲁支"）。琐罗亚斯德教创始人琐罗亚斯德宣称阿胡拉·马兹达是创造一切的神，因此他后来成为琐罗亚斯德教的最高神。该教延续了两千五百年，至今仍有信徒。他还是琐罗亚斯德教经典《阿维斯塔》（即"波斯古经"）中《迦泰》的作者。

斯那部声名狼藉的小说解读为爱德华七世时代的魔鬼、性倒错者的解毒剂："你相信吗？我是被迫读的《查泰莱夫人的情人》及如它那样的作品。我读的目的是阻止自己陷入那些恶行，因为我们成长在充满那些恶行的环境中。"[25]刘易斯和劳伦斯双双代表了两种反差巨大的现代思维模式，他们彼此指责对方多愁善感，认识不到对方作品的价值；受人身攻击的驱使，他们两人都挑出了他们不喜欢的因素，忽视了作品继续存在的伟大因素。刘易斯要比他们自己愿意承认的更加情绪化，劳伦斯则比他们自己愿意承认的更有智识。

七

劳伦斯非常熟悉当时的政治现状：在他逗留墨西哥的十年前，革命与内战已在这个国家风行。他的《羽蛇》以这个神话想要超越和补救的政治现实为原型。潘乔·比利亚 1916 年 3 月突袭了新墨西哥州的哥伦布小城；劳伦斯第一次逗留墨西哥期间的 1923 年 7 月，潘乔·比利亚被谋杀。普卢塔科·卡列斯 1924 年成为总统；1925 年，教会与政权之间产生激烈冲突，导致 1926 年至 1929 年间的基督战争（the Cristero religious wars）。"卡列斯政府在濒临惨败时存活下来，在一系列深层内部压力中，随时都可能垮台。这个国家在经历了致命的四年（1924 年至 1928 年）后幸存，依然证明了其内在的活力。"

《羽蛇》是劳伦斯最重要的政治小说，它抨击了墨西哥社会主义的暴力恐怖，建构了一个虚构的宗教贵族统治取代它。他憎恶也畏惧与潘乔·比利亚及埃米利亚诺·萨帕塔这两位个性极强的将军相关的意识形态；从自耕农的视角刻画了这些政治事件，自耕农是保守的土地主，他们被贫困潦倒的雇农推翻了；表达了对革命之前的和平岁月的强烈渴望。据说，卡列斯政府设立了中央银行，稳固了财政体制；实施了道路建设与灌溉的各项规划；颁布了保护石油权利的石油法；制定了电力工业法规；创立了农业信贷银行；使军队专业化并对之进行了精简。[26]但对劳伦斯来说，一切似乎都相当不稳定。1924年11月，他从瓦哈卡给默里写信道："这个国家一直动荡不安。他们到处传播一种荒谬的社会主义。这些身形矮小的萨波特克印第安人非常凶狠……一切都那么摇摇欲坠，形势非常不明朗……这些人中70％是真正的野人，很像三百年前的人。除去这些黑肤色的野蛮人之外，剩下的人口便是西班牙裔墨西哥人。这里的社会主义就是一场闹剧中的闹剧，唯一一点就是这场闹剧相当危险。"

劳伦斯对社会主义与革命的反应具有双重性：他渴望让印第安民众保持其原始的纯真，但他也渴望能有一个有权威又外表迷人的领导者抑制革命，维持现状。要想压制如贝尼托·华雷斯那样危险的政治鼓动者，劳伦斯相信，民众必须团结在"一位民选的伟大人物周围。这个人物是个英雄，他能领导一场伟大的战争，也能治理全面的和平……人们得选出他们的领导者，并誓死遵从他们。这必须是将贵族阶层置于顶端的体制，依此体制建构的社会应像一个金字塔形状，塔的顶端是至高无上的领导者"[27]。

劳伦斯在他的墨西哥小说中（站在了右翼的一边）颂扬了权力，提议设立一种复兴性宗教。怪诞的羽蛇神（Quetzalcoatl）运动——一场源于右翼势力同时又对抗右翼势力的反叛——的成功，实际是以墨西哥长期存在的强有力的反教权传统、革命时期教会被毁及20世纪20年代教会濒临崩溃的状态为原型的。劳伦斯告诉宾纳："在这里，基督教会是异质的。（农民们）需要他们自己的宗教，那曾让他们进行屠杀的宗教。"[28]小说中，在雷蒙政权统治下，鼓声取代了铃声；羽蛇，即羽蛇神，取代了十字架。但劳伦斯无法创造一个诚信社会或他种宗教以取代他所熟知的可怕的革命现实。在他的理论著述中，劳伦斯经常称赞威权统治，但《羽蛇》中的领导者都嗜血、残暴。与康拉德和奥威尔不同，劳伦斯无法构想一个国家的政治命途。

《羽蛇》包含个人、政治及宗教主题。弗丽达与默里的婚外情使劳伦斯更加渴望男性间的友谊，也使他更加想要支配甚至毁灭女性的性力量。小说中的人物表征了更大范围的政治斗争：凯特·莱斯利受到奇普里亚诺的控制，就好比墨西哥的民众处于雷蒙的支配之下；凯特想要强有力的男性，看不起虚弱的男性（接受过国外良好教育的墨西哥领导人奇普里亚诺和雷蒙，与她的同性恋朋友巴德和欧文形成了强烈对比）；她无意识地将羽蛇运动与她死去的丈夫乔基姆相联系，乔基姆是为赢得爱尔兰独立战争而牺牲的领导人。在如"精液般"的湖水边（象征了性能量的释放和精液的巨大喷射），个体的恐惧与性奴役被神圣化，这摧毁了凯特的性别身份，泄露了她的个体理想及政治理想。凯特在羽蛇众神中的角色并不明确，但她卑贱地顺从奇普里亚诺——她亲吻了他的双足，放弃了性高潮时的快感——导致了她个体性的丧失。与奇普里亚诺在一起，她退化到了"童贞"状态，这有效地消解了她的两任丈夫与两个孩子，满足了她唯我独尊的自我感。因此，凯特与奇普里亚诺的婚姻对应了雷蒙与卡洛塔（雷蒙称她为"陈腐的处女"）之间巨头-奴隶的婚姻模式，以及雷蒙与他的第二任妻子特蕾莎——她"带着野性与处女般的忠诚"爱着他——之间的婚姻。

小说记述了凯特从厌恶斗牛的残酷性的女人退化成了对奇普里亚诺各种血腥处决方式冷漠的女人；从乔基姆·莱斯利的妻子——她"只会爱一个为了改变世界，为了令这个世界更自由、更鲜活而战斗的男人"——变成了奇普里亚诺的妻子，奇普里亚诺是一个阴险、几乎令人厌恶的将军，他镇压叛乱以维护保守的土地主的利益；从"一个现代女性、一个具有自身实力的女性"——她曾说过"我不会顺从……为什么人们要屈服"——变成了会说出如下话语的女人："如果没有奇普里亚诺触碰我、限制我、折服我的意志，我就会变成可怕、苍老的女人。我应该想要受他限制；如果一个男人以强有力的意志限制我，我应该会高兴。"凯特对性的美化只是她性别身份的堕落。

处决的场景与奇普里亚诺对凯特的征服密切相关。这个场景描写的是野蛮地回归到繁复的死亡仪式，"阿兹特克人将他们的众神升至了恐怖与恶毒的地位"。当奇普里亚诺将他的刀扎入一个无助的受害者身上时，"随着刀的刺入、血的喷射"，他体验到了"（性）快感紧致的悸动！"[29]奇普里亚诺"悲观的、强有力的本能"实际是一种残酷的欲望，想要主宰凯特，使她臣服于自己的意愿——战胜非自然权威，用权力征服爱。小说中的暴力事件是奇普里亚诺力争获得性支配权的政治表现，他既镇压雇农的起义，同样压制凯特的反叛。

1925 年 2 月 2 日，劳伦斯终于完成了《羽蛇》的创作，他本人为此付出了巨大代价。就在那一天，"就好像肠胃被击中"，他患上了疟疾、流感和伤寒。尽管他从没有对他的任何一位朋友提过，但与此同时他还发生了第一次、近乎致命的结核出血。

第十八章

# 肺结核，1925

一

　　劳伦斯出生两周后便患上了支气管炎，整个童年时代都瘦小、虚弱，经常生病。1901 年和 1911 年两次复发的严重肺炎永久性地损害了他的健康，导致他在整个成年后的生活中都患有慢性结核病（中间会有一些缓解期）。1913 年 6 月，他在肯特郡咳血；两年半后，他的一位朋友有些夸张地说："肺病让他去了半条命。"漫长的冬日，尤其是英国漫长的冬天，还有意大利的夏天是劳伦斯最难熬的时候。1916 年初，他病得很重，6 月被拒绝服兵役，7 月竟承认（这很不寻常）他患有肺结核。1919 年 2 月至 3 月的战后流感爆发期间，他患上了流感；1922 年 4 月在锡兰，疟疾令他病重。牧场所处的高纬度和那里的稀薄空气似乎有益于他的肺。但 1924 年 8 月初，他离开前往瓦哈卡的两个月前，第二次居住在牧场时，他吐出了许多鲜红的血。他的胸腔、喉咙疼痛不已。他一直卧床，感觉自己像块破布般无力。

　　肺部的结核病令他的双肺遭受了患病组织数量众多的细菌的损毁。随着细菌侵袭并摧毁他的身体组织，小的圆形小瘤或结节形成，它们由细菌和白细胞组成。细菌造成了肺部组织的损伤，进入了痰液。这种消耗性疾病慢慢从结核性病变、坏疽、腔洞发展为血管糜烂，血液渗入肺部，如果血流量大的话，会导致病人被自己的血淹死。托马斯·曼在《魔山》（*The Magic Mountain*，1924）中描述了这一病理变化过程及其经常造成的致命结果："形成小瘤，这表明出现了可溶性毒素，它们可对生理系统产生麻醉作用；细胞组织损坏、干酪性坏死，这事关该疾病是否可由粉质石化抑制并通过纤维化治愈，或（更有可能）是否该疾病的范围会扩大，造成更大的腔洞，从而摧毁整个器官。"

疾病的变化对劳伦斯的生活和他的性格产生了强烈影响。他（多次）表现出肺病症状，这些症状直至他去世前不断恶化。他食欲不正常、体重下降、消瘦憔悴、面色苍白、双颊发红、脉率不稳、容易发烧、盗汗、气短、哮喘、胸痛、经常感冒、重度咳嗽、咯血、极度易怒、性无能。劳伦斯双肺的毒血症影响了他的心境，挑起了他的雷霆怒火。约翰·济慈曾向范妮·布劳恩（Fanny Brawne）强调病人与身体康健之人之间存在巨大鸿沟："如你这般健康的人，完全不懂像我这样神经紧张、脾气暴躁的人体验的恐惧。"威特·宾纳如此写过劳伦斯的坚韧克己与完全不受控制的怒火："他从未在言语上抱怨过他的疾病，也没有精神萎靡，让我无从了解他的疾病；只有他那些突然的怒火和愤怒之下的行为让我知道他生着病。"[1]

直到 1944 年塞尔曼·瓦克斯曼（Selman Waksman）发现链霉素，此前没有任何有效治疗结核病的方法。无论是公然进行欺骗的医生，还是坦率真诚的医生，他们可以减轻却无法阻止或治愈这种疾病。20 世纪 20 年代，病人们遵循着《魔山》中描述的养生之道，包括修养疗法、合理饮食、露天疗法及肺萎陷疗法（后者往往造成更大的伤害而非好处）。X 光直到 30 年代才广泛用于诊疗；肺部手术的先进技术和抗生素直到 40 年代后期才开始使用。昂贵的疗养院防止了许多病人将疾病传染给其他人，教会了病人卫生科学，缓解了他们的精神压力与生理压力，并使医生们可以对这项疾病进行研究。然而，正如一位结核病权威所说，那种养生之法根本无效："延长休息时间、注重气候变化或特殊饮食，它们的重要性并不能得到保障……没有任何特有的地区或气候可以抑制肺结核或将其治愈。"新近的一项研究称，1921 年时，不入院治疗的病人会更健康："对疗养院、住家及未接受治疗的病人进行的一项调查（造成了负面影响）发现，45％从未进入过疗养院进行第一阶段治疗的病人在确诊四年后'自愈了'，而进入疗养院治疗的病例中只有 31％治愈。"[2] 1934 年，英国有三万六千人死于结核病。

　　鉴于结核病的治疗并无治愈把握，许多病人本能地拒绝气候治疗法和疗养院中严苛的养生之法，他们决定尽可能地保持正常生活。奥伯里·比尔兹利（Aubrey Beardsley）疑惑地写道："生病已经够糟糕的了，但成为自己双肺的奴隶，在某个可怕的地方过冬，嗅着海风或松风，错误地认为这会延长人的寿命，这在我看来太愚蠢了。"凯瑟琳·曼斯菲尔德无法忍受周围只有肺病患者的陪伴，她相信疗养院会扼杀她的创作灵感："任何机构都会扼杀了我——只有我一人，与他人隔绝，除了病人就只有病人。"在为 R. D. 普劳斯（R. D. Prowse）的《黄昏之礼》（*A Gift of the Dusk*，1920）所撰写的书评中，凯瑟琳虚构性地描述了疗养院——默里在凯瑟琳疾病的末期将她送入——的生活，自我反思性地写道，肺结核病人可怜又无望地坚持着普通生活的习惯："肺病患者最可悲之处在于，尽管他病得很重，他在大多数情况下病得还不够重，还抛不下那些重要的健康习惯……因而，这一小群病患，他们在这巨大连绵的群山中一起过着毫无人情味的生活，永远经受着那些近在眼前却永远无法触及的事物带来的挫折。"[3]

凯瑟琳在她的日记、信件及像《依顺的丈夫》（"The Man Without a Temperament", 1920)——描写了默里对她的肺病的无情反应——这样的故事中，都详细描述了她的疾病与痛苦。因为她与劳伦斯在疾病和脾气方面"不可思议地相像"，因此她关于这一话题的写作阐明了他的思想和情感。凯瑟琳证明了自己的身体状况愈益衰弱。每天，微生物撕咬着她的细胞组织，一点点更多地毁了她的肺。随着她变得越来越虚弱，她发现走路、呼吸越来越困难。"我咳个不停，每一次呼吸都能听到抽气、沸腾、翻滚的声音。我感到我的整个胸腔滚烫。我呷一口水，吐掉，呷一口，吐掉。我感觉我的心肯定要碎了。我没办法扩展我的胸部，（因为肺部组织被毁了），就好像胸腔已经崩塌了。生活就是要得到一口新的呼吸，除此之外，什么都不重要。"1918 年 7 月，她哀婉地给奥托琳·莫雷尔写信，讲述了身体与精神的对抗，她渴望"一个不敌对的身体——一个不是恶魔般地忙于那种古老、陈旧、进行'不可避免'的折磨的身体，这折磨就是要摧毁人的精神。"[4]

尽管劳伦斯厌恶屈服于医生[5]，这令他感到羞耻，但他还是接受了许多医生的检查，其中一些（大卫·埃德、梅特兰德·雷福德、马克斯·莫尔）是他信任的私人朋友。不过，他知道肺病无法治愈，极度怀疑治疗的方式。劳伦斯建议他儿时的朋友格蒂·库珀要相信自己的直觉，格蒂当时住在一家结核病疗养院，医生敦促她做手术："那些医生给你建议的时候，一定要仔细听他们说什么。但到你最终做决定的时候，一定要听你自己的心声。"他还告诉厄尔·布鲁斯特，就是健康气候这一概念也只是需要反复试验的问题："医生能为我做的就是对我说，你可以试试这种或那种气候；他们不知道。这只是个试验。"

然而，他在生命的最后五年间不断寻找有益健康的气候，最有力地解释了为什么他焦躁不安、狂热地改变居住地点，也解释了为什么他经常对这些地方不满：从北到南、从高山到平原、从内陆到岛屿、从山间城镇到沿海地区。20 世纪 20 年代末期，他尽力冬天待在日光强的地区，夏天待在高山地区。但随着肺结核慢慢击垮他并损耗掉他的生命力，他孤注一掷地否认患病，并将他所患的病归咎于他所生活的气候、国家甚至那片大陆的邪魅。赫胥黎一直都能洞悉劳伦斯，他也是劳伦斯人生最后阶段极为亲密的人。他观察到了劳伦斯的自我欺骗："像许多结核病人一样，他确信气候——不仅仅是气温还有风向及所有的大气条件——对他有巨大影响。他创造了一整套关于气候的错误观点。"[6]

劳伦斯长期的慢性疾病及其身体状况的逐渐恶化所带来的心理影响，对一位艺术家来说，几乎与身体症状同样重要；他的心理健康在很大程度上决定了他生存的意志和存活下来的能力。他有时发现很难专注于他的工作，因为睡不安稳和睡不着觉的恐慌，他总是想象着死亡。他经常感到自己像个令人厌恶的被抛弃者，与健康人群切断了联系，被他的身体背叛，困在了病人的世界里。肺结核无疑令他敏锐地感觉到迫在眉睫的消亡，但同时也在他后期关于复活主题的作品中加深了他对身体感觉和肉体之美的欣赏。最为重要的是，他对死亡的意识令他有了可怕的紧迫感，这强化了他的情感和表达力。当凯瑟琳·卡斯威尔悲叹，与劳伦斯的生活相比，她的生活似乎是虚度时，他回应："啊，但是你有比我多太长的生命去做事情！"[7]

二

劳伦斯 8 月吐血，胸腔和喉咙还疼痛未消，10 月冬天即将来临之时，他便渴望离开牧场，往南前往墨西哥。1925 年 1 月末在瓦哈卡，快要写完《羽蛇》时，他变得虚弱、精疲力竭、"糟糕透顶"。弗丽达觉得，他们与布雷特之间的矛盾加重了他的病情，她强迫他将布雷特——就在她可以在护理劳伦斯方面充当极为重要的帮手的时候——遣回牧场。与梅利尔德、葛驰、布鲁斯特夫妇和霍克斯一样，弗丽达直到面对一系列明显证据，才意识到劳伦斯实际上患有有高度传染性且无法治愈的疾病。劳伦斯平静地否定自己患有肺结核，也拒绝面对这样的真相，弗丽达似乎也就信了。她自己很健康，也不怕感染上他的疾病，尽管配偶长期接触结核病有极大被传染的危险。

2月2日左右，就是他完成了这部墨西哥小说的当天，劳伦斯出现了第一次近乎致命的结核出血。他突然喘不过气来，举起手阻止鲜红的血液涌入他的肺腔，灌入他的口腔，从他的指缝间不断渗出。契诃夫带着令人震惊的审美客观性评论过他自己的出血状况："从嘴里流出来的血液当中有着不祥的预示，它就像是一团火的投影。"济慈曾接受过培训要成为药剂师，他认识到自己的出血状况会复发并变得致命："我知道那血液的颜色——那是动脉里的血，那血的颜色骗不了我；那一滴血就确保了我的死亡。我肯定得死。"[8]

弗丽达叫了当地的墨西哥医生，但他害怕给这个羸弱的外国人看病，不愿意前往。劳伦斯病得比弗丽达意识到的还要严重，他知道自己的病很重，想着弗丽达或许会不得不将他葬在令人不快的瓦哈卡公墓。感觉到他时日无多，他肯定了自己的爱并承认弗丽达给了他创作的灵感："要是我死的话，什么都不重要，除了你，根本什么都不重要。"弗丽达给他受尽折磨的胸部和腹部用热砂袋敷，他的状况因为这样好转了不少。他生病期间，有过一次强雷暴和震级不太高的地震（当地报纸未对之进行报道），令他们屋顶的横梁移动了位置。

2月25日，劳伦斯还很虚弱，但他下定决心要逃离这个有疟疾的地区。他们向北前往墨西哥城，中途停留特瓦坎。在那里，弗丽达度过了疟疾的危机之后，因为劳伦斯的病而一直绷着的神经崩溃了，她哭了一整夜。她想着："他再也不会健康起来了，他病了，他注定要死了。我所有的爱、我所有的力量都永远不会再令他完整了。"在墨西哥首都，他接受了美国医院外科主任悉尼·乌尔费尔德医生（Dr. Sidney Uhlfelder）的检查。当着劳伦斯的面，或许是为了强调他的身体状况有多糟糕，这位医生非常残酷地宣称："劳伦斯先生患有肺结核……带他去牧场；这是他唯一的机会。他的结核病达到了三度（最严重的程度）。最多再活一两年。"[9]

劳伦斯的肺结核病还牵扯了另外三项疾病。他反复告诉他的朋友，他还患有疟疾引发的发烧和反胃、胸腔中的流感、伤寒（地方病，这引起了严重的肠痛）。他说，瓦哈卡到处都是疟疾，他被附近一条河里的蚊子传染了，得到了另一位医生何塞·拉伦贝（一位受过教育的印第安人）的诊治，医生给他注射了大量奎宁。墨西哥城的医生确认了这一诊断，最初建议他在海平面地带修养几个月，但很快他们就改变了想法，禁止他从韦拉克鲁斯到英国的航海旅程。尽管劳伦斯说"疟疾在炎热的太阳或任何疟疾可存在的条件之下会复发"，医生还是建议他要么待在墨西哥的日光之下，要么返回牧场。罗斯·帕门特声称："因为瓦哈卡城海拔较高，能传染疾病的蚊子不会在此存活，他的病症中的疟疾因素很有可能是他在锡兰感染的疟疾的复发。"但据该问题的标准医学权威说，疟疾在热带国家海拔2000至2500米以下的地方很流行。因为瓦哈卡的海拔为1555米，因此蚊子可以在那里存活。劳伦斯非常有可能是因为那里的疟蚊而感染了疟疾：要么是疟蚊直接传了疟疾，要么疟蚊叮咬了平原地区的疟疾病人，又将携带的病菌传染给了劳伦斯。[10]鉴于劳伦斯病得很重，而在那个偏远地区，救治方式（热砂袋、奎宁、甘汞）较为落后，劳伦斯能活下来令人吃惊。

因为劳伦斯将他的病归咎于墨西哥，所以他在其首都休养了三个星期后便下定决心，拖着病体返回牧场。但他还有一个更大的阻碍要克服。美国法律禁止患有结核病的外国人入境。移民必须提供一份最新的 X 光照片，以证明他们肺部健康；如果官方对此存有疑虑，移民必须接受边境医生的检查。劳伦斯脸色煞白，明显患有结核病，便在脸上抹上了腮红，试图在埃尔帕索"可怕的医生"那里蒙混过关。

他极为愤怒且痛苦地告诉朋友们（因为边境的这场磨难必定令他想起了 1916 至 1918 年间他接受军队医疗检查的创伤经历），他们将他当成了非法移民，差点再度冻死了他："埃尔帕索的移民——那些美国人——最无礼、可恶。在你抱怨墨西哥人最为糟糕之前，先看看这类美国人，他们是最底层的乌合之众，肮脏、傲慢。"劳伦斯最终在斯图尔特·格鲁门（Stuart Grummon）的帮助下成功越过了美墨边境。斯图尔特·格鲁门是墨西哥城美国大使馆的秘书，他说服边境官员不顾规章制度，将劳伦斯当成了特殊案例。[11]

劳伦斯于 3 月末抵达牧场之时，布雷特观察到他蹒跚着下楼梯，脸色发青，脆弱得可怜。劳伦斯发现，随着他日渐瘦弱，弗丽达却越来越胖，比他重了二十磅。他发誓他再也不去墨西哥了，永远也不会原谅瓦哈卡对他造成的一切。离开瓦哈卡后，他再也没能彻底康复。再有一次出血状况，他就会猝死。

劳伦斯的出血状况和他持续不断的病症令他迫切地关心他那些患有结核病的朋友。辛西娅·阿斯奎斯 1913 年曾在疗养院休养；露伊·伯罗斯的朋友希尔达·肖，她也是劳伦斯在诺丁汉大学时期的同期校友，还有劳伦斯童年时期的朋友弗朗西斯·库珀分别于1913 年和 1918 年死于结核病；凯瑟琳 1923 年去世。通俗小说家迈

克尔·阿伦以及默里的第二任妻子维奥莱特·勒梅斯特（Violet Le
Maistre）也患有同样的疾病。画家马克·格特勒以及弗朗西斯的妹
妹格蒂——她与艾达一家住在一起，都在 1925 至 1926 年期间，在
诺福克的蒙德斯利疗养院接受过治疗。

通过他们共同的朋友科特，劳伦斯密切关注着格特勒。劳伦斯
很高兴格特勒的状况有好转，他鼓励格蒂·库珀也进同一家医院看
同一位医生。在格蒂待在蒙德斯利疗养院的漫长的几个月中，劳伦
斯为她提供建议，对她表示同情和精神支持，这是只有老朋友和遭
受同样疾病之苦的病友才能提供的。他告诉格蒂要遵守严苛的规
定，好好吃饭，长点肉；他赞同在医院里待着是件糟糕的事，但她
能被治愈，这是件好事；他还提到他自己的体温与她的一样，时高
时低。更为重要的是，他令她精神振奋，他表达了他最深的信念，
鼓励她为生命而战："我确确实实希望你不要感到那么不自在或忧
郁……如果可以，多交交朋友，别太害羞。最重要的是要有生活的
勇气。要有勇气活下去，还要活得精彩。"

劳伦斯显然认为格蒂的命运与他自己的一样。当她的病情愈益
严重时，他欢乐的语气变得忧郁，他向艾达剖白："我知道她的左
肺比我们想的要严重得多——我其实一直都怀疑是这样……你从蒙
德斯利寄来的信件，还有关于格蒂手术的消息，的确相当令人挫
败。我看我就不会进行这手术。"[12]

三

劳伦斯虽然无法生育，却一直很享受与弗丽达健康的生理关
系。但到 1926 年底，如弗丽达后来披露的，因为肺结核，劳伦斯
的性能力下降。正如病理学家威廉·奥伯所指出的："患有严重肺

部疾病的男性会极度疲惫，这会令他无法对性刺激做出反应，也无法像先前一样，在性事上有令人满意的表现。"

在《和平的现实》（"The Reality of Peace"）中，有一段具有强烈私人性的文字，劳伦斯承认圣保罗所信奉的身体的腐败，但用对精神的肯定予以回应："我们，我们自己就是那沸腾的腐败中那鲜活的溪流……同时也是那鲜亮的生命之河。"在他后期的诗歌和小说中，劳伦斯第一次表达了他对自己的性无能、疾病和临近的死亡的各种情感。《三色紫罗兰》中的三首短诗——《达到平衡点的人》（"Man Reaches a Point"）、《蚱蜢成为重担》（"Grasshopper Is a Burden"）、《够了！》（"Basta!"）——使用了《传道书》12 章 5 节中的"人之所欲终将废弃"以显示劳伦斯对孤独和麻木之心的恬淡寡欲的反应：

> 人无能再爱之时
>
> 无感之时
>
> 所欲废弃之时
>
> 心麻木之时
>
> 他所能做的
>
> 便是说：本该如此！
>
> 我得容忍
>
> 并等待。[13]

劳伦斯未完成的故事《飞鱼》（"The Flying Fish"）从他在瓦哈卡大出血后开始创作，坦诚地刻画了他的疾病，劳伦斯在其中忆起了瓦哈卡的地方精神，描写了乘火车前往墨西哥城的旅程和乘船返回英国（以他 1923 年 11 月至 12 月与葛驰一起的旅行为基础）

的航程的无聊乏味：

> 炎热 10 月的夜晚，他躺在床上，疟疾还没有好。烧得迷迷糊糊中，他又看见了南方焦干、荒芜的群山……
>
> 他又一次病重得走不了了。他躺在令人眩晕的热带地区，让日子就那么从他身上流走……
>
> 他的身体病了，染上了潜在所有热带地区空气里的毒……他想要离开，离开他所坠入的这可怕的热带的空无。

后来，布鲁斯特夫妇劝他写完这个故事，他回答说，再次体验那样的经历太痛苦，这个故事"写在离死亡那么近的时刻，我永远都没有办法在这寒冷的日光里完成它"。[14]

《查泰莱夫人的情人》中的两位男主人公显示了劳伦斯疾病的两个方面：克利福德·查泰莱丧失了性能力（他在战争中负伤，腰部以下瘫痪），他的猎场看守人奥利弗·梅勒斯患有肺结核。服兵役期间，梅勒斯染上了肺炎，这使他一直生病、咳嗽，心肺虚弱。劳伦斯将他自己的疾病刻画在了梅勒斯身上：他九死一生，健康受损，（在克利福德命令他推着他破旧的轮椅上山之后）极度衰竭，不乐意吻康妮的双唇。

劳伦斯在墨西哥及后来在意大利都经常濒临死亡，他九死一生的经历令他对苦楚有着强大的洞察力，也令他极度渴望活下去。在《已死的男人》（*The Man Who Died*，1929）中，他表达了对自己的病的恐惧与感受。这是他这类表达中最动人的部分。被钉在十字架上的耶稣在坟墓中苏醒、浑身疼痛，他死而复生，（与劳伦斯一样）差点就死了：

> 他醒了过来，麻木而寒冷……在漫长的睡眠中，他的肢体

到处都疼。他并未睁开双眼，但他知道他活过来了，麻木、寒冷、僵硬、浑身疼痛……

要是他愿意，他可以移动，他知道这一点。但他不愿意。谁愿意从死亡中回来？他预感到只要移动，就会激起他强烈的眩晕感……

（他的双手）再次落下来，冰冷、沉重、麻木，即便只动了这么一点点就让他不舒服，无法形容地不愿再动一下……

他再次坠入了黑暗，像死了般躺在那里，停留在死亡的寒冷虚无中。这是他最想要的。他几乎就要完满了：处于死亡那完全彻底的寒冷虚无中。

劳伦斯带着如基督般的顺从与勇气告诉厄尔·布鲁斯特，如果疼痛无可避免，那就得忍受疼痛：你"无法越过苦痛，但你可以找到忍受下去的力量"。[15]

## 四

劳伦斯在牧场又恢复了力气，他的身体状况改善的速度惊人，一个月后，他便能骑上他钟爱的马了。4月，他监督工人建了畜栏，给谷仓翻修了屋顶，将弥足珍贵的水从加利纳峡谷绕过小山送进他的灌溉渠。夏天，他照料自家花园，伐木，猎捕体格巨大的豪猪，拔了豪猪所有的鬃毛，它的这些鬃毛曾刺进了他家马和狗的鼻子，引得它们尖叫不已（劳伦斯不得不用钳子将这些毛刺一个一个拔出来）。

他还给不受束缚、经常跑没了的奶牛苏珊挤牛奶。"听上去有种田园美"，他告诉马丁·塞克，但这牧场有时候很像他在《狐》

中描写的那个损失惨重的农场："奶牛逃进了山里，我们骑着马去找它，咒她比她本身还要黑；一只鹰袭击了我们最能生蛋的母鸡；臭鼬偷了我们的鸡蛋；有一半家养血统的野牛闯入了牧草地，那里干的就像胡椒面——没雨、没雨还是没雨。这是个艰苦的地区。"雷切尔·霍克补充说，尽管劳伦斯喜欢抱怨那只名为苏珊的奶牛，夸大这头奶牛带来的麻烦，但他始终知道该在哪里找到它。[16]

5月中旬，弗丽达二十二岁大的外甥弗里德尔·贾菲（Friedel Jaffe）在牧场逗留了两个月。虽然他帮忙干了些家务，但他根本取代不了陪伴他们的两个丹麦画家，劳伦斯在他的信件中也几乎没提过他。他作为德国交换生来美国，在安纳波利斯的圣约翰学院和约翰·霍普金斯大学学习。他非常不喜欢美国东部。弗丽达后来回忆说，劳伦斯不愿与他交流，如果话题转到文学方面，他会变得"好辩"。劳伦斯的身体状况还是不太好，他试图通过比其他每个人都起得早并且干了他的那份活儿来"证明自己"。他的病痛让他不再温和，变得"愤愤不平，甚至近乎绝望。他将自己一个人锁起来，写着《羽蛇》的初稿，只在给那只黑眼的苏珊挤奶或是维修糟糕的刺钢丝围栏时才出现……我非常喜欢他。他的感知力极强。你会发现他能感觉到并理解你的内心。他比他作品中的自己更亲切"。尽管弗里德尔喜欢劳伦斯，但显然从劳伦斯的行为来看，他躲避并忽视了这个傲慢、讨厌的年轻德国人。[17]

1924年至1925年间，除了他的病之外，对劳伦斯来说，另一个始终存在的问题是他工作少了但还要支付昂贵的医疗费，他很难从他之前的崇拜者兼出版商托马斯·塞尔茨那里拿到拖欠了很久的已出版著作的版税。这些版税占据了他收入的相当大部分。1924年3月，塞尔茨告诉劳伦斯他前一年损失了七千美元，银行里没了存款，无法给他资金。但9月，在罗伯特·蒙茨埃的帮助下，劳伦斯到底支取到了三千美元。蒙茨埃还是劳伦斯先前签约出版作品的代理商,(劳伦斯承认)蒙茨埃曾警告他要当心塞尔茨可能会破产,他说得很对。"要是能如此,一点一点地总能支取到,我一点也不介意,"他告诉艾达,"我害怕的是他会破产。"

1925 年,阿尔弗雷德·克诺夫出版社出版劳伦斯的作品时,他还不得不部分地依赖从塞尔茨那里挤出来的那一点点钱。9 月,劳伦斯最后一次离开牧场,在去往英国的途中短暂停留纽约——"那么心惊肉跳,如蒸笼般炎热"——时,事情出现了危机。与劳伦斯相比,弗丽达对钱的态度更积极,她告诉布雷特,出版商们对他们无法支付的债务愤怒又防备:"塞尔茨夫妇很讨厌,他们完了。我去与他们吃了一顿饭,我端着态度,意思是他们要是有钱就支付我们钱,但是没有,她差点还捶了我的眼睛。我们就是一帮贪财之徒。" 1925 年末,塞尔茨出版社几乎没法再维持下去了,他们还欠着劳伦斯五千美元。尽管劳伦斯对塞尔茨夫妇很失望,但他与弗丽达不同,他没有生气,对他们更富有同情心:"塞尔茨没有希望了,他应该会破产,在这行完了。不过,他的债主们不会逼他破产,他们希望可以一点点压榨他。我希望他从来没存在过,可怜的人。"[18]

劳伦斯夫妇 9 月 21 日从纽约登上了"坚毅号"(Resolute)。虽然劳伦斯始终希望再次返回美国,但他已经没有精力再进行劳累的长途旅行,也没有精力再在落基山脉地区进行艰难的生活了。他从没有忘记过他在埃尔帕索的苦难经历,他担心他的结核病和《查泰莱夫人的情人》给他带来的恶名会使美国当局阻止他入境。

第十九章

# 斯波托尔诺与斯坎迪奇，1926—1928

一

　　劳伦斯返回欧洲时，身体状况糟糕，也没有固定的家。接下来的五年里，他继续焦躁不安地寻找适宜的气候及可令他停留的吸引人的地方。他大部分时间居住在意大利的小村庄，先是在热亚那西部利古里亚海湾的斯波托尔诺，之后是在佛罗伦萨西南七英里处的斯坎迪奇。1926 年夏，他最后一次返回英国。1927 年春，他在伊特鲁里亚人居住的地区进行了徒步旅行，初秋在奥地利和德国度过。1928 年，他在意大利的托斯卡纳地区、瑞士的阿尔卑斯山脉以及一座远离法国南海岸的岛屿上度过。他与弗丽达的争吵一如往常地激烈，他的肺结核也变得越来越严重。

　　劳伦斯发现，1925 年 10 月的英国黑暗、阴沉、令人沮丧。多雨的天气、糟糕的经济状况以及普遍的悲观情绪令英国看上去"几乎阴森恐怖"，甚至比他先前 1923 年 12 月重访时更恶劣。他抱怨，"人们没有精气神，他们的生气只如海藻那般。"他逗留英国的一个月间去看望了他的姐姐和妹妹。埃米莉是"那种美丽、淡漠的英格兰中部地区的人"；艾达"健美，是劳伦斯的阴暗版，对他有着相当不恰当的爱慕", 而他无法完全回应她的情感。他第一次遇见了小说家威廉·格哈迪 (William Gerhardie), 对方注意到劳伦斯病得很重: 劳伦斯"没了邪恶的神色。阳光下, 他蓄有红色大胡子的脸看上去忧伤、满是痛苦, 简直就像受难耶稣的面孔"[1]。他见了辛西娅·阿斯奎斯; 与默里见了最后一次面, 攻击了他多愁善感的基督情怀。

他还在白金汉郡短暂停留, 先是与马丁·塞克一起, 之后又与凯瑟琳·卡斯威尔一起。塞克比劳伦斯大三岁, "圆圆的脑袋, 脸色很好, 有一头乌黑的头发, 身材不高、偏瘦; 说起话来有细微的拖腔, 会尽情地大笑, 但并不经常那样笑"。他曾做过伊夫利·纳什出版社的审稿人, 1910 年创立了自己的公司, 办公地点设在约翰大街 5 号, 就在斯特兰德大街边上, 靠近查令十字街。塞克取得的第一次巨大成功是出版了康普顿·麦肯齐的小说《激情私奔》(*The Passionate Elopement*, 1911)。他还出版了弗兰克·斯温纳顿、休·沃波尔、詹姆斯·埃尔罗伊·弗莱克 (James Elroy Flecker)、弗朗西斯·布雷特·杨及诺曼·道格拉斯的作品, 还有托马斯·曼的《布登勃洛克一家》和卡夫卡的《城堡》。他于 1918 年成为劳伦斯作品的出版商。弗雷德里克·沃伯格 (Frederick Warburg) 1935 年接手这家面临倒闭的公司, 他觉得塞克缺乏精力和野心。劳伦斯称他是一个"相当友善的人, 真的是, 还相当低调——害羞"。[2]

凯瑟琳·卡斯威尔认为, (与 1923 年一样) 1925 年的劳伦斯似乎非常孤独。他"不谈论他的病, 与往常一样, 他身上看不出任何有病的样子; 但在他大而宽的墨西哥式帽檐之下, 他的脸看上去小而消瘦苍白。人们很容易猜到, 他没法应对伦敦的冬日"。他们在乡间散步后, 一位不速之客出现了。那是伊冯娜·卡普, 她是凯瑟琳的朋友, 也是一位有志向的作家, 她的丈夫埃德蒙 1923 年曾为劳伦斯画过一幅铅笔肖像。伊冯娜发现劳伦斯极让人喜爱，她后来回忆："他待我的态度，我只能用温柔的敬重来描述；他非常严肃地与我交谈，就好像我是与他一般的作家。我非常感激他，喜欢他。"伊冯娜注意到劳伦斯憔悴的外表与弗丽达庞大的身躯形成了极度鲜明的对比。他们让她想起了某些物种的交配：极小的雄性缠在了巨大的雌性背上。[3]

劳伦斯概述他在英国拜访家人与朋友的经历令人沮丧又失望，他告诉布雷特，在英格兰中部地区那肮脏的空气中，他猛烈地咳个不停，无法忍受看到忧郁的科特，感到他失去了与辛西娅旧日的亲密，与专注自我的默里毫无共同之处，对凯瑟琳的贫困感到惋惜。

1921 年，塞克娶了里娜·卡佩莱罗（Rina Capellero），她来自斯波托尔诺。塞克向劳伦斯推荐了这个村庄。尽管劳伦斯并不特别喜欢里维埃拉，他更喜欢住在再南边一些的卡普里与西西里岛，但他们还是妥协接受了，因为弗丽达想待在一个可以更容易接近她的子女与他们朋友的地方。劳伦斯租下了伯纳达庄园，在此从 11 月中旬一直住到了 1926 年 4 月。这是一座四层楼的庄园，地窖里住了一个农民。庄园位于一座小山上，可以俯瞰整个村庄和大海。坐在露台上，在日光里写作，劳伦斯告诉他的朋友们，他喜欢这里清新的空气和地中海温和的冬日，尽管狂风经常将他限制在潮湿、寒冷的房子里，

> 但这房子位于山上，就在城堡下面，可以看到下面村庄里所有的屋顶。海水时进时出地拍打着海岸，闪耀着粼粼的白光。地中海永远有着令人快乐、幸福的东西：在它边上，我感到舒适。我们有一个大的葡萄园，许多杏树，还有一位年迈的农民乔瓦尼。

劳伦斯早已表达他在英国旅行时的疲倦，但入住庄园十天后，他便已开始为春天做打算，幻想着旅行，以此安慰生病的自己。他开始学习俄语，仍渴望游览希腊群岛，航行穿越博斯普鲁斯海峡——尽管拉纳尼姆"早已消失不见"。他想去看看西班牙海岸和众岛屿、西西里岛、北非和南斯拉夫。他已经出版了十部重要小说，还出版了许多诗集、戏剧、游记及散文，他却没有什么现款可供他实现他的梦想：

> 那么，让我们做点什么吧（他对厄尔·布鲁斯特说）。有喜欢的船，或者3月在西班牙——巴利阿里群岛、马略卡岛和米诺卡岛；或者西西里岛中部，那个地方是卡斯特尔韦特拉诺，位于西西里岛中央，3月会有繁花，景色真的很美。每个春天，那是珀耳塞福涅从地狱升腾的地方。或者去卡拉布里亚，尽管大多数人会在那里因为污秽的水而染上伤寒；或者去突尼斯、去凯洛旺、去沙漠的边缘；或穿过意大利去到达尔马提亚、斯帕拉托和拉古萨，那里非常迷人；还有黑山。有了船，我们可以物尽其用地做这一切。我可以投上一百英镑用于买船。

虽然劳伦斯无法忍受弗丽达的两个女儿（当时刚二十岁出头）经常性的叽叽喳喳和骄傲自大，但当长了一双长腿的芭芭拉12月第一次来访时，他尽管脾气暴躁，还是对她表现出了极大友善。劳伦斯辅导过成年人——杰茜·钱伯斯、威廉·亨利、斯坦利·霍金、克努兹·梅利尔德以及凯·葛驰——和小孩子。他对芭芭拉·威克利也很好奇，对她抱有友好、慈父般的兴趣，教她意大利语，对她的绘画进行指导，给她提供建议，对她表示喜爱，巧妙地唤起她对她母亲的不满，在他与弗丽达的争吵中赢得她的同情。村里的农民以为芭芭拉是他女儿，还对他说："你女儿跟你这个父亲一样，个子很高。"他为此很高兴。

劳伦斯知道，终有一日，他会被认为是伟大的作家。在《边界线》中，他带有自传性地写道："艾伦一直有种不可思议的直觉信念，他会不一般。"他告诉芭芭拉，弗丽达在一次海上风暴中，像个孩子那样吓得要命，他让她镇定了下来，对她说："我所在的任何一艘船都永远不会下沉。"[5]

劳伦斯感觉到他与芭芭拉之间是潜在的盟友关系，他抨击弗丽达抽太多的烟，吃了太多的油酥糕点，剪短了头发，表现得像个贵族，说一些糊涂的想法，试图做个知识分子，模仿他的看法。赫胥黎在《针锋相对》中描述了这段典型的交谈：

> "哦，上帝，闭嘴吧！"兰皮恩说。
> "但那不就是你说的？"
> "我说的是我说的，但是你说出来就变得完全不同了。"

弗丽达记录，有一天晚上用晚餐的时候，劳伦斯因为嫉妒而大发雷霆，他夸大了弗丽达的自我主义和情感缺陷，告诉芭芭拉：

> "别幻想你母亲爱你，她不爱任何人，看看她那张虚伪的脸。"他将半杯红酒泼在我脸上（就像他曾在墨西哥做过的那般）。芭比是我和我母亲之外唯一不怕他的人，她跳了起来。"你配不上我母亲，"她对他动了怒，"你完全配不上她，她就像是鲜花插在了牛粪上。"之后我们俩都哭了，我被惹恼了，回了房间。
> "我走了之后发生了什么？"我后来问芭比。
> "我问他：'你爱她吗？''你这么问不合适，'他回答，'我

刚刚难道没帮她完成那幅糟糕透顶的画?’”

　　1926 年 2 月,艾达出现在了这场情感混乱中,挑起了三方痛苦的争吵,并导致劳伦斯夫妇之间的分离,这次分离与 1923 年 8 月纽约的那场危机一样严重,当时弗丽达只身离开,返回了英国。艾达占有欲强,弗丽达怀有敌意,劳伦斯病弱。他气愤地向他的妹妹抱怨他的妻子。艾达可能已经注意到弗丽达对他们的意大利房主有兴趣,她承担了她母亲的支配性角色,她觉得弗丽达正趁劳伦斯生病之机欺侮他。她沉不住气了,对弗丽达尖叫:“我打心底里讨厌你。”当弗丽达去劳伦斯房间时,她发现自己被锁在了门外,而艾达拿走了钥匙,不再让她护理劳伦斯。这是“唯一一次劳伦斯真正伤害了(她)”。她因此狠下心并且想着:“现在,我不在乎了。”

　　弗丽达高明地做出了退让,她与她的两个女儿一起搬进了一家宾馆。两个星期后,艾达返回了英国,劳伦斯在意大利中部游荡了六个星期,弗丽达回了庄园。劳伦斯看望了在卡普里的布鲁斯特一家;在拉韦洛激起了布雷特的性幻想;之后又与两位年长的女性画家米莉森特·贝弗里奇(Millcent Beveridge)和梅布尔·哈里森(Mabel Harrison)——劳伦斯早在 1921 年就在西西里岛认识了她们——一起领取了一点点政府救济资金,去了罗马、阿西西、佩鲁贾、佛罗伦萨和拉韦纳。弗丽达心软了,相当委婉地给他写了封信,但她仍然认为自己有理,对劳伦斯感到恼火,要教训他一顿。他给她寄去了一幅画,画中的约拿单就要被一只鲸吞噬,画上还有一句威胁性的题词:“谁将吞噬谁?”[6]

　　弗丽达的女儿们劝她和解。劳伦斯 4 月 3 日回到斯波托尔诺时,三位女性盛装打扮迎接他回归。“那个时刻,我就是那只复活节的羊羔,”他告诉他岳母,“我离家的时候,非常生气。但真的,人们得遗忘许多,才能继续活下去。”与她们的母亲生活了几个星期后，芭芭拉和埃尔莎童年时期的愤恨再次出现。她们开始同情劳伦斯，而他开始钦佩甚至嫉妒她们对付母亲的方法："弗丽达的孩子们对她非常凶，拼命地攻击她。她们就是忍受她的自私自利一分钟都不行。她很愤怒，但对我们所有人变得近乎谦卑。我觉得她们教训了她。作为她的孩子，她们能完全用她的方式攻击她，令她闭嘴。这让我笑得要死。她在自己孩子身上尝到了报应，这让她真心实意地觉得我好。"

弗丽达是位普鲁士军官的女儿，在驻防区的城镇长大，一直都很钦慕士兵和穿制服的人。1914 年 9 月，她告诉爱德华·马什："我曾认为战争那么值得称道。我父亲是位了不起的英雄，他获得过铁十字勋章，他的手被一颗子弹洞穿。"十一年后，她写信给布雷特，告诉她自己被他们在斯波托尔诺的房主吸引："我们有一个可爱的、年纪不大的步兵营（精英团）军官，这座庄园就属于他。他戴的鸡毛令我兴奋；他几乎与那些羽毛一样漂亮！"[7]

安杰洛·拉瓦利比弗丽达小十二岁，1891 年出生于佛罗伦萨。他作为下士参战，负过两次伤，三次获授勋章，被擢升为中尉，1917 年 10 月曾被奥地利人俘虏。弗丽达的传记作者描写了安吉洛的外貌、家庭背景和性事：

> 他体型上比弗丽达小，但体形匀称，动作优雅；他强壮、裸露的外表暴露了他农民出身的背景，否则，他绝不出众。这是一张从底层自力更生而提升了自己社会地位的脸，他非常注重外表。他不允许他已婚并有三个孩子的事实妨碍他猎艳：他的妻子是位教师，住的地方（远离他的部队驻扎地）远在萨沃纳。

芭芭拉不喜欢安杰洛，说他是个普通的家伙：实际、有能力，但狭隘、枯燥，太过于自恋。[8]

1912 年蜜月期间，弗丽达与乌多·冯·亨宁、哈罗德·霍布森及一个德国伐木工发生过性关系，以彰显她的自由与独立；1917 年在康沃尔，她与西塞尔·格雷私通，以抵消劳伦斯对威廉·亨利·霍金的迷恋。理查德·奥尔丁顿带着些夸张和敌意评论说，1926 年，"弗丽达曾到处抱怨（劳伦斯）已经性无能"——这无疑是在为她自身的行为辩解。弗丽达已经对劳伦斯狠心无情并想着"现在，我不在乎了"，她很有可能在 1926 年 2 月与劳伦斯争吵分开后便与安杰洛开始了婚外情，这就像是 1923 年秋天在相似的情况下，她与默里好上，以此报复劳伦斯。芭芭拉和朱丽叶特都认为劳伦斯知道弗丽达的出轨行为，但他决定维持他的婚姻。他了解弗丽达的本性，希望她能有自己的生活。他容忍她的自私，低估了她对安杰洛的迷恋程度。尽管在他生命末期，他发现不得不与别人分享弗丽达的爱必定令他悲伤又痛苦，他却几乎并不嫉妒拉瓦利，也不会因他而难过。[9]

<h2 style="text-align:center">二</h2>

1926 年 4 月，伯纳达庄园租约到期，劳伦斯搬往南方的佛罗伦萨，其中一部分原因很有可能是为了避免安杰洛的来访。在佛罗伦萨，劳伦斯遇到了阿瑟·威尔金森。他是个拒服兵役者，也是个社会主义者；留着一把乱蓬蓬的红色大胡子，穿凉鞋，随身带着个背包。他会画画、弹吉他、做木偶，还创作木偶剧。他坐着大篷车环游英国村庄的旅程中，会演出他自己所写的木偶剧。威尔金森与妻子和两个孩子一起住在斯坎迪奇，它位于距佛罗伦萨几英里的托斯卡纳山里。他告诉劳伦斯附近有个米伦达庄园，这成为劳伦斯在意

大利最后的家。

这座庄园为劳尔·米伦达所有。庄园主是位军官，他热衷于历史与文学。米伦达庄园离城市很近，劳伦斯有几位老朋友住在城里；同时，庄园又很僻静、惬意，很适合他写作。庄园距斯坎迪奇汽车终点站一英里半，乘坐有轨电车半小时便可到达城镇中心的大教堂。这座规模庞大、由白色石头砌成的正方形的农场庄园建于美第奇家族时期①，位于圣保罗莫夏诺教堂附近，立于乡间，一直未受损。庄园地处山间，可俯瞰花园、田野、葡萄园、橄榄树，可观赏风景如画、随处皆可入画的瓦尔达诺山林与草地。庄园内的房间为红砖铺就的地面，房间又大又空，里面没什么家具，没什么厨房用具，也没有什么家庭日用品。劳伦斯夫妇花了每年三千里拉（约合七十英镑）的租金租了顶层和花园。他们在那里断断续续地一直住到1928年6月。弗丽达在米伦达庄园时似乎是最幸福的，这是他们最为安定的家。

佛罗伦萨的书商皮诺·奥利奥里称米伦达庄园是"一个遥远、破落的地方"，而劳伦斯说这个地方没有任何让人安心享受之处，他这么说一点都不夸张。这里没有电、没有自来水，做饭不得不用炭火。据劳伦斯记录，这里"没有电，沉积水需用泵取，卫生设施相当原始，一切都很不适——家用纺织品就只有厚棉布，床很硬"。这里盛夏时极度炎热，隆冬时又极度寒冷；对于一个病患来说，这里绝不是个好地方。

尽管如此，劳伦斯于6月和7月分别为该地画了一张田园风光画。花园里密集着萤火虫，蝉在阳光下鸣叫个不停，教堂响起了钟声，姑娘们边收割麦子和玉米边唱歌。在此耕种的农民要将一半的农产品上缴给土地主，他们用巨大的篮子装满成熟的樱桃、杏子、

---

① 美第奇家族是佛罗伦萨13至17世纪时期欧洲强盛的名门望族。从14至17世纪的大部分时间里，他们是佛罗伦萨实际的统治者。

无花果、桃子和李子，体型硕大的奶牛慢悠悠地经过一棵棵橄榄树，往家走去。劳伦斯的乡间生活与大多数外国人的生活完全不同。那些来到意大利的外国人居住在城市里，他们去逛博物馆、购买古董："当然，撇开庄园、家具、古董、审美之物不谈，这当中有些东西是永恒的。但我们遇到的很多人很少会生活艰苦，可这艰苦生活是我更喜欢的。"劳伦斯保持了独立性，他们的生活非常节俭，每年只花三百英镑。他觉得创作《羽蛇》损害了他的健康，在炎热的天气里，他很少工作。尽管日子相对悠闲，但日子过得很快：他阅读，做家务活，在周围的山间散步，与威尔金森一家人聊天，观察农民的生活。

6月，劳伦斯拜访了乔治爵士和西特韦尔夫人——诗人之父母，他们拥有佛罗伦萨城外约十四英里处一座奇异又相当令人沮丧的城堡。这座城堡的古怪存在与劳伦斯本人的住所正相反。他顽皮地解释说："乔治爵士收集不同的床……就好像他这是为所有死者准备的……那些有四根帏柱的金色威尼斯怪物，看上去就像墨西哥的祭坛。一间又一间的房间里，除了床还是床。我问他，'你让你的客人睡上面吗？'——哦！他说道，这些床不是用来睡的。它们是老古董。还有那些镀金的、有波浪形雕纹的椅子。我坐在了其中一张椅子上。噢！他说道，那些椅子不是用来坐的！——于是，我便在这张椅子上扭来扭去，希望它会裂成碎片。"[10]

在米伦达庄园安顿下来后，劳伦斯夫妇从7月中至9月末都在意大利北部旅行，以躲开酷热的夏季。地中海侨民诺曼·道格拉斯写道："只要有新鲜空气！只要逃离南方这无情的烈日，逃离那些令人窒息的夜晚！在那些夜晚，你的卧室会变成火炉，屋子的四面墙不断向内散发着它们在无尽的正午吸噬的所有火热光芒。"对劳伦斯来说，旅行有时是一场生存斗争，是一场从一个地方到另一个地方寻找温暖气候与健康的朝圣。陶尔米纳和陶斯都是夏季炎热、冬季寒冷，这迫使他一年中要有一部分时间离开那里。他经常怪这些地方造成了他的疾病，他觉得自己不得不放弃那些令他患上重病的房子。

巴登巴登让劳伦斯想起了霍尔拜因（Hans Holbein）的《死亡之舞》（*Dance of Death*）。画中年迈、体弱之人试图抓住生命，他们似乎很骄傲自己还活着。后来，劳伦斯清醒意识到他曾临近死亡，在巴登巴登预言性地写道："真正年迈、上了年纪的女人恐怖地、毛骨悚然地、贪婪地吞噬掉所有生命，以便能让她们自己活着。她们不关心其他人谁死了。我知道，如果我四十三岁就死了，而我岳母活到了七十八岁，她定会暗自沾沾自喜。"

1926 年大罢工期间，劳伦斯最后一次返回英国并在英国停留了两个月，这启发他在《查泰莱夫人的情人》中刻画了工业英国的严峻现状。他与精力充沛的画家米莉森特·贝弗里奇一起去了寒冷、多阵雨的苏格兰高地及斯凯岛，还驱车前往许多湖泊，并围绕在一堆湿木头火边上野餐。尽管劳伦斯不是个会去射击鸟的人，但他风趣地告诉布雷特："前天开始了松鸡捕猎——这对那些参与射击的人来说是件大事，对那些被射中的松鸡来说更是件大事。"[11]他在有着"令人心旷神怡又振奋的"林肯郡海岸蜿蜒绵长的沙滩上度过了好几天，他童年曾在这里度过假。去密德兰地区看望了他的姐姐和妹妹（他从来没去看过他的大哥乔治），又与威利·霍普金最后一次漫步在"我心中的国度"之后，劳伦斯在伦敦见了好些朋友，随后便于 10 月初返回了米伦达庄园。

劳伦斯发现魏玛德国要比意大利更自由、更合意。法西斯主义已经让意大利处于极度紧张的状态，到处都是令人厌倦的独裁主义造成的颓废。墨索里尼鼓励他的同胞与危险为伍，但又颁布了成百上千条高压性的法律保护政府的权力。劳伦斯总结性地告诉他的追随者罗尔夫·加德纳——他赞同集权政府："人们可以暂且忽视意大利的法西斯主义，但过段时间之后，感觉到非法政权对生活的压制，人们会变得非常抑郁。"[12]

劳伦斯会在 1926 年春与他另一位潜在的追随者米德尔顿·默里决裂，这一点都不令人惊讶。劳伦斯无法忍受默里在《阿德尔菲》中多愁善感的自我暴露，也忍受不了他可憎的奉承式的厚颜无耻。1 月，默里不怀好意地给劳伦斯写信，谈论了《关于豪猪之死的思考》（*Reflections on the Death of a Porcupine*，1925）。当时，劳伦斯说，他"落井下石，询问我是否能允许他刊印关于权力的文章［《有权的人是有福的》（'Blessed Are the Powerful'）］，免稿费及各种其他事项，为他的《阿德尔菲》免费写文章；'作为一个人给另一个人的礼物'。对此，我只能说，'作为一个作家对另一个作家，我什么也不会给你，无论是付费还是免费的。'他就是只屡教不改的寄生虫"。默里进行了反击，他继续在《阿德尔菲》上批评劳伦斯的主要作品。在默里看来，《羽蛇》表明劳伦斯已经"丧失了对自身想象力的信心"；《诗歌集》蕴含的是"生硬、无望的教条式断言"；《查泰莱夫人的情人》是"一部令人深感沮丧的书"。[13]

1926 年秋，阿道司·赫胥黎同样住在意大利，与劳伦斯见过很多面，取代了默里成为劳伦斯的密友。阿道司长得高而瘦，戴着一副眼镜，比劳伦斯小九岁。他的祖父是著名的维多利亚时期的科学家托马斯·赫胥黎。他曾在伊顿公学（他后来在此教过乔治·奥威尔）和牛津大学巴利奥尔学院求学；克服了一段眼盲的时光；为《文艺论坛》工作时是默里的助理；出版了几部诙谐、有格调、有才智的小说，包括《克罗姆·耶娄》和《滑稽的环舞》（*Antic Hay*，1923）。1919 年，他娶了温柔文静的玛丽亚·尼斯（Maria Nys）。她是比利时避难者，当时已进入嘉辛顿圈子，成了奥托琳·莫雷尔的女性门徒。

劳伦斯是个有直觉力的神秘主义者，赫胥黎是个科学理性主义者（他后来也经历了一段神秘主义阶段），他们最初在 1915 年相识于嘉辛顿。奥托琳当时发现，相当内敛的赫胥黎与福斯特和罗素一样，对劳伦斯个人的、敏锐的分析感到不安："我觉得赫胥黎很困惑，相当受不了，或许还感到恐惧，因为劳伦斯闲话少说，快速又直接地对他进行了考查——准确地说，将他置于了他的 X 光下。"但在意大利，他们很快便发展了友谊，他们在这里彼此探访，一起度假。赫胥黎被与他性格完全不同的劳伦斯吸引，劳伦斯被赫胥黎的温和、敏锐、令人敬畏的智识以及他的可靠与忠诚所吸引。在 1927 年 7 月写给父亲的一封信中，赫胥黎称赞了劳伦斯的天才，评论说劳伦斯的脾气因为疾病而变得温和了："他是个非常杰出的人，我非常敬重、喜欢他，但我很难与他相处。他热情、怪异、狂暴。可尽管如此，岁月改变了他，现在，他的病令他不再那么暴力，让他动人地温和。"劳伦斯去世后，赫胥黎与贬低他的那些人对抗，维护着他，他称劳伦斯是他所认识的人中"最杰出也最令人印象深刻的人"，"大约是另一类人，与普通人中更具天赋者相比，他还要更加敏感、更具有高度自觉、更有感受力"。[14]


## 三


尽管虚弱，劳伦斯似乎正慢慢从他第一次严重出血的状况中康复。但 1926 年 2 月在斯波托尔诺，他第二次大出血（他称之为"支气管炎出血"而非"肺结核出血"）。至 1926 年末，还有接下来的整个春天，劳伦斯还居住在米伦达庄园时，他的健康状况似乎恶化了。在他的信件中，他经常提及他胸部疼痛，患有支气管炎、肺炎、流感，还有从锡兰开始、在墨西哥又延续且一直反复出现的疟疾。复活节时，他似乎正失去对生活的控制、迈向死亡，这预示了《已死的男人》中的氛围："我只是在遭遇生活的变化，经受某种怪异的退缩，就好像一个人的完整灵魂正从与一切事物的联系中退缩。这就是他们将耶稣投向坟墓的那天——真的，那在坟墓中的三天对我有着可怕的意义，令我感受到了可怕的现实。"

7月初的一个炎热午后，在花园里摘了些桃子之后，劳伦斯进到屋里休息。弗丽达写道：

> （他突然）以一种奇怪、汩汩的嗓音在他房间里唤我；我跑过去发现他正躺在床上；他一双眼惊愕地看着我，一股鲜血从他口中缓缓流出。"静一静，静下来。"我说道。我托起他的头，但血从他口里缓慢、可怕地往外流着。我什么都做不了，只能抱着他，努力让他不要慌，让他保持镇定，派人去请吉廖利医生……炎热的7月，护理很难。茉莉亚、所有的农民都尽可能地帮着忙。先生病得那么重，茉莉亚早晨四点便下山去了斯坎迪奇，用一块大方巾兜着木屑裹着冰回来，还带回了牛奶，但牛奶即便是立即烧开，到正午的时候也馊了……我没日没夜地看护了他六个星期，直到他结实到足以乘夜间火车前往蒂罗尔。

劳伦斯在给皮诺·奥利奥里的一张便签中勇敢地写道："今天一大早，我又大出血了。弗丽达哭了，我感到自己像个殉道者。但这似乎并不坏，我明天还是要起来——deo volente（若是天从人愿）。"[15]

吉廖利医生能给的只是凝结剂和无力的安慰。劳伦斯乐观地给近来在疗养院接受治疗的马克·格特勒解释说："这是慢性支气管充血，而这一次，它导致了我一系列的支气管大出血。之前没怎么出过血，他说要是出血不止，情况会更糟。但出血确实停止了，所以不必担心……这些大出血状况相当吓人，但或许它们是将身体系统里的坏血流出来。"真正的问题，正如劳伦斯向布鲁斯特夫妇承认的，是他需要"新的呼吸器官"。

8月，劳伦斯的健康有所恢复，足以令他在奥地利的菲拉赫、弗丽达的姐姐位于巴伐利亚伊申豪森的家（1913 年夏，他曾居于此处）及巴登巴登度过两个半月。在巴伐利亚，他接受了两位德国医生兼作家马克斯·莫尔和汉斯·卡罗萨（Hans Carossa）的严格检查。卡罗萨对他做出了令人欣慰的诊断，警告他不要接受引起巨大伤害的治疗："他听了我的肺气管，他听不到我的肺发出声音，以为它们定是被治愈了，只是支气管炎，而医生对支气管炎兴趣不大。不过，他让我别吸进太多的热空气，因为这可能会再次导致大出血。"

但事实与之完全不同。还有两年半寿命的劳伦斯很有可能并没有上当。卡罗萨骇人却精准地告诉文学编辑弗朗茨·舍恩贝尔纳："普通人有那样两叶肺早就死了，但对一个真正的艺术家来说，疾病的预后诊断从来都不准。这当中会有其他的（心理）因素起作用。或许劳伦斯还可以活上两年、三年甚至更久，但任何医学治疗都没法真正地救活他。"赫胥黎证实了劳伦斯想要活下去的意志："就医学上来讲，他早该没了。生命的最后两年里，他就像是一团熊熊燃烧的火焰，奇迹般地置如此的事实——早已没有燃料可支撑这燃烧的火焰——于不顾。"[16]

10月中旬，劳伦斯返回米伦达庄园。此时的庄园对他来说已失去其魅力，令他想起 7 月时的那场重病。他没钱也没精力，无法工作，身体每况愈下，死亡离他那么近，这些都令他沮丧。"我在这里并不十分开心，"他告诉科特，"但我不知道还可以去哪里，没多少钱，哪里都去不了；我觉得我不想工作，什么都不想做——我所有的生命力都在逐渐从我体内消失。但我焉能坐在如此无聊之地谁都不见，什么都不做……我确实认为这是生命的枯水期。我从未感觉死亡的边缘离我如此近。"

1928 年 1 至 2 月，劳伦斯夫妇孤注一掷地寻找着若非治愈至少可缓解病情的方法，他们在瑞士的迪亚布勒雷租了一所房子，房子靠近赫胥黎夫妇居住的地方，距阿尔卑斯山肺结核疗养院也不远。医生说，高纬度、稀薄的空气以及雪会对他有好处，但他实际上感觉比在意大利托斯卡纳区时更糟。他咳嗽、气喘、爬不了山。

他们春季里的几个月在米伦达庄园度过，之后离开便再也没回去。米伦达太太后来回忆了劳伦斯与当地农户家庭的友谊、他的疾病和他的绘画：

> 他很瘦，蓄着红色的大胡子，看上去像耶稣。他们经常关起房间门大吵，他经常对他太太大吼大叫。他们爱我们的农民们：皮尼、奥尔西尼、班代利。圣诞节时，他们常（装饰一棵树并）准备一顿丰盛的大餐，招待二十多人，还给孩子们准备了许多礼物。他受着结核病之苦，有一次他大出血，茱莉亚帮助了他们。茱莉亚是个十二岁的姑娘，她是皮尼家的女儿。我们都很担心她，担心这姑娘照顾像那样的病人会有危险。后来，他开始创作《查泰莱夫人的情人》，他还会画些奇怪的画，不体面的那种，甚至还画过皮尼，画中的皮尼正在犁地，赤身裸体。[17]

6 月中旬，劳伦斯夫妇在法国阿尔卑斯山脉与布鲁斯特一家相逢，在那里发生了一件不愉快的事。他们在格勒诺布尔山上的圣尼泽尔一家可爱的旅馆住了下来。第二天早晨，旅馆老板敲开了厄尔的房门，向他抱怨一整晚都没停的咳嗽声："他很抱歉没办法让劳伦斯继续住下去，但他别无选择，因为那片高原的法律禁止他接纳患有肺部疾病的客人入住。这位先生必须离开。"据他们的女儿哈伍德说，布鲁斯特夫妇对劳伦斯的病没有做任何预防措施，他们甚至连餐具都与他共用。劳伦斯坚持强调，他咳嗽是因为他的支气管恼人地不适。但这是他第一次从一家旅馆被驱逐，而这次事件肯定也让布鲁斯特夫妇震惊地承认，劳伦斯的病很严重。

布鲁斯特夫妇与弗丽达决定不告诉劳伦斯发生了什么事。他们假装不喜欢这个地方，想要离开。他们获得了他的同意，但他们永远不知道劳伦斯是否怀疑发生了什么。不过，劳伦斯还记得他在埃尔帕索与美国官员那次令人羞辱的经历，相当清楚别人知道了什么。几天后，他给皮诺·奥利奥里写信说："那个叫圣尼泽尔的地方令人非常不舒服，那些无礼的法国人实际上要求我们离开了，因为我咳个不停……我感到很恼火。"[18]

劳伦斯夫妇再次陷入居无定所的状态，7月至9月中旬，他们住在瑞士的格施泰格，劳伦斯的姐姐埃米莉和女儿玛格丽特来看望了他。在玛格丽特与劳伦斯的合影中，他看上去非常紧张，坐在庄园外面的一张长凳上，非常消瘦，穿着一件松松垮垮的西服，那件衣服看上去太大了。

10月，他与理查德·奥尔丁顿一起待在克罗港岛。当时，奥尔丁顿正与美国人多萝西·约克和爱尔兰人布里吉特·帕特莫尔有染，劳伦斯曾在"一战"期间见过这两位女士。他给布鲁斯特夫妇写信，生动描述了这座小岛，它是土伦海岸附近一座古老的海岸防卫堡垒：

> 维吉并不是一座城堡，而是有着壕沟和低矮堡垒的山头。堡垒的墙壁将一块空地围了起来，大约有两英亩，空地里生长着野生薰衣草和欧石楠。这里的房间是那种墙下面搭建的小木

屋，窗户朝内开，观察孔则朝向大海的方向；有一间相当不错的大起居室；每个小木屋里有一间卧室，卧室对面有一间大房间，我们将所有圆木丢在这里；还有厨房、食品储藏室和小餐厅。这里非常棒，相当简陋，却并不会令人不舒服——还有许多木头可供在大壁炉里燃烧。

但残酷的现实完全是另一个样。劳伦斯显然油尽灯枯，据奥尔丁顿说，弗丽达与拉瓦利幽会回来后，将感冒传染给了劳伦斯，他的状况恶化：

> 他不得不每日待在床上或是一张帆布椅子里；他那么虚弱，走吊桥的时候只能走几码远；他几乎弱得爬不了镶着玻璃的瞭望台。最不幸的是，弗丽达回来了，还如往常般患着重感冒，劳伦斯即刻便被传染了，结果导致他大出血……我整夜整夜地听着他猛烈沉闷的咳嗽声……直到那时候，我才意识到他多虚弱，病得多重，他经受着多大的痛苦，他有时是多么可怕地嫉妒并怨恨健康的普通人，他原先的机智为什么会变成尖锐的恶意，他是多么孤独，他是多么孤独至极，他有多么全然地依赖弗丽达，他变得多么疯狂地嫉妒她。

11月末，劳伦斯感受到了欧洲大陆气候的变化，觉得落基山脉清新的空气或许会对他有好处。但他告诉布雷特，他不敢再冒险前往落基山脉："目前，我觉得美国对我具有相当多的敌意，他们或许会对来访的人刻薄……如果你咳嗽，他们就会怨恨刻薄地对待你——尤其是乘船的时候，而我，确实会咳嗽。"[19]

## 四

1927 年 4 月初，在米伦达庄园居住了一年之后，也是他 7 月再次发生严重大出血之前的最后一段相对健康的时间里，劳伦斯与厄尔·布鲁斯特一起在意大利中部的伊特鲁里亚诸城镇进行了为期两个星期的徒步旅行。战前的三个夏天里，劳伦斯与弗丽达曾徒步穿越阿尔卑斯山脉，1914 年 8 月还在英格兰湖区徒步旅行时遇到过科特。但很快他就会失去他剩下的那些精力；去往切尔韦泰里、塔尔奎尼亚、沃尔奇和沃尔泰拉的长途旅行会是他最后的徒步旅行。

劳伦斯的最后一部游记《伊特鲁里亚人的灵魂》（*Etruscan Places*）（1927 年至 1928 年在《旅行》杂志上连载）融合了历史与切身体会。它结合了带有社会批判与政治评论的描述与阐释，既关注意大利的历史，也关注其现状。书中的核心矛盾在于，伊特鲁里亚人尽管遭到了罗马人的毁灭，却仍活在他们的艺术之中，并且比他们的征服者更加充满生机："坟墓揭开的顶端直立着死者的雕像，宛如活着一般……伊特鲁里亚人的阴间要比这阳间的午后更真实。"[20]

尽管劳伦斯很大程度上依赖于诸如乔治·丹尼斯、佩里克莱斯·杜卡提和弗里茨·韦格等伊特鲁里亚学者获取事实性信息，但他本能地不赞同他们对伊特鲁里亚人做出的否定性阐释。他还指责他们努力要将伊特鲁里亚人的艺术从其特有的环境中剥离，就因为这些艺术品位于高低不平的山腰中，向导得跪着点亮灯，而游客很自然地要钻入狭小的单穴墓室中，"就像兔子突然蹲下去进到一个洞穴里"。

伊特鲁里亚人就像是模糊地出现在了朦胧的历史长河中，他们这不确切又神秘的特征允许甚至鼓励劳伦斯为他们建构一段想象的却完全可信的消失了的生活，以他们自身的形象重新创造他们。他痛惜"我们失去了他们的生活艺术"，相信那些代表了他所仰慕的特征的伊特鲁里亚人可以通过他们仍然鲜活的先例为现代人修复他们珍贵的礼物。

劳伦斯在开篇宣称，他本能地受到伊特鲁里亚人吸引，他们激发了他的想象力。他在古代伊特鲁里亚人的特征与现代意大利农民身上的特征之间确立了特有的联系。在劳伦斯看来，伊特鲁里亚的许多地方都宁静、闲适。伊特鲁里亚人连接的是原初、史前的地中海世界，他们与众神之间有着联系，拥有不同于当下心理与精神意识的生殖崇拜意识。他们世故、敏感、率性，视死亡为生命愉快的延续，有美酒、音乐和舞蹈。他们的宗教先于罗马人的众神，以仪式、姿态及象征符号表现；他们的死亡之船代表了"驶出生命的神秘旅行"。他们所制作的一切物件都是瞬间的，传递了千古奇迹感，提供了一时之乐。他们松散联结在一起、独立城邦结合而成的联盟表达了意大利人的政治天资，很像 1861 年统一前，甚至其后的现代意大利。在一段令人印象深刻的文字中——这段文字表明了劳伦斯面对死亡的生机论，他写道：

> 对于伊特鲁里亚人来说，万物皆为生；整个宇宙都有生命；人的职责便是他自身活于万物之中。他必须从世界错乱、汹涌的生命力中为自己汲取生命。宇宙就像一个庞大的生物，拥有生命。一切都在呼吸、运动……每一个人、每一种生物、每一棵树、每一片湖泊、每一座山、每一条河流都拥有生命，有其自身特有的意识。
>
> 今日亦是一切依旧。
>
> 现行的宗教观念认为，人观察入微并保持敏锐、竭尽全

力，便可为自己汲取更多的生命力、更多的生命、越来越多闪亮的活力，直到他变得如黎明般闪耀，如神般耀眼夺目。

在劳伦斯看来，野蛮的、帝国的罗马人与伊特鲁里亚人完全相反。罗马人支配并最终毁灭了他们可爱的邻人，而伊特鲁利亚人坚持抵抗这势不可挡的机械力量，持续了一百多年。至于为什么毁灭伊特鲁里亚，历史所给出的合理性是说伊特鲁里亚人邪恶。劳伦斯坚定地维护他们，抵制对他们的残忍指控，令人信服地批驳传统"对伊特鲁里亚人的刻画。传统认为他们阴郁、令人憎恶、如蛇般翻腾、邪恶，从而他们被高贵的罗马人消灭，这相当合理"。

劳伦斯将古代罗马人与现代法西斯主义者相联系，将伊特鲁里亚人和农民同等看待。他因而讽刺地解读了对意大利征服者的民族主义宣传，这些征服者复兴了对罗马人的颂扬，将地中海称为"我们的海"（mare nostrum），在帝国野心的鼓动下要入侵非洲。但劳伦斯极度敏锐地发现，法西斯主义权力（与罗马人的权力一样）注定不能持久，因为党派成员不信任他们的领导者："在意大利人身上，尼采的权力意志处于第二位，它由几乎吞没他的日耳曼民族投射到他身上……强力与专横会造成可怕的影响。但最终，继续存活下来的会带着微妙的敏感活着。"[21]

第二十章

# 《查泰莱夫人的情人》与绘画，1928—1929

一

　　经过在瓦哈卡和佛罗伦萨的病发之后，在劳伦斯生命的最后五年里，他非常关心复活的主题。他的最后一部获得成功的作品抵消了战争岁月的绝望，是他对即将面临的死亡威胁所做出的个体回应，也是艺术方面的准备。在几乎致命的大出血之后，劳伦斯放弃了他对强有力的领导者（"以武力压制生命的伪权力"）的信仰，放弃了寻找战后乱局的政治解决途径的希望，这些他在1921年至1925年的权力小说中都有过探索。他又回到了他战前的信念，即通过男人与女人之间的关系——《查泰莱夫人的情人》早期的书名为《温柔》（*Tenderness*）——进行社会革新，并且刻画了在生命中对抗疾病、体验重生的人物形象。

　　复活主题源于劳伦斯早年福音派基督教的经历及基督教圣洁、拯救与重生的意象。他既认同同时又排斥耶稣：他将自己视为正日益腐朽的文明的先知、救世主、殉道者与弥赛亚；他憎恶他所认为的基督教中压制、否定生命的因素——现世的克制禁欲、身体的罪恶、对死亡的强调。这令他的复活主题极为复杂。劳伦斯与基督教之间的联系从根本上来说具有否定性，但他使用了基督教的意象，以期能将社会引导回基督教之前、非基督信仰的诸多重要可能性的意识中。劳伦斯谈论自己的死亡时，对多萝西·布雷特说教式地谈到耶稣对他的门徒的极端限制——缺乏活力、具有死亡意愿："我认为耶稣错得离谱，犯了灾难性的错误……我活得越久，就越觉得耶稣不慈悲——十字架、钉子、眼泪，全是那些东西！我感觉他将我们引入了一个美妙的死胡同……他从未像古老的非基督教的神那般体验过生命……他从不能辨别动物、女人与孩童的差别——从不。他在教堂里长篇大论，但他从未活过。他去送死，这令他的布道完全失败。"

劳伦斯在他的散文中甚至更强有力地指责基督教分裂了身体与灵魂："我们纪元的历史是令人厌恶、反感的历史：充满生殖力的肉体被钉在十字架上，以颂扬精神、心识。"在他最后的作品《启示录》（*Apocalypse*）中，劳伦斯坚持：

> 人最热切想要的便是自己生命的完整与和谐……人首先想要身体的圆满，因为在此世，他仅有一次活在肉体与力量之中。对人来说，最惊人的奇迹就是活着；对人来说，于花、兽、鸟亦如是，最大的胜利就是最鲜活、最完美地活着。不管未来的与已故的人了解了些什么，他们不可能明白肉体活着的美妙与奇迹。已故者关心来世，但此时此地这壮观的肉体生命属于我们，仅属于我们，只属于此世存在的我们。我们应伴着狂喜欢舞，因为我们以肉体形式活着，是鲜活的、人格化的宇宙的一部分。[1]

对于垂死的劳伦斯来说，精神的存活并不够，还得有此世存在的肉体的治愈与对肉体需要的认识。他决心要改变基督教的神话——保持其意象，但抛却其克己禁欲——以获得此生得救的希望。

1926 年至 1928 年间的三部作品鲜明地表现了其创作生涯最后阶段的主要主题，它们是短篇故事《太阳》（"Sun"）、小说《查泰莱夫人的情人》——两部作品都揭示了典型时刻：从疾病到健康，从故事开始部分具有艺术气息的社会到故事结尾部分的肉体治愈——以及中篇小说《已死的男人》。最终，劳伦斯最伟大的诗篇《死亡之舟》直接受他在伊特鲁里亚人坟墓中的所见启发，将重生的主题转变为非基督教的话语，表现了他对死亡的接受。

《太阳》中的女主人公朱丽叶将裸体的自己献给了具有象征性与穿透力的西西里岛的太阳，它与她的身体相连接，也进入了她的身体，"就宇宙具有肉欲性（太阳-女人）的层面来说，太阳了解她"。她可爱的儿子在门廊的红色瓷砖上滚动着一个如太阳般的橙子，他也从呈现为灰色的父亲的儿子变成了呈现为金色的母亲的儿子。与朱丽叶一样，她的儿子不再畏惧太阳，他挣脱了文明的张力，甚至接受了金咖色的毒蛇，认为它们是和谐环境的自然组成部分。

朱丽叶的仪式因为她灰着一张脸的丈夫的突然出现而被破坏。她的丈夫用美国城市毫无生气的世界玷污了她的伊甸园。如修道士般的丈夫"因钦佩而变得茫然，但同时也经受了致命的损失"。他被朱丽叶的敌意吓到了，不知道该如何对她奇怪的行为做出反应。朱丽叶即刻便将他们未来生活的责任重担加诸他身上，茫然地盘问："该怎么办呢，莫里斯？"莫里斯因要挣钱养活他自我陶醉的妻子和孩子而变得灰白苍老，他觉得很难学着妻子的样子，也不可能与太阳实现性圆满。他明显感到挫败，只能遵从于她的意愿留在西西里岛，放任妻子的完全自由。

朱丽叶未着寸缕地行走于田野之间，之后对当地的一个农民产生了兴趣，这个农民因为看到了她的身体而被唤起了欲望。他如动物般的旺盛精力、热血与桀骜不驯的羞涩和他毫无生机的丈夫形成了鲜明——若非不公正——的对比。她大胆地想："我为什么不能与他待上一个小时，怀上他的孩子？"后来康妮·查泰莱对梅勒斯的情感也是这样。

但这则寓言与劳伦斯的大部分作品不同，结尾部分充满尖酸的讽刺，因为朱丽叶的肉体治愈仍不完满——她经历了农民的生活，发生了肉体到精神的转变。她又昧着良心顺从于她的丈夫，她的丈夫对西西里岛的太阳始终冷漠，"散发着世俗的味道，体现着世间一切的羁绊和怯懦畏缩……莫里斯会是她下一个孩子的父亲，致命的连续性的枷锁会是其起因"。

《太阳》中未经删改的结尾部分的反差更加明显、更加赤裸。劳伦斯解释，朱丽叶"勇气不足，并不足够自由"，尽管她感觉"（那农民）硕大的阳具因她而勃起、涨立"。但她屈从于她缺乏活力的城市型丈夫的身体，他"将拥有她，他那小而发狂的阳具将在她的体内注入另一个孩子"。[2]这个故事的两个版本中，火热的、浸淫于太阳中的农民并没有自己的孩子，他唤起了虚弱的丈夫满足不了的欲望。

1928年，《太阳》的未删减版由哈里·克罗斯比（Harry Crosby）的黑太阳出版社在巴黎出版，劳伦斯因之获得了丰厚的稿酬：那不勒斯女王鼻烟壶和五个二十美元的金币。克罗斯比带着这笔财富到了巴黎东站，去了罗马快件部，寻了一位忠实之人（结果是阿盖尔公爵），请他将这些黄金送到在意大利的劳伦斯手上。

克罗斯比是位英俊、附庸风雅、以自我为中心、狂躁的花花公子，是 J. P. 摩根的外甥。劳伦斯 1928 年 3 月在巴黎郊外拜访他时，克罗斯比无视劳伦斯的天才，以一副屈尊俯就的态度谈及劳伦斯卑微的出身与病恹恹的样子，还在日记中写道："他很普通，我却不普通；他没有教养，我却教养一流；他看上去'无精打采'。"

克罗斯比应该再加上一条：他有天才，我却没什么天资。

　　劳伦斯对克罗斯比病态的性格感到警惕，他感觉到了其在肉体享乐与饮酒方面的轻浮："哈里的爱就像他的威士忌一样，刺激了他的头脑，之后便完全消逝！毫无趣味！"距他与劳伦斯见面九个月后，克罗斯比在纽约的一间住房里枪杀了他的情妇并自杀，押撒·布鲁斯特记述说，劳伦斯"看上去非常痛苦，他悲伤地反复说：'那就是他对生命所能做的一切，放弃它！他怎能背弃生命的权力？'"克罗斯比自杀，而劳伦斯绝望地挣扎着想要活下去，劳伦斯称克罗斯比的暴力死亡是"最后一杯鸡尾酒引起的兴奋"。他告诉奥利奥里："他一直都太过富有，完全被宠坏了，除了自杀竟无事可做。"[3]

<h1 style="text-align:center">二</h1>

　　1926 年 9 月，劳伦斯最后一次前往诺丁汉与德比郡，直面因为矿工罢工而导致的迫在眉睫的经济崩溃所带来的贫穷、绝望与阶级冲突，这影响了他最后一部也是最大胆的小说的创作。英国大罢工，也是 20 世纪最严重的一次罢工，开始于 5 月 3 日，一个星期内，四百万工人离开他们的工作岗位。矿工被禁下矿井长达七个月，铁路运输系统陷入瘫痪，英国工业停滞。但罢工最终失败，失败的矿工投票决定 11 月 19 日重返工作岗位。

　　劳伦斯自"一战"期间经历的那些无政府岁月开始便变得保守。他害怕罢工会煽动起阶级仇恨，摧毁传统社会秩序：

　　　　煤是整个英国运作的基础，似乎它也会成为其崩溃的基础……

就我所知，这似乎第一次令煤矿工人真正有了阶级意识，令他们充满仇恨……

这次罢工已经造成了许多损失，给依赖面包、人造黄油与土豆而活的家庭带来巨大苦难——除此之外，别无其他。女人变成了狂热的共产党人——你几乎没法相信自己的眼睛。这里让人感觉变成了另外的地方，一点都不令人愉悦的地方。

在像《恋爱中的女人》等的早期小说中，矿工被理想化、肉欲化：他们丰富的地方话"就像是工人的爱抚般包围着古娟。那整个氛围中充满强壮的男人们的回声，空气里还飘荡着浓厚的劳动与男性气息"。《查泰莱夫人的情人》中，矿工已经变得机械、卑贱："如今黯淡又毫无希望的英国正制造出一种全新的人类，他们过度关注金钱、社会与政治的一面，而其自发、直觉的一面则已消失，就是完全无活力了。他们所有人都只是行尸走肉……钢铁与煤已渗入这些男人的肉体，啃噬他们的灵魂。"[4]

劳伦斯住在米伦达庄园期间，于 1926 年 10 月至 1928 年 3 月间写了三个不同版本的《查泰莱夫人的情人》。他有时在房子的塔楼里写作，有时在洒满阳光的门厅里写作，更多的时候他是在附近的松林里写作——此时他会倚在一棵充满生命力的大树树干上，膝盖上放着他的写字簿。

这部富有雄心与革新的小说聚焦查泰莱夫人与她丈夫的猎场看守人的关系，因其认可康妮的性欲，赞同她与社会下层阶级的通奸及露骨的性描写而声名狼藉。而小说同时超越了他们之间的爱情关系，思考了战争的影响、工业主义的可怕、英国文明的衰落现状以及严格的阶级结构。它提出了男人与女人间至关重要的关联的可能性，意识的根本变化、自我肯定的必要性，以及现代社会中，生命力必将战胜摧毁力与无生殖力。

梅勒斯生活的许多方面都带有劳伦斯本人的自传色彩。与年轻的劳伦斯一样，梅勒斯是个聪明的小伙，学过法语，赢得过奖学金得以进入市里的语法学校。梅勒斯二十二岁结婚时拍的照片，因为他要对康妮表达忠诚而被他毁了，这照片显示了他曾是个怎样的人："一个年轻的助理牧师""一本正经的人"。劳伦斯说，从他本人二十一岁时拍的照片来看，他"面部胡须刮得光洁，是个年轻、一本正经的人，穿着如助理牧师那样的高领衣服"。梅勒斯对他早期那些暧昧关系的描述显然是以劳伦斯与杰茜·钱伯斯、露伊·伯罗斯及海伦·科克之间的关系为基础，同样，他"将早饭端给她在床上吃"指涉他习惯于伺候弗丽达。康妮与梅勒斯第一次不成功的性关系令人想起了劳伦斯在《第一个清晨》中描写的他新婚之夜与弗丽达的性关系。梅勒斯令人厌恶又复杂的离婚事件——"我讨厌死那些事了，官员、法庭、法官……人就不能一切顺遂，一直走到那世界的尽头，自由得毫无束缚?"[6]——体现了劳伦斯对弗丽达离婚事件感到心烦意乱。梅勒斯的病与劳伦斯一样，同样，康妮对他们关系的不忠影射了弗丽达与安杰洛·拉瓦利的婚外情。

梅勒斯有计划地为那些会唱歌、时髦、穿明亮红裤子的男人——他们以此方式用男子气概取代金钱——请愿，这似乎是《羽蛇》的荒谬残余物。但这项重生计划深深植根于约翰·拉斯金与威廉·莫里斯的再生理想主义及劳伦斯青年时期想要在矿工学堂激发自然性的想法。

威廉·布莱克在《天堂与地狱的联姻》（*Marriage of Heaven and Hell*，1790）中借助那些格言首先表达了这一重要的主题，即"女人的裸体乃是上帝之工"，尼采在《瞧，这个人》（*Ecce Homo*，1888）中明确表示："对性的任何轻视，以'道德败坏'的观念对性的任何净化行为，都是典型的反生命之罪——是反生命圣灵的真正的罪。"劳伦斯修改了这一重要主题。在《〈查泰莱夫人的情人〉

刍议》（"A Propos of *Lady Chatterley's Lover*"）中，劳伦斯解释，他希望通过再次体验"温热的血-性——因为其确立了生存之道，复兴男人与女人之间的联系"，从而重振无性的英国。他还表达了使一部作品的主题与结构相统一的构思，即从秋天写起，遵循着季节的轮转写到春，从病态写到生机勃勃，并（如《虹》《误入歧途的女人》《太阳》《已死的男人》那样）以充满希望的孕育结束："人最需要的是不断恢复生与死的完整节奏、太阳日历年的节奏及身体之年的节奏。"[7]

劳伦斯抨击了上层阶级、知识阶层、物质文明与机械文明，因为它们阻挠了这潜在的再生性。这一点不仅表现在残疾了的克利福德·查泰莱身上，同样也表现在康妮的情人——"街头老鼠"米凯利斯身上，"下流、粗俗的言语中最不愿被使用的字眼"都适用于描述这个人。米凯利斯以迈克尔·阿伦为创作原型，阿伦出生于保加利亚，原名迪克兰·克佑穆简（Dikran Kouyoumdjian）。阿伦说，他经受"致命的亚美尼亚"之苦，是"半个绅士"。奥托琳说他似乎污染了空气，描述他是个"肥胖、血统黑暗、皮肤紧致之人……他有着某种粗野的性力量，但他非常粗鄙、自负"。凯瑟琳·曼斯菲尔德见到过阿伦嘲弄劳伦斯的《阿摩斯》——1916 年，凯瑟琳在皇家咖啡馆看见有两个人嘲弄劳伦斯的作品，其中一个就是阿伦。与劳伦斯发生争论之后，他在刊登于奥利奇的《新时代》上的文字中如是说："针对一位'才华横溢的年轻作者'最尖刻、最有趣的嘲讽，'这位作者的作品（《恋爱中的女人》）写得太好，不适宜出版'。我们会在午夜发现他潜意识中的自我！"[8]

小说开头部分，康妮不喜唯理智论，也不喜有关性的闲谈，这为她后来顺从梅勒斯这个灌林中的男孩不善表达的兽性做了铺垫。她在性方面的重生伴随着她母性的渴望不断上升。她拒绝接受克利福德的信念，即情感与生育某种程度上可分离。克利福德是在催促她与另一个男人生个孩子做他的继承人时表达这一番信念的。劳伦斯在一个卓越的场景中刻画了母性主题。该场景中，康妮给雄鸡喂食，这些雄鸡注定要在它们刚成熟时便被宰杀（就如同战争中的士兵那般）。如同《儿子与情人》中的米丽安，康妮害怕保护小鸡的母鸡会凶猛地啄她，震惊又恐惧地退到了一边。后来，梅勒斯在微妙地混杂着性方面的探索的助产过程中，"缓慢、柔软，用坚定温柔的手指探入那只老母鸡的羽毛之中，在合着的掌心内揪出一只发出微弱唧唧叫声的小鸡"。康妮手捧着这只柔软的新生小鸡，开始为自己悲惨的生活流泪，这将母性主题与性主题关联在了一起。梅勒斯振作了起来，他突然"意识到双腿间那旧时的火苗剧烈跳窜，他曾希望这火苗永远都不再活跃"[9]。他爱抚着康妮，命令她躺下以确立自己的权威，第一次与她做爱，性在此通过"触摸的民主性"而超越了阶级性。

正如劳伦斯在卡普里与康普顿·麦肯齐进行的对话一样，他强调了双方同时性高潮的重要性，细致展现了康妮如何从战前与她的德国情人和之后的米凯利斯之间的那种阴蒂手淫，慢慢发展成与梅勒斯做爱，起初只有他得到满足，到后来的阴道高潮及双方同时性高潮。她的性关系从世俗、通奸、避孕变成了与梅勒斯之间神圣的、夫妻间的、孕育生命的关系。

康妮和梅勒斯因为阶级差异而彼此吸引，因为丑闻与分离的威胁而同心协力，他们用他们的身体与爱对抗战争的灾难性后果。劳伦斯在小说开头部分卓越的语句中用斯宾格勒的话描述道："我们的时代说到底是个悲剧性的时代，所以我们才不愿悲剧性地对待它。大灾大难已经发生，我们身处废墟之中。"① 正如 W. B. 叶芝所发现的："那两个恋人，猎场看护人与他雇主的妻子，因为他们的

---

① 《查泰莱夫人的情人》，赵苏苏译，北京：人民文学出版社，2004 年，第 1 页。

爱而脱离了彼此所属的阶级，也注定他们会陷入悲惨的孤独状态，他们俩都接受的那一种粗俗语言变成了一首绝望的诗篇，联结了他们彼此的孤独，那是一种古老、谦卑又可怕的孤独。"[10]

三

拉德克利夫·霍尔（Radclyffe Hall）的女性同性恋小说《寂寞之井》（*The Well of Loneliness*）1928 年被禁，劳伦斯知道自己的小说用当下盛行的品位与道德标准去评判，同样会被认为不成体统。尽管在英国或美国，这部小说不可能按他所写完全不更改地刊印，他还是断然拒绝对之进行删减。迪伦·托马斯说："讨论性时，只有三个词可供你使用——医学用词、社会最低阶层用词、道德用词。"劳伦斯尝试将社会最低阶层的语言转变为道德说教者的语言，并真诚、诚挚、恭敬地对待性。

虽然塞克和克诺夫是他遇到过的最好的出版商，但他对他们做事方式的低效感到恼火。他在 1927 年 4 月告诉一位朋友："一个出版商要么很拖拉，你以为他死了；要么很匆忙，你以为他很活跃。"[11]因此，他不得已而求其次，决定由自己出版该书。

18 世纪，亚历山大·蒲柏因为提前售卖自己的荷马作品译稿以及订阅费而大赚了不少。不久前的 1922 年，詹姆斯·乔伊斯与西尔维娅·比奇（Sylvia Beach）——西尔维娅·比奇拥有巴黎莎士比亚公司的书店——共同出版了《尤利西斯》。诺曼·道格拉斯在佛罗伦萨与皮诺·奥利奥里一起私下刊印了他的作品，这同样也激发劳伦斯学他的样，自己刊印获益。将自己的钱冒险投入出版《查泰莱夫人的情人》，劳伦斯可以挣到出版商 90％的收益、他的代理人 10％的费用，而且还可避免支付英国所要征收的税。

奥利奥里比劳伦斯小一岁，出生于博洛尼亚，父亲是个香肠制作工。他十几岁的时候做过理发师，1904 年至 1907 年间服过兵役。之后，他搬来英国，教授意大利语，在伦敦学会了图书贸易，在布鲁姆斯伯里的博物馆大街上开了自己的书店。他称自己在康沃尔就见过劳伦斯，尽管直到奥利奥里返回意大利参战之后，劳伦斯才在康沃尔生活。奥利奥里身材不高，长得胖乎乎，一副斯文的眼镜背后有着一双充满活力的眼睛。他为人"热情活泼、生动风趣、精神饱满、慷慨又令人耳目一新"，说话粗俗，性情粗鲁幽默，（与道格拉斯一样）偏爱年轻人。

1928 年 4 月，劳伦斯刚刚完成《查泰莱夫人的情人》，正忙于对书稿进行校对，并设计他的个人象征标志——一只在火焰中从它的巢中振翅而起的凤凰，这幅图被印在了他的《众生之路》（*Way of All Flesh*）中。《查泰莱夫人的情人》第一版有一千册，7 月出版，花费了劳伦斯三百英镑。这些书册由"一家漂亮的小型印刷店印刷，由手工——惬意、一点一点，像佛罗伦萨画派那般——慢慢做出来的，印刷商一个英文字都不认识，印刷厂里也没有一个人认识英文。在这里，文盲竟是福气！毒蛇也不会为人注意！他们将用一种漂亮的手工制作的意大利纸印刷，应该会是一本吸引人的书。我真希望我能卖掉这一千册的书——或者卖掉其中的大部分，否则我就要破产了。我想就直接将它们寄给购买者"。与英国人不同，意大利人接受性，认为它是日常生活的自然组成部分。佛罗伦萨的印刷商被告知这本小说里所写的一些文字时，他回答说："噢，天！但我们每天都在做啊！"[12] 这版书卖得很好，11 月出了第二版两百册。

这本声名狼藉的小说几乎是即刻便被美国海关官员拦下了。虽然幸运的是，英国当局的阻挠晚了一些，但劳伦斯 1929 年 2 月宣称："近来，他们对《查泰莱夫人的情人》太过于大惊小怪。伦敦警察厅的人拿着书找了我的代理人，还威胁要进行刑事诉讼；他们还阻延我的信件，实际上还没收了我的两册书、我的诗作《三色紫罗兰》的手稿……（他们）给我带来了许多麻烦。我不介意我什么时候能康复，但这让我的身体状况越来越糟。"[13]

英国当时的内政大臣是威廉·乔因森-希克斯（William Joynson-Hicks，后来的布伦特福德爵士）。他有着坚定的宗教信仰，1921 年曾出任教会联盟主席。1929 年，乔因森-希克斯表明了英国盛行的压制态度，继劳伦斯在"标准文学汇编系列"中发表了《色情文学与淫秽行为》（*Pornography and Obscenity*）之后，他在同系列中发表了《我们是否需要审查?》（*Do We Need a Censor?*）。尽管他没有直接提及劳伦斯，但他提到了"关于书籍审查制度的这场风暴占满了我的脑子……"，并在结尾处表达了希望书籍市场能够净化人心的愿望："借助教育的普及和人民心中宗教信仰的延续，他们自己会学会拒绝所有令人不悦的行为、文学与艺术——尤其是个人的想法。"伊夫林·沃的《邪恶的肉身》（*Vile Bodies*，1930）既影射了乔因森-希克斯，也影射了对《查泰莱夫人的情人》的非法引进，其中有一位海关官员说道："内政大臣最反对这类书。如果我们不能在这个国家杜绝文学，我们至少可以阻止其从外部被引进。那是他那天在议会里讲的。"[14]

劳伦斯知道他的这部小说和他的绘画作品会被敌视，但他完全相信他自己所深信的真理，有着巨大的道德勇气反对那些关于性关系该如何表现在艺术中的清教观点。尽管他厌恶淫乱，但当他发现他被公众当成了露骨的性爱专家时，他还是勃然大怒。在写给奥托琳——此时他已与她和解——的一封信中，他解释，主张彻底性自由与敦促人们让性想法与性行为实现健康和谐之间有着根本不同。劳伦斯无疑是想到了他自己与弗丽达，还对青春时的性爱与衰老时的性爱进行了重要区分：

关于《查泰莱夫人的情人》一书，你一定不要认为我是在主张永久性的性爱。远非如此。没有什么会比一年到头的永久性性爱更令我厌恶。但我想通过这本书对基本的客观现实做一次意识方面的调整……但愿人们不要认为我是在鼓励滥交。性爱只会持续很短的一段时间，而很长的时间里，性爱并不合适。但当性爱作为行为已经不适合了，它仍然会占据意识中相当大而安宁的空间，沉寂地存在于那里。年老的人可以享受那种愉快又沉寂的性爱，就如同苹果一样，让那些年轻人享受他们那种自由的性爱吧。[15]

对这部小说的普遍反应——包括他那两位相当正派的姐妹——都是"非常不赞同，或是带着点吝啬、心胸狭隘的屈尊俯就"。虽然劳伦斯很可能期待《尤利西斯》的作者能对之有不含偏见的回应，因为他们在性描写上都很坦诚，但乔伊斯严厉批评了这部小说的风格和其中颠倒的清教主义。乔伊斯强调，"那个家伙是真的写得很糟糕"，他还用傲慢的口吻告诉《利己主义者》周刊（*Egoist*）的编辑哈丽雅特·韦弗（Harriet Weaver）："我读了开头两页，尽是平庸、草率的英语文字，斯图尔特·吉尔伯特（乔伊斯作品译者、评论家、编辑）给我读了一段关于林中裸体行为的抒情文字和结尾。结尾就是一则宣传，它支持那些至少是在 D. H. L 的国家之外，自吹自擂的东西。"

劳伦斯对《尤利西斯》也有类似感觉。他认为乔伊斯缺乏热情与自发性，对细节小题大做，想要引起轰动，（劳伦斯也曾这么说过温德姆·刘易斯）对肉身有生理排斥。劳伦斯对《尤利西斯》的内容也感到反感，它以奇怪的方式启发他创作了被乔伊斯称作《话匣子夫人的情人》（*Lady Chatterbox's Lover*）的作品："最后的部分是作家所写过的最下流、最有伤风化、最淫秽的内容。是的，弗丽达，的确淫秽……这被称作《尤利西斯》的秽物比卡萨诺瓦①还令人讨厌。我必须要表明，写这部分内容的时候，可以不污秽。"1929 年春，哈里·克罗斯比想将乔伊斯引荐给劳伦斯时，乔伊斯不愿意见这位杰出的英国对手：他"不想见劳伦斯，说他眼睛疼，他真是太没有自信了"。[16]

《查泰莱夫人的情人》的书评不出所料是一片反对之声。《约翰牛》（*John Bull*）上一篇典型的书评运用了本国至上主义的修辞，用莎士比亚的标签——这标签在封禁《虹》时就已经用到了——侮辱劳伦斯：这是"曾玷污我国文学的所有作品中最邪恶的书写。法国色情文学的污水管绝不会被铺设进英国，我们这里绝没有这样的淫秽之物……不幸的是，不论对文学还是对他本人来说，劳伦斯先生都有个病态的脑子"。《伦敦纪事报》（*The London Chronicle*）与其他同时期的报纸一样，适时地扮演了道德卫道士角色，摆出愤怒姿态，目的是将劳伦斯钉在耻辱的十字架上，以吸引公众注意力、增加销售量："他因《查泰莱夫人的情人》而将自己交给了我们报社，而我们报社绝不怜悯他……这是我们的机会，我们得给出雷霆一击，强烈要求禁书。"[17]

赫胥黎预见劳伦斯会对当代文化产生深远影响，他注意到劳伦斯的崇奉者如何歪曲了（而且还将歪曲）他的那些观点："劳伦斯的学说不断被人们援引，对于这些人，劳伦斯本人会激烈反对。那些人援引劳伦斯的学说是为了维护某种行为，而这种行为却是劳伦斯认为应受谴责甚至厌恶的行为。"[18]

---

① 卡萨诺瓦（Casanova，1725—1798），意大利冒险家，以所写的包括他的许多风流韵事的《自传》出名。该词被引申为风流浪子，好色之徒。

# 四

劳伦斯在《已死的男人》——作品标题呼应了埃德温·阿林顿·罗宾逊（Edwin Arlington Robinson）的《死去两次的人》（*The Man Who Died Twice*，1924）——中抨击了基督教，专门针对圣保罗所强调的身体与精神的分离，反对他所主张的肉身为堕落之根源："我们原晓得法律是属乎灵的，但我是属乎肉体的，已经卖给了罪。"（《罗马书》7章14节）圣保罗的思想偏离了《福音书》中的教义，现代思想界中对之最猛烈的攻击来自尼采的《上帝之死》（*The Antichrist*，1888）。这部作品运用热情洋溢的修辞——这也是劳伦斯后来采取的——抨击上帝已降格为敌视人类生命的力量：

> 基督教的上帝概念——上帝是病人的神、是十字叉、是灵——是这个世界所实现的所有神圣概念中最为堕落的一个。它甚至代表了神圣概念下行性发展中的最低点。上帝退化成了生命的对立面，而非对生命的无穷变化与永恒的肯定！
>
> 上帝已宣誓对生命、自然及生存的意愿开战！上帝——是诋毁"此世"的准则，对"来生"撒着弥天大谎！上帝——是虚空的神化，是想要将虚空宣称为神圣的意愿！

劳伦斯从加布里埃尔·邓南遮的《处女的岩石》（*Le Vergini delle rocce*，1895）——这是劳伦斯1916年12月前阅读的作品——中找到了小说故事的萌芽，因为这位尼采式的肉欲主义者写道："或许对于犹太人来说，要是他的敌人没有在他生命的鼎盛时期杀死他，他很可能最终会摆脱沉重的悲伤，在加利利①成熟的果实中品尝出新味儿，向他的同伴们展示另一种幸福。"[19]

早在 1911 年 3 月（在克罗伊敦第一次阅读了尼采的作品之后），劳伦斯告诉艾达："别跟宗教搅和在一起。我要是你的话，就别去管宗教怎么说，尽力让自己完全活在当下。"《虹》中，厄秀拉表达了劳伦斯对《福音书》教义的厌憎。她感觉"基督教谦恭的一面肮脏，有辱人格"，当被规劝食用"布有血洞的手足"的尸身时，她惊恐万分。在"一战"即将结束之时，劳伦斯写了一篇关于沃尔特·惠特曼的文字，他在文中仿效尼采，宣告了他的基督故事的主题："基督徒逐步妥协，实际是在湮灭人的肉体存在。"[20]在他的信件和最新的散文《复活的主》（"The Risen Lord"）中，劳伦斯讨论了肉身复活与春季自然复苏间的关系：

> 宗教教义教导肉身复活；如果那所指的并非完整的人，那么何为完整的人？要是完整的男人没有女人，那我肯定不干……
>
> 上帝复活，拥有了肉体与灵魂的完美人生，如牡丹、狐狸那种次等的生命一样。如果耶稣复活后，拥有完整的肉体与灵魂，成为完整的人，那么他复活就要为自己找一个女人，与她一起生活，与她一起体验温柔与二重性的蓬勃生机。

劳伦斯对这个中篇小说的描述从使用俚语和亵渎神明的文字转变成充满生命力的回应："我写了一个复活故事，故事中的耶稣起了身，

---

① 加利利位于巴勒斯坦北部地区，西达地中海沿岸平原，东至约旦河谷地，南到耶兹里勒谷地，是一地形崎岖的高地。此处主要城市有采法特、拿撒勒。加利利人曾被称为北方人，犹太人被称为南方人。南方人时常轻视北方人，说他们粗野、没有学问。《圣经》记载，"拿但业说：拿撒勒还能出什么好的么？"拿撒勒是加利利的一个小镇，因着地处偏远，拿撒勒是为当时犹太人所轻视之地。

对一切都感到非常厌倦，再也忍受不了那群老伙计了——所以停下吧——随着他身体渐渐愈合，他开始发现这现象的世界是如此神奇之地，远比拯救或天堂更绝妙——多亏了他的好运，他不再承担任何'任务'。"[21]

《已死的男人》融合了"太阳"与"柔情"的主题，该主题在这个男人初次被伊希斯①的女祭司吸引时便渐渐隐去。这个中篇小说与《太阳》和《查泰莱夫人的情人》一样，通过感官的觉醒，从基督的世界进入了异教徒的世界，经历了四季的轮回，从冬进入了充满胜利的春。

坟墓中已死之人令人毛骨悚然的萌动明显与劳伦斯的结核病相关，他将他个人的心酸转变成了复活主题。《圣经》中记载了拉撒路（《约翰福音》11 章 44 节）的复活，但并没有记载死亡的感觉是什么。公鸡的鸣啼唤醒了已死的男人，牵引着他走过农夫的家，这影射了《福音书》中彼得不认主——也间接影射了犹大的背叛（《马太福音》26 章 34 节）；也在劳伦斯的故事中象征了鸡向凤凰的转变。已死的人后悔使他牺牲了自我的那项任务，并承认："我的背叛是我咎由自取。我知道我错怪了犹大……但犹大和那些高级牧师将我从自身的救赎中拯救……若我生时便赐予犹大爱之吻，或许他便永不会予我死亡之吻。"如陀思妥耶夫斯基《教皇》（"The Grand Inquisitor"）中的耶稣一样，被钉在十字架上的人意识到："如果他们发现了我，他们必会令一切重演。"[22]

故事的发展中出现了一系列象征性的感官诱惑，这些与撒旦对耶稣的诱惑（《马太福音》4 章 1 至 11 节）相似，将这已死之人带离他在此世的救赎性任务，并将他引至与伊希斯女祭司再生性的性体验中。当他发现公鸡猛扑向它所喜爱的母鸡时，"与死亡的宿命

---

① 古代埃及司生育与繁殖的女神，是埃及万神庙中最受人欢迎的女神，以她的魔力和治愈疾病的力量而闻名。

相比，生命的宿命似乎变得更强烈，更让他无法自拔。"他两次拒绝了玛丽·玛德琳和他的母亲，没有给渴望得到他的农夫的妻子任何回应，"尽管他温柔地对待她柔软、蜷缩、谦恭的身体"。这些经历令他做好准备以回应女祭司，当时她"一看到这个人便被触动，就好似一团精细的火焰的火舌触动了她"。[23]尽管实现了复活，这已死之人必须逃离前来抓捕他的罗马人。他趁夜间逃走，追随着海岸线中的潮水，抛弃了女祭司——与劳伦斯许多小说的结局一样，她怀孕了——奔向充满希望却不确定的命途。

《已死的男人》是一则典型的寓言，其中的基督是一个肉身的人而非灵，他经历了死亡又至重生。《死亡之舟》是劳伦斯对死亡艺术与拯救文学最崇高的贡献，故事经历了由生至死的过程。与《已死的男人》一样，《死亡之舟》这首诗篇——这是劳伦斯对自身死亡的最终说法——试图在"自我哀悼的行为"中实现身体与灵魂的和谐。"无声、没在汩汩作响的洪水"与"复活的残忍黎明"中淹没的意象表明他的疾病的破坏力和死亡的临近。与劳伦斯后期的大部分作品一样，这首诗融合了异教与基督教元素。这首诗的灵感来自指涉埃及的罗马小镇切尔韦泰里的坟墓，劳伦斯在《伊特鲁里亚人的灵魂》中对之进行了描述："正对着门的是一张石床，床上据推测放置着（贵族）卢库莫和亡者的神圣财富，以及一艘铜质的死亡之舟，它将渡他至另一个世界。"

诗歌中的中心隐喻将死亡描绘为一段从肉体生活走向精神宁静的旅程。船是接受死亡的一种方式，尽管没有宗教的慰藉，但这不是畏惧与颤抖的现代模式，而是平静与坚毅的决心。诗歌以1929年的晚秋开篇，随着劳伦斯故去，"死亡如灰烬的味道弥漫在空气中！"坠落的苹果因砸在霜冻的土地上而布满伤痕（如劳伦斯满是痛苦的躯体），"因无人照管而离去"。他拒绝接受自杀的想法：暴力不会为心灵提供必要的释放，从而令之平静。而随着洪水暴涨，载着躯体的船开启了"旧我与新我之间的"旅程，他已在心理上做好准备。[24]

"信仰的方舟"载满食物与煮锅起航之时，转折点出现了。死亡的过程在那一刻完成；肉身离开了，遗忘实现了。暗夜中出现了一根线，延续进了黎明，洪水停歇了，虚弱的灵魂走出了死亡之舟，心灵复活了。那万无一失的船是劳伦斯复活的完美符号，它既是死亡的象征，又是实现死后安宁的方式。


## 五


1926 年居住在米伦达庄园期间，一个突如其来的念头启发劳伦斯开始了《查泰莱夫人的情人》的创作，给了他进行绘画的灵感。他在《绘画》（"Making Pictures"，1929）中回忆："要是玛丽亚·赫胥黎没带她那四块相当大的油画布——其中一块油画布被弄坏了——出现在我们靠近佛罗伦萨的房子，要是她没将这些油画布——在她家已无人问津——给我，我很可能永远都不会在我的人生中绘制真正的画作。"劳伦斯的绘画是其文学创作主题的视觉呈现：肉体的复活及非基督教价值观战胜基督教价值观。他的画作《蜥蜴》（Lizard）主题类似于《太阳》，正如《耶稣复活》（Resurrection）的主题类似于《已死的男人》，《薄伽丘故事》（Boccaccio Story）的主题类似于《查泰莱夫人的情人》那般。

劳伦斯很快便喜欢上了这些空白的油画布，他发现："可以将自己的想法和感觉画出来，这相当有趣——作为一种相对于文学创作的改变……我喜欢用油彩，画出的画湿漉漉的感觉，这样，颜料会流得到处都是，画看上去不会像干骨。"绘画也是表现方式的补充形式。写作的时候，劳伦斯会等待灵感来临的那一刻，有时候，他会几个月内就匆匆写完几部长篇小说。绘画的时候，他不会进行预先的研究或画草图。他相信进行绘画创作与写作相似，"完全出于本能、直觉及纯粹的身体行为……画作本身要么源于最初的冲突而创作，要么根本就不会创作出来。只有当画作开始成形之时，绘画者才会吃力地进行下去，一笔一画勾勒直至完成……视觉方面的发掘（必）令人高兴甚至兴奋"。[25]

　　劳伦斯的绘画受到的最直接、最有力的影响并非来自塞尚和后印象派，而是来自古伊特鲁里亚人的陵墓绘画。尽管劳伦斯直到1927 年 4 月才得以访问伊特鲁里亚人的城镇，他之前已经在罗马的朱利亚庄园看过他们的艺术，并在 1920 年创作于托斯卡纳的诗篇《柏树》（"Cypresses"）中描述过"足部敏感、微笑柔和的伊特鲁里亚人"。与绘制了舞蹈《戴面具者》（*Masker*）及壁画《四人钓鱼》（*Four Men Fishing*）中的鸟与鱼的伊特鲁里亚绘画工匠一样，劳伦斯热爱舞蹈与仪式，喜欢自然生物。他与伊特鲁里亚人都突出了他们画作中那些锈色的、高度非写实性人物形象的性器官。他称赞"伊特鲁里亚人绘画的精妙之处……在于那些人物形象极具性暗示的线条。它并不具有明确轮廓，不是我们所称的'绘画'，是不同环境中身体突然中断某事时的流畅外形"。

　　伊特鲁里亚人的绘画如《摔跤者》（*Wrestlers*）预示了劳伦斯的《新生》（*Renascence of Men*）；生动的《红像贮酒罐》（*Red-Figured Stamnos*）（花瓶），其鲜亮的色彩预兆了《红柳树》（*Red Willow Trees*）——这幅画描绘了劳伦斯所热爱的那种戏剧化行为，他将之重新创作进了自己的艺术作品中。许多伊特鲁里亚人的绘画作品都被毁，这使得画作的残存内容显得弥足珍贵："盛宴上的人物片段、舞动的四肢（却不见舞者）、不知飞往何方的鸟儿、被毁了头部的吞噬食物的狮子！曾经，这些画面鲜艳夺目，画中载歌载舞。那是冥府的欢愉，饮着酒纪念逝去的人们，芦笛声声为舞蹈伴奏，四肢呈旋转、推、压的动作。这是在向已故者与神秘不可知的世界传递深深的、诚挚的敬意。"[26]与劳伦斯后期的作品一样，伊特鲁里亚人迷恋地关注着人的最终命运，这令他们在一生中不断冥想自然与死亡的终点。

劳伦斯认为，绘画必须触及最深层的感觉，就像凡·高的风景画那样粗暴地侵袭人们的所有情感。劳伦斯喜欢表达激情、迎合感官自我、"有自身的意义及协同的动作"的画作。赫伯特·里德（Herbert Read）发现："劳伦斯是位表现派画家，是那类艺术家的极端例证，他寻求情感与表征之间的直接对应关系，忽视比例与和谐所要求的更复杂的价值体系。"[27]

劳伦斯的绘画作品及《查泰莱夫人的情人》最显著的方面在于其表达了这样的欲望，即要激怒、打击、教导、挑战对待性的压制性态度，要释放被基督教彻底束缚的异教生活的神圣性。他向厄尔·布鲁斯特宣告了他的美学信条："我在我的每一幅画的某处都放上了一个阳具，也就是你所说的林格姆①。我所画的画，没有一幅不打击人们被阉割的社会灵性。我这么做，是因为我积极地相信男性生殖器是伟大神圣的意象，它代表了被我们否定并仍在否定的强烈、深层的生活。"但劳伦斯意识到他的艺术遇到了强烈的反对和敌意。他告诉塞克，他的朋友威尔金森一家无法忍受看到这样的画作："我画了一幅漂亮的巨型画作，但我们崇尚素食主义的邻居威尔金森一家害怕看到它，它太有'性暗示'了。为什么素食主义者总是表现得好像这个世界是如植物那般繁殖的？"[28]

1929年7月14日，劳伦斯于1926年至1928年间绘制的二十五幅画作在伦敦马多克斯大街的沃伦画廊展出。此时，劳伦斯居于意大利。劳伦斯初次见到多萝西·沃伦是在1915年11月的嘉辛

---

① Lingam，印度教中神授生殖能力的象征，尤指男性生殖器的图像。

顿。她是菲利普·莫雷尔的外甥女，毕业于牛津大学皇后学院（凯瑟琳·曼斯菲尔德曾求学的地方），做室内装潢与设计，1928 年嫁给了菲利普·特罗特（Philip Trotter），他从事画廊的商业运作。多萝西身材高挑纤细，是相当气派的上层阶级怪人。据她的表姐妹描述，她是那种迷人、有趣、和善的波希米亚类型。芭芭拉·威克利曾在她的画廊举办过画展。深受劳伦斯影响的青年亨利·摩尔记得她是位"极具眼光的女性，精力充沛、极富勇气"。摩尔 1928 年1 月在沃伦画廊举办了第一次个人画展。[29]

　　伊妮德·希尔顿曾将《查泰莱夫人的情人》的几册书藏在了她长长的衬裤里，将它们走私带入英国，她又将劳伦斯的这些绘画作品卷起来，秘密藏在行李箱里，从意大利运到了伦敦。最具潜在震撼力的画作《蒲公英》（*Dandelions*）——画中一个男人正在撒尿——被保留着未进行展览。劳伦斯为这些画作付出了大量心血，他将它们挂在了米伦达庄园里，他非常喜欢它们，并不真的想卖了它们。与展览不谋而合的是，《D. H. 劳伦斯绘画作品集》（*The Paintings of D. H. Lawrence*）也私下出版，仅出售给曼德雷克出版公司的用户。曼德雷克出版公司的创始人 P. R. 史蒂芬森当时正与杰克·林赛合编带有轻微色情意味的《伦敦的阿佛洛狄忒》（*London Aphrodite*），这本书令他的公司和劳伦斯的作品都声名不佳。

　　劳伦斯的《画作导赏》（"Introduction to These Paintings"）中包含肯尼思·克拉克爵士（Sir Kenneth Clark）称为"有史以来对塞尚最好的批评"的内容。劳伦斯认识到塞尚在绘画革新方面的努力、成就与影响，他写道："塞尚所画的那些苹果是真正尝试让它们以自身独立的实体存在，而不是给苹果注入个人情感。塞尚的巨大努力可以说是在于他将苹果从他身边推开，让它有自己的生活。这似乎不是件大事，但这第一次真正表明，人类数千年来愿意承认物质实际存在。"

此次展览的展评如他的小说所得到的书评一样，极其负面。劳伦斯也因他的画作——这些画作是《查泰莱夫人的情人》的图像说明——遭到迫害，正如他曾因他的政治观点与性观点遭遇迫害一样。展评者批评那"令多数观赏者吓得退缩的""令人厌恶与扭曲的裸体"。充满敌意的展评，劳伦斯再次声名狼藉——他私下出版的《查泰莱夫人的情人》在英国被没收，这样的事实吸引了一万三千位观赏者观看他的画作。但他的画中亵渎上帝与有伤风化的内容太容易激起争端。7 月 5 日，画廊遭到警察突袭，他们礼貌地等待着，一直到阿伽汗看完了那些画作才执行他们接到的命令。

"您肯定已经听到那个灾难性的消息，"他给玛丽亚·赫胥黎写信道，"十三幅画被没收扣留——您的画也在当中，他们还威胁要烧了它们——宗教中执行的火刑。"[30]《薄伽丘故事》和《与母老虎搏斗》（*Fight with an Amazon*）加速了这场危机的发生，每一幅有体毛的画作都被即刻没收。布莱克的《铅笔画》（*Pencil Drawings*）也曾遭到过同样的指控，这一事实并没有减轻劳伦斯所遭到的打击。

国家档案局迄今仍无人知晓的档案显示，警方对画廊的突袭——如 1915 年封禁《虹》一样——先是被私下的控诉激起，继而被伦敦媒体一心谋私利的攻击推动。私下的控诉发生在 1929 年 6 月 27 日，出版商格兰特·理查兹（Grant Richards）给弓街警察局的主管写了封信。理查兹是马丁·塞克的私人朋友，出版过 A. E. 豪斯曼（A. E. Houseman）的《什罗普郡少年》（*The Shropshire Lad*），是世界文学经典的发起人。战前的那几年，他令乔伊斯因出版《都柏林人》的问题而极度痛苦，还拒绝出版《一个青年艺术家的肖像》。1922 年，他打算购买马格努斯《外国军团回忆录》的英国版权。

带着维多利亚时期的自以为是，理查兹将警方的注意力导向劳伦斯的绘画作品与《查泰莱夫人的情人》（他既没看过那些画作，也没读过那本书），诡辩地将政府牵连进这场展览：

> 这不是开玩笑，我是出于应有的责任感建议你们去马多克斯大街 39A 的沃伦画廊看看，检查一下那里正展出的 D. H. 劳伦斯的画作。同时，既然你们要去看看，或许你们也该读一下要售卖的他写的书——一本大部头的书，我本人还没查阅，但我觉得这部书经不起调查。
>
> 实际上，展览目录已被恰当取消，两便士的国内货物税或许会让不了解情况的人们以为劳伦斯先生的画作已经获得了政府的认可。

6 月 30 日，收到理查兹信件的探长戈登·海斯特给警局主管写信，陈述有必要依据该指控采取行动。三天后，警局局长将劳伦斯的档案呈送内政部，力劝常务副部长约翰·安德森爵士采取行动。但约翰爵士强调，政府不欲介入。同一天，也就是 7 月 3 日，《伦敦标准晚报》（*Evening Standard*）强化了这一问题，他们指责这些绘画作品，报道称已经收到许多抱怨之声，还引用了 1929 年 6 月 16 日《观察家报》（*Observer*）上保罗·康纳迪（Paul Konody）非难性的展评：

> 抗议之声不断涌现，指责许多画作都不适合向公众展出。据悉，已有材料递送内政部，官方正在调查该问题。展出的二十五幅画中有十五幅受到控诉。在最近的展评中，有一位知名艺术评论家写道："这位作家兼艺术家或许厌倦了印刷中可以稍稍有点逾矩，转而选择在绘画中直截了当地让人作呕。"

第二天，内政部高级司法官员厄恩利·布莱克威尔爵士（Sir Ernley Blackwell）打电话给警务处处长，基于《标准晚报》的文章，要求采取行动。

7月9日，海斯特探长向警司汇报了7月5日突袭画廊的行动中他与菲利普·特罗特的谈话：

> 我问："你是否对此展览及行为负责?"特罗特先生回答："我和我妻子共同担责。这是我们的展览，我们是展厅所有人，住在这栋建筑的顶层。"我接着说："我受警务处处长命令通知你们，该展览即刻停止，否则你们将会被起诉。"特罗特先生问："理由是什么?"我说："理由是这里展出的许多绘画内容淫秽。"[31]

没收这些绘画的执行令依据1857年《淫秽出版物法令》签发，该法令先前也成为封禁《虹》的法律依据；公诉人仍然是赫伯特·马斯科特，他曾代表警方出现在《虹》封禁案的法庭。再次重复曾经的法律程序，他此次指控劳伦斯的绘画作品"不雅、粗俗、丑陋、难看、淫秽"。审判中，八十二岁高龄的地方法官弗雷德里克·米德说："我想要毁了这些画，就像我想要杀死野兽一样。"[32]

多萝西·沃伦曾想打这场官司，一些杰出的艺术家如奥古斯都·约翰、威廉·奥彭爵士（Sir William Orpen）、格林·菲尔波特（Glyn Philpot）等，都愿意证明劳伦斯的绘画作品具有艺术价值。但劳伦斯曾亲历1915年一千册《虹》被焚毁，而此时又因为《查泰莱夫人的情人》遭受攻击，已经厌倦了殉道者的角色。他如今更加年长、更睿智——也是垂死之人了。他害怕再经历另一场灾难，最想要的是拯救他的那些绘画作品。于是，他劝沃伦接受官方退还画作的条件，承诺不会再在英国展出这些作品：

　　我觉得在高等法院对簿公堂是错误的。这么做的目的是什
么呢？证明这些画不淫秽？可它们本就不淫秽，怎么去证明它
们淫秽？要是它们在法庭上针对你，那你失去的会比获得的更
多，未来几年都补不回来。不，不好，我想请你接受他们提出
的条件。我不想我的画被焚烧，无论如何，不管什么原因都不
行。法令当然需要修改——这显而易见。为什么要通过焚了我
的画去证明呢？对我来说，我的画很神圣，我不会让人焚毁它
们的。

　　8月10日，法庭在大马尔伯勒街举行听证会的两天后，劳伦斯
告诉奥利奥里，那些配合展览而出的画册将被销毁："我收到电报
说，画作返还，画册焚烧。让他们见鬼地烧去，一群蠢货。这让我
对英国极为厌恶……它让我感到沮丧、恶心——多次令我受辱，那
么多愚蠢、放纵的侮辱，还有那些被驯服、幸灾乐祸的公众。"
　　劳伦斯在三首诗中表达了他的愤怒：《一万三千民众》（"13000
People"）、《纯真的英格兰》（"Innocent England"）及《给我一块
海绵》（"Give Me a Sponge"）——它们均收入他的讽刺诗集《荨
麻》（*Nettles*），该诗集出版于他去世后的1930年：

　　　　但不该如此，他们的行为
　　　　如疯子，观看着，热情洋溢、热烈讨论
　　　　或幸灾乐祸，或窥视着这普通的污迹
　　　　这里或曾有一块遮羞布，但实际并没有……

　　　　天真无邪又正派的警察来了
　　　　他们遮了面，遮住羞耻，

> 他们将伤风败俗之物移去
> 监狱，令其不得见天日……

> 啊，我那些漂亮的画，它们被弄污、变脏
> 那非时间之过，而是那些不洁的呼吸与目光
> 那些污秽之人用他们不洁的目光盯着它们
> 玷污了它们，还借呼出之气将谎言喷洒其上。

沃伦画廊的辩护律师与警察局的律师代理事务所旺特纳父子事务所曾就《薄伽丘故事》的损毁问题通过很久的信。但警方坚持认为"这幅特殊的绘画作品是最淫秽之作中的一幅"，他们拒绝对所造成的画作损毁问题承担任何责任。[33]

　　劳伦斯的画作不仅本身令人感兴趣，而且因为它们是一位文学天才的绘画作品而倍受关注。他所有艺术作品的目标是改变人们思考与感觉的方式，令"色情之物"看上去神圣。但久居国外令他脱离了当时英国的道德现状；在他表现感官享受的佛罗伦萨派小说遭遇敌意评论之后，想象他那些能激起争端的画作会受到英国公众的欢迎，这太天真了。劳伦斯决意要用体毛与生殖器震惊英国民众，在恶评如潮的灾难发生之时，他竟非常惊讶。弗丽达怒不可遏地写道：

> 　　我一想到没有人在意劳伦斯那惊人的天赋，想到他如何被嘲讽、被压制、被变得一无是处，至多被屈尊俯就，我就会感受到我们的文明有多么愚蠢。他的存在是多么必要！他是多么被需要！……就是那些评论家！哪怕他们能接受而不是一味批评，他们自身的生活也会变得非常丰富！[34]

第二十一章

# 邦多勒与旺斯，1929—1930

一

在劳伦斯生命的最后十五个月中，他还坚持孤注一掷，经常疯狂地寻找可以令他衰竭的肺康复的气候。但在法国、西班牙、意大利、德国，他的健康持续恶化。1928年和1929年的两个冬天，他在邦多勒度过，那是法国海岸边的一个迷人渔村，位于土伦和马赛之间。他先是住在宝里瓦奇宾馆，之后住在美丽阳光别墅。尽管他身体虚弱，他仍积攒了足够的精力在1929年寻找令他感兴趣之事并去多地旅行：3月去了巴黎（看望哈里·克罗斯比和赫胥黎夫妇），4月至6月去了马略卡岛，7月去了福尔泰德伊马尔米、佛罗伦萨和巴登巴登，8月至9月去了巴伐利亚的罗塔赫和巴伐利亚，之后返回邦多勒，第二次旅居那里。但无论是欧洲的南方还是北方似乎都不适合他。1929年，他告诉弗丽达，他恨透了意大利，确信意大利会令他丧命；他告诉埃尔丝，要是他在德国住的时间再久一点，德国也会要了他的命。

《查泰莱夫人的情人》不受版权保护，盗版利用劳伦斯的狼藉牟利，令他的版税流失。1929年7月，警察突袭没收了他的画，这也导致了他的情绪高度紧张，令他更加虚弱，无疑推动了他的死亡。但他在去世前还一直坚持创作，写出了许多两千字的文章，以每篇二十五英镑的价格卖给伦敦报社［这些文章集结为《散文集锦》（*Assorted Articles*）］；还创作了《色情文学与淫秽行为》《启示录》《三色紫罗兰》和《荨麻》中的讽刺诗以及他最伟大的两首诗篇：《巴伐利亚龙胆》（"Bavarian Gentians"）与《死亡之舟》。

经历了克罗港岛的病发和 1928 年 11 月险风恶浪中横渡到法国大陆的旅程之后，劳伦斯无法再进行远距离旅行，他因而在邦多勒安顿下来。凯瑟琳与默里 1916 年春与劳伦斯夫妇比邻而居之前曾在这里度过一段非常幸福的时光；1918 年 2 月，凯瑟琳在宝里瓦奇宾馆第一次大出血。邦多勒是一个小港口，这里的人们无忧无虑，气候属于地中海温和型气候，非常安静。与法西斯分子控制下的意大利相比，这里似乎更令人快乐，没那么压抑。那个冬天，劳伦斯接待了许多访客：威尔士作家里斯·戴维斯、芭芭拉·威克利、美国青年诗人布鲁斯特·吉瑟林（Brewster Ghiselin）、赫胥黎夫妇、他的妹妹艾达。如往常一样，劳伦斯表现出一副勇敢的样子，尽力掩盖自己病重的事实，因为与凯瑟琳之间的关联而感受到某种病态的安慰。他告诉担忧他健康的默里："我很好，就是有一个沙沙作响的肺，还是像往常那样咳嗽——这让人讨厌——但除此之外，我很好。我知道凯瑟琳曾在这里住过，所以或许你很了解这个地方。"

1929 年 4 月，受他旅行癖的促动，他想要游历西班牙，而弗丽达渴望前往更多的岛屿（他们已经去过卡普里、西西里岛、撒丁岛、锡兰、塔希提、拉罗汤加岛及克罗港岛），劳伦斯夫妇从邦多勒旅行至巴黎，之后又至巴塞罗那海岸线外的帕尔玛马略卡。"这个岛屿——马略卡岛——很像西西里岛，"他告诉皮诺·奥利奥里，"但没有西西里岛美，处于更加麻木不仁的状态。不过，它具有南部海域风情，在这个世界之外，属于另一个世界。我喜欢那样，它的睡眠状态很适合我。"再次患上疟疾，劳伦斯的牙齿都打战了，这使他无法进行在这个岛上租房子的长期打算，也使他无法再去马德里和西班牙南部城市游历。

马克·格特勒1929年4月给科特写信时提到，劳伦斯3月中旬做了短途旅行，拜访了居于法国苏雷尼斯——巴黎西部的郊区——的赫胥黎夫妇；他还记得自己住进一家肺结核病疗养院时，劳伦斯曾为他担忧。他很沮丧，不仅因为劳伦斯的病很严重，还因为劳伦斯的宿命态度，以及他不愿意（受弗丽达怂恿）接受医疗救治："关于劳伦斯的消息极为令人沮丧。他似乎身心都病了。（赫胥黎夫妇）给我们描述的现状令人震惊，我整个晚上都为之不得安宁。弗丽达没在，他们才成功地给他找了个医生。医生诊断，他的双肺状态极为糟糕，他的身体整体状况不容乐观。他却不愿相信，不接受X光检查。"[1]

1927年7月的大出血令劳伦斯更加虚弱，弗丽达与拉瓦利的婚外情令她有了满意的消遣，这使劳伦斯与弗丽达之间的争吵不可避免地减少，他们之间的关系变得相对平静。尽管他们之间的争吵令他们的关系紧张，而弗丽达又对他不忠，但他们所有的朋友都认为，随着劳伦斯的病愈益严重，他变得更加依赖弗丽达。弗丽达的勇气令他自己具有了同样的勇气，她令他坚强，满足了他最深层的情感需要。坏脾气的理查德·奥尔丁顿喜欢劳伦斯的作品，但他认为劳伦斯的性格只有弗丽达这样性格的人能承受："他们天生一对，只有像弗丽达这样的女人——健康、强壮、貌美、充满活力、自信——才能忍受与'天才'一起生活——这样的生活中包括如此多的恼怒、精神紧张、过分自信、严重的自我不信任以及露骨的刚愎自用。"赫胥黎从生理学角度界定了他们之间牢固的关系，并强调弗丽达具有不可思议的力量，能令垂死的劳伦斯恢复生机："劳伦斯以某种奇怪的方式依赖着她的在场，那是生理的依赖，就像人们依赖腹腔内的肝脏、依赖骨髓。我曾两度见证他从我认为的弥留之际恢复元气，这两次都是弗丽达离开，短暂消失在他面前，之后又回到他身边。人类关系的神秘性真是令人费解。"[2]

1923 年 8 月 20 日，劳伦斯与弗丽达在纽约大吵令弗丽达独自返回英国（来到默里身边）的两天后，劳伦斯罕见地接受了一家报社采访。他比较了自己暴躁的性格和弗丽达顺从性的好逸恶劳，强调了女性对男性有益、稳定的限制："要是男人没了女人管，他们会很快……进入毁灭状态。但女人会让生活回归正常轨道，她们可以让男人悬崖勒马。女人有巨大的消极力量，惰性的力量。"[3]

## 二

7 月初，弗丽达在伦敦忙于沃伦画廊的展览事宜期间，劳伦斯去意大利海岸的福尔泰德伊马尔米拜访了赫胥黎夫妇。他后来回到佛罗伦萨，再次体验了 1927 年 7 月的可怕经历，在奥利奥里的公寓第五次大出血。看到劳伦斯的头和双臂垂落在床边，就好像他死了一般，奥利奥里吓坏了，赶紧叫来医生，并给弗丽达发了电报。他问劳伦斯："弗丽达到的时候会怎么说？"劳伦斯回道："你看到碗里的那些桃子了吗？她会说'多么可爱的桃子'，然后她就会大口吃掉它们。"结果的确是那样。

在 7 月 13 日写给他哥哥朱利安的一封长信中，赫胥黎描述了吉廖利医生的诊断及劳伦斯恶化的病情，无益于他身体的旅行、他的病态、异常的倦怠，以及弗丽达默认劳伦斯致命的自我蒙蔽：

> 医生告诉玛丽亚，仅是给他听诊，他便可以听出他的一只肺实际已经坏死，另一只肺受到了影响。他怀疑是否造成了更

多的附带损伤……他不想知道自己到底病得有多重……他还到
处旅行，非常劳累，实际上很可怜。他从一个地方游历到另一
个，想象着下一个地方会令他好一些，而每次他到了下一个地
方，便遗憾前一个地方更好，回望，那里简直是天堂。不过，
鉴于他已经病得如此严重，没有任何一个地方会让他感觉比其
他地方更好。与你在迪亚布勒雷见到他的那会儿（1928 年年
初）相比，他的状况糟糕多了——咳得更多，呼吸急促、微
弱，没有一点力气。（看到他就那么坐在那里，什么也不做，
真的很可怜。过去的三个月来，他不曾写过一句话，也不曾动
过一次画笔。他就是一点力气都没有。）……

　　弗丽达比他还糟。我们告诉过她，她就是个傻子，是个罪
犯，但这简直就是对牛弹琴。所以，没希望了。除了铐上他，
强制将他送往疗养院，我们什么都做不了。


劳伦斯相信直觉，坚持认为科学事实只是幻觉。尽管他想活下
去，但他意识到他正在死去，知道医生帮不了他，他便勇敢地接受
他的命运。弗丽达与他一样相信医院令人抑郁的常规检查、治疗会
扼杀他的创造力。她觉得她自己令人惊异的力量可以令他复活并治
愈濒临死亡的他——或至少令他充满力量、恢复生机。意识到自己
具有治疗效果，弗丽达告诉科特："基督只复活过一次，但劳伦斯
却复活了许多次。"[4]

　　在佛罗伦萨渐渐从大出血中康复后，劳伦斯先旅行至巴登巴
登，在那里，有位医生试图安慰他，似乎"觉得他的肺还可以"。
他之后在罗塔赫停留了一个月。罗塔赫处于巴伐利亚阿尔卑斯山脉
当中，位于慕尼黑南边，在特根西边上，靠近德国医生兼作家马克
斯·莫尔的农场住宅。马克斯·莫尔曾于 1927 年 9 月给劳伦斯做
过检查。[5]劳伦斯觉得自己的情况极为糟糕之后，曾在床上躺了一

个星期，其他的医生都给他使用磷和砷进行江湖疗法。考虑到砷产生的毒性，他的状况会变得更加糟糕，便不足为奇了。他感觉自己正被毒害，9月末，他成功爬回了邦多勒。

劳伦斯夫妇第二次在法国沿岸生活的时候，租了相当华丽的美丽阳光别墅，该别墅最初建造的目的是方便私会。与他们之前的居所相比，它即便不那么迷人，却要舒适得多："这房子就是一套有六间屋子的平房，但它有一个（凹陷的大理石）浴池，有供水系统和中央加热系统，有一个大平台和杂草丛生的花园，它位于海面之上，占据的位置相当让人喜欢。所以，让我们祈祷众神会对我们友善，我能变得强壮起来，弗丽达也会因为有新的玩耍的地方而高兴。"

1929年秋，劳伦斯敷着亚麻籽膏药（类似于他在瓦哈卡使用的那种缓解疼痛的热砂袋）卧病在床，他还继续强调他是支气管炎和哮喘，而不是肺部问题。但他承认，他的支气管问题开始影响他的心脏，他的病况很严重，如果情况一直没有改善，他会被强制送进疗养院。10月29日，与凯瑟琳1918年7月写信给奥托琳表达她的极度痛苦一样，劳伦斯描述他的病就像个恶魔，与他的身体格格不入，危害着它："这如野兽般折磨人的胸强加在我身上，它就像是个居住在那里的恶魔，大获全胜，却与我无关。"[6]

布鲁斯特一家在邦多勒租了一套与劳伦斯比邻的房子。厄尔用椰子油给他按摩；他们陪他一起乘车去周边的村镇，帮他校稿，分享哈伍德从英国带来的圣诞礼品盒。1929年11月，画家兼作家弗雷德里克·卡特来到邦多勒。劳伦斯曾就《启示录》与卡特通信，还在1924年1月去什罗普郡拜访过他。卡特讨厌劳伦斯那些病弱者的习性，生动描述了他的身体状况："人们无法不警觉甚至恐慌地注意到他不停吐痰，那场景本身就有一种令人恐慌并感到威胁的氛围。他没有大声咳嗽，就是很小心地往一个信封里吐痰……这些信封到处都是，因为他有许多信件往来，而那些信封都留着给他吐痰。"

两个月后，芭芭拉·威克利来到这里。劳伦斯向她吐露，他的病有时候让他想要自杀。"夜晚太可怕，"他告诉芭芭拉，"凌晨两点，要是我有枪，我就想崩了自己。"他觉得弗丽达已经不再具有令他恢复生机的力量，他感到极度孤独。有时候，他会无力地走到屋外，躺在躺椅上。裹在围毯里，躺在花园中，他面色苍白、憔悴地说："你母亲厌恶我身上的死亡气息。"[7]

1930 年 1 月末，安德鲁·莫兰（Andrew Morland）——格特勒的医生，也是未来伦敦大学学院医院胸腔疾病科主任，是诊治过劳伦斯的一长串医生中的最后一位——受科特与格特勒拜托前往邦多勒为劳伦斯做检查。莫兰给他下了最严重的诊断书，告诫说如果劳伦斯不住进疗养院，他只能活三个月了：

> 显然相当长的一段时间以来，劳伦斯一直患有肺结核——很可能已经长达十至十五年……
>
> 大面积破损，只有一个很小的腔孔……
>
> 双肺似受感染，中度，但让人无比焦虑的是他的整体状况；他胃口不佳，似乎不配合治疗……
>
> 他对疾病的抗拒反应是相当强烈，这使他尽管一直都不配合治疗却能活了这么久……我恐怕真正长期的严格意义上的休息是目前唯一有效的治疗方式，但要让他顺从这一点不会容易。[9]

劳伦斯变得消瘦，体重减至九十七磅，而且还在不断下降。莫兰坚持要求他住进旺斯的阿斯特拉疗养院。旺斯是滨海阿尔卑斯山中一个可爱、古老的城镇，距离戛纳仅几英里。劳伦斯 2 月 6 日住进了阿斯特拉，那里并没有严格的规章制度，很像是配有医护设施的私人宾馆。他非常好地适应了新的环境，相较于美丽阳光别墅，他觉得"受到的照看"更少。但他很快感觉更糟，觉得这个地方不适合他。他的体重下降了不少，对医生和治疗都失去了信心，相信他在邦多勒会情况好转。

劳伦斯在生命结束前的最后数月中书写的那些令人动容的信件描述了他勇敢却无望地与结核病进行着斗争。他总是不愿意面对他的疾病现实，最初还曾责怪恶劣的气候与日益糟糕的空气："这个冬天让我知道，要是我还如此逗留于欧洲，我就会死。我的垂死对我有什么用！无论如何，生着病是那么令人疲倦、痛苦……我真的想做些什么能让我健康的事，因为我觉得我的生命正从我体内流逝。我相信这古老、停滞不前的欧洲正逐渐杀死我。"1930 年 2 月，他的体重只有九十磅时，他强调自己患有支气管炎，腹部与肝脏患有疾病，仍拒绝承认迫在眉睫的死亡危险："自墨西哥之后的这五年里，我的肺部变化不大，但我的支气管很糟糕，它们令我的气管底部、肚腹、肝脏发炎。我猜那就是我变得这么瘦的原因——我不敢说出我的体重——但这个冬天，我的体重下降了许多，搞不明白是为什么……肺部的问题不严重，但支气管、哮喘的状况非常糟糕，耗尽了我的力气——而且我还没了胃口……我绝对没有任何突发的危险——只是有着缓慢的危险……时间不是凶手之时，它是最好的治疗者。"在阿斯特拉住了两个星期之后，他最终承认自己经受着巨大痛苦："在这里，我感觉相当糟糕——这里的这些可怕的夜晚，咳嗽、心脏、疼痛都无疑更糟糕——很难受。我感觉这就像流行性感冒，但他们说不是。这不是个好地方——不该在这里久待——在房子里，我会好些——我难受极了。"劳伦斯的咳嗽并没有减轻他身体的痛苦，它只是有机体溶解液无效、可怕的喷涌。他去世后，莫兰医生意识到他的治疗方案无效，对自己的决定感到遗憾。他告诉科特："我现在真希望我没有劝过他去旺斯，因为我怕我的努力只是让他生命的最后几个星期更加不幸。"[10]

劳伦斯弥留的最后一个星期异乎寻常地丰富多彩。2 月 24 日，劳伦斯于 1909 年通过福特结识的 H. G. 威尔斯来访；赫胥黎夫妇25 日和 28 日从夏纳至此，帮忙照料他；大约在 26 日，美国雕塑家乔·戴维森为他泥塑了一尊头像——这尊雕塑捕捉到了劳伦斯鲜明的大胡子、凹陷的双颊、深陷的眼窝以及如基督般痛苦、遭难的表情；27 日，阿伽汗——他很欣赏劳伦斯在沃伦画廊展出的绘画——来此向这位艺术家表达敬仰之情。而劳伦斯本人在去世前几天，还在继续忙于撰写埃里克·吉尔（Eric Gill）的《艺术谬论及其他》（*Art Nonsense and Other Essays*）的书评。

三

3 月 1 日——奥布里·比尔兹利称之为"凶残的月份，定要解决掉数十人"——劳伦斯搬出了阿斯特拉，住进了旺斯的私家房屋罗伯蒙德别墅。他曾告诉过格蒂·库珀，"活，我们要活得雄赳赳；死，我们也雄赳赳地赴死"——他兑现了这句话。他从来都没有完全放弃他可以康复的希望，他告诉弗丽达："太阳升起的时候过来吧。""我过去的时候，他很高兴，那么那么高兴，就好像他会说：'看，我又被赐予了一天。'"如与他同名的大卫王一样——大卫王临终时得童女亚比煞为之温暖身体（《列王纪上》1 章 2 节），劳伦斯临终前的一个晚上曾要弗丽达与他睡在一起："整个晚上，我都能感受到他疼痛、僵硬的胸膛；整个晚上，他也必然无比痛苦地感受到了他身边我健康的身体……以前，只要我睡在他的身边，我总能安慰他、减轻他的痛苦……现在我做不到了……他正远离生命、远离我，我用尽我所有的力量，感到的只是无助。"[11]

劳伦斯开始出现幻觉，感觉正从自己的肉体中脱离，或是产生死亡的预感，他惊呼："我看到我的肉身躺在桌子上！"赫胥黎最后一次来访后同情地告诉他哥哥朱利安：

> （我们）发现他非常虚弱，忍受着极大的痛苦，异常地不知所措（égaré），感觉他不在那里——他成了同时存在的两个人。我们晚上九点叫来了医生，他给他注射了一些吗啡，之后劳伦斯便安然入睡……他的心脏开始跳动缓慢，肠功能受到了极严重的影响——我猜是全身中毒——他似乎没有肺供他呼吸了。过去的这个星期，我们去看了他两三次，情况极令人忧虑——他的身体损毁严重，忍受着那么多痛苦。

此外，他的病令他消瘦得可怕。诗人罗伯特·尼科尔斯（Robert Nichols）在劳伦斯临终前也陪伴在侧，他说："劳伦斯去得特别快。他拒绝吸氧，说那让他变得更糟。我恐怕他痛苦不堪。就在他们给他注射吗啡前（'我想我现在需要点吗啡！'——他很长一段时间以来一直拒绝使用吗啡），他命令将弗丽达的床移到他的床脚处。"[12]

劳伦斯恳求弗丽达："抱紧我，紧紧抱着我，我不知道我在哪里，我不知道我的手去了哪里……我在哪儿？"他的临终遗言是"我现在好多了"——某种意义上来说，他的确是好多了。在他弥留之际，弗丽达双手捧着他的双踝。她相信他最后的那首未完之作《祈祷》（"Prayer"）"提到了这个，就好像他事先就知道会这样"：

> 哦，让我的双踝沐浴在月光里，我将远去
> 沉着自信，以月光为鞋，镇静、脚步轻快地

走向我的目标。[13]

1930 年 3 月 2 日晚间十点十五分，劳伦斯因肺结核离世，享年四十四岁。

虽然他们多年来一直担心劳伦斯的健康，但他的死讯还是令他的姐妹们极度震惊。同样，哈伍德·布鲁斯特 1929 年 12 月最后一次见到劳伦斯时还在想，他看上去瘦弱、苍白、病恹恹、虚弱，但他很长一段时间都是那样的，所以无论是哈伍德还是厄尔——他们在劳伦斯去世前一周去了印度，他们都不相信他会病重到离世。

3 月 4 日葬礼那天，芭芭拉·威克利打开门，要将鲜花放到劳伦斯的房间里时，罗伯特·尼科尔斯得以一睹劳伦斯的遗体。他"发现劳伦斯的鼻子'如笔尖般锋利'，他那粗短犹如希腊神话中的森林之神那般的胡须竖立着（他的双脚朝向我的方向，上面覆着被单）"。[14]下午四点，单匹马拉的一辆摇摇晃晃的古旧灵车向着旺斯的公墓出发，跟在灵车之后的是一群身着黑衣的旧时掘墓人。没有一位朋友能从英国赶来，只有十人跟在灵车之后来到墓地：弗丽达和芭芭拉、阿道司与玛丽亚·赫胥黎夫妇、押撒·布鲁斯特、罗伯特·尼科尔斯、艾达·劳（一位漂亮的女演员，劳伦斯与她在陶斯结识）、迪基亚拉夫妇（妻子是美国人，丈夫是意大利人，劳伦斯在卡普里时结识了他们）和蒂斯（《查泰莱夫人的情人》的巴黎出版商）。葬礼上既无亲友致辞，也无经文念诵。押撒还想着弗丽达竟穿了件红裙子，真是怪异。

葬礼之后，弗丽达在写给梅布尔和福斯特的不同信件中分别描述了劳伦斯对待死亡无所畏惧的态度和他的爱的遗产：

> 勇气，他对抗疾病一直秉持的勇气，我对他满心敬佩，这是我无法忘怀的……

劳伦斯死得非常了不起——他一步一步地与病魔斗争，他的生命永不会失去魅力，即便是到生命的尽头，他索要吗啡，没有疼痛、没有挣扎地离去——他离去之时看上去无往而不胜、志得意满，一切的痛苦都消除了——如果英格兰曾生长出一朵完美的玫瑰，那便是他，带着刺、芬芳而大放异彩——他留给我的是毫无怨恨的爱，他熄灭了我们所有的怨恨；我并不知道在他离去前，他便从生命的彼岸留给了我他的力量和他对生命的挚爱。[15]

# 尾 声

　　英国刊发的劳伦斯讣告多含敌意。它们强调他离经叛道及与他的作品相关联的丑闻，描述他——正如凯瑟琳·卡斯威尔所抗议的——是个"阴郁、失意、饱受煎熬甚至邪恶的失败者"。E. M. 福斯特反对盛行于英国的这一态度，保护他的朋友兼竞争对手不被那些诋毁者贬损。尽管福斯特与劳伦斯在他们进一步深交之前曾私下有过争论，但他们都尊重对方的作品。1917 年，福斯特从埃及（他当时在那里为红十字工作）写信时便区分了作为艺术家与作为人的劳伦斯，界定了劳伦斯作品中的主要不足："我十分欣赏劳伦斯，尤其是他的早期作品，那时候他还没有变得这么爱说教、这么理论化。我有些了解他——他危言耸听又易怒，但我喜欢他。"七年后，《印度之行》出版，劳伦斯称赞了这部小说，称福斯特是他的英国同辈作家中最优秀的小说家。福斯特在《听众》（*Listener*）上刊发了讣告。讣告中，福斯特慷慨陈词，回忆了他与劳伦斯之间的交往，忆起劳伦斯性格中的长处，提及他在"一战"中构想的拉纳尼姆计划："1915 年春，我和他见过三四次。我并不十分了解他，后来我也没再见过他，但他给我留下了深刻的印象——他的手指非常灵活，他的精神相当鲜活，他是那么容光焕发、感觉敏锐，他那么确信如果我们一起即刻前往南太平洋的某座岛屿，我们必会建立一个完美的社会以复兴这个世界。"福斯特呈现了他对劳伦斯的看法，无畏地坚称："他是我们这代人中最具想象力的小说家。"[1]

劳伦斯去世后不久，弗丽达的生活变得极度复杂，她遭遇了情感、医疗及法律方面的问题。她又与默里好了一段时间，之后又恢复了与安杰洛·拉瓦利的关系；芭芭拉患上了结核，并且精神崩溃；弗丽达的母亲去世；弗丽达与劳伦斯的哥哥和姐妹因为他遗失的遗嘱产生纠纷。

默里的传记作家不带丝毫讽刺意味地报道说，1930 年 3 月，默里"疾驰至法国南部，向劳伦斯表达他最后的敬意"。事实上，1930 年劳伦斯去世后，默里满足了他与弗丽达上床的变态偏执，正如 1923 年凯瑟琳去世后他所做的那样，他对此感到满意。默里 1930 年春开始书写并于当年出版的《追忆 D. H. 劳伦斯》(*Reminiscences of D. H. Lawrence*, 1933) 充满负疚感，表达了他回到他的第二任妻子维奥莱特·勒梅斯特——她因患有结核病而生命垂危——身边时，不可避免感受到的懊悔与自责。默里在《女人之子》中猛烈攻击劳伦斯的性格与思想，他不仅企图抹杀劳伦斯并为自己辩解，还表达了他对弗丽达的吸引和敌意，因为弗丽达（如劳伦斯曾经一样）拒绝了他，选择与拉瓦利生活在一起。

赫胥黎清楚弗丽达与默里之间私情的来龙去脉，他厌恶《女人之子》，谴责了这本书及其作者。他告诉一位朋友："默里这部带有强烈报复心理的圣徒言行录非常虚伪，简直是在用一只鼻涕虫的眼光看可怜的劳；如果你清楚他与劳及劳夫人之间私人关系的始末，你真的会不寒而栗。有朝一日，它真的该出版，其中的一些细节卑劣下作、令人毛骨悚然，实在让人难以置信。"温德姆·刘易斯 1914 年结识劳伦斯，曾在《白脸人》中抨击过劳伦斯。他针对默里的书写了一篇书评，该书评出人意料地并不严厉，但书评指出默里对劳伦斯的攻击令人反感，称赞了劳伦斯的性格，敏锐地将劳伦斯作品的不足之处归因于他的疾病："我本人并无兴趣在劳伦斯先生去世之后不久评判他到底是怎样的人，此时，许多人必然真诚地哀悼这样一位天才，而且看来还是一位富有魅力的男人的陨落。不可不说，那可怕的疾病最终要了他的命，这病如影随形地折磨了他一辈子……（在我看来）这病该对他作品中的那些歇斯底里与虚弱不堪负很大的责任。"[2]

　　3月中旬，芭芭拉患上了骨结核，不得不用石膏粘裹住背。7月，她精神崩溃，跑着经过罗伯蒙德别墅里劳伦斯去世的那个房间，发出可怕的大哭声："没了，没了，什么都没了……我可怜的母亲，她的孩子死了。"芭芭拉在她的童年时光里经常听到威克利一家痛斥弗丽达的性格。而今神志不清的她大声喊出了她对母亲压抑的不满和强烈的仇恨。弗丽达满是绝望，她确信性具有恢复健康的力量，便劝服芭芭拉与意大利青年农民尼科拉共度了几个晚上。芭芭拉的医生发现了这件事，他阻止了这种性治疗。弗丽达的姐姐们和奥托琳·莫雷尔与劳伦斯一样，对弗丽达这怪异的实验性做法感到惊骇。芭芭拉昔日的女婿阿尔弗雷德·阿尔瓦雷斯相信，芭芭拉的精神之所以崩溃，相当一部分的原因在于弗丽达即刻"背叛"了劳伦斯，选择先是与默里后又与拉瓦利在一起，这令芭芭拉想起了自己小时候，弗丽达对欧内斯特·威克利的背叛。

　　劳伦斯去世的时候正是他的书开始赚钱的时候。他的作品在他去世后仍不断出版，不断抬升他的文学遗产的价值。[4]尽管他没有留下任何遗嘱，但他在1929年9月告诉过他姐姐埃米莉，在他去世后，把他的手稿和画作都卖掉，收入所得供弗丽达使用。《查泰莱夫人的情人》让他赚了一千多英镑，《三色紫罗兰》给他带来了五百英镑的收益，他还留下了四千英镑的遗产。[5]弗丽达与劳伦斯的家人——他们觉得他们对劳伦斯的遗产具有优先索要权——之间的激烈纠纷，令他们重新谈起他们不赞成弗丽达 1912 年 5 月与劳伦斯私奔，谈起 1926 年 2 月弗丽达与艾达在斯波托尔诺发生过激烈争吵。劳伦斯的家人相信，他的那些"色情"作品都是受到弗丽达启发。

因为劳伦斯去世时没有留下遗嘱，赫胥黎劝弗丽达不要诉诸法庭，他在一封给朋友的信中指责了她的行为："这个愚蠢的女人正着手进行非常昂贵的司法诉讼……她的这些外交方式首先就是要骂每个人都是骗子、讨厌鬼、讨厌的骗子，随后再写上一封和气的信——之后她很惊讶人们并不买她这种和气的账。因为劳不会再在那里帮她安排好一切，她一头扎进了最无望的方式里。我很喜欢她，但她在许多方面都非常令人难以忍受。"

1932 年 11 月 3 日，关于劳伦斯遗嘱案的审理在伦敦进行，默里提供了关键性证据。他出庭作证称，1914 年 11 月 9 日在白金汉郡的科尔斯伯里，他与劳伦斯各自写下并见证了对方的遗嘱，将自己所拥有的一切都留给自己的妻子。尽管劳伦斯的遗嘱丢失了，默里拿出了自己几乎与劳伦斯完全一样的遗嘱文件，让法庭相信了他的证词。很有可能是因为默里新近又成了弗丽达的情人，而且他也了解劳伦斯有意愿要将一切留给弗丽达，于是他便在法庭上就遗嘱存在的问题撒了谎。威特·宾纳饶有兴趣地夸大了法庭上发生的事件，宣称弗丽达的律师描述她极为和谐的婚姻时，她冲动地大喊："哦，不！不是那样的！我们拼命地争吵！"[6] 法官的判决倾向于遵照遗嘱。艾达因为弗丽达"抹黑"劳伦斯的家人而愤怒，输了这场官司让她非常生气。弗丽达慷慨地给了乔治、埃米莉和艾达每人五百英镑。

1931 年，弗丽达五十二岁，她告诉一位朋友："（安杰洛）对我有着很大的恻隐之心，对我非常好，他是那么实在，毫不浮夸，给我带来了那么真挚的温暖——我会好的……我们彼此喜欢了许多年，我这只老鸟还能有激情，还能激发出别人的激情，这似乎是个奇迹。"赢了法庭官司，这使弗丽达可以用钱赎出拉瓦利，让他不需要再在意大利军队服兵役，1933 年，她还用钱解决了他的妻子。讽刺的是，1912 年，她离开了威克利和三个孩子，与她一样，拉瓦利此时离开了他的妻子和三个孩子。与她父亲一样，他当过军官；与劳伦斯一样，他来自下层阶级。安杰洛与弗丽达 1933 年搬进了农场，1950 年结婚，在她 1956 年去世前，他们一直在一起。在陶斯，拉瓦利自食其力，种庄稼，建房子，业余做油漆工，制陶，打理与劳伦斯的遗产相关的事宜。尽管弗丽达有时候会遗憾拉瓦利在智识方面的局限性，但她与他在一起时，无疑很幸福。

弗丽达在陶斯的朋友起初很震惊，因为一个陌生人取代劳伦斯出现在了她的生活里。他看上去相当粗野，尽管他热情又乐于助人。蕾切尔·霍克说，拉瓦利很强壮，精力充沛，很有能力，与曾经的劳伦斯相比，他对弗丽达更体贴，和善得多。芭芭拉不喜欢拉瓦利，觉得他是为钱才娶了弗丽达。但 1937 年，赫胥黎看望过弗丽达后告诉他哥哥："这个卡皮塔诺①（到目前来说）确实是个正派的人，属于意大利中产阶级——相当天真，同时聪明又有生气。就我的判断来看，他并没有利用弗丽达为自己谋利，相反，他高效地处理着她的事务。"[7]

美国西部作家弗兰克·沃特斯（Frank Waters）是他们在陶斯的朋友，他提到，拉瓦利比弗丽达年轻许多，非常花心，弗丽达曾对劳伦斯不忠，而他同样对弗丽达不忠：

> 安杰方方面面都是个意大利人，多情、耽于肉欲、实际。他是个优秀的工匠，会建房子、制陶。我相信他从没有读过一

① Capitano，意大利即兴喜剧中的脸谱人物，代表自负但怯懦的军人形象。

本书。他在农场照顾弗丽达，但他很高兴农场与世隔绝，他会从山上的农场下到陶斯，在这里他会找到更多的伴侣。每个人都很喜欢他，但都轻视他。弗丽达越来越老，她喜欢待在家里，要么出去会会老友；安杰是个猎女者，他会挑选每一个新来的、有前途的女人，带她们跳舞，然后带她们上床。弗丽达知道这件事，但她似乎并不担忧。

布雷特在陶斯与她的老朋友住得很近，她说弗丽达"与安杰结婚后，成了更加吸引人的女人。她曾沮丧自己没有吸引力……但这沮丧得到了缓解，因为她变成了有吸引力的人"。沃特斯相信，弗丽达尽管对劳伦斯是就事论事，却一心将自己奉献给了他，她尽一切可能提升劳伦斯故去之后的名声。

画家乔治娅·奥基夫 1934 年结识弗丽达，她生动地描述了弗丽达令人惊讶的容貌与性格："乔治娅惊讶地发现，弗丽达是个矮胖、口镶金牙、声音粗嘎的女人，她看上去更像是个德国家庭主妇，而非神秘的劳伦斯的伴侣。'我还能清楚记得我第一次看见她的场景。她当时就站在门口，满头的头发卷卷地往外翻；她穿着一件廉价的红色印花棉布连衣裙，那衣服看上去好像是她刚刚用来擦干净煎锅的棉布。她不苗条、不年轻，但她容光焕发、令人惊叹。'"[8]弗丽达去世后，拉瓦利卖了他们在陶斯的洛皮诺斯农场以及劳伦斯的手稿与画作。他又回到了斯波托尔诺的伯纳达庄园，回到了耐心等待他回归、等了二十五年的妻子身边，在那里一直住到 1976 年去世。

劳伦斯活着的一生始终不曾安定，在他去世后，他还在从一个地方去往另一个地方。最终，他回到了他所挚爱的新墨西哥。1935年，弗丽达派拉瓦利前往欧洲，安排将劳伦斯的遗体从旺斯的公墓挖出，在马赛火化。历尽艰辛，拉瓦利带着劳伦斯的骨灰盒通过了海关官员的安检，进入了美国。这只凤凰的骨灰先是遗失，后来又在拉米的火车站被找到；在陶斯的廷卡·费钦（Tinka Fechin）工作室遗失又被找到；后来又差点被梅布尔偷去，好在她险恶的阴谋被提早发现。最终，劳伦斯得以被水泥封存，被供奉在花哨的祈祷室中。这间祈祷室由拉瓦利在农场里尽心为劳伦斯修建而成。

如果劳伦斯从疾病中康复，又多活了三十年，享有正常的寿命，那他定会继续与弗丽达平静安定地生活，享受《查泰莱夫人的情人》带给他的相对丰厚的财富。他或许会与那些年轻的追随者一起实现他所构想的拉纳尼姆，或许会回到农场，或许会实现他的理想，租上一条船，乘舟去往他一直都想去游历的地中海各地：西班牙南部、南斯拉夫、希腊、塞浦路斯、土耳其、北非。他或许会再进行一次世界之旅：去往俄罗斯、印度、中国；或许会完成他的抱负，即书写关于其他大陆——亚洲、非洲、美洲——的小说；或许会写完他未完成的作品，并继续与奥利奥里一起私下出版这些作品：关于彭斯的小说、《飞鱼》以及《伊特鲁里亚人的灵魂》的后半部分。

早在 1912 年，劳伦斯就预言性地写道："我觉得新一代人与旧一代人大不相同。我认为新一代人会更快意地阅读我的作品。"劳伦斯的社会影响——尤其是 1960 年《查泰莱夫人的情人》审判案，以及该小说在英国的第一个未删节版（1960 年）发行八个月即售出三百二十万册后——推动了国家审查制度的取消、言语自由、性宽容，也令人们逐渐接受同性恋，接受人作为肉身存在有肉欲需求。

劳伦斯坚信，"生活中最大的美德是真正的勇气，是知道该如何面对现实并超越现实的勇气"，这使他能够公然反抗社会、政治、文学传统：与弗丽达私奔、反对战争、出版《查泰莱夫人的情人》，也使他能够坚持五年，以巨大的勇气战胜令他痛苦的疾病。他的老朋友也是他最坚定的维护者凯瑟琳·卡斯威尔证实了他的自由、品位、想象力、诚实与忠诚：

> 他所做的一切，没有一件是他实际不想去做的，而他想做的，他基本都做了。他去过世界各地，他拥有农场，他曾生活在欧洲最美的地方……他画画、制作物品、唱歌、骑马。他写了大约有三十六本书，其中甚至是最糟糕的书页都舞动着生命；这些书唯他所有，不会被当成任何其他人的作品；人们认可他最优秀的作品，即便是那些厌恶他的人都承认，他的那些作品不可超越。（他）毫无恶习，拥有大多数的美德，是忠诚于自己妻子的丈夫，严谨正直。[9]

# 附录 劳伦斯病史

出生两周：支气管炎，又小又虚弱的婴儿

语法学校：偏瘦，苍白、虚弱的少年，几乎没有不感冒的时候

高中：烦人的干咳

1901 年末：在伊斯特伍德患上肺炎；1902 年 4 月：在斯凯格内斯，渐愈

1911 年 11—12 月：在克罗伊敦患上肺炎，由威廉·阿迪检查

1912 年 1 月：在伯恩茅斯渐愈

1912 年 3 月：病中，第一次在诺丁汉见到弗丽达时，苍白、瘦弱

1913 年 6 月：在肯特吐血

约 1915 年 4 月：由大卫·埃德检查

1915 年 11 月：在汉普斯特德，"因肺结核，濒临死亡"

1916 年 1—2 月：在康沃尔北部，病得很重，由梅特兰德·雷福德检查

1916 年 6 月：被诊断为结核病，无法服兵役

1916 年 7 月：在一封写自康沃尔西部的信件中承认患有肺结核

1919 年 2—3 月：在诺丁汉郡的里普利患上流感，由穆兰·费罗兹检查

1922 年 4 月：在锡兰康提患上极为严重的疟疾

1924 年 8 月：在陶斯吐血，由马丁医生检查

1925 年 2 月：在瓦哈卡，第一次大出血，由何塞·拉伦贝检查。墨西哥
　　城的希尼·乌尔菲德尔诊断其有肺结核，说他仅剩一到两年的寿命。

1926 年 2 月：在斯波托尔诺，第二次大出血

1927 年 7 月：在斯坎迪奇，第三次大出血

1927 年 9 月：在伊申豪森由汉斯·卡罗萨与马克斯·莫尔检查

1928 年 6 月：因结核病，被强迫离开法国圣尼泽尔的宾馆

1928 年 10—11 月：在克罗港岛，第四次大出血

1929 年 7 月：在佛罗伦萨，第五次大出血，由吉廖利教授检查；1929 年
9 月在德国罗塔赫由马克斯·莫尔检查

1929 年 9 月：在巴登巴登，因使用灾难性的砷与磷"治疗"而病重

1930 年 1 月：在邦多勒，由安德鲁·莫兰检查，诊断他活不过三个月，
此地没有疗养院

1930 年 2 月：在邦多勒，体重下降；进入旺斯的阿斯特拉疗养院

1930 年 3 月 2 日：法国旺斯罗贝蒙德别墅病逝

# 注　释

## 第一章：伊斯特伍德：采煤村

1. D. H. Lawrence，"Nottingham and the Mining Countryside," *Phoenix*，ed. Edward McDonald（London，1936），p. 135.

2. Sigmund Freud，*Dora: An Analysis of a Case of Hysteria*，trans. Alix and James Strachey（New York，1963），p. 27.

3. *Collected Letters of D. H. Lawrence*，ed. Harry Moore（New York，1962），p. 852.

4. Lawrence，"Nottingham and the Mining Countryside," *Phoenix*，p. 133.

5. S. G. Checkland，*The Rise of Industrial Society in England，1815－1885*（New York，1964），pp. 162－163.

6. George Orwell，*The Road to Wigan Pier*（London，1937），pp. 21，23－25.

1988 年 7 月，我配备了低压白炽灯，带着防毒面罩下到了矿井以下 964 米，之后坐了一段传送带和矿车，又在地下走了最后的三百米，到达诺丁汉北部霍沃思的采煤工作面。矿井口的升降设备仍然与劳伦斯为《虹》的封皮所画的一样；矿工仍在使用旧时矿工使用的戴维灯——虽然分包合同制已经被取缔，拉煤小马也已消失——矿坑中仍旧极度闷热、满是煤尘，危险重重。矿井口现在有淋浴，所以矿工可以清洁干净后回家，但会有一面坚实的指示牌警示矿工不可在淋浴时撒尿。

7. Checkland，*Rise of Industrial Society*，pp. 164 - 165.

8. J. E. Williams，*The Derbyshire Miners: A Study in Industrial and Social History*（London，1962），pp. 64 - 65.

9. Cecil Day Lewis，*The Buried Day*（London，1960），p. 145.

10. Michael Flinn and David Stoker，*The History of the British Coal Industry. Volume 2: 1700 - 1830*（Oxford，1984），p. 434.

11. Day Lewis，*The Buried Day*，p. 130.

12. Jessie Chambers，*D. H. Lawrence: A Personal Record*（1935），2nd edition，ed. Jonathan Chambers（London，1965），p. 58；Jessie Chambers，"The Collected Letters of Jessie Chambers，" ed. George Zytaruk，*D. H. Lawrence Review*，12（1979），81.

13. W. H. Auden and Louis MacNeice，*Letters from Iceland*（1937；London，1967），p. 49.

14. D. H. Lawrence，*Sons and Lovers*（New York，1967），p. 320. 在约瑟夫·康拉德的小说《胜利》（*Victory*，New York，1957，p. 140）中，朔姆贝格派三个恶棍去毁了海斯特，海斯特一直孤立地住在桑伯兰岛，企图为大轮船开采煤矿。朔姆贝格大声引导他们："你们觉得那白天的烟柱、晚上矗立在那里的火是怎么回事？那座岛附近有一座干得热火朝天的火山。"

15. Interview with Enid Hopkin Hilton，Ukiah，California，May 7，1988；Lawrence，"Return to Bestwood，" *Phoenix II*，ed. Warren Roberts and Harry Moore（New York，1970），pp. 263 - 264；Lawrence，"Nottingham and the Minding Countryside，" *Phoenix*，pp. 135 - 136.

16. Lawrence，"Men Must Work and Women as Well，" *Phoenix II*，p. 586；Lawrence，"Return to Bestwood，" *Phoenix II*，p. 262；

Lawrence，"Autobiographical Fragment，" *Phoenix*，p. 823.

17. D. H. Lawrence，*Lady Chatterley's Lover*（New York，1962），pp. 13，142；Catherine Carswell，*The Savage Pilgrimage*（New York，1932），p. 104. Jessie Chambers，*Personal Record*，p. 209. 杰茜回忆说，"小伙子们从矿井回家时，手里拿着一束束紫罗兰和燕子草。"

18. John Benson，*The British Coalminer in the Nineteenth Century: A Social History*（New York，1980），p. 125. 这一章中，我还使用了以下文献：Alan Griffin，*The Miners of Nottinghamshire. Volume 1: 1881 - 1914*（Nottingham，1956）；A. R. Griffin and C. P. Griffin，"The Role of the Coal-Owners Associations in the East Midlands in the Nineteenth Century，" *Renaissance and Modern Studies*，17（1973），95 - 121；C. P. Griffin，"The Social Origins of D. H. Lawrence: Some Further Evidence，" *Literature and History*，7（1981），223 - 227；M. W. Kirby，*The British Coalmining Industry，1870 - 1946: A Political and Economic History*（London，1977）；J. U. Nef，*The Rise of the British Coal Industry*，Volume 2（London，1932）；Ronald Storer，*Some Aspects of the Brinsley Colliery and the Lawrence Connection*（Selston，Notts.，1985）；Robert Waller，*The Dukeries Transformed: The Social and Political Development of a Twentieth Century Coalfield*（Oxford，1983）；G. C. H. WHitelock，*250 Years in Coal: The History of the Barber Walker Company*（Derby，1955）。

19. Quoted in George Neville，*A Memoir of D. H. Lawrence*，ed. Carl Baron（Cambridge，England，1981），pp. 200 - 201 n12.

## 第二章：不幸的婚姻

1. Lawrence，"Nottingham and the Mining Countryside，" Phoenix，

p. 133.

2. Roy Spencer, D. H. Lawrence Country (London, 1980), p. 29.

3. May Chambers, in Edward Nehls, *D. H. Lawrence: A Composite Biography* (Madison, 1957 - 59), 3. 554; Lawrence, *Sons and Lovers*, p. 9.

4. Lawrence, "Autobiographical Sketch," *Phoenix II*, p. 592; Ada Lawrence and Stuart Gelder, *Young Lorenzo* (London, 1931), p. 9.

Martin Green, *The Von Richthofen Sisters* (New York, 1974), p. 106, 重复了标准版本中的文字, 这很有可能是莉迪亚自己捏造的: "劳伦斯太太的父亲曾是位工程师, 是救世军的布斯将军以及伟大的药房连锁店的杰西·布特的朋友与对手。"虽然乔治·比尔兹尔或许与杰西·布特发生过争论, 但这位信仰复兴运动者的标准两卷本中并没有提到他。See Harold Begbie, *The Life of General William Booth: The Founder of the Salvation Army* (New York, 1920).

5. Spencer, *D. H. Lawrence Country*, pp. 73, 63.

6. Ada Lawrence, *Young Lorenzo*, p. 21; Jessie Chambers, *Personal Record*, pp. 24, 36, 54, 138.

7. Interview with Enid Hilton; Taped interview with William Ernest Lawrence, Nottingham County Library, pp. 2, 12.

8. Lawrence, "Return to Bestwood," *Phoenix II*, pp. 259 - 260.

9. Interview with Lawrence's niece Margaret King Needham, Shipley, Derbyshire, July 22, 1988.

10. J. D. Chambers, "Memories of D. H. Lawrence," *Renaissance and Modern Studies*, 16 (1972), 7 - 8; Ada Lawrence, *Young Lorenzo*, p. 24; Taped interview with William Ernest Lawrence, p. 5.

11. William Hopkin, in Nehls, *Composite Biography*, 1. 22; William Hopkin, quoted in A. L. Rowse, "D. H. Lawrence at Eastwood," *The English Past* (London, 1951), p. 231.

12. J. D. Chambers，"Memories of D. H. Lawrence，" p. 8.

13. Taped interview with Mrs. Bircumshaw, pp. 1，8，Nottingham County Library.

14. D. H. Lawrence，" Jimmy and the Desperate Woman，" *Complete Short Stories* (New York，1963)，3. 621; Jessie Chambers，*Personal Record*，p. 35.

15. D. H. Lawrence，"That Women Know Best，" Bancroft Library，University of California，Berkeley.

16. Ada Lawrence，*Young Lorenzo*，p. 25; D. H. Lawrence，*Estruscan Places*，in *D. H. Lawrence and Italy* (New York，1972)，p. 115.

17. Neville，*Memoir of D. H. Lawrence*，p. 51; *Letters of D. H. Lawrence*，*Volume I: 1901‑1912*，ed. James Boulton (Cambridge，England，1979)，pp. 190‑191. 只要有需要，我都使用了剑桥版的劳伦斯书信与作品。

18. Lawrence，"Enslaved by Civilisation，" *Phoenix II*，p. 580; Lawrence，"Autobiographical Sketch，" *Phoenix II*，p. 592.

19. Rhys Davies，*Print of a Hare's Foot* (New York，1969)，p. 141; Earl and Achsah Brewster，*D. H. Lawrence: Reminiscences and Correspondence* (London，1934)，pp. 254‑255.

20. Emile Delavenay，*D. H. Lawrence: The Man and His Work*，trans. Katherine Delavenay (London，1972)，p. 8.


# 第三章：童年与教堂


1. *The Letters of D. H. Lawrence. Volume Ⅲ : 1916‑1921*，ed. James Boulton and Andrew Robertson (Cambridge，England，1984)，p. 333; A. R. and C. P. Griffin，"A Social and Economic History of

Eastwood and the Nottinghamshire Mining Country," *A D. H. Lawrence Handbook*, ed. Keith Sagar (Manchester, 1982), p. 139.

2. William Hopkin, in Nehls, *Composite Biography*, 1. 21; Lawrence, "Autobiographical Sketch," *Phoenix II*, p. 593; George Arthur Lawrence, in Nehls, *Composite Biography*, 1. 17.

3. Frieda Lawrence, Untitled manuscript relating to Lawrence's will, c. 1930, Bancroft Library, University of California, Berkeley.

4. Quoted in David Newmarch, "Death of a Young Man in London: Ernest Lawrence and William Morel in *Sons and Lovers*," *Durham University Journal*, 76 (December 1973), 78.

5. Interview with Margaret King Needham.

6. Jonathan Chambers, Introduction to Jessie Chambers, *Personal Record*, p. xv.

7. Lawrence, "Nottingham and the Mining Countryside," *Phoenix*, pp. 134, 138; Jessie Chambers, *Personal Record*, p. 55.

8. Neville, *Memoir of D. H. Lawrence*, p. 38; Albert Limb, in Nehls, *Composite Biography*, 1. 32.

9. Quoted in Neville, Memore of D. H. Lawrence, p. 186 n14; Lawrence, "Enslaved by Civilization," *Phoenix II*, p. 581.

10. Mabel Thurlby Collishaw, in Nehls, *Composite Biography*, 1. 31.

11. D. H. Lawrence, *Mr. Noon*, ed. Lindeth Vasey (Cambridge, England, 1984), p. 4; Interview with Enid Hopkin Hilton.

In Nehls, *Composite Biography*, 1. 134 - 135, 伊妮德·希尔顿说，菲利普·斯诺登、拉姆齐·麦克唐纳，以及其他社会党领袖"经常来看望我们"，"基尔·哈迪还与我们待在一起"。鉴于大卫·马昆德的《拉姆齐·麦克唐纳》（London, 1977）或是肯尼斯·摩根的《基尔·哈迪》（London, 1975）中并未有任何地方提及威利·霍普金，他们之间不可能是很亲近的朋友。

12. Quoted in Newmarch, "Death of a Young Man," *Durham University Journal*, p. 78.

13. Sigmund Freud, *Leonardo da Vinci*, trans. A. A. Brill (New York, 1961), p. 88; May Chambers, in Nehls, *Composite Biography*, 3. 592.

14. *Letters*: Cambridge, 1. 190.

15. Ada Lawrence, *Young Lorenzo*, p. 59; Jessie Chambers, *Personal Record*, p. 88; May Chambers, in Nehls, *Composite Biography*, 3. 578.

16. Lawrence, "Hymns in a Man's Life," *Phoenix II*, p. 600.

17. D. H. Lawrence, *The Lost Girl*, ed. John Wothen (Cambridge, England, 1981), pp. 20 – 21. 关于公理制的著作详见 A. W. W. Dale, ed., *History of English Congregationalism* (London, 1907); Donald Davie, *A Gathered Church* (Oxford, 1978); Daniel Jenkins, *Congregationalism: A Restatement* (London, 1954)。

18. Lawrence, "Introduction to *The Dragon of the Apocalypse* by Frederick Carter," *Phoenix*, p. 302.

19. *Apocalypse*, ed. Mara Kalnins (Cambridge, England, 1980), p. 59; Lawrence, "Autobiographical Fragment," *Phoenix*, p. 817; Lawrence, "Introduction to These Paintings," *Phoenix*, pp. 566 – 567.

20. Lawrence, "Fanny and Annie," *Complete Short Stories*, 2. 465; Roger Dattaler, "Eastwood in Taos," *Adelphi*, 28: 4 (1952), 675 – 676.《羽蛇》中引用了这首圣诗 [*The Plumed Serpent*, ed. L. D. Clark (Cambridge, England, 1987), p. 195]。

21. A. Whigham Price, "D. H. Lawrence and Congregationalism," *Congregational Quarterly*, 34 (July-October 1956), 326, 322, 324, 330, 331.

## 第四章：诺丁汉

1. See Roy Church, *Economic and Social Change in a Midland Town: Victorian Nottingham*, 1815 – 1900 (New York, 1966), pp. 232, 355, 213.

2. *T. E. Lawrence: The Selected Letters*, ed. Malcolm Brown (New York, 1989), p. 300; Graham Greene, *A Gun for Sale* (1936; Harmondsworth, 1963), pp. 40 – 41, 69.

3. D. J. Peters, *Nottingham Guardian Journal*, March 22, 1972. 有关英国教学背景，参见 J. S. Hurt, *Elementary Schooling and the Working Classes: 1860 – 1918* (Oxford, 1979); P. S. Musgrave, *Society and Education in England Since 1800* (London, 1968); John Roach, *A History of Secondary Education in England: 1800 – 1870* (London, 1986); David Wardle, *English Popular Education: 1780 – 1975* (Cambridge, England, 1976)。

4. Neville, *Memoir of D. H. Lawrence*, p. 40; Taped interview with William Ernest Lawrence, p. 2.

5. *Letters*: Cambridge, 1. 21.

6. Church, *Economic and Social Change*, p. 208; Neville, *Memoir of D. H. Lawrence*, p. 90; Lawrence, *Sons and Lovers*, p. 93.

7. Frieda Lawrence, *Not I, But the Wind* (New York 1934), p. 44; Letters from Helen Corke to Edward Nehls, February 20, 1952, Humanities Research Center, University of Texas, Austin.

8. Lawrence, "Autobiography," in Nehls, *Composite Biography*, 3. 232 – 233; W. R. Parkinson, in Nehls, *Composite Biography*, 1. 42.

9. D. H. Lawrence, *The Rainbow* (New York, 1964), pp. 372, 369,

388，408，393，382.

10. *Ibid.*，p. 373；Taped interviews with W. H. King（p. 1），Mrs. Cotterel（pp. 1 - 2），and George Arthur Lawrence（p. 4），Nottingham County Library.

11. Quoted in Spencer，*D. H. Lawrence Country*，p. 43；Letter from George Holderness，July 18，1908，University of Nottingham.

12. Delavenay，*The Man and His Work*，pp. 38 - 39.

13. Jessie Chambers，*Personal Record*，pp. 78，77，76.

14. *Ibid.*，pp. 80，81.

15. *Letters*：Cambridge，1. 49；Lawrence，*The Rainbow*，pp. 431，434 - 435.

16. A. C. Wood，*A History of University College*，*Nottingham*，*1881 - 1948*（Oxford，1953），p. 64；Quoted in Nehls，*Composite Biography*，1. 75.

17. *Letters*：Cambridge，3. 250，3. 509 - 510.


# 第五章：杰茜


1. J. D. Chambers，in Nehls，*Composite Biography*，3. 534；Quoted in Harry Moore，*The Priest of Love*（Harmondsworth，1976），p. 569；*The Letters of D. H. Lawrence*，ed. Aldous Huxley（New York，1932），pp. 769 - 770.

2. Lawrence，*Sons and Lovers*，pp. 124 - 125，143；Helen Corke，*D. H. Lawrence: The Croydon Years*（Austin，1965），p. 14.

3. Jessie Chambers，*Personal Record*，pp. 31，xvi，222 - 223；Jessie Chambers，"Collected Letters，" *D. H. Lawrence Review*，p. 58.

4. Jessie Chambers，*Personal Record*，p. 49.

5. *Ibid.*, pp. 133, 160, 153.

6. *Ibid.*, pp. 184, 186; *Letters*: Cambridge, 1. 197.

7. D. H. Lawrence, *The White Peacock*, ed. Andrew Robertson (Cambridge, England, 1983), pp. 277 - 278; Lawrence, "The State of Funk," *Phoenix II*, p. 568.

8. *Letters*: Cambridge, 1. 43; 1. 154.

9. Enid Hopkin Hilton, in Nehls, *Composite Biography*, 1. 135 - 136; Interview with Enid Hopkin Hilton.

10. *Letters*: Cambridge, 1. 527; Quoted in Moore, *Priest of Love*, p. 149; Quoted in Delavenay, *The Man and His Work*, p. 155; Lawrence, *Mr. Noon*, pp. 145 - 146.

11. Quoted in Moore, *Priest of Love*, p. 149; Frieda Lawrence, *The Memoirs and Correspondence*, ed. E. W. Tedlock (New York, 1964), pp. 247 - 248; Lawrence, *Sons and Lovers*, p. 317; Letter from Richard Aldington to Edward Nehls, November 17, 1953, University of Texas.

12. Lawrence, *Sons and Lovers*, pp. 277 - 278.

13. *Letters*: Cambridge, 1. 99; Quoted in Moore, *Priest of Love*, p. 76.

14. Lawrence, *Sons and Lovers*, pp. 289 - 290.

15. Jessie Chambers, *Personal Record*, pp. 66, 69.

16. J. M. Barrie, *Sentimental Tommy* (New York, 1896), p. 478; J. M. Barrie, *Tommy and Grizel* (New York, 1900), pp. 448, 466.

17. *Letters*: Cambridge, 1. 187, 1. 190 - 191, 1. 545.

18. William Hopkin, in Nehls, *Composite Biography*, 1. 71.

19. Jessie Chambers, *Personal Record*, pp. 202 - 203, 216.

# 第六章: 克罗伊敦

1. Lawrence, " Foreword to *The Collected Poems*," *Phoenix*,

p. 253.

2. Jessie Chambers, *Personal Record*, pp. 149, 151; Letters: Cambridge, 1. 263.

3. Helen Corke, *Neutral Ground* (London, 1933), p. 193; D. H. Lawrence, *The Trespasser*, ed. Elizabeth Mansfield (Cambridge, England, 1981), p. 218.

4. *Letters*: Cambridge, 1. 84; Quoted in Moore, *Priest of Love*, pp. 124, 128.

5. *Letters*: Cambridge, 1. 85, 1. 93, 1. 87.

6. Dorothy Brett, *Lawrence and Brett* (Philadelphia, 1933), p. 277; Frank Turner, in Nehls, *Composite Biography*, 1. 91.

7. "Last Lesson of the Afternoon," *The Complete Poems of D. H. Lawrence*, ed. Vivian de Sola Pinto and Warren Roberts (New York, 1964), p. 74; Quoted in Moore, *Priest of Love*, p. 122.

8. D. H. Lawrence, "Education of the People," *Reflections on the Death of a Porcupine and Other Essays*, ed. Michael Herbert (Cambridge, England, 1988), pp. 89 – 90; *Letters*: Moore, p. 966.

9. Jessie Chambers, *Personal Record*, p. 159.

10. Douglas Goldring, *South Lodge* (London, 1943), pp. 40, 24; Douglas Goldring, *Privileged Persons* (London, 1955), p. 127.

11. Lawrence, " Foreword to *The Collected Poems*," *Phoenix*, p. 253; Lawrence, "Autobiographical Sketch," *Phoenix II*, pp. 593 – 594; Quoted by Kyle Crichton in Nehls, *Composite Biography*, 2. 412 – 413. See Robert Lowell, "Ford Madox Ford," *Life Studies* (New York, 1964), p. 50: "福特,/你是个好人,在贫困中死亡。"

12. Ford Madox Ford, *Return to Yesterday* (1933; New York, 1972), p. 376; *Letters*: Cambridge, 1. 170.

13. Ford Madox Ford, *Portraits from Life* (1936; Chicago, 1960),

p. 113；*Letters of Ford Madox Ford*，ed. Richard Ludwig（Princeton，1965），p. 247.

14. *Letters*：Cambridge，1. 178，1. 339，1. 417.

15. *Ibid.*，1. 144；Jessie Chambers，Personal Record，p. 172；*Letters*：Cambridge，1. 145.

16. Ezra Pound，*Selected Letters*，1907–1941，ed. D. D. Paige（New York，1950），pp. 17，22；Pound，Review of *Love Poems and Others*，*Poetry*，2（July 1913），149，151；Pound，"The Non-Existence of Ireland，" *New Age*，February 15，1915，p. 452.

17. *Letters*：Cambridge，1. 153.

18. Corke，*Neutral Ground*，p. 274.

19. Corke，*Croydon Years*，p. 13；Malcolm Muggeridge，"The Dreaming Woman—Helen Corke，in Coversation with Malcolm Muggeridge，Tells of Her relationship with D. H. Lawrence，" *Listener*，80（July 25，1968），105–106.

20. *Letters*：Cambridge，1. 286；Lawrence，*Complete Poems*，p. 98.

21. *Letters*：Cambridge，1. 194；Lawrence，"Introduction to Edward McDonald's *A Bibliography of D. H. Iaurence*，" *Phoenix*，p. 232.

22. *Letters*：Cambridge，1. 194，1. 189，1. 195.

23. 与爱丽斯·霍尔迪奇（她是劳伦斯青年时期的朋友，是伊斯特伍德英国学校的教师）的录音采访，（p. 7），与他哥哥乔治·劳伦斯的录音采访，（p. 5），Nottingham County Library；Lina Waterfield，*Castle in Italy*（London，1961），p. 139；Lawrence，*Complete Poems*，p. 102。

24. Lawrence，"Introduction to McDonald's *Bibliography*，" *Phoenix*，p. 232；Quoted by Kyle Crichton in Nehls，*Composite Biography*，2. 417–418. 劳伦斯早期的任何一本书都没有让他预支过两百英镑。《白孔雀》

和《逾矩的罪人》分别让他预先获得了五十英镑，《儿子与情人》让他预支了一百英镑，《虹》让他预支了三百英镑。

25. *Letters*：Cambridge，1. 181，1. 220，1. 230；Interview with Margaret King Needham.

26. *Letters*：Cambridge，1. 193；Jessie Chambers，*Personal Record*，p. 183；*Letters*：Cambridge，1. 190‒191.

27. *Letters*：Cambridge，1. 195；1. 343.

28. *Ibid.*，1. 361.

29. 劳伦斯在确定小说题名方面存在着相当大的困难，他的许多作品原先的名称在书出版的时候都被改掉了。《利蒂希娅》（*Letitia*）和《内瑟米尔》（*Nethermere*）被改成了《白孔雀》；《西格蒙德传奇》（*The Saga of Siegmund*）被改成了《逾矩的罪人》；《保罗·莫雷尔》（*Paul Morel*）改成了《儿子与情人》；《荣誉与武器》（*Honour and Arms*）改成了《普鲁士军官》；《姐妹》和《婚戒》改成了《虹》与《恋爱中的女人》；《霍顿小姐的反叛》与《异教通婚》（*A Mixed Marriage*）改成了《误入歧途的女人》；《艾洛伊之家》（*The House of Elois*）改成了《灌林中的男孩》；《羽蛇神》（*Quetzalcoatl*）改成了《羽蛇》；《逃跑的公鸡》改成了《已死的男人》；《温柔》与《约翰·托马斯与简夫人》改成了《查泰莱夫人的情人》。

30. Lawrence，*The White Peacock*，pp. 29‒30.

31. *Ibid.*，p. 215.

32. *Ibid.*，pp. 222‒223. Greiffenhagen's *An Idyll* is reproduced in Jeffrey Meyers，*Painting and the Novel*（Manchester，1975），p. 47.

33. Lawrence，"Return to Bestwood," *Phoenix II*，p. 260；*Letters*：Cambridge，1. 206‒207.

34. *Letters*：Cambridge，1. 323；1. 337.

35. William Ober，"Lady Chatterley's *What*?," *Boswell's Clap and Other Essays*（Carbondale，Illinois，1979），p. 90；Ford，*Return to*

*Yesterday*, p. 376; *Letters*: Cambridge, 1. 368n.

36. Quoted in Ada Lawrence, *Young Lorenzo*, p. 98; Philip F. T. Smith, in Nehls, *Composite Biography*, 1. 150.

37. *Letters*: Cambridge, 1. 347; Jessie Chambers, *Personal Record*, p. 194.

38. *Letters*: Cambridge, 1. 360; 1. 361n; Jessie Chambers, *Personal Record*, pp. 199, 213.

39. David Garnett, *The Golden Echo* (London, 1953), p. 254; *The Letters of D. H. Lawrence*, *Volume II: 1913 - 1916*, ed. George Zytaruk and James Boulton (Cambridge, England, 1981), pp. 72 - 73.

40. *Letters*: Cambridge, 1. 362; Letters: Moore, p. 1080. See George Jefferson, *Edward Garnett: A Life in Literature* (London, 1982).

41. *Letters*: Cambridge, 1. 229; Lawrence, *The Trespasser*, pp. 112, 64.

# 第七章: 弗丽达

1. See Robert Lucas, *Frieda Lawrence*, trans. Geoffrey Skelton (New York, 1973).

2. See Montague Weekley, "Ernest Weekley: A Biographical Memoir," in Ernest Weekley, *An Etymological Dictionary of Modern English* (New York, 1967), pp. i - v.

3. Frieda Lawrence, *Memoirs and Correspondence*, p. 84.

4. Aldous Huxley, *Letters*, ed. Grover Smith (New York, 1969), p. 813; Interview with Barbara Weekley Barr, Chestfeld, Kent, March 12, 1980.

5. Quoted in Alfred Alvarez, "Lawrence and Frieda," *Life After Marriage* (London, 1982), pp. 80 – 81.

6. Lawrence, *Mr. Noon*, p. 127.

7. Garnett, *Golden Echo*, p. 243; Ottoline Morrell, *Ottoline at Garsington, 1915 – 1918*, ed. Robert Gathorne-Hardy (London, 1974), pp. 94, 77.

8. Huxley, *Letters*, p. 832; Brett, *Lawrence and Brett*, p. 256; Dorothy Brett, "Autobiography: My Long and Beautiful Journey," *South Dakota Review*, 5 (1967), 67.

9. Garnett, *Golden Echo*, pp. 241 – 242; Taped interview with John Middleton Murry in "Son and Lover" (1955), National Sound Archive; Carswell, *Savage Pilgrimage*, p. 15.

10. *Letters*: Cambridge, 2. 224; Barbara Weekley Barr, in Nehls, *Composite Biography*, 2. 294; Davies, *Print of a Hare's Foot*, p. 138.

11. Brewster, *Reminiscences*, p. 17.

12. Knud Merrild, *A Poet and Two Painters* (London, 1938), p. 102; Carlton Beals, *Glass Houses* (Philadelphia, 1938), p. 186.

13. Lawrence, *Sons and Lovers*, p. 306; D. H. Lawrence, "The Captain's Doll," *Four Short Novels* (New York, 1965), p. 189.

14. Frieda Lawrence, *Not I, But the Wind*, pp. 4 – 5.

15. *Letters*: Cambridge, 1. 384, 1. 415.

16. Lawrence, "Love Among the Haystacks," *Four Short Novels*, p. 27; Lawrence, *The Rainbow*, p. 24.

17. Frieda Lawrence, *Not I, But the Wind*, pp. 56 – 57; *Letters*: Cambridge, 2. 73.

18. Frieda Lawrence, Foreword to *The First Lady Chatterley* (New York, 1973), pp. 13 – 14; Frieda Lawrence, *Memoirs and Correspondence*, p. 104; *Letters*: Cambridge, 1. 439. See James Joyce, *Ulysses*

(New York，1986)，p. 643，莫莉解释她如何为利奥波德·布鲁姆所吸引：
"我喜欢他，是因为我发现他理解或者感觉到女人是什么样子的。"

19. Lawrence，*Complete Poems*，p. 204.

20. Interview with Barbara Weekley Barr; Montague Weekley，"The Unexpected Step-Father"（n. d.），National Sound Archive; D. H. Lawrence，*The Virgin and the Gipsy*（New York，1968），pp. 2 – 3.

21. Else von Richthofen Jaffe，in Nehls，*Composite Biography*，1. 165；Frieda Lawrence，*Not I，But the Wind*，p. 7.

22. *Letters*：Cambridge，1. 394 – 395；1. 429.

23. *Ibid.*，1. 393；1. 401，1. 403.

24. Lawrence，"A Propos of Lady Chatterley's Lover，" *Phoenix II*，p. 500；*Letters*：Cambridge，1. 406 – 407，1. 404.

25. David Garnett，"Frieda and Lawrence，" *D. H. Lawrence: Novelist，Poet，Prophet*，ed. Stephen Spender（New York，1973），p. 39；Huxley，*Letters*，pp. 831 – 832. 芭芭拉·威克利·巴尔否认与伐木工的事件发生过，但加尼特那时候就在现场，他也听劳伦斯说过，似乎更可信。

26. Lawrence，*Mr. Noon*，pp. 276 – 277.

27. *Letters*：Cambridge，1. 402 – 403；William Hopkın，in Nehls，*Composite Biography*，1. 74；Interview with Barbara Weekley Barr.

28. Quoted in Lucas，*Frieda Lawrence*，p. 80；*Letters*：Cambridge，1. 388.

29. Frieda Lawrence，*Memoirs and Correspondence*，p. 108；*Letters*：Cambridge，2. 228.

30. *Letters*：Cambridge，2. 224；Barbara Barr，"I Look Back，" *Twentieth Century*，165（March 1969），254，257；A. C. Wood（一位诺丁汉同事），"Ernest Weekley，" *Guardian*，May 10，1954.

31. Frieda Lawrence，*Not I，But the Wind*，p. 40；Quoted in Lucas，

*Frieda Lawrence*，p. 97.

32. *Letters*：Cambridge，2. 345.

33. *Letters*：Cambridge，1. 463；D. H. Lawrence，*Study of Thomas Hardy and Other Essays*，ed. Bruce Steele（Cambridge，England，1985），p. 180. 对于安娜的道德观，即便是托尔斯泰都改变了想法，他后来说："一生都挣扎着与令人生厌的卡列尼娜生活，除此之外，她别无选择。"（Quoted in A. N. Wilson，*Tolstoy*，New York，1988，p. 308.）

## 第八章　意大利

1. Frieda Lawrence，*Not I*，*But the Wind*，p. 70；*Letters*：Cambridge，1. 441.

2. Johann Wolfgang von Goethe，*Italian Journey*，trans. W. H. Auden and Elizabeth Mayer（New York，1968），pp. 24 - 25，31 - 32.

3. *Letters*：Cambridge，1. 453.

4. *Ibid.*，1. 474；1. 544.

5. *Letters*：Moore，p. 951.

6. *Letters*：Cambridge，2. 78；2. 164；2. 118.

7. *Ibid.*，1. 503.

8. D. H. Lawrence，*Aaron's Rod*，ed. Mara Kalnins（Cambridge，England，1988），p. 103；Lawrence，*The Lost Girl*，p. 285；Lawrence，*The Rainbow*，p. 240.

9. *The Letters of D. H. Lawrence*，*Volume IV: 1921 - 1924*，ed. Warren Roberts，James Boulton and Elizabeth Mansfield（Cambridge，England，1983），4. 286；Lawrence，*Phoenix*，p. 343.

10. *Letters*：Cambridge，4. 234，4. 239.

11. Lawrence，*Twilight in Italy*，in *D. H. Lawrence and Italy*，

p. 31.

12. *Ibid.*, pp. 68, 45, 136.

13. *Ibid.*, pp. 154, 165.

14. *Letters*: Cambridge, 1. 490.

15. D. H. Lawrence, *Fantasia of the Unconscious* (New York, 1962), p. 169; *Letters*: Huxley, p. 563.

16. Frieda Larence, *Not I, But the Wind*, p. 55; Quoted in Barbara Barr, in Nehls, *Composite Biography*, 3. 58; *Letters*: Huxley, p. xxxi; Frieda Lawrence, *Memoirs and Correspondence*, p. 440.

17. Frieda Lawrence, *Memoirs and Correspondence*, p. 354.

18. 劳伦斯去世后，萧伯纳给《时间与潮流》［*Time and Tide*, 13 (August 6, 1932), 863］写过一封信，信中称赞了劳伦斯的另一部戏剧《霍家新寡》(*The Widowing of Mrs. Holroyd*, 1914)："因为我的无知，我并未将劳伦斯放在眼里。直到有一天下午（1926 年 12 月），我在舞台协会看到他写的一部剧，充满了大量对话，但生动有效。与之相比，我觉得我的那些戏剧似乎都过时了，我对其技艺非常感兴趣。"

19. William Hopkin, in Nehls, *Composite Biography*, 1. 71; Frieda Larence, *Not I, But the Wind*, p. 34.

20. Frieda Lawrence, *Not I, But the Wind*, pp. 56, 35; *Letters*: Cambridge, 1. 550, 1. 503.

21. Lawrence, *Complete Poems*, p. 191.

22. Lawrence, Foreword to *Fantasia of the Unconscious*, p. 57; Lawrence, "Poetry of the Present," *Complete Poems*, pp. 183 - 185.

23. Lawrence, "Preface to *Collected Poems*" (1928), *Complete Poems*, p. 27; Amy Lowell, "A New English Poet," *New York Times Book Review*, April 20, 1919, p. 25; Lawrence, "Argument" to *Look! We Have Come Through!*, *Complete Poems*, p. 191.

24. Lawrence, *Complete Poems*, p. 217; Lawrence, *Twilight in*

*Italy*，pp. 57 - 58；Lawrence，"The Reality of Peace," *Reflections on the Death of a Porcupine*，p. 51；Lawrence，*Complete Poems*，p. 250.

25. Julian Morrell Vinogradoff，in Nehls，*Composite Biography*，1. 310；Quoted in John Jones，"The Prose and the Poetry," *New Statesman*，54（July 6，1957），23；W. H. Auden，"D. H. Lawrence," *The Dyer's Hand*（New York，1968），p. 288；*Letters*：Cambridge，3. 178.

26. *Letters*：Cambridge，4. 25；Lawrence，*Lady Chatterley's Lover*，p. 80.

27. Brett，*Lawrence and Brett*，p. 247；*Letters*：Moore，p. 840；*Letters*：Cambridge，2. 90.

28. *Letters*：Cambridge，1. 476 - 477.

29. *Letters*：Huxley，p. 104；Lawrence，*Fantasia of the Unconscious*，p. 160.

30. Lawrence，*Sons and Lovers*，p. 251.

31. *Letters*：Cambridge，1. 531n，1. 553n；Frieda Lawrence，*Not I，But the Wind*，p. 56.


## 第九章　伦敦文学界

1. 劳伦斯朋友们的关联相当复杂。多萝西·布雷特与辛西娅·阿斯奎斯的嫂子——她的嫂子嫁给了一位罗马尼亚王子，1919 年至 1920 年间双双成为默里的情妇。辛西娅未来的公公曾是奥托琳的追求者，而奥托琳与 J. A. 克拉姆有过一段爱情关系，克拉姆是曼斯菲尔德伦敦女王学院的德语老师。E. M. 福斯特在德国曾给曼斯菲尔德的表姐伊丽莎白·冯·阿尼姆（Elizabeth von Arnim）家的孩子们做过家庭教师，而伊丽莎白·冯·阿尼姆后来嫁给了伯特兰·罗素的哥哥。

2. Diana Cooper，*Autobiography*（New York，1985），p. 78；

Lawrence,"The Lady bird," *Four Short Novels*, p. 46.

3. Interview with Michael Asquith, London, August 3, 1988. *Letters*: Cambridge, 2. 198 n2，其中说到迈克尔 1960 年去世，但他肯定是活到了 1988 年。

4. Taped interview with Lady Cynthia Asquith, National Sound Archive; Quoted in Nicola Beauman, *Cynthia Asquith*（London, 1987）, pp. 160, 164.

5. *Letters*: Cambridge, 2. 337, 3. 118, 3. 201.

6. D. H. Lawrence, "The Rocking-Horse Winner," *The Portable D. H. Lawrence*, ed. Diana Trilling（New York, 1954）, p. 47. 约翰·阿斯奎斯是保罗的原型，他二十六岁时在精神病院死于心脏病。

7. 对凯瑟琳·卡斯威尔这部分的描述以以下访谈为基础：1988 年 8 月 9 日，在伦敦采访了她的儿子约翰·卡斯威尔；1988 年 8 月 16 日，在伦敦采访了伊妮德·霍普金和伊冯娜·卡普；on John Carswell, Introduction to Catherine Carswell's autobiographical novel, *Open the Door!*（London, 1986）, pp. v‒xvii.

8. Carswell, *The Savage Pilgrimage*, p. 63.

9. Diana Farr, *Gilbert Cannan*（London, 1978）, pp. 35, 113.

10. *Letters*: Cambridge, 3. 677. See *The Letters of D. H. Lawrence and Amy Lowell*, *1914‒1925*, ed. Claire Healey and Keith Cushman（Santa Barbara, 1985）.

11. John Manchester, Prologue to Dorothy Brett's *Lawrence and Brett*（Santa Fe, 1974）, p. vii.

12. D. H. Lawrence and M. L. Skinner, *The Boy in the Bush*（Harmondsworth, 1963）, pp. 390, 386; Faith Compton Mackenzie, *More Than I Should*（London, 1940）, p. 33.

13. Quoted in F. A. Lea, *The Life of John Middleton Murry*（London, 1959）, p. 44; Brett, *Lawrence and Brett*, p. 17.

14. D. H. Lawrence, *Kangaroo* (New York, 1976), p. 105.

15. Leonard Woolf, *Beginning Again* (London, 1964), pp. 251, 249.

16. Beatrice Glenavy, *Today We Will Only Gossip* (London, 1964), p. 161.

17. Quoted in Mark Gertler, *Selected Letters*, ed. Noel Carrington (London, 1965), p. 162n; *Letters*: Cambridge, 2. 305.

18. 随着年龄的增长，科特忧郁的情绪会变成抑郁，而且每次会持续好几个月。贫穷、身体状况不佳、1923 年曼斯菲尔德去世、1930 年劳伦斯去世、1939 年格特勒自杀、对犹太人的迫害、纳粹占领欧洲，这一系列事件让他抑郁加重。20 世纪 40 年代的一次精神崩溃后，他试图割喉自杀。他被劝服进行电击疗法，得到了 H. G. 威尔斯的儿媳玛乔丽的照料。1955 年，他在伦敦去世，将他所有重要的文件遗赠给了大英博物馆。

此部分对科特的描述以以下文献为基础：George Zytaruk, Introduction to *The Quest for Romanim: D. H. Lawrence's Letters to S. S. Koteliansky, 1914-1930* (Montreal, 1970), pp. xi-xxxvii; John Carswell, *Lives and Letters* (New York, 1978); Juliette Huxley, *Leaves of the Tulip Tree* (London, 1986)。

19. Aldous Huxley, *Crome Yellow* (Harmondsworth, 1972), p. 15; *The Letters of Roger Fry*, ed. Denys Sutton (London, 1972), p. 417; Quoted in John Rothenstein, "Mark Gertler," *Modern English Painters* (London, 1956), p. 213.

20. Gertler, *Selected Letters*, pp. 56, 47.

21. *Letters*: Cambridge, 3. 44; 3. 136-137; 3. 144.

22. *Letters*: Moore, p. 938; *Letters*: Cambridge, 3. 242-243.

23. 除了科特、格特勒与埃德，他的犹太友人与同事还包括他的第一位出版商威廉·海涅曼；姐（妻姐）夫埃德加·贾菲；去意大利拜访过他的艾维·洛，后来，艾维·洛嫁给了马克西姆·李维诺夫（Maxim

Litvinov），他是"二战"期间斯大林政府的外交部部长、驻华盛顿大使；还有艾维的姑姑芭芭拉·洛，她是英国早期的心理分析师。劳伦斯与律师蒙太古·希尔曼也很要好，他借钱给劳伦斯，还在劳伦斯"一战"期间被驱逐出康沃尔后帮过他；与他的三位美国出版商同样要好：本·许布希（在劳伦斯被非犹太人米切尔·肯纳利骗了《儿子与情人》的版税后接手了劳伦斯的作品），托马斯·塞尔茨以及阿尔弗雷德·克诺夫。20世纪20年代，劳伦斯还与演员艾达·劳成了朋友，她是马科斯·伊斯特曼的前妻，是梅布尔·卢汉在陶斯的一位朋友。

24. Helen Thomas, "Two Pieces of Advice from D. H. Lawrence," *Times*, February 13, 1963, p. 12; Richard Aldington and Lawrence Durrell, *Literary Lifelines*, ed. Ian MacNiven and Harry Moore（New York, 1981），p. 42; Lawrence, *Women in Love*, pp. 129-130.

25. *Letters*: Moore, p. 899; Interview with William Hopkin（1949），National Sound Archive.

从他自己和弗丽达开始，劳伦斯最终以他大多数的朋友为原型创作了他小说中的人物。保罗·莫雷尔、吉尔伯特·努恩、鲁伯特·伯金、罗登·利利、理查德·洛瓦特·萨默斯以及奥利弗·梅勒斯都是自画像；约翰娜·基利、厄秀拉·布朗文、谭妮·利利、哈丽特·萨默斯、凯特·莱斯利、康妮·查泰莱（还有他绘画中的许多女性）都是以弗丽达为原型。他在《白孔雀》中用了杰茜·钱伯斯、艾伦·钱伯斯及乔治·内维尔；《努恩先生》中的乔治·内维尔；《逾矩的罪人》中的海伦·科克；《儿子与情人》中他的父母、兄长、姐妹，钱伯斯一家及爱丽丝·达克斯；《一触即发》及《努恩先生》中的威利·霍普金；《虹》中的露伊·伯罗斯与她的父亲；《处女与吉卜赛人》中的欧内斯特与芭芭拉·威克利夫妇；《肉中刺》中的冯·里希特霍芬男爵；《误入歧途的女人》中的弗洛伦斯·卡伦与她的母亲以及莫里斯·马格努斯；《瓢虫》《骑木马的优胜者》中的辛西娅·阿斯奎斯；《盲人》（"The Blind Man"）中的凯瑟琳·卡斯威尔；《一触即发》《恋爱中的女人》《母与女》《约翰·托马斯与珍妮夫人》中的凯瑟琳·曼斯菲尔德；《恋爱中的女人》《微笑》《边界线》《吉米和绝望的女人》《最后的笑声》《大卫》中的米德尔顿·默里；《袋鼠》中的科特与大卫·埃德；《恋爱中的女人》中的奥托琳、罗素、格特勒、菲利普·赫赛尔廷；《灌林中的男孩》《公主》《最后的笑声》《欢乐的幽灵》（"Glad Ghosts"）中的布雷特；《查泰莱夫人的情人》中的温德姆·刘易斯与迈克尔·阿伦；《英格兰，我的英格兰》中的珀西·卢卡斯与他的一家；《两只蓝鸟》（"Two Blue Birds"）、《爱岛的男人》中的康普顿·麦肯齐；《亚伦的手杖》中的诺曼·道格拉斯、理查德·奥尔丁顿、雷吉·特纳、希尔顿·杜立特尔、塞西尔·格雷；《东西》中的厄尔·布鲁斯特与押撒·布鲁斯特；《羽蛇》中的威特·宾纳、司普德·约翰逊；《骑马出走的女人》、《绝非如此》（"None of That"）、《烈马圣莫尔》中的梅布尔·卢汉；《烈马圣莫尔》中的弗雷德里克·卡特。

26. Warren Roberts，Introduction to *Letters*：Cambridge，4. 3.

## 第十章　曼斯菲尔德与默里

1. Lawrence，*Women in Love*，p. 10；Dorothy Brett and John Manchester，"Reminiscences of Katherine Mansfield，" pp. 85 - 87.

2. Lea，*Life of Murry*，p. 7；Quoted in Colin Murry，*I at the Keyhole*（New York，1975），p. 86；*The Letters of John Middleton Murry to Katherine Mansfield*，ed. C. A. Hankin（London，1983），p. 238；*Letters*：Moore，p. 821.

3. Brett，*Lawrence and Brett*，p. 18；John Middleton Murry，*Between Two Worlds*（London，1935），p. 80.

4. Murry，*Between Two Worlds*，p. 232；Quoted in *Ottoline at Garsington*，p. 188.

5. *The Letters of Virginia Woolf：Volume II*，*1912 - 1922*，ed. Nigel

Nicolson and Joanne Trautmann (New York, 1976), pp. 546, 515, 540; Letter from Gerald Brenan to Jeffrey Meyers, October 3, 1975; Bertrand Russell, *Autobiography*, 1914 – 1944 (New York, 1969), p. 58.

6. *Letters*: Cambridge, 1. 519; Frieda Lawrence, *Not I*, *But the Wind*, pp. 67 – 68; *Letters*: Cambridge, 2. 290.

7. *Letters*: Cambridge, 2. 110.

8. *Ibid.*, 2. 110 – 111; *The Letters of Katherine Mansfield*, e. d J. Middleton Murry (London, 1928), 2. 138.

9. Quoted in Lea, *Life of Murry*, p. 42; *Katherine Mansfield's Letters to John Middleton Murry*, *1913 – 1922* (New York, 1951), p. 431; Murry, *Between Two Worlds*, p. 344; Quoted in Jeffrey Meyers, *Katherine Mansfield: A Biography* (London, 1978), pp. 82 – 83.

10. *Letters*: Cambridge, 2. 160.

11. Carswell, *Savage Pilgrimage*, pp. 22, 199; John Middleton Murry, *Reminiscences of D. H. Lawrence* (London, 1933), pp. 88 – 89.

12. Quoted in Antony Alpers, *The Life of Katherine Mansfield* (London, 1980), p. 170.

13. Lea, *Life of Murry*, p. 31; *Letters of Murry to Mansfield*, p. 55.

14. *Journal of Katherine Mansfield*, ed. J. Middleton Murry (London, 1954), pp. 67 – 69; Quoted in Leonard Woolf, *Beginning Again*, p. 252.

15. *Letters*: Cambridge, 2. 333.

16. Lawrence, "Not to 'The Crown,' " *Reflections on the Death of a Porcupine*, p. 249.

17. *Letters*: Cambridge, 2. 481 – 482.

18. *Letters of Murry to Mansfield*, p. 79; *Letters*: Cambridge, 2. 473.

19. *Letters*：Cambridge，2. 549；2. 569；2. 576；*The Collected Letters of Katherine Mansfield: Volume One*，*1903 - 1917*，ed. Vincent O'Sullivan and Margaret Scott（Oxford，1984），p. 248.

20. Frieda Lawrence，*Not I*，*But the Wind*，p. 84；*Letters*：Cambridge，2. 591.

21. *Letters*：Cambridge，3. 302；*Collected Letters of Mansfield*，1. 261 -262.

22. Murry，*Between Two Worlds*，pp. 413，288；*Collected Letters of Mansfield*，1. 264.

23. *Collected Letters of Mansfield*，1. 263 - 264.

24. *Ibid*.，1. 261；1. 292. 劳伦斯受到尼采许多方面的影响，包括敌视基督教，坚信意志与性欲的观念，强调身体、本能与遗传而非思维、理性与意识，强调自我超越，强调价值的重新评定，强调女性的作用。

25. *Ibid*.，1. 280，1. 267 - 268；1. 360；Mansfield，*Journal*，p. 146.

26. Murry，*Reminiscences*，p. 73；Murry，*Between Two Worlds*，p. 417. 在 1916 年 5 月 11 日写给科特的一封信中，凯瑟琳说到劳伦斯用一个寄生虫隐喻描述弗丽达是"以我的生命为食的一只虫"（*Collected Letters of Mansfield*，1. 263）。

27. *Letters*：Cambridge，2. 610；*Collected Letters of Mansfield*，1. 272；*Letters*：Cambridge，2. 623.

28. Murry，*Between Two Worlds*，p. 411；Quoted in Frank Swinnerton，*Figures in the Foreground*（London，1963），p. 102；Quoted in Meyers，*Katherine Mansfield*，p. 93.

# 第十一章　战争

1. John Keegan，*The Mask of Command*（New York，1987），

pp. 71 - 72，240，243；A. J. P. Taylor，*The First World War* (New York，1972)，p. 134；B. H. Linddell Hart，*History of the First World War* (1930；London，1972)，p. 332.

2. *Letters*：Cambridge，1. 478；Lawrence，"Review of John Oman's *The Book of Revelation*，" *Phoenix II*，p. 273.

3. Henry James，*Letters*，ed. Percy Lubbock (London，1920)，2. 398；Leonard Woolf，*Downhill All the Way* (New York，1967)，p. 9.

4. *Letters*：Cambridge，2. 339；2. 431 - 432.

5. *Ibid.*，2. 218；Lawrence，"Adolf，" *Phoenix*，p. 7；*Letters*：Cambridge，3. 32.

6. Sigmund Freud，*Civilization and Its Discontents*，trans. James Strachey (New York，1961)，p. 59；Frieda Lawrence，"A Bit about D. H. Lawrence，" *Memoirs and Correspondence*，p. 443；劳伦斯1914年9月10日写给阿尔弗雷德·苏特罗的信，未出版，我拥有复印件。

7. Osbert Sitwell，*Laughter in the Next Room* (Boston，1951)，p. 18.

8. Quoted in Michael Holroyd，*Lytton Strachey* (Harmondsworth，1968)，pp. 599，597.

9. Huxley，*Crome Yellow*，p. 9；Osbert Sitwell，"Triple Fugue，" *Triple Fugue* (New York，1925)，p. 255；D. H. Lawrence，*Women in Love*，ed. David Farmer，Lindeth Vasey and John Worthen (Cambridge，England，1987)，p. 15.

10. Interview with Lady Juliette Huxley，London，August 2，1988；Williams，*The Derbyshire Miners*，p. 444；Interview with Julian Morrell Vinogradoff，Banbury，England，July 24，1988；Taped interview with Julian Morrell Vinogradoff，Nottingham County Library.

11. Morrell，*Ottoline at Garsington*，pp. 70，66.

12. *Ibid*.，pp. 143，59，36n，37，78.

13. *Letters*：Cambridge，2. 359；2. 433；3. 216.

14. Morrell，*Ottoline at Garsington*，pp. 233 – 234，128 – 129.

15. *Letters*：Huxley，pp. 740，742.

16. E. M. Forster，*Selected Letters*，ed. Mary Lago and P. N. Furbank（London，1983），1. 218；*Letters*：Cambridge，2. 280，2. 283；2. 293；Forster，*Selected Letters*，1. 219. 编辑们认为"希尔达"是希尔达·杜立特尔，福斯特不认识她，不太可能用她的名称呼她。如上下文所表明的，希尔达更可能是希尔达·琼斯，劳伦斯在克罗伊敦的房主家的小女儿，劳伦斯是在他家房子里创作完成《白孔雀》的。

17. *Ottoline at Garsington*，p. 55；Bertrand Russell，"D. H. Lawrence"（1953），*Portraits from Memory*（New York，1956），p. 112；Alan Ryan，*Bertrand Russell: A Political Life*（London，1988），pp. 49，22.

18. *Letters*：Cambridge，2. 282；Quoted in Ronald Clark，*The Life of Bertrand Russell*（New York，1976），p. 261.

19. *Letters*：Cambridge，2. 309；2. 320 – 321；Interview with David Garnett，Montcuq，France，August 17，1977.

20. Quoted in Sandra Darroch，*Ottoline: The Life of Ottoline Morrell*（New York，1975），p. 137；John Maynard Keynes，"My Early Beliefs"（1938），*Essays and Sketches in Biography*（New York，1956），p. 256.

21. Russell，*Autobiography*，p. 9；*D. H. Lawrence's Letters to Bertrand Russell*，ed. Harry Moore（New York，1948），p. 79. 罗素打字稿中的一页上有劳伦斯的修正，复制于 *Lawrence's Letters to Russell*，opposite p. 88。

22. *Letters*：Cambridge，2. 361；2. 364 – 366，2. 370 – 371.

23. *Letters*：Cambridge，2. 392；Russell，"D. H. Lawrence，" *Portraits from Memory*，p. 115.

24. Paul Delany, *D. H. Lawrence's Nightmare* (New York, 1978), pp. 121, 135, 207.

25. Moore, *Priest of Love*, p. 300; Lawrence, "Note to 'The Crown,'" *Reflections on the Death of a Porcupine*, p. 249.

26. *Letters*: Cambridge, 2. 470; Lawrence, *Women in Love*, pp. 83, 98; Russell, "D. H. Lawrence," *Portraits from Memory*, pp. 112, 114.

27. Unpublished letter from Richard Aldington to Edward Nehls, February 7, 1958, University of Texas.

28. *Memoirs of Lady Ottoline Morrell*, ed. Robert Gathorne-Hardy (New York, 1964), p. 276.

29. Samuel Taylor Coleridge, "*The Friend*," no. 11 (October 26, 1809), in *Collected Works*, ed. Barbara Rooke (London, 1969), 4. 146; *Letters*: Cambridge, 2. 259.

30. *Letters*: Moore, p. 928; Lawrence, *Aaron's Rod*, p. 246; *Letters*: Cambridge, 3. 226.

31. Interview with Dr. Mary Saleeby Fisher, Greatham, Sussex, August 23, 1988 (这次采访发生的地点正是 1915 年劳伦斯辅导玛丽时的同一间屋子里的同一张桌子边); Dr. Mary Saleeby Fisher, in Nehls, *Composite Biography*, 1. 304. 凯瑟琳·曼斯菲尔德遇到她的第一任丈夫的地点是在玛丽·萨利比的父亲位于圣约翰林地的房子里。关于麦金利总统的歌曲刊印于 *Letters*: Cambridge, 2. 332. 玛丽的练习本现收藏于得克萨斯大学。

32. Audrey Lucas, *E. V. Lucas: A Portrait* (London, 1939), p. 133; Viola Meynell, *Alice Meynell: A Memoir* (New York, 1929), pp. 310 - 313, 219.

33. 西尔维娅动过许多手术，膝盖失去灵活性，走路时，一条腿僵硬。她后来嫁给了一位名叫马尔维的加拿大士兵，他们育有孩子，过着正常的生活，1988 年，她仍居住在格里瑟姆的小屋里。Interview with

Dr. Mary Saleeby Fisher.

34. "England，My England，" *Complete Short Stories*，vol. 2，其中的《圣经》典故包括伊甸园里的蛇，pp. 303，306（*Genesis* 3：1），山谷里的百合，p. 311（*Matthew* 6：28），艾萨克的牺牲，p. 315（*Genesis* 22：10），"小孩要牵引他们，" p. 315（*Isaiah* 11：6），罗得的妻子，p. 315（*Genesis* 19：26），the *Mater Dolorata*，p. 317（也就是悲伤的圣母玛利亚），被遗弃的以实玛利，p. 325（*Genesis* 16：11），异教徒的神巴利（Baal）与亚斯塔禄（Ashtaroth），p. 326（*Numbers* 22：41 and *Deuteronomy* 1：4），上帝的灵运行在水面上，p. 330（*Genesis* 1：2），天启四骑士，p. 330（*Revelation* 6：8），以及忠贞不渝的路得，p. 331（*Ruth* 1：16）。

35. *Letters*：Cambridge，2. 635；Interview with Dr. Mary Saleeby Fisher. 七十年后，西尔维娅仍对劳伦斯感到怨恨，不愿意见我。

36. Richard Aldington，*Death of a Hero*（Garden City，New York，1929），p. 131；See Violet Hunt，*I Have This to Say*（New York，1926），p. 259；Ford，*Portraits from Life*，pp. 118 - 119.

37. Frieda Lawrence, in Nehls，*Composite Biography*，2. 412 - 413；Quoted in Mabel Luhan，*Lorenzo in Taos*（New York，1932），p. 325；Frieda Lawrence，*Memoirs and Correspondence*，p. 389. 哈里·摩尔赞同弗丽达的观点并坚称，福特直到1915年8月才被任命为军官，他不可能当时就穿着军装。因此，他认为福特的故事纯属幻想。但阿瑟·迈兹纳则表明，福特3月份很可能穿着军装，他对福特回忆录中的记载更当真。See Moore，*Priest of Love*，pp. 296 - 297，and Arthur Mizener，*The Saddest Story: A Biography of Ford Madox Ford*（New York，1971），p. 596 n10.

38. Unpublished letter from David Garnett to Edward Nehls，August 1，1958，University of Texas；Aldington，*Literary Lifelines*，p. 149；Quoted in Harry Moore，*Richard Aldington: An Intimate Portrait*，

ed. Alister Kershaw and F. J. Temple（Carbondale，Illinois，1965），p. 91.

39. Interview with Dr. Mary Saleeby Fisher.


# 第十二章 《虹》被禁


1. *Letters*：Cambridge，2. 182 - 183；Mark Schorer，"*Women in Love* and Death，"*The World We Imagine*（New York，1968），p. 108.

2. Lawrence，*The Rainbow*，pp. 494 - 495. 对这部小说的全面讨论参见 Meyers，"Fra Angelico and *The Rainbow*，"*Painting and the Novel*，pp. 53 - 64。

3. D. H. Lawrence，*The Rainbow*（Harmondsworth：Penguin，1949），p. 344（Methuen edition，p. 318；斜体部分在维京纸质版中被删除，p. 339）；Lawrence，*The Rainbow*（Penguin ed.，pp. 485 - 486；Methuen ed.，pp. 448 - 449；Viking ed.，p. 479）.

4. Lawrence，*The Rainbow*（Penguin ed.，p. 241；Viking ed.，p. 235），斜体为我所加；*Letters*：Cambridge，3. 459.

劳伦斯在《虹》的美国版本中另删了至少其他六页内容：

［——删除梅休恩版中第 220 页的 3 行内容（也就是企鹅版第 239 页，维京版中未包含这部分内容，参见第 234 页）：威尔渴望用他的淫荡之舌憩遍安娜全身，将自己埋在她的肉体里。］

［——删除梅休恩版中第 300 页的 1 行内容（也就是企鹅版第 325 页，维京版中未包含这部分内容，参见第 320 页）：厄秀拉激情缠绵地求着欢："要来了——要来了。"］

（——删除关于厄秀拉与威妮弗雷德·英格欢爱的四行内容。）

［——删除梅休恩版中第 425 页的 24 行内容（也就是企鹅版第 460 页，维京版中未包含这部分内容，参见第 455 页）：厄秀拉与安东游泳与

上床时的想象性性交。〕

〔——删除企鹅版中第 468 页的 5 行内容（维京版中未包含这部分内容，参见第 462 页）："'我满足不了你吗？'他问她，又一次脸苍白到喉咙都哑了。'对，'她回道，'从在伦敦的那第一个星期起，你从来就没满足过我。你现在也满足不了我。这对我来说意味着什么，你进到我里面——。'"〕

〔——删除梅休恩版中第 446 页的 30 行内容（也就是企鹅版第 483 页，维京版中未包含这部分内容，参见第 477 页）：在厄秀拉与安东的性爱场景之前有一个较为枯燥乏味的恋爱场景，性爱场景中，"她让他占有她，而他似乎欣喜若狂，因为激情澎湃而疯狂"。〕

5. *The Collected Letters of Joseph Conrad*, ed. Frederick Karl and Laurence Davies（Cambridge, England, 1988）, 3. 154; *Letters*: Cambridge, 2. 237; Quoted in John Carter, "*The Rainbow* Prosecution," *TLS*, February 27, 1969, p. 216.

6. Quoted in R. P. Draper, *D. H. Lawrence: The Critical Heritage*（London, 1970）, pp. 96; 93–95. 王尔德曾称同性恋为"不敢冠之以名的爱"，他诙谐地界定猎狐是"全力追求无法食用之物的坏不堪言的行为"。

7. See *Letters*: Cambridge, 2. 477.

8. Quoted in Viscount Brentford（William Joynson Hicks）, *Do We Need A Censor?*（London, 1929）, p. 11; Frank Swinnerton, *Background with Chorus*（London, 1959）, p. 151.

9. Quoted in "*The Rainbow*: Destruction of a Novel Ordered," *The Times*, November 15, 1915, p. 3; Quoted in "An Objectionable Novel: Messrs. Methuen Summoned," *Daily Telegraph*, November 15, 1915, p. 12.

10. Lawrence, "Introduction to Edward McDonald's *A Bibliography of D. H. Lawrence*," *Phoenix*, p. 234; Pound, *Selected Letters*, p. 81; Ezra Pound, *Pound/Joyce*, ed. Forrest Read（New York, 1967）, pp.

282 - 283. 这代表了那个时代典型的虚伪：那就是明目张胆的同性恋弗兰基·比勒尔（也就是弗朗西斯·比勒尔），他的父亲奥古斯丁·比勒尔是社会公德的仲裁人。

11. *Letters*：Cambridge，2. 429.

12. *Ottoline at Garsington*，p. 38；Quoted in Nehls，*Composite Biography*，1. 333 - 335. 1922 年 7 月，纽约邪恶抑制协会秘书约翰·萨姆纳（John Sumner）在劳伦斯美国出版商托马斯·塞尔茨的办公室没收了刊印的《恋爱中的女人》的书册。萨姆纳起诉了塞尔茨，而塞尔茨于 9 月在法庭上为该书辩护并胜诉。如果劳伦斯能有足够的经济来源，他也很有可能成功赢得《虹》的辩护案。

13. 大伦敦档案局，1915 年 11 月 13 日，弓街警察法庭记录簿。

14. 内政部档案编号 HO45/13944，1915 年 11 月；伦敦基尤区国家档案局，1930 年 3 月 10 日、21 日及 25 日。

15. Cynthia Asquith，*Diaries，1915 -1918*，ed. E. M. Horsley（London，1968），p. 85.

16. Lawrence，*The Rainbow*（Penguin ed.，p. 330；Viking ed.，p. 325）；Richard Aldington，*Life for Life's Sake*（New York，1941），pp. 229 - 230.

17. Richard Aldington，Introduction to D. H. Lawrence's *Apocalypse*（New York，1932），p. vi；Quoted in Moore，*Priest of Love*，p. 311；Richard Aldington，*Portrait of a Genius，But*（New York，1950），pp. 172 - 173.


# 第十三章：康沃尔


1. John Wade（C. J. 史蒂文斯的假名），"D. H. Lawrence in Cornwall：An Interview with Stanley Hocking," *D. H. Lawrence Review*，6

(1973)，253；Lawrence，"Education of the People," *Reflections on the Death of a Porcupine*，p. 91；Lawrence，"Autobiographical Sketch," *Phoenix II*，p. 594.

2. *Letters*：Cambridge，3. 289；Cynthia Asquith，*Remember and Be Glad*（London，1952），p. 149.

3. Emily Martin，Biographical Sketch of Robert Mountsier，December 8，1971，pp. 2，3 – 5，courtesy of Silas Mountsier Ⅲ（*Letters*：Cambridge，3. 24n，错误地说蒙茨埃获得了密歇根大学博士学位）；Letters from Silas Mountsier Ⅲ to Jeffrey Meyers，March 28，1988.

4. *Letters*：Cambridge，3. 27，3. 25；Lawrence，*Kangaroo*，pp. 228 – 229. 这段文字的事实依据在 *Letters*：Cambridge，3. 65，以及收藏于得克萨斯大学安德鲁斯写给蒙茨埃的八封信件中得到证实。

5. *Letters*：Cambridge，3. 678；4. 113；Letters from Silas Mountsier III to Jeffrey Meyers，March 28，1988.

6. *Letters*：Cambridge，3. 27，3. 72；3. 180.

7. Carswell，*Savage Pilgrimage*，pp. 86 – 87.

8. Letters from Betsey Harries to Jeffrey Meyers，February 28，1989；Letters from Andrews Wanning to Jeffrey Meyers，March 20，1989；Luhan，*Lorenzo in Taos*，pp. 41，51.

9. Letters from Wanning to Meyers；John Dos Passos，*The Best Times*（New York，1966），pp. 135 – 136. References to Esther also appear in Hutchins Hapgood，*A Victorian in the Modern World*（1939；Seattle，1972），pp. 558 – 559；in John Dos Passos，*The Fourteenth Chronicle: Letters and Diaries*，ed. Townsend Ludington（Boston，1973），pp. 303，315，359，392，467，482；in Edmund Wilson，*The Thirties*，ed. Leon Edel（New York，1980），pp. 353 – 354；and in Ernest Hemingway，*Selected Letters*，*1917 – 1961*，ed. Carlos Baker（New York，1981），pp. 355 – 356，435，447.

在坎比感染脊髓灰质炎并且髋部以下全部瘫痪之前，埃丝特与他在一起有相当长的时间。他们从纽约搬到了基韦斯特。坎比的"身体练习是游泳，他每天都在海明威家的游泳池里游泳。（海明威此前已经与玛莎·盖尔霍恩去了古巴，但他的前妻非常友善、好客。）患上脊髓灰质炎之后，坎比将饮酒当成了治愈疾病的灵丹妙药，实际上，他成了一个酒鬼。他的生活变成了一场酗酒，中间会因为他被送往当地医院戒酒而被打断。"

"埃丝特从她叔叔那里继承了一大笔钱，她于 1939 年至 1940 年间在基韦斯特建了一所房子。令人心酸又颇为讽刺的是，她喜欢大手大脚地花钱，却在她不需要那么多钱的时候变得富有了。她生命的最后阶段过得相当悲惨。她在 20 世纪 40 年代末期肯定已经开始丧失她的瞬时记忆。"她的密友查尔斯·汤普森与罗琳·汤普森夫妇——他们也是海明威的朋友——在坎比去世后没有办法再继续照料她。因此，她被送进了一家贵格教会医院，1962 年 12 月 22 日在那里去世（Letter from Wanning to Meyers）。

10. Morrell, *Ottoline at Garsington*, pp. 143, 59, 36n, 37; Quoted in Vincent Brome, *Ernest Jones: Freud's Alter Ego* (New York, 1982), p. 103.

11. Compton Mackenzie, *My Life and Times: Octave Five*, 1915 - 1923 (London, 1966), pp. 167 - 168; Aldous Huxley, *Antic Hay* (1923; Harmondsworth, 1948), p. 45; Cecil Gray, *Musical Chairs* (London, 1948), p. 138.

12. Letter from D. H. Lawrence to Emily Lawrence King, June 14, 1926, omitted from *Letters*: Moore, p. 919, University of Nottingham.

驳斥这一想法——劳伦斯是希尔达·杜立特尔的情人及其 1919 年出生的孩子的父亲——的内容，参见 Jeffrey Meyers' review of Janice Robinson's *H. D.: The Life and Work of an American Poet*, *Hudson Review*, 34 (Winter 1982 - 1983), 628 - 632. 英国维拉戈出版社出版了她母

亲的小说《让我活下去》［*Bid Me to Live*（London，1984），p. ix］，珀蒂塔·沙夫纳（Perdita Schaffner）为该书写了导论。导论中，她一口咬定，她父亲是塞西尔·格雷。

13. F. D. Chambers，in Nehls，*Composite Biography*，1. 548 n99；Lawrence，"Study of Thomas Hardy，" *Study of Thomas Hardy*，p. 94.

14. D. H. Lawrence，"*David*，" *Complete Plays*（London，1965），p. 106（the covenant is sworn in I Samuel 20：16–17）；*Letters*：Cambridge，2. 115.

15. *The Letters of Gerard Manley Hopkins to Robert Bridges*，ed. C. C. Abbott（London，1955），p. 155；*Letters*：Cambridge，3. 478；D. H. Lawrence，*Studies in Classic American Literature*（London，1924），pp. 167–168.

16. Merrild，*A Poet and Two Painters*，pp. 91–92；*Letters*：Cambridge，3. 302. 尼采的这段文字引自《查拉斯图拉如是说》（*Thus Spake Zarathustra*，1883–1884）中"论爱邻居"（Of the Love of One's Neighbor）一章。该章攻击了《利未记》（19章18节）的观念，即"要爱人如爱己"（thou shalt love thy neighbor as thyself），并将该观念描述为反常的自恋与虚伪的无私。尼采拒绝爱邻居，主张爱远方的朋友，这要求有一颗洋溢着情感的心，并"预示了超人的存在"。

17. *Letters*：Cambridge，2. 323；2. 331.

18. *Ibid*.，2. 650，3. 160；Lawrence，*Women in Love*，p. 127；*The Letters of T. E. Lawrence*，ed. David Garnett（1938；London，1964），pp. 420，669.

19. *Letters*：Cambridge，2. 285；Lawrence，"The Noble Englishman，" *Complete Poems*，pp. 446–447.

20. See C. J. Stevens，*Lawrence at Tregerthen*（Troy，New York，1988），pp. 46–54.

21. David Chambers and Stanley Hocking，in Nehls，*Composite*

*Biography*, 1. 47, 1. 367.

22. *Letters*: Cambridge, 2. 642, 2. 664; D. H. Lawrence, "Prologue to *Women in Love*," *Texas Quarterly*, 6 (Spring 1963), 110.

23. Quoted in Stevens, *Lawrence at Tregerthen*, p. 33; Quoted in Robinson, *H. D.*, p. 250; *Frieda Lawrence and Her Circle*, ed. Harry Moore and Dale Montague (Hamden, Con., 1981), p. 93; Unpublished letter from Barbara Weekley Barr to Edward Nehls, August 29, [early 1950s], University of Texas.

24. *Ottoline at Garsington*, p. 93; Cecil Gray, *Peter Warlock*, *A Memoir of Philip Heseltine* (London, 1934), p. 114n; Frieda Lawrence, *Not I*, *But the Wind*, p. 115; Lawrence, *Kangaroo*, p. 250.

25. Lawrence, *Women in Love*, pp. 480 – 481; Lawrence, "Prologue to *Women in Love*," pp. 107 – 110.

26. Lawrence, "Tortoise Shout," *Complete Poems*, p. 366.

27. John Middleton Murry, *Son of Woman* (London, 1931), p. 119.

28. Merrild, *A Poet and Two Painters*, p. 104.

29. Lawrence, *Women in Love*, pp. 199 – 201.

30. Plato, *The Symposium*, trans. Benjamin Jowett, *The Portable Plato*, ed. Scott Buchanan (New York, 1948), p. 144; Murry, *Between Two Worlds*, pp. 409, 412; F. A. Lea, *Lawrence and Murry: A Twofold Vision* (London, 1985), p. 64; Frieda Lawrence, *Memoirs and Correspondence*, pp. 295, 360.

31. Lawrence, *Women in Love*, pp. 268 – 271, 273, 275.

32. *Ibid.*, p. 314; *Letters*: Cambridge, 1. 99; Lawrence, *Women in Love*, p. 353.

33. Quoted in Gray, *Peter Warlock*, p. 106; *Letters*: Cambridge, 2. 526.

34. Lawrence, *Kangaroo*, pp. 258, 261.

35. David Garnett, "A Whole Hive of Genius," *Saturday Review of Literature*, 9 (October 1, 1932), 142.

36. Richard Aldington, "Son and Lover" (1955), National Sound Archive; Gray, *Musical Chairs*, p. 120.

37. Frieda Lawrence, *Not I, But the Wind*, p. 86; Quoted in Stevens, *Lawrence at Tregerthen*, pp. 101, 99; *Letters*: Cambridge, 3. 118.

38. Quoted in Stevens, *Lawrence at Tregerthen*, pp. 108 – 111; *Crockford's Clerical Directory* (London, 1916), p. 1567.

39. Frieda Lawrence, *Not I, But the Wind*, p. 90; Asquith, *Diaries*, pp. 356 – 357.

40. Aldington, "Introduction" to *Apocalypse*, p. xi; Lawrence, *Kangaroo*, p. 220.

41. Vivian de Sola Pinto, "Notes on Interview with Emily Lawrence King," University of Nottingham; Frieda Lawrence, *Not I, But the Wind*, p. 80.

42. Cecily Lambert Minchin, in Nehls, *Composite Biography*, 1. 465, 505, 503; 1. 463 – 464, 466 – 467; Lawrence, "Ego-Bound Women," *Complete Poems*, p. 475.

43. Lawrence, "The Fox," *Portable Lawrence*, pp. 223, 236, 265, 304.

44. *Letters*: Cambridge, 3. 215; *Hansard*, November 11, 1918; Quoted in David Garnett, *The Flowers of the Forest* (London, 1955), p. 190.

# 第十四章：卡普里与陶尔米纳

1. *Letters*: Cambridge, 3. 417; Quoted in Mark Holloway, *Norman*

*Douglas: A Briography*（London，1976），pp. 39，102.

2. D. H. Lawrence，Introduction to *Memoirs of the Foreign Legion* by M［aurice］M［agnus］（London，1924），pp. 11 - 12，15；Lawrence，*Aaron's Rod*，pp. 233，238，216，218.

3. Lawrence，Introduction to*Memoirs*，pp. 12 - 13；Edward Craig，*Gordon Craig: The Story of His Life*（London，1968），pp. 203 - 206；Richard Ellmann，*Oscar Wilde*（New York，1987），p. 415.

4. Garnett，*Golden Echo*，pp. 239，167；*Letters:* Cambridge，3. 431 -432.

5. Anthony Burgess，*Flame into Being: The Life and Work of D. H. Lawrence*（New York，1985），p. 136；Conrad，*Collected Letters*，3. 230，3. 239，3. 241. 在劳伦斯之后，卡普里继续吸引了许多作家：辛克莱·刘易斯、斯科特·菲茨杰拉德、桑顿·怀尔德、库尔奇奥·马拉帕尔特、格雷厄姆·格林、让-保罗·萨特、马里奥·索尔达蒂、奥登、罗歇·佩尔菲特、西奥多·罗特克。

6. *Letters*：Cambridge，3. 443；Quoted in interview with Compton Mackenzie，National Sound Archives；Quoted in Compton Mackenzie，"Memories of D. H. Larence，" *Moral Courage*（London，1962），pp. 107 - 108.

7. *Letters*：Cambridge，3. 481.

8. *Ibid*.，3. 23；3. 83；3. 90；3. 663. The anonymous review，"Real Life and Dream Life，" *Nation*，28（February 5，1921），639 - 640，was by Katherine's friend H. M. Tomlinson.

9. Carswell，*Savage Pilgrimage*，p. 198；Lawrence，*Women in Love*，p. 263.

10. *Collected Letterss of Mansfield*，1. 206；1. 325；2. 279，2. 282. 凯瑟琳也批评默里是虚弱的施洗者约翰——在荒野中呼唤的声音。

11. *Collected Letters of Mansfield*，2. 284；*Letters*：Cambridge，

3. 301 -302.

12. *Letters*：Cambridge，3. 346；*Collected Letters of Mansfield*，2. 309，2. 314.

13. *Letters*：Cambridge，3. 343；3. 335.

14. Letters：Cambridge，3. 467；Mansfield，*Journal*，p. 198；*Letters*：Cambridge，3. 469.

15. *Mansfield's Letters to Murry*，p. 470；Quoted in Lea，*Life of Murry*，p. 83.劳伦斯也使用了相似的词——"炖锅"（stewpot）与"炖煮"（stewing）——描述卡普里和凯瑟琳。1928 年 6 月在法国阿尔卑斯山脉，劳伦斯也会被迫离开一家宾馆，因为他结核病引发的咳嗽令其他客人惊恐。

16. *Mansfield's Letters to Murry*，p. 473；*Letters of Murry to Mansfield*，p. 268；*Mansfield's Letters to Murry*，p. 505.

17. Mansfield，*Journal*，p. 207；Interview with Barbara Weekley Barr.

18. Mansfield，*Journal*，p. 146；*Letters*：Cambridge，3. 675；4. 114；Katherine Mansfield，*Scrapbook*，ed. J. Middleton Murry（New York，1940），p. 135.克莱门特·肖特的《领域》1915 年 10 月刊登了他对《虹》所做的诽谤性评论。

19. *Letters of Mansfield*，2. 223；2. 230.

20. *Ibid*.，2. 175，2. 267.

21. *Letters*：Cambridge，4. 241；*Letters of Mansfield*，2. 234；*Mansfield's Letters to Murry*，pp. 671，688.

22. D. H. Lawrence，*Letters to Thomas and Adele Seltzer*，ed. Gerald Lacy（Santa Barbara，1976），p. 64；*Letters*：Cambridge，4. 375.

23. Lawrence，"Smile," *Complete Short Stories*，2. 584；D. H. Lawrence，*John Thomas and Lady Jane*（Harmodsworth，1973），pp. 61，72 - 73；*Letters*：Cambridge，4. 555.

24. Giuseppe Tomasi di Lampedusa, "The Professor and the Siren," *Two Stories and a Memory*, trans. Archibald Colquhoun (Harmondsworth, 1966), pp. 84 – 85.

25. *Letters*: Cambridge, 3. 489; Lawrence, "Introduction to *Mastro-don Gesualdo*," *Phoenix*, p. 230.

26. Lawrence, *Sea and Sadinia*, p. 182; Interview with Jan Juta, Mendham, New Jersey, June 28, 1988 (朱塔的画作现存于伦敦国家肖像美术馆); Carlo Levi, *Words Are Stones*, trans. Angus Davidson (1951; New York, 1958), pp. 116, 120, 124.

27. Denis Mack Smith, *Italy: A Modern History*, revised edition (Ann Arbor, 1969), pp. 372, 341, 412, 410; *Letters*: Cambridge, 4. 226.

28. Lawrence, *Sea and Sardinia*, pp. 26, 123, 3. 60.

29. *Ibid.*, pp. 53, 57, 80, 150, 163; *Letters*: Cambridge, 3. 676.

30. Interview with Harwood Brewster Picard, Fairfax, Virginia, June 24, 1988.

31. Brett, *Lawrence and Brett*, pp. 267 – 268; Letters: Moore, pp. 1215, 1221; Lawrence, "Return to Bestwood," *Phoenix II*, p. 265; *Letters*: Moore, p. 851.

32. Interview with Harwood Brewster Picard.

33. Quoted in Lawrence, *Letters to Seltzer*, pp. 185 – 186, 188; Quoted in unidentified bookseller's catalogue sent to me by John Martin of Black Sparrow Press on November 16, 1988; *Letters*: Moore, pp. 839, 855.

34. Lawrence, *The Lost Girl*, pp. 83, 34, 338.

35. *Ibid.*, pp. 86, 102, 104, 246; *Sea and Sardinia*, p. 123.

36. Lawrence, *Aaron's Rod*, pp. 293, 89.

37. *Ibid.*, p. 96.

38. Murry, *Son of Woman*, pp. 210, 212.

39. Quoted in Carswell, *Savage Pilgrimage*, p. 117; Lawrence, Introduction to *Memoirs*, p. 26; Norman Douglas, *D. H. Lawrence and Maurice Magnus: A Plea for Better Manners* (Florence, 1924), p. 33.

40. Lawrence, Introduction to *Memoirs*, pp. 77 - 78, 83; Graham Greene, "Frederick Rolfe," *Collected Essays* (London, 1969), p. 176; Lawrence, Introduction to *Memoirs*, p. 84.

41. D. H. Lawrence, *Memoir of Maurice Magnus*, ed. Keith Cushman (Santa Rosa, Calif., 1987), pp. 141, 144, 94 - 95.

42. Douglas, *Lawrence and Magnus*, pp. 6, 26, 41.

43. *Letters*: Moore, pp. 834, 836, 841, 890.

44. Lawrence, "Accumulated Mail," *Phoenix*, p. 800; Aldington, *Life for Life's Sake*, p. 376; *Letters of Virginia Woolf*, 3. 361.

45. *Letters*: Cambridge, 4. 105 - 106; Thomas Bergin, *Giovanni Verga* (New Haven, 1931), p. 107; Unpublished letter from Lawrence to H. Herlitschka, November 25, 1929, University of Nottingham.

46. Lawrence, *Phoenix*, p. 240; Brewsters, *Reminiscences and Correspondence*, p. 250.

47. *Letters*: Cambridge, 3. 534, 3. 634, 3. 695, 4. 143.

48. *Ibid.*, 4. 198, 4. 95, 4. 205, 4. 312; *Letters*: Moore, p. 814.


# 第十五章: 锡兰与澳大利亚

1. *Letters*: Cambridge, 2. 330.

2. *Ibid.*, 4. 447; Quoted in Brewsters, *Reminiscences and Correspondence*, p. 153; *Letters*: Moore, pp. 1155, 1221.

3. *Letters*: Cambridge, 4. 208; Leonard Woold, *Growing* (New

York, 1961), pp. 134, 150; Interveiw with Harwood Brewster Picard.

4. *Letters*: Cambridge, 4. 215 - 216; Lawrence, *Complete Poems*, pp. 390, 392; Quoted in Brewsters, *Reminiscences and Correspondence*, p. 258.

5. *Letters*: Cambridge, 4. 224 - 225; Quoted in Brewsters, *Reminiscences and Correspondence*, p. 47; Lawrence, *The Pulmed Serpent*, pp. 188, 332 - 333; Brigit Patmore, in Nehls, *Compostite Biography*, 3. 259.

6. Mary Durack, Foreword to Mollie Skinner, *The Fifth Sparrow: An Autobiography* (Sidney, 1972), pp. ix, 116; Lawrence, "Preface to Balck Swans," *Phoenix II*, p. 294; Carswell, *Savage Pilgrimage*, p. 201.

7. Quoted in Robert Darroch, *Lawrence in Austrialia* (London, 1981), p. 10; *Letters*: Cambridge, 2. 241.

8. *Letters*: Cambridge, 4. 263.

9. Russel Ward, *A History of Australia: The Twentieth Century, 1901 - 1975* (London, 1978) p. 141; Lawrence, *Kangaroo*, pp. 189, 157, 190.

10. Lawrence, *Kangaroo*, pp. 160 - 161, 200, 208.

11. Graham Hough, *The Dark Sun* (New York, 1959), p. 104; D. H. Lawrence, *Mornings in Mexico* (London, 1974), p. 42; Lawrence, *Kangaroo*, p. 264.

12. Lawrence, *Kangaroo*, pp. 321, 326, 347.

13. *Ibid*., pp. 177, 335, 98.

14. *Letters*: Cambridge, 4. 239; 4. 286; 3. 549; R. L. Stevenson, *Letters*, ed. Sidney Colvin (London, 1911), pp. 306 - 397.

15. R. L. Stevenson, *Travels with a Donkey* (London, 1929), p. 57.

16. Stevenson, *An Inland Voyage* (London, 1911) pp. 165, 13;

R. L. Stevenson, "On the Enjoyment of Unpleasant Places," *Essays of Travel* (London, 1912), p. 224.

17. Quoted in Carswell, *Savage Pilgrimage*, p. 190.

# 第十六章：抵达新世界

1. Luhan, *Lorenzo in Taos*, p. 3; *Letters*: Cambridge, 4. 111.

2. Quoted in Carswell, *Savage Pilgrimage*, p. 199; *Letters*: Cambridge, 4. 226.

3. Witter Bynner, *Journey with Genius* (New York, 1951), p. 2; See Lois Rudnick, *Mabel Dodge Luhan* (Albuqueerque, 1984).

4. Quoted in Laurie Lisle, *Portrait of an Artist: A Biography of Georgia O'Keeffe* (New York, 1981), p. 220; Interview with Enid Hopkin Hilton.

5. Luhan, *Lorenzo in Taos*, p. 134; Meyers, *Katherine Mansfield*, p. 222.

6. Interview with Enid Hopkin Hilton; Quoted in *Letters*: Cambridge, 4. 450; Luhan, *Lorenzo in Taos*, p. 63.

7. *Letters*: Cambridge, 4. 351; Luhan, *Lorenzo in Taos*, pp. 69 - 70, 270.

8. *Letters*: Cambridge, 4. 337; Luhan, *Lorenzo in Taos*, p. 72, 89; Quoted in Rudnick, *Mabel Dodge Luhan*, p. 198; Frieda Lawrence, *Memoirs and Correspondence*, p. 250.

9. Quoted in Merrild, *Poet and Two Painters*, pp. 239 - 240; D. H. Lawrence, *St. Mawr* and *The Man Who Died* (New York, 1960), pp. 95, 136.

10. Lawrence, "Indians and an Englishman," *Phoenix*, p. 92;

*Letters*: Moore, p. 804.

11. Merrild, *Poet and Two Painters*, p. 92. 葛驰出生于丹麦奥胡斯, 父亲是位工程师, 他于 1926 年结婚。梅利尔德出生在丹麦城市欧达姆, 父亲是位教师, 他 1916 年被哥本哈根大学工艺美术学院开除, 因为他直言不讳地主张现代艺术; 1917 年退出皇家美术学院, 因为那里的氛围令人压抑; 1919 年赢得斯堪的纳维亚半岛仰泳锦标赛冠军; 1926 年结婚。他是亨利·米勒的朋友, 在美国事业成功, 住在洛杉矶, 直到 1952 年才返回哥本哈根。See *Weilbachs Kunstnerleksikon*, ed. Merete Bodelsen and Povl Engelstoft (København, 1947, 1949), 1. 417 - 418, 2. 369 - 370; Letter from Vibeke Merrild to Jeffrey Meyers, April 27, 1989; Henry Miller, "Knud Merrild: A Holiday in Paint," *Circle*, 6 (1945), 41 - 47。

12. Merrild, *Poet and Two Painters*, p. 94; Interview with Rachel Hawk, San Cristobal, New Mexico, March 29, 1988. 距劳伦斯初次到此六十六年后, 蕾切尔·霍克仍生活在德尔蒙特农场。

13. Joseph Foster, *D. H. Lawrence in Taos* (Albuquerque, 1972), p. 309; Merrild, *Poet and Two Painters*, pp. 343, 157, 173; Lawrence, "Bibbles," *Complete Poems*, pp. 399 - 400.

14. Brett, *Lawrence and Brett*, p. 75; Interview with Enid Hopkin Hlton.

15. Interview with Rachel Hawk; Lawrence, "New Mexico," *Phoenix*, p. 142.

16. 1928 年, 劳伦斯观看斗牛赛的五年后, 比赛规则发生了变化。马匹被加上了护具, 以防止顶伤, 斗牛最令人不快的方面都被取消了。

17. Lawrence, *The Plumed Serpent*, pp. 52 - 53, 62; Carlos Fuentes, *The Death of Artemio Cruz*, trans. Sam Hileman (London, 1964), p. 156.

18. *Letters*: Cambridge, 4. 419, 4. 430, 4. 463.

19. Lawrence, *The Plumed Serpent*, p. 28; Bynner, *Journey with Genius*, p. 109; Quoted in William Gerhardie, *Memoirs of a Polyglot* (New York, 1931), p. 234.

20. *Letters*: Cambridge, 4. 442; Bynner, *Journey with Genius*, pp. 151, 31; Frederick Leighton, in Nehls, *Composite Biography*, 2. 229 - 330.

21. *Frieda Lawrence and Her Circle*, p. 99.

22. *Letters of Lawrence and Amy Lowell*, pp. 108, 92; Carswell, *Savage Pilgrimage*, p. 190.

23. *Letters*: Cambridge, 4. 506; 4. 512; 4. 527.

24. *Ibid.*, 4. 532; Frieda Lawrence, *Not I, But the Wind*, pp. 141, 144.

# 第十七章：伦敦、陶斯与瓦哈卡

1. *Letters*: Cambridge, 3. 127; Alpers, *Life of Mansfield*, p. 160.

2. Murry, *Reminiscences*, pp. 211 - 213, 215 - 218, 223; *Letters*: Cambridge, 5. 94.

3. Mansfield, *Journal*, p. 296; Aldous Huxley, *Point Counter Point* (Harmondsworth, 1965), pp. 170 - 172. （劳伦斯在这部小说中作为兰皮恩出现）; Lawrence, "Smile," *Complete Short Stories*, 2. 584. 有关该话题的全面讨论，详见 Jeffrey Meyers, "Murry's Cult of Mansfield," *Journal of Modern Literature*, 7 (February 1979), 15 - 38。

4. Letter from Lawrence to H. Herlitschka, December 26, 1929, University of Nottingham; Quoted in Bynner, *Journey with Genius*, p. 150.

5. *Letters*: Cambridge, 4. 480; Quoted in Lea, *Life of Murry*,

pp. 117 -118.

6. Carswell, *Savage Pilgrimage*, p. 192; Lawrence, "The Border Line," *Complete Short Stories*, 3. 589; John Carswell, *Lives and Letters*, p. 202.

7. Lea, *Life of Murry*, p. 120; E. W. Tedlock, *D. H. Lawrence: Artist and Rebel* (Albuquerque, 1963), p. 160; Carswell, *Savage Pilgrimage*, p. 212.

8. Murry, *Reminiscences*, p. 196; *Letters*: Cambridge, 5. 205; 5. 313; *Letters*: Moore, p. 1136. 默里实际上出生于 1889 年（还是一个假的年份）。

9. Quoted in Richard Rees, "John Middleton Murry," *Dictionary of National Biography*, *1951 - 1960* (Oxford, 1971), p. 761; *The Letters of T. S. Eliot*: *Volume 1*, *1898 - 1922*, ed. Valerie Eliot (London, 1988), p. 433; *Letters of Virginia Woolf*, 4. 315; 4. 312; Frieda Lawrence, Manuscript on Murry's *Son of Woman*, UCLA.

10. *Letters*: Cambridge, 5. 273. 梅布尔后来将手稿交给了她的心理分析师 A. A. 布里尔，以支付她的医疗费用，而布里尔将该手稿卖给了加州大学伯克利分校。弗丽达将牧场捐给了新墨西哥大学，如今，这里被用作来访作家的住所。

11. *Letters*: Cambridge, 5. 47, 5. 28, 5. 148; 5. 109.

12. Quoted in Brett, *Lawrence and Brett*, p. 104; William Gardardie, in Nehls, *Composite Biography*, 3. 12; Brett, *Lawrence and Brett*, pp. 31, 272.

13. Luhan, *Lorenzo in Taos*, p. 166; Brett, "Autobiography," *South Dakota Review*, p. 31.

14. Harvard University, Class of 1922, 25th Anniversary Report, p. 1018; Foster, *Lawrence in Taos*, pp. 156, 160.

15. Brett, *Lawrence and Brett*, p. 109; Luhan, *Lorenzo in Taos*,

pp. 226 -227.

16. Brett，*Lawrence and Brett*，p. 128；Luhan，*Lorenzo in Taos*，p. 173.

17. Brett，*Lawrence and Brett*，p. 208；*Letters*：Cambridge，5. 192；5. 203 - 204；Interview with Barbara Weekley Barr.

18. Quoted in Manchester，Epilogue to *Lawrence and Brett*，p. III. The variant phase is quoted by Sean Hignett（她相信她的幻象）in *Brett*（New York，1984），p. 192. In Wyndham Lewis' *Tarr*（New York，1918），p. 171，克莱斯勒在李普曼夫人举办的舞会上与一个丰盈的女人跳舞，也发现她"两个乳房都出问题了"，她说："不好意思！这有点尴尬——太靠左边了一点——这样！笨拙的物什，女人们竟然为之骄傲！"

19. See Morrell，*Ottoline at Garsington*，p. 145，and Catherine Carswell，"D. H. Lawrence,"*Time and Tide*，11（March 14，1930），342，她们证实了劳伦斯的忠贞；*Letters*：Moore，p. 898。

20. Frieda Lawrence，*Not I，But the Wind*，p. 147；*Letters*：Cambridge，5. 157；Lawrence，*Phoenix*，p. 387.

21. *Letters*：Cambridge，5. 162 - 164. 关于这一时期的详尽描述，参见 Ross Parmenter，*Lawrence in Oaxaca*（Salt Lake City，1984）。

22. Wyndham Lewis，*Paleface*（London，1929），pp. 176 - 177，173，175；Lawrence，*Mornings in Mexico*，p. 55；Lawrence，*Phoenix*，p. 301.

23. *Letters*：Cambridge，2. 193；Letter from Wyndham Lewis to Newman Flower，Cornell University；Lewis，*Paleface*，p. 180.

24. See Garnett，*Flowers of the Forest*，p. 37；Lawrence，*Lady Chatterley's Lover*，p. 268；Lawrence，*Phoenix*，p. 271.

25. Wyndham Lewis，*Hitler*（London，1931），p. 109；Wyndham Lewis，*The Roaring Queen*，ed. Walter Allen（London，1973），p. 71.

26. Frank Tannenbaum，*Mexico: The Struggle for Peace and Bread*

(New York, 1950), p. 65; See Frank Brandenburg, *The Making of Modern Mexico* (Englewood Cliffs, New Jersey, 1964), pp. 74 - 75.

27. *Letters*: Cambridge, 5. 167 - 168; D. H. Lawrence, *Movements in European History* (1921; Oxford, 1971), p. 306; Lawrence, *Fantasia of the Unconscious*, p. 210.

28. Quoted in Bynner, *Journey with Genius*, p. 47.

29. Lawrence, *Plumed Serpent*, pp. 70, 439, 58, 135.

# 第十八章：肺结核

1. Thomas Mann, *The Magic Moutain*, trans. H. T. Lowe-Porter (London, 1957), p. 432. 关于该小说及该话题的讨论，参见 Jeffrey Meyers, *Disease and the Novel* (London, 1985); *Letters of John Keats*, ed. Robert Gittings (Oxford, 1970), p. 385; Witter Bynner, Foreward to Nehls, *Composite Biography*, 2. ix。

2. Walter Pagel, *Pulmonarry Tuberculosis*, 4th ed. (London, 1964), p. 428; F. B. Smith, *The Retreat of Tuberculosis*, 1850 - 1950 (New York, 1988), p. 166. 我对肺结核问题的讨论阅了 S. Vere Pearson, "The Psychology of the Consumptive," *Journal of State Medicine*, 40 (1932), 477 - 485; René and Jean Dubos, *The White Plague* (Boston, 1952); Phineas Sparer, ed., *Personality, Stress and Tuberculosis* (New York, 1956); Selman Waksman, *The Conquest of Tuberculosis* (Berkeley, 1964); Lester King, "Concumption: The Story of a Disease," *Medical Thinking* (Princeton, 1982), pp. 16 - 72; Stefan Grzyboski, *Tuberculosis and Its Prevention* (St. Louis, 1983); Linda Bryder, *Below the Magic Mountain, A Social History of Tuberculosis in Twentieth-Century Britain* (New York, 1988)。

3. Quoted in Stanley Weintraub, *Beardsley* (1967；Harmondsworth 1972)，p. 208；Mansfield, *Scrapbook*，pp. 134 - 135；Katherine Mansfield, *Novels and Novelists* (1930；Boston, 1959)，p. 282.

4. Mansfiedld, *Journal*，p. 207；Mansfield, *Collected Letters*，2. 254.

5. 劳伦斯尽管不认同托马斯·曼的讽刺性语气，但赞同安东·费尔格的态度，参见《魔山》，第 310 页："肋膜（包裹着肺部的膜），我的朋友们，并不是可被触摸到的东西；它不想被触摸到，也不应该被触摸到。那是禁忌之物。覆盖于它之上的是血肉，一次性地被放好，没有人也没有物应该接近它。"

6. *Letters*：Cambridge, 5. 632；Quoted in Brewsters, *Reminiscences and Correspondence*，p. 171；Aldous Huxley, *Witers at Work*：*The "Paris Review" Interviews: Second Series* (New York, 1963)，p. 210.

7. Quoted in Carswell, *The Savage Pilgrimage*，p. 77.

8. "The Letters of Anton Tchehov," trans. Katherine Mansfield, and S. S. Koteliansky, *Athenaeum*，1 (June 6, 1914)，441；Quoted in Lord Houghton, *The Life and Letters of John Keats* (1848；London, 1963)，p. 200.

9. Frieda Lawrence, *Not I, But the Wind*，pp. 149 - 151. Lawrence's "Sun" (1928), *Complete Short Stories*，2. 528，回应了这些文字，故事开头如此写道："'带她离开，进太阳里去吧。'医生们说。"

10. *Letters*：Cambridge, 5. 289；Parmenter, *Lawrence in Ouxaca*，p. 318, also cited in *Letters*：Cambridge, 5. 211n. See *Manson's Tropical Diseases*，19th ed. (London, 1987)，p. 6.

11. *Letters*：Cambridge, 5. 229. See Grummon's obituary in the *New York Times*，June 3, 1960, p. 31.

12. *Letters*：Cambridge, 5. 545；5. 578, 5. 630.格特勒因为自己事业不成功，因为担忧欧洲犹太人的命运而沮丧，1939 年用毒气自杀。格蒂·库珀康复了，一直活到 1942 年。

13. William Ober, *Boswell's Clap*, p. 108; Lawrence, "The Reality of Peace," *Reflections on the Death of a Porcupine*, p. 34; Lawrence "Basta!" *Complete Poems*, p. 508. 托马斯·卡莱尔、约翰·拉斯金、詹姆斯·巴里和爱德华·马什因为心理原因而性无能。

14. Lawrence, "The Flying Fish," *Phoenix*, pp. 780, 783, 785; Brewsters, *Reminiscences and Correspondence*, p. 288.

15. Lawrence, *St. Mawr and The Man Who Died*, p. 165; Quoted in Brewsters, *Reminiscences and Correspondence*, p. 18.

16. *Letters*: Cambridge, 5. 268; Interview with Rachel Hawk.

17. Ross Parmenter, notes on his interview with Friedel Jaffe, January 1974, and letter from Friedel Jaffe to Ross Parmenter, October 7, 1973, courtesy of Mr. Parmenter; Phone conversation with Friedel Jaffe (now Frederick Jeffrey), June 5, 1988.

18. *Letters*: Cambridge, 5. 126; 5. 300n; 5. 347.

# 第十九章：斯波托尔诺与斯坎迪奇

1. *Letters*: Cambridge, 5. 321; Barbara Weekley Barr, in Nehls, *Composite Biography*, 3. 8; William Gerhardie, in Nehls, *Composite Biography*, 3. 11.

2. Fredric Warburg, *An Occupation for Gentlemen* (Boston, 1960), p. 155; *Letters*: Cambridge, 5. 377.

3. Catherine Carswell, *Savage Pilgrimage*, p. 227; Letter from Yvonne Kapp to Jeffrey Meyers, April 14, 1988.

4. *Letters*: Cambridge, 5. 376; 5. 372 – 373.

5. Lawrence, "The Border Line," *Complete Short Stories*, 3. 588;

Interview with Barbara Weekley Barr.

6. Huxley，*Point Counter Point*，p. 98；Frieda Lawrence，*Not I，But the Wind*，pp. 179－181.

7. *Letters*：Cambridge，5. 411；5. 420；2. 215；5. 350.

8. Lucas，*Frieda Lawrence*，pp. 242－243；Interview with Barbara Weekley Barr.

9. Harry Moore，in *Aldington: An Intimate Portrait*，p. 85；Interveiw with Lady Juliette Huxley.

10. Unpublished letter from Lawrence to Mrs. Otway，June 7，1927，courtesy of Gene DeGruson；*Letters*：Cambridge，5. 486；5. 472；5. 474.

11. Norman Douglas，*Together*（1923；New York，1931），p. 3；*Letters*：Moore，p. 1172（老男爵夫人比劳伦斯多活了八个月，于1930年11月去世）；*Letters*：Cambridge，5. 509.

12. *Letters*：Huxley，p. 713. Richard Griffiths，*Fellow Travellers of the Right: British Enthusiasts fro Nazi Germany，1833－1939*（London，1980），pp. 143，145，写道："加德纳的观点，在20年代和30年代，是青年运动、'有机'农业理论、对民间舞蹈与民歌的热情以及关于英国与德国的民族理论的混合物。这些理论结合了对这些圈子、对社会信贷不同寻常的兴趣……纳粹革命一旦成功，便会发现他是其狂热的崇拜者。"他的观点贯穿了20世纪30年代。

13. *Letters*：Cambridge，5. 380；Murry，*Reminiscences*，pp. 249，254，269.

14. Ottoline Morrell，*Ottoline at Garsington*，p. 78；Huxley，*Letters*，pp. 288，332；Aldous Huxley，Introduction to *Letters of Lawrence*，p. xxx. Richard Aldinton，in *Life for Life's Sake*，p. 334，回应了赫胥黎的悼文，称劳伦斯是"我所认识的最有趣的人"。

15. Quoted in Luhan，*Lorenzo in Taos*，p. 326；Frieda Lawrence，

*Not I*，*But the Wind*，p. 195；Unpublished letter from Lawrence to Pino Orioli，[early July 1927]，UCLA.

16. *Letters*：Moore，pp. 991‑992；1005；Franz Schoenberner，*Confessions of a European Intellectual* (1946；New York，1965)，p. 305；Huxley，Introduction to *Letters of Lawrence*，p. xxxii.

17. *Letters*：Moore，pp. 1015，1028；Letter from Carlo Carlucci，Managua，Nicaragua，to Jeffrey Meyers，Febrary 17，1988，描述了他 1977 年秋对米伦达夫人采访。

18. Brewsters，*Reminiscences and Correspondence*，p. 284；Letters：Moore，p. 1065. 1919 年，同样的事在圣雷莫也发生在了凯瑟琳·曼斯菲尔德身上。她开始咳嗽的时候，客人们发现她有肺结核，宾馆经理要求她离开，她还不得不支付宾馆消毒的费用。See Meyers，*Katherine Mansfield*，p. 186.

19. Quoted in Brewsters，*Reminiscences and Correspondence*，p. 182；Aldington，*Portrait of a Genius，But*，p. 337；*Letters*：Moore，pp. 1102，1135‑1136.

20. Lawrence，*Etruscan Places*，pp. 29，40.

21. *Ibid*.，pp. 49‑50，76，109，29.

## 第二十章：《查泰莱夫人的情人》与绘画

1. *Letters*：Cambridge，5. 205，5. 332；Quoted in Brett，*Lawrence and Brett*，p. 240；Lawrence，"Introduction to These Paitings，" *Phoenix*，p. 569；Lawrence，*Apocalypse*，p. 149.

2. Lawrence， "Sun，" *Complete Short Stories*，2. 533，2. 541，2. 544‑545；D. H. Lawrence，*Sun* (Paris，1928)，p. 38.

3. Harry Crosby，*Shadows of the Sun: The Diaries of Harry Crosby*，

ed. Edward Germain（Santa Barbara，1977），p. 241；Unpublished letter from Lawrence to Caresse Crosby，August 8，1929，University of Texas；Quoted in Brewsters，*Reminiscences and Correspondence*，p. 308；*Letters*：Moore，p. 1224. 在克罗斯比和劳伦斯本人去世后，另有四位友人及熟人相继自杀：1930 年自杀的菲利普·赫赛尔廷，他是塞西尔·格雷的朋友，曾一度计划出版《虹》的私用版，后来在《恋爱中的女人》中被讽刺地刻画为哈立德；1932 年的朵拉·卡林顿，她是嘉辛顿圈子里的一位画家；1939 年的马克·格特勒；1950 年的美国出版商米切尔·肯纳利。

4. *Letters*：Cambridge，5. 479，5. 533，5. 536；Lawrence，*Women in Love*，p. 115；Lawrence，*Lady Chatterley's Lover*，pp. 143，149.

5. 三个版本的《查泰莱夫人的情人》分别是 *The First Lady Chatterley*（1944），*John Thomas and Lady Jane*（1972）和 *Laday Chatterley's Lover*（1928）。有关这几个版本的讨论，参见 Michael Squires，*The Creation of "Lady Chaterley's Lover"*（Baltimore，1983）and Derek Britton，*Lady Chatterley: The Making of the Novel*（London，1988）。

6. 这张照片及劳伦斯的评论刊印于 Harry Moore，*D. H. Lawrence and His World*（New York，1966），p. 19；Lawrence，*Lady Chatterley's Lover*，pp. 187，263。

7. William Blake，"The Marriage of Heaven and Hell," *The Poetical Works*，ed. John Sampson（Oxford，1958），p. 250；Friedrich Nietzsche，*Ecce Homo*，trans. and ed. Walter Kaufmann（New York，1967），p. 268；Lawrence，"A Propos of *Lady Chatterley's Lover*," *Phoenix II*，pp. 58，510.

8. Lawrence，*Lady Chatterley's Lover*，p. 20；Quoted in A. S. Frere，Introduction to Michael Arlen，*The Green Hat*（1924；London，1968）；Ottoline Morrell，*Ottoline at Garsington*，p. 77；Gray，*Peter Warlock*，p. 119. In *The London Venture*（New York，1920），pp. 10 - 13，阿伦描

述劳伦斯是一个尖酸、傲慢、无耻、邪恶之人。

9. Lawrence, *Lady Chatterley's Lover*, p. 107.

10. W. B. Yeats, *Letters*, ed. Allan Wade（London，1954），p. 810. 与梅勒斯不同，康妮是位淑女，她不使用骂人的四字单词。他称赞了康妮的阴部与屁股，她却并未称赞他的阳具与睾丸。

11. Dylan Thomas, *Collected Letters*, ed. Paul Ferris（New York，1985），p. 50; Unpublished letter from Lawrence to Christine Hughes, April 25，1927，University of Texas.

12. Holloway, *Norman Douglas*, p. 310; *Letters*: Huxley, p. 717; Lawrence，"A Propos of *Lady Chatterley's Lover*,"*Phoenix II*, p. 515.

13. *Letters*: Huxley, p. 792.

14. Brentford, *Do We Need a Censor?*, pp. 9，24; Evelyn Waugh, *Vile Bodies*（New York，1960），p. 23.

15. *Letters*: Huxley, p. 781.

16. Unpublished letter from Lawrence to "Arabella" Yorke, August 4，1928，Stanford University; Quoted in Richard Ellmann, *James Joyce*, revised edition（New York，1982），p. 615n; Quoted in Brett, *Lawrence and Brett*, p. 81; Quoted in Mackenzie, *My Life and Times*: *Octave Five*, p. 167; Crosby, *Shadows of the Sun*, p. 245. 劳伦斯对乔伊斯的批评参见 *Phoenix*, pp. 250，270，517–518。

17. "Famous Novelist's Shameful Book,"*John Bull*, October 28，1928，p. 11，in Draper, *Lawrence: The Critical Heritage*, p. 278; James Drawbell, *An Autobiography*（New York，1964），pp. 281–282.

18. Huxley, Introduction to*Letters of Lawrence*, p. xiii.

19. Nietzsche, *The Antichrist*, in *The Portable Nietzsche*, pp. 585–586; Gabriele D'Annunzio, *The Maidens of the Rocks*, trans. Anna and Giuseppe Antona（New York，1926），pp. 20–21.

20. *Letters*: Cambridge, 1. 236; Lawrence, *The Rainbow*, pp. 283,

272; D. H. Lawrence, The *Symbolic Meaning*, ed. Armin Arnold (London, 1962), p. 255.

21. *Letters*: Moore, p. 1115; Lawrence, "The Risen Lord," *Phoenix II*, p. 575; *Letters*: Moore, p. 975.

22. Lawrence, *The Man Who Died*, pp. 165, 174, 205, 168.

23. *Ibid*., pp. 172, 177, 193.

24. Lawrence, *Etruscan Places*, p. 10; Lawrence, "The Ship of Death," *Complete Poems*, pp. 716 - 720.

25. Lawrence, "Making Pictures," *Phoenix II*, p. 602; *Letters*: Cambridge, 5. 585, 5. 637; Lawrence, "Making Pictures," *Phoenix II*, pp. 603 - 604.

26. Lawrence, *Etruscan Places*, p. 68; See Raymond Bloch, *Etruscan Art* (Greenwich, Conn., 1959), plates 32, 48, 34, 55; Lawrence, *Etruscan Places*, pp. 46 - 47.

27. *Letters*: Cambridge, 5. 637; Herbert Read, "Lawrence as a Painter," *The Paintings of D. H. Lawrence*, ed. Mervyn Levy (London, 1964), p. 63.

28. *Letters*: Cambridge, 5. 648; 5. 576.

29. Intervview with Yvonne Kapp; Interview with Julian Morrell Vinogradoff; Roger Berthoud, *The Life of Henry Moore* (New York, 1987), p. 90. 劳伦斯对莫尔的影响，参见 p. 54。

30. Interview with Enid Hopkin Hilton; Quoted in Stephen Spender, "The Erotic Art of D. H. Lawrence," *Vanity Fair*, 49 (January 1986), 93; Lawrence, *Phoenix*, pp. 567 - 568; "Paintings Seized by London Police as Indecent," *New York Times*, July 6, 1929, p. 4; *Letters*: Moore, p. 1164.

31. Metropolitan Police Papers, MEP02/9428; "Indecent Exhibition of Pictures by D. H. Lawrence at the Warren Gallery, 39A

Maddox Street，W1，" Public Record Office，Kew.

32. Quoted in Harry Moore，"D. H. Lawrence and the 'Censor-Morons,' " in D. H. Lawrence，*Sex*，*Literature and Censorship*（New York，1959），p. 21；Quoted in *Frieda Lawrence and Her Circle*，p. 11.

33. *Letters*：Moore，pp. 1164，1176，1180；Lawrence，*Complete Poems*，pp. 579 – 580；Metropolitan Police Papers.

34. Frieda Lawrence，*Not I*，*But the Wind*，p. 73.

# 第二十一章：邦多勒与旺斯

1. *Letters*：Moore，pp. 1135，1142；Gertler，*Selected Letters*，p. 228.

2. Aldington，P*ortrait of a Genius*，*But*，p. 111；Huxley，*Letters*，p. 364.

3. "D. H. Lawrence Sees New Civilization," *New York Evening Post*，August 20，1923，p. 4.

4. Frieda Lawrence，*Not I*，*But the Wind*，p. 199；Huxley，*Letters*，pp. 313 – 314；Frieda Lawrence，*Memoirs and Correspondence*，p. 233.

5. 莫尔是反纳粹的非犹太人，出版了一部关于劳伦斯的小说《菲利普·格伦》（*Philip Glenn*，1932）。三年后，他移居上海，在那里从医，一直清贫，1944 年去世，终年五十三岁。

6. *Letters*：Huxley，p. 847；*Letters*：Moore，p. 1212.

7. Frederick Carter，*D. H. Lawrence and the Body Mystical*（London，1932），p. 51；Barbara Weekley Barr，in Nehls，*Composite Biography*，3. 427 –428.

8. 劳伦斯的医生包括克罗伊敦的威廉·阿迪（1911 年 11 月）、帕德斯托的梅特兰德·雷福德（1916 年 2 月）、里普利的穆兰-费罗兹（1919

年 2 月)、陶斯的马丁医生（1924 年 8 月)、墨西哥城的希尼·乌尔菲尔德（1925 年 2 月)、佛罗伦萨的吉廖利医生（1927 年 7 月和 1929 年 7 月)、伊申豪森的汉斯·卡罗萨（1927 年 9 月)、伊申豪森和罗塔赫的马克斯·莫尔（1927 年 9 月和 1929 年 9 月)。

9. Andrew Morland, in Nehls, *Composite Biography*, 3. 424 – 425; Andrew Morland, "The Last Days of D. H. Lawrence: Hitherto Unpublished Letters of Dr. Andrew Morland," ed. George Zytaruk, *D. H. Lawrence Review*, 1 (1968), 46 – 47. See also, Andrew Morland, "The Mind in Tubercule," *Lancet* (January 23, 1932), 176 – 178, and Andrew Morland, *Pulmonary Tuberculosis in General Practice* (London, 1933).

10. *Letters*: Moore, pp. 1231 – 1232; 1241, 1243 – 1245; "Letters of Morland," *D. H. Lawrence Review*, p. 48.

11. Quoted in Weintraub, *Beardsley*, p. 214; *Letters*: Cambridge, 5. 632; Frieda Lawrence, *Not I, But the Wind*, pp. 288—289.

12. Huxley, *Letters*, pp. 330 – 331; Quoted in Sybille Bedford, *Aldous Huxley: A Biography* (New York, 1974), p. 226.

13. Frieda Lawrence, *Not I, But the Wind*, p. 295; Frieda Lawrence, Untitled manuscript relating to Lawrence's will, c. 1930, Brancroft Library, University of California, Berkeley; Lawrence, "Prayer," *Complete Poems*, p. 684.

14. Interview with Margaret King Needham; Interview with Harwood Brewster Picard; Quoted in Bedford, *Huxley*, p. 225.

15. Frieda Lawrence, *Memoirs and Correspondence*, p. 236; Quoted in Forster, *Selected Letters*, 2. 91.

# 尾　声

1. Catherine Carswell, "D. H. Lawrence," *Time and Tide*, p. 342;

Forster，*Selected Letters*，1. 249；E. M. Foster，"D. H. Lawrence，"*Listener*，3（April 30，1930），753；E. M. Forster，"D. H. Lawrence，"*Nationa and Athenaeum*，46（March 29，1930），888. 福斯特重复了弗朗西斯·布雷特·杨对劳伦斯的评价［Francis Brett Young，"A Note on D. H. Lawrence，"*The Borzoi*，1925（New York，1925）］，后者在文章中写道，劳伦斯是"在我看来，我们所属的这一代人中唯一真正的文学天才"。

2. Lea，*Life of Murry*，p. 165；Huxley，*Letters*，pp. 352‐353；Wyndham Lewis，"The Son of Woman，"*Time and Tide*，12（April 18，1931），470. 对劳伦斯的朋友们所撰写的关于他的著作的讨论，参见 Jeffrey Meyers，"Memoirs of Lawrence：A Genre of the Thirties，"*D. H. Lawrence Review*，14（1981），1‐32。

3. *Frieda Lawrence and Her Circle*，p. 20. See Lucas，*Frieda Lawrence*，pp. 256‐257，and Alvarez，*Life After Marriage*，p. 84.

4.《荨麻》《散文集锦》《处女与吉卜赛人》《〈查泰莱夫人的情人〉刍议》及《草垛中的爱情》出版于 1930 年；《启示录》出版于 1931 年；《伊特鲁里亚人的灵魂》和《书信集》出版于 1932 年。

5. Lawrence's death certificate of June 5，1930，and *The Times* June 12，1930，p. 16，列出他的遗产为 2438 英镑。Frieda's letter to Bynner of March 13，1930，in *Journey with Genius*，p. 344，Moore，*Priest of Love*，p. 635，and J. W. Saunders，*The Profession of English Letters*（London，1964），p. 219，列出其遗产价值为四千英镑。

6. Huxley，*Letters*，p. 364；Bynner，*Journey with Genius*，p. 347. 弗丽达将劳伦斯不断盈利且已具有巨大价值的遗产，一半留给了她的三个子女，另一半给了拉瓦利。如此，古怪又讽刺的是，劳伦斯版税的 50%仍持续给了被他戴了绿帽子的那个男人的孩子。

7. *Frieda Lawrence and Her Circle*，pp. 43，50；Interview with Rachel Hawk；Huxley，*Letters*，p. 422.

8. Letter from Frank Waters to Jeffrey Meyers, April 18, 1988; Letter from Dorothy Brett to Edward Nehls, University of Texas; Lisle, *Georgia O'Keeffe*, p. 281.

9. *Letters*: Cambridge, 1. 478; 5. 408; Carswell, "D. H. Lawrence," *Time and Tide*, p. 342. "The husband of one wife" alludes to 1 Timothy 3: 2. 劳伦斯对英美作家的影响问题，参见 Jeffrey Meyers, ed., *The Legacy of D. H. Lawrence* (London, 1987)。

# 参考文献

Brett, Dorothy. *Lawrence and Brett*. Philadelphia, 1933.

Brewster, Earl and Achsah. *D. H. Lawrence: Reminiscences and Correspondence*. London, 1934.

Bynner, Witter. *Journey with Genius*. New York, 1951.

Carswell, Catherine. *The Savage Pilgrimage*. New York, 1932.

Cambers, Jessie. *D. H. Lawrence: A Personal Record* (1935). 2nd edition, ed. Jonathan Chambers. London, 1965.

Darroch, Sandra. *Ottoline: The Life of Ottoline Morrell*. New York, 1975.

Delany, Paul. *D. H. Lawrence's Nightmare*. New York, 1978.

Delavenay, Emile. *D. H. Lawrence: The Man and His Work*. Trans. Katherine Delavenay. London, 1972.

Draper, R. P., ed. *D. H. Lawrence: The Critical Heritage*. London, 1970.

Lawrence, Ada, and Stuart Gelder. *Young Lorenzo* (1931). New York, 1966.

Lawrence, Frieda. *Not I, But the Wind*. New York, 1934.

—. *The Memoirs and Correspondence*. Ed. E. W. Tedlock. New York, 1964.

Lea, F. A. *The Life of John Middleton Murry*. London, 1959.

Lucas, Robert. *Frieda Lawrence*. Trans. Geoffrey Skelton. New York, 1973.

Luhan, Mabel Dodge. *Lorenzo in Taos*. New York, 1932.

Merrild, Knud. *A Poet and Two Painters*. Londdon, 1938.

Meyers, Jeffrey. *Katherine Mansfield: A Biography*. London, 1978.

——. *D. H. Lawrence and the Experience of Italy*. Philadelphia, 1982.

——. ed. *D. H. Lawrence and Tradition*. London, 1985.

——. ed. *The Legacy of D. H. Lawrence*. London, 1987.

Moore, Harry. *The Priest of Love* (1974). Harmondsworth, 1976.

Morel, Ottoline. *Ottoline at Garsington*, 1915 – 1918. Ed. Robert Gathorne-Hardy. London, 1975.

Murry, J. M. *Son of Woman*. London, 1931.

——. *Reminiscences of D. H. Lawrence*. London, 1933.

——. *Between Two Worlds*. London, 1935.

Nehls, Edward, ed. *D. H. Lawrence: A Composite Biography*. 3 vols. Madison, 1957 – 1959.

Parmenter, Ross. *Lawrence in Oaxaca*. Salt Lake City, 1984.

Roberts, Warren. *A Bibliography of D. H. Lawrence*. 2nd ed. Cambridge, England, 1982.

Sagar, Keith. *D. H. Lawrence: A Calendar of His Works*. Manchester, 1979.

Spencer, Roy. *D. H. Lawrence Country*. London, 1980.

Stevens, C. J. *Lawrence at Tregerthen*. Troy, New York, 1988.

**图书在版编目（CIP）数据**

D. H. 劳伦斯传 /（美）杰弗里·迈耶斯
(Jeffrey Meyers) 著；朱云译.—南京：南京大学出
版社，2020.8
书名原文：D. H. Lawrence：A Biography
ISBN 978 - 7 - 305 - 22861 - 2

Ⅰ.①D⋯　Ⅱ.①杰⋯ ②朱⋯　Ⅲ.①劳伦斯
(Lawrence，David Herbert 1885 - 1930)—传记　Ⅳ.
①K835.615.6

中国版本图书馆 CIP 数据核字 (2020) 第 010305 号

江苏省版权局著作权合同登记　图字：10 - 2016 - 411 号

出版发行　南京大学出版社
社　　址　南京市汉口路 22 号　　　　　邮　编 210093
出 版 人　金鑫荣

书　　名　**D. H. 劳伦斯传**
著　　者　[美] 杰弗里·迈耶斯
译　　者　朱　云
责任编辑　付　裕
照　　排　南京紫藤制版印务中心
印　　刷　徐州绪权印刷有限公司
开　　本　880mm×1230mm　1/32　印张 18.25　字数 458 千
版　　次　2020 年 8 月第 1 版　2020 年 8 月第 1 次印刷
ISBN　978 - 7 - 305 - 22861 - 2
定　　价　88.00 元

网　　址：http://www.njupco.com
官方微博：http://weibo.com/njupco
官方微信：njupress
销售咨询：(025)83594756

＊ 版权所有，侵权必究
＊ 凡购买南大版图书，如有印装质量问题，请与所购
　 图书销售部门联系调换